Psychoanalytic Diagnosis (2nd ed.)

Understanding Personality Structure in the Clinical Process

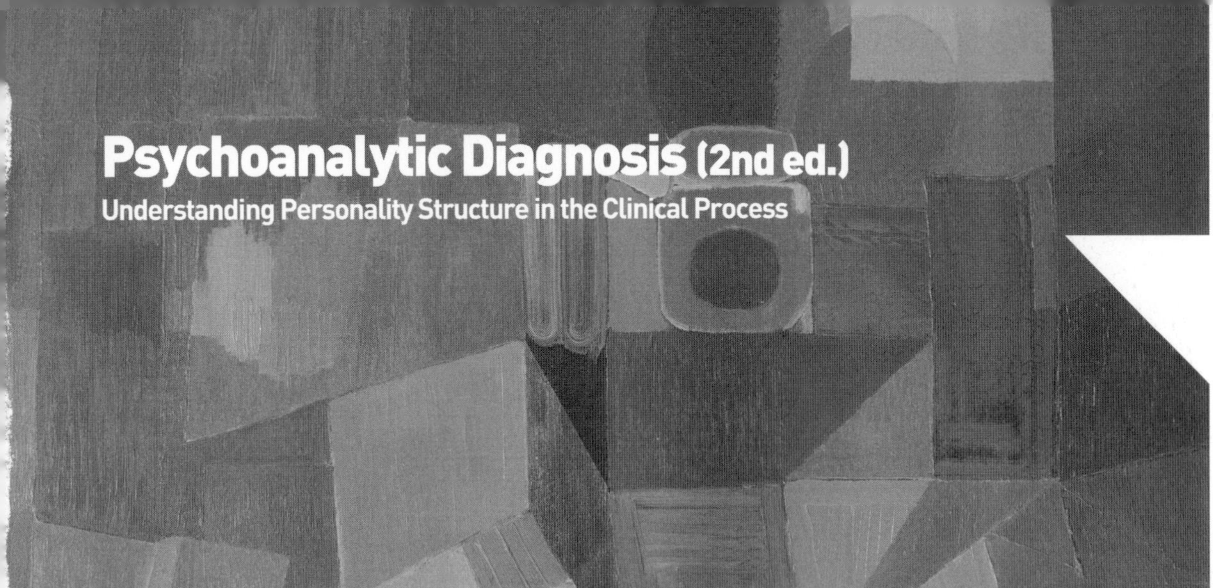

원서 2판

정신분석적 진단

성격 구조의 이해

Nancy McWilliams 저 | 이기련 역

학지사

Psychoanalytic Diagnosis: Understanding Personality Structure in the Clinical Process, Second Edition

by Nancy McWilliams

역자 서문

20여 년 전 전문가 수련과정에 들어서서 처음으로 상담을 시작했을 때 기대와 호기심 어린 마음으로 내담자를 마주했었다. 그러나 곧 그런 기대는 불안과 막막함으로 뒤바뀌고 말았다. 매 시간 열심히 듣고자 했으나 안개 속을 헤매는 느낌이었고, 눈을 가린 채 뭔가를 찾으려 더듬거리는 것 같았다. 이런 불안은 여러 선생님의 지도와 가르침 덕분에 차츰 줄어들었지만, 여전히 어떤 허전함과 모호함은 남아 있었던 것 같다. 내담자를 이해할 수 있는 어떤 틀이 있었으면 좋겠다는, 어렴풋하더라도 방향을 잡을 수 있게 해 주는 무언가가 있다면 내담자를 좀 더 차분한 마음으로 맞이할 수 있지 않을까 하는 마음이었다. 그렇게 수련과정을 마칠 즈음 이 책을 우연히 발견하게 되었다. 책의 내용을 더 잘 이해하기 위해 한 장 한 장 번역해 가며 읽었고, 그렇게 쌓인 번역이 이 책 1판 번역본의 초고가 되어 주었다. 그리고 가톨릭대학교 심리학과 정남운 교수님의 노고 덕분에 여러 사람이 읽을 수 있는 책의 형태를 갖추게 되었다. 개인의 공부로 시작한 일을 같은 공부를 하는 분들과 나눌 수 있게 되어 감사한 마음이었다. 나에게 이 책이 도움이 되었듯이 다른 분들에게도 도움이 되리라 믿는다.

이번 개정판에서 새로이 소개되는 용어나 개념은 국내에 이미 번역된 용어가 있는 경우 용어의 통일성을 위해 그대로 따르고자 하였다. 번역이 확립되어 있지 않고 적절한 한국말을 찾기 어려울 때는 부득이 원어를 그대로 표기하였다. '정신분열증'은 국내에서 '조현병'으로 명칭이 변경되었으나, 이 책에서 전달하고자 하는 분열schizoid의 정신분석적 의미를 보전하기 위해 '분열'이 들어간 모든 용어는 예전 명칭을 그대로 사용하였다.

다른 모든 삶의 지혜가 그러하듯이, 정신분석적인 지혜도 개인의 직접적인 체험 안에서 진짜 그 모습을 드러내는 것 같다. 이 책을 이해하고 받아들이는 정도는 개개인의 체험의 폭과 깊이에 따라 다르리라 생각된다. 나 자신도 그러하였다. 이 책 1, 2판 번역 과정에서 시간차를 두고 이 책을 여러 번 읽는 기회를 갖게 되었다. 처음과 나중의 이해도가 달랐고, 피상적으로 이해했다고 생각했지만 그 실질적인 의미를 나중에 깨닫기도 하였으며, 그냥 지나쳤던 문장이 새롭게 와닿기도 하였다. 지혜가 지식으로만 머물지 않게 하는 것은 우리 각자의 몫인 것 같다. 저자는 'may' 'can' 같은 단어를 자주 사용한다. 무언가를 단정적으로 이야기하지 않으려는 이런 단어 사용은 우리는 아는 것(의식)보다 모르는 것(무의식)이 더 많다는 기본적인 정신분석적 태도를 보여 주는 것 같았고, 우리가 안다고 생각하는 것에 대해 겸손해야 함을 말해 주는 듯하였다.

이 책은 정신분석적 심리치료가 낯선 사람들을 위한 입문서로서의 역할에 충실하고 있다. 저자의 바람대로 이 책을 디딤돌 삼아 더 깊고 넓은 인간이해의 길로 나아갈 수 있기를 소망해 본다. 마지막으로 책의 번역과정에서 조언을 해 주신 선생님들께 감사의 마음을 전한다.

2018. 7. 31.

이기련

Preface **저자 서문**

내가 『정신분석적 진단』을 처음 쓸 때, 나는 교사로서의 나의 경험을 통해 학생들과 초보 심리치료자들이 추론적이고, 차원적이고, 맥락적이고, 생물심리사회적인 진단을 알아야 할 필요가 있다고 생각했다. 이러한 종류의 진단은 미국정신의학회에서 『정신장애의 진단 및 통계 편람 3판(Diagnostic and Statistical Manual of Mental Disorder: DSM-III)』을 출간한 1980년 그 이전부터 이루어져 왔던 것이다. 특히 나는 인간을 동반 증상들의 집합이 아닌 복합적인 전체로 보던 수십 년간의 임상 경험과 대화에 스며들어 있는 감성을 생생히 전하고 싶었다. 또한 당혹스러울 만큼 다양한 용어, 은유, 그리고 이론마다 다른 강조점들로 이루어져 있는 정신분석의 전통을 익히려는 노력이 정신역동을 지향하는 학생들에게조차 얼마나 혼란스러운 일인지를 알고 있었다. 개개인의 환자를 이해하기 위해서라면, 사방으로 뻗어나가 논쟁이 분분한 분석 이론의 역사를 종합해야 할 필요성이 명백해 보였다.

또한 1990년대 초에 나는 이 책이 정신건강의 정책 수립 그리고 우리가 문화적으로 공유하고 있는 심리치료라는 개념에 어떤 영향을 미칠 수 있으리라는 희미한 희망을 품고 있었다. 당시 심리치료라는 개념이 어지럽게 변질되기 시작하고 있었기 때문이다. 그러나 그러한 행운은 오지 않았다. 그 이후 그 폭과 깊이에서 아찔할 정도의 변화가 있었다. 상호작용하는 수많은 이유들로 인해, 정신역동적으로, 심지어는 인본주의적으로(Cain, 2010 참조) 사람들을 이해하고 치료하는 접근 방식은 평가절하되었다. 또한 예전에는 대부분의 정신역동치료에서 심각한 성격병리를 갖고 있는 환자들의 심리치료가 치료의 상징과도 같았지만, 지금은 이들이 정신건강 체계 내에서 진정하고 지속적인 도움을 받을 수 있는 기회가 내 견해로는 급격히 줄어들었다. 인지행동치료(CBT)가 지속적으로 발달했지만, 인지행동치료자 중에서도 분석적 치료자들만큼이나 이러한 변화에 당황하는 사람들이 있다. 최근 CBT 지향의 내 동료인 Milton Spett은 (2010년 5월 28일 이메일 교신에서) 이러한 추세에 대하여, "우리는 장애가 아니라 환자를 치료한다."라며 불만을 제기하였다.

이러한 변화의 많은 부분이 정치적이고 경제적인 영향력하에 이루어졌다[정신질병 영역에서 "정상성과 이어지며 폭넓게 병인학적으로 정의되던 질병 진단이 증상 기반의 범주적인 질병 진단"(p. 337)으로 패러다임의 변화가 이루어진 정치적인 역사에 관해서는 Mayes & Horwitz, 2005 참조]. 적어도 미국에서는 기업의 이익, 특히 그중에서도 보험회사와 제약업계가 '이익의 극대화'라는 자신들의 목적에 맞추어 심리치료를 무차별적으로 개편하였고, 따라서 심리치료를 재정의하였다. 단기적인 비용 통제를 위해, 복합적인 성격 문제를 갖고 있는 개인을 돕는 데 있어 수십 년의 역행이 이루어졌다. 그들을 돕는 우리의 기술이 부족해서가 아니라, '포괄적인' 정신건강 보장을 주장하며 자신들의 관리 의료를 판매했던 보험업자들이 나중에 축2 질병의 보장을 슬그머니 제외했기 때문이다.

한편, 제약회사들은 심리적인 문제를 별개의 구체화된 질병으로 개념화하는 데 엄청난 이해관계를 갖고 있었다. 왜냐하면 각각의 질병을 치료하는 약물을 판매할 수 있었기 때문이다. 결과적으로, 개인의 삶 전반에 걸쳐 있는 문제를 깊숙이 치유하는 것이 아니라, 직장 혹은 학교에서의 원활한 기능을 방해하는 행동 변화에 국한된 치료가 강조되기 시작했다. 이 책의 1판을 쓸 때, 나는 책의 출간 이후 수년간 개인 지향 치료(증상 지향 치료와는 반대의)의 예후가 얼마나 위중해질지 실감하지 못했었다(보다 상세한 개탄은 McWilliams, 2005a 참조).

현재 미국에서 개업하고 있는 치료자들은 1994년보다 훨씬 더 험난한 상황에 처해 있다. 요즘의 치료자들은 집중적인 장기 치료가 필요한 고통에 시달리는 사람들에 둘러싸여 있다(누가 현대의 사회적, 정치적, 경제적, 기술적 변화의 맥락에서 정신병리가 감소하고 있다고 설득력 있게 주장할 수 있을까?). 이들은 환자들을 2주에 한 번, 심지어는 그보다 덜 자주 보며, 또는 너무 많은 사례 수를 감당해야 해서, 개개 내담자들과 진정으로 관계를 형성하거나 그들에게 관심을 보이기가 불가능한 상황이다. 아무리 명백한 치료 방법일지라도 보험회사의 익명의 직원들이 이를 정당하다고 보아야 하기 때문에 치료자들이 온갖 서류 작업에 시달리고 있다. 내담자의 행위자아를 구축하기 위한 치료 작업을 일명 "목표 행동으로의 진전"이라는 슬로건으로 번역하기도 한다. 그러한 압력하에서의 공식적인 '진단'이란 보험 적용이 가능한, 그러나 아무리 그러지 않으려 해도 낙인이 될 수밖에 없는 라벨을 환자들에게 붙이는 일이 되기 때문에, 영적으로나 기능적으로 냉소적일 수 있다.

역설적이게도, 현재는 개별 환자들의 심리 전반에 관한 발견적이면서도 과학적인 깨달음이 그 어느 때보다도 치료자들에게 중요해지고 있는 상황이다. 단기적인 치료 효과를 바란다면, 환자가 위안을 주는 말에 반응할지, 치료자를 평가절하하는 말에 반응할지, 이해받지 못하는 황폐한 마음을 알아주는 말에 반응할지를 신속하게 예측할 수 있는 기본 정보를 알고 있는 편이 더 낫다. 그러므로 1994년보다 지금이 추론적이고, 맥락적이고, 차원적이고, 환자의 주관적인 경험을 이해하는 성격 진단의 가치를 주장해야 할 필요성이 훨씬 더 커졌다. 『정신역동적 진단 편람(Psychodynamic Diagnostic Manual)』(PDM Task Force, 2006) 제작에 참여할 때 나의 역할이 이러한 점을 강조하는 것이었다. 그 책에서는 어떤 성격 조직의 유형이나 수준에 관하여 말할 수 있는 부분이 몇 단락에 국한되었지만, 이 책에서는 보다 상세하고 충분히 설명할 수 있다.

학계와 치료자들 간의 간격이 점점 멀어지고 있는 것도 정신분석적 전통에 대한 현대의 광범위한 평가절하의 간접적인 원인일 수 있다. 자기 역할에 매력을 느끼는 개인의 서로 다른 감성 때문에, 두 그룹 간에는 얼마간의 긴장이 늘 존재해 왔다. 그러나 학계가 기금을 모으고 연구 업적을 빨리 쌓아야 하는 압력을 점점 더 많이 받게 되면서 그 틈새가 더욱 크게 벌어졌다. 적게라도 치료를 하고 싶은 교수일지라도 현재의 학문적 분위기 속에서는, 특히 종신 교수직을 원하는 사람이라면 그렇게 하는 것이 어리석은 일일 것이다. 그 결과, 학계에 종사하는 사람들은 심각하고 복합적인 문제를 갖고 있는 사람들과 집중적으로 작업한다는 것이 어떤 일인지 잘 알 수 가 없게 되었다. 연구자와 치료자 간의 간격은 심리전문대학원의 성장으로 인해 의도치 않게 더욱 벌어졌다. 여기에서는 치료자가 되려는 학생들이 연구에 참여하는 스승들과 서로 좋은 영향을 주며 교류할 수 있는 기회가 거의 없다.

이러한 넓은 균열의 한 가지 결과로, 학문에 종사하는 심리학자의 실험실이 아니라 임상 경험과 자연 관찰에 기반을 두고 이루어지는 성격과 정신병리에 관한 정신역동적인 개념화가 대학생들에게는 고풍스럽고, 당치않고, 경험적으로 신뢰할 수 없는 것으로 자주 비치곤 한다. 비평가들이 구체적인 증거 기반 치료를 이상화하는 현시점에서 분석적 개념에 관한 수십 년간의 연구는 보통 무시되곤 한다. Fisher와 Greenberg가 1985년과 1996년 자신들의 저서에서 그런 연구를 2,500개 이상 검토한 바 있음에도 말이다. 그렇더라도 치료 기한이 없는 정신역동치료에 관한 무선할당 실험이 극소수라는 점은 우리로 하여금 비싼 대가를 치르게 했다. 더욱이, 정신분석 전성기 시절의 많은 분석가들은 그들의 거만함으로 인해, 특히 각 환자와 그들이 나눈 경험은 연구를 하기에는 너무 특이하다고 믿음으로써, 임상에 종사하지 않는 동료들이 갖고 있는 부정적인 고정관념에 일조하는 결과를 낳았다.

지금도 몇몇 모범적인 경험적 연구가 분석 치료의 효과를 보여 주기는 하지만(예, Leichsenring & Rabung, 2008; Shedler, 2010), 우리는 분석 과정에 관한 연구를 경멸하는 많은 분석가들의 자기패배적인 정치적 유산을 물려받고 있다. 임상심리학을 실증주의자의 '과학'으로 만들어 가려는 추세, 보험회사들의 비용 억제 노력, 제약업계의 경제적 이익, 어떠한 종류건 결과를 내놓는 연구에 대한 일부 분석가들의 거부 반응 등이 정신역동적 심리학과 심리치료를 평가절하하는 '대폭풍'을 발생시켰다.

작금의 불운을 제쳐두더라도, 이 책의 개정에 박차를 가해야 할 또 다른 이유가 있었다. 1판이 출간된 이후, 인지와 정동을 연구하는 신경과학자들이 심리 상태의 유전적, 생리학적, 화학적 기반을 밝히기 시작했다. 유아 연구, 특히 정신분석가 John Bowlby를 모태로 하는 개념인 애착에 관한 연구는 성격 발달의 이해에 새로운 시각을 더해 주었다. 관계 운동은 정신분석의 광범위한 영역에서 중대한 패러다임의 변화를 가져왔다. 인지행동치료자들은 그들의 활동이 원숙해지고 보다 복잡한 환자들과 작업하게 되면서 예전의 정신분석적 개념과 매우 유사한 성격 개념들을 발전시키고 있다. 그리고 나 자신의 배움도 계속되었다. 지금 나는 1994년에 알던 것보다 설리반파, 신클라인파, 라캉의 이론에 관해 더 많이 안다. 『정신분석적 진단』 수업을 맡은 선생님들, 그들이 가르친 학생, 책을 읽은 동료 치료자들로부터 비평을 듣는 혜택도 누렸다. 그리고 책을 처음 구상했던 이후로 20여 년의 임상 경험을 더 가졌다.

북미에서 1판의 성공에 대해 나는 그리 놀라지 않았다. 책을 쓰고 있을 때, 나는 심리치료를 공부하는 학생들에게 그러한 교재가 없다고 느끼는 사람이 나만은 아닐 거라고 생각했다. 그러나 1판에 대한 국제적인 환영, 특히 루마니아, 한국, 덴마크, 이란, 파나마, 중국, 뉴질랜드, 남아프리카 등 다양한 국가의 치료자들이 보낸 따뜻한 환대에 나는 깜짝 놀랐다. 미국에서의 책의 인기로 인해 나는 예상치 못했던 정신건강 하위 문화권(예, 공항 정신과 의사, 선교목회 상담자, 교정심리학자, 중독전문가)의 초청을 받아 연설할 기회를 가졌고, 북미권을 넘어서는 책의 영향력으로 전 세계의 많은 치료자들을 소개받아 그들이 가장 자주 접하는 성격역동에 관하여 배웠다. 러시아에서는 국민성이 피학적이라고, 스웨덴에서는 분열적이라고, 폴란드에서는 외상후적이라고, 호주에서는 역의존적이라고, 이탈리아에서는 연극적이라고 들었다. 터키의 전통적인 마을에서 일하는 치료자들이 묘사하는 환자들은 Freud가 치료했던 성적으로 억제된 여성들, 즉 현대의 서구 문화에서는 사실상 사라진 일종의 히스테리 성격과 아주 비슷하게 들렸다. 이러한 전 세계 심리치료자들과의 만남은 매우 흥미로운 경험이었고, 이 개정판을 풍성하게 했으리라 희망한다.

이번 개정에서는, 정서적 고통이 종종 신체를 통해 표현되는 보다 전통적이고 집단적인 문화(예, 미국 원주민 집단, 동아시아와 남아시아 지역)에서 일하는 동료들의 요구로 신체화 부분을 확장했고, 신체화 방어를 중심으로 조직된 성격 유형 개념의 유용성을 제시하였다. 신체화, 행동화, 성애화의 방어를 보다 일차적인 기제로 수정하였다. 책의 길이 때문에, 또한 신체화가 보통인 문화 속의 사람들을 병리화하는 어떤 경향성도 피하기 위해 신체화 성격을 한 개의 장으로 구성하지는 않았다. 규칙적으로 그리고 문제시될 정도로 몸이 아픈 사람들, 그리고 이 책에서 다루고 있지 않은 성격(예, 가학적과 가학피학적, 공포증적과 역공포증적, 의존적과 역의존적, 수동공격적, 만성적으로 불안한 사람들)을 갖고 있는 사람들의 치료에 관해 더 알고 싶은 독자들은 PDM이 도움이 될 것이다.

개정판의 어떤 부분에서는, 집필을 팽팽히 하기보다는 "작동이 된다면, 고치지 말라."라는 원칙을 준수해서 거의 변화를 주지 않았다. 다른 부분에서는, 새로운 경험적 발견과 새로운 이론적 조망의 관점에서 보다 야심찬 개편이 있었다. 발달에 관한 정신분석적 관찰 연구는 Mahler를 훨씬 넘어섰고, 현대의 신경과학은 이전에는 은유적으로밖에 묘사할 수 없었던 임상과 관련된 뇌 과정을 확인하기 시작했다. 애착 연구자들은 관계에 관한 우리의 이해를 넓혀 주었고, 정신건강 전반의 중심 과정을 짚어 내는 용어들(예, '정신화' '성찰 기능')을 만들어 냈다. 신경과학자들은 우리의 몇몇 잘못된 신념들[예, 사고가 정동을 앞선다, 극단적 외상기억은 인출될 수 있다(Solms & Turnbull, 2002)]을 수정해 주었고, 기질, 추동, 충동, 정동, 인지에 관한 우리의 지식을 크게 확장해 주었다. 정신분석에 근거한 치료에 관한 몇몇 무선 통제 실험이 이루어졌고, 기존 연구들에 대한 새로운 메타분석이 실시되었다.

그러나 나는 임상적이거나 경험적인 예전 문헌들에 관한 많은 참고 도서를 그대로 유지하였다. 성격은 그 본질상 매우 안정적인 현상이며, 수십 년 전부터 내가 무시하기보다는 존중해야 할 잘 정리되고 유용한 풍부한 관찰들이 있다. 나는 '가장 새로운 것'이 그 이전의 모든 것보다 당연히 더 좋다는 전형적인 미국식 가정을 결코 공유해 본 적이 없다. 사실상, 현대의 지식인들에게 가해지는 현실적 압력을 감안할 때, 그리고 대부분의 전문적 훈련이 협소함을 감안할 때, 현대의 연구가 덜 광적이고, 덜 쫓기는 시대에 살았던 저자들의 연구보다 항상 더 사려 깊고 폭넓다고 보기는 어렵다.

Contents **차례**

Part 2

성격 조직의 유형

Chapter 10 편집성 성격 • 291

Chapter 11 우울성 성격과 조증 성격 • 319

Chapter 12 피학성(자기패배적) 성격 • 359

Chapter 13 강박성 성격 • 389

이 책의 내용은 정신분석의 축적된 지혜에서 가져온 것이다. 그러나 이 지혜의 선택과 종합에는 나 개인의 해석, 추론, 결론이 반영되어 있다. 예를 들어, 다양한 성격을 두 개의 축을 사용하여 체계화하는 방식은 나로서는 정신분석의 여러 이론과 은유에서 너무도 분명하게 추론된다고 생각하지만, 또 어떤 분석가들에게는 이 같은 시도가 부자연스럽게 보일 수도 있다. 이들이라면 다른 개념 틀과 이미지를 사용하여 성격의 다양성을 그려 볼 것이기 때문이다. 결국 나는 내 경험을 이야기할 수밖에 없다. 나는 이 책에 소개한 방식이, 아직 정신분석을 잘 모르는 학생들에게 한 세기 이상을 발전해 오며 매우 복잡해진 정신분석의 개념을 소개하는 데 상당히 유용하였음을 말하고 싶다.

이 책의 주된 목적은 임상 실무 능력을 향상하는 데 있다. 정신분석 문헌들에 차고 넘치는 개념적, 철학적 문제들을 해결하려는 것이 아니다. 나는 엄밀한 '정확성'보다는 교육적 유용성에 관심이 더 많다. 앞으로 각 장마다 정신역동적 사례 이해와 심리치료의 실제 사이의 관계를 반복해서 강조할 것이다. 치료자라면 갖추어야 할 기본 태도가 있다. 호기심, 내담자를 존중하고 위하는 마음, 헌신, 성실성, 실수와 한계를 기꺼이 인정하는 자세 등이 그것이다(McWilliams, 2004 참조). 하지만 이런 태도의 중요성을 넘어서서, 내담자의 심리에 대한 이해가 없는 치료자에게 그 이상의 어떤 특별한 '기법'을 가르치는 것은 별로 도움될 것이 없다고 나는 생각한다.

독자들은 아마 정신분석적 사고는 고통이 심한 사람, 참담한 현실에 직면해 있는 사람, 소수 집단, 중독자, 빈곤층, 기타 부류의 사람들과는 관련이 없다는 주장을 들어 왔을 것이다. 비록 두 축을 중심으로 구성한 이 책의 진단적 정보가 도움이 필요한 모든 내담자에 관하여 다루고 있지는 않지만, 이 책이 분석적 치료의 풍부함과 특수성을 전달하는 데 성공한다면 그러한 오해는 바로잡힐 것이다.

용어 사용

그동안 기존 용어들을 새롭게 정리하려는 시도가 거의 주기적으로 이루어져 왔지만, 이것이 오히려 정신분석의 전통에 대한 오해를 키운 면이 있다. 분석가들은 어떤 특정한 심리적 현상을 지칭하기 위해 특별한 용어를 고안하였으나, 시간이 흐르면서 원래 의도와는 상관없이 상당수의 명칭들이 부정적인 의미를 띠게 되었다. 그저 현상을 있는 그대로 기술하려는 (또한 이전의 가치 지향적인 단어들을 대치하려는) 목적에서 새 용어를 고안하여도, 특히 그 배경을 잘 모르는 일반인들은 곧 이 용어에 어떤 평가적인 의미를 부여하였고, 사람을 병리화하는 용도로 이것을 사용하였다. 또 어떤 주제들은 원래부터 인간을 불편하게 하는 면이 있으며, 우리가 아무리 조심스럽게, 비판단적인 언어를 사용해 그것들에 대해서 이야기한다고 하더라도 시간이 흐르면 그 언어에도 역시 경멸적인 느낌이 드리워지게 된다.

여기에 해당하는 예가 오늘날 '반사회적 성격'이라고 불리는 것이다. 이것은 1835년에 '도덕적 광기'라는 이름을 얻었고, 나중에는 '정신병질', 그다음에는 '사회병질'이 되었다. 매번 기존 언어에 스며든 비난의 요소를 제거하려는 의도에서 새로운 기술적記述的 용어를 만든 것이다. 하지만 정신병질 현상은 사람들에게 크게 충격을 주는 것이어서, 이 개념을 도덕적 영역으로부터 보존하고자 만든 용어들이 결국은 모두 오염이 되고 말았다. 비슷한 운명을 걸었던 또 다른 단어를 들자면, 처음에 '성도착'이었던 것이 '성적 일탈' '동성애' '게이' '퀴어'로 변화한 것을 들 수 있다. 그러나 여전히 동성애를 껄끄러워 하는 사람들은 게이나 퀴어라는 용어를 폄하하는 데 사용하고 있다. '지체'를 '발달적 문제'로 바꾸었지만, 아마도 비슷한 현상이 벌어질 것이다. 어떤 이유에서건 사람을 불편하게 만드는 현상은 이렇게 낙인을 제거하려는 노력을 반복해서 촉발하지만, 결과적으로 아무 성과도 얻지 못하는 듯하다. '정치적으로 올바른 언어 사용'에 대한 논쟁이 크게 유행하고 있는 데서도 알 수 있듯이, 이런 일은 심리학 영역 밖에서도 일어난다. 언어를 정화하고자 하는 이런 시도는 또 다른 부작용을 낳았다. 정화 대상이 된 심리학적 전통의 역사가 길면 길수록 그것이 사용하고 있던 용어가 더 부정적이고 더 기묘하게 들리게 되었던 것이다. 정신건강 전문가들과 이 분야의 문외한들이 정신분석 용어를 재빨리 익히고, 왜곡하고, 편파적으로 적용한 것이 정신분석 전통에 많은 해를 끼쳤다.

역설적이지만, 정신분석의 명성에 또 다른 멍에를 지운 것은 그것이 가진 대중적 호소력이었다. 정신분석 개념이 대중적으로 유명해지면, 거기에 판단적 의미가 추가될 뿐만 아니라 원래의 의미가 지나치게 단순화된다. 예컨대, 만약 정신분석을 처음 접하는 독자가 어떤 사람을 '피학적'이라고 기술한 구절을 본다면, 아마 그는 '그 사람이 고통당하는 것을 즐기는가 보다.'라고 생각하기가 아주 쉬울 것이다. 그렇게 생각하는 것은 이해가 가는 일이지만, 사실은 무지에서 비롯된 것이다. 피학증 개념의 발달사를 보면, 왜 어떤 사람들은 의식적인 노력에도 불구하고 자신에게 고통을 주는 일에 반복해서 개입하는가를 탐구한 인간적이고, 통찰력 있고, 유용하고, 비환원적인 관찰들이 풍부하다. 다른 많은 용어도 마찬가지이다. 정신분석을 모르는 임상가들과 학식이 높은 대중들이 그 개념을 가로채서는 입심 좋게, 혹은 때로는 사람을 경멸하는 용도로 그 의미를 왜곡하여 널리 퍼뜨려 왔다.

심리학적 개념들은 일상 용어에 편입되면서 또 한 번의 '물타기'가 이루어졌다. '외상'은 재앙에 해당하는 원래 의미를 상실하고 '불편한 일'이나 '상처' 정도의 의미로 널리 사용되고 있다. '우울'은 기분이 좀 저조한 것과 구분이 불가능하게 되었다 (Horowitz & Wakefield, 2007). '공황장애'라는 용어는 '불안 신경증' 혹은 '불안 발작'이라는 말이 가졌던 완벽하게 유용했던 옛 의미를 되살리려는 목적에서 새로 창안되었다. 사업상으로 점심 식사를 하게 된 사람들의 느낌에서부터 사형 집행관 앞에 선 죄수의 느낌에 이르기까지 불안이라는 단어가 사용되지 않는 곳이 없기 때문이다.

이런 모든 일들을 생각하면서, 나는 이 책에서는 어떻게 할 것인지를 고심하지 않을 수 없었다. 개인적인 차원에서라면, 나는 자신들을 자신들이 원하는 명칭으로 불러 주기를 바라는 집단의 바람을 따르고, 특정한 진단적 명칭을 반대하는 환자들의 감성을 존중하고자 하였다. 현재의 DSM 용어가 특정한 현상을 말하는 표준이 되어 있다면, 그것이 예전의 더 풍부한 개념을 가리지 않는 한 그 용어를 사용하였다. 하지만 학문적 차원에서 생각하자면, 현재 사용 중인 이름을 버리고 새로운 이름을 계속 만드는 일은 아무 소용이 없을 듯하다. '피학적' 대신 '자기패배적'이라는 말을 쓰고, '히스테리적' 대신 '연극성'이라는 명칭을 사용하는 일은 정신역동적 가정이 포함된 용어를 피하고 싶어 하는 다른 이론 지향의 임상가들이라면 충분히 선호할 만한 일이다. 하지만 우리처럼 분석적으로 사고하고 성격 형성에 무의식적 과정이 작동한다고 가정하는 사람들에게는 별 의미가 없는 일이다.

그래서 다소 양가적인 결론이기는 하지만, 이 책에서는 전통적인 정신분석 용어를 주로 사용하되, 때때로 전문 용어의 과도한 무게를 줄이고자 하는 바람에서 그와 대체로 비슷한 의미를 가지는 좀 더 현대적인 용어들도 함께 사용하려고 한다. 나는 독자들이 정신분석의 용어들이 어떤 특정한 성격 특성을 가리키는 언어로 채용된 배경을 더 잘 이해할 수 있기를 바란다. 그래서 일반적으로 정신분석의 친숙한 용어들을 사용하면서도, 독자들이 좀 더 편하게 다가갈 수 있도록 노력하려고 한다. 정신역동적인 배경이 없는 독자들에게는 이런 저자의 시도와 이 책의 내용이 구태의연하게 느껴지거나, 심지어 판단적이라는 느낌이 들 수도 있을 것이다. 그러나 나는 그런 분들에게는 잠시 비판적 시각을 내려놓고, 정신분석이 미심쩍더라도 우선 믿어주기를 바라며 이 책에서 소개하는 개념들의 유용성에 대해 생각해 보기를 부탁하고 싶다.

이 책의 논조

개인의 성격 패턴과 그 의미에 대한 논의는 의문과 논란의 여지를 남기기 마련이다. 그것은 일반적인 정신분석적 접근을 수용하고 인정하는 맥락 안에서 이루어져도 마찬가지이다. 정신분석적 사고의 핵심을 이루는 많은 개념이 그동안 체계적으로 연구되지도 검증되지도 않았지만, 그 자체가 조작적 정의를 가로막는 성질을 지니고 있어서 도무지 경험적으로 검증될 가능성이 있기나 한 것인지 의문이 들 수밖에 없다(Fisher & Greenberg, 1985 참조). 그래서 많은 학자가 정신분석을 과학적 전통보다는 해석학의 범주에 두는 것을 선호한다. 학계에 있는 현대의 심리학자들이 정의한 과학적 방법에 따라 정신분석적 주제를 탐구하는 일에는 이렇게 주제 자체가 가지는 내재적 저항이 작용하기 때문이다.

나는 아마도 모호함의 오류보다는 과잉 단순화의 오류를 범하는 쪽으로 나아갔을 것이다. 어떤 아이디어에 대해서는, 사려 깊은 연구자들과 경험이 많은 전문가들이 보면 지나치다 싶을 정도로 과감하게 설명한 부분이 있을 것이다. 이 책은 임상가의 길에 들어선 사람들을 위한 책이다. 치료자로 성장하는 길은 불안의 안개가 뒤덮고 있다. 나는 지나치게 복잡한 내용을 소개하여 불필요하게 그 불안을 키우는 짓을 하고 싶지 않았다. 그러나 2판에서는, 최근 이 분야에서 본질주의와 절대주의적 선언에 대한 우려가 커지고 있음을 감안해서, 보편화의 경향성을 제어하려고 노력하였다. 우리 모두는, 우리가 마주치는 모든 치료적 관계의 예측 불가능성과 미묘함으로부터 금방 배우게 된다. 인간의 본성이라는 신비 앞에 서면, 우리가 가진 가장 우아하고 가장 만족스러운 개념들도 그 빛을 잃어버리게 된다는 것을. 그러므로 나는 이 책의 독자들이 이 책에서 알게 된 것들을 뛰어넘게 되기를 격려하는 바이며 또 그렇게 되리라 믿는다.

Part 1

Psychoanalytic Diagnosis

개념적 문제들

1부의 서론

1부의 6개 장은 성격 진단의 이론적 근거, 주요 정신분석 이론 및 이들이 성격 구조 모델에 끼친 영향에 대한 개관, 상이한 발달 과제들을 구체적으로 실현한다고 알려진 개인차에 관한 탐구, 그러한 주제들의 치료적 시사점, 성격 구조와 관련된 방어에 대한 설명 등으로 구성되어 있다. 이러한 여러 측면은 우리가 어떤 사람의 성격이라고 여기는 개인내적 일관성을 고찰하는 한 가지 방식을 제시한다.

1부의 핵심은 두 개의 축을 따라 다양한 성격을 진단하는 방법을 제시하는 데 있다. 일반화하려는 다른 시도들과 마찬가지로, 이 도식이 임의적이고 지나치게 단순한 점도 있지만, 나는 이런 도식이 성격의 중심 역동을 개념화하고 그런 개념화의 임상적 가치를 치료자들에게 소개하는 데 유용함을 발견하였다. 이러한 방식의 성격 개념화는 많은 정신분석 문헌에 함축되어 있다고 나는 믿는다. 때로 유사한 개념화가 존재하기도 한다[예, M. H. Stone(1980)은 이에 더하며 유전적 경향성을 추가하였다]. 다른 분석가들은 진단에 관한 다른 시각적 표상을 제공한다(예, Blanck & Blanck, 1974, pp. 114-117; Greenspan, 1981, pp. 234-237; Horner, 1990, p. 23; Kernberg, 1984, p. 29; Kohut, 1971, p. 9).

특히 지난 20여 년간, 유아, 관계 패턴, 외상, 신경과학 등을 연구하는 학자들은 성격 차에 관한 새로운 사고방식을 촉발시켰다. 나의 도식이 이들 연구의 많은 부분을 통합할 수 있기는 하지만, 현대의 경험적 연구에서 나온 몇몇 개념화는 상당히 다른 시각을 제공한다. 나의 목적은 발달적, 구조적, 기질적 개념에 관한 다른 접근들을 논박하는 것이 아니라, 초심자들에게 이 분야에 대한 종합적이고 간소한 이미지를 제공하는 것이다.

Chapter 01 Psychoanalytic Diagnosis

왜 진단을 하는가

일부 치료자들을 포함해서 많은 사람에게 '진단'은 입에 올리기 어려운 불결한 단어가 되었다. 우리 모두는 심리진단이 잘못 사용되는 것을 목격해 왔다. 불확실성을 견디지 못하는 면접자는 복잡한 사람을 지나치게 단순화하며, 고통을 함께 느끼는 것을 참을 수 없어 하는 임상가는 진단적 언어를 도구로 사용해 고통스러워하는 사람으로부터 거리를 두며, 다루기 힘든 사람들을 병리적 명칭을 붙여 벌을 준다. 인종 차별, 성차별, 동성애 차별, 계급주의, 기타 수많은 다른 편견들도 질병분류학에 의해 손쉽게 뒷받침될 수 있고, 종종 그렇게 되어 왔다. 요즘 미국에서는 보험회사들이 치료자의 판단을 무시하고 특정한 진단 범주에 특정한 회기 수를 할당하기도 하며, 이 경우 평가 과정이 특히 오염되기가 쉽다.

진단 용어는 필연적으로 경멸적일 수밖에 없다는 시각도 진단을 반대하는 한 가지 이유이다. 예를 들어, 최근 Paul Wachtel(2009년 3월 14일 개인적 대화에서)은 진단을 "화려한 족보로 모욕하는 것"이라고 말했다. Jane Hall은 "라벨은 옷에 붙이는 것이지, 사람에게 붙이는 것이 아니다."라고 썼다(1998, p. 46). 경험이 많은 치료자들이 종종 그런 말을 하지만, 그들도 훈련을 받을 때는 개인차와 그것의 치료적 시사점을 일반화해 주는 언어들을 아는 것이 도움이 되었으리라 생각한다. 일단 수십 년간의 관찰에 의해 밝혀진 임상 패턴을 알아보는 법을 배우고 나면, 책을 제쳐두고 개인의 독특함을 음미할 수 있을 것이다. 진단 용어는 객관화하거나 모욕하는 데 사용될 수 있다. 그러나 이 책에서 개인차를 정중하게 전달하는 데 성공한다면, 이 책의 독자들이 다른 사람들에 대해 우월감을 느끼는 데 진단 용어를 사용하지는 않을 것이다. 대신 서로 다른 개인의 주관적인 현실을 정신화mentalizing하는 기본적인 언어를 얻게 될 것이며, 이는 개인의 성장에 그리고 전문가로서의 성장에 중요한 일이 될 것이다.

진단적 언어의 남용은 쉽게 찾아볼 수 있다. 그러나 무언가가 남용될 수 있다고 해서 그것을 버려야 하는 합당한 이유가 될 수는 없다. 모든 종류의 악이 고상한 이상(사랑, 애국심, 기독교 정신, 다른 어떤 것이든)을 명분으로 행해질 수 있다. 그러나 이는 원래 그러한 이상이 잘못되어서가 아니라 그것이 왜곡되기 때문이다. 중요한 문제는, 심리진단의 개념을 조심스럽게, 남용하지 않고 적용할 때, 내담자가 도움을 받을 수 있는 기회가 더 많아지겠는가 하는 점이다.

적절한 훈련을 받고 세심하게 진단을 할 때 얻을 수 있는 다섯 가지 장점이 있다. 진단은, (1) 치료 계획을 수립하는 데 유용하고, (2) 예후에 관한 정보를 제공하고, (3) 정신건강 서비스 소비자를 보호하는 데 도움이 되고, (4) 치료자의 공감 전달을 가능하게 하고, (5) 쉽게 겁을 먹는 사람들이 치료로부터 도피할 가능성을 줄이는 역할을 한다. 이 외에도 진단 과정에는 치료를 간접적으로 촉진할 수 있는 부가적인 이점들이 있다.

여기서 진단 과정이라는 말은, 위기 상황을 제외하고 새로운 내담자를 만나면 우선 광범위한 객관적, 주관적 정보들을 수집해야 한다는 뜻으로 사용된다. 나는 (McWilliams, 1999 참조) 대개 환자와의 첫 번째 면담을 현재의 문제와 그 배경을 상세하게 듣는 데 할애한다. 면접이 끝날 무렵 환자가 앞으로 치료 작업을 함께하는 것을 편안해하는지 점검한다. 그런 다음, 내가 더 넓은 맥락에서 문제를 볼 수 있다면 환자를 더 잘 이해할 수 있을 것이라고 설명하고, 다음 면접 시간에 온전한 개인력을 얻겠다고 동의를 구한다. 두 번째 회기에서, 많은 질문을 할 것이라고 다시 한 번 말해 주고, 기록을 할 수 있도록 허락을 구하며, 불편하게 느끼는 질문에 대해서는 대답을 하지 않아도 된다고 말해 준다(실제로 그렇게 하는 사람은 거의 없지만, 이러한 말에 고마워하는 것 같다).

나는 관계가 자연스럽게 형성되도록 그냥 놔두면 서로 신뢰하는 분위기가 생기고, 모든 관련 자료들이 표면으로 드러나게 된다는 주장을 믿지 않는다. 일단 환자가 치료자를 가깝게 느끼면 자신의 과거사나 행동의 어떤 측면을 꺼내 놓기가 더 쉬워지는 것이 아니라 더 어려워질 수 있다. 알코올 익명 집단 AA 모임에는 수년간 치료를 받거나 여러 전문가들을 만나면서도, 약물 남용에 대해 질문을 받아 본 적조차 없는 사람들이 무수히 많다. 진단 회기가 권위주의적이고 위압적으로 거리를 두는 장면일 것이라고 생각하는 사람들에게는, 심층 면접이 내담자를 진실로 존중하는 평등한 분위기에서 진행되지 못할 이유가 없음을 강조하고 싶다(Hite, 1996 참조). 대개 환자들은 철저한 전문가적 자세에 고마움을 느낀다. 나는 여러 치료자를 만나 본 경험이 있는 한 여성을 면접한 적이 있었는데, 그녀는 이렇게 말하였다. "아무도 이렇게 나에게 관심을 보인 적이 없었어요!"

정신분석적 진단 대 기술적인 정신의학적 진단

DSM과 ICD 체계의 기초인 기술적記述的인 정신의학적 진단은 내가 이 책의 1판을 썼을 때보다 훨씬 더 규준이 되어 있다. DSM은 정신건강의 '성서'라고 불릴 정도이며, 학생들은 마치 DSM 속에 어떤 자명한 인식 체계라도 있는 것처럼 그것에 따라 훈련받는다. 추론적/맥락적/차원적/주관적 진단이 기술적인 정신의학적 진단과 공존할 수 있음에도 불구하고(Gabbard, 2005; PDM Task Force, 2006), 이 책에서 설명하고 있는 종류의 평가는 점점 더 예외가 되고 있다. 나는 이러한 사태에 우려를 금할 수 없다. DSM과 관련하여, 기술적이고 범주적인 진단에 대한 나의 염려를 잠시 언급하겠다. 이러한 염려는 DSM-5가 나오면 얼마간 잠잠해질 수도 있겠지만, 1980년 이래 우리가 범주적이고 특질에 기초한 분류학을 따랐던 것의 여파가 당분간 지속되리라고 본다.

첫째, DSM에는 정신건강 혹은 정서적 안녕에 대한 함축적인 정의가 담겨 있지 않다. 반면, 정신분석적인 임상 현장에서는 환자의 문제 행동과 정신 상태를 변화시키는 것 이상의 목표를 가정한다. 치료자는 환자가 한계가 있는 자신을 있는 그대로 받아들이고, 전반적인 탄력성, 삶의 주체로서의 느낌, 넓은 범위의 사고와 정동에 대한 인내심, 자기 연속성, 현실적인 자존감, 친밀한 관계를 형성할 수 있는 능력, 도덕적 감성, 다른 사람을 자신과 분리된 별개의 존재로 인식할 수 있는 능력 등이 향상될 수 있도록 노력한다. 이러한 능력이 없는 사람들은 그것을 상상조차 할 수 없기 때문에, 그러한 것들이 없다고 좀처럼 불평하지 않으며, 단지 자신이 나아지기를 바랄 뿐이다. 특정한 축1 장애를 호소하며 치료를 받으러 올 수도 있겠지만, 그들의 문제는 그러한 증상을 넘어서는 것일 수 있다.

둘째, 타당도와 신뢰도를 높이려고 열심히 노력했음에도 불구하고, 1980년 이후에 나온 DSM 개정판들의 타당도와 신뢰도는 실망스럽다(Herzig & Licht, 2006 참조). 일부 연구를 용이하게 하기 위해 정신병리를 재정의하려 하면서, 증상들을 별개의 증상들로 인위적으로 떼어 놓았고, 그 결과 임상 증후군의 기술을 보고 환자의 복합적인 경험을 제대로 파악할 수 없게 되어 버렸다. 지금은 정신병리를 개념화하는 다른 강력한 방법이 있다는 점에서 DSM-II에 스며들어 있던 정신분석적 편견을 제거하려는 노력은 이해할 만하지만, 증상에 대한 내담자의 주관적인 경험을 중시하지 않음으로써, 정신적 고통을 생동감 없고 경험과 유리된 것으로 기술하는 결과를 낳았다. 이는 마치 작곡에서 음의 높이, 박자, 길이를 기술하는 것이 음악 자체인 것처럼 표현하듯, 임상 현상을 표현하는 것이다. 이러한 비판은 특히 DSM의 성격장애 부분에 해당되지만, 우울이나 불안 경험의 치료에도 적용된다. 불안을 분리불안인가, 절멸불안인가, 우울을 의존적 우울인가, 내사적 우울인가(Blatt, 2004)로 보는 대신, 빠른 심박동, 섭식과 수면 패턴의 변화처럼 외적으로 관찰 가능한 현상을 포함한 진단으로 볼 때 그러하다. 전자의 방식은 그러한 환자를 이해하고 돕는 데 핵심적이다.

셋째, 종종 DSM 체계를 정신병리의 '의학적 모델'이라고 부르지만, 어떤 의사도 증상의 관해를 질병의 치료로 보지는 않을 것이다. 많은 임상 경험을 무시하고, '장애'의 범주들을 강조함으로써 뜻하지 않은 심각한 부정적 결과들이 초래되었다. 심리적 문제를 개별 증후군들의 증상으로 보는 것이 최선이라고 가정하게 되면서, 보험회사와 정부가 치료적 변화를 위한 최소한의 공통 요소를 지정하고 그것이 그들이 보장할 수 있는 전부라고 주장하는 사태가 벌어졌다. 현재의 호소 문제는 단지 정서적인 빙산의 일각이며 이것을 무시하면 미래에 문제를 일으키리라는 점이 분명할 때조차도 그러하다. 범주적 접근은 끝없는 별개의 '장애' 목록을 만들어서 그 장애에 특정한 약을 판매할 수 있는 데 관심이 있는 제약회사들에게도 이익을 가져다주었다.

넷째, 돌아보건대 1980년 이후 DSM에 무엇을 포함하며, 어디에 포함할 것인가 하는 문제는 대부분 임의적이고 일관성 없이 결정되었으며, 편집자들과 제약회사의 유착 관계에 영향을 받았다. 예를 들어, 기분을 포함하는 모든 현상은 기분장애에 할당되었으며, 오랜 전통이 있는 우울성 성격은 사라졌다. 그 결과, 많은 성격 문제들을 별개의 기분장애 삽화로 잘못 보게 되었다. 또 다른 예를 들면, DSM에서 만성적이고 전반적이라고 보는 축1 장애들(예, 일반화된 불안장애, 신체형 장애)에 관한 기술을 자세히 읽어 보면, 왜 이 장애들을 성격장애로 고려하지 않는지 분명치 않다.

어떤 장애를 포함할 것인가 제외할 것인가 하는 근거가 분명하고 인정받을 만하더라도, 임상가의 관점에서 볼 때는 임의적일 수 있다. DSM-III부터 장애를 포함하는 한 가지 규준은 그 장애에 대한 연구 데이터가 있어야 한다는 것이었다. 이는 합리적으로 들리지만, 일부 이상한 결과를 낳았다. 1980년까지 해리성 성격은 DSM의 다중인격 장애, 나중에는 해리성 정체성 장애로 이름이 바뀐 범주에 포함될 만큼 많은 경험적 연구가 있었지만, 아동의 해리에 대한 연구는 거의 없었다. 그 결과, 해리성 성인을 치료하는 임상가들 사이에 아동기에 해리성 장애를 겪지 않으면 해리성 장애를 발전시키지 않는다는 광범위한 합의가 있음에도 불구하고, DSM에 해리성 아동을 위한 진단은 없다(2010년 내가 이 책을 쓸 당시에도). 과학에서는, 대개 자연적 관찰이 검증 가능한 가설을 앞선다. 새로운 정신병리(예, 인터넷 중독, 특히 인터넷 포르노 중독. 기술 발전 이전에는 없었던 충동장애의 한 형태)는 연구될 수 있기 이전에 임상가들이 먼저 관찰한다. 1980년 이후의 DSM에서 임상 경험을 중요하게 고려하지 않음으로써 이러한 딜레마가 생겼다.

마지막으로, 범주적 진단이 미친 미묘한 사회적 효과에 대해 언급하고 싶다. 범주적 진단은 암묵적으로 책임을 회피하는 일종의 자기소외, 자기 상태의 물화物化를 야기할 수 있다. "나는 사회공포증이 있어."라고 말하는 것은 "나는 지독하게 부끄러워하는 사람이야."라고 말하는 것보다 더 거리를 두고 자신의 문제가 아닌 것처럼 말하는 방법이다. 제약회사 엘리 릴리는 Prozac의 특허가 만료되자 같은 제조법의 분홍색 알약을 만들어 'Serafem'이라는 이름을 붙이고, 생리 전 우울장애(PMDD)라는 새로운 '질병'을 만들어 냈다(Cosgrove, 2010). 많은 여성들이 생리 전에 예민해지지만, "오늘 기분이 좀 엉망이라 미안해, 그날이 왔거든."이라고 말하는 것과 "나는 PMDD를 갖고 있어."라고 선언하는 것은 매우 다르다. 내가 보기에 전자의 사람은 자신의 행동에 책임을 지고, 다른 사람들과 따뜻한 관계를 유지할 가능성이 커지며, 때때로 삶은 힘들다는 점을 인정하지만, 후자는 자신은 치료 가능한 병을 갖고 있고, 자신의 경험에서 다른 사람들을 밀쳐 내며, 모든 것은 고쳐질 수 있다는 유아적 신념을 갖고 있음을 암시한다. 아마도 이것이 나만의 독특한 관점일지도 모르지만, 사람들이 암암리에 갖고 있는 생각이 이렇게 드러나지 않게 변하는 데는 문제가 있다고 생각한다.

치료 계획 수립

진단을 하는 근본적인 이유는 치료 계획을 수립하는 데 있다. 심리치료와 의학적 처치가 서로 비슷하다거나, 또 의학에서는 진단과 치료의 관계가 (이상적으로는) 직선적일 것이라는 가정들을 한다. 이러한 관계가 심리치료에서도 때때로 이루어지지만, 그렇지 않을 때도 있다. 몇몇 아주 구체적이고 대다수가 동의하는 치료적 접근법이 존재하는 문제 상황에서는 제대로 된 진단의 가치를 쉽게 발견할 수 있다. 그러한 진단으로는 약물 남용(치료 방향: 화학적 해독과 재활이 수반되는 심리치료)과 양극성 장애(치료 방향: 개인 치료와 약물치료의 병행)가 있다.

지난 15년간 성격 문제에 대한 다수의 집중적인 개입 방법이 개발되었음에도 불구하고, 성격장애를 위한 가장 일반적인 처방은 여전히 장기 분석 치료이다. 그러나 정신분석을 포함하여 분석적인 치료는 환자 개개인의 성격과 무관하게 일률적으로 적용되는 단일한 절차가 아니다. 가장 고전적인 분석가일지라도, 히스테리 환자들과는 경계를 지키기 위하여, 강박적인 사람들과는 정서를 느끼게 하기 위하여, 분열성인 사람들과는 침묵을 견디기 위하여 좀 더 신경을 쓸 것이다. 치료자가 공감적이고자 노력한다고 해서 특정한 내담자가 공감을 경험하리라고 보장할 수는 없다. 치료자는 어떻게 해야 환자가 이해받고 받아들여진다고 느끼는지를 알기 위해 환자 개인의 심리에 관해 무언가를 추론해야 한다. 정신병적 장애가 있는 사람들(예, Read, Mosher, & Bentall, 2004)과 경계선 상태에 있는 사람들(예, Bateman & Fonagy, 2004; Clarkin, Levy, Lenzenweger, & Kernberg, 2007; Steiner, 1993)에 대한 정신분석적 이해가 발달하면서, '고전적 분석'은 아니지만 정신역동적 사고에 뿌리를 둔 치료적 접근이 가능해졌다. 이러한 치료적 접근을 시도하려면, 자신의 내담자가 정신병적 상태와 반복적으로 씨름하는지 혹은 경계선 상태와 반복적으로 씨름하는지를 우선적으로 파악해야 한다.

분석 치료건 아니건, 연구를 위해서는 치료를 구체적인 기법적 절차로 정의하는 것이 일반적이다. 반면, 치료자들은 관계 자체가 갖는 치유의 잠재력에 비해 '기법'은 이차적인 문제라고 보며, 자신이 하는 일을 친밀하고 새로운 정서적 학습 기회의 제공이라고 정의할 수 있다. 분석 치료는 개인의 사정을 무시하고 누구에게나 억지로 꿰어 맞추는 획일적인 활동이 아니다. 진단적 개념화가 제대로 이루어지면, 관계를 맺는 방식, 개입의 기조, 처음에 초점을 맞추어야 할 주제와 같은 결정적인 영역에서 치료자가 어떤 선택을 해야 하는지에 대한 정보를 얻을 수 있다. 인지행동치료(CBT)가 많이 시행되면서, 우리는 심각한 성격장애를 치료하기 위해 CBT 지향의 치료자들이 개발한 접근법을 보기 시작하였다(예, Linehan, 1993; Young, Klosko, & Weishaar, 2003). 개별성과 복합성에 대한 그들 자신의 임상 경험에 대한 반응으로, CBT 임상가들은 이제 내가 그렇게 하는 것과 거의 같은 이유로 사례개념화를 쓰고 있다(예, Persons, 2008). 나는 이 책이 나의 정신분석 동료들뿐만 아니라 그들에게도 유용하기를 바란다.

예후에 관한 정보

강박성 성격의 환자를 치료하는 치료자가 급성으로 강박사고가 생긴 환자를 치료할 때와 같은 속도의 치료적 진전을 기대한다면 커다란 좌절을 맛보게 될 수 있다. 성격적인 문제의 깊이와 넓이에서의 차이점을 평가하는 것은 환자뿐만 아니라 치료자에게도 매우 유익하다. DSM의 분류 체계에도 특정 상태의 위험 정도와 궁극적인 예후에 대한 함의가 때로 포함되어 있기도 하지만(축에 따라 정보를 조직화하는 것은 이러한 노력의 일환이다), 때로는 치료 과정을 통해 기대할 수 있는 것이 무엇인지에 대한 아무런 정보 없이 단지 합의적으로 수용된 진단 분류들만을 담고 있기도 하다.

이 책의 주요 주제는 외현적인 문제만을 보고 진단을 내리는 것은 아무 쓸모가 없다는 것이다. 우울성 혹은 자기애성 성격을 지닌 사람들의 공포증은 성격적으로 공포증적인 사람들의 그것과는 다른 현상이다. 심리진단이 일부 영역에서 나쁜 평판을 받는 이유는 단순히 환자들이 제시하는 호소 문제에 명칭을 갖다 붙이기만 했기 때문이다. 단순히 겉으로 드러나는 모습만을 기초로 진단을 내린다면, 여러 가지 상이한 진단에 관한 연구도 불가능하다. 컴퓨터 분석가라면 누구라도 증언할 수 있듯이, 쓰레기가 들어가면 쓰레기가 나온다.

정신분석 전통의 강점 중 하나는 스트레스와 관련된 증상과 성격에 내재된 문제 간의 차이점을 평가한다는 것이다(항상 그랬던 것은 아니다. Freud는 처음에 성격적으로 히스테리적인 사람과 히스테리 반응을 보이는 다른 심리를 갖고 있는 사람들을 구분하지 않았고, 지금이라면 경계선 수준의 강박성 성격이라고 간주할 만한 사람들과 강박 신경증을 보이는 사람들을 구별하지 않았다). 대학 1학년생으로 섭식장애가 생겨 폭식을 하며 이것이 어쩔 수 없이 하게 되는 자기파괴적인 행동임을 인식하는 여성은 초등학교 이래로 폭식과 구토를 반복하면서 자신의 행동이 정당하다고 여기는 여성과는 매우 다르다. 두 사람 모두 DSM의 폭식증 규준에 해당되겠지만, 첫 번째 내담자에 대해서는 몇 주간의 치료로 행동의 변화를 기대할 수 있는 반면, 두 번째 내담자에 대해서는 1~2년 정도 치료한 후에야 섭식장애의 대가와 변화의 필요성을 분명히 알게 하는 일이 현실적인 목표가 될 것이다.

소비자 보호

공들여 진단을 하는 일은 치료자와 그들의 잠재적인 내담자 간의 윤리적인 의사소통을 촉진시킨다. 그것은 일종의 '광고의 진실성'이다. 세심한 평가에 기초하여, 치료자는 환자에게 치료를 통해 무엇을 기대할 수 있는지 이야기할 수 있으며 그럼으로써 너무 많은 것을 약속하거나 내담자를 잘못 인도하지 않을 수 있다. 과거력과 현재의 문제를 고려할 때 신뢰할 만한 내적 변화를 경험하려면 치료 기간이 오래 걸릴 것이라는 말을 듣고 화를 내는 환자들을 나는 거의 본 적이 없다. 대부분의 내담자는 치료자가 자신의 문제를 깊이 있게 이해한 것에 고무되어 기꺼이 긴 여행을 시작할 준비를 한다. Margaret Little(1990)은 분석가로부터 "하지만 당신은 병이 아주 깊군요." 라는 말을 들었을 때 오히려 안도감을 느꼈다고 하였다.

최근 자신에게 심한 강박적 경향이 있다고 생각하고 나에게 오기 전 몇몇 치료자를 만나 본 적이 있는 심리적으로 세련된 환자가 한 명 있었다. 그는 "그래요, 당신은 진단 전문가죠. 나를 어떻게 진단할 거죠?"라고 당당히 말했다. 나는 깊은 숨을 내쉬며, "당신은 진짜 편집증이 심한 것 같네요."라고 답했다. "맙소사, 마침내 그걸 아는 사람이 있네요."라고 그가 말했다. 기적적인 치유를 요구하면서도 진정한 변화를 위한 치료 작업을 함께하려는 마음이나 능력이 없는 소수의 내담자들에게는 진단에 관하여 정직하게 알려 줌으로써, 이들이 정중하게 치료를 철회할 수 있도록 해 주어야 한다. 그래야 어떤 마술을 기대하면서 내담자 본인과 치료자의 시간을 낭비하지 않을 수 있다.

단기 치료를 할 수밖에 없는 기관에서 일하는 치료자들은 단기 치료가 최선의 선택이라고 믿으면서 환자들에게도 그렇게 이야기하기가 쉽다. 물론 순수한 치료적 이유에서 단기 치료가 더 적합할 때도 있지만, 치료자는 부득이한 일을 하면서 잘한다고 생각하는 인간적인 경향성을 경계해야 한다. 제대로 이루어진 평가는 단기 접근이 환자에게 얼마나 도움을 줄 수 있는지에 대한 정보를 제공해 줄 것이다. 치료자와 내담자 모두 괴롭더라도 한계를 인정하는 것이 정직하다. 분명한 외적 제약이 있는데도 불구하고 치료자가 효과적인 치료를 할 수 있다고 스스로 믿거나 혹은 환자를 그렇게 믿게 한다면, 결국엔 서로가 자책에 빠지게 될 것이다("6회기 동안 변화가 가능하다고 믿었는데 별다른 진전이 없다니 도대체 나에게 무슨 문제가 있단 말인가?"). 임상 현장에서는 그 반대의 경우도 흔하다. 정신분석의 황금기라고 불렸던 시절에는 약물치료 센터나 지지 집단에 갔으면 더 나았을 환자들, 혹은 심리치료와 약물치료를 병행하는 것이 더 나았을 환자들이 수년간 정신분석에만 머물러 있는 경우가 많았다. 세심한 진단 평가는 별 도움이 안 될 치료 관계에 너무 많은 시간을 낭비할 가능성을 줄여 줄 것이다.

공감의 전달

'공감empathy'이라는 용어는 지나치게 많이 사용됨으로써 그 뜻이 얼마간 희석되었다. 그럼에도 불구하고 '누군가를 위해 느끼는'이 아닌 '누군가와 함께 느끼는'이라는 의미를 담을 수 있는 다른 마땅한 용어가 없다. 이것이 동정sympathy(연민, 측은함, 관심, 기타 고통받는 사람과 방어적으로 일정한 거리를 두는 비슷한 단어들)과 공감을 구별한 원래의 이유였다. '공감'은 내담자가 정서적으로 무엇을 전달하든지 내담자에게 따뜻하고 수용적이며 동정적으로 반응한다는 의미로 종종 잘못 사용되고 있다. 그러나 나는 이 책 전체에서 공감이라는 용어를, '다른 사람이 느끼고 있는 무언가를 정서적으로 느낄 수 있는 치료자의 역량'이라는 문자 그대로의 의미로 사용한다.

그들 역시 치료자인 나의 환자들은 내담자에게 적대적이거나 두려워하는 반응을 보이고는 자신의 '공감 부족'에 대해 스스로를 모질게 비판한다. 그들은 그러한 혼란스러운 정서를 느끼지 않기를 원한다. 우리가 사람들을 돕는 일을 하기로 결심했을 때, 원초적인 증오와 비참함도 치료 작업에 포함된다는 것을 아무도 경고해 주지 않았기 때문에, 이를 인정한다는 것은 불편한 일이다. 그러나 이러한 상태에 있는 임상가는 사실은 좀 더 높은 수준의 공감으로 고통을 받고 있는 것이다. 왜냐하면 만약 그들이 진정으로 환자와 함께 느낀다면, 환자의 적개심과 공포와 다른 비참한 마음의 상태 또한 느낄 수밖에 없기 때문이다. 치료 중인 환자의 정서는 매우 부정적일 수 있으며, 그럴 때 다른 사람에게 따뜻한 반응을 느끼게 할 수는 없다. 전혀 훈련을 받지 않은 사람이라도 그러한 정서적 반응에 따라 행동하지 않도록 해야 한다는 것을 잘 안다. 하지만 치료자의 반응이 매우 큰 가치를 지니고 있다는 사실은 잘 알려져 있지 않다. 이러한 반응은 진단에 핵심적일 수 있다. 이런 진단을 근거로 치료자는 환자의 독특한 정체성을 고려치 않은 채 직업적이고 기계적으로 동정을 베푸는 것이 아니라, 내담자의 불행에 진정으로 귀를 기울이며 앞으로 어떻게 그 문제를 다룰지 선택할 수 있다.

예를 들어, 면접자가 내담자에게 조종당하는 느낌을 받는다면, 그 내담자는 여러 가능성 중에서도 특히 히스테리적 성격을 가지고 있거나 정신병질적 성격을 가지고 있을 가능성이 크다. 이후의 치료적 반응은 임상가의 가설에 따라 달라질 것이다. 히스테리적인 성격을 지닌 사람이라면 내담자의 공포심과 무력감에 대해 이야기하면 도움이 될 수 있다. 대신, 정신병질적인 사람이라면 내담자에게 예술가 수준의 사기꾼 솜씨가 있음을 역설적으로 인정해 줘야 할 것이다. 만약 치료자가 '조종'이라는 라벨을 뛰어넘어 좀 더 깊은 추론으로 들어갈 수 없다면, 내담자에게 자신도 이해받을 수 있다는 깊은 희망을 전달할 수 없을 것이다. 만약 진단을 과도하게 일반화하여, 조종하는 특성이 있는 모든 내담자를 히스테리로 보든지 아니면 정신병질로 본다면 치료적 접촉은 오직 한정된 시간에만 이루어질 것이다. 히스테리적인 역동을 지닌 사람은 내면의 겁먹은 아이에게 위로가 필요하다고 간절하게 느끼고 있을 때 냉소적인 세력 싸움을 한다는 오해를 받으면서 절망감을 느낄 것이다. 정신병질적인 사람은 다른 사람을 '이겨 먹고자' 하는 습성의 핵심을 놓치는 치료자에 대해 경멸감만을 갖게 될 것이다.

진단이 치료자의 공감 전달을 가능하게 하는 가치가 있음을 보여 주는 또 다른 예는 경계선 성격 조직을 갖고 있는 사람들이 자살하겠다고 해서 응급실에 들어오는 흔한 상황에서 볼 수 있다. 응급실에서 일하는 정신건강 종사자들은 보통 일반적인 위기개입 모델을 훈련받으며(자살 계획, 방법, 그 방법의 치명성에 대해 묻는다), 대부분의 경우 이러한 위기개입 모델을 적절하게 활용할 수 있다. 그러나 경계선 심리를 지닌 사람들은 정말로 죽고 싶을 때가 아니라, Masterson(1976)이 적절하게 표현한

대로 '유기 우울증abandonment depression'을 경험할 때 자살을 이야기하는 경향을 보인다. 이들은 자신이 얼마나 끔찍하게 느끼는지에 대해 누군가 관심을 기울여 준다고 느낌으로써 자신의 공포와 절망감을 상쇄해야 한다. 종종 이들은 성장 과정에서 신체적 상해를 위협하지 않는 한 아무도 자신의 감정에 신경 쓰지 않는다는 것을 배운 사람들이다. 자살 의도만을 평가하는 일은 이들을 화나게 할 뿐이다. 그다지 의식적이지 않은 환자의 주관적 경험의 측면에서 볼 때, 환자는 자살의 맥락에 대해서 절실하게 이야기하고 싶은데, 면접자는 자살의 내용에만 온통 정신을 쏟고 있기 때문이다.

진단적 민감성 없이 표준화된 위기개입 절차만을 따르려는 치료자의 노력은 때로 반反치료적이고 때로 위험하기까지 하다. 왜냐하면 이런 치료자의 행동은, 자신의 이야기를 듣게 하기 위해서는 자살하고 싶은 심정을 이야기하기보다는 자살을 증명해야 한다고 느낄 정도로 경계선 환자들을 좌절시킬 수 있기 때문이다. 또한 이들은 도움을 요청하면서도 도와주는 사람의 진지한 노력을 거부한다. 그래서 치료자는 환자를 미워하게 된다(Frank et al., 1952). 경계선 내담자를 알아보도록 훈련받은 응급실 종사자는 바로 자살 가능성을 평가하기보다는 자살 위협 이면의 고통스러운 정서에 반응하는 데 점점 익숙해진다. 역설적이게도 이들은 자동적으로 자살 가능성을 평가하는 동료들에 비해 자기파괴적 행동을 더 많이 예방한다. 또한 이들은 '협조적이지 않다'거나 '진실하지 않다'는 이유로 내담자를 미워하게 되는, 치료자의 사기를 몹시 저하시키는 경험을 덜할 수 있다.

치료 회피의 방지

변덕스러운 환자를 계속 치료받도록 하는 일도 진단과 관련이 있다. 많은 사람이 전문적인 도움을 구한 후에 바로 두려움을 느끼게 되는데, 이는 치료자에 대한 애착이 커다란 위험을 예고하기 때문이다. 예를 들어, 경조증적인 성격을 지닌 사람은 다른 사람에게 의지했던 초기 경험이 매우 비참했기 때문에, 치료자의 따스함이 의존에 대한 갈망을 자극하자마자 관계로부터 뛰쳐나가려는 경향을 보인다. 보살핌을 받고 싶은 욕구를 부인함으로써 자존감을 유지하는 역逆의존적인 사람들 역시 다른 사람이 정서적으로 중요하다는 것을 인정할 때는 수치심이 자극되기 때문에, 애착이 형성되는 시점에 치료에서 도피하며 그 행동을 합리화할 수 있다. 경험이 많은 면접자는 첫 만남이 끝날 무렵이면 자신과 이야기하고 있는 사람이 성격적으로 도망가고 싶은 압력을 받는 사람인지 아닌지 대개 알 수 있다. 경조증적이거나 역의존적인 환자들에게 치료를 계속 받도록 용기를 내는 것이 얼마나 힘든 일인지를 치료자가 얘기해 주면, 이들을 안심시켜 줄 수 있다. 그런 말은 진실하게 들리며, 또한 달아나고 싶은 유혹을 뿌리칠 가능성을 증가시켜 준다.

부가적 이점들

사람들은 면접자가 편안해 보일 때 더 안정감을 느낀다. 만약 내담자가 치료자가 호기심이 있고, 별로 불안해하지 않으며, 내담자를 잘 이해하기만 하면 적절한 치료를 시작할 수 있다는 확신을 갖고 있다고 느끼면, 치료적 관계는 성공적으로 출발할 수 있다. 환자 개인의 심리에 대하여 잠정적인 이해를 얻기 전에 치료 활동을 시작해야 한다는 압박감을 느끼는 치료자는, 마치 어렴풋이 방향은 알지만 지도가 없는 운전자처럼, 불필요한 불안감에 시달릴 것이다(물론 진단평가 중에도 치료는 이루어지고 있다. 진단 과정 자체가 작업동맹 형성에 기여하며, 이러한 작업동맹 없이는 치료란 공허한 의식에 불과하다. 그러나 앞으로 치료가 어떻게 전개될지, 치료자와 내담자의 경계와 각각의 책임은 무엇인지에 관한 공식적 합의는 진단적 개념화로부터 나와야 한다). 환자들은 불안을 느끼고 치료자의 능력에 대해 의구심을 품을 것이다. 이렇게 어쩔 수 없이 반복되는 순환의 고리는 기본적으로 치료 과정에서 발생할 수 있는 모든 종류의 문제를 초래할 수 있다.

진단 과정은 질문을 받는 편안한 구조 없이도 내담자가 자발적으로 자신을 개방할 만큼 안전하게 느끼기 전에, 내담자와 치료자 모두에게 무언가 할 일을 주기도 한다. 치료자들은 이러한 자리 잡기 과정의 중요성을 과소평가할 수 있다. 이런 과정을 통해 치료자는 이후의 치료에서는 환자가 공개하기 어렵게 될 어떤 것들에 관해 알 수 있게 된다. 대부분의 성인들은 아직은 낯선 누군가와 이야기할 때 성생활, 섭식 패턴, 약물 사용 등에 관한 질문에 비교적 솔직하게 대답한다. 그러나 일단 치료자가 익숙하고 친밀하게 느껴지기 시작하면(마치 엄마처럼), 말이 쉽게 술술 나오지 않는다. 부모전이가 강렬해질 때, 내담자는 지금은 나를 비난할까 봐 두려운 이 사람과 처음 만났을 때 충격을 받거나 거부당하지 않으면서 자신의 모든 내밀한 사연을 공유했음을 기억하며 앞으로 나아갈 용기를 얻을 수 있다. 진단 단계와 이후의 치료 단계에서 환자들이 치료자에 대해 상반된 경험을 하는 것은, 전이는 전이일 뿐이라는 사실을 상기시켜 준다(즉, 전이가 치료자의 성격을 아주 정확하게 혹은 완전하게 읽은 것은 아니라는 점을 말이다). 궁극적으로 이러한 통찰은 내담자가 자신이 평소 관계에 무엇을 투사하는지 이해하는 데 핵심적인 역할을 할 수 있다.

오진에 대한 두려움은 일부 치료자들이 진단을 불편하게 느끼는 이유 중 하나일 수 있다. 다행스럽게도, 여기서 언급된 많은 이점들을 얻기 위해 치료자의 초기 개념화가 반드시 '정확'해야 하는 것은 아니다. 진단 가설을 세우는 일은, 나중에 그것이 임상적 증거에 의해 지지되건 지지되지 않건 간에 치료자가 낮은 불안 수준에서 치료 활동을 해 나갈 수 있는 토대를 마련하는 좋은 방법이다. 인간의 복잡성과 전문가의 실수 가능성을 감안할 때, 사례개념화는 항상 시험적이며 그렇게 인식되어야 한다. 환자들은 임상가가 다른 진단의 가능성을 고려하더라도 허세 부리지 않고 진지하게 성의를 보인다는 점에서 종종 감사하게 여긴다.

마지막으로, 진단의 한 가지 부수적인 효과는 그것이 치료자의 자존감을 유지해 주는 역할을 한다는 점이다. 치료자들이 직업적으로 겪게 되는 위기 중에는 자신이 사기를 치는 듯한 느낌, 치료 실패에 대한 걱정, 그리고 탈진 등이 포함된다. 이러한 위기는 비현실적인 기대를 가졌을 때 더욱 심해진다. 치료자의 사기 저하와 정서적 철회는 치료자 자신과 그를 의지하기 위해 찾아온 사람 모두에게 폭넓게 영향을 미친다. 만약 치료자가 자신의 우울한 환자가 신경증 수준이 아니라 경계선 수준의 성격 구조를 지니고 있음을 안다면, 치료 2년째에 환자가 자살 제스처를 취한다 해도 놀라지 않을 것이다. 경계선 내담자가 변화에 대한 진정한 소망을 갖기 시작하면, 이들은 종종 공황발작을 보이거나 자살 소동을 일으킨다. 이는 희망을 갖게 된 다음 또다시 외상적인 실망을 겪게 될 경우 느낄 황폐함으로부터 스스로를 보호하기 위함이다. 이러한 위기를 둘러싼 문제는 논의되고 극복될 수 있으며(방금 언급된 희망과 실망이 주는 위험, 정서적 애착을 최초 애정 대상에서 치료자로 옮기면서 최초 애정 대상에게 느끼게 되는 죄책감, 죽음이라는 의식적儀式的 시도를 통해 그런 죄책감을 속죄할 수 있다는 마술적 환상 등의 관점에서), 그럼으로써 내담자와 치료자 모두에게 정서적 위안을 제공할 수 있다.

나는 재능이 있고 헌신적인 많은 치료자들이 자신감을 잃고, 자살을 시위하는 경계선 환자들을 떼어 내기 위해 합리적인 구실을 찾는 것을 보아 왔다. 그것도 치료가 얼마나 중요하고 또 얼마나 효과적으로 진행되고 있는지를 환자가 도발적인 경계선적 방식으로 명백하게 표현하는 바로 그 시점에서 말이다. 대개 환자는 자살 제스처를 보이기 바로 전 회기에 처음으로 신뢰와 희망을 표현하며, 치료자는 어렵고 반항적인 내담자와 그토록 험난한 작업을 해 온 일들을 떠올리며 흥분하게 된다. 그러나 곧 의사疑似자살 행동이 뒤따르고 치료자의 희망은 물거품이 된다. 치료자는 자신의 흥분은 환상이며 스스로의 만족을 위한 것이었다고 재구성하고, 환자의 자기파괴적인 행동은 결국은 치료적으로 기대할 게 전혀 없음을 보여 주는 증거라고 여긴다. 수많은 자책의 말들이 이어진다. "아마도 정신분석치료는 시간 낭비라는 심리학개론 교수님의 말이 맞나 봐." "다른 성性의 치료자에게 이 사람을 의뢰해야 하지 않을까." "생물학적 지향의 정신과 의사에게 이 사례를 부탁하면 어떨까." "이 사람을 만성 환자 집단에 의뢰해야 하지 않을까." 다소 우울한 성향이 있는 치료자들은(Hyde, 2009) 치료적 난관이 분명해질 때 이를 재빨리 자기비난으로 돌린다. 충분한 진단적 장치는 이런 경향성을 상당 부분 약화할 수 있으며, 치료자가 계속해서 치료 상황에 머물러야 할 현실적인 희망을 제공해 준다.

진단의 유용성의 한계

장기적이고 기한을 정하지 않은 치료를 주로 할 때, 세심한 평가는 다음 두 가지 점에서 매우 중요하다. (1) 치료의 초기. 그 이유는 앞에서 언급하였다. (2) 위기 혹은 정체 시점. 이때 치료자가 마주하고 있는 내담자의 역동을 다시 생각해 보면, 어디에 역점을 두고 치료해야 할지 돌파구를 찾을 수 있다. 일단 내담자에 대해 감을 잘 잡고 있고 작업이 잘 진행되고 있을 때, 나는 진단의 관점에서 생각하기를 멈추고, 그저 나와 내담자 사이에서 펼쳐지는 독특한 관계에 빠져든다. 만약 치료가 진행되고 있을 때 진단 문제에 내가 집착하고 있음을 알아차리면, 환자의 고통에 충분히 함께하지 않으려고 방어하는 것은 아닌지 스스로를 의심해 본다. 다른 것과 마찬가지로, 진단은 모르는 것에 대한 불안을 방어하기 위해 사용될 수 있다.

마지막으로, 성격을 분류하고 이해하는 현재의 발달적, 유형적 범주로는 사람을 제대로 이해하지 못하는 경우가 얼마든지 있다는 점을 언급해야 하겠다. 어떤 명칭이 사람을 오히려 더 모호하게 만들 때는, 치료자는 그 명칭을 버리고 상식과 인간적인 이치에 의지하는 편이 더 낫다. 이는 마치 길을 잃은 항해사가 쓸모없는 항해지도를 버리고 친숙한 몇 개의 별에 의지해서 항해를 하는 것과 같다. 그리고 진단적 개념화가 특정 환자에게 잘 들어맞는다 하더라도, 성격 조직의 수준이나 방어 양식 이외의 여러 차원에서 사람들 간에 많은 차이를 보일 수 있다. 그러한 차이에 세심하게 조율해야 공감과 치유가 잘 이루어질 수 있다. 어떠한 성격 유형이건 간에, 예컨대, 내담자가 매우 종교적인 사람이라면 치료자는 우선 그의 깊은 신앙심을 존중하는 모습을 보여 주어야 한다(Lovinger, 1984 참조). 진단에 입각한 개입은 유용할 수 있지만, 단지 이차적일 뿐이다. 마찬가지로, 적어도 치료 작업의 초기 단계에는 내담자의 성격 유형을 이해하기보다 그 사람의 나이, 인종, 민족, 출신 계층, 신체적 장애, 정치적 성향, 성적 지향 등이 지닌 정서적 의미를 고려하는 것이 더 중요할 때도 있다.

진단은 그것의 유용성을 뛰어넘어 적용되어서는 안 된다. 새로운 정보를 고려하여 기꺼이 초기의 진단을 재평가하려는 자세는 최적 치료의 일부분이다. 어떤 한 사람과 치료를 진행해 나가다 보면, 우리의 진단 개념이 본질적으로 얼마나 단순한지를 분명히 알게 될 것이다. 사람들은 우리가 아무리 사려 깊게 범주를 만들어 놓아도 그것보다 훨씬 더 복잡하다. 그러므로 아무리 정교하게 성격을 평가할지라도, 환자가 가진 독특한 자료의 결정적인 뉘앙스를 감지하는 치료자에게는 그것이 방해가 될 수 있다.

더 읽을거리

내가 가장 좋아하는 면접 지침서는 여전히 Harry Stack Sullivan의 『The Psychiatric Interview』(1954)이다. 주로 이 책의 논조와 분위기가 마음에 들어서다. Gill, Newman과 Redlich(1954)의 『The Initial Interview in Psychiatric Practice』는 유용한 기초 지식과 지혜로운 기법상의 지침이 가득한 또 다른 고전이다. 나는 MacKinnon과 Michels(1971)의 저서에 많은 영향을 받았다. 그들의 기본 가정은 본서의 그것과 유사하다. 이들이 드디어 2006년 Buckley와 함께 이 역작의 개정판을 출간하였다(이제 보급판으로도 살 수 있다). Glen Gabbard(2005)는 『Psychodynamic Psychiatry in Clinical Practice』에서 역동적이고 구조적인 진단과 DSM을 훌륭하게 통합하는 데 성공하였다. Jefferson Singer의 『Personality and Psychotherapy』(2005)는 임상 실제에 적용될 수 있는 성격에 관한 경험적 연구들을 잘 종합해 놓았다.

Kernberg(1984)의 『Severe Personality Disorders』에는 구조적 면담에 관한 짧지만 포괄적인 단락이 포함되어 있다. 대부분의 초심 치료자들은 Kernberg의 책이 쉽게 읽히지 않겠지만, 이 부분은 명료하게 쓰여 있다. 사례개념화에 관한 나의 책(McWilliams, 1999)은 성격 조직의 수준과 유형 이외에 임상 평가의 여러 측면을 체계적으로 살펴봄으로써 Kernberg의 책을 보완해 주며, 나중에 나온 심리치료에 관한 책(McWilliams, 2004)은 사람들을 돕는 정신분석적 접근에 깔려 있는 감성을 살펴보게 해 준다. Mary Beth Peebles-Kleiger의 『Beginnings』(2002) 역시 오랜 임상 경험을 바탕으로 하고 있는 훌륭한 책이다. 사례개념화에 관한 연구에 보다 기반을 두고 있는 Tracy Eells(2007)의 교재도 마찬가지로 훌륭하다. 치료자가 평가해야 할 한 사람의 내적 역량의 경험적 측정에 관심이 있다면, Shedler-Westen Assessment Procedure(SWAP)(Shedler & Westen, 2010; Westen & Shedler, 1999a, 1999b)를 참고하기 바란다. 마지막으로, 『Psychodynamic Diagnostic Manual』(PDM Task Force, 2006)은 이 책의 미비점을 많은 부분 채워 준다.

Chapter 02 Psychoanalytic Diagnosis

정신분석적 성격 진단

고전적인 정신분석 이론은 서로 다른 두 가지 방식으로 성격을 이해하려 하였다. 이 둘 다 개인의 발달에 관한 초기 모델에서 나왔다. Freud의 초기 추동 이론의 시대에는 성격을 고착의 관점에서 이해하고자 하였다(이 사람은 초기 성숙의 어떤 단계에 심리적으로 매여 있는가?). 그 후에, 자아심리학의 발달과 함께 성격은 특정 유형의 방어의 작동을 표현하는 것으로 이해되었다(이 사람이 불안을 회피하는 전형적인 방법은 무엇인가?). 성격을 이해하는 이 두 번째 방식은 첫 번째 방식과 갈등을 빚지 않는다. 이 방식은 성격 유형의 의미를 이해하는 또 다른 사고방식과 은유를 제공하였으며, 추동 이론의 개념 위에 우리 각자가 어떻게 자신의 성격적인 적응 및 방어 양식을 발달시키는지에 관한 가정을 첨가하여 주었다.

이 두 가지 설명 체계가 내가 생각하는 성격 개념화의 중심을 이룬다. 나는 또한 정신분석의 관계 모델(영국의 대상관계 이론, 미국의 대인관계 정신분석, 자기심리학, 현대의 관계 사상)이 성격 조직의 여러 측면을 어떻게 더 밝게 조명할 수 있는지 보여 주고자 한다. 이에 덧붙여, 성격에 대한 나의 이해는 Jung(1954)의 원형, Henry Murray의 '성격학'(예, 1938), Silvan Tomkins(1995)의 '스크립트 이론' '통제-숙달 이론'(예, Silberschatz, 2005) 등 임상적인 영향력이 덜한 정신역동적 사례개념화, 그리고 애착 연구, 인지 및 정동 신경과학 등 최근의 경험적 연구들로부터도 도움을 받았다.

독자들은 내가 진단 작업을 하는 데 있어서 정신분석 내에서 상호배타적이거나 혹은 본질적으로 서로 상충된다고 보일 수 있는 몇 가지 상이한 패러다임을 동시에 적용하고 있음을 눈치챌 것이다. 이 책은 치료자를 위한 책이고, 또한 나는 기질적으로 비평이나 분류보다는 종합하는 것을 선호하기 때문에[나는 이러한 감성을 Fred Pine(1985, 1990), Lawrence Josephs(1992)과 같은 다른 임상 저술가들과 공유한다], 어떤 한 가지 패러다임의 과학적, 실증적 우위를 논하려 하지 않았다. 여기서 나는 경쟁적 이론들에 대한 비판적 평가가 중요하지 않다고 말하는 것이 아니다. 다만 내가 그렇게 하지 않기로 결정한 것은 이 책이 특히 임상적 목적을 가지고 있고, 다양한 모델이나 은유가 개념적으로 문제가 있건 없건 간에 내가 관찰한 바로는 대부분의 치료자들이 그것들을 절충하고자 한다는 데서 비롯되었다.

새로운 임상 이론이 개발될 때마다, 치료자들은 고통을 겪고 있는 사람들을 이해하고 돕고자 하는 자신의 바람을 그들에게 전달할 수 있는 신선한 방법을 발견한다. 내가 보기에 유능한 치료자들은—유능한 치료자들과 명석한 이론가들은 서로 중복되지만 반드시 같은 집단은 아닐 터인데—자신이 선호하는 한두 가지 이론과 기법에 관념적으로 매어 있기보다는 다양한 자료를 자유롭게 활용하는 것 같다. 몇몇 분석가들은 이론적 신조를 고수하기도 하지만, 이러한 자세가 임상 이론을 풍부하게 해 주지도 않았고, 우리 분야의 신망에 기여하지도 않았다. 오히려 겸손한 태도를 취하고 모호함과 복잡성을 인정하는 사람들이 우리 영역을 지켜 왔다(Goldberg, 1990a 참조).

내담자가 어떤 사람인가에 따라 적용 가능한 모델이 달라진다. 어떤 사람은 Kernberg의 개념을 생각나게 하고, 또 어떤 사람은 Horney가 묘사한 성격처럼 들린다. 또 어떤 사람은 너무나 고전적인 프로이트식의 무의식적 환상을 보여 주어서, 치료에 오기 전에 초기 추동 이론을 속속들이 공부하고 온 것이 아닌가 하는 의구심을 불러일으킨다. Stolorow와 Atwood(1979; Atwood & Stolorow, 1993)는 성격 이론의 바탕에 깔려 있는 정서적 과정에 주목하고 이를 연구하였다. 이들은 이론가의 삶을 관통하는 핵심적인 주제가 그 사람의 성격 형성, 정신병리, 심리치료 이론의 초점이 됨을 보여 주었다. 따라서 왜 그렇게 많은 대안적 개념들이 존재하는가는 그리 놀랄 만한 일이 아니다. 나는 이들 관점들이 논리적으로 서로 잘 맞지 않는다 하더라도, 현상학적으로는 그렇지 않다고 생각한다. 그 개념들은 서로 다른 사람과 성격 유형에 서로 다르게 적용될 수 있다.

나 자신의 편견과 편애를 시인하면서, 이제부터 정신분석 전통 내에서 진단적으로 중요한 모델들에 대한 간단한, 그리고 매우 과잉 단순화된 요약을 제시하려고 한다. 이는 정신분석을 잘 모르는 치료자들이 분석적인 훈련을 받은 치료자들에게는 제2의 본성이 되다시피 한 범주들을 이해할 수 있게 하는 하나의 기초를 제공하기 위함이다.

고전적 추동 이론과 발달적 관점

성격 발달에 관한 Freud의 최초 이론은 본능적 과정의 중요성을 강조하고, 인간이 구강, 항문, 남근, 생식기적 관심으로 이어지는 신체적 집착의 단계를 순서대로 통과한다고 보는 생물학적 모델이었다. Freud의 이론에 따르면, 유아기와 초기 아동기에 인간의 본성은 기본적인 생존의 문제에 집중되며, 이는 처음에는 수유 및 유아의 신체를 돌보는 어머니의 활동을 통해 매우 감각적인 방식으로 경험되고, 나중에는 탄생과 죽음 그리고 부모의 성적 유대에 관한 아동의 환상 속에서 경험된다.

아기들은, 그리고 성인 속에 계속 살아 있는 자기의 유아적 측면들은 추동의 강도에서 다소의 개인차를 보이기는 하지만 제약받지 않는 본능적 만족의 탐구자라고 보았다. 적절한 양육이란 한편으로는 정서적 안전감과 즐거움을 느낄 만큼 충분히 만족시키고, 다른 한편으로는 쾌락원리("내가 원하는 모든 만족은, 서로 모순되는 것까지도, 지금 당장 얻어야 해.")를 적정 수준에서 현실원리("어떤 만족은 문제가 있어. 가장 좋은 만족은 기다릴 가치가 있어.")로 대체할 수 있도록 발달상 적절한 좌절을 주는 일을 민감하게 오가는 것이다. Freud는 자기 환자의 부모가 어떻게 환자의 정신병리에 기여했는가에 대해서는 거의 말을 하지 않았다. 그러나 그는 부모의 실패란 추동을 지나치게 만족시켜 아동이 발달적으로 앞으로 나아갈 동기를 상실하게 하거나, 추동 만족을 지나치게 박탈하여 아동이 좌절을 주는 현실을 흡수할 수 있는 능력을 키우지 못하게 하는 일이라고 보았다. 따라서 부모의 역할은 방종과 금지 사이에 균형을 유지하는 것이다. 이 견해에 대해서는 대부분의 어머니와 아버지들이 직감적으로 공감할 수 있을 것이다.

추동 이론은 만약 아동이 초기 심리성적 단계에서 (아동의 선천적 자질과 부모의 반응성의 상호작용에 따라) 지나치게 좌절되거나 지나치게 만족되면, 그 아동은 그 단계의 문제에 '고착'된다고 가정하였다. 그리고 성격이란 이러한 고착의 효과가 장기적으로 표현되는 것이라고 보았다. 즉, 만약 어떤 성인이 우울한 성격을 가지고 있다면 이론적으로 그는 생후 약 1년(구강기적 발달 단계) 동안 방치되었거나 아니면 지나치게 충족되었다고 가정되었다. 만약 그가 강박적이라면, 대략 생후 1년 반에서 3년 사이(항문기)에 문제가 있었다고 가정되었다. 만약 히스테리적이라면, 생식기와 성으로 아동의 관심이 이동하는 대략 3세에서 6세 사이(Freud의 남성 지향적 용어에 따르면 '남근'기. 이 단계의 후반부는 그 시기의 성적 경쟁의 문제와 그와 연관된 환상이 고대 그리스의 오이디푸스 이야기의 주제와 일치한다고 해서 '오이디푸스'기라고 알려지게 되었다)에 거절이나 지나치게 자극적인 유혹, 혹은 그 둘 다를 경험했다고 가정되었다. 정신분석 운동의 초기 시절에는 어떤 사람을 구강기적, 항문기적, 남근기적 성격이라고 부르는 것을 흔히 들을 수 있었다.

이렇게 지나치게 단순화된 설명이 완전한 몽상으로 들리지 않도록 하기 위해서는, 이 이론이 Freud의 열정적인 상상력만으로 만개한 것이 아님을 말해야겠다. 당대에 이 이론에 영향을 주고 이 이론을 지지하는 관찰 결과들이 축적되어 있었으며, 이는 Freud뿐만 아니라 그의 동료들에 의해서도 수집되었다. 성격 진단에 관한 추동 이론적 접근은 Wilhelm Reich(1933)의 『Character Analysis』에서 그 정점에 도달하였다. 그의 용어는 요즘 사람들에게 매우 고풍스럽게 들리겠지만, 이 책은 성격 유형에 관한 흥미진진한 통찰로 가득 차 있으며, 아직도 독자들의 공감을 자아내는 경우가 많다. 이런 여러 노력이 있었지만, 전적으로 본능적 고착에 기초하여 성격을 개념화하려는 노력은 실망스러운 것으로 증명되었다. 지금 내가 알고 있는 어떤 분석가도 추동에 기초한 고착 이론에 의지하지 않는다. 그럼에도, 이 분야에서는

Freud의 개념화에서 시작된 발달적 감성이 여전히 유지되고 있다.

최초의 추동 모델이 반복되고 있음은 정신역동치료자들이 계속해서 성숙 과정의 관점에서 사고하고, 정신병리를 특정 단계에서의 정체 혹은 갈등의 관점에서 이해하는 경향을 보인다는 점에서 드러난다. 표준적인 발달 단계라는 개념 전체를 재고하려는 현대 정신분석 연구자들의 시도(Lichtenberg, 2004; D. N. Stern, 2000)가 덜 선형적이고 덜 보편화된 모델에 대한 열망을 자극하기도 했지만, 이러한 새로운 시도가 있음에도 초기 아동기의 어떤 단계에서 발생한 발달 과제의 실패로 환자들의 문제를 보는 일반적 관점이 사라지지는 않았다.

1950년대와 1960년대에는 각 발달 단계의 대인 과제 및 심리내적 과제에 따라 심리성적 단계를 재구성한 Erik Erikson의 이론이 상당한 주목을 받았다. Erikson(1950)의 연구를 보통 자아심리학으로 보지만, 그의 발달 단계 이론은 Freud의 추동 모델의 많은 가정들을 반복하고 있다. Erikson이 Freud의 이론에 덧붙인 것 중 가장 호소력이 있는 부분은 Freud의 생물학적 관점을 수정하기 위해 각 단계들의 이름을 바꾼 것이었다. 구강기는 완전한 의존 상태로 이해되었으며, 이 시기에는 기본적 신뢰감(혹은 신뢰감의 결여)의 형성이 중요한 과제이다. 항문기는 자율성(혹은, 만약 방향을 잘못 잡으면 수치심과 의심)을 성취하는 시기로 개념화되었다. 이 시기의 전형적인 투쟁은 Freud가 강조했듯이 배변 기능의 숙달일 수 있지만, 자기통제 및 가족과 더 큰 사회의 기대와의 타협을 배우는 것과 관련된 더 광범위한 문제들도 포함된다. 오이디푸스기는 기본적 효능감('주도성 대 죄책감') 및 애정 대상과의 동일시 속에서 쾌감을 발달시키는 결정적 시기라고 보았다.

Erikson은 북미 원주민인 호피족과 함께 살았던 경험에 영향을 받아 발달의 단계와 과업이라는 개념을 전 생애로 확장하였다. 1950년대에 Harry Stack Sullivan(예, 1953)은 추동 만족보다는 대화와 놀이와 같은 의사소통적 성취를 강조한 다른 단계 이론(예측 가능한 아동기 '시대')을 제시하였다. 그도 Erikson과 마찬가지로 Freud가 성인 성격의 토대라고 강조한 최초의 6여 년을 넘어서서 성격이 계속 발달하고 변화한다고 믿었다.

Margaret Mahler(예, Mahler, 1968, 1972a, 1972b; Mahler, Pine, & Bergman, 1975)는 대략 3세경에 이르러 최초의 해결에 도달하게 되는 분리-개별화 과정의 하위 단계

들에 관한 연구를 하였다. 이 연구는 성격의 구조화에 이르는 일련의 심리적 요소를 이해하는 데 큰 진보를 가져왔다. 그녀의 이론은 기본적으로 대상관계에 속하지만, 이 이론에 내재된 고착에 관한 암묵적 가정은 Freud의 발달 모델에 빚을 지고 있다. Mahler는 Freud의 구강기와 항문기를 세분화하고, 유아는 다른 사람을 별로 의식하지 못하는 상태(약 6주간 지속되는 자폐적 단계)에서부터 공생적 관계성의 상태(그 다음 2년여 동안 지속되는 이 기간은 '부화기' '연습기' '재접근기' '대상 항상성으로 나아가는 시기'라는 하위 단계들로 나뉜다)를 지나서, 심리적 분리와 개별화를 어느 정도 이룬 상태로 이동한다고 보았다.

임상과 관련이 있는 또 다른 발달적 관찰이 영국 분석가들 사이에서 나왔다. Melanie Klein(1946)은 '편집-분열 포지션'에서 '우울 포지션'으로의 아동의 이동에 관하여 썼다. 편집-분열 포지션에서는 아기가 다른 사람이 별개의 존재라는 것을 충분히 이해하지 못하지만, 우울 포지션에서는 양육자가 아동의 전능한 통제 바깥에 있으며 별개의 마음을 갖고 있음을 이해하게 된다. 이후에 Thomas Ogden(1989)은 발달적으로 보다 이전 시기인 '자폐-접촉 포지션'을 제안하면서, 이는 "감각이 지배하는 상징 이전의 경험 영역으로서, 이러한 경험에서는 감각에 의한 인상, 특히 피부 표면의 감각에 의한 인상에 기초해 가장 원시적인 형태의 의미가 생성된다."라고 하였다(p. 4). Ogden은 이러한 포지션들을 점진적으로 성숙해지는 발달의 단계들로 볼 뿐만이 아니라, 우리 모두 순간순간 이런 포지션들 사이를 넘나든다는 점을 이해해야 한다고 강조하였다.

이러한 연구 성과들은 치료자들의 열렬한 환영을 받았다. 후기 프로이트 학파의 단계 이론으로 인해 치료자들은 자신의 환자들이 어떻게 '매이게' 되는지를 더 신선한 시각에서 이해하게 되었고, 그렇지 않았더라면 수수께끼 같았을 자기 상태의 변화들을 이해할 수 있게 되었다. 또한 자기비판적 내담자들에게 젖을 너무 일찍 떼었는지 너무 늦게 떼었는지, 배변 훈련을 너무 엄격하게 했는지 너무 느슨하게 했는지, 오이디푸스기에 유혹을 당했는지 거부당했는지 등등에 관한 추측을 넘어서는 해석과 가설을 제공할 수 있게 되었다. 그런 추측보다는, 환자들에게 그들이 겪는 곤경이 안전감이나 자율성, 혹은 동일시 과정 속에서 만족을 느끼기 어렵게 한 가족 과정을 반영할지도 모른다고 말하거나(Erikson), 결정적으로 중요한 '소꿉동무'가 없는 어린 시절을 보냈나 보다고 말해 주거나(Sullivan), 아니면 두 살 때 어머니의 입원으로 인해 그 연령에 정상적인 최적의 분리에 필요한 재접근 과정이 난관에 봉착했었다고 말하거나(Mahler), 치료의 어떤 순간 치료자가 환자의 사고 과정을 간섭했기 때문에 환자가 지금 원시적인 공포를 느끼고 있구나 하고 관찰할 수 있게 되었다(Ogden).

보다 최근에, Peter Fonagy와 그의 동료들(예, Fonagy, Gergely, Jurist, & Target, 2002; Fonagy & Target, 1996)은 다른 사람들의 동기를 '정신화'하는 능력을 특징으로 하는 자기와 현실에 관한 성숙한 감각의 발달 모델을 제안하였다. 정신화는 철학자들이 '마음 이론'이라고 칭한 것이나 Klein이 우울 포지션이라고 칭한 것과 유사하다. 즉, 다른 사람의 분리된 주관적 삶을 이해한다. Fonagy의 관찰에 따르면, 아동은 내부 세계와 외부 현실이 같다고 보는 초기의 '심리적 등가성psychic equivalence 모드'에서, 내부 세계와 외부 세계가 이원화되지만 외부 세계가 현실의 지배를 받지는 않는 2세경의 '가장pretend 모드'(상상 친구의 시대)로, 그다음 두 가지 모드가 통합되고 환상과 현실이 분명하게 구분되어 정신화 능력과 성찰 기능을 성취하는 4, 5세경으로 이동한다고 한다. 3장에서 경계선 성격 조직과 관련하여 Fonagy의 개념화에 대해 더 자세히 살펴보겠다.

이러한 모델들은 치료자들에게 단지 지적으로 흥미로운 것만은 아니었다. 이 모델들은 우리 모두가 자신에게서 이해할 수 없는 부분에 대해 붙이는 내적인 설명들(즉, "나는 나쁜 사람이야." "나는 못생겼어." "나는 게으르고 제멋대로야." "나는 애당초 환영받을 자격이 없는 사람이야." "나는 위험한 사람이야." 등등)과는 다르게, 사람들이 자기 자신을 이해하고 애정을 가질 수 있도록 돕는 방법을 치료자에게 제공해 주었다. 또한 임상가들은 내담자들을 이해하고 돕고자 하는 자신들의 시도에 대해 그러지 않았더라면 이해할 수 없었을 반응을 내담자가 할 때 자신의 정신건강을 더 잘 지킬 수 있게 되었다. 예를 들어, 치료자에 대한 내담자의 갑작스러운 욕설은 편집-분열 포지션으로의 일시적인 후퇴로 볼 수 있게 되었다.

현대의 많은 비평가들은 발달적 관점에서 문제를 해석하는 우리의 경향성은 너무 환원주의적이며, 이를 지지해 주는 임상적, 경험적 증거들이 있다 하더라도 의문의 여지가 있다고 말한다. 예를 들어, L. Mayes(2001, p. 1062)는 "우리를 발달이라는 지형으로 안내하는 지도가 매우 유용하기는 하지만, 그러한 지도를 있는 그대로 받아들여서는 안 된다."라고 말하였다. 또 어떤 사람들은 비서구 문화권에서는 심리적 발달의 패턴이 서구의 그것과는 다르다고 지적한다(예, Bucci, 2002; Roland, 2003). 현대의 발달심리학자들(예, Fisher & Bidell, 1998)은 발달이 역동적이고 끊임없이 변화하는 과정이라는 점에서 단순한 단계 공식을 경계한다. 나의 동료인 Deirdre Kramer가 말했듯(2010년 7월 20일 개인적인 대화), '하나의' 발달 '수준'이라기보다는 '발달 가능성의 범위'라고 말하는 것이 더 정확할지도 모른다.

그러나 치료자들이 심리적 현상을 정상적인 성숙 과제의 잔여 문제로 보는 경향성은 여전히 지속되고 있다. 아마도 이는 발달 모델이 우아한 단순성과 포괄적인 인간애를 겸비하고 있어서, 우리들에게 호소력이 있기 때문일 것이다. 원형적이고 보편적인 하나의 발달 패턴이 있고, 또 불우한 환경에서는 누구나 어떤 단계에 매이게 될 수 있다는 믿음에는 "운이 없었다면 나도 그렇게 되었을 것"이라고 보는 이해와 너그러움의 정신이 깃들어 있다. 그것이 성격 차이에 대한 충분한 설명이 될 수는 없겠지만, 그림의 중요한 부분처럼은 느껴진다. 내가 진단적 자료를 배열하는 공간의 한 축에는 이러한 발달적 요소가 포함되어 있어서, 성격 조직이 상대적인 미분화(공생적-정신병적), 분리-개별화(경계선적), 오이디푸스(신경증적) 수준의 형태로 펼쳐진다.

자아심리학

Freud는 『The Ego and the Id』(1923)에서 구조 모델을 소개하였다. 그리고 새로운 이론의 시대가 시작되었다. 분석가들은 무의식의 내용에서 그러한 내용이 의식에서 배제되는 무의식적 과정으로 관심을 옮기게 되었다. Arlow와 Brenner(1964)가 구조 이론이 더 큰 설명력이 있음을 설득력 있게 주장하기도 했지만, 원초아에서 자아로, 또 깊은 무의식적 자료에서 의식에 더 가까이 있는 자료로, 즉 환자의 자아 방어 기능들을 다루면 의식화와 접근 가능성이 더 커지는 소망, 두려움, 환상으로 초점이 바뀐 것을 치료자들이 환영한 데는 실제적이며 임상적인 이유가 있었다. 복잡한 개념들을 소개하면서 너무 간단히 이야기하는 것에 대해 독자들의 양해를 구하면서, 이제부터 구조 모델과 그와 연관된 가정들에 대해 대략적으로 설명해 보겠다.

'원초아'는 원시적인 추동, 충동, 이성 이전의 갈망, 소망과 두려움의 결합, 환상 등이 담긴 마음의 부분을 표현하기 위해서 Freud가 사용했던 용어이다. 원초아는 오직 즉각적인 만족만을 추구하며, 전적으로 '이기적'이고, 쾌락원리를 따라 작동한다. 인지적으로 그것은 언어 이전의 것이며 이미지와 상징을 통해 자신을 표현한다. 또한 논리 이전의 것으로 시간, 죽음, 한계에 대한 개념, 혹은 서로 반대되는 것은 공존할 수 없다는 개념이 없다. Freud는 꿈, 농담, 환각의 언어 속에 존재하는 이러한 원시적 종류의 인지를 '일차 과정' 사고라고 칭하였다. 현대의 신경과학자들은 원시적인 정서 기능에 관여하는 구뇌의 일부분인 편도체를 원초아의 장소로 생각할 지도 모르겠다.

원초아는 철저히 무의식적이다. 그러나 원초아의 존재와 힘은 생각, 행동, 정서와 같은 파생물을 통해 추론될 수 있다. Freud의 시대에는 현대의 문명화된 인간들은 '열등한' 동물이나 비서구 '야만인들'의 감성을 뛰어넘는 이성적인 동기를 지닌 피조물이라는 문화적 자만심이 충만했었다(Freud가 동기動機로서의 성의 지배력을 포함하여 우리의 동물성을 강조한 것은 후기 빅토리아 시대 사람들의 저항을 유발했던 한 이유였다).

'자아'는 원초아의 갈망을 조절하며 가족과 문화 안에서 수용될 수 있는 방법을 찾으면서 삶의 현실에 적응하는 일련의 기능을 지칭하기 위해 Freud가 붙인 이름이다. 자아는 전 생애에 걸쳐 계속 발달하지만, 초기 유아기에 시작하여 아동기에 가장 빠르게 발달한다(Hartmann, 1958). Freud가 말한 자아는 현실원리에 따라 작동하며 순서적이고, 논리적이고, 현실 지향적인 인지 혹은 '이차 과정' 사고의 터전이 된다. 따라서 자아는 원초아의 요구와 현실과 윤리의 속박 사이를 중재한다. 자아는 의식적인 측면과 무의식적인 측면을 모두 갖는다. 의식적인 측면은 우리들이 흔히 '자기' 혹은 '나'라는 말을 사용할 때 의미하는 것과 유사한 반면, 무의식적 측면은 억압, 치환, 합리화, 승화와 같은 방어 과정을 담고 있다. 자아의 개념은 전두엽과 그 기능에 관한 현대의 지식과 비교적 잘 부합된다.

구조 이론으로 인해 분석적 치료자들은 성격병리의 일부 유형을 이해할 수 있는 새로운 언어를 얻었다. 우리 모두는 자신에게 주어진 어린 시절의 환경 속에서는 적응적이었지만 이후 더 큰 세상에서는 부적응적이라고 판명될 수 있는 자아방어를 발달시킨다. 진단과 치료에서 이 모델이 지닌 한 가지 중요한 측면은, 이것이 자아가 깊은 무의식(예, 정서적으로 혼란스러운 사건에 대한 강력한 부인 반응)에서부터 완전히 의식적인 부분에 이르기까지 넓은 작동 범위를 지니고 있다고 묘사한다는 점이다. 정신분석치료에서는, 의식적이고 합리적이며 정서적 경험에 대해 말할 수 있는 환자의 자기의 부분인 '관찰하는 자아'가 전체 자기를 이해하기 위해 치료자와 동맹을 맺는 반면, '경험하는 자아'는 치료적 관계 안에서 어떤 일이 일어나고 있는지를 보다 본능적으로 감지하는 역할을 한다.

이러한 '자아의 치료적 분열'(Sterba, 1934)은 효과적인 치료의 필수 조건으로 여겨졌다. 만약 환자가 덜 합리적인, "뱃속 깊은 수준"의 정서적 반응을 관찰자의 입장에서 말할 수 없다면, 치료자의 첫 번째 과제는 환자가 그러한 능력을 개발하도록 돕는 것이 된다. 관찰하는 자아에게 이질적으로 보이는 증상이나 문제는, 환자 자신이 스스로 이상하게 여겨 본 적이 없는 비슷한 문제에 비해 훨씬 빨리 치료될 수 있음이 밝혀졌기 때문에, 관찰자아가 있느냐 없느냐를 살펴보는 것은 진단적으로 엄청난 가치를 지니게 되었다. 이러한 통찰은 지금도 분석적 치료자들이 내담자의 문제 혹은 성격 유형을 '자아이질적' 혹은 '자아동질적'이라고 표현하는 데서 여전히 유효함을 알 수 있다.

현실을 지각하고 그에 적응하는 자아의 기본적인 역할은 '자아강도'의 원천이 된다. 자아강도란 현실이 극히 불쾌할지라도 부인과 같은 원시적인 방어에 의지하지 않으면서 현실을 인정할 수 있는 개인의 능력을 말한다(Bellak, Hurvich, & Gediman, 1973). 정신분석적 임상 이론이 오랜 시간에 걸쳐 발전하면서 보다 원초적인 방어와 보다 성숙한 방어를 구분하기 시작했는데, 전자는 삶의 괴로운 현실에 대한 심리적 회피 혹은 급격한 왜곡을 특징으로 하며, 후자는 현실을 좀 더 수용하는 특징을 갖는다(Vaillant, 1992; Vaillant, Bond, & Vaillant, 1986).

자아심리학 운동의 또 다른 임상적 공헌은 심리적으로 건강한 사람은 성숙한 방어뿐만 아니라 다양한 방어 과정을 사용할 수 있어야 한다는 결론에 도달했다는 점이다(Shapiro, 1965 참조). 다시 말하면, 모든 스트레스에 대해 습관적으로, 예컨대 투사 혹은 합리화 같은 특정한 방어만으로 반응하는 사람은 상황에 따라 상이한 대처 방식을 사용하는 사람에 비해 심리적으로 건강하지 못하다고 인식되었다. 성격의 '경직성' 혹은 '성격적 갑옷'(W. Reich, 1933)과 같은 개념들은 정신건강이 정서적 유연성과 관계가 있다는 생각을 잘 보여 준다.

Freud는, 특히 도덕적 조망에서, 상황을 내려다보는 자기의 부분을 칭하기 위해 '초자아'라는 용어를 만들어 냈다[Freud 자신은 어려운 전문 용어가 아니라 쉬운 말을 썼음을 주목하기 바란다. 원초아, 자아, 초자아는 각각 '그것' '나' '내 위'란 독일어에서 번역된 말이다(Bettelheim, 1983). 유감스럽게도 현대 정신분석 이론가들 중에는 Freud처럼 우아하고 간결한 문체를 사용하는 사람이 거의 없다]. '양심'과 대략 비슷한 뜻을 가진 이것은 우리가 최선을 다했을 때는 축하해 주고 우리가 자기 자신의 기준에 미치지 못했을 때는 비판하는 자기의 부분이다. 가끔 분리된 내부의 목소리로 느껴지기도 하지만, 자아의 일부분이다. Freud는 초자아가 주로 오이디푸스기 동안 부모의 가치를 동일시하면서 형성된다고 믿었지만, 현대 분석가들은 대부분 이보다 훨씬 더 이른 시기에 유아가 좋고 나쁜 것을 원초적으로 느끼는 데서부터 시작된다고 생각한다.

초자아는, 그것이 시작되는 자아와 마찬가지로 일부는 의식적이고 일부는 무의식적이다. 환자 자신이 지나치게 처벌적인 자신의 초자아를 자아이질적으로 느끼는가, 아니면 자아동질적으로 느끼는가를 평가하는 일은 여기서도 예후와 관련하여 중요한 함의를 지닌다고 여겨졌다. 아버지에 대해 나쁜 생각을 했기 때문에 자신이 악하다고 단언하는 내담자는, 아버지에 대해 나쁜 생각을 할 때는 어떤 면에서 자신이 나쁘다는 느낌이 든다고 말하는 내담자와 상당히 다른 심리를 갖고 있다. 두 사람 모두 우울하고 자기 자신을 공격하는 사람이지만, 첫 번째 사람의 문제가 두 번째 사람의 문제보다 훨씬 더 심하기 때문에 이들을 다른 수준으로 분류해야 한다고 간주되었다.

초자아 개념의 발달로 인해 중요한 임상적 이점이 생겼다. 치료는 단순히 무의식적이었던 것을 의식화하는 것에서 끝나지 않게 되었다. 치료자와 내담자는 초자아 수정 역시 자신들의 작업에 포함된다고 볼 수 있게 되었다. 특히 많은 중류층의 성인들이 성장 과정에서 터무니없이 가혹한 초자아를 형성하도록 교육받았던 20세기 초반에는, 지나치게 엄격한 도덕적 기준(예컨대, 성에 대한 가혹한 비난, 혹은 행동으로 옮겨지지 않은 생각, 감정, 환상에 대한 내적 징벌)을 재평가하도록 돕는 것이 흔한 치료 목표의 하나였다. 일종의 운동으로서의 정신분석은, 그리고 한 개인으로서의 Freud는, 결코 쾌락주의적이지 않았다. 다만 폭군적인 초자아를 길들이는 일을 치료 목표의 하나로 삼았을 뿐이다. 이러한 치료는 환자들로 하여금 윤리적으로 행동하지 않도록 만든 것이 아니라, 오히려 더 윤리적으로 행동하게 하였다. 왜냐하면 처벌적인 초자아를 지닌 사람들은, 특히 술에 취하거나 행동화를 합리화할 수 있는 상황에서 종종 초자아에 반항하는 행동을 하기 때문이다. 원초아의 활동을 노출하고 무의식적 삶을 햇빛 속에 드러내려는 노력은, 환자가 이런 작업을 자신의 타락을 폭로하는 것으로 받아들일 때, 치료적 이점이 거의 없다는 것을 우리는 배웠다.

자아심리학은 '방어'라는 일반적 범주 안에 포함되는 심리적 과정들을 기술하였다. 이러한 자아심리학의 성취는 성격 진단의 핵심을 이룬다. 사람들의 현재의 투쟁을 발달 단계의 관점에서 이해할 수 있는 것처럼, 우리는 불안과 다른 불쾌한 정동을 다루는 특징적인 양식에 따라 사람들을 분류할 수 있다. Anna Freud는 『The Ego and the Mechanism of Defense』(1936)에서 자아의 일차적 기능이 강력한 본능적 갈망(원초아), 괴로운 현실 경험(자아), 죄책감 및 그와 연관된 환상(초자아)에서 비롯된 불안으로부터 자신을 방어하는 것이라는 생각을 아주 훌륭하게 설명하였다.

Sigmund Freud의 초기 사상은 방어가, 그중에서도 특히 억압(무의식적으로 동기화된 망각)이 불안 반응을 초래한다는 생각을 포함하고 있었다. 억눌린 감정은 방출 압력을 받는 긴장으로 보았고, 이때 긴장은 불안으로 경험된다. 구조 모델을 채택하면서 Freud는 자신의 입장을 바꾸어서, 억압은 불안에 대한 반응이며, 참을 수 없는 불합리한 공포를 피하기 위한 여러 가지 방법 중 하나일 뿐이라고 보았다. 그는 정신병리를 방어적 노력이 효과를 보지 못한 상태, 즉 불안을 막기 위한 습관적인 방식에도 불구하고 여전히 불안이 느껴지는 상태이거나, 불안을 감추는 행동이 자기파괴적인 상태라고 개념화하기 시작하였다. 5장과 6장에서는 Sigmund Freud와 Anna Freud, 그리고 다른 분석가와 연구자들이 밝힌 방어들을 상세히 설명할 것이다.

대상관계적 전통

자아심리학자들이 구조 모델로 심리적 과정을 조명하며 환자들에 대한 이론적 이해의 틀을 만들어 가고 있는 동안, 유럽, 특히 영국의 일부 이론가들은 그와는 다른 무의식적 과정과 그 표출을 관찰하고 있었다. Klein(예, 1932, 1957)을 포함한 일부 치료자들은 그동안 분석 대상이 아니라고 보았던 아동들 그리고 혼란이 너무 심해서 Freud가 분석에 적합하지 않다고 생각했던 환자들과 치료 작업을 하였다. 이 '영국학파' 정신분석의 대표자들은 그들이 관찰한 과정을 기술하기 위해서는 다른 언어가 필요함을 느끼고 있었다. 그들의 작업은 수년간 논란을 빚었는데, 부분적으로는 거기에 관여된 사람들의 성격, 충성심, 신념 때문이기도 했고, 한편으로는 추론된 원시적 현상을 기술하기가 어렵기 때문이기도 했다. 대상관계 이론가들은 언어 이전의, 이성 이전의 과정을 어떻게 이성의 중재를 받는 언어로 옮길 수 있을까를 고심하였다. 이들은 Freud와 마찬가지로 무의식적 역동의 힘을 존중했지만, 몇몇 핵심적인 주제에서는 Freud를 반박하였다.

예를 들어, W. R. D. Fairbairn(예, 1954)은 Freud의 생물주의를 정면으로 거부하고, 사람들은 관계를 추구하는 것만큼 추동 만족을 추구하지 않는다고 제안하였다. 달리 말하면, 아기는 양육되는 경험 자체 및 그러한 경험에 동반되는 따스함과 애착에 집중하는 것만큼 어머니의 젖을 얻는 데 집중하지 않는다는 것이다. Sandor Ferenczi의 영향을 받은 정신분석가들(정신분석의 '헝가리 학파'로도 불리는 Michael Balint와 Alice Balint 등)은 Freud의 구조 이론의 틀로는 깔끔하게 설명되지 않는 사랑, 고독, 창조성, 자기통합성 같은 일차적 경험들을 연구하기 시작하였다. 대상관계 지향의 치료자들은 어떤 추동이 아동기에 잘못 다루어졌는지, 어떤 발달 단계를 빈약하게 통과하였는지, 어떤 자아방어가 지배적인지 등은 그다지 강조하지 않았다. 오히려 아동의 세계에서 주요 대상object들은 어떤 사람들이었는지, 아동이 이들을 어떻게 경험하였는지, 주요 대상 및 대상에 대한 경험이 어떻게 내재화되었는지, 대상에 대한 내적 이미지 혹은 표상이 성인의 무의식적 삶에서 어떻게 활동하고 있는지를 강조하였다. 대상관계 전통 내에서 오이디푸스적 주제는 안전 및 주체

agency, 그리고 분리 및 개별화의 주제에 비해 덜 중요한 것으로 여겨진다.

정신분석에서 '대상'은 보통 '사람'을 의미한다. 그러므로 '대상관계'란 용어는 그다지 적절하지 않다. 대상이라는 용어는 초기에 Freud가 본능적 추동은 원천(어떤 신체적 긴장)과 목적(어떤 생물학적 만족)과 대상(전형적으로는 사람, 왜냐하면 Freud는 한 사람의 심리에서 중심이 되는 추동은 성적이고 공격적인 것이라고 보았기 때문이다)을 가진다고 설명한 데서 유래한다. 이러한 유래 때문에, 또한 중요한 '대상'이 사람이 아닌 물건(예컨대, 애국자에게는 국기, 신발 도착증을 가진 사람에게는 신발) 혹은 인간의 일부분(어머니의 가슴, 아버지의 미소, 누이의 목소리 등)인 경우도 있기 때문에, 별로 매력적이지도 않고 기계적인 느낌을 줌에도 불구하고 대상관계라는 용어가 계속 사용되고 있다.

Freud의 연구도 대상관계 이론의 발달에 호의적이지 않았던 것은 아니다. 우리는 그가 아동의 실제 대상 및 지각된 대상의 중요성을 인식했다는 것을 보여 주는 증거를 여러 곳에서 찾을 수 있다. 예컨대, 그는 '가족 이야기family romance'라는 개념을 이야기했고, 부모의 성격에 따라 아동의 오이디푸스기가 어떻게 달라질 수 있는가를 인식했고, 치료에서 관계 요인을 점점 더 많이 강조하였다. Freud를 아는 Richard Sterba(1982)와 다른 분석가들은 Freud가 정신분석의 이 새로운 흐름을 환영했을 것이라고 말했다.

20세기 중반에 이르러서는 영국과 헝가리 학파의 대상관계 이론에 견줄 만한 발달이 자신들을 '대인관계 정신분석가'라고 칭하는 미국의 치료자들 사이에서 이루어졌다. Harry Stack Sullivan, Erich Fromm, Karen Horney, Clara Thompson, Otto Will, Frieda Fromm-Reichmann과 Harold Searles를 포함한 이들 이론가들은 유럽의 동료들과 마찬가지로 혼란이 심한 환자를 대상으로 작업을 시도하고 있었다. 이들은 초기 대상관계의 내재화된 특성을 강조하는 정도에서 유럽의 분석가들과 차이를 보였다. 미국의 치료자들은 초기 대상의 무의식적 이미지가 완고하게 지속된다는 점을 덜 강조하였다. 두 그룹 모두 통찰의 전달자라는 치료자로서의 역할을 중요시하지 않았고, 정서적 안전의 확립이 중요하다는 점에 더 주력하였다.

Freud도 전이에 대하여 해석을 통해 제거해야 할 왜곡으로 보던 시각을 바꾸어 오히려 그것이 치유를 위한 정서적 맥락을 제공한다고 보기 시작하면서, 치료의 대인관계 이론 쪽으로 방향을 전환하였다. 그는 환자들이 문제시되는 부모의 내적인 이미지를 분석가한테서 보고 그것에 맞섬으로써, 그 내적인 이미지를 몰아내는 것이 얼마나 중요한지를 강조하면서, "존재하지 않거나 형상으로만 존재하는 것은 파괴할 수 없다."(1912, p. 108)라고 말했다. 치료에서 치료자와 내담자 간의 정서적 연결이 가장 핵심적인 치유 요인이라는 신념은 현대의 분석적 치료자들에게 기본 원칙이다(Blagys & Hilsenroth, 2000). 이는 심리치료의 성과에 대한 많은 경험적 연구에 의해서도 지지되고 있으며(Norcross, 2002; Strupp, 1989; Wampold, 2001; Zuroff & Blatt, 2006), 정신역동적 치료자들뿐만 아니라 비정신역동적 치료자들에게도 적용되는 것 같다(Shedler, 2010).

대상관계 개념을 통해 치료자들은 내담자들이 대인관계 연결을 어떻게 경험하는가 하는 영역으로 공감 능력을 확장할 수 있게 되었다. 그래서 치료자들은 내담자들이 자기와 대상을 정서적으로 구분하지 못하는 심리적 융합 상태에 있거나, 대상을 자신을 위하거나 미워하는 존재로만 느끼는 2자二者 공간 속에 있거나, 혹은 다른 사람들을 자신과 무관한 완전히 독립된 개체로 경험할 수 있음을 이해하게 되었다. 또한 아동들이 경험적 공생(초기 유아기)에서 '나와 너'의 투쟁(2세경)을 거쳐 보다 복잡한 동일시(3세 이후)의 세계로 이동하는 발달 과정이, 이 단계들을 구강적, 항문적, 오이디푸스적 집착으로 개념화할 때보다 더 분명하게 드러나게 되었다. 오이디푸스기는 아동이 다른 두 사람(고전적 패러다임에서는 부모)이 자신을 포함시키지 않고 그들끼리 관계를 맺을 수 있음을 이해하는 유아적 자아중심성을 뛰어넘는 승리를 상징한다는 점에서, 단지 심리성적 발달만이 아니라 인지적 이정표로 새롭게 인식되었다.

유럽의 대상관계 이론가들과 미국 대인관계 이론가들의 개념은 치료의 획기적 진전을 예고하였다. 많은 내담자들, 특히 보다 심각한 정신병리로 고통받는 사람들의 심리는 원초아, 자아, 초자아의 관점에서 쉽게 개념화될 수 없었기 때문이다. 이런 내담자들은 자기관찰 기능을 갖춘 통합된 자아가 없고, 그 대신 시점과 상황에 따라 느끼고 행동하는 방식이 매우 대조적인 여러 개의 '자아 상태들'을 갖고 있는 것처럼 보인다. 이들은 이런 상태들에 사로잡혀 있을 때는 자기 내면에서 어떤 일이 일어나고 있는지 객관적으로 생각할 수 있는 능력이 전혀 없는 듯하고, 현재 느끼는 정서적 경험이 너무나 자연스러우며 불가피하다고 주장한다.

이렇게 어려운 환자들을 돕고자 하는 치료자들은, 자신의 환자들이 성숙한 방어를 사용할 수 있는 일관된 '자기'가 있다고 가정하고 관계를 맺으려고 시도할 때보다는, 어떤 시점에 어떤 내적 부모 혹은 어떤 다른 중요한 초기 대상이 환자의 내면에서 활성화되는가를 이해할 수 있을 때 치료가 더 잘 진행됨을 알게 되었다. 이렇게 대상관계적 관점의 도래는 치료의 영역과 범위를 넓히는 데 매우 중요한 시사점을 제공하였다(L. Stone, 1954). 이제 치료자들은 '내사된 대상들introjects'(즉, 내담자의 아동기에 영향을 미쳤고, 성인이 된 내담자의 내면에 계속 살고 있으며, 내담자가 아직 만족스러운 심리적 분리를 이루어 내지 못한 내재화된 대상들)의 목소리에도 귀를 기울일 수 있게 되었다.

이러한 사례개념화의 관점에서는 성격이란 초기 아동기에 경험한 대상들처럼 행동하거나, 혹은 타인을 그 대상처럼 행동하도록 무의식적으로 유도하는, 안정된 행동 패턴이라고 할 수 있다. 치료자들은 경계선 내담자(Schmideberg, 1947; Kernberg, 1975)의 '안정적인 불안정성stable instability'을 이론적으로 이해할 수 있게 되었으며, 치료적 측면에서 더 많은 일을 할 수 있게 되었다. 치료자들은 환자와의 의사소통을 통해 얻게 된 내적 이미지와 정서적 반응들에 대상관계 이론의 은유와 모델을 적용함으로써, 특히 관찰자아에 접근할 수 없을 때에도 치료에서 무슨 일이 일어나고 있는지 이해할 수 있는 더 많은 방법을 얻게 되었다. 예컨대, 혼란스러운 환자가 피해망상적인 비난을 퍼붓기 시작할 때, 치료자는 이를 환자가 아이로서 느꼈던 혹독하고도 부당한 비난을 재현하는 것으로 이해할 수 있게 된 것이다.

정신분석가들은 역전이를 새롭게 평가하기 시작하였다. 이는 치료자들이 임상적 지식을 많이 축적하였고, 환자들에 대한 내적 반응을 글로 쓴 대상관계 이론가들의 작업을 더 많이 접하게 되었음을 반영한다. 미국에서는 1959년 Harold Searles가 치료자를 미칠 지경으로 몰고 가는 정신병 환자의 행동을 논한 글에서 정상적인 역전이 폭풍을 솔직하게 묘사하여 이름을 떨쳤다. 영국에서는 1949년 D. W. Winnicott이 유명한 「역전이에서의 증오」라는 논문에서 용감하게 자신을 노출하였다. Freud는 환자에 대한 강한 정서적 반응은 분석가의 자기성찰이 부족하고, 치료실 안에서 만난 사람에 대해 선의를 지닌 의사 본연의 자세를 유지하지 못하는 증거라고 생각했었다. 이러한 호소력 있는 이성적 입장과는 대조적으로, 정신병적 내담자 및 지금이라면 경계선, 외상성, 성격장애로 진단되었을 내담자들과 작업하는 분석가들은 이렇게 압도되어 있고, 와해되어 있고, 절망적이고, 고통에 시달리는 사람들을 이해하는 가장 훌륭한 도구 중의 하나가 다름 아닌 이들에 대한 치료자 자신의 강렬한 역전이 반응이라는 사실을 발견해 가고 있었다.

이런 맥락에서, Klein의 영향을 받은 남미의 분석가인 Heinrich Racker(1968)는 '일치concordant' 역전이와 '상보complementary' 역전이라는 임상적으로 유용한 범주를 제공하였다. 일치 역전이는 환자가 초기 대상과의 관계에서 아이로서 느꼈던 것을 치료자가 (공감적으로) 느끼는 것을 말하며, 상보 역전이는 대상이 아동에 대해 느꼈던 것을 치료자가 (내담자의 관점에서는 공감적이지 않게) 느끼는 것을 의미한다.

예를 들어 보자. 내 환자는 몇 회기 동안이나 갈피를 못 잡고 헤매고 있었다. 나는 그가 사람들에 대해 말할 때마다 자신의 말에 일종의 언어적 '각주'를 달곤 한다는 사실을 알아차렸다. 말하자면, 마지라는 사람에 대해서 전에 이야기를 한 적이 있는데도 "마지는 화요일에 저와 함께 점심을 먹는 3층의 비서예요."라는 식이었다. 나는 이런 습관을 지적하면서, 가족 중에 누군가가 그의 말을 귀담아 듣지 않았었는지 질문하였다. 그는 마치 내가 그의 현재 생활에서의 주요 인물을 아무도 기억하지 못한다고 가정하는 것처럼 보였다. 그는 화를 내며, 부모는 그에게 관심이 매우 많았으며, 특히 어머니가 그랬었다고 항변하였다. 그리고는 장황하게 자신의 어머니를 옹호하기 시작했는데, 그러는 동안 나는 매우 지루해지기 시작했다. 그리고 갑자기 깨닫게 되었다. 몇 분 동안 그가 하는 이야기를 듣지 않고 있었던 것이다. 그동안 나는 저명한 동료들에게 그와의 작업을 어떻게 사례 연구로 제시할 것인가, 그리고 이 치료를 어떻게 설명해야 동료들 앞에서 내 기술을 뽐낼 수 있을까 하는 공상에 빠져 있었다. 이러한 공상에서 빠져나와 다시 경청하기 시작했을 때, 나는 다음과 같은 이야기를 듣고 크게 흥미를 느꼈다. 그는 자신의 어머니를 변호하는 맥락에서, 초등학교 시절에 그가 연극을 할 때마다 그의 어머니는 그 학년의 어떤 어머니보다도 가장 공들인 의상을 만들어 주었고, 그와 함께 연극 대사의 매 구절을 반복해서 암송하였고, 공연 당일에는 아들에 대한 자부심으로 가득 차서 맨 앞줄에 앉아 있었다고 하였다.

나는 내 공상 속에서 주로 나 자신의 명성을 높여 줄 수 있는 대상으로서 그에게 관심을 가졌고, 바로 그런 점에서 어린 시절의 그의 어머니를 놀라울 정도로 닮아 있었던 것이다. Racker(1868)는 이를 상보 역전이라고 불렀을 것인데, 왜냐하면 나의 정서 상태가 환자의 중요한 아동기 대상 중 한 사람의 정서 상태와 닮았기 때문이다. 이와 달리, 만약에 내가 어린 시절의 내담자처럼 느꼈다면, 즉 그는 내게 진정으로 관심이 없으며 내가 그의 자존심을 높여 줄 때만 나를 가치 있게 여긴다고 생각했다면(우리 사이의 정서적 분위기를 감안할 때 충분히 있을 수 있는 상황인데), 나는 일치 역전이를 느낀 것이라고 말할 수 있을 것이다.

초기 유아기에 경험했던 것과 동일한 태도를 무의식적으로 야기하는 이러한 과정이 다소 신비하게 들릴 수도 있을 것이다. 그러나 생애 초기 1, 2년 동안 유아와 다른 사람 간의 의사소통이 대부분 비언어적임을 고려하면 이런 현상이 더 쉽게 이해될 것이다. 아기를 대하는 사람들은 직감적이고 정서적인 반응을 기초로 아기들이 무엇을 가장 필요로 하는지를 알아차린다. 신생아를 돌본 경험이 있거나, 어떤 멜로디에 감격해 눈물을 흘려 본 적이 있거나, 말로는 설명할 수 없는 사랑에 빠져 본 적이 있는 사람이라면 누구나 증언할 수 있듯이, 비언어적 의사소통은 대단한 위력을 발휘한다. 이 책의 1판이 출간된 이후, 유아 발달에 관한 신경과학적 이해가 폭발적으로 증가하였다(Beebe & Lachmann, 1994; Sasso, 2008). 즉, 우뇌와 우뇌 간의 소통(Fosha, 2005; Schore, 2003a, 2003b; Trevarthen & Aitken, 1994), 거울신경세포의 역할(Olds, 2006; Rizzolatti & Craighero, 2004), 치료를 포함하여 내담자와 치료자가 정서적으로 밀접하게 연결되어 있을 때 내담자와 치료자의 뇌가 변화하는 방식(Kandel, 1999; Tronick, 2003) 등에 관한 신경과학적 발견은 Freud(1895)의 기대를 실현해 주고 있다. Freud는 당시에는 은유적으로밖에 기술할 수 없었던 것을 언젠가는 화학적이고 신경학적으로 설명할 수 있으리라 희망하였다.

기능적 자기공명영상(fMRI) 연구가 있기 전에도, 분석 이론은 그러한 과정을 기술할 수 있는 가설적 구조를 세웠다. 즉, 우리가 접촉을 할 때는 쉽게 말로 표현할 수 있는 형식적이고 논리적인 상호작용에 앞서며 또 그것을 초월하는 초기의 유아적 지식에 의존한다고 가정하였다. 이와 동일한 정서적, 비언어적 원천을 가정하는 병행 과정parallel process(Ekstein & Wallerstein, 1958)이라는 현상은 슈퍼비전에 관한 임상 문헌에 자주 등장한다. 대상관계 이론의 가장 큰 공헌 중 하나는 이렇게 역전이를 장애물에서 자산으로 바꾼 것이다(Ehrenberg, 1992; Maroda, 1991 참조).

자기심리학

이론은 실제에 영향을 주며 영향을 받기도 한다. 만약 충분히 많은 수의 치료자들이 기존에 널리 통용되던 모델로 적절히 다룰 수 없는 심리적 양상들에 맞닥뜨리게 된다면 패러다임의 전환을 위한 시간이 무르익은 것이다(Kuhn, 1970; Spence, 1987). 1960년대에 이르러 치료자들은 기존의 분석 모델들의 언어로 자기 환자들의 문제가 잘 설명되지 않을 때가 있다고 보고하기 시작하였다. 즉, 치료를 찾는 많은 사람들의 중심 호소가 본능적 충동과 그것의 억제를 다루는 문제(추동 이론)나, 불안에 대한 특정 방어의 경직된 작동(자아심리학)이나, 환자가 적절히 분화를 이루지 못한 내적 대상의 활성화(대상관계 이론)라는 관점으로 환원될 수 없었다. 그러한 과정을 추론할 수는 있었지만, 좋은 이론에서 기대되는 설명의 경제성과 설명력의 정도가 부족하였다.

세기 중반의 많은 환자들은 텅 빈 느낌을 보고하였다. 대상관계 이론이 아주 잘 기술한 난폭하고 원시적인 내사물로 가득 차 있거나 내적 대상들에 포위되어 있다기보다는, 내적 대상이 결여된 것 같았다. 이들은 내적인 방향 감각, 삶의 방향을 제시하고 의지할 수 있는 가치를 갖고 있지 않았고, 어떤 삶의 의미를 찾기 위해서 치료를 받으러 왔다. 어떤 이들은 표면적으로는 자기확신이 넘치는 것처럼 보였지만, 내적으로는 자신이 수용될 만하고, 칭찬받을 만하고, 가치 있는 사람이라는 확인을 끊임없이 구했다. 이와 다른 문제를 보고하는 내담자 중에서도 자존감과 기본적 가치에 대한 내적 혼란감을 가진 사람들이 많이 있었다.

외부의 누군가로부터 인정받고 싶은 만성적인 욕구가 있었으므로, 분석적 지향의 치료자들은 이 환자들이 자기애를 핵심 문제로 갖고 있다고 보았다. 그러나 이런 경우에도 W. Reich(1933)가 묘사한 (거만하고, 허영심이 강하고, 매력적인) '남근기적' 자기애성 성격의 전형에는 들어맞지 않았다. 이들은 강렬한 역전이가 아니라, 지루함, 안절부절, 막연한 짜증을 특징으로 하는 역전이를 불러일으켰다. 이런 내담자를 치료하는 사람들은 자신들이 하찮고, 안 보이는 사람인 것 같고, 과소평가되거나 과대평가되는 느낌을 받는다고 보고하였다. 치료자는 자신이 도움을 주려는, 실제로 존재하는 타인으로 여겨진다고 느낄 수 없었다. 대신 내담자의 정서적 팽창 혹은 정서적 위축의 근원으로서 언제든지 대체될 수 있는 존재로 간주되는 것 같았다.

이러한 사람들의 혼란은 자신이 누구인지, 자신의 가치는 무엇인지, 자신의 자존감을 유지해 주는 것은 무엇인지에 대한 감각을 중심으로 일어나고 있는 듯이 보였다. 때로 이들은 자신이 중요한 사람임을 확인받는 것을 넘어서서, 자신이 누구인지 또는 자신에게 정말 중요한 것이 무엇인지 모른다고 말하곤 하였다. 전통적 관점에서 볼 때, 이들은 그렇게 심하게 '아픈' 것처럼 보이지는 않았지만(충동 통제력, 자아강도, 대인관계의 안정성을 갖고 있었다), 그럼에도 불구하고 자신의 삶에서 즐거움을 거의 느끼지 못하고, 자기 자신에 대한 진정한 자부심도 거의 없었다. 어떤 치료자들은 이들이 치료 불가능하다고 생각했는데, 왜냐하면 기존에 존재하던 자기를 일부 수정하거나 방향을 다시 잡도록 돕는 것보다 처음부터 자기가 형성되도록 돕는 것이 더 막대한 작업이기 때문이었다. 어떤 분석가들은 이러한 환자들의 고통을 더 잘 개념화하고 그럼으로써 이들을 보다 민감하게 치료하기 위한 새로운 구성 개념을 찾기 시작하였다. 어떤 사람들은 기존의 심리역동적 모델 내에서 이 작업을 했고(예컨대, Erikson과 Rollo May는 자아심리학에서, Kernberg와 Masterson은 대상관계 전통에서), 어떤 사람들은 새로운 자리를 찾았다. Carl Rogers(1951, 1961)는 정신분석의 전통을 벗어나, 내담자의 자기와 자존감의 발달을 촉진하는 것을 주요 특징으로 하는 이론과 치료를 개발하였다.

정신분석 내에서는 Heinz Kohut이 자기에 대한 새로운 이론, 즉 자기의 발달, 일어날 수 있는 왜곡, 그리고 치료에 관한 이론을 정립하였다. 그는 정상적인 이상화 욕구와, 처음에 이상화하다가 차차 별다른 외상 없이 탈이상화할 수 있는 대상을 갖지 못한 채로 성장하는 것이 정신병리에 미치는 영향을 강조하였다. Kohut의 공헌(예, 1971, 1977, 1984)은 자기애적 손상을 입은 내담자들을 이해하고 도울 수 있는 새로운 방법을 찾고 있던 사람들에게만 유용했던 것은 아니었다. 그의 이론은 자기구조, 자기표상, 자기상의 관점에서 사람을 보고, 또 우리가 자존감을 갖기 위해 어떻게 심리내적 과정에 의지하게 되는가 하는 관점에서 사람들을 보도록 하는 사고의 일대 전환을 가져왔다. 분석가들은 초자아가 지나치게 엄격한 사람들에게 연민을 느꼈던 것처럼 믿을 만한 초자아가 없는 사람들의 공허감과 고통도 이해할 수 있게 되었다.

Kohut의 많은 연구와, 그것이 다른 저자들(예컨대, George Atwood, Sheldon Bach, Michael Basch, James Fosshage, Arnold Goldberg, Alice Miller, Andrew Morrison, Donna Orange, Paul과 Anna Ornstein, Estelle Shane, Robert Strolorow, Ernest Wolf 등)에게 미친 영향과, 그리고 그로 인해 넓게 퍼진 심리적 문제에 대한 새로운 사고방식은 중요한 진단적 함의를 지니고 있다. 임상 자료에 대한 이러한 새로운 방식의 개념화로 인해 분석 이론에 자기라는 용어가 추가되었으며, 평가자들은 자기 경험의 차원에서 사람들을 이해하려고 노력하기 시작하였다. 치료자들은 자기애가 두드러지지 않는 환자들에게서도 자존감, 자기응집성, 자기연속성의 감각을 지탱하기 위한 심리 과정의 작동을 관찰할 수 있었다(이런 기능들은 이전의 문헌들에서는 강조되지 않았다). 방어는 원초아, 자아, 초자아의 위험과 관련된 불안으로부터 사람들을 보호할 뿐만 아니라, 일관성 있고 긍정적인 가치를 지닌 자기 감각을 유지하기 위해서도 작동된다고 새롭게 개념화되었다(Goldberg, 1990b). 면접자들은 방어에 관한 전통적인 질문들["이 사람은 무엇을 두려워하는가? 두려울 때 이 사람은 무엇을 하는가?" (Waelder, 1960)] 외에, "이 사람의 자존감은 얼마나 취약한가? 자존감이 위협받을 때 이 사람은 무엇을 하는가?"와 같은 질문을 함으로써 환자를 더 완전하게 이해할 수 있었다.

왜 이러한 이론적 보충이 유용한가 하는 것은 임상 사례를 통해 잘 알 수 있을 것이다. 임상적으로 우울한 두 사람이 있다고 할 때, 두 사람의 신체 기능적 증상들(수면장애, 식욕부진, 울음, 정신운동 지체 등)은 동일하더라도 주관적 경험은 완전히 다를 수 있다. 한 사람은 도덕적으로 문제가 있거나 악하다는 의미에서 자신이 나쁘다고 느낀다. 이 사람은 자신의 존재가 세상의 문제를 악화시킬 뿐이며, 자신으로 인해 세상이 더렵혀지지 않도록 하는 것이 지구를 위해 자신이 할 수 있는 유일한 일이라고 믿기 때문에 자살을 생각하고 있다. 다른 한 사람은 도덕적으로 나쁘다고 느끼지는 않지만 내적으로 공허하고, 결함이 있고, 추하다고 느끼는 사람이다. 그 역시 자살을 생각하고 있지만 세상이 잘되기를 바라서가 아니라 살 이유를 찾지 못했기 때문이다. 앞의 사람은 뼈에 사무친 죄책감을 느끼고 있고, 뒷사람은 광범위한 수치심을 느끼고 있다. 대상관계적 관점에서 보면, 첫 번째 사람은 그에게 나쁘다고 말하는 내재화된 타인들로 너무 꽉 차 있으며, 두 번째 사람은 자신에게 어떤 방향을 제시해 줄 수 있는 내재화 대상들이 너무 부족하다.

첫 번째 종류의 우울[초기 정신분석 문헌에서는 '멜랑콜리아melancholia', 보다 최근에는 '내사적 우울'(Blatt, 2008)]과 자기애적으로 고갈된 마음의 상태인 두 번째 종류의 우울(Blatt이 말한 '의존적' 우울)을 진단적으로 구별하는 것은 실제적인 이유에서 매우 중요하다. 첫 번째 종류의 우울을 경험하고 있는 내담자는 동정적이고 지지적인 느낌이 분명히 드러나는 면접자의 말투에 잘 반응하지 않을 것이다. 그는 자신이 알고 있는 실제 모습보다 더 가치 있는 사람으로 오해받는다고 느끼고, 오히려 더 우울해질 것이다. 두 번째 종류의 주관적 경험을 하고 있는 사람은 치료자가 직접적으로 관심과 지지를 표명할 때 큰 위안을 받을 것이다. 공허감이 일시적으로 메워지고 수치심으로 인한 고뇌가 경감될 것이다. 나중에 이러한 구분에 대해 더 말하겠지만, 여기서 말하고자 하는 요점은 자기심리학이 제시하는 참조의 틀이 중요한 진단적 가치를 지닌다는 것이다.

현대의 관계 운동

Winnicott(1952)은 "아기는 없다."라는 도발적이고 기념비적인 말을 하였다. 아기는 보살핌이라는 독특한 맥락 안에서만 존재할 수 있기 때문에, 아기가 아니라 아기와 양육자라는 대인관계 체계가 있다는 의미였다. 비슷하게, 최근의 정신분석 이론가들은 개별적이고, 안정적이고, 분리된 성격이 있다는 가정에 의문을 제기한다. 대신 이들은 서로 다른 대인관계 맥락 안에서 만들어지는 일련의 자기 상태를 가정한다. 이 중 가장 중요한 최근의 이론적 혁신이 1983년 시작되었다. Jay Greenberg와 Steven Mitchell이 추동심리학과 자아심리학의 모델을 관계 이론들(대인관계, 대상관계, 자기심리학)과 비교한 저서를 발간하면서부터였다. 이후로, 임상 과정을 개념화하는 데 있어 주목할 만한 전환이 이루어졌으며, 이는 일반적으로 '관계 운동relational movement'(S. A. Mitchell, 1988)이라고 불렸다. 이 운동은 임상 현장에서 필연적으로 일어날 수밖에 없는 상호주관적 속성을 강조한다.

Louis Aron, Jessica Benjamin, Philip Bromberg, Jodie Davies, Adrienne Harris, Irwin Hoffman, Owen Renik과 Donnell Stern 같은 학자들은 치료자의 객관성 혹은 정서적 중립성이 가능하다거나 바람직하다는 이전의 생각에 의문을 제기하며, 환자의 무의식적 삶뿐만 아니라 치료자의 무의식적 삶이 임상 현장에 미치는 영향을 강조하였다. 분명히 비대칭적 관계이기는 하지만, 치료자-내담자 쌍이 경험하는 모든 관계는 상호적이고 함께 만들어진다고 보았다(Aron, 1996). 또한 분석가는 객관적인 '알고 있는 사람'이 아니라, 내담자의 주요한 대인관계 주제를 실행하는 필연적인 두 사람 중 한 명으로서 그 실행에 영향을 미치며, 그러면서 환자의 심리를 공동으로 발견하는 사람이라고 가정되었다.

관계 정신분석가들은 성격과 같은 가설적 구조보다는 치료적 **과정**에 보다 관심을 기울인다. 사실상, 많은 관계 분석가들은 성격을 정형화되고 고정된 현상이라고 말하는 것은 우리의 경험이 현재 진행형으로 구성되며 자기 경험은 성격에 의해 추동되기보다는 상태 의존적이라는 증거를 무시하는 것이라고 노골적으로 걱정한다. 하여튼, 이들의 패러다임의 전환은 성격에 대한 우리의 생각과 그 치료적 함의에 영향을 미쳤다. 관계 분석가들은 분석가는 어찌됐건 오염 없이 환자를 관찰할 수 있다[Heisenberg(1927)에 따르면, 전자電子를 관찰할 때도 관찰하는 행동이 관찰되는 것에 영향을 미치지 않고는 연구가 이루어질 수 없다고 한다]는 예전의 자만심을 허물어 버림으로써, 치료에서 치료자와 환자 간에 일어나고 있는 일을 이해할 때 환자뿐만 아니라 치료자의 성격이 미치는 영향을 평가하는 길을 열어 주었다.

정서적, 성적 학대의 과거력이 있는 사람들이 제기하는 임상적 과제들을 다루기 위해, 많은 관계 이론가들이 외상에 초점을 맞췄던 초기 프로이트식 사고로 돌아갔지만, 억압보다는 해리 과정을 강조하였다. 신경과학 및 아동 발달 연구의 진전과 함께, 관계 분석가들은 정신 구조, 특히 해리를 촉진하는 맥락에 관한 우리의 가정을 변화시키는 데 공헌하였다. 15장에서 이에 관해 보다 상세히 말할 것이다.

성격 진단의 관점에서 본다면, 아마도 관계 운동 분석가들의 가장 중요한 공헌은 개념화되지 않은 경험(D. B. Stern, 1997, 2009), 의미의 사회적 구성(Hoffman, 1998), 다중의 자기 상태(Bromberg, 1991, 1998), 해리(Davies & Frawley, 1994) 등을 이들이 민감하게 다루었다는 점일 것이다. 또한 이들은 자기 경험을 이야기할 때 전통적인 이론이 가정했던 것보다 유동성과 미완성의 의미를 더 많이 담고 있는 모든 종류의 사고방식을 가정한다. 지난 사반세기 동안의 사회적, 기술적 변화의 속도를 감안할 때, 비영속성과 경험의 공동 구성을 근본 가정으로 하는 주요 이론이 출현했다는 사실이 놀랍지는 않다.

정신분석적 성격 평가에 기여한 다른 이론들

정신분석을 폭넓게 볼 때, 추동, 자아심리학, 대상관계, 자기, 관계 지향 이외에도 성격의 개념화에 영향을 미친 다른 몇 가지 이론들이 있다. 여기에는 Jung, Adler와 Rank의 사상, Murray(1938)의 '성격학', Spotnitz(1976, 1985)의 '현대 정신분석', Tomkins(1995)의 '스크립트 이론', Sampson과 Weiss(Weiss, 1993)의 '통제-숙달 이론', 진화생물학의 모델들(예, Slavin & Kriegman, 1990), 현대의 성 이론(예, A. Harris, 2008), Jacques Lacan의 연구(Fink, 1999, 2007) 등이 포함된다. 뒷부분에서 이들 중 몇몇 패러다임에 대해서 언급할 것이다. 이 책의 1판에서 정신분석가들이 곧 임상적 주제에 카오스 이론(비선형적 일반 체계 이론)을 적용하리라고 예측한 바 있는데, 그 이후로 이 예언은 이미 현실이 되고 있다(Seligman, 2005).

이 장을 마치면서, 분석 이론은 특질이 아니라 주제와 역동을 강조한다는 점을 분명히 하고 싶다. 이것이 '역동'이라는 단어를 끊임없이 사용하는 이유이다. 대부분의 평가 도구나 DSM과 같은 편람이 제공하는 정적인 특성 목록에 비해서 성격에 관한 정신분석적 관점이 더 풍부하고 임상적으로 더 유용한 이유는 이러한 동적인 패턴에 대한 이해가 있기 때문이다. 사람들은 자신에게 의미 있는 차원들을 따라 조직화된다. 그리고 그 사람이 보이는 특성은 전형적으로 핵심 차원의 양극을 모두 드러낸다. Philip Slater(1970)는 현대 문학비평 및 전기에 관한 어떤 각주에서 이러한 생각을 예리하게 포착한 바 있다.

> 수세기에 걸쳐 인문학자들은 실존 인물 혹은 가상 인물의 성격적 '모순'과 '역설'을 보여 주면서 스스로 흥분하거나 독자들을 흥분시켰는데, 이는 동일 인물 안에 서로 상반되는 두 가지 특성이 공존한다는 사실 때문이었다. 그러나 사실은 어떤 특성이 정도가 심할 때는 항상 그것과 반대되는 특성이 공존하기 마련인데도, 성격의 역설을 명민하게 파헤치는 전통이 계속될 수 있었던 것은 그에 대한 독자들의 심리적 순진성 때문이다 (pp. 3n-4n).

가까워지는 것에 대한 갈등이 있는 사람은 가까워질 때뿐만 아니라 멀어질 때도 크게 혼란을 느낄 수 있다. 가장 갈급하게 성공을 탐하는 사람이 가장 무모하게 자신의 일을 망치기도 한다. 조증적인 사람은 분열성인 사람보다 우울한 사람들과 심리적으로 더 비슷하다. 강박적으로 난잡한 성생활을 하는 사람은 성이 별다른 문제가 되지 않는 자유로운 사람들보다 오히려 금욕주의적으로 성적 갈등을 해결하는 사람들과 더 많은 공통점을 지닌다. 사람들은 복잡하다. 그러나 그러한 뒤엉킴은 아무렇게나 일어나지 않는다. 정신분석 이론은 내담자들이 그들의 삶에서 일어나는, 설명할 수 없는 모순과 불합리를 이해하고 자신의 취약점을 장점으로 바꿀 수 있도록 돕는 방법을 우리에게 제공해 준다.

요약

정신분석 내의 몇 가지 주요 임상 패러다임, 즉 추동 이론, 자아심리학, 대상관계 이론, 자기심리학, 현대의 관계 이론 등을 간략하게 기술하였다. 각 패러다임이 성격 개념화에 주는 시사점을 강조하였고, 이러한 서로 다른 렌즈들을 통해 사람들을 볼 때 얻을 수 있는 임상적 추론에 주목하였다. 또한 성격 구조에 관한 역동적 사고 및 치료적 시사점에 영향을 미친 다른 이론들에 대해서도 언급하였다. 이 개관은 100여 년에 걸친 수많은 지적 소란과 논쟁, 이론적 발달 중에서 단지 중요한 부분만을 부각시킨 것이다.

더 읽을거리

Freud의 책을 읽어본 적이 없는 사람이 초기 Freud와 그의 초기 추동 이론을 이해하려면 『The Interpretation of Dreams』(1900)를 정독하는 것이 가장 좋다. 여기서 당대의 논쟁점을 설명하거나 거대한 형이상학적 체계를 전개한 부분은 건너뛰어도 좋다. 『Outline of Psychoanalysis』(1938)에서는 그의 후기 이론의 개요를 볼 수 있으나, 너무 축약되어 있고 건조하다. Bettelheim의 『Freud and Man's Soul』(1983)은 이를 훌륭하게 수정하였다. Freud의 『The Psychopathology of Everyday Life』(1901)는 Freud의 범상치 않은 마음을 접해 본 적이 없는 사람들이 쉽고 재미있게 읽을 수 있는 책이다. Michael Kahn의 『Basic Freud』(2002)는 정신분석적 사상의 핵심을 독자들이 아주 쉽게 접근할 수 있도록 쓴 교재이다. Dougherty와 West의 『The Matrix and Meaning of Character』(2007)는 Jung의 성격 유형에 관한 흥미로운 탐색을 보여 준다.

Jeremy Safran의 『Psychoanalysis and Psychoanalytic Therapies』(2012)는 정신분석 이론의 역사와 정치를 매력적이고 읽기 쉽게 개관하고 있다. Blanck의 『Ego Psychology』(1974)는 자아심리학의 개념들을 요약하고 각 개념들의 치료적 관련성을 보여 준다. Guntrip의 『Psychoanalytic Theory, Therapy, and the Self』(1971)는 대상관계 이론을 바탕으로 한 정신분석적 인본주의 모델이며, Symington(1986)의 명저도 그러하다. Hughes(1989)는 Klein, Winnicott와 Fairbairn의 이론을 명쾌하게 설명하였다. Fromm-Reichmann(1950)과 Levenson(1972)은 미국 대인관계 학파를 훌륭히 대변하고 있다.

자기심리학의 참고서로서 Kohut의 『The Analysis of the Self』(1971)는 초보자들에게 거의 난공불락이지만, 『The Restoration of the Self』(1977)는 읽기가 좀 더 쉽다. E. S. Wolf의 『Treating the Self』(1988)는 이해하기 쉽게 이론을 실제에 적용하고 있다. Stolorow와 Atwood의 『Contexts of Being』(1992)은 상호주관적 관점에 대한 소개서로 쉽게 읽힌다. Lawrence Joseph의 『Character Structure and the Organization of the Self』(1992)는 정신분석적 성격 이론과 자기 및 관계 개념, 그 치

료적 시사점을 종합하고 있으며, Fred Pine의 통합적인 저서들(1985, 1990) 역시 그러하다.

통제-숙달 이론의 입문서로서는 George Silberschatz의 『Transformative Relationships』(2005)가 있다. 관계운동에 관한 독창적인 논문을 보려면, Mitchell과 Aron의 『Relational Psychoanalysis』(1999)를 읽으면 된다. Paul Wachtel(2008)도 관계적 조망에서 통합적인 교재를 썼다. 주요 정신분석 이론을 읽기 쉽게 개관한 책으로 Mitchell과 Black의 『Freud and Beyond』(1995)를 강력하게 추천한다. 『Psychodynamic Diagnostic Manual』(PDM Task Force, 2006)에는 정신분석적 성격 이론을 뒷받침하는 경험적 연구에 관한 몇몇 훌륭한 논평들이 있다. Morris Eagle(2011)은 새롭게 발전하는 정신분석 이론을 역사적으로 개관하고 비평한 명쾌한 저서를 출간하였다. 분석가들이 이론(특히 Winnicott, Lacan과 Klein)을 어떻게 실제에 적용하는지 생생히 보고 싶다면, Deborah Luepnitz(2002)의 『Schopenhauer's Porcupines』에 있는 다섯 사례에 대한 설명을 읽기 바란다. 이 책은 마치 좋은 소설을 읽을 때처럼 빨려 들어가는 보석 같은 책이다.

Chapter 03 Psychoanalytic Diagnosis

성격 조직의 발달 수준

본장에서는 많은 분석가들이 한 사람의 성격에 뿌리내리고 있다고 보는 성숙의 문제들, 즉 초기의 심리 발달 과정에서 완성되지 못했거나 방해를 받은 심리적 과제에 초점을 맞추었다. Freud는 이를 고착이라고 불렀고, 후대의 분석가들은 발달 정지라고 불렀다. 성격에 관한 많은 분석적 글에서 발달적 장애물이 일찍 있을수록, 그 사람의 심리적 혼란이 심하다고 가정해 왔다. 이러한 믿음은 지나치게 과잉 단순화된 것이며, 어떤 면에서는 틀렸다(Fischer & Bidell, 1998; Westen, 1990 참조). 그러나 이제까지 성격을 어떤 방식으로 보았는지를 살펴본다면 임상 실제에 도움이 될 수 있을 것이다. 이를 위해 전통적인 사고방식뿐만 아니라 최근의 연구 결과들도 소개할 것이다. 이를 통해 심리적 건강과 성격 구조상의 일반적인 차이점들을 설명해 보고자 한다.

역사적으로, 분석가들은 보다 혼란이 심한 수준에서부터 보다 건강한 수준까지 전반적인 정신 기능의 연속선을 가정하였다. 이들은 개인의 성격이 특정한 발달 수준에서 조직화되며, 개인의 특징적인 방어 양식에 의해 구조화된다고 명시적으로 혹은 암묵적으로 이해하였다. 첫 번째 차원은 한 사람의 건강한 심리적 발달 혹은 정신병리의 정도(정신병, 경계선, 신경증, '정상')를 개념화하며, 두 번째 차원은 그 사람의 성격 유형(편집성, 우울성, 분열성 등등)을 밝혀 준다.

나와 가까운 한 친구는 내가 왜 이 책을 쓰고자 하는지 알고 싶어 했다. 이 친구는 심리치료 경험이 없을뿐더러 왜 어떤 사람들은 다른 사람의 문제를 들으면서 몇 시간씩 보내는 직업을 선택하는지 이해할 수 없다고 하는 친구였다. "내가 보기에는 간단해."라고 그가 말했다. "나는 사람들을 딱 두 종류로 구분하거든. (1) 미친 사람과 (2) 안 미친 사람." 나는 정신분석 이론의 가정에 따르면 사람은 누구나 어느 정도는 불합리한데, 우리는 두 가지 기본적인 속성을 가지고 있다고 대답하였다. 그것은, (1) 얼마나 미쳤나? (2) 어떤 식으로 미쳤나? 하는 것이다. 2장에서 언급하였듯이, 현대의 분석가들은 아동기의 각 단계들이 Freud가 제시했던 것보다는 추동에 덜 이끌린다고 이해하고 있다. 그럼에도 그들의 많은 이론들은 현재의 심리적 집착은 유아기의 전조를 반영하며, 초기 몇 년간의 상호작용이 우리가 그 이후의 경험을 어떻게 받아들일지 결정하는 기본 틀이 된다는 Freud의 결론을 여전히 반영하고 있다.

누군가의 해결되지 않은 발달 과제를 개념화하면 그 사람을 이해하는 데 도움이 될 수 있다. 흥미롭게도, 동일한 초기 심리 조직의 3단계가 정신분석적 발달 이론들에서 반복해서 등장하고 있다. (1) 생후 1년 반에서 2년(Freud의 구강기), (2) 18~24개월에서부터 3세까지의 기간(Freud의 항문기), (3) 3, 4세부터 대략 6세까지의 시기(Freud의 오이디푸스기)가 그것이다. 연령대가 정확하지 않은 것은 아동의 개인차를 반영하지만, 아동이 조숙하건 늦되건 그 순서는 일정해 보인다. 많은 이론가들이 이러한 단계들은 논의하면서, 자신의 입장에 따라 추동과 방어를 강조하거나, 자아 발달을 강조하거나, 혹은 자기와 대상의 이미지를 강조하였다. 또 어떤 이들은 각 단계의 행동적인 부분을 강조했으며, 어떤 이들은 인지적인 부분을, 또 어떤 이들은 아동의 정서적인 성숙을 강조하였다.

많은 학자(예, Lyons-Ruth, 1991; D. N. Stern, 2000)가 유아 연구에 근거하여 단계이론을 비판해 왔다. 이러한 유아 연구는 대부분의 발달 모델이 가정하는 것보다 초기의 유아가 훨씬 더 유능하다고 밝히고 있으며, 발달상의 곤경을 발달 단계보다는 부모의 애착 행동과 연결하고 있다. 포스트모던 성향의 분석가들(예, Corbett, 2001; Fairfield, 2001)은 '정상발달' 모델은 문화적 관행을 암묵적으로 담고 있으며, 괜찮은 내內집단과 그렇지 못한 외外집단의 이미지를 불가피하게 만들어 낸다고 지적하였다. 이러한 한계에도 불구하고, 나는 예상할 수 있는 심리적 단계라는 것이 우리의 개념 형성에서 계속 살아남으리라 생각한다. 왜냐하면 우리 모두가 비슷한 성장 과정을 거친다는 생각에는 임상적으로 공감을 불러일으키는 무언가가 있기 때문이다. 이제부터 정신분석적 진단의 발달적 측면에 관해 설명할 것이며, 이러한 설명은 대부분 Erikson, Mahler와 Fonagy의 생각에 기초하고 있다.

'구강기적' 특성을 많이 가지고 있는 사람들이 초기 분석가들이 항문기 혹은 오이디푸스기라고 여겼을 중심역동을 가진 사람들보다 더 심각한 수준의 정신병리를 갖고 있다고 경험적으로 증명된 적은 한 번도 없다. 그럼에도 Freud가 이런 가설적 추동 개념으로 초기의 세 발달 단계의 이름을 붙인 것은 상당한 직관적 호소력을 갖고 있으며, 또 성격의 유형type과도 어느 정도 상관이 있다(건강한 수준이건 병리적 수준이건 간에 우울한 사람들은 구강기적 특성을 나타내는 경향이 있다. 또한 13장에서 볼 수 있듯, 강박적인 사람들의 집착은 강박성이 그들에게 주된 어려움으로 나타나건 그렇지 않건 간에 항문기적이라는 점에서 악명이 높다).

그러나 자아 발달 및 자기–대상 분화의 수준이 성격의 건강함 혹은 병리의 정도와 상관이 있음을 지지하는 임상적 논평(예, Volkan, 1995)이 아주 많으며, 이를 지지하는 경험적 연구들(예, Fonagy, Gergely, Jurist, & Target, 2002; L. Silverman, Lachmann, & Milich, 1982)도 점점 많아지고 있다. 이러한 상관은 어느 정도는 정의에 따른 것이며 동어 반복의 측면이 있다. 즉, 피면접자의 자아 발달과 대상관계가 원초적 수준이라고 평가하는 것은 그가 "병적이다"라고 말하는 것과 같다. 그러나 누군가를 강박성 혹은 분열성이라고 이야기하는 것은 반드시 정신병리가 있음을 의미하지는 않는다. 이렇게 자아심리학과 이후의 관계 이론에서 나온 범주들에 따라 심리적 안녕과 장애를 개념화하는 방식은 여러 상이한 성격 유형에 걸쳐 심오한 임상적 함의를 지닌다. 이제부터는 성격 유형보다는 문제의 정도 혹은 '깊이'를 기초로 사람들을 진단적으로 구분하려고 했던 정신분석적 시도의 역사를 간단히 살펴보도록 하겠다.

역사적 맥락: 성격병리의 수준에 대한 진단

19세기에 기술적記述的 정신의학이 도래하기 전에도, 소위 '문명화된 세계'라는 곳에서 특정 형태의 정신장애가 빈번하게 발생한다는 사실을 사람들은 알고 있었다. 아마도 당시 대부분의 관찰자들은 심리학에 문외한인 내 친구가 '미친 사람'과 '안 미친 사람'을 구별했던 것처럼 사람들을 구분했을 것이다. 제정신인 사람은 현실을 구성하고 있는 것들을 대체로 인정했으나 미친 사람은 이러한 합의를 따르지 않았다.

히스테리 상태(지금이라면 외상후 문제라고 진단되었을 문제를 포함하여), 공포증, 강박사고, 강박행동, 정신병이 아닌 조울 증상을 가진 사람들은 완전히 미치지는 않았지만 어떤 심리적 어려움을 갖고 있다고 보았고, 환청, 망상, 사고장애를 갖고 있는 사람들은 미쳤다고 보았다. 지금이라면 반사회성으로 불릴 사람들은 '도덕적 광기'(Prichard, 1835)로 진단되었으나 정신적으로는 현실과 접촉하고 있다고 보았다. 이러한 다소 조악한 분류는 아직까지 법체계에 남아 있어서, 범죄자가 범죄를 저지를 당시에 현실을 분별할 수 있었는가를 중요하게 여긴다.

Kraepelin의 진단: 신경증 대 정신병

Emil Kraepelin(1856~1926)은 현대 진단 분류의 아버지라고 불린다. Kraepelin은 정신장애의 증후군들을 공통 특성에 따라 분류하기 위해 정신과 환자들을 주의 깊게 관찰하였다. 그는 또한 그러한 장애의 병인학에 관한 이론도 일부 발전시켰다. 최소한 그는 병의 근원을 외인성이고 치료 가능한 것으로 볼 것인가, 아니면 내인성이고 치료 불가능한 것으로 볼 것인가 하는 관점을 전개하였다[Kraepelin, 1913; 흥미롭게도 그는 심한 양극성 장애('조울정신병')를 전자의 범주에, 정신분열증('조발성 치매'—뇌의 기질적 악화에 의한 것으로 보았다)을 후자에 포함시켰다]. 그때로부터 소위 '미치광이'들은 그가 밝혀낸 몇몇 잠재적 질병 중 하나에 걸린 것으로 이해되기 시작하였다.

Freud는 기술과 단순한 수준의 연역을 넘어서서 보다 추론적인 개념 형성으로 나아갔다. 그의 이론적 발달은 Kraepelin의 기본적인 내인성-외인성 차원의 원인론에서 진일보한 복잡한 후성적 설명을 제공하였다. 그러나 Freud는 여전히 당대에 사용 가능했던 Kraepelin의 범주에 따라 정신병리를 보는 경향이 있었다. 그는 어떤 사람이 강박사고로 고통을 받으면[예, Freud의 환자인 '늑대인간'(Freud, 1918; Gardiner, 1971)], 그를 강박신경증을 가지고 있다고 기술하였다. 그러나 말년에 이르러 그는 평소에 강박적이지 않은 사람이 강박신경증을 보이는 경우와 강박적 성격의 한 부분으로서 강박사고를 보이는 경우를 구분하기 시작하였다. 그러나 강박적인 사람들을, (1) 실제로 망상적이면서 정신병적으로 붕괴되는 것을 막기 위해 반추적 사고를 사용하는 강박적인 사람들, (2) 강박사고가 경계선 성격 구조의 일부분인 사람들('늑대인간'의 경우), 그리고 (3) 신경증에서 정상에 이르는 범위의 성격 조직을 가지고 있는 강박적인 사람들로 나누는 현대적 분류 체계는 Freud 이후의 분석가들에 의해 성립되었다(예, Eissler, 1953; Horner, 1990).

20세기 중반에 '경계선'이라는 범주가 출현하기 이전에는, 분석적 치료자들은 Freud를 따라 정신병리를 현실 인식이 가능한 신경증과 현실과의 접촉을 상실한 정신병의 두 수준으로만 구분하였다. 신경증을 가진 사람은 문제가 그 자신에게 있다는 것을 어느 정도 안다. 그러나 정신병을 가진 사람은 문제가 자신이 아닌 세상에 있다고 믿는다. Freud가 마음의 구조 모델을 발달시켰을 때, 이러한 구분은 개인의 심리적 하부구조를 묘사하는 언급에 반영되었다. 신경증적인 사람은 자아방어가 너무 자동적이고 경직되어 있어서 원초아의 에너지를 창조적으로 사용할 수 있는 길이 차단되기 때문에 고통을 받지만, 정신병적인 사람은 자아방어가 너무 약해서 원초아의 원시적 자료들에 의해 무기력하게 압도당하기 때문에 고통을 받는다고 보았다.

신경증 대 정신병의 구분은 중요한 임상적 함의를 갖고 있었다. Freud의 구조 모델에 비추어 요약하자면, 신경증적인 사람을 치료할 때는 방어를 약화시키면서 원초아에 접근하여 원초아의 에너지가 보다 건설적인 방향으로 방출될 수 있도록 해야 한다. 이와 대조적으로, 정신병적인 사람들에 대한 치료는 방어를 강화하고, 원시적인 집착을 덮어서 가려 주며, 스트레스를 주는 환경에 현실적으로 개입하여 혼란을 줄이고, 현실 검증력을 높이고, 끓어오르는 원초아를 무의식 속으로 되돌려 놓는 것을 목표로 해야 한다. 이는 마치, 신경증적인 사람들은 난로 위에 뚜껑이 빽빽한 냄비를 올려놓은 것과 같아서 김이 빠지도록 뚜껑을 좀 열어 주어야 한다면, 정신병적인 사람들은 이미 끓어 넘치고 있는 상태여서 불을 끄고 뚜껑을 닫아야 하는 것과 같다.

대개 슈퍼바이저들은 건강한 환자들의 방어는 공격해야 하는 반면, 정신분열증을 비롯한 정신병적인 환자들의 방어는 지지해야 한다고 조언한다. 이 관점은 항정신병 약물의 도래와 더불어 약물치료의 광범위한 사용을 가져왔을 뿐만 아니라(이는 정신병적 수준의 불안에 대한 동정 어린 반응이라고도 할 수 있다), 약물치료가 '뚜껑을 덮는' 기능을 하며, 환자에게 약물치료가 평생 필요하다는 가정을 넓게 퍼뜨리는 결과도 가져왔다. 치료자들은 정신병의 가능성이 있는 환자에게는 '뚜껑을 여는' 치료를 하지 말라고 권고받았다. 환자의 연약한 방어를 교란해 그를 또다시 위기에 처하게 할 수 있기 때문이다. 이런 방식으로 정신병리의 정도를 개념화하는 것이 유용하지 않다고 할 수는 없다. 서로 다른 종류의 어려움에 대해 서로 다른 치료적 접근을 개발하는 계기를 마련해 주었기 때문이다. 그러나 이는 포괄적이지도 않고 임상적인 미묘함을 반영하지도 못한다. 어떤 이론이든 과잉 단순화의 위험성이 있기 마련이지만, 이러한 신경증 대 정신병의 구분은, Freud의 우아한 구조적 토대와 그것의 치료적 함의를 감안하더라도, 유용한 추론적 진단의 출발점만을 제공하였을 뿐이다.

자아심리학의 진단: 증상 신경증, 신경증적 성격, 정신병

이렇게 신경증과 정신병의 구분이 이루어진 이후로, 정신분석가들은 신경증 범주 내에서 단순히 정신병리의 유형이 아닌 부적응의 정도를 구분하기 시작하였다. 임상적으로 중요한 첫 번째 구분은 Wilhelm Reich(1933)의 '증상 신경증symptom neuroses'과 '성격 신경증character neuroses'의 구분이었다. 치료자들은 순수한 신경증을 갖고 있는 사람과 신경증적 패턴이 성격에 스며들어 있는 사람을 구분하는 것이 유용하다는 것을 알게 되었다. 이러한 구분은 DSM에 여전히 남아 있다. '장애'라는 이름이 붙은 것은 분석가들이 신경증이라고 불러 왔던 것들이고, '성격장애'라는 명칭이 붙은 것은 신경증적 성격이라는 옛 분석적 개념과 유사하다.

치료자들은 신경증 수준의 고통을 호소하는 사람들을 면접할 때 그것이 증상 신경증인가, 아니면 성격 문제인가를 평가하기 위해서 다음과 같은 종류의 정보를 얻도록 훈련받았다.

1. 환자의 어려움은 그 촉발 요인을 확인할 수 있는 것인가, 아니면 환자가 기억하기로 오랫동안 지속되어 온 것인가?
2. 환자의 불안, 특히 신경증적 증상에 속하는 불안이 극적으로 증가했는가, 아니면 전반적인 감정 상태가 점차적으로 악화되고 있는가?
3. 환자가 스스로 찾아왔는가, 아니면 다른 사람들(친척, 친구, 사법기관)이 보내서 왔는가?
4. 환자의 증상이 자아이질적인가(환자 스스로 자신의 증상이 문제가 있고 비합리적이라고 보는가), 아니면 자아동질적인가(환자가 자신의 증상을 현재의 생활환경에 대한 유일하고도 당연한 반응이라고 보는가)?
5. 자신의 문제에 대한 조망 능력('관찰자아')이 있어서 증상 해결을 위해 치료자와 동맹을 맺을 수 있는가, 아니면 면접자를 잠재적인 공격자 혹은 마술적인 구원자로 보는 것 같은가?

앞에 열거한 각 질문의 문장들 중에서 전자는 증상 문제를, 후자는 성격 문제를 가정할 수 있는 단서가 된다(Nunberg, 1955 참조). 이 구분은 치료와 예후에 중요한 의미를 지닌다. 만약 내담자가 증상 신경증으로 고통받고 있다면('성격장애가 없는 축1 장애'에 해당되는), 현재 생활의 무엇인가가 무의식적 갈등을 활성화했으며 환자는 그에 대응하기 위해 부적응적 기제, 즉 아동기에는 사용 가능한 최선의 방법이었을 수 있지만 지금은 문제를 해결하기보다는 오히려 문제를 더 일으키는 방식을 사용한다고 가정할 수 있다. 치료자의 과제는 갈등을 확인하고, 환자가 갈등과 연결된 정서를 이해하고 처리하도록 도우며, 그에 대한 새로운 해결책을 찾는 것이 될 것이다. 치료 예후는 좋으며, 치료 기간은 비교적 짧을 것이다(Menninger, 1963 참조). 또한 치료를 하는 동안 상호협조적인 분위기를 기대할 수 있으며, 강한 전이(및 역전이)

반응이 나타날 수 있지만, 대개는 더 강력한 협력 관계의 맥락 안에서 드러난다.

환자의 고통이 성격 신경증 혹은 성격 문제에 해당된다면, 치료 과제는 더 복잡하고 어려울 것이며, 더 많은 시간이 필요할 것이다. 예후 또한 더욱 조심스럽다. 물론 상식적으로 볼 때도 특정한 스트레스에 대한 부적응적 반응을 없애는 것보다 성격 변화를 도모하려는 시도가 훨씬 어려우리라는 점은 자명하다고 하겠다. 그러나 분석 이론은 이러한 상식을 뛰어넘어 개인의 기본 성격에 대한 치료와 성격에 뿌리내리지 않은 증상에 대한 치료가 구체적으로 어떻게 다른지를 제시하였다.

첫째, 환자가 원하는 것(고통의 즉각적인 제거)과, 환자의 궁극적 회복 및 미래 문제에 대처하는 능력을 키우기 위해 치료자가 필요하다고 생각하는 것(성격의 수정)이 환자의 입장에서 조화롭게 보일 것이라고 생각해서는 안 된다. 환자의 목표와 궁극적으로 무엇이 필요한가에 대한 분석가의 생각이 일치하지 않을 때는 분석가의 교육적 역할이 매우 중요해진다. 이때는 우선 치료자가 문제를 어떻게 보는지를 환자에게 전달하여야 한다. 즉, '자아동질적이었던 것을 자아이질적으로 만든다'. 예를 들어 보자. 30세의 한 회계사가 자신의 삶에서 '더 많은 조화를 성취하기 위해' 나를 찾아왔다. 그는 아버지의 좌절된 야망을 대신 보상해 주어야 할 사명을 띤 집안의 기대주로 성장하였고, 현재 지칠 정도로 자신을 몰아붙이고 있었다. 그는 어린 자녀들과 함께 보낼 소중한 시간을 잃어버리고 있는 것은 아닌지 걱정하고 있었다. 그는 만약 성취를 위해 자신을 혹독하게 몰아붙이지 않을 수만 있다면 자녀들과 함께 즐길 수도 있으리라고 생각하였다. 그는 나에게 자신과 함께 '프로그램'을 만들어, 하루 중에 운동하는 시간, 아이들과 놀아 주는 시간, 취미 생활을 하는 시간 등등을 잘 배분할 수 있게 해 주기를 원했다. 그는 이 프로그램 속에 자원봉사, TV 시청, 요리, 가사, 아내와의 잠자리를 위한 시간 등도 포함하기를 바랐다.

두 번째 면담 시간에 그는 할 일을 자세히 기록한 시범적인 일정표를 가지고 왔다. 이제 내가 이 프로그램을 실행에 옮길 수 있도록 만들어 준다면 자신의 문제가 해결되리라 여기고 있었다. 이 상황에서 나의 첫 번째 과제는 이 해결책 또한 그가 가진 문제의 일부임을 그에게 보여 주는 것이었다. 그는 자신이 호소했었던 몰아치는 방식으로 치료에 접근하고 있었으며, 스스로 필요하다고 인정했던 평온함을 마치 또 하나의 일처럼 성취해 내려고 하고 있었다. 나는 그에게, 뭔가 하는 것은 매우 잘하지만 그냥 가만히 있어 본 경험은 별로 없는 것 같다고 하였다. 그는 이 말의 뜻을 지적으로는 잘 파악하였다. 그러나 삶에 덜 강박적으로 접근했던 평안하고 즐거운 기억을 떠올리지는 못했고, 또한 나를 기대 반 회의 반의 심정으로 바라보았다. 그의 경우 자신의 이야기를 그저 털어놓는 자체가 잠시 동안 우울감에서 벗어나게 해 줄 수는 있겠지만, 이런 불행을 앞으로 피하기 위해서는 그의 삶을 지배했던 주요 전제들을 자각하고 이를 재고할 필요가 있음을 알아야 했다.

둘째, 성격이 근본적으로 신경증적인 내담자를 치료할 때는 '작업동맹'이 빨리 형성되리라고 기대해서는 안 된다(Greenson, 1967). 그 대신, 작업동맹이 발달할 수 있는 조건을 만들어야 한다. 작업동맹 또는 치료적 동맹이라는 개념은 치료자와 내담자 간의 협력적 차원, 즉 치료 중에 표면화될 수 있는 강하고도 때로는 부정적인 정서를 견디게 해 주는 두 사람 사이의 협력을 말한다. 경험적으로 견고한 작업동맹은 좋은 치료 결과와 관련이 있으며(Safran & Muran, 2000), 작업동맹의 확립(혹은 결렬된 뒤의 복구)은 다른 어떤 목표보다도 우선시된다.

증상 신경증을 가지고 있는 사람들은 자기의 문제시되는 부분과 맞선다는 점에서 치료자와 같은 입장에 서 있다고 느낀다. 이들이 치료자와 공동의 조망을 갖는 데는 오랜 기간이 필요치 않다. 이와 대조적으로, 문제가 그 사람의 성격과 복잡하게 얽혀 있는 사람들은 혼자라고 느끼거나 공격받는다고 느끼기 쉽다. 치료자가 환자가 평생 동안 이어 온 자아동질적 패턴에 의문을 제기하면, 그들은 자신의 정체성 전체가 모욕을 당한다고 느낄 수 있다. 불신은 불가피하며, 치료자가 내담자의 신뢰를 얻을 때까지 양쪽 모두 인내심을 갖고 견뎌야 한다. 어떤 환자들은 동맹을 구축하는 이러한 과정이 1년 이상 걸릴 수도 있다. 치료자가 분명히 문제가 있다고 보는 부분에 대한 치료 작업을 너무 빨리 시작하면, 동맹에 손상을 입히고 변화의 과정을 방해할 수 있다.

셋째, 증상이 아니라 성격 문제를 갖고 있는 내담자와의 치료 회기는 별로 흥미롭지도, 놀랍지도, 극적이지도 않으리라 예상할 수 있다. 억압된 생생한 기억 혹은 무의식적 갈등을 파헤치는 치료 작업에 대해서 치료자와 환자가 어떤 환상을 가지고 있든지 간에, 이들은 훨씬 더 지루한 과정을 견뎌야 하고 여기에 만족해야 한다. 이 치료 과정은 이제까지 환자가 도무지 어떻게 해 볼 수 없다고 믿었던 정서적 응어리를 가져왔던 복잡한 실타래들을 하나씩 풀어가는 힘든 과정이며, 새로운 방식으로 생각하고 새로운 방식으로 감정을 다루는 방법을 서서히 익혀 나가는 긴 과정이 될 것이다.

구체적인 현재의 스트레스에 대한 신경증적 반응과는 대조적으로, 성격장애의 발달에는 동일시와 학습과 강화의 기나긴 패턴이 작용한다. 병인이 외상적인 경우라 하더라도, 정신분석치료에 대한 옛 할리우드 영화에서 열정적으로 묘사되어(예, Hitchcock의 〈백색의 공포spellbound〉) 유명해진 '충격적 외상shock trauma'(소화되고 애도되지 못한 하나의 상처) 때문이기보다는 '긴장성 외상strain trauma'(Kris, 1956)으로 인한 경우가 많다. 그러므로 성격 신경증을 치료할 때는 치료자와 내담자 모두 때때로 찾아올 지루함, 조급함, 초조함, 사기 저하를 잘 다루어야 한다. 환자는 비난에 대한 두려움 없이 이를 표현할 수 있어야 하며, 치료자는 그러한 감정을 찾아내 어렵고 더딘 과제와 씨름하고 있는 환자를 공감할 수 있어야 한다.

신경증적 증상과 신경증적 성격 간의 이와 같은 구분은 여전히 중요하다. 이는 성격 변화를 위해 필요한 장기 치료를 할 수 없는 경우에도 적용된다(예, D. Shapiro, 1989). 만약 환자의 완강한 성격 문제를 치료자가 이해한다면, 환자가 오해받거나 공격당하는 느낌을 받지 않게 하면서 일시적으로 영향을 미칠 수 있는 어떤 방법을 찾을 수 있을 것이다. 예를 들어, 어떤 여성이 정신병질적인 성향을 갖고 있음을 치료자가 알고 있다면, 어떤 해로운 행동 패턴에 개입할 때 다른 사람에 대한 관심을 촉구하기보다 그녀의 자부심에 호소하는 편이 더 낫다.

오랜 시간 동안 증상 신경증, 성격 신경증, 정신병의 세 범주는 우리들이 장애의 심각성 차원에서 개인의 성격차를 이해하는 데 적용해 온 주요한 구성 개념이었다. 신경증은 가장 덜 심각하고, 성격장애는 좀 더 심각하며, 정신병적 혼란은 상당히 위중한 상태를 가리켰다. 이러한 개념화는 온전한 사람과 미친 사람 간의 오래된 구분을 유지하며, 온전한 사람의 범주에 신경증적 반응과 신경증적으로 구조화된 성격이라는 두 하위 범주가 포함된다. 그러나 시간이 흐르면서 이러한 대체적인 분류 체계가 불완전하기도 하고 오해를 불러일으키기도 한다는 점이 명백해졌다.

이 분류법이 지닌 한 가지 결점은 모든 성격 문제를 모든 신경증보다 더 병리적으로 본다는 것이다. DSM에서는 이러한 가정을 여전히 볼 수 있는데, DSM은 대부분의 성격장애 진단 규준에 기능상의 심각한 손상을 포함하고 있다. 그러나 스트레스와 관련된 어떤 신경증적 반응들은, 예컨대 히스테리적 성격장애나 강박적 성격장애보다도 개인의 대처 능력에 훨씬 더 큰 타격을 입힌다. 내가 아는 어떤 남자는 자아이질적이지만 심각한 광장공포증을 갖고 있다. 그는 친구들과 따뜻한 관계를 맺고, 가족들과 즐거운 시간을 보내며, 집에서 생산적으로 일하지만, 결코 집 밖을 나가지 않는다. 나는 그의 삶이 성격장애 심지어 정신병을 갖고 있는 많은 사람들보다 더 갑갑하고 위축되어 있다고 본다.

상황을 더욱 복잡하게 하는 것은 그 반대 방향으로도 문제가 있다는 점이다. 어떤 성격장애는 너무 심각하고 원시적이어서 결코 '신경증적'이라는 명칭을 붙일 수 없는 것으로 보인다. 그러므로 이러한 직선적인 3단계의 분류 체계로는 경미한 문제만을 가져오는 성격 왜곡과 비참한 결과를 초래하는 성격 왜곡을 구별할 방법이 없다. 성격적 문제의 심각성은 매우 다양한 수준에 걸쳐 있을 수 있다. 문제가 별로 안 되는 성격 '특성' 혹은 '양식'과 경미한 성격 '장애' 간의 구분은 상당히 애매하다. 다른 한편으로 연속선의 반대편에서는 너무나 큰 자아의 결함을 보여서 신경증보다는 정신병에 더 가깝다고 알려진 성격장애들도 있다. 예를 들어, 정신병질 및 악성의 자기애성 성격 조직은 한동안 개성의 한 변형으로 인식되기도 했지만, 아주 최근까지도 치료적 개입을 할 수 있는 영역의 밖에 있으며, 신경증–성격장애–정신병의 연속선상에 놓여 있다고 보기가 어려웠다.

대상관계 진단: 경계선 상태의 서술

일찍이 19세기 후반부터, 몇몇 정신과 의사들은 정상과 광기 사이의 심리적 '경계 지역'(Rosse, 1890)에 살고 있는 듯한 환자들을 알고 있었다. 20세기 중반에는 신경증과 정신병 사이의 중간 지대를 시사해 주는 성격 조직에 관한 새로운 의견들이 제시되기 시작하였다. Adolph Stein(1938)은 그가 '경계선'이라고 부른 속성을 갖고 있는 사람들은 표준적인 정신분석치료로 더 좋아지기보다는 더 나빠진다고 말하였다. Helene Deutsch(1942)는 지금이라면 자기애 혹은 경계선이라고 볼 수 있는 특정 부류의 사람들을 묘사하는 데 '가장 성격as-if personality'이라는 개념을 사용하였으며, Hoch와 Polatin(1949)은 '유사신경증적 정신분열증'이라는 범주에 들어가는 사례를 제시하였다.

1950년대 중반에 이르러서는 '신경증 대 정신병' 모델의 한계를 인정한 정신건강 전문가들이 이 선구자들을 지지하게 되었다. 수많은 분석가들이 성격장애처럼 보이지만 특이한 방식으로 혼돈에 빠진 내담자들에 대해 이야기하기 시작하였다. 이들은 환각이나 망상을 거의 혹은 전혀 보고하지 않기 때문에 정신병적이라고 볼 수는 없었지만, 신경증적 수준 환자들이 보이는 일관성이 결여되어 있었고, 이들에 비해 훨씬 더 요란하고도 이해하기 어려운 고통을 겪는 것으로 보였다. 치료를 받는 동안에 이들은, 확신에 차서 치료자가 자신의 엄마와 똑같다고 말하는 식으로, 일시적인 정신병적 상태를 보일 수 있지만, 치료실 밖에서는 불안정한 가운데서도 기이한 안정성을 보였다. 달리 말하면, 이들은 미쳤다고 하기에는 너무 멀쩡하고, 멀쩡하다고 하기에는 너무 미쳐 있는 것으로 보였다. 치료자들은 신경증과 정신병 사이의 경계선에 살고 있는 이들의 속성을 포착하는 새로운 진단 명칭들을 제안하기 시작하였다. 1953년에 Knight는 '경계선 상태'에 관한 논문을 발표하였다. 그리고 같은 1950년대에 T. F. Main(1957)은 유사한 병리를 갖고 있는 입원 환자들에게 '괴로움the ailment'이란 명칭을 붙였다. 1964년에 Frosch는 '정신병적 성격'이라는 진단 범주를 제안하였다.

1968년에는 Roy Grinker와 그의 동료들(Grinker, Werble, & Drye, 1968)이, 신경증의 경계로부터 정신병의 경계에 이르는 심각성을 보이면서 성격에 그 뿌리를 두고 있는 '경계선 증후군'의 존재를 입증하는 독창적인 연구를 수행하였다. Gunderson과 Singer(예, 1975)는 이 개념을 엄격한 경험적 연구의 대상으로 삼았다. 그리고 마침내 연구와 임상적 발견 모두를 통해서, 그리고 Kernberg(1975, 1976), Masterson(1976)과 M. H. Stone(1980, 1986) 같은 저자들의 노력에 힘입어서, 성격 조직의 경계선 수준이라는 개념이 정신분석 공동체 안에서 폭넓은 승인을 얻게 되었다.

1980년에 이 용어는 성격장애로서 DSM(DSM-III; American Psychiatric Association, 1980)에 등장할 만큼 충분한 연구가 이루어졌다. 이러한 발전은 엇갈리는 결과를 낳았다. 즉, 유용한 정신분석적 개념으로 정식 인정을 받긴 했지만, 기능의 수준이라는 원래의 의미를 잃는 대가를 치러야 했다. Gunderson(예, 1984)은 DSM에서 경계선 심리에 해당되는 개념을 집중적으로 연구하였는데, 그가 연구한 집단은 분석가들이라면 경계선 수준의 히스테리 혹은 연극성 심리라고 진단하였을 집단이 대부분이었다. 이 개념을 처음 생각해 낸 사람 중 한 명인 Kernberg(1984)는 '경계선 성격 조직(BPO)'과 DSM의 '경계선 성격장애(BPD)'를 구별하기 시작하였다.

아마도 나는 '경계선'이라는 용어의 원래 의미를 보존하기 위한 가망 없는 싸움을 하고 있는 줄도 모른다[『정신역동적 진단 편람』(PDM Task Force, 2006) 중 성격에 관한 부분의 집필에 참여할 때도 그러하였다]. 그러나 이 용어를 특정 성격 유형과 동일하게 봄으로써 많은 것이 희생되었다고 나는 생각한다. 심리적 기능의 하나의 수준으로서 '경계선'이라는 개념은 수십 년간의 임상 경험을 바탕으로 서서히 발전하였고, 신경증과 정신병 범위 사이의 경계에 있는 안정적인 비안정성으로서, 정체성 통합이 결여되어 있고 원시적 방어에 의지하지만 현실 검증이 완전히 무너지지는 않은 상태를 특징으로 한다는 일반적인 관점에 이르렀다(Kernberg, 1975). 그러나 DSM의 정의가 수용되면서, 예컨대 경계선 수준의 강박성 혹은 경계선 수준의 분열성(예, Sherwood & Cohen의 '조용한 경계선' 환자, 1994)이라고 말할 수 있는 방법을 우리가 잃고 있지는 않은지 우려가 된다. 만약 경계선 현상에 관한 우리의 모든 경험적 연구가 스스로를 극화하는 연극적인 경계선 수준의 성격 조직에 한정된다면, 경계선 수준의 다른 성격장애의 병인과 치료에 관해서는 알 도리가 없게 된다.

20세기 후반부에 들어와서는, 지금은 우리가 경계선이라고 보는 내담자들과 씨름하던 많은 치료자들이, 환자의 아동기 핵심 인물들과의 경험에 주목하던 영국 대상관계 운동 및 미국 대인관계 그룹에 속하는 분석가들의 글을 통해 영감을 얻고 자신들의 경험을 확인하였다. 이들 이론가들은 환자의 관계 경험을 강조하였다. 환자가 공생적 주제에 집착하고 있는가, 또는 분리-개별화 주제에 집착하고 있는가, 아니면 고도로 개별화된 경쟁 및 동일시의 주제에 집착하고 있는가? Freud의 유아기 3단계를 아동의 대인 과제의 관점에서 손질한 Erikson(1950)의 작업은 임상적으로 지대한 영향을 미쳤다. 이를 통해 환자들이 일차적인 의존의 문제(신뢰 대 불신)에 고착되어 있는지, 이차적인 분리-개별화의 문제(자율성 대 수치심과 의심)에 고착되어 있는지, 혹은 더 진보된 수준인 동일시(주도성 대 죄책감)에 고착되어 있는지 개념화할 수 있었기 때문이다.

이러한 발달 단계의 개념들은 치료자들이 느끼고 있던 정신병적, 경계선적, 신경증적 수준의 환자들 간의 차이를 이해하게 해 주었다. 정신병적 상태에 있는 사람들은 자신의 내부에 있는 것과 외부에 있는 것을 구별할 수 없는 비개별화된 수준에 고착되어 있는 것으로 이해되었다. 경계선 상태에 있는 사람들은 자신의 정체성을 앗아 갈 완전한 휘말림과, 외상적 유기를 가져올 완전한 고립 사이의 극단적인 이원적 투쟁에 고착되어 있다고 개념화되었다. 신경증적 어려움을 갖고 있는 사람들은 분리와 개별화는 성취했지만 오이디푸스 드라마를 전형으로 하는 갈등, 즉 원하는 것과 두려워하는 것 사이의 갈등에 처해 있다고 이해되었다. 이러한 관점은 치료자의 사기를 저하시켰던 수많은 난해한 임상적 도전들을 이해할 수 있게 해 주었다. 또한 왜 공포증이 있는 어떤 여성은 한 가닥 끈에 의지해 겨우 정신을 붙들고 있는데, 어떤 여성은 그 공포증적 불안정성이 기이하게 안정적인지, 또 어떤 여성은 공포증을 갖고 있음에도 불구하고 전반적으로 훌륭한 정신건강 상태를 보이는지를 설명해 주었다.

20세기 말에, 정신분석 전통의 안팎에서 경계선 정신병리를 다룬 방대한 문헌들이 쏟아져 나왔는데, 그 병인에 관한 결론은 당혹스러울 만큼 다양하였다. 어떤 연구자들(예, M. H. Stone, 1977)은 기질적이고 신경학적인 소인을 강조하였다. 어떤 연구자들(예, G. Adler, 1985; Masterson, 1972, 1976)은 발달상의 실패, 특히 Mahler(1971)가 기술한 분리-개별화 단계에서의 실패에 초점을 맞추었다. 또 어떤 연구자들(예, Kernberg, 1975)은 유아 발달의 초기 단계에서 부모-아동 상호작용의 일탈이 있었으리라고 추측했으며, 다른 연구자들(예, Mandelbaum, 1977; Rinsley, 1982)은 역기능적 가족체계에서 구성원들 간의 빈약한 경계를 지적하였고, 어떤 이들(예, McWilliams, 1979; Westen, 1993)은 사회학적 추론을 하기도 하였다. 또 다른 연구자들(예, Meissner, 1984, 1988)은 이러한 많은 조망을 통합하였다. 애착 연구의 진전(예, Ainsworth, Blehar, Waters, & Wall, 1978)과 더불어, 몇몇 저자들은 이후의 경계선 심리와 상관이 있는 유아기 애착 양식에 관해 추측하기 시작했다. 1990년대에는 경계선적 역동의 발달에 외상, 특히 근친상간이 이전에 의심되던 것보다 훨씬 더 큰 역할을 한다는 증거가 적지 않게 제시되었다(예, Wolf & Alpert, 1991).

경계선 성격에 관한 최근의 경험적 연구들은 대부분 DSM의 정의를 사용하여 이러한 모든 측면들을 살펴보았다. 기질적 소인에 대한 증거도 있고(Gunderson & Lyons-Ruth, 2008; Siever & Weinstein, 2009), 애착과 분리의 문제를 둘러싼 부모의 부적절한 양육에 대한 증거도 있으며(Fonagy, Target, Gergeley, Allen, & Bateman, 2003; Nickell, Waudby, & Trull, 2002), 외상의 역할, 특히 초기 애착에서의 관계 외상(Schore, 2002) 및 더 늦은 시기의 성적 학대의 경험(Herman, 1992)에 관한 증거도 있다. 아마도 이러한 모든 요인들이 영향을 미칠 것이다. 경계선 심리는 대부분의 다른 복잡한 심리 현상과 마찬가지로 단일한 실체가 아니라 다중결정되는 것일지도 모른다. 현대의 분석적 저술들은, 특히 경계선 역동에 관한 저술들은 유아 발달, 애착, 외상에 관한 경험적 연구에 크게 의지하고 있다. 그 결과, 중요한 패러다임의 전환이 이루어졌다. 즉, 사람들마다 애착 경험이 다르다는 증거 그리고 반복적인 외상이 유아기 이후 오랜 기간까지도 파괴적인 영향을 미친다는 증거들이 제시되면서 표준적인 발달 단계에의 고착이라는 확고부동했던 개념이 도전받고 있다.

경계선 성격 조직의 병인을 어떻게 볼 것인가에 대한 생각은 아마도 개인에 따라 다를 것이다. 그러나 이에 관해 서로 다른 조망을 갖고 있는 임상가들도 경계선 영역에 속하는 문제들의 임상적 표현에 관해서는 놀라울 정도의 의견 일치를 보여 주었다. 면접자가 객관적, 주관적으로 어떤 정보를 관찰하고 탐색해야 하는지 훈련받는다면, 성격 구조가 경계선 수준인지 여부는 쉽게 진단될 수 있다[예, Kernberg(1984)의 '구조화된 면접', 혹은 나중에 그의 동료들이 보다 정교하게 경험적 타당도를 확립한 '성격 조직의 구조화된 면접'(STIPO; Stern, Caligor, Roose, & Clarkin, 2004)].

경계선 상태의 병인이 매우 복합적임에도 불구하고, 사람들을 다음과 같은 관점에서 보는 것이 여전히 유용하다고 나는 생각한다. 정신병적 취약성을 가지고 있는 사람들은 무의식적으로 초기 공생기의 주제(특히 신뢰감)에 집착하고 있으며, 경계선적 성격 조직을 가지고 있는 사람들은 분리-개별화 주제에 초점을 맞추고 있고, 신경증적 구조를 가지고 있는 사람들은 보다 '오이디푸스적인' 혹은 보다 내적으로 느껴지는 갈등을 경험할 수 있다. 정신병적 범위에 속하는 사람들을 지배하고 있는 가장 큰 불안은 섬멸에 대한 공포(Hurvich, 2003)이며, 이는 분명 포식자들의 공격으로부터 보호하기 위해 진화한 뇌의 공포FEAR 체계(Panksepp, 1998)가 활성화됨을 의미한다. 경계선 범위에 속하는 사람들의 주요 불안은 분리불안으로, 초기의 애착 욕구를 다루는 Panksepp의 공황PANIC 체계가 활성화됨을 의미한다. 신경증적인 사람들의 불안은 보다 무의식적인 갈등, 특히 죄책감을 일으키는 소망을 실현하는 것에 대한 공포를 포함하는 경향을 보인다.

신경증-경계선-정신병 스펙트럼에 대한 개관

여기서는 성격 구조의 신경증적, 경계선적, 정신병적 수준을 선호하는 방어, 정체성 통합의 수준, 현실 검증의 적절성, 자신의 병리를 관찰할 수 있는 능력, 일차적 갈등의 특징, 전이와 역전이의 관점에서 논의할 것이다. 이 측면들이 초기 면접 및 이후의 치료 맥락 안에서 구체적인 행동과 의사소통으로 어떻게 그 모습을 드러내는지에 초점을 맞출 것이다. 4장에서는 이러한 구분이 치료 작업의 수행과 예후에 어떤 함의를 주는지 탐색할 것이다. 또한 이러한 성격 조직의 수준들은 다소 인위적이며, 우리 모두가 모든 수준의 문제를 우리 자신 안에서 발견할 수 있고, 내담자를 어떤 한 수준의 성격 조직으로 본다고 해서 그 사람의 개성과 강점을 간과해서는 안 된다는 점을 강조하고 싶다.

신경증 수준의 성격 구조의 특성

오늘날 대부분의 분석가들이 '신경증적'이라는 단어를 정서적으로 매우 건강하여 치료자에게 상당한 만족을 주는 보기 드문 내담자에게만 사용한다는 점은 아이러니이다. 원래 이 용어는 Freud 시대에 기질적 장애가 없고, 정신분열증이나 사회병질이나 조울증이 아닌 환자들, 즉 정서적 고통이 정신병에 미치지 못하는 아주 넓은 범위의 개인들에게 적용되었다. 우리는 지금 Freud가 신경증적이라고 지칭한 많은 사람들이 사실은 경계선적 특징, 심지어는 정신병적 특징을 가지고 있었음을 알고 있다(히스테리는 환각 경험을 포함하는 것으로 이해되었는데, 이는 분명 현실의 경계를 넘어 비현실 속으로 들어가는 것이다). 그러나 많은 문제들이 성격에 견고하게 뿌리내리고 있음을 우리가 더 많이 알고 더 깊게 알게 될수록, 우리는 '신경증적'이라는 말을 정서적 고통에도 불구하고 높은 수준에서 기능하는 능력을 가리키는 용어로 더욱 아껴서 사용하게 된다.

현대의 많은 분석가들이 볼 때 본질적으로 신경증 수준에서 조직화된 성격을 가진 사람들은 주로 성숙한 방어 혹은 이차적 방어를 사용한다. 이들은 원시적 방어를 사용하기도 하지만, 전반적인 기능 면에서 별로 드러나지 않으며 주로 특별히 심한 스트레스를 받을 때만 나타난다. 원시적 방어를 사용한다고 해서 신경증적 수준의 성격 구조가 아니라고 말할 수는 없다. 그러나 성숙한 방어를 사용하지 않는다면 분명 신경증적 수준의 성격 구조가 아니다. 전통적으로 정신분석 문헌들은, 보다 건강한 사람들은 부인, 분열, 투사적 동일시 및 기타 보다 원시적 방어기제에서 보이는 것 같은 무분별한 갈등 해결책을 사용하기보다, 억압을 기본 방어로 하는 성숙한 방어를 선호한다고 강조한다.

Myerson(1991)은 공감적인 양육이 어떻게 어린 아동으로 하여금 강렬한 정동을 경험하면서도 유아적 방식에 매달리지 않으며 그러한 정동을 다룰 수 있게 하는지 기술하였다. 이 아동이 성장하면 강력하고 때로는 고통을 주던 이러한 마음의 상태가 의식에서 제거되고 망각된다. 그래서 이를 지속적으로 재경험하면서 부인하거나, 분열시키거나, 투사하지 않아도 된다. 이런 강렬한 정동은, 장기간의 집중적 분석 중에 '전이 신경증'을 유발하는 안전한 조건하에서 분석가와 내담자가 함께 억압의 층을 벗겨 낼 때 다시 출현할 수 있다. 그러나 보통의 경우 이런 압도적인 정동과 이를 다루는 원시적 방법은 신경증 범위에 속하는 사람의 특성에는 포함되지 않는다. 심층적인 정신분석치료를 받는 경우라 할지라도, 신경증 수준의 내담자는 정서적 폭풍이 밀려오고 그와 연관된 왜곡이 일어나는 와중에서도 합리적이고 객관적인 능력을 상당한 정도로 유지한다.

보다 건강한 성격 구조를 가지고 있는 사람들은 면접자에게 어느 정도 통합된 정체감을 가지고 있다는 인상을 준다(Erikson, 1968). 이들의 행동은 어떤 일관성을 보이며, 이들의 내적 경험은 자기의 연속성에 대한 감각을 포함한다. 자기 자신을 묘사해 보라고 하면 어떻게 말해야 할지 몰라 당황하지 않으며 단차원적으로 대답하지도 않는다. 이들은 대개 자신의 전반적인 기질, 가치, 취향, 습관, 신념, 장점과 단점을 장기간의 안정된 속성으로 묘사할 수 있다. 이들은 자신의 어린 시절과 현재를 연속된 것으로 느끼며, 자신의 미래를 그려 볼 수도 있다. 부모, 연인과 같은 중요한 타인을 묘사할 때는 그 묘사가 다면적이며, 어떤 사람의 성격을 구성하는 복잡하면서도 응집된 여러 속성들을 종합적으로 이해하는 경향을 보인다.

신경증 수준의 사람들은 대부분의 세상 사람들이 '현실'이라고 부르는 것과 견고하게 접촉하고 있다. 경험을 환각 혹은 망상 속에서 잘못 해석하는 일이 없으며(화학적 혹은 생물학적 영향하에 있거나 외상후 플래시백을 경험할 때를 제외하고), 사물을 자신의 틀로 이해하기 위해 왜곡과 오해를 해야 할 필요가 상대적으로 적다. 환자와 치료자는 주관적으로 대체로 같은 세상에서 살고 있다. 치료자는 왜곡되었다고 느껴지는 렌즈를 통해 세상을 보는 일에 공모하라는 정서적 압력을 거의 느끼지 않는다. 신경증적 환자가 도움을 구하게 된 이유 중의 어떤 면들은 환자 자신이 보기에도 이상하게 보인다. 달리 말하면, 신경증적으로 조직화된 사람들의 정신병리는 많은 부분이 자아이질적이거나 혹은 그렇게 되도록 치료자가 개입할 수 있다.

신경증 범위에 있는 사람들은 Sterba(1934)가 '치료적 분열therapeutic split'이라고 불렀던 능력, 즉 경험하는 자기의 부분과 관찰하는 자기의 부분을 나눌 수 있는 능력을 치료 초기에 보여 준다. 그들의 어려움이 어느 정도 자아동질적인 경우라 하더라도, 면접자에게 자신의 신경증적인 지각 방식을 무조건 인정해 달라고 요구하지 않는다. 예를 들어, 신경증적인 편집 성향의 사람은 자신의 의심이 다른 사람의 악의에 주목하는 어떤 내적 소인에서 비롯되었을 가능성에 대해서도 생각해 보려고 할 것이다. 이와는 대조적으로, 경계선 혹은 정신병적 수준에 있는 편집증 환자는 고통을 외부의 탓으로 여기는 자신의 신념을, 예를 들어 사람들이 기를 쓰고 자신에게 해를 끼치려 한다는 생각을 치료자도 인정하도록 강한 압력을 가할 것이다. 또한 그런 인정을 받지 못하면 이제 치료자와 함께 있는 것도 안전하지 못하다고 걱정할 것이다.

마찬가지로, 신경증적 범위의 강박행동을 보이는 사람은 자신의 반복적 의식儀式이 어리석은 짓인 줄은 알지만 그렇게 하지 않으면 불안하다고 말할 것이다. 그러나 강박행동을 보이는 경계선적 혹은 정신병적인 사람은 강박행동을 수행함으로써 자신이 근본적으로 보호받는다고 믿으며, 종종 이를 정교하게 합리화한다. 신경증 수준의 환자는 강박행동이 실제로는 불필요하다는 치료자의 가정을 공유하겠지만,

경계선이나 정신병적인 환자는 강박적 의식에 의문을 제기하는 치료자가 상식이 없거나 도덕적 품위가 결여되어 있다고 마음속으로 걱정할 것이다. 예를 들어, 청결 강박이 있는 신경증적인 여성은 자신이 얼마나 자주 침대 커버를 빠는지 말하면서 당혹스러워하겠지만, 경계선 혹은 정신병적인 여성은 그렇게 자주 침구를 세탁하지 않는 사람은 불결하다고 느낄 것이다.

때로는 경계선 혹은 정신병적인 사람이 치료 시간 중에 자신에게 강박행동이나 공포증이나 강박사고가 있음을 언급하는 데 수년이 걸릴 수도 있다. 그러나 이는 환자의 관점에서는 하나도 이상할 게 없다. 내가 치료했던 어떤 경계선 내담자는 자신이 아침마다 꼼꼼하게 긴 시간을 들여서 '비강 세척'을 한다는 사실을 치료 시작 후 10년이 지나서야 별일 아니라는 듯이 언급하였다. 그녀는 그것을 일상적인 위생 관리의 한 부분이라고 생각하고 있었다. 또 다른 경계선 여성은 수많은 증상을 이야기하면서도 폭식을 언급한 적이 없었는데, 치료 5년 후에 "그런데 말이죠, 제가 이제 더 이상 토하지 않네요."라는 한마디를 슬쩍 흘렸다. 그녀는 이 부분을 별로 중요하지 않다고 보았던 것이다.

신경증적인 사람들의 과거력과 면접 상황에서의 행동은 이들이 기본적인 신뢰감과 기본적인 자율성이라는 Erikson의 첫 두 단계를 성공적으로 통과했으며, 정체성 통합과 주도성을 향해서도 얼마간의 진전을 이루었음을 보여 준다. 이들은 근본적인 안전감이나 통제감의 문제 때문에 치료받으러 오는 것이 아니라, 자신이 원하는 것과 이를 방해하는 장애물 사이에서 반복해서 갈등을 겪기 때문에 온다(그들은 이 장애물을 자신이 만들었다고 의심한다). 치료의 목적은 사랑을 못하고 일을 못하도록 억제하는 것들을 제거하는 것이라는 Freud의 주장은 바로 이 집단에 적용된다. 한편 어떤 신경증 수준의 사람들은 혼자 있을 수 있는 능력이나 놀고 즐길 수 있는 능력을 키우고 싶어 하며 치료에 온다.

성격병리의 연속선상에서 건강한 쪽에 놓여 있는 사람들과 함께 있을 때는 대체로 긍정적인 느낌을 받는다. 환자는 건강한 관찰자아를 가지고 있고, 치료자는 건강한 작업동맹을 경험한다. 신경증적 내담자와 작업하는 치료자는 바로 첫 회기부터 자신과 환자가 같은 편에 속하며 그들의 공동의 적은 환자의 문제시되는 부분임을 느낀다. 사회학자 Edgar Z. Friedenberg(1959)는 이러한 동맹을 전문가 한 사람과 열심히 배우려는 한 사람이 함께 자동차를 고치는 모습에 비유하였다. 또한 치료자의 역전이가 긍정적이건 부정적이건 간에, 그리 압도적으로 느껴지지 않을 것이다. 신경증 수준의 내담자는 그의 말을 듣고 있는 사람에게 죽이고 싶은 마음이 들게 하지도, 강박적으로 구해 주고 싶은 마음이 들게 하지도 않는다.

정신병 수준의 성격 구조의 특성

정신병리의 스펙트럼에서 정신병적인 극단에 놓여 있는 사람들의 내면은 훨씬 더 절망적이고 와해된 상태다. 이렇게 심한 혼란을 겪는 환자와의 면담은 유쾌하고 나지막한 대화에 참여하고 있는 느낌에서부터 살해의 위협을 당하는 느낌에 이르기까지 매우 다양할 수 있다. 특히 1950년대에 항정신병 약물이 개발되기 전에는, 극소수의 치료자만이 타고난 직관적 재능과 정서적 원기를 가지고 정신병적 상태에 있는 사람들과 의미 있는 치료 작업을 할 수 있었다. 정신분석적 전통의 뛰어난 업적 중의 하나는, 너무나 미쳐서 어떤 희망도 보이지 않는다고 단정짓기 쉬운 사람들의 혼돈으로부터 어떤 질서를 추론해 내고, 그 결과 심각한 정신적 고통을 이해하고 그러한 고통을 경감할 수 있는 방법을 제공하였다는 것이다(Arieti, 1974; Buckley, 1988; De Waelhens & Ver Eecke, 2000; Eigen, 1986; Ogden, 1989; Robbins, 1993; Searles, 1965; Silver, 1989; Silver & Cantor, 1990; Spotnitz, 1985; Volkan, 1995).

정신병적 상태에 있는 환자를 진단하는 것은 어렵지 않다. 이들은 환각, 망상, 관계 관념을 드러내며, 이들의 생각은 비논리적으로 들린다. 그러나 기본적으로 정신병적 수준의 내적 혼란을 가지고 있지만, 심한 스트레스를 받을 때가 아니면 그것이 뚜렷이 표면화되지 않는 많은 사람들이 있다. 지금 만나고 있는 환자가 잠재적 정신분열증 환자인지를 구분할 줄 알고, 지금 당장은 자살할 생각이 없지만 정기적으로 죽고 싶은 망상적 열망에 사로잡히는 우울 환자인지를 구분할 줄 아는 지식은 재앙을 예방할 수도, 촉진할 수도 있는 차이를 만들어 낸다. 극히 어려운, 때로는 '치료 불가능' 하다고 여겨질 만한 많은 사례들을 장기적으로 치료하거나 슈퍼비전해 본 경험에 의해, 나는 헌신적인 치료자가 상당한 예방을 할 수 있다고 확신한다. 우리는 정신병적 발작을 미연에 방지하며, 자살과 살인을 예방하고, 입원하지 않도록 한다(이러한 핵심적인 치료 효과는 대부분 문서화되지 않는다. 누구도 자신이 참사를 예방했다고 증명할 수는 없다. 또한 누군가가 정신병적 발작을 미리 막았다고 주장하면, 처음부터 환자가 정신병의 위험이 없지 않았냐고 비난하는 사람들이 있기 마련이다).

정신병적 상태로 진단되는 경우는 좀처럼 없겠지만 그럼에도 공생적-정신병적 내부 세계에서, 혹은 Klein(예, 1946)의 용어에 의하면, 일관되게 '편집-분열' 상태에서 살고 있다고 개념화하는 것이 유용한 사람들이 있다고 많은 분석가들이 생각하며, 나도 이들의 견해에 동의한다. 이들은 때때로 상당히 기능을 잘하지만, 혼란스럽고 매우 겁을 먹고 있다는 인상을 주며, 사고가 와해되어 있거나 편집적이라고 느껴진다. 예를 들어, 내가 치료했던 어떤 남자는 자신이 운동하던 특정 체육관에 결코 다시 가지 못하리라는 생생한 두려움을 털어놓았다. "누군가가 세 번 내 물건을 옮겼어요. 그러니까 거기서 나를 원하지 않는 것이 분명해요." 또 다른 사람은 그가 매우 슬퍼질 때마다 갑자기 화제를 전환하곤 했다. 내가 이에 대해 언급하자, 그는 "네, 내가 그렇다는 걸 알아요."라고 말했다. 나는 그가 "아직 그 부분은 준비가 되어 있지 않아요." 혹은 "너무 상처가 돼요." 혹은 "울고 싶지가 않아요."라는 식의 말을 하리라 기대하며, 그에게 그러한 패턴을 어떻게 이해하고 있는지 물었다. 그러나 그는 아주 당연하다는 듯이, "내가 당신에게 상처를 주고 있다는 걸 알죠."라고 말했다. 그는 내 얼굴에서 동정적인 슬픔을 보았는데, 그것이 자신이 나에게 해를 끼치기 때문이 아니라고 상상할 수가 없었던 것이다.

정신병적 수준 내담자의 주관적 세계를 이해하기 위해서는, 첫째로 그들이 사용하는 경향이 있는 방어를 이해해야 한다. 5장에서 이에 관해 상세히 설명할 것이다. 여기서는 그 목록에 철수, 부인, 전능통제, 원시적 이상화 및 평가절하, 원시적 형태의 투사와 내사, 분열, 극단적인 해리, 행동화, 신체화가 있음을 밝혀 둔다. 이러한 과정들은 언어 이전, 논리 이전의 것이다. 이 방어들은 '이름 없는 공포'(Bion, 1967)로부터 환자를 보호해 주는데, 이때 방어 자체가 만들어 내는 무서운 왜곡이 차라리 공포를 느끼는 상태보다도 덜 고약하게 여겨질 만큼 이들의 공포는 압도적이다. Fromm-Reichmann(1950)은 정신병과 씨름하고 있는 사람들은 초인적인 잠재적 파괴성에 대한 환상을 갖고 있으며 이에 대해 꼼짝달싹할 수 없는 근원적인 공포를 갖고 있다고 말하였다.

둘째, 본질적으로 정신병적 수준에서 조직화된 성격을 지닌 사람들은 심각한 정체성의 어려움을 보인다. 이들의 정체감 혼란은 너무나 심해서 자신의 존재가 만족스러운지 아닌지는 고사하고, 자신이 존재한다는 사실 자체를 완전히 믿지 못한다. 이들은 자신이 누구인지에 대해 무척 혼란스러워하며, 대개 신체 개념, 연령, 성별, 성적 지향과 같은 기본적인 자기 개념들과 씨름한다. 이들은 "내가 누군지 어떻게 알죠?", 심지어 "내가 존재한다는 것을 어떻게 알죠?"라는 질문을 진지하게 하는 경우가 드물지 않다. 또한 이들은 자신의 정체성이 연속적으로 이어진다는 감각을 갖고 있지 못하며, 마찬가지로 다른 사람을 연속적인 자기정체성을 지닌 존재로 경험하지 못한다. 이들은 믿고 있던 사람이 갑자기 가학적인 박해자로 변모하리라는 '악성 변형malevolent transformation'(Sullivan, 1953)의 공포 속에서 산다. 이들에게 자기 자신이나 자신에게 중요한 다른 사람을 묘사해 보라고 하면, 모호하고, 옆길로 새며, 지엽적인 것에 몰두하거나, 눈에 띄게 왜곡하는 경향이 있다.

우리는 때때로 다소 미묘한 순간을 통해서, 정신병적인 성격을 가진 환자들이 현실에 닻을 내리고 있지 않다는 것을 알아차린다. 우리들 대부분이 마술적 신념의 흔적을 가지고 있기는 하지만(예컨대, 어떤 긍정적인 말을 하면 불길한 일이 생기리라는 생각), 자세히 살펴보면 정신병적인 사람들에게서 나타나는 이런 태도는 자아이질적이지 않음을 알 수 있다. 이들은 자신이 속한 문화가 관습적으로 받아들이는 '현실'에 관한 가정들을 이해할 수 없어서 상당한 혼란을 겪고 소외감을 느낀다. 때로 그들이 어떤 상황에 깔려 있는 정서를 불가사의하게 감지하더라도, 그 의미를 어떻게 해석해야 할지 몰라 매우 독특한 자기만의 의미를 부여한다.

예를 들어, 나와 오랫동안 작업했던 매우 편집적인 어떤 환자는 정신병적 상태에 빠질 위기를 종종 겪곤 했는데, 그녀는 나의 기분 상태를 신기하게도 잘 알아차렸다. 그녀는 나의 감정을 정확히 읽었지만, 거기에다 본질적인 선악에 관한 그녀 자신의 원시적 집착을 덧붙였다. 그녀는 "짜증이 나시나 봐요. 틀림없이 내가 나쁜 엄마라고 생각해서 그런 거죠." 혹은 "지루해 보이네요. 지난주에 내가 5분 일찍 가서 기분이 나빠서 그렇죠."라고 말하였다. 그것이 그녀가 나의 표정을 해석하는 방법이라고 나에게 말할 수 있을 만큼 안전하게 느끼기까지 수년이 걸렸고, "악한 사람들이 내 생활방식을 싫어하기 때문에 나를 죽일 거야."라는 신념을 "나는 내 생활의 어떤 면에 대해 죄책감을 느낀다."로 바꿀 때까지 또다시 수년이 걸렸다.

정신병적 경향이 있는 사람들은 자신의 심리적 문제에 대한 조망을 형성하기가 어렵다. 이들은 Fonagy와 Target(1996)이 인지적 성숙에 필수적이라고 밝힌 '성찰 기능reflective function'을 갖고 있지 않다. 이러한 결손은 정신분열증인 사람들이 추상적 사고에 어려움을 보인다는 잘 알려진 사실과 관련될 것이다(Kasanin, 1944). 정신건강 문제의 이력이 긴 환자들은 전문 용어를 많이 알 수도 있다. 그래서 자기관찰을 잘하는 것처럼 보일 수도 있다("내가 과민반응하는 경향이 있지요." 심지어는 "정신분열증 때문에 판단이 잘 안 될 때가 있어요."). 그러나 민감한 면접자들은 이들이 불안을 줄이기 위해 그저 자신이 들은 말을 따라 할 뿐이라는 사실을 알아차릴 수 있다. 내 환자 중 한 명은 (추상적 사고가 가능한지를 파악하기 위한 정신 상태 평가에서) "손 안에 든 새 한 마리가 숲 속의 새 두 마리 값어치가 있다."라는 속담의 뜻을 묻는 정신과 접수 면접을 너무 많이 한 나머지 아는 사람에게 그 속담의 뜻을 물어서 정답을 암기하였다(그녀의 대답이 너무 자동적인 것 같아서 관심 있게 물어보았더니 자랑스러워하며 그렇게 설명하였다).

정신분석의 초기 이론은 정신병적인 사람들이 이렇게 자신의 현실적 문제를 조망하는 데 어려움을 겪는 이유에 대해서 이들이 겪는 딜레마의 에너지 측면을 강조하였다. 실존적 공포와 싸우는 데 너무나 많은 에너지를 써 버려서 현실에 대응하는 데 필요한 에너지가 더 이상 남아 있지 않다는 것이다. 자아심리학 모델에서는 원초아, 자아, 초자아 사이에, 그리고 자아의 관찰하는 부분과 경험하는 부분 사이에 분화가 이루어지지 않았음을 강조하였다. 대인관계, 대상관계, 자기심리학 이론의 영향을 받은 연구자들(예, Atwood, Orange, & Stolorow, 2002)은 이들이 자신의 내부 경험과 외부 경험을 나누는 경계선에 혼란을 느끼고 있다는 점, 애착의 결여로 인해 면접자와 동일한 가정假定의 세계에 들어가는 것을 매우 위험하게 여긴다는 점을 언급하였다.

최근, 외상이 뇌 발달에 미치는 영향과 정신분열증 진단을 받은 사람의 뇌에서 발견되는 생물학적 비정상 간에 유사성이 있다는 기능성 자기공명영상(fMRI) 연구를 바탕으로, John Read와 그의 동료들(Read, Perry, Moskowitz, & Connolly, 2001)은 정신분열증의 병인으로 외상을 주장하였다. 정신병적 수준 내담자가 보이는 '관찰자아'의 결손을 충분히 설명하려면, 유전적, 생화학적, 상황적 요인은 물론 이러한 모든 관점을 고려해야 할 것이다. 치료자가 명심해야 할 중요한 사항은 정신병적 수준 심리의 표면에 가까이 다가가면 치명적인 공포와 엄청난 혼란을 발견하게 된다는 점이다.

정신병의 가능성이 있는 사람들의 일차적 갈등은 삶과 죽음, 존재와 멸절, 안전과 공포 사이의 것이다. 문자 그대로 실존적인 갈등이다. 이들의 꿈은 죽음과 파괴의 삭막한 이미지들로 가득 차 있다. "죽느냐, 사느냐"가 이들의 반복되는 주제이다. Laing(1965)은 이들이 '존재론적 불안'으로 고통받고 있다고 묘사하였다. 1950년대와 1960년대에 정신분열증 환자 가족을 대상으로 한 많은 연구들이 이들 가족 내에 특이한 정서적 의사소통 패턴이 있음을 보고하였다. 정신병적인 아동들은 가족 내에서 자신이 분리된 개인이 아니라 누군가의 연장延長이요, 분신이라는 미묘한 메시지를 듣고 있었다(Bateson, Jackson, Haley, & Weakland, 1956; Lidz, 1973; Mischler & Waxier, 1968; Singer & Wynne, 1965a, 1965b). 비록 주요 항정신병 약물들이 개발되면서 정신병적 과정에 관한 심리학적 연구가 더 이상 관심을 끌지 못하게 되었지만, 정신병적인 사람들은 자신이 개별적 존재로 생존할 수 있는 권리가 있다는 사실을 마음속 깊이 불신하며, 더 심하게는 존재감이라는 것 자체를 생소하게 여길 수 있다. 이러한 심리학적 관찰을 반박하는 증거는 아직 누구도 제시하지 못하였다.

정신병적 범위에 속하는 환자들이 기이하고 심지어는 무서운 일면을 보임에도 불구하고, 이들은 긍정적인 역전이를 불러일으킬 수 있다. 이러한 반응은 신경증 수준 내담자에 대한 따뜻한 역전이 반응과는 조금 다르다. 이들을 대할 때는 주관적인 전능감, 부모처럼 보호하고 싶은 마음, 영혼 수준의 깊은 공감을 더 많이 느낀다. 오랫동안 정신건강 종사자들에게 유행하였던 '사랑스러운 정신분열증 환자'라는 표현은 가장 심하게 고통받는 환자들에게 느끼는 치료자들의 애틋한 태도를 표현하는 것이다(다음에 논의하겠지만, 이와 대조되는 집단이 바로 경계선 환자들이다). 정신병적인 사람들은 필사적으로 존중받으려 하고 희망을 갖고자 하기 때문에, 진단을 하고 약을 주는 것 이상을 하는 치료자라면 누구에게든 공손하고 감사를 표할 것이다. 이들의 감사는 사람을 자연스럽게 감동시키는 면이 있다.

정신병적 경향이 있는 사람들은 특히 성실성을 고마워한다. 정신분열증에서 회복된 한 여성은 치료자가 심각한 잘못을 하더라도 만약 그것이 '정직한 실수'로 생각된다면 용서할 수 있다고 말한 적이 있다. 또한 정신병적 수준 내담자들은 치료자의 교육적 노력에도 고마워하며, 치료자가 자신의 집착을 재구성하여 정상화(탈병리화)하는 것에 대해 안도감을 느낀다. 이러한 요인들이 이들의 융합 및 이상화 경향과 결합하여 치료자로 하여금 강하고 자비롭게 느끼도록 만들 수 있다. 치료자의 보살핌에 대한 이 절박한 의존의 이면에는 치료자가 불가피하게 떠맡게 되는 심리적 책임감이라는 짐이 있다. 사실 정신병적 수준 사람들에 대한 역전이는 한 살 반이 안 된 유아에 대해 어머니가 정상적으로 느끼는 감정과 매우 유사하다. 애착의 측면에서는 너무나 좋지만, 요구의 측면에서는 매우 끔찍하다. 아직 반항하거나 화를 돋우지는 않지만, 극단적으로 사람을 혹사한다. 어떤 슈퍼바이저는 내게, 산 채로 먹힐 정도로 호되게 시련을 당할 준비가 되어 있지 않다면 정신분열증 환자를 치료하려고 해서는 안 된다고 말한 적이 있다.

이들의 심리가 이렇게 사람을 '소모시키는' 특징이 있기 때문이 많은 치료자들이 정신분열증이나 다른 정신병을 가진 사람들과 작업하기를 꺼린다. 이에 더하여, Karon(1992)은 보통 사람들이라면 무시해 버릴 혼란스러운 현실에 이들이 깊이 들어간다는 것도 치료자가 감당하기 어려운 부담이 된다고 말했다. 특히 이들은 우리의 단점과 한계를 깜짝 놀랄 만큼 정확하게 본다. 이들이 가진 매력적인 특성에도 불구하고 환자로서 별로 인기가 없는 또 다른 이유들로는, 치료자들이 정신병 환자를 위한 심리치료 교육을 제대로 받지 못했고(Karon, 2003; Silver, 2003), 경제적인 압력 때문에 치료가 아닌 '관리'나 다른 제한적 접근이 합리화되며(Whitaker, 2002), 신경증 수준의 환자에 비해서 성취 가능한 목표가 작은 치료를 하고 싶어 하지 않는 치료자의 개인적 성향 등을 들 수 있다. 그러나 다음 장에서 강조하겠지만, 이들의 심리적 어려움의 본질을 이해하고 현실적인 태도를 가진다면, 정신병적 범위에 속하는 내담자들과의 작업에서도 효과를 얻고 보람을 느낄 수 있다.

경계선 성격 조직의 특성

경계선적 성격 조직을 가진 사람의 가장 두드러진 특징 중 하나는 이들이 원시적 방어를 사용한다는 점이다. 이들도 부인, 투사적 동일시, 분열과 같은 원시적이고 총체적인 기제를 사용하기 때문에, 퇴행을 할 때는 정신병 환자들과 구별하기 어려울 수 있다. 그러나 경계선적인 사람과 정신병적인 사람 간의 중요한 차이점 하나는, 치료자가 경계선 환자들에게 원시적 경험 양식을 사용하고 있음을 직면시키면 적어도 일시적으로는 긍정적인 반응을 보인다는 점이다. 정신병적 구조를 가진 사람들에게 비슷한 말을 하면 이들은 더욱 동요될 것이다.

이해를 돕기 위해 원시적 평가절하라는 방어를 살펴보도록 하자. 평가절하당하는 것은 어떤 치료자에게든 익숙하고 고통스러운 경험이다. 평가절하는 자존감을 유지하기 위한 무의식적 전략일 수 있지만, 그럼으로써 배울 수 있는 기회를 잃어버리게 된다. 이 방어를 다루기 위해, "당신은 내 결점이 드러나는 걸 상당히 좋아하며 반가워하는 것 같습니다. 아마도 그렇게 해야 저의 도움을 받는다는 사실을 인정하지 않을 수 있겠지요. 그렇게 늘 나를 깎아내리지 않으면, 어쩌면 밑에 있다는 느낌이 들거나 수치심을 느낄 지도 모르겠습니다. 그런 감정이란 참 인정하고 싶지 않은 종류지요."라는 식으로 말할 수 있다. 경계선 환자는 이러한 해석을 비웃거나, 마지못해 겨우 인정하거나, 아니면 그냥 아무 말 없이 인정할 수도 있겠는데, 어떠한 경우라도 불안이 감소됐다는 징후를 보일 것이다. 그러나 정신병적인 사람은 불안이 오히려 증가할 것이다. 왜냐하면 실존적 공포를 느끼고 있는 사람이 치료자의 힘을 평가절하한다는 것은 완전한 멸절로부터 보호받는 느낌을 주는 유일한 심리적 수단일 수 있기 때문이다. 그런데 치료자가 이를 마치 하나의 선택에 불과한 것처럼 이야기하면 대안이 없는 환자는 극도의 두려움을 느낄 수밖에 없다.

경계선 환자들은 정체성 통합의 차원에서도 정신병적인 사람들과 어떤 면에서는 유사하고 또 어떤 면에서는 다르다. 이들의 자기경험은 비일관성과 비연속성으로 가득 차 있을 수 있다. 자신의 성격을 묘사해 보라고 하면, 정신병적 수준 환자처럼 혼란을 느낄 것이다. 같은 맥락에서, 중요한 사람에 대해 묘사해 보라고 하면 경계선 환자들은 듣는 사람이 상상이 가도록 다차원적으로 묘사하지 못한다. "우리 엄마요? 그냥 보통 엄마죠, 뭐."가 전형적인 대답이다. "알코올 중독자, 그게 다예요."와 같이 총체적이고 경멸적으로 묘사하기도 한다. 정신병 환자들과는 달리 기태적일 정도로 과도하게 구체적이거나 옆길로 새는 일은 거의 없지만, 환자 자신이나 주변 사람의 복합성에 치료자가 관심을 두면 이를 무시하는 경향이 있다. Fonagy(2000)에 의하면, 경계선 내담자들은 불안전하게 애착되어 있고 자기 자신과 다른 사람의 행동에서 의미를 발견하는 '성찰 기능reflective function'이 결여되어 있다. 이들은 '정신화mentalize'할 수 없다. 즉, 다른 사람의 별개의 주관성을 이해할 수가 없다. 철학적으로 말하면, 이들에게는 마음 이론이 없다.

경계선 범위에 속하는 내담자들은 그들의 정체성에 연속성이 부족함을 상기시키면, 적대적이 될 수 있다. 내가 본 어떤 환자는 클리닉에서 통상적인 접수 면접의 절차상 하게 하는 질문지를 받고는 불같이 화를 냈다. 그것은 "내가 어떤 사람인가 하면 ______________"과 같이 빈칸을 채우는 문장 완성 검사였다. 그녀는 "도대체 이따위 걸 갖고 뭘 하라는 거예요?"라고 말하며 격분하였다(수년간의 무수한 회기 후에 그녀는 "이제 그 질문지를 채울 수 있을 것 같아요. 그때는 왜 그렇게 발끈했는지 모르겠어요."라고 말하며 그때를 떠올렸다). 일반적으로 경계선 환자들은 정동을 인내하고 조절하는 데 어려움을 겪는다. 그래서 다른 사람들이라면 창피하거나, 부럽거나, 슬프거나, 혹은 다른 미묘한 정동을 느끼는 상황에서, 갑자기 화를 낸다.

자신의 정체성에 관한 경계선 환자들의 입장은 두 가지 면에서 정신병적인 사람들과 차이를 보인다. 첫째, 경계선 조직을 지닌 사람들이 겪는 비일관성과 비연속성에는 정신분열증 환자들이 겪는 정도의 실존적 공포가 없다. 경계선 환자들도 정체성 혼란을 보이지만, 적어도 자신이 존재한다는 것은 안다. 둘째, 정신병적 경향을 가진 사람들은 자기와 타인의 정체성에 관해 질문을 받을 때 적대적으로 반응할 가능성이 경계선 환자들에 비해 훨씬 적다. 정신병적인 사람들은 일관성 여부는 고사하고 존재감 자체를 잃을까 봐 너무 걱정하는 나머지 면접자가 비일관성의 문제에 초점을 맞추더라도 화를 낼 여유가 없다.

이런 차이점이 있지만, 두 집단은 모두 신경증적 집단과 달리 원시적 방어에 심하게 의지하며 자기감각이 기본적으로 결여되어 있다는 문제를 보인다. 그러나 현실검증력의 차원에서는 두 집단이 상당한 차이를 보인다. 경계선 내담자들을 신중하게 면접하면, 그 증상이 아무리 미친 것 같고 현란해 보여도 그들에게 현실을 이해하는 능력이 있음을 알 수 있다. 한때는 정신병적인 사람과 그렇지 않은 사람을 감별하기 위해 환자의 '병식病識'의 정도를 평가하는 것이 정신과의 표준적 절차였다.

경계선 환자들은 자신의 정신병리를 가차 없이 부인할 수 있지만, 그러면서도 무엇이 현실인지 혹은 관습인지에 대해 일정 수준의 분별력을 보여 준다는 점에서 정신병 환자들과 구분된다. 때문에, Kernberg(1975)는 병식이라는 기준 대신 '현실 검증의 적합성'을 준거로 삼아야 한다고 제안하였다.

Kernberg(1984)는 경계선과 정신병을 감별진단하기 위해서는, 환자의 자기표현에서 어딘가 좀 특이한 점을 찾아내서 이를 언급하고 다른 사람들이 그것을 이상하게 볼 수 있다는 것을 아는지 물어보라고 조언한다. 이렇게 하면 그가 관습적 현실을 이해하는지 판단할 수 있기 때문이다(예, "뺨에 '죽음!'이라는 문신을 하고 있군요. 그게 사람들에게 이상하게 보일 수 있다는 걸 이해하시겠어요?"). 경계선적인 사람들은 그런 모습이 관습적이지 않으며 사람들이 그 의미를 이해하지 못할 수 있음을 인정할 것이다. 그러나 정신병적인 사람들은 자신이 이해받지 못한다고 생각하면 심한 혼란을 느끼기 때문에 그 이야기를 듣고는 두려워할 가능성이 크다. Kernberg와 그의 동료들(예, Kernberg, Yeomans, Clarkin, & Levy, 2008)은 임상 경험과 경험적 연구 모두를 통해 이런 반응상의 차이를 보여 주었다. 이러한 차이는 정신병적인 사람은 자기와 타인이 무의식적으로 분화되어 있지 않은 반면, 경계선 병리를 갖고 있는 사람은 분리-개별화를 중심 주제로 한다는 정신분석적 가정을 지지해 준다고 볼 수 있다.

경계선적 수준의 사람은 자신의 병리를 관찰할 수 있는 능력이 매우 제한되어 있다(외부 관찰자들에게는 병리가 뚜렷하게 보이는 부분에서도 그러하다). 경계선 심리를 갖고 있는 사람들은 공황발작이나 우울과 같은 한정된 범위의 호소 문제 때문에, 또는 내과 의사가 '스트레스'와 관련이 있다고 강조한 질병 때문에 치료를 받으러 올 수도 있고, 지인이나 가족의 권유에 못 이겨 억지로 올 수도 있다. 그러나 다른 사람의 눈에는 그렇게 유익해 보이건만, 성격을 바꾸고 싶다는 생각을 가지고 찾아오는 경우는 없다. 자신이 '경계선 성격장애를 갖고 있고' DSM의 진단 규준에 부합함을 안다 해도, 달라진다는 것이 무엇인지 여전히 이해하지 못한다. 이들은 전혀 그런 경험이 없기 때문에, 정체성 통합, 성숙한 방어, 만족을 지연하는 능력, 양가감정과 모호함을 인내하는 능력, 정동 조절 능력 등에 대해 알 수 있는 정서적 기반을 거의 갖고 있지 않다. 이들은 단지 더 이상 상처받지 않거나 비난받고 싶지 않을 뿐이다.

이들은 퇴행하지 않은 상태에서는 현실 검증력이 온전하고, 또 때로 우리의 공감을 자아내는 모습을 보이기도 하기 때문에 특별히 '병적으로' 보이지 않는다. 그래서 치료가 어느 정도 진행된 후에야 그 환자가 경계선 성격 구조임을 깨닫기도 한다. 이때 대개 그 첫 번째 단서는, 치료자가 도움을 주려고 시도한 개입을 환자가 공격으로 받아들이는 데서 드러난다. 다시 말해, 치료자는 계속 환자에게 성찰 기능이 있다고 가정하지만 대개 환자는 그런 능력을 갖고 있지 않다(예전의 용어로 말하면, 치료자는 관찰자아와 이야기를 하려 하지만, 내담자는 그것에 접근할 수가 없으며, 특히 화가 나 있을 때 그러하다). 환자는 단지 자기가 비난받고 있다고 여길 뿐이다. 치료자는 신경증 수준의 환자들과 맺을 수 있는 그런 동맹을 맺으려고 계속 노력하지만, 그런 노력은 수포로 돌아갈 뿐이다.

치료자는 결국 치료의 첫 번째 과제는 환자가 끊임없이 만들어 내는 정서적 폭풍우를 그저 견뎌 내면서, 고통을 겪으면서도 도움받기를 거부하는 이 사람이 그동안 경험해 왔던 것과는 다른 어떤 것을 느끼도록 행동해야 함을 배우게 된다. 치료를 통해 어떤 구조적 변화가 일어난 이후에야 환자가 달라져서, 치료자가 무엇을 위해 노력하고 있는지 이해하기 시작할 수 있을 것이다. 이를 위해서는 오랜 시간, 내 경험으로는 때로 2년 정도의 시간이 걸리지만 그러는 동안에 환자를 가장 곤란에 처하게 했던 경계선 행동들이 사라질 수 있다는 점은 위로가 된다. Clarkin과 Levy(2003)는 1년간의 전이초점 치료transference-focused therapy로 의미 있는 증상 경감이 이루어졌다고 보고하였다. 그러나 대개 치료 작업은 온갖 격랑을 겪으며 양쪽 모두에게 좌절감을 안겨 줄 것이다.

Masterson(1976)이 생생하게 묘사한 바 있고, 또 다른 관점을 가진 사람들도 유사하게 보고한 것처럼, 경계선 내담자들은 어려운 딜레마에 사로잡혀 있다. 그들은 다른 사람과 가깝다고 느낄 때는 상대방에게 삼켜지고 완전히 통제당할 것 같은 같은 공포를 느끼며, 혼자 있을 때는 완전히 버림받는다고 느낀다. 이런 핵심 갈등은 치료 관계를 포함한 모든 관계에서 물러서기와 다가서기를 반복하도록 하며, 가까워지는 것도 멀어지는 것도 불편하게 만든다. 치료자의 해석적 노력에 즉각 반응하지도 않는 이런 기본 갈등을 짊어진 채 살아가는 것은, 경계선 환자 본인과 그들의 친구, 가족, 치료자 모두를 지치게 만든다. 이들은 자살을 이야기하면서 정신과 응급실 문턱을 수도 없이 드나들기도 한다. 그리고 직원들 사이에서 '도움을 구하면서도 도움을 거부하는 행동'을 하는 사람으로 유명해진다.

Masterson은 경계선 환자들이 분리-개별화 과정의 하위 단계인 재접근기(Mahler, 1972b)에 고착되어 있다고 보았다. 이 단계의 아동은 어느 정도의 자율성을 성취했지만 여전히 힘 있는 양육자가 늘 곁에 있다는 사실을 확인해야 한다. 이 드라마는 두 살경의 아동에게서 펼쳐진다. 전형적으로 이 시기의 아동은 엄마의 도움을 거부하다가도("나 혼자 할 수 있단 말이야!") 엄마의 무릎 밑에서 울음을 터뜨리는 행동을 반복한다. Masterson(1976)은 경계선 환자들은 처음부터 분리를 못하도록 좌절시키는 엄마를 두었거나, 아니면 어느 정도 독립을 성취한 후 퇴행할 필요가 있을 때 곁에 있어 주지 않았던 엄마를 두었을 것이라고 믿었다. 병인론에 관한 그의 생각이 맞건 틀리건 간에, 경계선 환자들이 분리와 개별화의 딜레마라는 덫에 빠져 있다는 그의 관찰은 그들의 변화무쌍하고, 요구가 많으며, 혼란을 주는 특징을 이해하는 데 도움을 주었다.

경계선 내담자들의 전이는 강력하고, 단정적이며, 일반적인 해석이 통하지 않는 경향을 보인다. 치료자는 완전히 좋거나 완전히 나쁘게 지각된다. 만약 임상 경험이 부족한 치료자가 신경증적인 사람에게 하듯이 이들에게 전이를 해석하면(예, "아마도 당신이 지금 내게 느끼는 감정은 예전에 아버지에게 느꼈던 것과 같다고 할 수 있겠지요."), 환자를 안심시키지도, 통찰에 도움을 주지도 못할 것이다. 오히려 환자는 치료자가 실제로 아버지와 꼭 같이 행동한다고 주장할 것이다. 보통 경계선 환자는 어떨 때는 치료자를 힘과 미덕을 갖춘 신적 존재로 지각하다가, 어떨 때는 (때로 바로 그다음 날에) 참으로 나약하고 경멸스러운 존재로 지각한다.

당연히, 경계선 내담자들에 대한 역전이 반응은 강렬하고 사람을 뒤흔들어 놓는 경향을 보인다. 반응이 긍정적인 경우라도(예, 절망에 빠진 환자를 구원한다는 환상에 사로잡히는), 치료자를 혼란스럽게 하고 소진시키는 특성을 보인다. 병원 장면에서 일하는 분석가들(Gabbard, 1986; Kernberg, 1981)은 병원 종사자들이 어떻게 경계선 환자에게 지나치게 애틋한 태도를 보이는지(성장하기 위해서는 특별히 많은 사랑이 필요한 박탈당하고 연약한 사람으로 봄으로써), 아니면 처벌적인 태도를 보이는지(한계를 정해 줘야 하는 요구가 많고 조종하려는 사람들로 봄으로써)를 증언하였다. 입원 병동의 치료팀은 경계선 환자를 위한 치료 계획을 논의하면서 흔히 이 두 가지의 정반대 입장을 가진 집단으로 나뉘기도 한다(Gunderson, 1984; Main, 1957). 외래 환자 치료자들은 마음속으로 양쪽 입장을 왔다 갔다 하면서 그때마다 내담자가 가진 갈등의 한 쪽 면을 비춰 주는 역할을 하게 된다. 도움을 거부하면서도 그 도움이 없으면 주저앉고 마는 두 살 난 아이를 둔 엄마처럼, 치료자는 좌절감과 분노가 치밀어 오르는 경험을 흔히 하게 된다.

요약

이 장에서는 성격 조직의 상이한 영역을 기술하려는 노력이 어떻게 전개되어 왔는지 간략하게 살펴보았다. Kraepelin에 의한 정상과 광기의 구분에서부터, 증상 신경증 대 성격 신경증이라는 초기 정신분석 개념을 거쳐, 신경증 수준, 경계선, 정신병 수준의 구조를 강조하는 분류 체계, 그리고 내담자의 성격에 영향을 미치는 애착 패턴과 외상의 영향에 이르기까지, 치료자들은 치료적 조력에 대한 개개 내담자들의 다양한 반응을 설명하려고 노력해 왔다. 나는 한 사람의 중심 주제(안전감, 자율성, 정체성), 특징적인 불안 경험(소멸 불안; 분리 불안; 처벌, 상해, 통제 상실과 같은 보다 구체적인 두려움), 발달상의 일차적 갈등(공생적, 분리-개별화, 오이디푸스적), 대상관계 능력(일원적, 이원적, 삼원적), 자기 감각(압도되어 있는가, 싸울 태세인가, 책임을 느끼는가)에 대한 평가가 정신분석적 진단의 포괄적 차원을 구성한다고 주장하였다.

더 읽을거리

Phyllis와 Robert Tyson(1990)은 20세기 후반까지의 전통적인 정신분석적 발달 이론을 종합하였다. Gertrude Blanck와 Rubbin Blanck(1979, 1986)의 두 권의 고전적인 저서는 발달과 진단을 연결해 주는 부분을 포함하고 있다. 아동을 치료하는 임상가들에게는 Stanley Greenspan의 『Developmentally Based Psychotherapy』(1997)가 유익할 것이다. 현대의 발달 연구와 임상 실제, 특히 발달 연구와 경계선 내담자를 연결해 주는 최근 저서로서 『Affect Regulation, Mentalization, and the Development of the Self』(Fonagy et al., 2002)를 추천한다. 이 책은 방대한 학술서지만, 고맙게도 보급판으로도 나와 있다. 자기심리학적 관점의 심리 발달에 관한 책 중에 읽기 쉬운 것으로 Russell Meares의 『Intimacy and Alienation: Memory, Trauma, and Personal Being』(2002)을 추천한다.

Fenichel의 『The Psychoanalytic Theory of Neurosis』(1945) 중 'Character Disorders'라는 장은 신경증적 증상과 신경증적 성격의 차이에 관한 가장 적절한 고전적 해설서이다. 보다 최근에는 Josephs(1992)와 Akhtar(1992)가 여기서 소개된 성격과 관련된 주제들을 더 깊은 수준에서 탐구한 통합적 저서를 출판하였다. Steiner의 『Psychic Retreats』(1993)는 상이한 발달 수준의 임상적 시사점에 관한 Klein 학파의 훌륭한 연구이지만, 초보치료자들에게는 어려울 수 있다.

New York 대학 출판부는 성격 조직에 관한 고전적인 분석적 논문으로서, 성격신경증(Lax, 1989), 정신병(Buckley, 1988), 경계선 상태(M. H. Stone, 1986)에 관한 훌륭한 논문집들을 출판하였다. Laing의 『The Divided Self』(1965)는 정신병에 관한 현상학적 이해를 보여 주며 이에 견줄 만한 책이 없다. Eigen의 『The Psychotic Core』(1986)는 어렵지만 읽을 만한 가치가 있다. 정신분열증 환자들과 함께 산 경험을 기록한 Elyn Saks(2008)의 회고록은 정신병적 경험을 가까이에서 볼 수 있도록 해 주며, 정신병적 역동을 가진 사람들이 의학적, 심리학적으로 좋은 치료를 받을 때 풍부하고 생산적으로 살 수 있는 잠재력이 있음을 감동적이면서도 재치 있게 보여주고 있다.

경계선 상태를 다룬 문헌들은 어지러울 정도로 풍부하고 다양하지만, Kernberg와 그의 동료들(예, Clarkin, Yeomans, & Kernberg, 2006), Fonagy와 그의 동료들(Bateman & Fonagy, 2004)은 최근 연구의 관점에서 고전적인 사례개념화를 유용하게 이해하고 있으며, 자신들의 생각을 치료와 연결하고 있다. Paris의 『Treatment of Borderline Personality Disorder』(2008)는 차원적 정의가 아니라 범주적 정의로서 경계선 심리를 의미 있게 보며, John Gunderson 학파의 방대한 연구를 종합한 책으로 읽기가 어렵지 않다.

이 책의 초판을 출간한 이래, 애착에 관한 임상적 문헌과 경험적 연구들이 쏟아져 나왔다. Wallin의 『Attachment in Psychotherapy』(2007)는 경계선 환자들의 투쟁을 기술하고 있으며, Mikulincer와 Shaver의 『Attachment in Adulthood』(2007)는 이를 심각한 애착 불안의 관점에서 기술하고 있다. Judith Herman의 『Trauma and Recovery』(1992)는 외상에 관한 연구와 이론을 경계선으로 진단된 환자들의 경험에 적용한 저서로서, 이 분야를 이해하기 위한 가장 좋은 출발점이 되어 줄 것이다. 15장의 더 읽을거리도 참조하기 바란다.

Chapter 04 Psychoanalytic Diagnosis

성격 발달 수준의 함의

정치와 마찬가지로, 심리치료도 가능성의 예술이다. 각각의 내담자를 발달적 관점에서 개념화할 때 얻는 한 가지 장점은, 바로 그 내담자를 위해 치료자가 합리적으로 기대할 수 있는 것이 무엇인지, 또 이를 위한 적절한 처치가 어떤 것이어야 하는지 알게 되는 것이다. 내과 의사는 건강한 사람이 질병 회복 속도가 더 빠를 것이라고 기대하고, 교사는 지적인 학생이 공부를 더 잘할 것이라고 기대한다. 치료자 또한 서로 다른 성격 발달의 수준을 가진 사람들에게 다른 기대를 가져야 한다. 현실적인 목표를 가질 때, 환자는 사기가 꺾이지 않고 치료자는 진이 빠지지 않는다.

이 책의 초판을 쓸 때는 이 장을 쓰기가 더 쉬웠다. 1990년대 초에는 성격 조직의 각 수준에 어떤 접근법이 적절한지에 대해 정신분석적 합의라고 할 만한 것들이 있었다. 그러나 이후, 몇 가지 일들이 일어났다. 관계 운동의 분석가들은 전통적인 기법의 많은 측면들에 의문을 제기하였고, 특히 분석가의 객관성과 중립성이 가능하다는 가정에 의문을 품었다. 또한 이들은 성격 구조를 일반화해 이야기하는 것이 과연 유익한지에 대해 이의를 제기하였다. 환자-치료자 쌍을 이해할 때도, 치료자가 환자를 위해 혹은 환자에게 무언가를 한다기보다는 환자와 치료자가 함께 만들어 가는 것임을 강조하는 방향으로 우리의 인식을 변화시켰다. 이러한 2인 모델은 이제 치료 과정을 이해할 때 주류가 되었고, 보다 전통적으로 생각하는 사람들에게도 영향을 미쳤다. 이 책도 환자 개인의 심리에 초점을 맞추는 1인 모델을 택하고는 있지만, 아마도 나 역시 관계 분석가들의 생각에 많은 영향을 받았음이 분명하다.

이와 동시에, 그동안 경계선 성격 조직을 위한 몇 가지 구체적인 치료법들이 개발되었고, 경계선 현상을 어떻게 이해할지에 관한 전문가들의 대화에서 정신분석은 이제 더 이상 지배적인 이론이 아니다. 변증법적 행동치료dialectical behavior therapy(예, 1993)를 창시한 Marsha Linehan은 Otto Kernberg의 덕을 보았다고 자주 감사를 표하지만, 그녀가 고안한 치료법은 역동적 무의식에 관한 가정이 아니라 인지행동적인 개념과 선불교 사상의 일부를 반영하고 있다. Jeffrey Young의 도식치료schema therapy(예, Rafaeli, Bernstein, & Young, 2010)도 경계선 수준의 성격장애에 적용되고 있는데, 이 치료법 역시 정신역동의 영향을 얼마간 받은 인지-행동심리를 바탕으로 하고 있다. 정신분석의 영역에서는, Kernberg가 최초로 제안한 표현치료expressive therapy가 한동안 우세했지만, 이후에 연구에 기반을 둔 몇 가지 구체적인 치료법들이 개발되었다. 그중 Kernberg의 전이초점 심리치료transference-focused psychotherapy(Clarkin, Yeomans, & Kernberg, 2006)와 Fonagy의 정신화-중심치료mentalization-based therapy(Bateman & Fonagy, 2004)가 가장 잘 알려져 있다.

마지막으로, '정신분열증의 심리치료를 위한 국제학회International Society for the Psychological Treatment of Schizophrenia'는 정신병적 환자들의 심리치료에 관심이 있는 치료자들을 한데 모았고, 이들의 시너지는 심각한 어려움을 갖고 있는 사람들의 치료에 관한 기존의 이해에 새로운 요소를 더해 주었다. 1994년 이래로 점점 더, 우리의 정신건강 문화는 정신병을 갖고 있는 사람의 약물치료에 대한 요구는 과대평가하고 심리치료에 대한 요구는 과소평가하는 경향을 보이고 있다. 나는 1990년대보다 지금이 더 가장 고통받는 사람들을 위한 효과적인 대화 치료에 관한 우리의 지식을 전달하는 일이 시급하다고 생각한다.

전과 마찬가지로, 신경증 수준 내담자들의 치료에서 시작하여, 그다음으로 정신병적 범위에 속하는 내담자들의 치료, 마지막으로 경계선 스펙트럼에 속하는 내담자들의 치료에 관해 설명할 것이다. 이전보다 이야기가 더 복잡해지긴 했지만, 심각성의 수준에 따라 임상적 함의를 이야기하는 것이 여전히 유용하다고 나는 생각한다. 구체적인 접근법들의 미묘한 부분까지 다 다룰 수는 없겠지만, 개인의 발달과제를 추론하고 이에 따라 어떻게 작업해야 할지 감을 잡을 수 있도록 설명할 것이며, 이를 통해 발달 수준의 평가가 유용함을 보여 줄 것이다. 모든 역동 치료의 목표는 내담자 자신에게 가장 절실한 성숙 과제를 해결할 수 있도록 돕는 것이다. 그 과제가 어떤 사람에게는 자신의 창조성을 활짝 꽃피우게 하는 것이 될 수도 있고, 또 어떤 사람에게는 자신이 존재하고 있으며 존재할 가치가 있음을 최소한이나마 인식하게 하는 것일 수도 있다.

신경증 수준 환자의 치료

정신분석적 치료는 '적절한 걱정을 하는' 사람들이 아니라면 잘 맞지 않는다는 주장이 있다. 이러한 관점에 담긴 일말의 진실은 구체적인 치료로서의 정신분석은 성격 변화나 심층적인 자기이해라는 야심찬 목표를 갖고 있으면서 자신을 잘 표현하는 신경증 수준 내담자에게 가장 효과적이라는 점이다. 정신분석 운동의 초기 시절, 즉 수정된 접근법이 개발되기 전에도 다양한 내담자 집단에 정신분석이 시도됐었지만, 고전적인 프로이트식 분석을 규정짓는 장치들(잦은 회기 수, 자유연상, 카우치 사용, 전이와 저항에 대한 주목, 정해지지 않은 기한)은 다른 환자들에게는 그다지 적합하지 않았다. 또한 Freud가 추천했던 회기 수(처음에는 주 6회, 그다음에는 주 5회, 나중에는 주 3~4회)로 인해 전통적인 분석은 어느 정도 재력이 있는 사람들만 할 수 있었다.

정신분석적 치료가 이미 장점을 갖고 있는 사람들에게 더 빨리 그리고 더 깊숙이 적용된다는 사실은 건강한 사람이 의학적 치료에 잘 반응하고 명석한 사람이 교육에 잘 반응한다는 사실과 비교될 수 있다. 분석 치료가 왜 경계선이나 정신병적인 사람들보다 건강한 환자들에게 적용하기가 더 쉬운가 하는 점에 있어서는 많은 이유들이 있다. Erikson의 용어를 사용하자면, 이들은 기본적 신뢰감, 상당한 자율성, 그리고 일관성 있는 정체감을 갖고 있다고 가정될 수 있다. 치료 목표에 사랑,

일, 놀이에서의 충분한 만족을 방해하는 무의식적 장애물의 제거가 포함될 수 있다. Freud는 정신분석적 '치유'를 자유와 동등한 것으로 보았다. 플라톤적 전통에 따라 그는 궁극적으로 우리를 자유롭게 하는 것은 진실이라고 믿었다. 신경증 수준의 사람들은 자신에 관한 곤란한 진실을 찾아간다는 과제를 감당할 수 있다. 왜냐하면 이들의 자존감은 어떠한 불쾌한 발견도 참아 낼 수 있을 만큼 충분히 탄력적이기 때문이다. 그래서 Theodor Reik(1948)은 정신분석을 하거나 받으려면 우선 도덕적 용기를 갖추어야 한다고 말하곤 했다.

정신분석 그리고 기한이 정해지지 않은 정신분석적 치료

신경증 수준 환자들은 치료자와 빨리 작업동맹을 형성한다. 여기서 작업동맹이란 치료자와 내담자의 관찰자아가 협력하여, 내담자의 무의식적인 혹은 인정하지 않았던 방어, 감정, 환상, 신념, 갈등, 분투 등에 접근하는 것을 말한다. 만약 환자가 자신의 성격을 철저하게 이해하고자 하고, 최대한의 성장과 변화를 치료 목표로 삼고자 한다면, 집중적인 분석을 고려해야 할 것이다. 요즘에는 처음부터 자발적으로 일주일에 3, 4회의 분석을 받고자 하는 환자 집단이 정신분석 수련기관의 수련생들로 대부분 채워지고 있다(대개는 수련기관이 그렇게 요구하기 때문이다). 그러나 정신건강 분야에 종사하지 않는 환자들 중에도 주 1, 2회의 덜 집중적인 치료를 받다가 "좀 더 깊이 들어가고" 싶어서 본격적인 분석을 받기로 결심하는 사람들이 있다. 미국에서는 이런 경우가 그리 흔치 않다. 이는 관심이 부족해서가 아니라 보험회사가 집중 치료의 비용을 지불하지 않으려 하기 때문이다.

정신분석이 수년씩 지속될 수도 있지만, 증상과 행동의 개선은 빨리 일어날 수 있다. 특히 건강한 사람의 경우에는 더욱 그렇다. 사람들은 자신의 내면과 일치한다고 느끼는 행동적 변화와 그렇지 않고도 가능한 행동적 변화의 차이점을 느낄 수 있다. 후자에서 전자로 이동하고 싶은 마음이 때때로 정신분석적 치료에 오랫동안 머무는 한 가지 이유가 된다. 이것은 마치 알코올 중독이었던 사람이 금주 초기에는 술의 유혹과 순간순간 싸워야 하지만, 나중의 회복기에는 그런 충동 자체를 더 이상 느끼지 않는 것과 같다. 술을 마시지 않는 행동 자체는 초기나 후기나 동일하지만,

그 기초가 바뀐 것이다. 알코올 중독자가 옛 패턴, 습관, 신념을 변화시키기 위해서는 수년간의 AA 모임 참석과 부단한 훈련이 필요할 것이다. 그러나 음주 충동을 겨우 통제하는 수준에서 더 깊게 변화하여 알코올에 무관심한 수준에 이르는 일은 알코올 중독에서 회복되는 과정에 있는 사람에게는 더할 나위 없이 값진 성취가 될 것이다.

집중적인 분석에 필요한 시간, 돈, 정서적 에너지를 투자할 여력이 없거나 그럴 의지가 없는 신경증 수준 사람들에게는 정신분석적(혹은 '정신역동적') 치료가 최선의 선택일 수 있다. 정신분석적 치료는 보다 구체적인 문제에 초점을 맞추는 방향으로 고전적인 분석을 수정하여 개발된 치료이다. 환자와 치료자는 1주일에 3회 미만으로 만나고, 대개 얼굴을 마주보는 방식을 취한다. 치료자는 정서적 퇴행을 덜 촉진하고, 더 자주 오는 사람들이라면 스스로 알아차릴 주제와 패턴을 더 적극적으로 지적한다. 정신분석이나 수정된 정신분석적 치료 모두 '노출' 혹은 '탐색' 혹은 '표현' 치료라고 불렸다. 왜냐하면 내담자로 하여금 가능한 마음을 열고, 감정에 집중하며, 과거의 방어를 떨쳐 버리라고 하기 때문이다. 때로는 자신을 아는 것이 갈등을 감소시키고 성장을 촉진한다는 분석적 가정에 따라, '통찰 지향적' 치료라고 불리기도 한다.

단기치료 및 비정신역동적 치료

신경증 범위에 속하는 환자들은 단기 분석 치료(Bellak & Small, 1978; Davanloo, 1980; Fosha, 2000; Malan, 1963; Mann, 1973; Messer & Warren, 1995; Sifneos, 1992)에도 적합하다. 특정한 갈등 영역에 집중적으로 초점을 맞추는 것은 경계선 혹은 정신병적 구조를 가진 사람들을 압도할 수 있지만, 신경증 수준의 사람들은 이를 촉진적이고 생산적으로 받아들일 수 있다. 마찬가지로, 기능 수준이 높은 내담자들은 정신분석 지향의 집단 치료나 가족 치료에도 잘 반응하는 경향을 보인다. 그러나 경계선이나 정신병 수준의 사람들은 그렇지 않다(기능 수준이 낮은 내담자들은 집단이나 가족의 정서적 에너지를 너무 많이 흡수한다. 그래서 다른 구성원들은 항상 그들만이 무대의 중앙에 서는 것에 대해서 크게 분개하지만, 또 다른 한편으로는 어쨌든 그들이 고통을 더 많이 당하는 것은 사실이니까, 분노에 대한 죄책감도 함께 느끼며 갈등을 겪는다).

사실 신경증 범위에 속하는 내담자들에게는 거의 모든 치료적 접근이 도움이 된다. 인지행동치료에서는 치료자가 내주는 숙제를 잘 해 오는 경향을 보이며, 생물학적 지향의 치료에서는 정신과 의사가 처방하는 약을 흔쾌히 복용할 것이다. 그들은 사랑을 받은 경험이 많아서 치료자의 호의를 감지하고 협조하려고 한다. 그러므로 당연히 내담자로서 인기가 있다. 한때 고전적인 분석이 명성을 누렸던 이유 중 하나는 피분석자가 될 만한 자질을 갖춘 사람들이 치료에 잘 반응하고 치료에 대해 감사할 줄 알았기 때문일 수 있다. 이들은 분석가에게 홍보가 된다. 반면, 경계선 환자들은, 치료에서 상당한 진전을 보이고 있을 때조차도 치료자를 가차 없이 깎아내리는 말을 하며 다니거나, 혹은 과도하게 치료자를 떠받드는 바람에 주변 사람들로 하여금 '아마도 이 사람이 대단한 돌팔이에게 당했나 보다.'라는 생각이 들도록 만든다.

대부분의 정신역동적 저술가들은 집중적인 정신분석이 신경증적으로 조직화된 사람들에게 가장 큰 궁극적 유익을 줄 수 있다고 본다. 그래서 분석가와 자주 만나 심층 치료를 받을 수 있는 여력이 있는 사람들, 특히 집중적 분석의 심리적 보상을 몇 년 후에 풍성히 거둘 수 있는 초기 성인기에 든 사람들에게 그런 치료를 받는 것이 좋다고 조언한다. 나도 이 의견에 동의한다. 나 또한 젊은 시절에 좋은 전통적 분석을 받아서 나의 성인기 내내 큰 도움을 얻은 경험이 있다. 하지만 신경증 영역에 있는 사람들은 모든 종류의 다양한 경험으로부터 유익을 얻을 수 있으며, 사람이 무력해질 만한 상황에서도 심리적 성장이라는 과실을 거둘 수 있음 또한 사실이다.

정신병 범위 환자의 치료

아마도 정신병 혹은 정신병적 수준의 심리를 갖고 있는 사람들을 이해할 때 가장 중요시되는 점은 이들이 겁에 질려 있다는 사실일 것이다. 정신분열증에 도움이 되는 많은 약들이 대부분 항불안제라는 것은 우연이 아니다. 정신병적 와해의 가능성이 있는 사람은 세상에 대한 기본적 안전감이 결여되어 있으며, 늘 자신의 멸절이 임박했다는 두려움을 가지고 있다. 따라서 신경증 환자들을 대상으로 한 전통적인 분석 치료에서 하듯 모호한 상황을 많이 허용하면 이들의 타오르는 공포에 기름을 붓는 격이 된다. 따라서 정신병적 수준 환자에 대한 최선의 치료는 대개 '지지 치료'이다. 지지 치료는 환자의 존엄성, 자존감, 자아강도를 적극적으로 지지하며 이들에게 정보와 지침이 필요함을 강조한다.

어떤 의미에서는 모든 치료가 지지적이지만, 자아심리학의 전통에서 이 용어는 더 좁은 의미로 사용된다. 그리고 이는 보다 혼란이 심한 사람들을 대상으로 한 수십 년간의 정신역동적 작업에서 나온 경험을 반영한다(Alanen, Gonzalez de Chavez, Silver, & Martindale, 2009; Arieti, 1974; Eigen, 1986; Federn, 1952; Fromm-Reichmann, 1950; Jacobson, 1967; Karon & VandenBos, 1981; Klein, 1940, 1945; Lidz, 1973; Little, 1981; Pinsker, 1997; Rockland, 1992; Rosenfeld, 1947; Searles, 1965; Segal, 1950; Selzer, Sullivan, Carsky, & Terkelson, 1989; Silver, 2003; Sullivan, 1962; R. S. Wallerstein, 1986). 일반적으로 지지 치료와 표현 치료(혹은 '노출 치료' 혹은 '탐색적 치료')는 연속선상에 놓여 있다고 여겨진다(Friedman, 2006). 연속선의 한쪽 끝에 있는 노출 치료에서는 심리내적 갈등을 충분히 표현하게 해서 통찰과 해결에 이르도록 하며, 연속선의 또 다른 끝에 있는 지지 치료에서는 "자아가 심리내적 갈등을 간직하고 억압하며 그러한 갈등이 증상으로 표현되는 것을 억제할 수 있도록 지지해 준다"(R. S. Wallerstein, 2002, p. 143). 이 단락에서 다루는 많은 부분은 어떤 환자에게든 적용될 수 있지만, 보다 혼란이 심한 사람들과의 작업에서 특히 중요하다.

안전, 존중, 정직의 보장

지지 치료의 첫 번째 과제는 치료자가 믿을 만하다는 것을 보여 주는 것이다. 정신병적 수준의 사람들이 순응적일 때가 많다는 것은 앞에서도 이야기했지만, 그런 사실이 그들이 치료자를 신뢰한다는 것을 뜻하지는 않는다. 오히려 그 반대를 의미할 수 있다. 이는 독립적인 존재가 되고 자기 의지를 가지고 살면 권력자가 자신을 죽이리라는 두려움을 표현하는 것일 수 있다. 그러므로 치료자는 정신병적인 사람들에게 고통을 안겨다 주는 적대적이고 전능한 권력자라는 원초적인 이미지를 강화해 주는 방식으로 행동해서는 안 된다. 이 점을 늘 명심해야 한다. 그러나 치료자가 안전한 대상임을 증명하는 것은 그리 쉬운 일이 아니다. 신경증 수준의 환자가 편집 성향을 가지고 있을 때는 보통은 전이를 해석하는 것으로 충분할 수 있다. 즉, 환자가 과거의 어떤 부정적 인물 혹은 자기의 부정적 측면을 투사하여 이를 치료자와 혼동하고 있음을 언급하면 되는 것이다. 하지만 심한 혼란을 겪고 있는 환자에게는 이런 해석이 아무 쓸모가 없다. 그들은 이를 악마의 핑계로 돌릴 것이다.

치료자는 이런 해석을 하는 대신에, 환자가 가장 두려워하며 예상하던 것과는 계속 반대로 행동해야 한다. 신경증 수준의 환자라면 치료자의 얼굴 표정에서 사람을 존중하는 태도를 읽을 수 있고 그 표정만으로도 편안해 한다. 그러나 정신병의 위험이 있는 사람은 그 정도로는 되지 않는다. 치료자가 환자를 동료 인간으로 존중한다는 것을 훨씬 적극적으로 보여 주어야 한다. 방이 너무 춥거나 덥지 않은지 말해 달라고 하거나, 새로 걸어 둔 그림이 어떤지 의견을 말해 달라고 하거나, 환자가 전문적 식견을 가진 분야가 있다면 그것에 대해서 물어보거나, 환자의 기이한 증상에서 어떤 창의적이고 긍정적인 면이 보일 때 그것을 언급하거나 하는 등이 다 그런 행동의 예가 될 것이다. Karon(1989)도 다음과 같이 적절한 예를 들고 있다.

> 환자에게 "설명을 참 잘하시는군요."라고 말하는 것이 치료적인 면에서 유용할 때가 많다. 환자들은 전문가가 자신의 생각을 진지하게 받아들이는 것을 보고 놀라게 마련이다. "내 말이 옳다는 뜻이에요?" 대부분의 환자들처럼 그 환자도 충분히 견딜 수 있는 능력이 있다고 판단되면 치료자는 이렇게 말할 수 있을 것이다. "그건 아닙니다. 내가 아는 바로는 그 말이 옳다고는 할 수 없어요. 관심이 있으면 그 부분에 대해 이야기해 드리지요. 하지만 지금 현재 당신이 이해하고 있는 바를 감안하자면, 설명을 참 잘하신다는 뜻입니다." 환자에게 모욕을 주지 않고 존중하는 이런 접근을 할 때, 가장 의심이 많은 편집증 환자마저도, 지금 어떤 일이 벌어졌는지, 그리고 그의 삶과 증상에서 드러나는 무서운 딜레마를 해결하는 데 그것이 어떤 의미를 가지는지 진지하게 생각하게 된다 (p. 180).

치료자가 믿을 만하다는 점을 보여 주는 또 다른 방법은 치료자가 변함없이 정직하게 행동하는 것이다. 정신분열증 환자와 작업해 본 사람이라면, 이들이 정서적인 뉘앙스에 매우 민감하고 자신의 치료자가 정서적인 면에서 정직한지 매우 궁금해한다는 것을 잘 안다. 정신병 수준의 사람들은 다른 어떤 환자들보다도 치료자 편의 더 많은 정서적 자기개방을 필요로 한다. 이것이 없을 때 그들은 환상 속으로 빠져들 수 있다. 이것이 신경증 수준 사람에 대한 전통적인 분석 치료와 지지 치료가 궤도를 달리하는 지점이다. 보다 건강한 사람들에게는 치료자가 감정적 개방을 피할 수 있다. 그렇게 하여 환자로 하여금 자신이 치료자의 감정적 상태에 대해 어떤 환상을 가지고 있는지 살펴보고 탐색하게 한다. 하지만 문제가 심각한 내담자에게는 치료자가 자신을 기꺼이 개방해야 한다.

환자에게 화가 나는 경우를 예로 들어 보자. 치료자가 환자에게 짜증이 나는 것은 드문 일이 아니다. 특히 환자가 자기파괴적인 행동을 보인다면 더욱 그럴 것이다. 치료자가 화가 난 듯이 보인다면 어떤 환자든지 신경을 크게 쓰기 마련이지만, 문제가 심각한 환자에게는 이런 일이 죽을 것 같은 공포심을 가져다준다. 신경증 수준의 사람이 "혹시 저한테 화가 났어요?"라고 묻는다면, 보통은 치료자가 "만약 내가 화가 났다고 하면, 어떤 생각이 들어요?"라는 질문과 비슷한 반응을 하면 된다. 그런데 만약 같은 질문을 잠재적인 정신병 환자가 한다면, 이렇게 해야 치료적인 반응이 될 것이다. "상당히 예리하신데요. 내가 생각해도 내가 좀 화가 난 것 같아요. 내가 원하는 만큼 빨리 도움을 주지 못하는 것 같아서 다소 좌절감을 느끼고 있으니까요. 그런데 그 질문은 왜 하셨어요?"

지지적 접근에서도 환자에게 자신의 지각을 검토해 보도록 요청한다는 점을 주목하기 바란다. 그러나 어디까지나 구체적인 정보로 환자의 두려움을 직접적으로 다룬 다음에 그렇게 한다. 앞의 예에서 치료자는 환자의 지각이 정확했음을 명시적으로 인정하였다. 그렇게 함으로써 환자가 현실에 기초한 자존감을 가지도록 촉진하였다. 다른 한편으로는 분노를 파괴적인 복수와 연결하지 않고 누구나 가지게 마련인 인간적인 한계와 연결함으로써, 치료자의 위험한 전능성을 두려워하는 환자의 원시적 환상을 은연중에 차단하였다. 인간의 저 밑에 있는 원초적 동기를 받아들이는 게 불편한 사람은 정신병 범위에 있는 사람을 치료하려고 해서는 안 된다. 그들은 위선의 냄새를 맡을 수 있으며, 이는 문자 그대로 그들을 미치게 한다.

이와 비슷한 맥락에서, 정신병 수준의 환자들에게는 치료자의 작업 방식에 대한 명료한 논리, 즉 그들이 정서적으로 이해할 수 있는 이유를 제시해야 한다. 기능 수준이 높은 사람들은 치료가 이루어지는 방식을 알고 있다. 그래서 뭔가 합리적이지 않을 때는 대개 질문을 한다. 치료비를 예로 들어 보자. 신경증 환자들에게는 왜 치료비를 내야 하는지 설명할 필요가 없다. 물론 그들도 돈이 자신과 치료자에게 어떤 의미인지에 관해서 다양한 환상을 가지고 있을 수 있다. 그러나 건강한 사람들은 치료비가 원래 계약의 일부분이고, 치료 관계는 비용을 지불해야 하는 관계라는 것을 이해한다.

정신병적인 사람들은 이와 달리 비밀스럽게 온갖 생각을 다하며, 돈을 주고받는 것에 대해서 매우 특이한 생각을 할 수 있다. 이것은 합리적인 생각이 함께 섞여 있는 환상이 아니라, 매우 사적인 확신의 형태를 띤다. 정신병적 성격 조직을 가진 내 환자 한 명은 치료가 시작되고 몇 달이 지난 다음에 자신의 이런 생각을 이야기하였다. 그는 내가 진실로 자신을 돕고자 한다면 치료를 무료로 해야 하고 그렇지 않다면 우리 관계는 타락한 것이라고 믿었다. 그가 나에게 협력한 것은 그렇게 함으로써 나의 애정 어린 진심을 얻을 수 있고, 그러면 내가 아무 사심 없이 순전히 사랑에서 우러나온 치료를 할 것이며 자신이 사랑스럽지 않은 사람이라는 깊은 확신을 치료할 수 있으리라고 믿었다는 것이다. 공생적 집착을 하는 사람들이 이런 생각을 하는 것은 전혀 드문 일이 아니다. 이 생각은 반드시 직접적으로 다루어야 한다. 그러나 신경증적 수준의 사람에게 하듯이 이를 '분석'하는 것은 아무 도움이 안 된다. 이들의 신념은 유아적 사고방식의 흔적 정도가 아니라 매우 자아동조적인 것이기 때문이다.

그래서 이러한 환상을 갖고 있는 환자에게 치료비에 대한 질문을 받으면 다음과 같이 이야기할 수 있다. "나는 내가 한 일에 대해 비용을 청구합니다. 이렇게 해야 내 생활비를 벌고 정서적 어려움을 가진 사람을 도울 수 있기 때문입니다. 그리고 나는 경험을 통해서 알게 되었습니다. 지금 이 액수보다 적게 받으면 화가 난다는 걸 말이죠. 화가 나 있는 상태에서 내가 사람들을 충분히 도울 수 있다고 생각하지 않습니다." 이것은 세상이 어떻게 움직이는지를 가르쳐 주고, 치료 관계의 호혜적 특성을 알려 주는 좋은 교육이 된다. 또 이것은 인간관계를 경계 없이 융합된 것으로 이해하는 사람들의 관념을 교정하는 효과가 있다. 이 반응은 정서적으로도 정직한 것이다. 환자들은, 혹시 여전히 치료비가 불필요하다거나 너무 비싸다고 생각한다고 하더라도, 이 이야기를 들으며 큰 안도감을 느낀다.

나는 정신병 수준의 환자들에게 자기개방을 많이 하는 스타일이다. 나는 나의 가족, 과거사, 심지어 개인적 의견도 그것이 환자로 하여금 나를 한 평범한 인간으로 편하게 보도록 한다면 기꺼이 개방한다. 물론 이런 접근은 논쟁의 여지가 있다. 모든 치료자가 다 기질적으로 자기노출을 편안하게 느끼지는 않는다. 또 이런 노출이 위험을 가져올 수도 있다. 예를 들어, 치료자가 개방한 어떤 개인적 측면이 환자의 정신병적 반응을 촉발할 수도 있는데, 이는 적지 않은 문제가 되기도 한다. 그러나 이렇게 하는 이론적 근거는 역시 공생적으로 조직화된 사람과 개별화의 수준이 높은 사람을 구분해야 한다는 데 있다. 전자의 경우는 너무나 총체적인 전이를 보이기 때문에 그들이 현실의 왜곡을 알아차리도록 하려면 그들 앞에서 현실을 강렬한 색채로 그려 보일 필요가 있다. 반면, 후자의 경우에는 미묘하고도 무의식적인 전이를 보이기 때문에 그 전이를 드러내려면 치료자가 보다 불투명한 태도를 유지해야 한다.

정신병적인 환자는 자신을 박해하는 강력하고도 냉담한 타자의 손에 사로잡혀 있다는 두려움이 너무나 크다. 그러므로 치료자의 개방은 위험보다 유익이 더 크다고 볼 수 있다. 또한 이러한 개방이 정신병적 반응을 불러오더라도 이에 대처할 수 있으며, 개방하지 않는 것 역시 똑같이 정신병적 발작을 일으킬 수 있음을 고려해야 한다. 사실상 혼란이 심한 사람들을 치료할 때는 때때로 어렵고 힘든 고비를 거칠 수밖에 없다. 어떤 '바른' 기법을 쓴다고 피할 수 있는 문제가 아니다. 나 자신도 편집증을 가진 청년을 본격적인 망상에 빠뜨린 적이 있다. 그는 내가 자기를 죽이려고 한다고 생각했다. 그 환자가 보는 앞에서 별생각 없이 벌레 한 마리를 때려잡았기 때문이었다("살아 있는 생명을 죽이다니!").

기본적인 관심을 보이면서 신뢰를 얻는 또 다른 방법은 구체적인 문제 해결식 접근을 취하는 것이다. 이러한 방법은 보통 건강한 사람들에게는 사용하지 않는다. 건강한 내담자에게 조언을 하면 스스로 할 수 있는 사람을 어린아이 취급을 하는 일이 되기 때문이다. Karon과 VandenBos(1981)는 환자에게 불면증에 대처하는 현실적인 방안을 가르쳐 줄 때의 유익을 논의하였다. 구체적인 사안에 대하여 환자 편에서서 조언을 해 줘야 할 때도 있다. 예컨대, 이런 말을 해 줄 수 있다. "나는 언니 장례식에 참석하는 게 중요하다고 생각해요. 물론 쉽지 않은 일이라는 걸 잘 알지만, 그렇게 하지 않으면 당신은 앞으로 항상 자책하게 될 거예요. 이 일은 지나가 버리면 두 번 다시 돌릴 수 없는 일이니까요. 장례식에 참석해서 마음이 상하는 일이 생기면 내가 여기 있으니 나중에 같이 의논해서 대처하도록 합시다." 환자가 스스로 할 수 있고 그럴 만한 사회적 자격이 있음을 옹호해 주어야 할 때도 있다.

이제 독자들은 기능 수준이 높은 사람들과는 달리 정신병적 수준의 사람들과는 훨씬 더 권위적인(권위주의적이어서는 안 되지만) 방식으로 관계를 맺어야 한다는 것을 알게 되었을 것이다. 전문적 지식을 가진 치료자지만 동등한 한 인간으로서 행동할 때 겁먹은 내담자가 더 안전하게 느낄 수 있다. 동등한 입장을 취한다고 그것이 굴욕스러운 일은 아니다. 치료자의 권위 있는 태도는 자신이 상상하는 파괴성을 견딜 수 있을 만큼 치료자가 강하다는 인상을 주어 환자를 안심시켜 준다. 당연히 치료자가 어떤 문제에 대해 권위적인 자세를 취할 때 치료자는 그 문제에 대해 진심으로 확신을 갖고 있어야 한다. 결국 치료가 진전되면서 혼란이 매우 심한 환자도 치료 관계 안에서 안전감을 얻고, 치료자와 다른 견해를 표명할 수 있는 수준에 이르게 된다. 이때 치료자는 진정한 심리적 독립으로 나아가도록 환자를 도왔다는 점에서 뿌듯함을 느낄 수 있다.

교육

치료자의 교육적 역할도 지지 치료의 한 부분이다. 정신병 범위에 있는 사람들은 특히 정서와 환상의 영역에서 심한 인지적 혼란을 겪는다. 정신분열증 환자의 가족 역동을 살펴본 이전의 연구자들(Bateson et al., 1956; Lidz, 1973; Mischler & Waxier, 1968; Singer & Wynne, 1965a, 1965b)은 많은 정신병적인 사람들이 사람을 헷갈리게 하고 무력하게 만드는 언어를 사용하는 가정에서 성장했다고 말한다. 이들 가족은 적대적인 행동을 하면서 사랑을 이야기하고, 내담자의 감정을 잘 안다고 주장하면서 부지중에 이를 왜곡한다. 그러므로 정신병에 취약한 사람들은 감정이란 어떤 것인지, 감정이 얼마나 자연스러운 것인지, 감정이 행동과 어떻게 다른지를 분명하게 배울 필요가 있다. 또한 다른 사람들도 다 자신의 감정을 엮어서 환상을 만든다는 것을 배우고, 자신만의 특이하고 뒤틀린 드라마를 구성한다고 믿었던 관심사들이 사실은 얼마나 보편적인지를 배워야 한다. 취약성을 지닌 많은 사람들에게 감정은 무의식적이라기보다 그것이 무엇인지 근본적으로 개념이 형성되어 있지 않다(D. B. Stern, 1997).

정상화normalization 작업도 치료자가 해야 하는 교육적 과정 중의 하나이다. 혼란이 심한 사람들을 치료할 때는 적극적으로 내담자의 염려를 드러나게 하고, 그다음 그러한 두려운 생각과 감정은 인간이라면 누구나 보일 수 있는 자연스러운 반응이라고 재구조화하는 작업이 절대적으로 필요하다. 예를 들어, 양극성 장애가 있는 정신병적인 여성이 내가 창문을 열 때 내 다리에 눈길이 끌리는 것을 느끼고는 매우 불안해하였다. 자신이 동성애자라서 그런 게 아니겠느냐고 걱정한 것이었다. 덜 취약한 사람이라면 그런 걱정에 관해 연상해 보라고 했을 것이다. 자신의 성적 지향과 관련된 불안을 견딜 수 있고 또 그렇게 연상함으로써 자신의 무의식적인 부분을 발견할 수 있으리라고 기대할 수 있기 때문이다. 그러나 이 여성에게는 그렇게 할 수 없었다(그녀는 자신이 내게 매력을 느끼는 것에 대해 내가 불쾌하게 여기리라 예상하며 겁먹은 표정이었다). 나는 그녀에게 칭찬해 주어 고맙다고 부드럽게 이야기하였다. 그리고 적어도 내가 알기로는 그녀는 기본적으로 동성애자가 아니며, 누구나 이성뿐만 아니라 동성에 대해서도 약간의 성적 감정을 느낄 수 있고, 어떤 사람들은 그런 느낌을 자동적으로 차단하는 습관이 있는 데 비해서 그녀는 자신의 내면의 느낌을 잘 알아차린다는 점에서 차이가 있다고 이야기하였다. 이는 그녀가 대부분의 다른 사람들보다 내면의 삶과 정서적인 미묘함에 더 민감하다는 것을 보여 주는 또 다른 예라고 말해 주면서, 그녀의 걱정을 다른 각도에서 재조명해 주었다. 또한 많은 사람들이 의식하지 못하는 보편적인 인간 심리의 어떤 면을 그녀는 종종 의식적으로 느끼는데, 그런 사실에 그녀가 편안해질 수 있도록 돕는 것이 내가 해야 할 일임을 다시 한 번 말해 주었다.

이런 작업을 할 때 치료자는 임상적으로 축적된 지혜를 활용하여, 치료자가 인간 심리에 관해 배운 것들을 환자에게 일반화해 준다. 예전에는, 신경증 환자는 과잉 방어를 하는 데 비해 정신병 환자는 방어가 없다고 생각했었다. 그리고 이것이 기법상의 차이를 발생시켰다(지금은 정신병 수준의 사람들도 방어를 한다는 것을 안다. 그러나 그 방어가 매우 원시적이어서 방어를 분석하면 그나마 두려움을 덜 느끼게 해 주는 몇 안 되는 수단마저 환자가 박탈당한 느낌을 받기 때문에 방어를 분석할 수 없다는 사실 또한 안다). 정신병적 경향이 있는 사람들은 일차 과정 자료에 의해 외상적일 만큼 과도한 자극을 받으며, 이러한 불안을 경감할 수 있는 유일한 방법은 그것을 정상화해 주는 것일 수 있다.

예를 들어 보자. 한 청년이 아버지의 죽음에 대해 정신병적인 반응을 보여서 내가 짧은 기간 동안 치료를 한 적이 있었다. 그는 나에게 때때로 자신이 아버지가 되었다는 생각을 한다고 하였다. 자기는 죽고 아버지가 자기 몸을 대신 차지한다는 것이다. 그는 괴물이 쫓아오다가 그 괴물이 아버지로 변해서 자신을 죽이려고 하는 꿈을 반복해서 꾸었다. 생전에 아버지는 아들을 자주 벌주던 까다로운 사람이었는데, 그는 돌아가신 아버지가 무덤에서 나와 그의 몸에 침입할 수 있다며 무척 두려워하였다. 나는 그런 느낌은 그렇게 쉽게 의식화되는 것은 아니지만 사별 후에 사람들이 흔히 갖는 자연스러운 환상이며, 시간이 지나면 없어질 것이라고 그를 안심시켰다. 그리고 아버지가 몸에 들어와 산다는 느낌은, 부모가 죽으면 여러 가지 자연스러운 생각이 들기 마련인데, 그런 생각이 그렇게 표현되는 것이라고 설명하고, 다음과 같이 이야기해 주었다. 첫째, 이것은 아버지의 죽음을 부인하고 싶은 마음이 표현된 것으로 정상적인 애도 기간을 거치고 있다는 뜻이다. 둘째, 이것은 생존자로서의 죄책감이 아버지 대신 죽는다는 환상을 통해 표현되는 것이다. 셋째, 이 느낌은 불안을 줄이려는 시도로 볼 수 있는데, 만약 아버지가 내 몸속에 있다면 어디 다른 곳에 숨어서 자신보다 오래 사는 죄를 저지른 아들을 죽이기 위해 계획을 세우고 있을 수는 없기 때문이다.

이런 적극적이고 교육적인 자세는 정신병적 불안을 가진 사람의 정서적 안정에 크게 기여한다. 미쳐 버릴까 봐 두려워하는 환자의 공포심을 완화해 주기 때문이다. 그리고 이런 치료자의 자세는 보다 풍부하고 복잡한 마음의 세계로 환자를 인도하는 동시에 "인간의 심성을 공유하자"고 환자를 초대하는 일이다. 정신병적 경향이 있는 사람들은 대부분 초기 아동기부터 환자 역할을 부여받는다. 처음에는 가족들이, 그다음엔 그들을 괴짜로 규정하는 다른 사회적 집단들이 그렇게 한다. 그래서 이들은 치료자 또한 정신이 온전하지 못한 자신들을 보고 같은 느낌을 받으리라 고 예상한다. 그러므로 낙인을 찍기보다는 감싸 안는 이러한 개입은 환자의 마음을 안심시키며 그 자체로 자기충족적인 예언의 기능을 할 수 있다. 이런 교육적 대화를 할 때는 완전히 정확한 설명을 하는 것보다도 앞으로 차츰 이해할 수 있으리라는 일반적인 기대를 전달하는 것이 더 중요하다. 누구도 완벽하게 사람의 마음을 이해할 수는 없다는 점에서, 치료자가 권위를 가지고 교육과 설명을 하더라도 그것이 현재로서는 '최선의 추측'이며 '잠정적인 이해'일 뿐이라는 점을 더불어 알려야 한다.

이런 스타일의 치료적 개입은 원시적 집착을 하면서도 퇴행에 대한 두려움을 동시에 보이는 아동들의 치료를 위해 처음 개발되었으며(B. Bornstein, 1949), 그 후 '상향 재구성reconstruction upward'(R.M. Loewenstein, 1951; Greenson, 1967), '상향 해석interpreting upward'(Horner, 1990), '위로 해석하기' 등으로 다양하게 불렸다. 이들 명칭은 신경증 수준의 환자들에게 도움이 되는 '표면에서 심층으로'(Fenichel, 1941) 향하는 해석과 대비된다. 여기서 '표면에서 심층으로'라는 말의 의미는 의식의 표면에 가장 가까이 있는 방어를 먼저 다룬다는 뜻이다. 반면, 위로 해석할 때는 심층으로 바로 내려가서, 그 무의식적 내용에 이름을 붙이고, 환자의 삶의 경험이 왜 이런 무의식적 자료를 불러왔는지 환자에게 설명한다. 이상하게도, 두려움에 질려 있는 환자와 정신역동적인 작업을 할 때 꼭 필요한 이런 핵심적인 측면들이 치료기법을 다룬 책에는 거의 소개되어 있지 않다.

촉발 요인의 확인

지지 치료의 세 번째 원칙은 방어보다는 감정과 스트레스에 관심을 기울이는 것이다. 예를 들어, 심각한 어려움을 겪는 환자와 작업할 때, 우리는 환자가 몹시 흥분하여 편집증적 장광설을 길게 늘어놓는 것을 듣고 있어야 할 때가 자주 있다. 정신병적인 두려움과 증오 속에서 마구 공격을 가하는 현장을 목전에서 보고 있자면, 투사적 방어를 설명해 주고 싶거나 환자의 왜곡을 치료자의 현실적 관점과 비교해 주고 싶은 유혹을 강하게 느낀다. 그러나 이런 전략들은 치료자가 비밀리에 박해자들과 한패를 이루었다는 염려를 촉발할 가능성이 크다. 그렇다고 해서 정신병적 와해의 분출을 마냥 지켜보기만 하는 것도 치료적이라고 말하기 어렵다. 그러면 어떻게 해야 할까?

첫 번째로, 치료자는 환자가 잠시 멈출 때까지 기다려야 한다. 너무 오래 기다리는 것이 충분히 기다려 주지 않는 것보다 낫다(이 말은 거의 한 시간 내내 침묵을 지키면서 그저 온화하게 고개를 끄덕여야 할 때도 가끔 있다는 뜻이다). 이때 치료자는, '적어도 이제 환자가 검열되지 않은 감정도 표현할 만큼 나를 신뢰하게 되었구나.'라고 생각하면서 견디는 것이 좋다. 두 번째, 치료자는 "오늘은 평소보다 더 심란해 보이네요."라고 말한다. 이때 그 심란함의 내용이 뭔가 미친 것 같다는 뉘앙스를 풍기지 않도록 조심해야 한다. 세 번째, 이렇게 강렬한 감정을 불러온 것이 무엇인지 내담자가 이해하도록 돕는다. 이런 근원을 찾다 보면 그 야단법석의 주제와는 크게 상관도 없는 일을 발견하게 될 때가 많다. 대개는 분리 혹은 이별과 관계된 상황(아들의 유치원 입학, 형의 약혼 발표, 치료자의 휴가 계획 언급 등등)이 환자에게 그런 자극을 준다. 이런 상황이 드러나면 치료자는 이별이란 것이 얼마나 환자를 불안하게 만들 수 있는지 적극적으로 공감해야 한다.

이렇게 하는 과정에서, 치료자가 보기에 환자의 왜곡처럼 보이는 부분을 수용하는 이상한 역할을 해야 할 때도 있으며, 가끔은 Robert Lindner(1955)가 '제트 엔진이 달린 카우치'라는 재미있는 글에서 아주 생생하게 묘사한 것처럼 환자의 준거틀을 적극적으로 받아들여야 한다. 때로는 오직 이런 방식으로만이 환자가 충분히 이해받는 느낌을 받으면서 그다음에 이어지는 성찰을 받아들일 마음이 생긴다(Federn, 1952 참조). '현대 정신분석' 학파(Spotnitz, 1985)는 이런 스타일의 치료를 일종의 고급 예술로 끌어올렸다. '범례적 정신분석paradigmatic psychoanalysis'(Coleman & Nelson, 1957)이라는 이름이 붙은 이러한 접근은 가족 치료자들이 선호하는 '역설적 개입'이라는 기법과 공통점이 많다. 이러한 참여 작업은 보기보다는 그렇게 부정적이지 않다. 가장 편집증적인 사고라도 늘 진실의 일단을 포함하고 있기 때문이다.

참여의 예를 들어 보자. 한 여성이 치료자의 방에 무섭게 뛰어들어와서는 자신을 죽이려는 음모에 치료자가 가담했다고 비난을 퍼부었다. 치료자는 음모의 존재에 의문을 제기하지도 않았고 환자 자신의 가학적 소망을 투사하고 있다고 해석하지도 않았다. 대신, "오, 이런! 내가 그런 음모에 연루되어 있다니, 나는 그것도 몰랐어요. 도대체 무슨 일이 있었어요?"라고 하였다. 또 어떤 남자가 침울하게 침묵에 빠져 있었다. 무슨 일이냐는 재촉을 받고서 그는 중동 지방에서 일어난 대학살이 자신의 책임이라고 고백하였다. 치료자는 이렇게 반응하였다. "그런 큰 죄책감을 지고 있으면 참으로 끔찍하게 힘들 거예요. 그런데 구체적으로 어떻게 책임이 있다는 뜻인가요?" 또 어떤 환자는 치료자의 동료이자 친구인 병동의 간호사가 자신을 독살하려고 한다고 말하였다. 치료자는 "참 끔찍하고 무서운 일이군요. 그러니까 그녀가 당신을 독살하려고 할 만큼 당신에게 화가 나 있다는 말인데, 왜 그런 생각을 하게 되었죠?"라고 하였다.

이 모든 예에서, 치료자는 환자의 사건 해석에 동의하지도 않았지만 또한 그 의견을 무시하며 환자의 자존심에 상처를 주지도 않았음을 주목해야 한다. 그리고 가장 중요한 것은 더 깊은 논의의 장으로 치료자가 환자를 초대한 일이다. 뜨거운 열기가 좀 가라앉은 뒤에는 환자는 상황을 덜 무섭게 이해하면서 조금씩 편집증적인 귀인을 줄이게 된다. 이런 과정을 촉진하기 위해서 상황을 달리 보는 대안적 설명은 없겠는지 부드럽게 물어보는 것도 바람직한 일이다. 그러나 반드시 내담자가 자기 표현을 할 수 있는 시간을 충분히 준 다음에 그렇게 해야 한다. 이렇게 하여 회기 끝 무렵에 이르면 환자는 다시 평상심을 회복하고 처음보다 침착해진 상태에서 치료실을 떠나게 된다.

이제 정신병 수준 사람들을 위한 정신분석적 치료와 신경증 환자를 위한 치료가 어떻게 다른지 아마 분명해졌을 것이다. 모든 치료자가 다 기질적으로 이런 종류의 작업을 편안하게 느끼지는 않는다. 다수의 치료자들이 이질적으로 느낄 정도로 역逆공포증적인 태도와 장악력을 가지고 있을 때 이런 성향이 촉진된다. 이 같은 자질이 없는 치료자는 다른 정신건강 영역의 일을 하는 것이 더 현명할 것이다. 어떤 사람들과 작업할 때 더 즐겁고 효과도 좋은지, 또 어떤 사람들은 자신이 맡기보다는 다른 치료자에게 의뢰하는 것이 좋은지 하는 것들은 치료자들이 수련 기간 중에 배워야 하는 아주 중요한 측면이라고 할 수 있다.

정신병적인 혹은 정신병이 될 가능성이 있는 사람들에 대한 치료는 보다 건강한 내담자들을 대상으로 하는 치료와는 추구하는 목표와 만족이 다르다. 비용 절감이라는 명분 아래 얼마간 편견이 있음에도 불구하고(나는 이를 암 환자에게 아스피린을 주라는 주장과 비견할 만하다고 생각한다), 정신병적인 사람들을 위한 심리치료는 효과가 있으며(Gottdiener, 2002, 2006; Gottdiener & Haslam, 2002; Silver, 2003), 환자들 또한 만족스러워할 수 있다(예컨대, A Recovering Patient, 1986; Saks, 2008 참조). 1990년대 중반에, 인지행동치료자들(예, Hagarty et al., 1995)은 교육, 지지, 기술 훈련을 특징으로 하는 정신병적 환자들에 대한 효과적인 작업을 제시하였다. 이들의 접근은 실질적으로 정신분석적인 지지 치료와 상당히 닮아 있다. 매우 혼란된 환자를 위한 치료는 생명을 구하기도 한다. 이 분야의 전문가는 더 건강한 사람을 치료하는 분야의 전문가들보다 그 숫자가 훨씬 적다. 이 일은 지적으로, 또 정서적으로 흥미로우며 치료자의 창의성을 자극하고 북돋운다. 그러나 동시에, 이 일은 치료자를 고갈시키고 혼란을 주며 사기를 저하시키기도 한다. 또한 극적인 변화를 이룰 수 없다는 점에서 불가피하게 치료자의 능력의 한계를 깨닫게 한다.

이 단락을 마치면서, 정신병을 가진 사람과의 작업을 위한 Ann-Louise Silver (2003, p.331)의 다음과 같은 규칙을 제시하고자 한다.

1. 환자를 도울 수 없다면, 해를 끼치지 마라. 그러므로,
2. 환자가 자기 자신이나 다른 사람을 해치지 못하도록 할 때만 완력을 사용하라. 결코 벌을 주거나 '부정적 강화'를 하지 마라.
3. 당신의 환자를 결코 모욕하지 마라.
4. 가능한 한 환자의 정확한 개인력을 확보하라. 몇 시간 혹은 몇 회기로 스스로 제한을 두지 마라.
5. 일과 사회적 관계를 격려하라.
6. 가장 중요하게는, 한 사람의 인간으로서 당신의 환자를 이해하기 위해 최선을 다하라.

경계선 환자의 치료

'경계선'이라는 용어가 성격조직의 수준으로 사용될 때 이는 다양한 현상을 포괄한다. 경계선적인 성격 구조를 지닌 우울증 환자는 다른 유형의 경계선 환자들, 예컨대 자기애적, 히스테리적, 편집증적 경계선 환자와는 상당히 다르다. 또한 경계선 스펙트럼 자체도 신경증에 인접한 것에서부터 정신병에 인접한 것에 이르기까지 그 범위가 넓어서(Grinker et al., 1968), 어디를 그 출발점으로 삼는가 하는 것은 다소 임의적일 수 있다. 환자의 심리가 신경증에 가까울수록 '노출하는uncovering' 종류의 치료에 더 잘 반응하는 반면, 정신병과 경계를 이룬 내담자들은 지지적인 치료에 더 잘 반응할 것이다. 우리는 단차원적이지 않다. 따라서 신경증 수준의 사람들도 경계선적 경향이 일부 있으며 그 반대의 경우도 성립한다. 그러나 일반적으로, 경계선 수준의 성격 조직을 지닌 사람들은 매우 구조화된 치료를 필요로 한다. 다음에서 나는 정신역동적인 접근과 더불어 몇몇 인지행동적인 접근에 관해서도 언급할 것이다. 임상 실제에서는 치료적 접근들 간에 상당한 유사성이 있기 때문이다.

경계선 심리를 지닌 사람들을 위한 치료의 목표는 통합되고 신뢰할 수 있으며 복합적이고 긍정적인 가치를 지닌 자기개념을 발달시키는 것이다. 이와 더불어 사람들의 결함과 모순에도 불구하고 다른 사람을 온전히 사랑할 수 있는 능력, 넓은 범위의 정서를 인내하고 조절하는 능력을 키우는 것이 포함된다. 경계선 환자들은 특히 치료 초기에 치료자들에게 많은 문젯거리를 안겨 주지만, 매우 변덕스럽게 반응하던 모습에서 점차 자신의 지각과 느낌과 가치를 안정되게 신뢰하는 모습으로 발전할 수 있다.

이론가들은 경계선 성격 구조에 관해 서로 다른 견해를 가지고 있으며 치료에 있어서도 각기 다른 측면들을 강조해 왔다. 처음에는 경계선 성격 구조를 발달 정지(예, Adler & Buie, 1979; Balint, 1968; Blanck & Blanck, 1986; Giovacchini & Boyer, 1982; Masterson, 1976; Meissner, 1988; Pine, 1985; Searles, 1986; Stolorow, Brandchaft, & Atwood, 1987)가 타고난 기질과 상호작용(Gabbard, 1991; Kernberg, 1975; M. H. Stone, 1981)하여 나타난 결과라고 보는 견해가 많았다. 보다 최근에는 외상(예,

Briere, 1992; C. A. Ross, 2000), 특히 애착 외상(Blatt & Levy, 2003)의 결과로 본다. 이러한 이론들은 상호배타적이지 않다. 즉, '경계선 성격'은 복합적인 개념이며, 아마도 여러 요인들에 의해 결정되는 것 같다.

경계선 심리를 지닌 사람들의 치료에 관한 경험적 연구들은 대부분 DSM의 경계선 성격장애 규준에 부합되는 사람들에게만 일반화할 수 있다. 그러나 이러한 한계에도 불구하고, 경계선 상태의 치료에 관한 연구는 고무적이며, 몇몇 치료적 접근들을 경험적으로 지지해 주고 있다. Linehan의 변증법적 행동치료(예, 1993)는 경계선 성격장애의 증거 기반 치료로 자주 인용된다. 그러나 Fonagy의 정신화 중심 치료(MBT) 및 Kernberg의 전이초점 심리치료(TFP)에 관해서도 방법론적으로 견고한 연구들이 있다(예, Bateman & Fonagy, 2004; Levy et al., 2006). 전이초점 심리치료는 이 책의 1판에서 설명한 '표현 치료'를 매뉴얼로 만든 것이다. 최근에는 Young의 도식초점 치료(SFT—그런데 3글자 약자의 규칙이라도 있는 걸까?)가 경험적으로 검증되었다(van Asselt et al., 2008). 병인에 관한 서로 다른 시각과 다른 치료적 접근들은 자연스럽게 다른 치료법들을 낳았다. 경계선 내담자들의 치료에 관해서는 무수한 논쟁들이 있기 때문에, 이런 모든 다양한 입장들을 몇 마디 말로 다 설명할 수는 없다. 그러나 이론적으로 어떤 언어를 사용하건, 병인에 관해 어떠한 가정을 하건 간에, 치료에 관해서는 일반적인 원칙들이 있으며, 이에 대해서 임상적인 합의가 이루어져 있다는 사실은 매우 놀랍다. 이제부터 이들 원칙들을 요약해 보겠다(Paris, 2008 참조).

경계의 보호 및 강렬한 정서의 인내

경계선 환자들은 정신병적으로 조직화된 사람들보다 타인을 신뢰할 수 있는 능력이 더 많으므로, 치료실 안에서 그들이 안전하다는 사실을 끊임없이 확인해 줄 필요는 거의 없다. 그러나 이들은 신경증 환자라면 치료자를 만난 지 몇 분 만에 느낄 수도 있는 치료동맹을 발전시키는 데 몇 년씩 걸릴 수도 있다. 정의에 따르면, 경계선 내담자들은 치료자가 보듯 세상을 보는 통합된 관찰자아가 결여되어 있다. 대신 이들은 다른 자아 상태를 무질서하게 오가며, 상반된 태도를 종합할 수 있는 능력이 아직 없다. 정신병적인 사람들은 치료자와 심리적으로 융합하려는 경향이 있고 신경증적인 사람들은 분명하게 구분된 정체성을 유지하지만, 경계선적인 사람들은 공생적 애착과 적대적 분리 사이를 오가면서 자신과 타인에게 큰 혼란을 준다. 두 상태 모두 혼란과 고통을 준다. 전자는 헤어나지 못하게 삼켜질 것 같은 두려움을, 후자는 홀로 버려질 것 같은 두려움을 가져온다.

자아 상태가 이렇게 불안정하기 때문에 경계선 환자를 치료할 때는 치료 조건의 확립과 유지가 매우 중요하다. Langs(1973)는 이를 치료의 뼈대therapeutic frame라고 하였다. 여기에는 시간과 비용을 정하는 문제뿐만 아니라, 다른 내담자라면 거의 신경 쓸 필요가 없는 치료의 경계와 관련된 여러 가지 결정이 포함될 수 있다. 경계선 성격장애를 위한 모든 주요한 치료법들은 명확한 경계를 확립함으로써 치료를 유지하기 위한 기제들(계약, 결과, 치료 규칙, 자기파괴성을 제한하는 방법)을 갖고 있다. 신경증적 수준이나 정신병적 수준 환자에게는 이런 경계가 좀 더 유연해질 수 있다.

예컨대, 경계선 내담자들은 이런 질문이나 요구를 한다. "집으로 전화해도 괜찮아요?" "자살하고 싶은 충동이 들면 어떻게 해요?" "비밀 보장 약속을 깨기도 하나요?" "언제까지 알려 드리면 돈을 안 내고 상담을 취소할 수 있어요?" "대기실에서 잠을 자도 돼요?" "제가 너무 스트레스가 심해서 시험을 볼 수 없다고 우리 교수님한테 편지 좀 써 주시겠어요?"이렇게 말로 물어보는 경우도 있지만, 상연의 형태를 띠기도 한다(예, 내담자가 대기실 바닥에서 잠을 잔다). 경계선 범위에 속하는 환자들이 경계의 문제를 시험하는 방법은 무수히 많다. 그리고 치료자가 알아야 할 중요한 사항은 조건을 어떻게 설정해야 하는가보다(이는 환자의 성격, 치료자의 선호, 상황에 따라 달라질 수 있다) 어떤 조건이든 설정되어야 하며, 일관성 있게 지켜져야 하고, 환자가 이를 지키지 않을 때는 구체적인 제재를 가해야 한다는 점이다. 분리-개별화 문제를 지닌 사람들에게는 제재를 가하는 것보다도 제멋대로 하게 놔두는 것이 더 혼란을 준다. 이는 마치 부모가 청소년 자녀에게 책임 있는 행동을 요구하지 않는 것과 마찬가지이다. 명확한 한계가 없을 때, 자신이 들어 본 적이 없는 한계를 발견할 때까지 무책임한 행동은 점점 더 심해지는 경향을 보인다.

치료자가 이렇게 한계를 설정하면 경계선 수준의 내담자는 종종 분노로 반응한다. 그래도 그들은 두 가지 치료적 메시지를 듣게 된다. (1) 치료자는 환자를 성인으로 여기고, 그에게 좌절을 감내할 능력이 있음을 믿는다. (2) 치료자는 이용당하는 것을 거부함으로써 자기 존중의 모범을 보인다. 경계선 범주에 있는 사람들의 발달사를 보면 그들이 정반대의 메시지에 자주 노출됐었다는 증거가 드러난다. 그들은 퇴행되었을 때 제멋대로 할 수 있었고(좀 더 성숙하게 행동하면 대개 외면당하고), 이용당할 수 있을 것같이 보이고 또 이용당하는 걸 방치해 왔던 역사가 있다.

내가 처음 치료를 시작했을 때, 나는 경계선 내담자들이 겪어 온 어마어마한 박탈과 외상에 큰 충격을 받았다. 나는 그들을 공격적이고 화가 나 있다기보다는 굶주리고 결핍되어 있다고 보았고, 그들의 고난을 보상해 주고 싶은 마음에서 평소 내가 지켜 온 한계를 벗어나 편의를 제공하였다. 내가 더 많이 줄수록, 그들은 더 많이 퇴행하였고, 그럴수록 내가 점점 더 화가 남을 나는 배웠다. 결국 나는 일시적으로 아무리 가혹하게 보일지라도, 나의 틀을 고수해야 함을 배웠다. 예를 들어, 환자가 막 강렬한 슬픔에 빠져들었더라도, 회기의 시간을 넘기지 않았다. 대신, 부드럽지만 확고하게 제 시간에 회기를 끝내고, 다음 회기 때 환자가 전 회기에 쫓겨난 데 대해 화내는 말을 잘 들어 주어야 함을 배웠다. 경계선 환자들이 나의 엄격하고 이기적인 규칙에 대해 나를 책망할 수 있을 때, 나의 관대함에 대해 감사하게끔 할 때보다 환자들이 훨씬 더 나아짐을 발견하였다. 이런 관대함이 바로 환자를 어린아이 취급하는 것이다.

경계선 환자들이 처음인 치료자들은 이러한 치료의 선행조건들이 언제 모두 충족되고, 작업동맹이 형성되며, 마침내 실제 치료가 시작될지 의아해한다. 치료의 조건을 둘러싼 이 모든 작업들이 바로 치료라는 사실을 깨닫는 일은 고통스러울 수 있다. 초보 치료자들은 경계선 환자들이 언제 '진정'될 수 있을지 의아해한다. 경계선 환자들의 강렬함은 치료 작업 전체의 특징이 될 것이다. 그 강렬함이 치료자에 대한 언어적 공격으로 나타날지라도, 치료자는 그러한 강렬함을 인내하거나 '간직contain' 할 수 있어야 한다(Bion, 1962; Charles, 2004). 이는 매우 중요한 사항이다. 일단 신경증 유형의 동맹이 형성된다면 그 자체로 환자는 엄청난 발달상의 진보를 이룬 것이다. 경계선 환자 중에는 영리하고 재능 있고 자신의 생각을 분명하게 표현할 줄 아는 사람들도 많다. 그래서 치료자에게 정도 이상의 반응을 자극하는 이 사람들에게, 경계를 둘러싼 문제로 그렇게 많은 시간을 소모해야 한다는 사실은 당혹스러울 수밖에 없다. 이 분야에 들어올 때는 치료가 어떤 것일지 나름대로 그림을 그려 본다.

그러나 일견 하찮아 보이는 일에 이렇게 신경을 많이 쓰리라고는 거의 상상하지 못했을 것이다. 그래서 경계선 내담자를 처음 치료하는 사람들은 주기적으로 자신의 능력에 대한 회의감에 빠질 수 있다.

정신분석에 매력을 느끼고 '깊이 들어가기'를 원하는 환자일지라도, 경계선 내담자들과는 얼굴을 마주보고 작업하는 것이 일반적으로 더 좋다. 경계선 환자들은 정신병적으로 취약한 사람들처럼 매우 압도적인 전이를 보이지는 않겠지만, 그래도 치료자가 자신의 시선 밖에 있으면 상당히 불안해진다. 또한 치료자의 얼굴에 나타난 정동을 보는 것이 이처럼 어려운 환자들의 회복에 매우 중요할 수도 있다. Krause와 그의 동료들(예, Anstadt, Merten, Ullrich, & Krause, 1997)은 치료 실패를 경험한 적이 있는 내담자들과의 치료를 비디오로 녹화해서 본 결과, 내담자가 치료자의 얼굴에서 자신의 정동과 '일치하지 않는' 정동을 보는 것이 치료적 향상과 상관이 있음을 발견하였다. 이는 치료자의 치료적 지향과는 관련이 없었다. 예를 들어, 내담자의 얼굴에서 수치심이 드러날 때, 치료자는 누군가가 내담자를 수치스럽게 한 데 대해 분노를 보일 수 있을 것이다. 또는 내담자의 얼굴에서 두려움이 보일 때, 치료자가 그 두려움에 대해 호기심을 보일 수 있을 것이다. 한편, 경계선 내담자에게는 전이의 강도를 높일 일이 없기 때문에 특별한 경우를 제외하고는(가령 중독에서 벗어나는 동안 더 많은 지지가 필요할 때), 고전적 분석에서처럼 주 3회 이상으로 회기 수를 조절하지 않아도 된다.

대조적인 감정 상태의 지적

경계선 내담자를 치료할 때 주목해야 할 두 번째 사항은 말을 하는 방식이다. 신경증 환자에게는 말을 적게 해도 된다. 말을 할 때 강렬한 인상을 주기 위한 목적에서다("적을수록 좋다."). 건강한 내담자에게는 간결하고 직설적인 방식으로 말을 할 수 있다(Colby, 1951; Fenichel, 1941; Hammer, 1968). 가령, 내담자가 한 가지 감정만을 느끼고 있을 때 그 갈등의 이면을 언급하는 식이다. 예를 들어, 신경증 범위에 속하는 어떤 여성이 자기와 다소간 경쟁 관계에 있는 한 친구에 대해 길게 말을 늘어놓는데, 부정적인 감정과는 전혀 접촉하지 못하고 있다고 하자. 이때 치료자가 "하지만 그녀를 없애 버리고 싶은지도 모르겠네요."와 비슷한 종류의 말을 할 수 있을 것이다. 또는 어떤 남성이 자기가 얼마나 독립적이고 자유로운 영혼의 소유자인지를 거듭해서 이야기하고 있다면, 치료자는 "그러면서도 내가 당신을 어떻게 생각하는지 늘 걱정하는군요."라고 언급할 수 있을 것이다.

이 사례들에서 신경증 내담자는 자신이 의식에서 밀어냈던 주관적인 경험의 일부를 치료자가 드러냈다는 것을 알 것이다. 그들은 한 가지 면만 보며 자각하지 못했던 태도만이 **진짜** 감정이고 의식하고 있던 생각은 착각이라고 치료자가 주장하지 않는다는 사실을 알기 때문에, 치료자의 해석을 통해 자신의 인식이 확장됐다고 느끼게 된다. 약간 상처를 받더라도 그들은 이해받았다고 느낀다. 하지만 경계선 내담자가 같은 말을 듣는다면 크게 비난받고 무시당한다고 느낄 것이다. 말을 달리 하지 않는 한 그는 치료자의 말을 "당신은 완전히 틀렸다. 자신의 진짜 감정을 전혀 모른다."라는 뜻으로 듣기 때문이다. 이런 오해를 하는 이유는 이들에게는 양가감정과 모호함을 경험하고 참을 수 있는 마음의 틀이 없고, 이것 아니면 저것인 두 가지 자기 상태만을 오가는 경향이 있기 때문이다.

이러한 이유로 인해, 초심 치료자들은 환자를 염려하는 마음으로 자신이 이해한 바를 표현한다고 생각하지만 경계선 환자는 공격을 당한 것처럼 반응한다. 이 같은 문제에 대처하는 한 가지 방법은 경계선 내담자는 치료자의 해석을 자신에 관한 부가적 정보로 처리할 수 있는 성찰 기능이 없음을 이해하는 것이다. 그러므로 해석을 할 때는 치료자 쪽에서 그런 기능을 제공해야 한다. 따라서 이렇게 말했다면 공감적으로 들릴 가능성이 더 많았을 것이다. "그 친구가 얼마나 중요한 친구인지 잘 알겠어요. 그렇지만 당신의 마음의 한 부분은, 물론 그런 마음 그대로 행동하지는 않겠지만, 그 친구가 여러 면에서 당신과 경쟁하는 입장이기 때문에 그 친구를 제거하고 싶어 할 수도 있지 않을까요?" "확실히 매우 독립적이고 자신감 있는 면모를 보여 주시는군요. 그러면서도 그 반대의 경향성도, 예컨대 내가 당신을 어떻게 생각하는지에 대해서 민감한 모습도 동시에 보이는 것 같아서 그 점이 흥미롭군요." 이러한 개입은 활력도 부족하고 절제된 언어의 미도 부족하다. 그러나 경계선 환자의 심리적 문제를 고려하면, 날카롭고 신랄한 표현보다 이런 표현이 치료자의 의도를 전달하는 데 훨씬 더 효과적이다.

원시적 방어의 해석

경계선 환자들에 대한 효과적인 정신분석적 치료의 세 번째 특징은 원시적인 방어가 치료 관계에서 드러날 때 이를 해석하는 것이다. 이 작업은 그 원리 면에서 신경증 수준 사람에 대한 자아심리학적 작업과 다르지 않다. 즉, 전이에서 방어적 과정이 나타날 때 이를 분석한다. 하지만 경계선 환자의 방어는 매우 원시적이고 서로 다른 자아 상태에서 완전히 다르게 나타날 수 있기 때문에, 방어를 분석할 때 특별한 접근이 필요하다.

경계선 내담자에게는 '발생적인'(역사적인) 해석, 즉 전이 반응을 환자의 과거 중요한 인물에 대해 느끼는 감정과 연결하는 해석이 거의 도움이 되지 않는다. 신경증 수준 내담자는 다음과 같은 말을 듣고 충분히 활용할 줄 안다. "아마도 나를 당신의 어머니처럼 느끼니까 나에게 화가 많이 나는 것 같습니다." 신경증 환자는 이런 해석에 동의할 수 있고, 치료자와 자기 어머니의 차이점을 인식하며, 다른 경우에도 이런 연합이 작동하고 있지는 않은지 관심을 가진다. 그러나 경계선 환자의 반응은 그렇지 않다. "그래서요?"("당신은 우리 어머니와 무척 비슷해요. 그러니 달리 어떻게 반응을 하겠어요?") "그런 게 무슨 소용이 있어요?"("그런 쓸데없는 소리나 하고 있으니…… 도대체 언제 나를 제대로 도와줄 건가요?") "맞아요!"("드디어 감을 잡았군요. 거봐요. 엄마가 문제니까 엄마를 고쳐 주세요!") 이런 이야기를 듣는 초심 치료자는 당황스럽고, 맥이 빠지고, 아무것도 할 게 없다는 느낌을 받을 수 있다. 특히나 치료자 자신이 심리치료를 받을 때 그런 발생적인 해석이 도움이 되었다면 더욱 그럴 것이다.

경계선 내담자에게 해석해 줄 수 있는 것은 지금-여기에서의 정서적 상황이다. 예를 들어, 분노가 치료자와 내담자의 관계를 감싸고 있을 때, 경계선 환자의 방어는 앞서 어머니 전이를 보인 신경증적인 사람의 예에서처럼 치환이나 단순한 투사가 아닐 수 있다. 대신, 환자는 투사적 동일시를 사용하고 있을 가능성이 많다. 경계선 환자는 '나쁜 나'(Sullivan, 1953)의 느낌과 이와 연결된 분노의 정동을 치료자에게 전가함으로써 그로부터 벗어나려고 한다. 그러나 나쁜 이미지와 정동의 이전은 그리 '깔끔하지' 못하다. 투사에도 불구하고 여전히 나쁜 나와 분노 감정이 내담자에게 남아 있다. 이것은 적절한 심리적 분리를 이루지 못한 데 대해 경계선적인 사람들이 치러야 하는 고통스러운 대가이며, 치료자도 불가피하게 이를 공유하게 된다.

이것이 경계선 내담자와 정신병 및 신경증 내담자를 구분 짓는 결정적인 차이점이다. 정신병적 내담자는 현실과 너무 멀리 떨어져 있기 때문에 투사가 '잘 맞는지' 여부에 신경을 쓰지 않는다. 신경증적인 사람은 자신이 투사하고 있음을 알아차릴 수 있는 관찰자아를 갖고 있다. 경계선 환자들은 투사하고 있는 그 감정을 완전히 제거하는 데 성공하지 못한다. 그들은 정신병 환자와 달리 현실 검증력이 온전하기 때문에 투사된 그것이 얼마나 현실적인지 무관심한 태도를 취할 수 없다. 또한 신경증 환자와 달리, 억압을 사용하기보다는 자기 상태가 엇바뀌기 때문에 투사된 그것을 자아의 무의식 영역으로 추방하지도 못한다. 그래서 그들은 투사된 것을 계속 느끼면서 자신이 미쳤다는 느낌을 받지 않기 위해 투사된 것을 맞는 것으로 만들어야 한다. 치료자는 내담자의 분노(혹은 다른 강렬한 정서)를 떠안고, 내담자는 치료자가 적대적이기 때문에 자신이 화가 난다고 주장하면서 투사를 맞는 것으로 만들려 하며, 동시에 오해받는다고 느끼면서 격렬하게 화를 내기 시작한다. 곧, 치료자는 적대적이 된다. 이런 상호작용으로 인하여 경계선 내담자들은 많은 정신건강 전문가들 사이에서 악명이 높다. 그렇다고 해서 이들이 늘 불쾌감을 주는 사람들은 아니며, 대개는 좋은 치료에 긍정적으로 반응한다.

이런 경계선 환자의 마음을 여는 해석은 대체로 다음과 같은 것이다. "아마도 당신은 자신이 나쁘다고 확신하고 있는 것 같습니다. 그 점에 대해 화를 내면서도, 나에게 '나쁜 건 당신이다.' '당신이 먼저 화를 내니까 나도 화를 낸다.'라고 말하면서 그 분노를 다루고 있습니다. 그러나 이렇게 생각해 볼 수는 없을까요? 우리 두 사람 모두 어느 정도는 좋은 것과 나쁜 것이 섞여 있으며, 또 그것이 그렇게 큰일 날 문제도 아니라고." 이것이 원시적 방어를 지금-여기에서 직면하는 한 예가 될 것이다. 치료자는 이런 노력을 다양한 형태로, 적어도 수개월에 걸쳐서 반복해야 한다. 이렇게 하여 흑백논리와 실무율이 지배하는 환자의 심리를 좋은 면과 나쁜 면을 다양하게 갖고 있는 자기 그리고 넓은 범위의 정서가 정체감 전반 속에서 함께 어우러지는 심리로 변해 갈 수 있도록 환자를 도울 수 있다. 이런 종류의 개입은 쉽지 않지만, 다행히도 연습을 하면 잘할 수 있게 된다.

환자에게 슈퍼비전 받기

경계선 내담자와 작업할 때는 이러지도 저러지도 못하는 딜레마에 처할 때가 많다. 이때는 환자에게 도움을 요청하는 것이 크게 도움이 된다. 환자를 슈퍼바이저로 삼는 이 기법은 경계선 환자들이 사물을 '전부 아니면 전무'의 실무율적 방식으로 보는 것과 연관이 있다. 이들은 치료자로 하여금 '지금 상호배타적인 두 가지 반응 중 한 가지를 선택해야만 하는데 그 둘 다 각각 다른 이유로 해서 잘못된 반응이 될 것이다.'라는 느낌이 들게 만든다. 여기서 치료자는 테스트를 당한다(Weiss, 1993). 한쪽을 선택하면 치료자는 환자의 갈등을 이루는 양극의 한쪽 면에서 실패를 하게 되고, 다른 쪽을 선택하면 정반대의 측면에서 실패를 하게 된다.

예를 들어 보자. 내가 치료한 22세의 남성은, 알코올 중독에 빠져 자식이 있는지조차 모르는 것 같은 무심한 아버지와 매일 아들이 입을 옷을 직접 골라 줄 정도로 너무나 불안해하며 간섭을 심하게 하는 어머니가 있었다(나는 이들 부모를 만난 적이 있었다. 그래서 환자에게 영향을 끼친 사람들의 실제 모습을 비교적 잘 아는 상황이었다). 치료가 진행되면서 이 환자는 말을 중단하곤 하였는데, 그 침묵의 시간이 조금씩 더 길어졌다. 처음에는 그저 생각을 정리할 시간이 필요하다고만 생각하였다. 그러나 침묵이 15분, 20분으로 길어지면서 나는 뭔가 잘못되어 가고 있으며 내가 그것을 놓치고 있다는 느낌이 들었다.

만약 이 환자가 신경증 범위에 있었다면 나는 생각나는 대로 이야기하기로 한 약속을 그에게 상기시키며, 그렇게 하려는 마음에 방해가 된 것이 무엇인지 함께 탐색했을 것이다. 달리 말해서, 나는 단순히 그의 저항을 분석하려고 했을 것이다. 그러나 이 환자에게서 나는 뭔가 더 원초적인 과정이 진행되고 있다는 느낌을 받았다. 거기에는 삼켜질 때의 공포와 버림받을 때의 공포가 팽팽한 긴장을 이루고 있었다. 그러나 우리 사이에는 보다 건강한 사람에게 하듯이 침묵을 다룰 수 있을 만큼의 작업동맹이 아직 만들어지지 않았다. 만약 내가 조용히 기다리고만 있다면 아마도 그는 자신의 아버지 앞에서 그랬던 것처럼 무시와 무관심을 느끼며 심한 고통을 받을 것이다. 그러나 만약 내가 말을 시작한다면 그는 자신의 어머니가 그랬듯이 내가 그를 지배하고 휘두르려고 한다고 느낄 것이다. 내가 그 상황에서 느낀 당혹감은 아마도 그가 느꼈던 당혹감, 곧 말을 해도 비난을 받고 말을 안 해도 비난을 받는 느낌을 반영하는 것 같았다.

나는 어떤 쪽이 덜 나쁠지 잠시 고심하였다. 그러다가 이 문제를 어떻게 해결하면 좋을지 그에게 물어보자는 생각이 들었다. 그렇게 하면, 어떤 일이 벌어지든지 간에 적어도 그 안에 그의 자율성이라는 요소가 포함되지 않겠는가. 그래서 나는 그에게 '당신이 긴 침묵에 빠져 있을 때 내가 어떻게 하면 좋겠는지' 물어보았다. 그는 내가 질문을 던져서 침묵에서 끌어내 주면 좋을 것 같다고 대답하였다. 그래서 나는 다시, 기꺼이 그렇게 하겠지만, 무슨 생각을 하느냐고 질문할 때는 내가 뭔가를 미리 알고 질문하는 게 아니라는 걸 당신이 알아야 한다고, 왜냐하면 당신이 침묵하고 있으면 당신의 마음을 전혀 알 수가 없기 때문이라고 하였다(그가 이전에 들려준 꿈과 환상에는, 초기 유아기 환상 속의 전지全知한 어머니처럼 다른 사람들이 그의 마음을 읽을 수 있다고 믿는다는 증거가 있었다. 나는 이와 반대되는, 더 현실적인 메시지를 전달하고 싶었다).

그는 표정이 밝아지면서 그렇다면 자기가 말할 준비가 될 때까지 기다려 달라고 요청하였다. 그는 그다음 세 회기를 연속하여, 반갑게 인사를 하고 자리에 앉아 45분 동안 아무 말도 하지 않았다. 그리고 내가 시간이 다 됐다고 하면 공손하게 자리를 떠났다. 흥미롭게도 그에게 이렇게 슈퍼비전을 받기 전에는 내 마음이 매우 불편하였으나, 그 후로는 그의 긴 침묵에도 편안할 수 있었다. 그는 수년 후에 그때 내가 그가 원하는 방향으로 기꺼이 동의해 준 것이 다른 사람과 함께 있으면서도 자신을 독립된 한 사람으로 느낄 수 있는 출발점이 되었노라고 하였다. 이러한 접근은 이러지도 저러지도 못하는 딜레마에 처할 때 치료자의 불편감을 줄여 준다. 더 중요하게는, 이 기법은 불확실성을 수용하는 모델을 제시하고, 환자의 존엄성과 창의성을 지지하며, 치료 작업의 협력적 본질을 치료자와 내담자 모두에게 상기시켜 준다.

이러한 개입을 할 때는, 환자의 입장을 추측하지 말고 치료자 자신의 입장에 따라 말하는 것이 중요하다. 여기서 '일인칭 화법'은 연인이나 친구와 싸울 때만큼이나 중요하다. "당신은 나를 이러지도 저러지도 못하게 하는군요." 혹은 "당신은 내가 어떻게 하든 잘못된 걸로 만들어 버려요."라는 말을 듣는 것과 "나는 치료자로서 당신을 위해 옳은 선택을 하고 싶어요. 그런데 이러지도 저러지도 못하겠어요. 내가 만약 X를 하면, 이래서 도움이 안 될 거고, 내가 Y를 하면 저래서 당신을 실망시킬 거예요. 그래서 걱정이 돼요."라는 말을 듣는 것 간에는 커다란 차이가 있다.

개별화의 촉진과 퇴행의 저지

경계선 심리를 지닌 사람들은 다른 모든 사람들만큼이나 공감을 필요로 한다. 하지만 기분 변화와 자아 상태의 동요가 심하기 때문에 치료자로서 공감을 언제 어떻게 전달해야 할지 파악하기가 어렵다. 그들은 우울하거나 두려움에 떨 때는 애틋한 마음을 갖게 하고 적대적인 행동을 할 때는 불쾌하고 화가 나는 역전이를 불러일으키는 경향이 있기 때문에, 치료자가 자칫하면 퇴행에는 상을 주고 개별화에는 벌을 줄 수 있다. 신경증 수준의 환자와 작업할 때 잘 조절된 퇴행을 장려하도록 훈련받은 치료자는 습관적으로 경계선 내담자의 가장 건강하지 않은 반응을 유발할 수 있다. 그러나 이들의 심리를 잘 이해하면 치료자가 직관에 반하는 행동을 할 수 있게 된다. 즉, 환자가 주관적으로 무기력하게 느낄 때는 반응을 덜 보이고, 자기주장을 할 때는, 이것이 비록 분노에 찬 반항의 형태로 표현되더라도, 이를 인정하는 반응을 보이는 것이다.

3장에서 언급했듯이, Masterson(1976)에 의하면, 매달릴 때 어머니가 보상을 주었던 경계선 내담자는 퇴행하여 의존적 관계에 있을 때 안전하게 느낀다. 그들은 혼자 있을 때 고뇌에 찬 절망에 빠진다. Masterson은 이를 '유기 우울증'이라고 불렀다. 그의 관찰은 자율성을 방해하는 불안한 양육 방식과 불안전 애착을 연결했던 애착 연구자들의 관찰과 일치한다(예, M. Main, 1995). Masterson은 치료자들이 경계선 환자들에게 그들의 어머니가 했던 방식과는 정반대로 행동해야 한다고 촉구했다. 왜냐하면 궁극적으로 힘을 부여하는 것은 분리이기 때문이다. 즉, 퇴행적이고 자기파괴적인 행동은 적극적으로 반박하고(예, "왜 남자를 하필이면 술집에서 찾으려 하죠?"), 자율성과 힘을 기르려는 노력은 어떠한 행동이든 공감적으로 격려한다(예, "나 때문에 화가 났다고 내게 말할 수 있다니 반갑네요."). 그는 환자의 자존감에 아무런 도움도 되지 않는 매달리는 행동은 보상하지 말고, 엇나가는 방식으로 자기주장을 하더라도 앞을 향해 나아가는 적응적인 요소를 인내를 갖고 지켜보라고 우리에게 조언하였다. 처음에는 이러한 자세가 조금 부자연스럽게 느껴질 수도 있지만, 내담자가 좋아지는 것을 보면 그것이 치료 방식에 점점 통합되고 진실해질 수 있다.

휴지기 중의 해석

Pine(1985)은 분리-개별화의 문제와 싸우는 경계선 내담자를 주제로 한 정신분석 문헌에 "쇠는 차가울 때 두드리라."라는 중요한 금언을 제공해 주었다. 신경증적 내담자의 경우, 해석하기 가장 좋은 시점은 환자가 정서적으로 각성되어 있을 때이다. 이렇게 해야 치료자의 관찰 내용이 주지화되지 않으며, 논의 중인 주제가 가진 정서적 힘이 제대로 발휘되기 때문이다. 경계선 내담자에게는 정반대의 생각이 적용된다. 정서적으로 고조된 상태에서는 혼란이 심하여 어떤 것도 받아들이지 못한다. 치료자는 환자가 분노에 휩싸여 있거나 공황 상태에 있거나 절망적인 퇴행 상태에 있을 때 어떤 일이 생기는지 환자에게 이야기해 줄 수 있지만, 이러한 언급은 반드시 이런 상태가 지나고 혼란스럽고 강렬한 감정에서 회복된 뒤에 해야 한다.

그러므로 경계선 환자에게는 이렇게 말할 수 있을 것이다. "이런 생각이 들더군요. 지금 당신이 말하고 있는 내용, 그러니까 그런 상황에 처할 때는 사람들에게 죽이고 싶을 정도의 질투심이 생기고 그래서 사람들을 공격하는 경향이 있다는 이야기가…… 부분적으로는 지난주에 내게 그처럼 분노를 터뜨렸던 것과 비슷하지 않은가 싶어요. 그때는 내가 무엇을 하든지, 무슨 말을 하든지 당신은 그것을 모조리 망가뜨려야만 하는 것처럼 느껴지더군요." 환자가 마음이 평온할 때는 치료자가 이렇게 관계의 역동에 이름을 붙이고 그것을 이해하려고 노력하는 것에 귀를 기울이며 심지어 안도감을 느끼기도 한다. 그러나 강렬한 감정 상태에서는 그러한 말을 비난으로 받아들일 뿐만 아니라, 환자가 감정에 휩싸여 취하는 태도를 경멸하고 무시하는 말로 받아들일 수 있다. 질투심과 분노에 불타고 있는 사람에게 당신은 지금 치료자를 파괴하려고 한다고 말하는 것은, 자신도 어쩔 수 없는 격노와 그런 미숙한 충동을 날것으로 드러내는 데 대한 수치심을 더욱 증가시킬 뿐이다. 그러나 이런 이야기를 마음이 진정된 다음에 하면 매우 생산적인 대화를 나눌 수 있다.

역전이 자료의 활용

이제까지 살펴본 것처럼 경계선 진단은 여러 가지 치료적 함의를 내포한다. 이제 마지막으로, 치료자가 자신의 역전이를 이해하는 것이 매우 중요하다는 사실을 강조하려고 한다. 신경증 수준의 사람들에 비해서 경계선 내담자는 언어화되지 않은 강력한 정동을 통해 의사소통을 하는 경우가 훨씬 많다. 아마도 이는 부모와 유아 소통의 특징인 초기의 우뇌와 우뇌 간 소통을 통해서일 것이다(Schore, 2003a). 다시 말해서, 그들이 치료 중에 아무리 자유롭게 이야기를 하더라도 그들이 전달하고자 하는 가장 중요한 부분은 이야기의 내용에 담겨 있지 않고 정서 상태라는 '배경 음악' 안에 들어 있다. 경계선 환자와 함께 앉아 있을 때는 치료자 자신의 직관적, 정서적, 심상적인 반응에 귀를 기울이는 것이 환자가 하는 말을 인지적으로 숙고하거나 이론 혹은 기법상의 개념에 의지하는 것보다 두 사람 사이에 진행되는 일의 핵심을 더 정확하게 알려 준다.

갑자기 지루하거나, 화가 나거나, 공포감이 들거나, 구출해 주고 싶은 소망에 압도되거나, 성적인 이미지로 마음이 흔들린다면, 아마도 내담자의 내면 상태에 중요한 어떤 것을 말해 주는 무언가가 진행되고 있는 것이다. 예를 들어, 젊은 여성 치료자에게 치료를 받는 편집증적인 남성 환자가 있다고 하자. 환자는 권력을 쥔 사람들에게 부당한 대우를 받는다며 분노하고 있고, 그 이야기를 듣고 있는 치료자는 자신이 약하고 작다는 느낌, 비난이 쏟아질 것 같은 두려움, 무방비로 공격당하는 환상 등에 마음이 산란해짐을 느낀다. 이때 치료자는 자신이 지금 느끼고 있는 것들이 다름 아닌 환자가 자신의 것으로 소유하지 못하고 분리해서 치료자에게 투사한 것이 아닌가 생각해 보아야 한다. 이 생각이 이치에 맞는다는 판단이 서면, 이렇게 말하는 것이 (두 사람 모두에게) 치료적으로 도움이 된다. "지금 당신은 무척 화가 나고 또 힘이 솟구치는 느낌이 드는 것 같습니다. 그리고 그 느낌을 자신이 충분히 인식하고 있고요. 하지만 당신의 내면에는 약하고, 불안하고, 공격을 당할까 봐 두려워하는 마음도 함께 있는 것 같다는 생각이 듭니다."

그러나 역전이의 정보적 가치라는 영역은 치료자를 속이기가 쉽다. 경계선 환자와 함께 있을 때 머릿속을 스치는 모든 생각과 감정이 다 환자가 '유발한' 것은 아니다. 최악의 경우에는 치료자가 투사적 동일시나 공동 구성co-construction과 같은 개념을 남용하여 해를 끼칠 수도 있다. 나는 치료자가 느낀 강한 감정이 누구 '잘못'이냐는 문제로 경계선 환자와 크게 말다툼을 벌이는 사람들도 있다고 들었다. 나는 이러한 치료자의 합리화를 편들고 싶지 않다. 수십 년간의 임상 작업이 우리에게 보여주는 것은, 전이처럼 역전이도 내면에서 나온 것과 외부 자극에 의해 주어지는 것의 혼합물이며, 어떨 때는 이쪽의 비중이 더 크고 또 어떨 때는 저쪽의 비중이 더 클 뿐이라는 점이다(Gill, 1983; Jacobs, 1991; Roland, 1981; Sandler, 1976; Tansey & Burke, 1989). 그러므로 치료자의 역할을 할 때 우리는 우리 자신의 역동을 충분히 이해해야 하고, 자신의 반응에 책임을 져야 한다. 그것이 평온한 치료자의 마음에 일으킨 환자의 급습이라 할지라도 말이다. 또한 해석을 할 때는 그것이 타당하다는 확신이 들더라도, 내담자가 동의하지 않는다면 언제든 문제를 제기할 수 있는 방식으로 제공되어야 한다.

역전이를 오로지 '자신만의 문제'로 여겨야 한다는 극단적인 정반대의 태도 역시 임상적 진전에 걸림돌이 될 수 있다. 일부 정신분석가들은 수련생들에게 자신의 역동을 이해하라고 지나치게 강조한 나머지 수련생들이 자의식 과잉의 상태가 되도록 한다. 그러다 보니 정서적 에너지가 오직 거기에만 소모되어 자신의 반응으로부터 환자를 이해하는 일에는 신경을 쓸 여력이 없게 된다. 재능과 열정을 갖춘 치료자들이 자신에게 집중하느라 실제 관계를 소홀히 하고, 혹시 행동화라도 할까 봐 두려워서 자연스러운 직감을 신뢰하지 못하는 안타까운 일이 생기는 것이다. 가령 앞의 예에서 젊은 여성 치료자가 환자 앞에서 느꼈던 강한 역전이를 자신을 검토하는 일에만 사용하여, 남자들이 화를 내면 비판적인 자신의 아버지가 떠올라 그 앞에서 쉽사리 위축되고 두려워하는 경향이 있음을 살펴보는 데만 몰두했다면, 이 통찰은 전혀 치료적으로 활용되지 못했을 것이다. 물론 이런 자기검토도 방어적 반응을 잘 간직하는 데 도움이 되며 결코 무시할 수 없는 성취이긴 하지만, 환자를 위한 적극적인 치료적 접근을 위해서는 아무런 방향도 제시해 주지 못한다. 만약 치료자가 자신의 감정을 환자의 것으로 오해한다 하더라도, 그때 생기는 최악의 상황이란 치료자가 그저 틀렸다는 것뿐이다. 해석을 선언이 아닌 가설의 형식으로 전달하면 환자는 우리의 실수를 기꺼이 지적해 줄 것이다.

저자들마다 경계선 환자를 대할 때 강조하는 치료자의 태도가 다르다. 내 성격에 맞는 나의 방식은 신경증 수준 환자에 비해 경계선 환자에게 정서적으로 좀 더 '진실'해지는 것이다. 특히 경계선 환자들이 자해를 할 때, 이들에게 '중립적'으로 행동하면, 그것은 딱딱하고 거짓으로 들릴 수 있다. 예를 들어 보자. 어떤 치료자가 젊은 여성의 자해 경향성을 감소시키기 위해 수주간 작업하고 있었고, 마침내 막 진전을 보기 시작했다. 그런데, 내담자가 와서 수줍게 웃으며 다음과 같이 말한다. "우리가 열심히 했다는 걸 알지만, 또 자해를 했어요." 혹은 "당신이 항상 콘돔을 사용해야 한다고 말하는 걸 알지만, 이번 주에 술집에서 만난 남자와 콘돔 없이 성관계를 가졌어요. 하지만 그 남자가 HIV 양성이라고 생각하지 않아요. 그 사람은 근사해 보였거든요. 저한테 화가 나나요?"이 지점에서 치료자의 마음속에서 뜨거운 분노가 끓어오를 수 있다.

이때 아무렇지도 않다는 듯이 "내가 어떤 반응을 할지 떠오르는 대로 말해 보세요."와 같이, 행동화한 다음 비난받을까 봐 두려워하는 신경증 수준 내담자에게 하듯 말하는 것은 도움이 되지 않는다는 것을 나는 배웠다. 대신, 이렇게 말하는 것이 더 낫다. "당신은 내 일이 당신을 덜 자기파괴적으로 만드는 것임을 알고 있어요. 그래서 당신이 더 자기파괴적으로 행동했다고 하니, 속이 상하네요. 당신의 행동에 대해 내가 화를 내는 걸 보니 당신은 어떤가요?" Karen Maroda(1999)가 강조했듯이, 대체로 치료자가 어떤 정서를 보여 줄 수 있을 때 내담자가 주저앉지 않는다. 특히 자신이 어려운 환자임을 아는 경계선 환자의 경우에 말이다.

개인의 진단에 관한 책은 환자와 어떤 관계를 맺건 환자에게 일관된 것이 무엇인지를 이해하고자 하는 1인 시점을 취하기 마련이다. 몇몇 관계 이론가들의 주장과는 반대로, 나도 이러한 관점이 유용하다(Chodorow, 2010 참조)고 주장해 왔다. 그러나 심리치료 작업에서도 하이젠베르크의 불확정성의 원리가 똑같이 적용됨을 기억해야 한다. 우리가 무언가를 관찰하고 있을 때, 우리는 관찰되고 있는 그 무언가의 일부분이다. 우리가 환자와 함께 있을 때, 우리는 우리와 함께 있는 그 상황 속의 사람인 환자와 관계를 맺고 있다. 우리가 정서적 뇌, 우뇌와 우뇌 간 소통, 모든 상호작용의 상호주관적 속성에 관해 배운 것에 따르면, 누군가를 '객관적으로' 관찰하고 있을 때 자율적인 개인으로서의 그 사람의 이미지는 늘 허구임이 밝혀졌다(Wachtel,

2010). 모든 관계가 공동으로 형성된다는 사실은 어떤 관계가 전개되든 그 속에는 자기 자신의 몫이 있을 수밖에 없음을 의미한다. 이러한 사실을 마음에 새기는 것은 특히 경계선 내담자들의 치료에서 중요하다. 경계선 내담자들은 수치심과 싸우고 있으며, 치료자-내담자 쌍에서 일어나는 일에 대해 치료자가 책임을 나누어 가질 때 안도감을 느낄 수 있기 때문이다.

이렇게 해서 발달 수준이 치료에 어떤 시사점을 갖는지에 대해 입문서에서 할 수 있는 정도는 다 언급하였다. 나는 그저 표면만 훑었을 뿐이다. 만약 이 책이 기법 자체에 관한 것이라면, 각각의 발달 수준은 적어도 한 장씩을, 더 나아가 한 권의 책이 되어도 좋을 것이다. 앞에서 다룬 주제들의 복잡성을 미뤄 두고, 이제 성격 구조의 발달적 범주와 유형적 범주의 상호작용과 그것의 복잡한 관계를 소개하려고 한다.

성격의 성숙 차원과 유형 차원의 상호작용

[그림 4-1]은 많은 분석적 지향의 치료자들이 환자의 성격 구조를 분류할 때 암묵적으로 사용하는 방법을 시각화한 것이다. 발달 수준을 나타내는 축은 성격 조직의 세 가지 주요 범주로 나뉘어 있으나 실제로는 연속선이다. 다만 차이의 정도가 충분히 커지면 범주 간에 서로 종류가 다른 것으로 개념화할 수 있다는 뜻이다. 우리 모두는 성숙 상태의 측면에서 부침을 보인다. 스트레스가 심할 때는 건강한 사람도 일시적으로 정신병적인 반응을 보일 수 있고, 가장 망상이 심한 정신분열증 환자라도 아주 멀쩡한 순간이 있다. 축의 수평선을 구성하는 다양한 유형적 범주들은 이 책의 뒷부분에서 체계적으로 다루겠지만, 이미 독자들이 많이 들어 본 것들이 상당히 있으리라고 생각된다. 5장과 6장에서는 방어의 개념을 먼저 상세하게 다룰 것인데, 유형을 나타내는 축에서의 각각의 범주가 특정 방어의 습관적 사용을 반영하기 때문이다.

수평(유형)축의 각각의 범주마다 정신병으로부터 건강한 수준에 이르는 모든 수준의 성격병리가 존재한다는 증거가 있다. 그러나 사람들은 각각의 발달 연속선에서 균등하게 분포되어 있지 않다. 좀 더 원시적 방어를 습관적으로 사용하는 범주에

발달적 차원 \ 유형적 차원	정신병질	자기애성	분열성	편집성	우울성	피학성	강박성	히스테리	기타
신경증 및 건강한 수준 정체성 통합 및 대상 항상성 단계 Freud의 오이디푸스기 Erikson의 주도성 대 죄책감									
경계선 수준 분리-개별화 단계 Freud의 항문기 Erikson의 자율성 대 수치와 의심									
정신병적 수준 공생 단계 Freud의 구강기 Erikson의 기본적 신뢰 대 불신									

[그림 4-1] 성격의 발달적 차원과 유형적 차원

서는 사람들의 분포가 정신병 수준의 하단으로 기울어질 것이다. 예를 들어, 부인과 투사에 의존하는 편집증 환자들은 발달 축의 낮은 쪽에 있는 경우가 더 흔할 것이다. 보다 성숙한 방어에 의존하는 유형적 범주에서는 신경증이라는 반대 방향으로 사람들이 몰릴 것이다. 예를 들어, 강박사고적인 사람들은 정신병보다는 신경증 수준의 병리를 보이는 경우가 더 많을 것이다. 단순한 성격 **양식**이 아니라 DSM의 성격 **장애**에 해당될 만큼 부적응적인 성격 패턴은 대부분 경계선 범위에 속할 가능성이 많다.

그러나 우리의 삶은 인간의 다양성을 증언한다. 자아 발달과 정체감 통합을 높은 수준에서 이뤘지만 불안을 주로 원시적 방어로 다루는 사람들도 있다. 다시 심한 편집증을 갖고 있는 사람을 예로 든다면, 성격은 분명히 편집적이지만 높은 수준의 자아강도와 개별 인간으로서의 분명한 존재감, 정교하고 통합된 정체감을 가지고 있고 지속적인 인간관계를 맺을 줄 아는 사람을 우리 대부분은 떠올릴 수 있다. 이들은 탐정이나 비밀요원 같은 직업을 갖는 경우가 종종 있는데, 이런 직업에서 편집증 성향은 장점으로 작용한다. 비교적 건강한, 신경증 수준의 편집성 성격을 가진 사람은 대개 심리치료를 받으러 오지 않는다(편집증이 원래 그렇다). 그런 사람들이 오지 않는다고 해서 신경증적 편집성 성격이 없는 것은 아니다. 사람들이 치료를 받으러 와서 정신보건 통계에 포함되는 빈도는 성격 구조의 유형에 따라 다르다. 이는 각각의 유형이 다른 사람을 신뢰하는 정도, 희망을 갖는 성향, 물질이 아닌 정신적인 유익을 위해 돈을 쓰려는 자발성 등과 같은 면에서 상당한 차이를 보이기 때문이다.

마찬가지로 주지화와 같은 '성숙한' 방어를 주로 사용하지만, 현실 검증력, 개별성의 자각, 정체감 통합, 대상관계 등에서 많은 문제를 지닌 사람들도 있다. 비교적 건강한 강박사고적인 사람들을 정신병적인 강박사고적인 사람들보다 더 쉽게 볼 수 있는 것은 사실이지만, 입원 시설에서 접수 면접을 하는 사람이라면 주지화 경향이 도를 넘어 망상에 이른 사람들을 만나 본 경험이 있을 것이다.

임상적인 측면에서 보자면, 내담자의 유형적 범주보다는 전반적인 발달 수준을 파악하는 것이 더 중요할 때가 많다. 심리적 건강의 중요한 한 측면이 방어의 융통성이기 때문에, 발달 수준이 높을 경우 하나의 순수한 성격 유형만을 보이는 사람이 드물다. 하지만 평가를 할 때는 이 두 영역이 모두 중요하며, 이 점은 7장부터 15장까지 다루게 될 감별진단에서 예증될 것이다.

요약

이 장에서는 내담자의 성격 구조의 수준(신경증-경계선-정신병)에 따른 치료적 시사점에 대해 논의하였다. 신경증적 수준의 사람들은 일반적으로 정신분석이나 전통적인 탐색적 치료에 적합하다. 자아강도가 강한 그들은 여러 가지 다른 종류의 치료에도 잘 반응한다.

공생적-정신병적 수준의 환자들은 주로 지지 치료가 필요하다. 지지 치료에서는 다른 무엇보다도 안전감, 존중, 정직, 교육, 구체적인 스트레스의 파악 등이 강조된다.

경계선 수준에 있는 환자는 경계를 엄격하게 유지하고, 대조적인 자아 상태를 지적하며, 원시적 방어를 해석하는 치료 방식이 가장 효과적이다. 치료 과정에서 생기는 난국을 타개하기 위해 환자의 도움을 구할 수도 있다. 퇴행은 좌절시키고 개별화를 지지하는 것이 경계선 환자들에게 궁극적으로 도움이 된다. 치료자는 또한 환자의 감정이 안정될 때를 기다려 환자의 이해를 높이고, 자신의 역전이에 담긴 정보를 잘 활용해야 한다.

마지막으로, 성격의 발달 차원과 유형 차원을 동시에 이해하는 것이 중요함을 강조하기 위해서 성격 구조를 두 차원을 가진 도표상에 표현해 보았다.

더 읽을거리

신경증 수준 사람들을 위한 고전적 정신분석의 표준적인 저서로는 여전히 Greenson의 『The Technique and Practice of Psychoanalysis』(1967)를 들 수 있다. Schafer의 『The Analytic Attitude』(1983)는 전통적인 책들이 다루지 않은 치료의 측면들을 명료하게 보여 주고 있다. 성격 조직의 수준과 상관없이 참고할 수 있는 책으로는 Fromm-Reichmann(1950), Hedges(1992), Pine(1985), Charles(2004), 그리고 나의 책(McWilliams, 2004)을 추천하고 싶다. 대상관계 이론의 관점에서 발달 수준 전반에 관해 쓴 책 중에서 가장 읽기 쉬운 책은 아마도 Horner의 『Psychoanalytic Object Relations Therapy』(1991)일 것이다. E. S. Wolf(1988)의 『Treating the Self』는 자기심리학적 관점에서 저술된 값진 책이다. 관계 지향의 좋은 교재로는 Maroda의 『Psychodynamic Technique』(2010)과 Safran의 연구-기반 입문서(출판 준비 중)가 있다.

정신병 수준 환자의 치료에 관한 좋은 책은 찾기가 훨씬 힘이 드는데, Arieti(1955), Searles(1965), Lidz(1973), Karon과 VandenBos(1981), Selzer와 그의 동료들(1989), Geekie과 Read(2009)가 쓴 책들이 내가 알기로는 가장 좋다. Alanen과 그의 동료들(2009)의 교재는 정신분열증의 심리치료에 관한 훌륭한 개관서이다. 지지 치료를 종합적으로 다룬 책이 나오기를 오랫동안 기다렸는데 Rockland(1992)와 Pinsker(1997)가 그 갈증을 채워 주었다. Hannah Green(1964)의 명저인 『I Never Promised You a Rose Garden』은 환자의 시각에서 정신분열증에 회복된 경험을 감동적으로 쓰고 있다. 그녀는 Freida Fromm-Reichmann에게 치료를 받은, 본명이 Joanne Greenberg인 여성이며 여전히 건강하다.

경계선 성격 구조의 치료에 관한 책은 경계선 내담자를 개념화하는 접근 방식이 다양하기 때문에 복잡하다. Hartocollis(1997)가 편집한 책은 경계선이라는 개념의 역사적 맥락을 이해하는 데 도움이 된다. 경계선 환자에 대한 보다 고전적인 정신분석적 기법은 Masterson이 1976년에 발간한 책에 가장 잘 요약되어 있으며, 문장이 아름답다. G. Adler(1985)는 자기심리학의 영향을 받아서 경계선 집단에 속하는 사람들의 이해와 치료에 관한 개관서를 썼다.

Kernberg의 연구진(Clarkin et al., 2006)은 전이초점 치료에 관한 종합적인 매뉴얼을 발간하였다. 이 책은 원시적 방어, 특히 분열을 강조하고 있다. 마찬가지로 Bateman과 Fonagy의 『Mentalization-Based Treatment for Borderline Personality Disorders』(2004)는 장기간의 연구와 치료 프로그램을 통해 발견된 지식들을 종합하고 있으며, 인지와 애착의 결핍을 강조하고 있다. Linehan의 인지행동적 작업(예, 1993)은 경계선적 경험의 정동 차원을 강조하고 있으며, 쉽게 읽을 수 있고, 치료자의 지향에 상관없이 임상적으로 유용하다.

Chapter 05 Psychoanalytic Diagnosis

일차적 방어 과정

이 장과 다음 장에서는 주요한 일반적 방어를 소개할 것이다. 방어의 개념은 정신분석적 성격 진단에서 중심적인 역할을 해 왔다. 분석적 치료자들이 성격 유형을 지칭하기 위해 사용하는 주요 진단 범주들은 암묵적으로 특정한 하나의 방어 혹은 일군의 방어들이 개인 내에서 지속적으로 작동하고 있음을 가리킨다. 그래서 진단 명칭은 개인의 습관적 방어 패턴을 간단하게 줄인 말이라고 할 수 있다.

'방어'라는 용어를 사용하는 것은 여러 면에서 불행한 일이라 할 수 있다. 우리가 성인의 방어라고 부르는 것들은 그 시작점에서는 세상을 경험하는 포괄적이고, 불가피하고, 적응적인 방법이었다. Freud는 이런 과정들을 처음으로 관찰하고 여기에 방어라는 이름을 붙인 사람이다. 그가 이 용어를 선택한 것은 그의 생각에서 적어도 두 가지 측면을 반영한다. 첫째, Freud는 군사적 은유를 좋아하였다. 그는 정신분석을 의심이 많은 대중들의 입맛에 맞추어 소개하려고 노력하였는데, 이런 교육적 목적에서 비유를 자주 사용하였다. 그래서 심리 작용을 군사 전략, 군사적 목적을 위한 타협, 복합적 결과를 낳는 전투 등에 비유하였다.

둘째, 현재 우리가 방어라고 부르는 가장 극적이고 뚜렷한 현상(억압, 전환, 해리)에 처음 맞닥뜨렸을 당시에 그는 이 심리적 과정이 방어적 기능을 하고 있다고 보았다. 당시 그의 관심을 크게 끌었던 사람들은 주로 히스테리를 가진, 정서적으로 상처를 입은 이들이었다. 그들은 견딜 수 없는 고통을 느낄까 봐 과거의 감정을 재경험하지 않으려고 애쓰고 있었다. Freud가 보기에는 그들은 이로 인해 전체적인 기능의 손상이라는 큰 대가를 지불하고 있었다. 그리고 궁극적으로 인생을 꾸려 나가기 위해서는 두려워하는 그 압도적인 정서를 충분히 느껴서 에너지를 해방할 필요가 있었다. 이처럼 방어라는 말을 처음 사용하던 당시의 맥락은 치료자가 그 힘을 약화해야 하는 그런 상황이었다.

이렇게 개념화할 때, 개인의 부적응적 방어를 약화하거나 무너뜨리는 것의 치료적 가치는 아주 자명해 보였다. 그러나 불행하게도, Freud의 초기 관찰을 둘러싼 흥분된 분위기 속에서 방어는 본래부터 부적응적이라는 생각이 일반 대중들 사이에 널리 퍼졌고, 과도하게 부정적인 색채를 띠게 되었다. 그래서 누군가에게 "방어적"이라고 말하는 것은 대개 비난으로 여겨진다. 분석가들 역시 일상 대화에서 그런 식으로 이 단어를 사용한다. 그러나 학문적, 이론적으로 방어기제를 논의할 때는 방어의 작동이 반드시 어떤 병리적인 활동의 진행을 의미한다고 가정하지 않는다. 분석적 치료자들은 오히려 어떤 문제들, 특히 정신병적이거나 정신병적 수준에 근접한 '붕괴'를 불충분한 방어 때문인 것으로 보기도 한다.

우리가 방어라고 부르는 현상은 바람직한 기능을 많이 가지고 있다. 이 심리적 현상은 건강하고 창조적인 적응으로 출발해서 전 생애에 걸쳐 적응적 기능을 수행한다. 위협으로부터 자기를 보호하는 기능이 작동될 때 우리는 '방어'를 볼 수 있는데, 이런 경우는 방어라는 명칭이 어울린다고 할 수 있다. 방어를 사용하는 사람은 일반적으로 다음과 같은 목적을 무의식적으로 달성하고자 한다. (1) 어떤 강력하고 위협적인 감정(대개는 불안이지만 때로는 감당할 수 없는 슬픔, 수치심, 시기심, 다른 혼란스러운 정서 경험)을 피하거나 다루려고 한다. (2) 자존감을 유지하려고 한다. 자아심리학자들은 불안을 다루는 방어 기능을 강조하였다. 애착과 분리에 초점을 맞추는 대상관계 이론가들은 슬픔에 대항하기 위해서도 방어가 작동됨을 지적하였다. 자기심리학자들은 방어가 강하고, 일관성 있고, 긍정적 가치를 지닌 자기 감각을 유지하기 위한 노력임을 강조하였다. 관계 운동의 분석가들은 커플 및 조직 체계 내에서 방어를 공유하게 되는 현상을 강조하였다.

비록 뚜렷하게 명시된 적은 거의 없지만, 정신분석가들은 우리 모두가 각자 선호하는 방어를 가지고 있으며 이것이 우리의 대처 양식을 좌우한다고 가정한다. 이렇게 특정한 방어를 선호하고 자동적으로 그것에 의지하는 것은 최소한 다음 네 가지 요인의 복합적인 상호작용에 따른 결과이다. (1) 개인의 선천적 기질, (2) 초기 아동기에 겪었던 스트레스의 성질, (3) 부모나 다른 중요한 인물이 모델이 되어 보여 준, 혹은 그들이 분명하게 가르쳐 준 방어, (4) 특정 방어를 사용한 후의 체험적 결과(학습이론에서 말하는 강화 효과). 정신역동적 용어를 사용하자면, 선호하는 대처 양식의 선택은 무의식적으로 '다중결정overdetermined'된다. 이는 '다중기능'이라는 정신분석의 주요 원리를 보여 준다(Waelder, 1960).

방어에 관해서는 광범위한 연구가 이루어져 있다. Phoebe Cramer(2008)는 경험적 연구를 검토하여 정신분석적 관찰을 지지하는 일곱 가지 핵심적인 연구 결과를 정리하였다. 즉, 방어는, (1) 의식 밖에서 기능하며, (2) 아동이 성숙함에 따라 예측 가능한 순서대로 발달하고, (3) 정상적인 성격 안에 존재하며, (4) 스트레스를 받을 때 더 많이 사용되고, (5) 부정적인 정서가 의식적으로 경험되는 것을 줄여 주며, (6) 자율신경계를 통해 작동하고, (7) 과도하게 사용될 때는 정신병리와 연관된다. 어떤 방어들은 다른 방어들에 비해 발달적으로 덜 성숙하다는 광범위한 합의가 정신분석학자들 사이에서 이루어져 있다(Cramer, 1991; Laughlin, 1970; Vaillant et al., 1986). 예를 들어, Cramer(2006)는 부인은 매우 초기에 발생하고, 투사는 그다음에 발달하며, 동일시는 더 나중에 나타남을 보여 주었다(이 장에서는 투사와 동일시의 원초적인 전조가 되는 일차적 방어 과정에 대해 논의할 것이다). 일반적으로 '일차적' '미성숙' '원시적' 혹은 '하위'(Laughlin, 1970) 방어로 불리는 것들은 자기와 외부 세계 간의 경계의 문제를 포함한다. '이차적' '성숙한' '진보된' 혹은 '상위'라는 말로 지칭되는 방어들은 내적 경계, 즉 자아 혹은 초자아와 원초아, 혹은 관찰자아와 경험자아 간의 경계의 문제를 포함한다.

원시적 방어는 총체적이고 미분화된 방식으로 작동하여 인지적, 정동적, 행동적 차원들을 융합하는 반면, 보다 진보된 방어는 생각, 감정, 감각, 행동, 혹은 이들의 조합을 변형하되 그 작용이 보다 특수하고 분화되어 있다. 원초적인 방어와 상위 방어 간의 개념적 구분은 다소 임의적이다. Kernberg(예, 1976)가 경계선 내담자들이 원초적인 형태의 투사와 내사(동일시의 전조)를 사용한다는 점을 강조한 이래로, 많은 치료자가 그를 따라 철수, 부인, 전능통제, 원시적 이상화와 평가절하, 투사적 동일시와 내사적 동일시, 분열을 본질적으로 '원시적' 방어로 보고 있다. 1994년에 나는 심각한 형태의 해리를 이 목록에 추가할 것을 제안한 바 있다. 이제 Vaillant의 연구(예, Vaillant et al., 1986)와 1994년에는 그다지 친숙하지 않았던 다른 연구자들 그리고 몇몇 동료들의 제안에 따라서, 원시적 방어 목록에 신체화, 행동화, 성애화를 추가하였다. 이들 방어 과정은 성숙하게 표현될 때도 있다. 마찬가지로, 원시적 이상화와 철수와 같은 다른 하위 방어들도 성숙하게 표현될 때가 있다.

어떤 방어가 일차적인 것으로 분류되기 위해서는 그것이 언어 이전(전前언어적) 발달 단계의 두 가지 특징을 전형적으로 갖고 있어야 한다. 그것은 현실 원리의 획득 결여(2장 참조) 및 자기 외부에 있는 것들의 분리성과 항상성에 대한 이해의 결여이다. 예를 들어, 부인은 억압에 비해 더 원시적인 과정을 포함한다. 어떤 것이 억압되려면 일단 어떤 식으로든지 알려져야 하고 그 다음에 무의식에 맡겨져야 한다. 하지만, 부인은 즉각적이고도 비이성적인 과정이다. "그 일은 일어나지 않았다."라고 부인하는 것이 "그 일이 일어났지만 너무 고통스러워서 잊어버릴 거야."라고 억압하는 것보다 더 마술적인 고통 처리 방식인 것이다.

마찬가지로, '분열'이라고 알려진 방어기제는 모호함과 양가감정의 여지를 주지 않고 어떤 경험이든지 전적으로 좋거나 전적으로 나쁜 것으로 분리하는 심리적 과정으로서, 아동이 대상 항상성을 발달시키기 이전의 시기에서 유래된다고 보기 때문에 원시적인 방어로 간주된다. 이 시기의 아동은 만족감을 느낄 때는 엄마를 통째로 '좋은 엄마'로 지각하는 반면, 좌절감을 느낄 때는 같은 엄마를 완전히 '나쁜 엄마'로 지각한다. 때로는 좋게 느껴지고 때로는 나쁘게 느껴지는 그 사람이 사실은 동일한 인물이라는 현실을 이해할 수 있을 만큼 유아가 성숙하기 전에는, 좋은 경험과 나쁜 경험 각각이 전체적이고 독립적인 것으로 지각된다. 이와 대조적으로, 합리화와 같은 방어는 감정을 정당화하는 이성적 설명을 만들어 내기 위해서 정교한 언어 기술과 사고 기술이 필요하고, 현실과 조율하고 타협할 필요가 더 크기 때문에 성숙한 방어로 간주된다.

많은 방어 과정이 원시적인 형태와 성숙한 형태를 모두 갖고 있다. 예를 들어, '이상화'는 어떤 사람이 완벽하다고 의심 없이 믿으며 경배하는 태도를 가리키기도 하고, 혹은 상대방의 한계를 인정하면서도 그가 특별하거나 감탄할 만하다고 보는 은근하고도 절제된 느낌을 뜻할 수도 있다. '철수'는 정신병적 상태에 있기 위해 현실을 완전히 포기하는 것을 가리킬 수도 있고, 혹은 스트레스를 백일몽으로 다루는 경미한 경향성을 말할 수도 있다. 원시적 방어를 다루는 이 장에서 나는 어떤 방어가 성숙하게 표현될 때도 있는 경우 그 방어 앞에 '극도의'라는 표현을 붙였다.

소위 원시적 방어라는 것은 유아가 자연스럽게 세상을 지각하는 방법이다. 이러한 경험 방식은 심각한 병리가 있건 없건 우리 모두의 내부에 살아 있다. 우리 모두는 부인하고, 분열시키며, 전능해지려고 애쓴다. 이들 방어 과정은 보다 성숙한 심리적 기술이 부족하거나, 사용 가능한 다른 방어들은 배제된 채로 사용될 때만 문제가 된다. 우리 대부분은 복잡하고 혼란스러운 현실을 이해하고 불안을 처리하는 보다 세련된 방법을 사용하여 이런 원초적인 방법들을 보완한다. 경계선 구조 혹은 정신병적 구조를 특징짓는 것은 원시적 방어의 존재가 아니라 성숙한 방어의 부재이다.

원시적 방어를 기술하는 것은 보다 진보된 방어를 기술하는 것보다 훨씬 더 어렵다. 이들은 언어 이전, 논리 이전의 것이며, 포괄적, 상상적, 마술적(일차 과정 사고의 일부)이기 때문에 글로써 표현하기가 매우 어렵다. 사실상 언어 이전의 과정을 언어로 표현한다는 것은 어느 정도는 모순 어법이다. 아래의 개관은 현대 정신분석에서 관습적으로 일차적 방어로 보는 것들을 요약한 것이다.

극도의 철수

너무 많은 자극을 받거나 스트레스를 받은 유아는 종종 그냥 잠들어 버린다. 다른 의식 상태로의 철수withdrawal는 이렇게 가장 작은 인간에게서 볼 수 있는 자동적이며 자기보호적인 반응이다. 동일한 과정을 성인에게서도 볼 수 있다. 이들은 사회적 혹은 대인관계 상황에서 물러나, 인간관계의 스트레스를 자신의 내적 공상 세계로 대체한다. 의식 상태를 바꾸기 위해 약물을 사용하는 성향도 일종의 철수로 간주될 수 있다. DSM에 참여한 인사들을 포함한 몇몇 전문가들은 철수 대신 '자폐적 공상'이라는 용어를 더 선호하지만, 이 용어는 개인적 접촉을 피하는 일반적 경향성의 한 가지 특수한 형태를 지칭한다.

기질적으로 어떤 아기들은 스트레스에 이렇게 반응하는 모습을 다른 아기들에 비해 더 많이 보인다. 유아 연구자들은 특히 기질적으로 민감한 아기들이 철수 경향을 많이 보인다는 사실을 관찰하였다. 이렇게 선천적으로 감수성이 예민한 사람들은 풍부한 내적 공상 세계를 만들어 내며, 외부 세계를 문제가 많고 정서적으로 메마른 곳으로 지각할 수 있다. 양육자와 다른 초기 대상에 의한 정서적 침입 혹은 침범의 경험은 철수의 경향성을 강화한다. 반대로, 방치나 고립 역시 이러한 반응을 조장할 수 있다. 왜냐하면, 아동이 자극을 얻기 위해 자신이 내적으로 만들어 낼 수 있는 것에 의존하게 되기 때문이다. 분열성 성격 양식은 철수 방어에 의존한 결과 형성된 성격 특징이다.

철수의 뚜렷한 단점은 대인관계 문제의 적극적 해결을 방해한다는 점이다. 분열성 배우자를 두고 있는 사람들은 어떻게 하면 배우자로 하여금 정서적 반응을 보이게 할 수 있을지 몰라 당황스러워한다. 그들은 "그냥 TV 리모콘만 만지작거리면서 나한테 대답을 하지 않아요."라고 호소한다. 만성적으로 자신의 내면으로 철수하는 사람들은 감정의 수준에서 관계를 형성하는 일에 저항하여 자신을 사랑하는 사람들을 힘들게 한다. 이들 중 심한 정서장애를 보이는 사람들은 도와주기가 매우 어렵다. 자신들의 관심과 애착을 얻어 보려고 애쓰는 정신건강 종사자들에게 너무나 무관심하기 때문이다.

방어 전략으로서의 철수의 주요 장점은, 현실로부터의 심리적 도피가 있기는 하지만 현실을 왜곡할 필요가 거의 없다는 점이다. 철수에 의존하는 사람들은 세상을 오해함으로써가 아니라 세상에서 물러섬으로써 스스로를 위로한다. 이들은 상당히 민감하고, 그래서 이들을 그저 둔감한 비참여자로만 생각했던 사람들을 깜짝 놀라게 하는 경우가 있다. 이들은 자신의 감정을 표현하는 소질이 부족함에도 불구하고, 타인의 감정은 매우 예리하게 알아차린다. 분열성의 연속선상에서 건강한 지점에 위치하는 사람들은 뛰어난 창의력을 발휘하는 경우가 많다. 예술가, 작가, 이론과학자, 철학자, 종교적 신비주의자, 다른 매우 재능 있는 방관자들이 이런 사람들로, 이들은 일상적 관습에서 비켜서서 자신만의 독창적인 관점을 지닐 수 있는 매우 독특한 능력을 보여 준다.

부인

불쾌한 경험을 다루는 유아의 또 다른 방법은 그 일이 일어났음을 받아들이지 않는 것이다. 부인denial은 어떤 재앙을 만날 때 우리 모두의 마음속에서 자동적으로 되살아나는 첫 번째 반응이다. 그러므로 중요한 누군가가 죽었다는 소식을 듣는 사람은 "오, 아니야!"라는 말부터 내뱉는 것이다. 이러한 반응은 아동의 자아중심성에 뿌리를 둔 원초적 과정의 그림자이다. 여기서는 "내가 인정하지 않는다면, 그건 일어나지 않은 거야."라는 논리 이전의 신념이 경험을 지배한다. 이런 이유로 Selma Fraiberg도 초기 아동기를 다룬 자신의 저서에 『The Magic Years』(1959)라는 제목을 붙인 것이다. 이 책은 많은 인기를 끈 고전이다.

부인을 근본 방어로 사용하는 사람들의 예로서 항상 모든 것이 좋고 최선이라고 주장하는 맹목적인 낙관주의자들을 들 수 있다. 내 환자의 부모는 자녀 세 명이 유전 질환으로 죽은 이후에도 이를 인정하지 않고 연달아 아이를 가졌다. 이들은 죽은 아이들에 대해 애도하기를 거부했고, 건강한 나머지 두 명의 자녀들의 고통을 무시했으며, 유전 상담을 받으라는 권고를 듣지 않았다. 그리고 자신들의 상태는 신의 뜻이며, 그것이 자신들을 위한 최선이라고 주장하였다. 대부분의 사람들이 어떤 부정적인 측면을 지각하는 환경에서도 환희와 압도적인 흥분을 경험한다면 이 또한 부인 방어가 작동하고 있음을 보여 준다고 볼 수 있다.

우리들 대부분은 삶을 덜 불쾌하게 만들려는 목적에서 가끔 부인 방어를 사용하며, 많은 사람들이 특정한 스트레스를 다룰 때 이 방어를 자주 사용한다. 마음에 상처를 입었으나 우는 것이 부적절하거나 현명하지 못한 상황에서, 사람들은 상처받은 감정을 충실히 인정하기보다는 그것을 부인하고 울고 싶은 마음을 의식적으로 억제할 가능성이 더 많다. 위기 상황 혹은 응급 상황에서는 자신의 목숨이 위태롭다는 현실을 정서적으로 부인하는 것이 오히려 생명을 구하기도 한다. 부인은 현실적으로 가장 효과적이며 심지어는 영웅적인 행동을 취하게 할 수도 있다. 어느 전쟁터에서든지 생명을 위협하는 무시무시한 상황에서도 '냉정함을 잃지 않고' 자기 자신과 동료들을 구한 사람들의 이야기를 들을 수 있다.

그러나 부인은 반대의 결과를 가져오기도 한다. 내 지인 중의 한 명은 마치 암의 가능성을 무시하면 그것을 마술적으로 피할 수 있기라도 하듯이 1년에 한 번 하는 검사를 거부한다. 학대를 일삼는 배우자가 위험하다는 현실을 부인하는 아내, 음주 문제가 없다고 주장하는 알코올 중독자, 딸의 성폭행 증거를 무시하는 어머니, 명백한 기능 장애에도 불구하고 운전면허증 포기를 고려하지 않으려는 노인들, 이들 모두는 우리가 흔히 볼 수 있는 부인의 매우 나쁜 예들이다. '부인'이라는 정신분석적 개념은 그다지 왜곡되지 않고 일상 용어로 편입되었다. 이는 한편으로는 이 단어가 '철수'와 마찬가지로 특수한 전문 용어가 아니기 때문이며, 또 한편으로는 이 개념이 AA의 12단계 프로그램 등에서 독보적인 중요성을 지니고 있기 때문이다. 이들 프로그램들은 부인 방어의 사용에 사람들을 직면시킴으로써 그 방어가 만들어 낸 지옥에서 이들을 구하고자 애써 왔다.

보다 성숙한 방어가 작동될 때도 부인의 요소를 발견할 수 있는 경우가 많다. 일례로 좋아하는 사람에게 거절당한 경우를 생각해 보자. 우리는 나를 거절한 사람이 사실은 나를 원했지만 다만 아직 충분히 준비가 안 되었을 뿐이라고 생각하고 싶어 한다. 우리에게 위안을 주는 이런 결론은 우리 자신이 거절당했다는 사실을 부인하는 동시에, 합리화라고 불리는 보다 정교한 변명 만들기 작업을 시도한 결과물이다. 어떤 감정을 반대의 것으로 (예컨대, 증오를 사랑으로) 바꾸는 반동형성 방어는 단순히 어떤 감정을 느끼기를 거부하는 것 이상의 보다 복잡한 유형의 부인을 포함한다.

부인을 주로 사용하는 정신병리의 가장 분명한 예는 조증mania이다. 조증 상태에 있는 사람은 자신의 신체적 한계, 수면 욕구, 절박한 재정 상황, 인간적인 약점, 심지어는 사람이라면 언젠가는 죽는다는 사실까지도 부인한다. 우울증은 삶의 고통스러운 현실을 도저히 무시할 수 없는 것으로 만드는 반면, 조증은 이를 사소한 것처럼 보이게 만든다. 분석가들은 부인을 주요 방어로 사용하는 사람들을 경조증적hypomanic이라고 부른다('경輕, hypo'이라는 접두어는 '조금' '약간'을 뜻하며, 완전한 조증

삽화를 겪는 사람들과 이들을 구분해 준다). 또한 '순환성cyclothymic'('정서의 교차')이라는 용어도 사용하는데, 이들은 대개 양극성 장애의 진단에는 미치지 못하더라도 조증 기분과 우울 기분의 순환 경향을 보이기 때문이다. 우리는 이러한 오르내림을 부인을 반복적으로 사용하다가 조증 상태에서 탈진하여 어쩔 수 없이 무너지는 현상이라고 이해한다. DSM-II부터 기분과 관련된 모든 현상을 '기분장애'에 포함하기로 결정하면서 경조증적 성격은 DSM에 포함되어 있지 않다. 그러나 정신분석적 진단 편람과 이 책 11장에서 경조증적 성격을 소개하였다.

다른 대부분의 원시적 방어와 마찬가지로, 성인의 조절되지 않은 부인은 문제를 일으킨다. 그럼에도 불구하고, 경미하게 경조증적인 사람은 매우 유쾌한 분위기를 만들어 낸다. 많은 코미디언과 연예인들은 반짝이는 재치와 활력과 재미있는 말솜씨, 그리고 전염성이 있는 유쾌한 기분을 선보인다. 이런 것들은 오랜 시간에 걸쳐 고통스러운 감정을 성공적으로 걸러 내고 변형한 사람들의 특징이다. 하지만 가까운 친구들은 이들의 우울한 이면과 조증의 매력으로 인해 치르는 심리적 대가를 어렵지 않게 볼 수 있다.

전능통제

신생아는 얼마간은 세상과 자기가 하나라고 느낀다. Fonagy(Fonagy et al., 2003)의 연구는 유아가 대략 생후 18개월까지 외부 세계와 내부 세계가 동일하다고 느끼는 '심리적 등가성psychic equivalence'의 정신 상태 속에서 산다고 제안한다. Piaget는 "일차적 자아중심성"[Freud(1914b)가 말한 '일차적 나르시시즘'과 대략 일치하는 인지 단계로, 이 시기 동안에는 일차 과정 사고가 지배한다]이라는 개념을 통해 이러한 현상을 표현하였다(예, 1937). 신생아는 모든 사건의 근원이 어떤 식으로든 내부에 있다고 이해할 수 있다. 예를 들어, 만약 아기가 추워하는 것을 양육자가 알아차려서 따뜻하게 해 주었다면, 아기는 자신이 마술적으로 그 따뜻함을 만들어 냈다는 언어 이전의 경험을 한다. 통제 소재가 자기 바깥의 분리된 다른 사람에게 있다는 인식이 아직 발달되지 않은 것이다.

자신을 둘러싼 환경에 영향을 미칠 수 있으며, 힘을 가지고 있다는 느낌은 자존감을 형성하는 결정적인 요소이다. 이 느낌은 유아적이고 비현실적이지만 발달적으로는 정상인 전능환상과 함께 시작된다. Sandor Ferenczi(1913)는 '현실감의 발달 단계'에 처음으로 주목한 분석가였다. 그는 유아기의 일차적 전능성 혹은 거대성 속에서 자신이 세상을 통제한다는 환상을 갖는 것은 정상이라고 보았다. 아동이 성숙하면서 주 양육자가 전능한 힘을 갖고 있다고 믿는 이차적 혹은 파생된 전능성의 단계로 자연스럽게 이동하며, 이후 아동이 더욱 성숙하면서 어느 누구의 힘도 무한하지 않다는 매력적이지 못한 현실과 결국 타협하게 된다. 자신의 힘이 무한하지 않다는 성숙한 성인의 태도를 갖기 위해서는 역설적이게도 유아기 시절에 반대되는 정서 경험을 해야 하는 것 같다. 처음에는 자기 자신의 전능, 두 번째는 자신이 의지하는 사람의 전능이라는 발달적으로 적절한 착각을 자유롭게 즐길 수 있을 만큼 안전한 초기의 삶이 필요하다.

유아기 전능감의 건강한 잔여물은 우리들 모두에게 부분적으로 남아 있다. 그리고 이것은 사람들이 살아가면서 유능감과 효능감을 느끼게 하는 데 기여한다. 우리는 자신의 의지를 효과적으로 행사했다고 느낄 때 자연스럽게 '으쓱해진다'. 행운이 임박했다는 '예감'과 함께 어떤 도박 같은 것에서 이겨 본 적이 있는 사람은 전능통제감이라는 것이 얼마나 달콤한지를 잘 안다. 마음만 먹으면 무슨 일이든 할 수 있다는 신념은 상식이나 대부분의 인간 경험에 정면으로 반하는 미국식 이데올로기의 일단이지만, 그럼에도 불구하고 강력한 자기충족적인 힘을 가진 픽션이 되기도 한다.

어떤 사람들에게는 전능한 통제감을 느끼고 모든 경험을 자신의 자유로운 힘의 결과로 해석하고 싶은 욕구가 여전히 강력하게 남아 있다. 만약 어떤 사람이 다른 모든 실제적이고 윤리적인 관심사를 제쳐 둔 채 자신의 힘을 효과적으로 행사한다는 느낌을 추구하고 그것을 즐기는 것을 중심으로 성격이 조직되어 있다면, 그 사람의 성격은 정신병질('사회병질적' 혹은 '반사회적'은 나중에 나온 용어이다)의 범위에 속한다. 정신병질과 범죄는 중복되지만 동등한 범주가 아니다(Hare, 1999). 비전문가들은 흔히 범죄자는 대부분 정신병질자이고 정신병질자는 대부분 범죄자라고 가정한다. 그러나 좀처럼 법을 어기지는 않지만 전능통제 방어에 의해 움직이는 성격을 가진 사람들이 많이 있다. Babiak과 Hare(2007)가 『직장으로 간 사이코패스snake in suits』에서 묘사한 사람들이 이들이다. 이들은 불안을 회피하고 자존감을 유지하기 위한 일차적 방법으로 의식적인 조종manipulation을 사용한다.

다른 사람들을 '이겨 먹는 것'은 전능통제omnipotent control에 의해 지배되는 성격을 가진 사람들의 핵심적인 집착이며 쾌락이다(Bursten, 1973a). 이 사람들은 교묘한 책략이 필요하고, 자극과 위험을 좋아하고, 자신의 영향력을 느끼고 싶은 중심 목표 이외의 다른 관심사는 기꺼이 제쳐 두는 직업 영역에서 흔히 볼 수 있다. 사업, 정치, 비밀 작전, 사이비 종교, 광고와 연예 산업, 기타 원초적 권력을 행사할 가능성이 높은 직업군에서 지도자 역할을 하는 사람들 가운데서 이들을 볼 수 있다. 한번은 군대에서 자문을 한 적이 있었다. 누구든 원하는 사람은 내가 대답할 수 있는 범위 내에서 질문을 할 수가 있었는데, 군 지휘관이 1시간 면담을 요청하였다. 그의 질문은 "어떻게 하면 정신병질자가 장군이 되는 것을 막을 수 있는가?"였다.

극도의 이상화와 평가절하

자기의 전능성에 대한 초기의 환상이 양육자의 전능성에 대한 환상으로 서서히 대체되어 간다고 보는 Ferenczi의 관점은 여전히 가치가 있다. 우리는 엄마나 아빠가 삶의 모든 위험으로부터 자신을 보호해 줄 수 있다고 믿고 싶은 욕구가 아이들에게 얼마나 강렬한지를 볼 수 있다. 우리는 나이를 먹어 가면서 적개심, 질병과 상해의 위험성, 죽음, 그 밖의 다른 공포에 처음으로 직면하는 것이 아이들에게 얼마나 무서운 일인지를 잊어버린다(C. Brenner, 1982). 아이들이 이런 압도적인 공포에 대항해서 자신을 보호하는 한 가지 방법은 어떤 자비롭고 전능한 힘을 가진 권력자가 삶을 책임지고 있다고 믿는 것이다(세상을 움직이는 사람들이 우리 보통 사람들처럼 평범하고 실수가 많기보다는 본래부터 더 현명하고 강하다고 믿고 싶은 소망은 우리 대부분의 마음속에 살아 있다. 이것은 그런 믿음이 그저 소망에 불과하다는 것을 일깨워 주는 사건이 일어날 때마다 우리가 얼마나 실망하는지를 생각해 보면 충분히 유추할 수 있다).

엄마나 아빠가 초인적인 일을 해낼 수 있다고 믿는 아이들의 신념은 부모에게는 커다란 축복인 동시에 저주이기도 하다. 이러한 신념은 가벼운 상처를 치료해 줄 때는 분명히 유익하다. 아이의 절대적이고 애정 어린 신뢰보다 더 감동적인 것도 없다. 그러나 이것은 한편으로는 부모에게 거의 통제하기 어려울 정도로 화가 치밀어 오르게 만들기도 한다. 나는 내 딸 아이가 두 살 반일 때, 자기가 수영장에 갈 수 있도록 내가 비를 멈추게 할 수 없다는 말을 듣고는 엄청난 분노 발작을 일으켰던 사건을 기억한다.

우리 모두는 이상화idealization한다. 우리는 정서적으로 의지하는 사람들이 특별한 가치와 힘을 갖고 있다고 믿고 싶은 욕구를 유물처럼 지니고 있다. 정상적인 이상화는 성숙한 사랑의 필수 요소이기도 하다(Bergmann, 1987). 시간이 흐르면서 아동기에 애착을 가졌던 사람들에 대해 점점 탈이상화하거나 평가절하devaluation하는 경향이 나타나는 것은 분리-개별화 과정의 정상적이며 중요한 측면이다. 집을 떠나면서 자신의 앞에 놓인 삶보다 집이 훨씬 더 좋다고 느끼는 18세짜리는 거의 없을 것이다. 그러나 어떤 사람들의 경우에는 이상화 욕구가 유아기 때와 달라진 것이 그다지 없는 것처럼 보인다. 이들의 행동은 자신의 애착 대상이 전지전능하고 무한한 자비심을 가지고 있다고 믿음으로써, 그리고 이런 경이로운 타자와 심리적으로 융합하여 자신의 안전을 지킬 수 있다고 믿음으로써, 내면의 공포를 상쇄하려는 원시적이고 절박한 시도가 살아 있음을 보여 준다. 이들은 또한 수치심으로부터 자유롭기를 갈망한다. 이상화 및 그와 연관된 완벽에 대한 믿음은 자기의 불완전을 더 견디기 어렵게 만든다. 이상화 대상과의 융합은 이를 해결할 수 있는 매력적인 방법이다.

전능한 양육자에 대한 갈망은 사람들의 신앙심을 통해 자연스럽게 표현된다. 그러나 문제는 이런 갈망이 "내 애인은 완벽하다." "내가 숭배하는 지도자는 절대 잘못이 없다." "우리 학교가 최고다." "내 취향에 대해서는 누구도 딴소리를 할 수 없다." "우리 정부는 절대 실수하지 않는다." 등등의 착각과 고집에서도 명백히 드러난다는 사실이다. 사이비 종교 신자들은 미쳐 버린 자신의 지도자를 평가절하하기보다는 차라리 죽음을 택한다고 한다. 일반적으로, 의존하는 마음이 클수록 이상화의 유혹도 더 크다. 나는 내 여자 친구들이 임신 중에 자신의 담당 산부인과 의사가 "매우 뛰어나다"거나 "그 방면에서 최고"라고 선언하는 것을 수도 없이 들었다. 임신의 시기란 자신의 취약성에 직면해야 하는 두려운 기간인 것이다.

어떤 사람이 자신의 모든 인간적 조건들이 상대적으로 얼마나 더 나은지 항상 순위를 매기려 하고, 이상화 대상과의 결합, 자기를 완벽하게 하려는 노력, 평가절하하는 다른 대안들과 자신을 비교하는 경향 등을 통해 완전함을 추구하며 이를 삶의 주요 동기로 삼는 것처럼 보인다면, 그 사람은 자기애적인narcissistic 성격을 가지고 있다. 그동안 많은 정신분석 문헌에서 자기애성 성격 조직의 다른 여러 측면들을 강조해 왔지만, 원시적 이상화와 평가절하에 대한 습관적인 의존이라는 관점에서 보는 것이 이 사람들의 심리를 구조적으로 이해하는 방법이다. 자신의 매력, 힘, 명성, 가치(즉, 완벽함) 등을 끊임없이 확인받고자 하는 이들의 욕구는 이러한 방어들에 대한 의존에서 비롯된다. 이상화하고 평가절하해야 하는 사람들은 자신을 수용하기보다는 자신을 완벽하게 만들어야만 한다는 생각에 빠져 그릇된 자존감을 추구한다.

원시적 평가절하는 이상화 욕구의 필연적인 이면이다. 인간의 삶에서 완벽이란 없기 때문에, 이상화라는 원초적인 양식은 불가피하게 실망에 이를 수밖에 없다. 어떤 대상을 이상화하면 할수록 그 사람에 대한 평가절하는 더 극단적이 된다. 착각이라는 것은 크면 클수록 더 무참하게 깨어진다. 자기애적인 사람들과 작업해 본 임상가라면, 내담자가 자신의 치료자가 물 위를 걸을 수 있는 사람이라고 생각하다가, 껌을 씹는 사람이 물 위를 걸을 수는 없다고 판단하는 순간 어떤 타격이 뒤따라오는지 씁쓸하게 증언할 수 있을 것이다. 자기애적인 내담자들과의 치료 관계는 환자가 치료자에 대한 미몽에서 깨어나는 순간 갑작스럽게 결렬된다는 점에서 악명이 높다. 전적인 이상화의 대상이 된다는 것은, 그것이 아무리 달콤하게 느껴지더라도 결국에는 큰 부담을 준다. 누군가가 당신이 비를 멈추게 할 수 있다고 믿는 그 자체가 성가신 측면이 있기 때문이기도 하고, 우상의 자리에 오른다는 것은 조만간 내동댕이쳐진다는 전조일 뿐이라는 것을 치료자들이 경험을 통해 배웠기 때문이다. 나의 동료인 Jamie Walkup(개인적 대화, 1992년 5월)은 이상화는 치료자로 하여금 자신의 무지를 부인하도록 하고, 도움을 주고 힘을 보탠다는 온건한 치료 목표를 견디기 어렵게 만들며, 최선의 수행도 단지 '전형적'이라고 생각하도록 유혹하는 일종의 구속복拘束服이라고 하였다.

일상생활에서도 우리는 이와 유사한 과정을 볼 수 있다. 많은 것을 약속하는 듯했던 사람이 그 기대를 채우지 못할 때 그에게 쏟아붓는 증오와 분노의 정도를 보면 그것을 알 수 있다. 자기 아내의 암 전문의가 아내를 고칠 유일한 사람이라고 확신했던 남편은 아내의 사망 후에 그 의사를 상대로 고소를 제기할 가능성이 높다. 어떤 사람들은 이상화와 환멸의 반복 속에서, 지금의 파트너가 인간이라는 것을 알게 될 때마다 새로운 파트너로 갈아 치우면서 평생을 보낸다. 원시적 이상화의 수정은 모든 장기 정신분석적 치료의 합당한 치료 목표이다. 그렇지만 자기애적인 내담자들과 작업할 때는 특히 더 그런데, 그들 자신과 또 그들을 사랑하려는 사람들이 살아가면서 겪어야 할 고통과 불행이 그만큼 크기 때문이다.

투사, 내사, 투사적 동일시

나는 가장 원시적인 방어 과정 중 두 가지, 투사projection와 내사introjection에 관한 논의를 함께 묶었다. 이들은 심리적으로 동전의 양면과 같기 때문이다. 투사와 내사 모두에서 자기와 세상 사이의 심리적 경계가 희미하다. 앞서 말했듯이, 아기가 어떤 경험이 내부에서 오고 어떤 경험이 바깥에서 오는지 구분할 수 있는 감각을 발달시키기 이전에는 '나'와 '세상'이 동등하다는 일반화된 감각을 가지고 있다고 가정할 수 있다. 배앓이를 하고 있는 아기는 아마도 "내 속의 무엇인가가 아프다."가 아니라 그저 "아프다!"라는 주관적인 경험을 할 것이다. 아기는 배앓이 같은 내부의 아픔과 너무 꽉 끼는 기저귀로 인한 압박감 같은 외부에 원인이 있는 불쾌감을 아직 구별할 수 없다. 이러한 상대적인 미분화의 시대로부터 우리가 나중에 그 방어 기능에 따라 투사와 내사라고 부르는 과정들이 출현한다. 이 두 가지 과정이 함께 작동할 때는 투사적 동일시projective identification라고 부르며, 하나의 방어로 간주한다. 몇몇 저자(예, Scharff, 1992)들은 투사적 동일시와 내사적 동일시를 구별하지만, 사실상 비슷한 과정이 작동한다.

투사는 안에 있는 것을 바깥에서 오는 것으로 오해하는 과정이다. 양성良性의 성숙한 투사는 공감의 토대가 된다. 누구도 다른 사람의 마음속으로 들어갈 수는 없으므로, 타인의 주관적 세계를 이해하기 위해서는 자신의 경험을 투사할 수 있어야 한다. 직관, 비언어적 동시성으로의 비약, 다른 사람이나 집단과의 신비적인 연합이 주는 절정 경험 등은 타인에게 자기를 투사하는 과정을 필요로 하며, 양쪽 모두에게 강력한 정서적 보상을 준다. 잘 알려진 대로 사랑에 빠진 사람들은 논리적으로 설명할 수 없는 방식으로 상대방의 마음을 읽는다.

악성惡性의 투사는 위험한 오해와 대인관계의 손상을 초래한다. 투사적 태도가 투사의 대상을 심각하게 왜곡할 때, 혹은 투사되는 것이 자기 것이라고 결코 인정할 수 없는 매우 부정적인 자기의 부분들로 구성되어 있을 때는 온갖 종류의 어려움이 뒤따를 수 있다. 상대방은 오해받는 것에 대해서 분개하기 마련이며, 비판적이고, 질투심 많고, 다른 사람을 괴롭히는(이런 특성은 자기의 일부분으로 받아들이기 어렵고 다른 사람의 것으로 전가하기가 매우 쉽다) 사람으로 취급받는 것에 대해서 복수하고 싶은 마음이 생긴다. 어떤 사람이 세상을 이해하고 삶에 대처하는 주된 방법으로 투사를 사용하고, 투사되고 있는 그것을 부인하거나 자기 것이 아니라고 할 때, 그 사람은 편집성paranoid 성격을 가졌다고 할 수 있다.

편집증은 본래 의심(이것은 투사와 무관한 현실적인 관찰과 경험에 기초하거나, 외상을 겪은 후의 경계심에서 비롯될 수 있다)과는 아무 관련이 없고, 귀인의 정확성 여부와도 관련이 없음을 강조해야겠다. 투사가 '들어맞았다'고 해서 그것이 더 이상 투사가 아닌 것은 아니다. 귀인이 틀릴 때 투사를 알아보기가 더 쉽기는 하겠지만, 타인의 동기를 오해할 때는 방어와는 무관한 어떤 다른 이유가 있을 수도 있다. 사람들이 투사하는 내용은 대개 불쾌한 종류이기 때문에 이를 투사한 뒤에 그에 대해 두려움과 불신을 보이는 것은 사실이지만, '편집증적'이라는 단어가 '두려워하는' 혹은 '터무니없이 의심하는'이라는 단어와 같은 뜻인 것처럼 오용됨으로 해서 용어의 정확성이 상당히 훼손되었다(McWilliams, 2010 참조).

내사는 밖에 있는 것을 안에 있는 것으로 오해하는 과정이다. 양성의 형태일 때, 이는 중요한 타인과의 원시적 동일시와 같은 말이 된다. 어린아이들은 자신에게 중요한 사람들이 보이는 온갖 태도와 정서와 행동을 받아들인다. 이 과정은 너무나 미묘하여 신비스러울 정도이지만, 거울신경세포와 다른 뇌 과정에 관한 최근의 연구들은 이러한 과정의 비밀을 밝혀 주기 시작하고 있다. 아이가 엄마나 아빠처럼 되고 싶다는 자발적인 결정을 내리기 훨씬 이전부터, 어떤 원초적 방식으로 그들을 '삼켜

버리는' 것처럼 보인다.

내사가 문제시되는 형태를 띨 때, 투사와 마찬가지로 매우 파괴적이 될 수 있다. 병리적인 내사의 가장 인상적인 예로는, 그것의 원시성을 감안할 때 그 명칭이 다소 부적절하긴 하지만, '공격자와의 동일시'라고 알려진 과정이 있다(A. Freud, 1936). 관찰(예, Bettelheim, 1960)과 경험적 연구(예, Milgram, 1963) 모두를 통해서 잘 알려져 있듯이, 강한 공포를 느끼거나 학대를 당하는 상태에서 사람들은 학대자의 특성을 취함으로써 무서움과 고통을 극복하려고 한다. 이들은 "나는 무력한 희생자가 아니야. 나는 힘 있는 가해자야."라는 생각에 무의식적으로 끌리는 것 같다. 이러한 기제는 모든 진단에 걸쳐서 볼 수 있지만, 특히 가학증, 폭발성, 그리고 종종 충동성이라고 잘못 불리는 성격적 소질에서 두드러진다.

내사는 우울 심리의 한 양상으로 나타나기도 한다(Blatt, 1974, 2004). 우리가 누군가와 깊은 애착 관계를 형성하고 있으면, 우리 안에 있는 이들의 표상이 우리 정체성의 일부가 된다("나는 톰의 아들이다, 메리의 남편이다, 수의 아빠이다, 댄의 친구이다" 등등). 만약 죽음이나 이별이나 거절로 인해 우리 안에 그 이미지가 내재화되어 있는 누군가를 상실하게 되면, 이들의 부재로 인해 우리는 우리의 환경이 초라해졌다고 느낄 뿐만 아니라 자신이 어쩐지 위축되었다고, 자기의 일부분이 죽었다고 느낀다. 허전함과 공허감이 우리의 내면세계를 지배하게 된다. 무기력한 상실보다는 힘을 느끼기 위해, 도대체 어떤 잘못이나 죄를 지어서 그들을 내몰았을까 하는 질문에 집착하게 될 수도 있다. 내적으로 그 사람이 계속 살아 있다고 느끼기 위해 잃어버린 대상의 비판적이고 공격적인 목소리를 우리 안에 계속 살게 할 수도 있다. 따라서 애도가 회피될 때, 무의식적인 자기비난이 그 자리를 대신한다. Freud(1917a)는 애도 과정을 "대상의 그림자가 자아를 엄습하는"(p. 249) 상실의 상태와 서서히 화해하고 타협하는 과정이라고 아름답게 묘사한 바 있다. 시간이 지나도 그 이미지를 내사한 사랑하는 사람과 내적으로 분리할 수 없고, 그 결과 다른 사람들에게 정서적으로 투자할 수 없다면(이것이 비통해하는 과정의 특징이다), 그는 계속해서 자신이 작고, 하찮고, 메마르고, 박탈당했다고 느낄 것이다.

마찬가지로, 파괴적인 가정에서 살아가는 아동은 자신을 방치하거나 학대하는 양육자에게 자신이 의지하고 있다는 무시무시한 사실을 받아들이기보다는 (자신이 변한다면 자신의 운명이 나아질 수 있다는 희망을 놓지 않기 위해) 차라리 자기 자신에게 잘못이 있다고 믿는다. Fairbairn(1943)은 이러한 과정을 '도덕적 방어moral defense'라고 부르며, "악마가 지배하는 세상에서 살기보다는 신이 지배하는 세상에서 죄인으로 사는 편이 더 낫다."라고 말했다(pp. 66-67). 만약 어떤 사람이 불안을 줄이고 자기의 연속성을 유지하기 위해 내사를 주로 사용하면서, 보상을 주지 않는 초기의 대상과 심리적 유대를 유지하고 있다면, 그는 성격적으로 우울한 사람이라고 봐도 좋을 것이다.

Melanie Klein(1946)은 혼란이 심한 환자들에게서 많이 볼 수 있는 '투사적 동일시'라는 방어 과정에 대해 처음으로 글을 쓴 분석가이다. 투사와 내사의 기제가 융합된 이 방어에 대해 Ogden(1982)은 다음과 같이 간결하게 기술하였다.

> 투사적 동일시에서 환자는 과거 대상관계의 영향을 받아 왜곡된 방식으로 치료자를 본다. 뿐만 아니라 치료자에게 압력이 가해져서 치료자 자신이 환자의 무의식적 환상과 일치되는 상태를 경험하게 된다(pp. 2-3).

즉, 환자는 내적 대상을 투사하는 동시에 상대방이 마치 바로 그 내적 대상인 것처럼 느끼고 행동하도록 만든다. 투사적 동일시는 상당히 난해한 추상적 개념이어서 정신분석 문헌들에서 상당한 논쟁을 불러일으켰다(예, S. A. Mitchell, 1997). 나는 투사적 동일시를 앞의 단락에 언급된 대로 이해한다. 투사와 내사는 각각 원시적 형태에서부터 진보된 형태로 이어지는 연속선을 가지고 있으며(Kernberg, 1976 참조), 연속선의 원시적 극단에서는 투사와 내사 모두에서 내부와 외부의 혼동이 있기 때문에 두 과정이 융합된다. 이 융합을 우리는 투사적 동일시라고 부른다. 4장에서 정신병적 상태와 경계선 상태에서 투사적 동일시의 작동을 간략하게 논의한 바 있다.

투사적 동일시가 성숙한 투사와 어떻게 다른지를 살펴보기 위해, 접수 면접을 하러 온 두 사람이 다음과 같이 진술했다고 가정하고 그 차이를 비교해 보자.

환자A: (사과하듯이) 당신이 나를 비난한다고 믿을 만한 아무런 이유가 없다는 걸 알지만, 어쩐지 그런 생각을 떨쳐 버릴 수가 없어요.

환자B: (따지듯이) 당신들 정신과 의사들이란 뒤로 기대고 앉아서 사람을 판단하기만 좋아하잖아요. 그렇지만 난 당신이 무슨 생각을 하건 눈곱만큼도 관심이 없어요!

여기서 치료자가 회기를 시작할 때 진심으로 친절하고 판단하지 않으며 관심 있는 태도로 두 내담자를 대하였다고 가정하자. 두 내담자를 괴롭히는 것의 내용은 비슷하다. 두 사람 모두 치료자가 지나치게 엄격하고 평가적인 자세를 취할까 봐 걱정한다. 두 사람 모두 내면화된 비판적 대상을 치료자에게 투사하고 있다. 그러나 이들의 의사소통은 세 가지 측면에서 서로 매우 다르다.

첫째, 환자A의 경우 자신의 환상이 반드시 현실과 일치하지 않을 수 있다고 볼 수 있는 능력, 즉 자기 성찰 능력(관찰자아, 성찰 기능)이 있음을 보여 준다. 그의 투사는 자아이질적이다. 이와는 반대로, 환자B는 투사된 것을 치료자의 마음 상태에 대한 정확한 묘사로 경험한다. 그의 투사는 자아동질적이다. 사실상 그는 자신의 귀인이 진실이라고 절대적으로 믿고 있기 때문에 치료자가 '계획하고 있는' 공격에 대항하여 선제공격을 감행하고 있는 것이다. 우리는 여기서 경험의 인지적, 정동적, 행동적 차원의 융합을 발견할 수 있다. 이는 원시적 방어 과정의 전형적인 특징이다.

둘째, 이들은 투사적 과정이라는 방어를 통해 이루려고 했던 일, 즉 괴로운 감정을 제거하는 일을 얼마나 성공적으로 이루었는가 하는 정도에서 차이가 난다. 환자A는 비판적 태도를 다소 떨쳐 내었고, 그것을 말하면서 약간의 안도감을 느낀 반면, 환자B는 비판적 태도를 투사하면서도 동시에 그것을 간직하고 있다. 환자B는 비판적 태도를 다른 사람에게 전가하고 있지만, 그럼에도 불구하고 지나치게 비판적이고 까다로운 검열관 같은 자신으로부터 해방되지 못한다. Kernberg(1975)는 투사적 동일시의 이러한 측면을 투사된 것과의 '공감 유지'라고 표현하였다.

마지막으로, 이들의 의사소통 방식은 매우 다른 정서적 결과를 낳을 수 있다. 치료자는 환자A를 쉽게 좋아하게 되고 쉽게 작업동맹을 형성할 것이다. 그러나 환자B는 이미 치료자가 어떤 사람인지 확신하고 있으며, 이에 대해 치료자는 환자가 생각한 바로 그 사람처럼 느끼기 시작할 것이다. 환자에 대해 호감도 안 생기고, 쉽사리 판단하게 되고, 굳이 애써서 환자를 돌보고 싶은 마음이 들지 않는다. 요약하자면, A에 대한 역전이는 긍정적이면서 부드러운 반면에, B에 대한 역전이는 부정적이면서 강렬할 것이다.

고故 Bertram Cohen은 투사적 동일시의 특징인 이러한 '자기충족적인 예언'에 대해서 매우 원시적이지만 정신병은 아닌 지각적 혼란을 보이는 사람들의 자연스러운 결과라고 내게 설명해 준 적이 있다. 현실에 닻을 내리기 위해 애쓰고 있는 사람이라면, 타인이 가지고 있다고 믿고 있는 감정을 실제로 그 사람에게서 유발할 수만 있다면 자신이 미쳤다는 느낌을 덜 받게 될 것이다. 그러나 명백하게 정신병적인 사람은 자신의 투사가 '들어맞는지' 신경 쓰지 않을 것이며, 투사가 적절하고 자신이 제정신임을 확인해 달라는 압력을 상대에게 가하지 않을 것이다.

투사적 동일시는 치료자에게 특히 강력한 도전이 되며 치료자의 능력을 속박하고 훼손한다. 이 장에 소개되는 모든 방어가 원시적이지만, 투사적 동일시는 바로 뒤에 논의될 분열과 함께 치료자를 골치 아프게 하는 것으로 특별히 명성이 높다. 치료자가 '진짜로' 어떻게 느끼는지에 대해 강한 확신을 가지고, 바로 그 감정을 유도하려고 끊임없이 집요하게 공격해 올 때, 환자의 이러한 정서적 집중 공세를 치료자가 견디기는 어렵다. 우리 모두는 인간적 연약함을 공유하며 환자가 투사하는 온갖 종류의 정서, 방어, 태도를 이미 우리 속에 가지고 있다. 따라서 투사적 동일시를 하는 사람의 믿음에는 항상 다소간의 진실이 있기 마련이다. 임상 현장의 열기 속에서 어디까지가 환자의 방어이고 어디서부터가 치료자의 심리인지 파악하는 것은 매우 어려운 일이다. 이처럼 투사적 동일시는 치료자가 자신의 정신건강을 확신하기 어렵게 만드는 속성을 갖고 있기 때문에, 분열과 함께 경계선 성격 조직의 특징이 되고 있다. 특히 이것은 투사의 측면이 너무나 강력하다는 점에서 경계선 수준의 편집적 성격과 관련이 깊다.

그러나 전문가들이 흔히 생각하는 것과는 달리, 투사적 동일시는 경계선적인 성격을 가진 사람들의 전유물만은 아니다. 이 과정은 정신병리와 관계없이 우리의 다양한 일상생활 속에서 미묘하고도 긍정적인 방식으로 작동되기도 한다. 예를 들어, 투사되고 동일시되는 것이 사랑과 행복이라는 감정일 때 이 좋은 느낌은 집단 전체에 전파될 수도 있다. 투사되고 동일시되는 것이 부정적인 것이라 하더라도 그 과정이 너무 강렬하거나 무자비한 것이 아니고 성숙한 다른 대인 과정에 의해 조절된다면 그렇게 많이 해롭지는 않다. 최근 미국의 정신분석에서는 무의식을 개인의 '어떤 것'이라기보다는 상호주관적으로 공유하는 현상으로 재구성하며(관계적 무의식에 관해서는 Aron, 1996, 혹은 Zeddies, 2000 참조), 위험한 욕망이 끓어오르는 가마솥이라기보다는 창조적이고 긍정적으로 보는 경향이 있다(Eigen, 2004; Grotstein, 2000; Newirth, 2003; Safran, 2006). 이러한 개념화에서 투사적 동일시의 긍정적 측면을 엿볼 수 있다.

자아의 분열

자아의 분열, 보통 간단히 '분열splitting'이라고 부르는 것은 언어 이전 시기에 기원을 둔 또 하나의 강력한 대인 과정이다. 곧, 유아가 자신의 양육자가 좋은 면과 나쁜 면을 모두 가지고 있고, 좋은 경험과 나쁜 경험에 모두 연관된다는 것을 이해하기 전에 시작된다. 두 살배기는 세상의 모든 것을 좋은 것과 나쁜 것으로 나누어 지각한다. 이러한 경향성은, 큰 것과 작은 것(각각 어른과 아이)의 차이에 대한 감각과 더불어 아동이 경험을 조직하는 일차적인 방법이다. 우리는 대상 항상성을 가지기 전에는 양가감정을 가질 수 없다. 양가감정이란 동일한 대상에 대해 상반된 감정을 동시에 가진다는 뜻이지만, 분열은 한 대상을 좋게만, 혹은 나쁘게만 보는 자아 상태에 있다는 뜻이다.

성인들의 일상생활에서도 분열은 복잡한 경험들, 특히 혼란스럽고 위협적인 경험을 이해하는 강력하고도 매력적인 방법으로 여전히 우리들 속에 남아 있다. 정치학자들은 내부의 좋은 사람들이 외부의 사악한 무리들과 싸우는 구도를 만들어 적대감을 키우는 것이 문제와 갈등이 많은 집단에게 얼마나 매력적인지를 증언할 수 있을 것이다. 선 대 악, 신 대 악마, 카우보이 대 인디언, 테러리스트에 맞서는 자유세계, 가증스러운 관료 체제에 맞서는 고독한 내부 고발자 등등의 마니교적인 이분법적 시각이 현대의 서구 문화에서 신화처럼 널리 퍼져 있다. 어떤 사회에서든 그 사회를 지탱하는 기본적인 신념이나 민속에서 이와 비슷한 분열의 이미지를 볼 수 있다.

분열기제는 불안을 감소시키고 자존감을 유지하는 방어적 기능에 있어서 매우 효과적일 수 있다. 그러나 분열은 늘 왜곡을 포함하며 바로 그곳에서 위험이 자란다. 제2차 세계대전 후에 이루어진 '권위주의적 성격'에 관한 학술적 연구들(Adorno, Frenkl-Brunswick, Levinson, & Sanford, 1950)은 세계와 그 안에서의 개인의 위치를 이해하기 위해 분열(이 이름으로는 아니었지만)이라는 방법을 사용할 때 생기는 광범위한 사회적 결과를 탐구하였다. 권위주의에 관한 최초의 연구는 강한 우익적 신념이 특히 이런 종류의 경직성과 관련됨을 보여 주었지만, 이후의 연구자들은 좌익 및 진보적 형태의 권위주의도 존재함을 입증하였다(Brown, 1965 참조).

임상적으로 볼 때, 환자가 양가적이지 않은 분명한 하나의 태도를 보이면서 그와 반대되는 태도(사람들이 대부분 양가적으로 느낄 만한 다른 측면)는 전혀 관계없는 것으로 여길 때 우리는 분열이 작동하고 있음을 본다. 예컨대, 경계선 환자는 자신의 치료자는 전적으로 좋은 사람인 반면, 같은 기관의 다른 치료자들은 전적으로 무관심하고 적대적이고 멍청한 관료주의자라고 생각할 수 있다. 혹은 치료자가 아무 잘못도 하지 않았는데도 바로 그다음 주에 느닷없이 그 치료자를 악과 나태와 무능력의 화신으로 몰아붙이면서 원색적인 분노를 터트릴 수 있다. 이때 귀인의 비일관성을 직면하더라도, 분열을 사용하는 내담자는 그렇게 좋게 보던 사람을 그렇게 나쁘게 본다는 사실을 관심 있게 주목하거나 더 생각해 보려고 하지 않을 것이다.

우리가 경계선이라고 기술하는 심리를 지닌 환자들은 이렇게 심리내적으로 분열될 뿐만 아니라, 정신병원이나 클리닉의 종사자들 간에도 (투사적 동일시를 통해) 분열을 일으키는 것으로 잘 알려져 있다(G. Adler, 1972; Gunderson, 1984; Kernberg, 1981; T. F. Main, 1957; Stanton & Schwartz, 1954). 이 경우 경계선 내담자들의 치료에 관여하는 사람들의 일부는 환자에 대해 강한 동정심을 느끼며 구해 주고 보살펴 주고 싶어 하는 반면, 다른 일부는 그에 못지않은 강한 반감을 느끼고 환자를 직면시키며 한계를 두고 싶어 한다. 그래서 이들 사이에 치료 방향을 놓고 자주 논쟁이 벌어진다. 이런 일은 분열이라는 방어가 그리 좋은 평판을 얻지 못하는 또 한 가지 이유가 된다. 습관적으로 분열을 사용하여 자신의 경험을 조직하는 환자는 도움을 주려는 사람들을 지치게 하는 경향이 있다.

신체화

어린아이들이 자신의 감정을 말로 표현하도록 양육자들로부터 도움을 받지 못할 때, 이들은 자신의 감정을 고갈된 신체 상태(질병)나 행동으로 표현하는 경향이 있다. 신체화somatization란 정서 상태가 신체적으로 표현되는 과정을 분석가들이 지칭하는 용어이다. 흔히 신체화를 꾀병과 같은 것으로 보지만, 언어화할 수 없는 정서적 불편감을 신체적으로 경험하는 것은 동정심을 유발하거나 책임을 회피하기 위해 아픈 척하는 것과 똑같지 않다. 또한 문제가 '모두 머릿속에 있는 것'도 아니다. 뇌는 신체의 일부이지, 독립적인 감독자가 아니다. 신체와 마음의 구분은 마음이 신체를 '통제'한다는 가정과 함께 오랫동안 계몽주의 시대의 기이한 신화로 자리해 왔다. 또한 '인간'이 자연, 다른 동물들, 자기 자신의 몸에 대한 당연한 지배자라는 독선적인 가정을 해 왔다(Meissner, 2006 참조).

삶의 스트레스에 대한 우리의 최초의 반응은 신체적이며, 이러한 반응은 대부분 우리의 기본적인 반응 체계에 남아 있다. 스트레스에 대한 투쟁-도주-동결 반응은 꽤 단단히 박혀 있는 것으로 보인다. 얼굴이 빨개지는 것은 수치심 반응의 자동적인 양상이다. 외상을 겪을 때 뇌에서는 글루코코르티코이드가 다량으로 분비되며 신체 체계에 다양한 현상을 일으킨다. 위장관계, 순환계, 면역 체계, 호르몬 체계, 피부, 호흡, 심장 등등 이 모든 것들이 정서적 압력을 받는 상황에서 서로 다른 방식으로 활성화된다. 처음에는 뭔지 모르겠는 신체적 각성으로 느껴지던 경험을 서서히 언어로 표현하는 능력을 습득하는 과정은 성숙의 일부분이다. 만약 신체적 경험을 말로 표현하는 능력을 익히는 과정에서 도움을 제대로 받지 못한다면, 자동적인 신체적 반응이 그 사람이 자신의 정서적 활성화 상태를 표현하는 유일한 언어가 될 수 있다(Gilleland, Suveg, Jacob, & Thomassin, 2009).

분석가들은 신체화 환자들을 감정표현 불능증 혹은 정동을 말로 표현하는 능력이 결여(Krystal, 1988, 1997; McDougall, 1989; Sifneos, 1973)된 성격으로 오랫동안 기술해 왔으며, 이러한 관찰은 Mattila와 동료들의 최근의 포괄적인 연구(2008)에서 지지되었다. Waldinger, Shulz, Barsky와 Ahern(2006)는 불안전 애착과 아동기의 외상이 신체화와 관련이 있음을 발견하였다. 외상은 많은 연구자들에 의해 언급되고 있다(Reinhard, Wolf, & Cozolino, 2010; Samelius, Wijma, Wingren, & Wijma, 2009; Zink, Klesges, Stevens, & Decker, 2009). 많은 사람들의 가정과는 반대로, 부모가 신체화에 반응해서 신체화가 강화됐다는 경험적 증거는 부족하다(Jellesma, Rieffe, Terwogt, & Westenburg, 2009). 그보다는 어린 시절의 두려움, 불안전 애착, 자기감 통합의 부족이 상관있는 것 같다(Evans et al., 2009; Tsao et al., 2009).

삶이 견디기 힘들 때, 면역 체계가 망가질 수 있다. 나는 정서적으로 과부화되었던 동안 아팠던 경험을 몇 차례 (그때 볼 수 있었던 것보다 지금은 더 선명하게) 떠올릴 수 있다. 또한 특별히 힘든 사건에 맞닥뜨린 친구들이나 내담자들이 그런 위태로운 순간을 말하는 것을 자주 들었다. 몇몇 연구들은 DSM-IV에서 정의한 신체화 장애가 대다수의 성격장애와 동반됨을 발견했으며(Bornstein & Gold, 2008; Garcia-Campayo, Alda, Sobradiel, Olivan, & Pascual, 2007; Spitzer & Barnow, 2005), 이는 신체화가 심각한 성격병리에 혼함을 시사해 준다. 스트레스에 대해 규칙적으로 또한 성격적으로 질병으로 반응하는 사람들은 신체화 성격으로 개념화될 수 있다(PDM Task Force, 2006). DSM의 성격장애 목록에는 성격적 신체화가 포함된 적이 없지만, DSM-IV의 '신체화 장애'에 대한 기술은 다년간에 걸쳐, 다양한 상황에서, 다수의 신체기관에 문제가 생기는 사람들을 기술하고 있다. 개념적으로 이러한 사람들을 성격장애와 구분하기는 상당히 어렵다.

우리 대부분은 아픔으로써 스트레스에 반응하는 지인들을 생각해 낼 수 있다. 치료자들은 내과 의사들로부터 환자를 의뢰받는 경우가 많다. 내과 의사들은 만성적으로 신체적 허약을 호소하는 환자들에게 두 손을 들고 결국 심리치료가 도움이 될 수 있지 않을까 하여 의뢰를 한다. 또한 긴장성 두통, 과민성 대장, 피부 발진, 만성 통증을 무슨 방법으로도 치료할 수 없었던 사람들이 마지막으로 심리치료를 받으러 오기도 한다. 감정의 표현은 정신분석이나 인본주의 치료에서 평상적으로 행해지는 일이다. 신체화하는 사람들은 자동적으로 신체적 고통을 겪고 그것을 표현하는 능력이 없기 때문에 도와주기가 어렵다. 특히 이전의 건강 전문가나 치료자들이 이들의 신체적 호소를 참아 내지 못하고, 과장하고, 패배적으로 반응해서 신체적 고통이 복잡해졌을 때 더욱 그러하다.

치료자는 신체적 고통이나 피로감을 호소하는 사람이 신체화 방어를 사용하고 있다고 무분별하게 결론 내려서는 안 된다. 한 가지 이유로, 질병 자체가 주는 스트레스가 퇴행적 반응을 야기할 수 있기 때문이다. 사람들은 무의식적으로 우울하기 때문에 아플 수 있고, 또한 의학적 질병이 있기 때문에 우울해질 수 있다. 더욱이, 어떤 내담자들은 심리적 고통을 신체적 고통이나 기능 부전을 통해서 표현하는 것이 정상적인 문화에서 성장했다. 고통이 신체로 표현되는 전통이 있는 곳에서는, 심리적으로 성숙한 사람일지라도 자신의 어려움을 그런 방식으로 표현한다. 따라서 이 경우 원시적 퇴행 과정이 관여되어 있다고 가정할 수 없다(Rao, Young, & Raguram, 2007; So, 2008).

행동화(방어적 상연)

앞서 언급하였듯이, 어린아이가 언어화할 수 없는 마음의 상태를 표현하는 또 다른 방법은 그것을 행동화하는 것이다. 이 책의 1판에서는 행동화acting out를 성숙한 방어에 포함했었다. 왜냐하면 일차적 방어 과정에 관한 장을 쓸 때 Kernberg(1984)가 경계선과 정신병적 상태와 연결하여 설명한 과정에 집중했었기 때문이다. 행동화는 문제가 많은 사람뿐만 아니라 건강한 사람들의 특징이 되기도 하지만, 상연enactment을 이차 과정에 포함한 것은 실수였다는 것이 지금 나의 생각이다. 말로 표현하지 못해서 행동으로 옮기는 것은 그 정의상 언어 이전의 작동이기 때문이다. 그러나 내가 처음에 했던 경고는 여전히 유효하다. '행동화'라는 용어는 원래 경멸의 의미를 담고 있지 않음에도 불구하고 사람들이 자신이 좋아하지 않는 모든 종류의 행동을 묘사하는 데 매우 흔하게 적용한다. 대부분의 독자들은 아마도 못마땅한 어조로 이 용어가 사용되는 것을 들어 본 적이 있을 것이며, 보다 단순한 기술적記述的 의미를 잘 모를 수 있다.

내가 아는 한 '행동화'라는 용어는 분석가의 사무실 밖에서 보이는 환자의 특정 행동을 정신분석적으로 기술할 때 처음으로 사용되었다. 이때 환자는, 특히 분석가가 있을 때는 스스로 의식하지 못하거나 너무 불안해서 의식으로 떠올리지 못했던 분석가를 향한 감정을 모종의 행동으로 드러내는 것으로 보였다(Freud, 1914b). 나중에 이 용어는 더 폭넓게 사용되어, 내적으로 금지된 감정과 소망, 혹은 너무도 괴로운 공포와 환상, 외상적인 기억과 연관된 불안을 다스리려는 무의식적 욕구에 의해 촉발된 모든 행동을 기술하는 용어가 되었다(Aichhorn, 1936; Fenichel, 1945). 그 이후에 행동화와 관련된 '상연'이라는 용어가 사용되기 시작했다. 상연은 환자가 한 번도 말로 표현해 본 적이 없거나 언어적으로 개념화할 수 없었던 어떤 경험을 행동으로 드러내는 현상을 말한다(Bromberg, 1998; D. B. Stern, 1997). 관계 운동의 분석가들은 치료에서 상연은 필연적으로 일어날 수밖에 없다고 강조한다. 환자와 치료자 각각의 무의식 세계가 서로 영향을 주면서 상연에 의한 역동을 만들어 내며, 치료자는 이를 언어화하고 성찰의 대상으로 전환해야 할 책임이 있다. 방어로서의 행동화의 기능을 살펴보면, 무의식적으로 불안한 사람은 고통스러운 시나리오를 상연함으로써 수동을 능동으로 바꾸고, 무력하고 취약한 느낌을 주체적으로 힘을 행사하는 경험으로 변형한다. 상연되는 드라마가 아무리 부정적이더라도 말이다(Weiss, 1993 참조).

한 여교사가 매우 비판적이었던 어머니와의 관계로 인해 한편으로는 친밀감을 두려워하면서도 다른 한편으로는 이를 몹시 갈구하였다. 그녀는 나와 치료를 시작하고 몇 주 지나지 않아서 낸시Nancy라는 이름의 동료와 성적 관계를 갖기 시작하였다. 나는 그녀가 나와 가까워지고 싶은 소망을 느끼기 시작하고, 내가 (마치 그녀의 어머니처럼) 그녀의 소망을 비웃을 것이라고 무의식적으로 가정하여, 나와 이름이 같은 다른 사람에게 자신이 원하면서도 두려워하는 바로 그 측면을 행동화함으로써 자신의 금지된 무의식적인 갈망을 다루었다고 추측했다. 내 해석이 정확하다면, 이런 종류의 상연은 분석에서 흔히 일어나는 일이며, 특히 어린 시절 자신의 욕구와 감정을 힘 있는 사람이 거부할까 봐 두려워했던 환자들에게서 자주 나타난다.

따라서 '행동화' 혹은 '상연'은 엄격히 말해 환자가 치료에서 말로 표현하기에는 아직 안전하다고 느끼지 않는 혹은 정서적으로 선명하지 않은 전이 태도를 행동으로 표현한다고 가정될 때 사용된다. 또한 치료 안에서든 밖에서든 어떤 태도를 둘러싼 압도적이고 언어화할 수 없는 정동이 있을 때, 이를 극복하려는 무의식적 목적에서 이를 행동으로 방출하는 과정을 지칭하는 데도 사용된다. 행동화되는 것은 현저하게 자기파괴적일 수도 있고, 성장 지향적일 수도 있으며, 두 가지가 섞여 있을 수도 있다. 그러므로 어떤 행위를 행동화라고 부르는 것은 그것이 좋거나 나빠서가 아니라, 행동을 촉발하는 감정이 무의식적이거나 해리되어 있으며, 그 행동이 행해지는 방식이 강박적이고 자동적이기 때문이다. 별로 바람직하지 못한 행동, 예컨대 정신없이 날뛰는 아이나 무례한 사람들의 행동에 '행동화'라는 이름을 붙이는 요즘의 유행은, 따라서 정신분석적인 면에서 타당하지 않다. 이 용어가 부정적 색채를 띠게 되었다는 것은, 유익한 행동화는 파괴적인 행동화만큼 주목을 끌지 못한다는 사실을 반영하는 것 같다.

분석가들은 무의식적 동기를 지니고 있을 때 행동화라는 일반적인 제목 아래 묶일 수 있는 여러 종류의 행동을 지칭하는 몇몇 인상적인 명칭들을 만들어 냈다. 노출증, 관음증, 가학증, 피학증, 성도착, 그리고 '역counter, 逆'이라는 접두어가 붙은 모든 용어들(역공포증, 역의존성, 역적개심)이 그것이다. 여기서 이러한 과정들이 원래 부정적이거나, 원래 방어적임을 의미하는 것이 아님을 밝혀야겠다. 우리는 노출증과 관음증이라는 정상적인 욕구를 갖고 있으며, 이러한 욕구는 대개 보거나 보여 주는 사회적으로 수용 가능한 방식으로 방출된다. 피학성과 가학성이라는 우리의 욕구는 자신을 희생하는 행동 혹은 지배하는 행동으로 긍정적으로 표현될 수 있다. 이러한 모든 성향이 즐거운 성적 경험으로 통합되기도 한다. 그러나 특정 행동을 방어적이라고 이해하고 이러한 용어들을 적용할 때는, 그러한 행동 이면에 두려움 혹은 부인하고 싶거나 제대로 파악되지 못한 부정적 감정이 깔려 있다고 가정된다. Freud는 우리가 기억하지 못하는 것은 행동화된다고 보았다. 이 예리한 초기 관찰은 지금도 유효하며, 특히 기억하지 못하는 이유가 그 상황이 매우 큰 고통을 주었기 때문이라고 가정할 수 있는 경우에는 더욱 그렇다.

심리적 딜레마를 다루기 위해 주로 행동화에 의지하는 사람들이 있다면, 이들을 충동적 성격이라는 범주에 포함할 수 있을 것이다. 그러나 충동성이라는 명칭은 오해를 불러일으킨다. 충동적이라는 말은 그 순간 하고 싶은 것은 무엇이든지 앞뒤 가리지 않고 한다는 느낌을 주기 때문이다. 즉흥적이고 단순한 충동처럼 보이는 많은 것들은 결코 그렇게 까닭 없이 제멋대로 표출되지 않는다. 이런 행동들은 무의식적이고 매우 복잡한 과정을 거쳐 표현되는 경우가 많다. 히스테리적인 성격을 지닌 사람들은 무의식적인 성적 시나리오를 행동화하는 것으로 유명하다. 중독된 사람들은 자신이 선택한 그 중독물질과의 관계를 반복적으로 행동화한다고 개념화할 수 있다(물론 이 경우 화학적 의존성이 이미 가지고 있는 심리적 중독을 더 악화시킨다). 강박행동을 하는 사람들은 특정한 강박행동을 수행해야 한다는 내적 압력에 굴복할 때 이를 행동화한다. 정신병질적인 사람들은 복잡한 패턴의 조종을 재상연할 수 있다. 이렇게 행동화 방어는 여러 대조적인 임상 현상에서 자주 볼 수 있다.

성애화(본능화)

성애화sexualization는 대개 상연의 형태로 표현되며 행동화의 하위 유형으로 볼 수도 있을 것이다. 그러나 이를 별도로 제시하는 것은, 한편으로는 행동화 없이도 성애화가 가능하기 때문이며, 다른 한편으로는 이것이 매우 일반적이고도 흥미로운 개념이어서 특별한 주의를 기울일 필요가 있기 때문이다.

Freud(1905)는 그가 '리비도'라고 칭한 기본적인 성적 에너지가 모든 인간 활동의 기저에 있다고 가정하였다(나중에 그는 인간의 편만한 파괴성을 보고 공격적 추동도 리비도와 같은 근본적인 동기의 하나라고 생각했지만, 그의 임상 이론에 사용된 용어는 대부분 이런 생각의 변화가 생기기 전에 나온 것이다). 추동에 기초한 생물학적 이론은 성적 행동을 파생적이고 방어적인 동기가 아닌 일차적 동기를 표현하는 것으로 보았다. 확실히 성이라고 하는 것은 인간의 강력한 기본 역동이며, 인간의 많은 성적 행동은 종족의 유지라는 절대 임무를 직접적으로 표현하는 것이다. 그러나 Freud 이후 수십 년에 걸친 임상 경험과 연구 결과들(예, Celenza, 2006; Ogden, 1996; Panksepp, 2001; Stoller, 1968, 1975, 1980, 1985)은 성적 활동과 환상이 어떻게 방어적으로 사용되는지를 분명하게 보여 주었다. 사람들은 불안을 다스리기 위해서, 자존감을 회복하기 위해서, 수치심을 상쇄하기 위해서, 내적인 황폐감을 비껴가기 위해서 성을 사용한다.

사람은 어떤 경험이든지 성애화할 수 있다. 공포, 고통 혹은 다른 압도적인 감각을 흥분으로 전환하려는 무의식적 의도가 작동하는 것이다. 이 과정은 본능화

instinctualization라고 불리기도 하였다. 성적 각성은 살아 있음을 느끼게 하는 확실한 수단이다. 아동이 유기, 학대, 혹은 다른 끔찍한 재앙으로 인해 죽음의 공포를 느낄 때, 이런 외상적인 상황을 살아 있음을 확인해 주는 다른 상황으로 바꿈으로써 그런 공포를 심리적으로 견뎌 내려고 할 수 있다. 많은 아동들이 불안을 경감하기 위해서 자위를 한다. 유난히 성적 성향이 강한 사람들을 대상으로 한 연구들은 그들에게 아이로서는 감당할 수 없었던 압도적인 유아기 경험이 있었다는 것과, 그래서 그들이 그런 외상을 자기주도적으로 성애화하였음을 보여 주었다. 예를 들어, 성적 만족을 얻기 위해서는 고통을 느껴야 하는 성적 피학증이 있는 사람들을 대상으로 한 Stoller(예, 1975)의 작업은, 이들 중에 많은 사람들이 어린 시절에 고통스러운 의학적 처치를 받았던 사실을 밝혀냈다. 가학피학성 스펙트럼의 정반대편에 있는 사람들은 폭력을 성애화하여 강간한다.

우리 대부분은 삶의 골치 아픈 면들에 대처하거나 인생에 묘미를 곁들이기 위해서 어느 정도 성애화를 사용한다. 성애화의 대상에 있어서는 다소간의 성차가 있어서, 여성은 의존심을, 남성은 공격성을 성애화하는 경향이 있다. 사람들은 돈과 권력을 성애화하고, 학습 경험을 성애화하기도 한다. 그래서 소크라테스 시대 이래로 재능 있는 스승들은 때때로 에로틱한 존재로 인식되어 왔던 것이다. 우리는 우월한 권력을 갖고 있는 사람에 대한 반응 또한 성애화하는 경향이 있다. 왜 정치적 인물이나 유명 인사들 주변에 성적으로 접근하려 하는 추종자들이 쇄도하는지, 왜 영향력 있고 유명한 사람들 사이에 성의 타락이나 악용의 추문이 생길 가능성이 많은지 알 수 있을 것이다.

상대적으로 약한 위치에 있는 사람들은 자신의 질투심, 적개심, 학대에 대한 두려움을 성적인 시나리오로 전환하여, 매우 사적인 성적 능력에 의존해서 상대적으로 부족한 공적 능력을 보상하려고 할 수 있다. 구조적으로 종속적인 위치에 있는 사람들(피고용인, 학생, 사병, 환자)을 보호하는 법과 관습이 그래서 필요한 것이다. 우리 모두는 권력자에 의한 야비한 착취의 가능성뿐만 아니라, 우리 자신의 방어에서 비롯되는 유혹을 떨쳐 버릴 수 있게 해 주는 견제 장치가 필요하다.

너무 반복하는 느낌이 들지만, 다른 모든 방어 과정들처럼 성애화 또한 그 자체가 본질적으로 문제가 있다거나 파괴적인 것이 아님을 강조하고자 한다. 개개인의 성적 환상, 반응 패턴, 습관은 아마도 삶의 다른 어떤 심리적 양상보다도 더 독특할 것이다. 그런 까닭에, 어떤 사람을 성적으로 자극하는 것이 다른 사람을 차갑게 만들 수도 있다. 만약 어떤 사람이 머리카락을 만져 주는 것을 성애화하게 되었고(심지어 어린 시절에 엄마가 너무 세게 머리카락을 잡아당겨서 이를 방어적으로 성애화한 것에서 유래되었다 하더라도), 애인이 머리카락을 만지는 것을 좋아한다고 해도, 이것 때문에 심리치료를 받으러 갈 일은 없을 것이다. 그러나 만약 학대하는 남자들로 인해 크게 공포심을 느꼈던 경험을 성애화하여 자신을 때리는 남자들과 반복적으로 관계를 갖는다면, 치료적 도움을 구하는 것이 훨씬 바람직할 것이다. 다른 모든 방어와 마찬가지로, 이 방어의 사용이 긍정적 적응인지, 그저 사소한 습관에 불과한지, 아니면 병리적 고통인지를 (자신과 타인이) 판단하는 것은 성인기에 그것이 사용되는 맥락과 그 결과에 달려 있다.

극도의 해리

나는 극도의 해리dissociation를 일차적 방어에 포함했다. 그렇게 한 이유는 이것이 성격 전체에서 너무나 총체적으로 작동하기 때문이며, 또한 많은 해리 상태가 본질적으로 정신병적이기 때문이다. 그러나 이 책의 1판을 출간한 이래로, 나는 해리 반응의 범위를 어디까지로 볼 것인지 점점 예민해졌고, '해리'라는 용어를 압도적이고 충격적인 외상의 방어에만 국한하여 사용하라고 권고하기 어렵게 되었다. 1994년에 나는 해리가 다른 하위 방어들과는 다른 것 같다고 썼다. 해리는 분명 심각한 외상에 대한 반응이며, 다행히도 우리 대부분은 그런 심한 외상을 겪으며 자라지 않기 때문이다(이와 대조적으로 다른 방어 과정들은 정상적인 작동양식이며, 그것들에 너무 오랫동안 매달리거나 현실을 다루는 다른 방법들을 배제한 채로 집중적으로 매달릴 때만 문제가 된다). 그러나 나는 개개인의 고통과 외상을 구별하는 일은 정도의 문제이며, 해리는 정상적이고 사소한 것에서부터 일탈적이고 황폐한 것까지 연속선상에 존재한다는 현대의 많은 관계 분석가들(예, Bromberg, 1998; Davies & Frawley, 1994; Howell, 2005)의 의견에 동의하게 되었다.

해리는 외상에 대한 '정상적' 반응이다. 만약 우리가 대처 능력을 압도하는 재앙에 직면한다면, 특히 그것이 참을 수 없는 고통과 공포를 포함하고 있다면, 누구든지 해리될 수 있다. 전쟁이나 생명을 위협하는 재난을 당하거나, 혹은 큰 외과 수술을 받는 동안에 신체 이탈 경험을 보고하는 사람들이 상당히 많다. 그러므로 아주 의심이 많은 사람만이 해리 현상의 증거를 전적으로 무시할 수 있을 것이다. 어느 연령에서건 견딜 수 없는 참극을 겪는 사람은 해리될 수 있다(Boulanger, 2007; Grand, 2000). 어린 시절 참혹한 학대를 반복적으로 당한 사람은 스트레스에 대한 습관적 반응으로 해리될 수 있다. 이런 경우 성인 생존자는 한때는 '다중인격'이라고 불렸고, 지금은 '해리성 정체성 장애'라고 지칭되는 만성적인 해리장애를 겪고 있다고 개념화하는 것이 합당하다.

최근 수십 년간 해리와 해리성 정체성 장애에 관한 연구와 임상 보고가 폭발적으로 증가하였다. 이러한 현상은 일차적 방어로서 해리를 사용하는 사람들의 숫자가 사람들이 이전에 예상했던 것보다 훨씬 더 많다는 사실을 잘 보여 준다(I. Brenner, 2001, 2004 참조). 아마도 해리를 일으킬 만한 참혹한 아동 학대가 더 많아졌거나, 혹은 『Sybil』(Schreiber, 1973)의 출간 이래 대중의 의식이 높아졌기 때문일 수도 있다. 이 책의 출간과 사회적 인식의 변화는 자신이 해리장애를 가지고 있다고 느끼는 사람들을 더 빨리 정신건강 전문가를 찾아가게 만들었다. 신경정신분석적 연구는 해리 상태에서 뇌에 어떤 일이 일어나는지 기술하기 시작하였다(Anderson & Gold, 2003; Bromberg, 2003).

견딜 수 없는 조건에서 일어나는 해리의 유익은 명백하다. 해리되는 사람은 고통과 공포, 혹은 죽음이 임박했다는 느낌을 차단한다. 생사의 위험에 처해서 신체 이탈을 경험해 본 사람이라면, 그리고 그런 극적인 경험이 없는 평범한 사람들조차도, 절박한 말살의 느낌 안에 파묻혀 있기보다는 그 밖으로 나가는 것이 더 낫다는 것을 금방 이해할 수 있다. 경미한 해리는 유난히 용감한 행동을 촉진하기도 한다. 그러나 해리 방어의 가장 큰 약점은 실제로 생존이 위협받지 않는 조건하에서도, 그리고 더 차분하게 현실적으로 대응한다면 전체 기능이 훨씬 덜 소모될 조건하에서도 자동적으로 작동하는 경향이 있다는 것이다. 외상을 경험한 사람은 일상적 스트레스와 생명을 위협하는 환경을 혼동할 수 있으며, 즉각적으로 기억을 상실하거나 완전히 딴사람이 되어서 자기 자신과 타인에게 상당한 혼란을 줄 수 있다. 사람들은 자신들도 외상의 내력을 갖고 있지 않는 한, 친구가 갑자기 어떤 중요한 사건을 잊어버리거나 납득하기 어려울 정도로 변한 모습을 보이더라도 거의 해리를 의심하지 않는다. 그보다는 그 사람이 매우 변덕스럽고 불안정하다고 생각하거나, 혹은 거짓말쟁이라고 결론짓는다. 따라서 이 방어를 습관적으로 사용하는 사람들은 대인관계에서 비싼 대가를 치른다.

요약

이 장에서 나는 분석가들이 관습적으로 원시적 혹은 일차적 방어로 분류하는 방어들을 기술하였다. 극도의 철수, 부인, 전능통제, 극도의 이상화와 평가절하, 원시적 형태의 투사와 내사, 분열, 신체화, 상연, 성애화, 극단적 형태의 해리가 이들이다. 각 방어의 정상적인 기원이라고 가정되는 것들에 관해 개관하였고, 각 방어의 적응적 기능과 부적응적 기능에 대해 언급하였다. 또한 각각의 일차적 방어에 대한 심한 의존과 관련이 있는 성격과 증후군들을 살펴보았다.

더 읽을거리

원시적 형태의 투사와 내사를 다룬 훌륭한 책들이 있다(Grotstein, 1993; Ogden, 1982; Sandler, 1987; Scharff, 1992). 다른 일차적 방어들은 심리적 발달을 다룬 책들에 소개되는 경우가 많다. Klein의 『Love, Guilt, and Reparation』(1937)과 『Envy and Gratitude』(1957)는 원시적 과정들을 매우 잘 조명하고 있으며, 그녀의 다른 저서와는 달리 초심자들도 이해하기가 그리 어렵지 않다. Balint(1968)는 개인 내의 원초적 역동을 기술하는 데 뛰어난 재능을 발휘하였고, Bion(1959)은 집단 내에서 작동하는 원초적 역동을 비할 데 없이 잘 보여 주었다. Grotstein의 『Splitting and Projective Identification』(1993)도 Klein 학파의 이러한 개념들을 개관한 뛰어나고 유용한 책이다.

Phoebe Cramer의 『Protecting the Self』(2006)는 방어와 방어의 발달에 관한 몇몇 매혹적인 연구들을 개관하고 있으며, 또한 방어 양식의 성숙은 심리적 건강과 연관이 있는 반면, 원시적 방어에 대한 의존은 정신병리와 연관이 있다는 오랜 정신분석적 관찰을 경험적으로 지지해 주고 있다. George Vaillant는 그의 뛰어난 경력의 많은 부분을 방어 과정을 이해하는 데 바쳤다. 특히 그의 저서 중 『Ego Mechanism of Defense』(1992)는 치료자들에게 유용하다.

Chapter 06 Psychoanalytic Diagnosis

이차적 방어 과정

사실상 모든 심리 과정이 다 방어적으로 사용될 수 있기 때문에, 모든 방어를 다 요약하는 것은 불가능하다. 분석에서는 자유연상조차 특정한 주제를 피하기 위한 방어로 사용될 수 있다. Anna Freud의 독창적인 저서인 『The Ego and the Mechanism of Defense』(1936)에는 부인, 억압, 반동형성, 치환, 합리화, 주지화, 퇴행, 역할 역전, 자기 탓으로 돌리기, 공격자와의 동일시, 승화가 소개되어 있다. Laughlin(1970)은 22개의 주 방어기제와 26개의 부 방어기제를 기술하였으며, Vaillant와 Vaillant(예, 1992)는 18개의 방어를 명명하고 방어의 성숙도에 따라 이를 분류하였다. DSM-IV에는 31개의 방어가 나열되어 있으며 역시 수준에 따라 이를 분류하였다. Cramer(2006)는 뚜렷한 의도를 지닌 대처 전략과 방어기제를 대비하며, 방어의 무의식적, 자동적, 비고의적 속성에 주목하였다.

나는 A. Freud의 목록보다는 범위가 더 넓지만 Laughlin과 Vaillant의 목록보다는 덜 포괄적인 일련의 방어기제들을 여기서 소개한다. 두 가지 기준에 따라 '성숙한' 혹은 '상위' 방어를 선택하였는데, (1) 정신분석적 임상 문헌과 치료자들에 의해 언급되는 빈도, (2) 특정한 성격 패턴과의 관련성이 그것이다. 아마도 다른 사람들은 나와는 다른 목록을 제시하고, 방어의 다른 측면들을 강조하며, 분석 이론과 실제에 관한 저자들 나름의 독특한 의견을 반영할 것이다.

억압

억압repression은 Freud가 처음으로 매료된 방어들 중 하나였으며, 임상 연구와 경험적 연구의 오랜 역사를 지니고 있다. 억압의 핵심은 동기를 지닌 망각과 무시이다. 이 함축적인 은유적 표현은 충동과 정동은 방출되려는 압력을 받으며 역동적 힘으로 이들을 묶어 두어야 한다는 초기의 추동 모델을 떠올리게 한다. Freud(1915b)는 "억압의 핵심은 단순히 어떤 것을 의식으로부터 쫓아버리고 멀리 두려는 것이다."라고 하였다(p. 146). 내부 소인이나 외부 환경이 너무 고통스럽고 혼란스럽다면 이는 의도적으로 무의식에 할당될 수 있다. 이 과정은 경험 전체에, 혹은 경험과 연결된 정동에, 혹은 경험과 연관된 개인의 환상과 소망에 적용될 수 있다.

주의를 집중하기 어렵거나 기억하기 어렵다고 해서 이를 모두 억압이라고 볼 수는 없다. 어떤 생각, 감정, 지각이 그것이 지닌 고통을 유발하는 힘으로 인해서 의식적으로 접근 불가능하게 되었다는 증거가 있을 때만 억압의 작동을 가정할 수 있다. 기타의 주의력과 기억력의 결함은 중독 상태나 기질적 문제, 혹은 단순히 사소한 일보다는 중요한 일에 관심을 기울이는 일상적인 정신 작용으로 인해 생길 수 있다(지금 나는 60대이고 이 층에 뭘 하러 올라왔는지 잊어버리기 일쑤이다. 때문에 기억의 실수는 늘 역동에 의해 유발된다는 Freud의 이론은 비교적 젊은 사람만이 발전시킬 수 있는 이론이 아닌가 하는 생각이 든다).

Freud는 희생자가 나중에 생각해 낼 수 없는 강간이나 고문과 같은 외상적 경험에서 억압의 작동을 보았다. 한때 '전쟁 신경증'이라고 불렸고, 지금은 외상후 스트레스 반응이라고 알려진 사례들은 정신분석적으로 억압의 개념에 비추어 설명이 되었다. 이 경우, 희생자는 생명을 위협하던 끔찍한 사건을 의지적으로 기억해 낼 수는 없으나 그 사건의 침투적인 플래시백으로 인해 고통을 받기도 하는데, '억압된 것의 복귀'라는 Freud의 화려한 명칭은 아마 이런 현상에 해당될 것이다. 뇌 과정에 관한 현대의 지식은 억압이 이러한 외상적인 기억 문제를 설명하는 정확한 개념이 아님을 시사해 준다. 이제 우리는 극심한 스트레스를 받을 때 삽화기억("나에게 그런 일이 일어났다. 내가 거기에 있었다."라는 느낌)을 저장하는 해마의 기능이 외상 동안 분비되는 글루코코르티코이드에 의해 정지된다는 사실을 안다. 따라서 삽화기억은 처음부터 저장되지 않는 것이다. 외상 이후에 의미기억(사건 이후 3인칭 시점의 사실), 절차기억(사건에 대한 신체적 경험 혹은 '신체기억'), 정서기억(사건이 일어난 장소에 있을 때처럼 무언가가 사건을 상기하게 할 때 사건 중에 활성화된 정서를 경험하는 것)이 있을 수 있지만, 삽화기억은 애당초 있을 수가 없다(Solms & Turnbull, 2002). 15장에서 이러한 사실의 임상적 의미에 대해 더 살펴볼 것이다.

후기 분석 이론은 '억압'이라는 용어를 외상보다는 내부적으로 발생한 생각에 더 많이 적용하였다. 치료자들에게는 이런 식의 억압의 적용이 가장 유용하게 남아 있다. 억압은 한쪽 부모를 때려눕히고 다른 부모를 독점하고 싶은 아동의 오이디푸스 소망처럼, 발달적으로는 정상이나 실현 불가능하고 공포감을 주는 심리적 투쟁을 다루는 수단으로 여겨졌다. 아이들은 결국 이러한 소망을 무의식으로 추방한다. 마음을 어지럽히는 충동을 억압으로 다룰 수 있으려면, 그 전에 자기 감각의 전체성과 연속성을 획득해야 한다. 초기의 경험을 통해 정체성 통합이 이루어지지 않은 경우에는, 고통스러운 감정들이 부인, 투사, 분열과 같은 보다 원시적인 방어를 통해 다루어지는 경향이 있다(Myerson, 1991).

Freud(1901)가 '일상생활의 정신병리'의 일부라고 보았던, 임상적으로는 별로 중요하지 않은 억압의 예로는, 자신이 소개해야 할 사람에 대해 무의식적으로 어떤 부정적 감정을 갖고 있다는 증거가 있을 때 연사가 그 사람의 이름을 잠시 잊어버리는 경우를 들 수 있다. 아동이 유아기의 애정 대상을 포기하고 가족 밖에서 파트너를 찾게끔 하는 발달적으로 정상적인 억압 과정, 그리고 억압이 사소하게(가끔 재미있게) 일어나는 경우, 우리는 억압 과정의 적응적인 모습을 볼 수 있다. 만약 우리가 자신의 충동, 감정, 기억, 이미지, 갈등을 총망라한 내용을 항상 의식하고 있다면 우리는 늘 그것에 압도당한 채로 살아가게 될 것이다. 다른 방어와 마찬가지로 억압은, (1) 어지러운 생각들을 안전하게 의식 밖에 둠으로써 현실을 수용하며 적응할 수 있도록 해 주는 제 역할을 못했을 때, (2) 삶의 긍정적 측면들을 방해할 때, (3) 더 성공적인 다른 대처 방식을 배제하고 독점적으로 작동될 때만 문제가 된다. 억압에 대한 과잉 의존은, 종종 그와 공존하는 몇 가지 다른 방어 과정들과 함께, 고전적으로 히스테리적 성격의 징표로 간주되어 왔다.

히스테리 환자들로 하여금 과거의 외상적 사건과, 성장하는 과정에서 수용 불가한 것으로 생각하게 된 충동과 감정을 의식에 떠올리도록 했던 Freud의 초기의 노력은 매우 흥미진진한 정보를 제공해 주었다(Breuer & Freud, 1893~1895). 2장에서 언급했듯이, 그는 처음에는 히스테리 집단과의 작업을 통해서 억압이 불안을 야기한다고 결론지었다. 그의 초기의 기계적 모델에 따르면, 히스테리에 매우 흔하게 동반되는 불안은 추동과 정동을 억압적으로 봉쇄함으로써 야기된다. 이런 감정은 방출되려는 압력을 받으며 따라서 만성적인 긴장 상태를 초래한다(일부 냉소적인 논평자들은 이것을 억압과 불안의 관계에 관한 '성교중단coitus-interruptus' 이론이라 칭하였다). Freud는 후에 축적된 임상적 관찰에 비추어 이론을 수정하면서 원인과 결과를 뒤바꾸었다. 억압과 다른 방어기제들은 불안의 원인이라기보다는 오히려 불안의 결과라고 보았던 것이다. 달리 말하면, 비합리적 공포가 먼저 있고, 이것이 잊어버리려는 욕구를 만들어 낸다.

억압을 자아의 기본적인 방어로서 개인의 삶에 내재된 무수한 불안을 억제하는 자동적인 기제로 보는 후기의 개념화는 자아심리학의 시대에 정신분석 이론의 표준이 되었다. 그럼에도 불구하고 억압이 불안의 **촉발자**라는 Freud의 최초의 가정은 직관적으로 타당한 측면이 적지 않다. 과도한 억압은 결국 그것이 해결한 문제만큼이나 많은 문제들을 새로 만들어 내기 때문이다. 하나의 불안을 잠재우려는 시도는 단지 또 다른 불안을 낳을 뿐이라고 하여 Mowrer(1950)는 이 과정을 '신경증적 역설'이라고 불렀다. 이는 한때 (지금 전형적으로 사용되는 것보다 훨씬 더 포괄적인 의미에서) 신경증이라고 칭했던 현상의 핵심 특성이다. 이러한 선상에서 Theodor Reik는, 티파니의 쇼윈도에 진열된 보석을 감탄하면서 바라보되 그것을 훔치고 싶은 순간적인 욕심을 참을 수 있는 건강한 사람과, 쇼윈도를 들여다보다가 갑자기 반대 방향으로 달려가는 신경증적인 사람을 대비하곤 하였다. 정신분석이 교양 있는 대중의 상상력을 사로잡기 시작하던 시기에, 사람들은 억압 방어의 병리적 작용을 보여준 대중적인 예들로 인해서 억압의 제거와 탈억제라는 목표를 과대평가하게 되었고, 이런 과정이 모든 정신분석치료의 핵심을 구성한다는 오해를 불러일으켰다.

대부분의 상위 방어의 작용에는 억압이라는 요소가 존재한다(애초에 어떤 사실이나 생각을 인정한 적이 있었는지 없었는지가 불분명한 경우에는 억압보다는 부인이 작동하고 있다는 논쟁이 가능할 것이다). 예를 들어, 증오가 사랑으로, 혹은 이상화가 경멸로 바뀌는 경우에서처럼 한 사람의 태도가 정반대로 바뀌는 반동형성에서는 애초의 감정이 억압된다고 볼 수 있다(혹은 의식적으로 느껴진 적이 없었다면 부인된다고 볼 수 있다). 격리에서는 어떤 생각과 연결되어 있는 정동이 억압된다(혹은 부인된다). 역할 역전에서는 지금은 반대가 되어 버린 원래의 시나리오에 대한 억압이 있다. 현대에 이르러, 한 살 반이 된 아동들의 경우 5장에 기술된 원시적 과정들이 억압에 선행한다는 증거가 있기는 하지만, 그럼에도 불구하고 억압이 다른 모든 방어의 조부祖父와 같다는 Freud의 최초의 신념은 이해가 가는 면이 있다. 15장에서 억압보다도 해리를 더 기본적 방어로 보는 현대의 분석적 관점을 논의할 것이다. 그러나 이 장의 목적에 맞추어, 여기서는 보다 고전적으로 설명하였다.

퇴행

퇴행regression은 비교적 복잡하지 않은 방어기제로서, 아이들이 피곤하거나 배고플 때 슬그머니 이전 성숙 단계의 습관으로 되돌아가는 것을 본 부모라면 누구나 잘 아는 현상이다. 사회적, 정서적 발달은 직선적으로 진행되지 않는다. 개인의 성장에는 출렁거림이 있다. 우리가 나이를 먹으면 이런 부침이 덜하지만, 그렇다고 완전히 없어지지는 않는다. 누구라도 매우 피곤해지면 아이처럼 불평하고 싶은 마음이 들게 마련이다. Mahler(1972a, 1972b)가 만 1세 반이 된 아동의 보편적 특징이라고 기술한 분리-개별화 과정의 '재접근 단계'가 되면, 아이들은 엄마에게 독립을 선언하고 난 뒤에 금방 되돌아와서 치마폭에 숨는다. 이는 어떤 새로운 수준의 유능성을 성취한 후에도 익숙한 권리에 매달리고 싶어 하는 인간적 경향성의 한 예일 뿐이다.

장기 심리치료와 정신분석에서는 이러한 경향성이 쉽게 관찰된다. 마침내 용기를 내어 새로운 방식의 행동을 시도했던 환자가 그다음 회기에 예전의 습관적인 생각, 감정, 행동으로 되돌아가는 일이 흔히 일어난다. 특히 새로운 행동이 치료자를 향한 것이었다면(예컨대, 비난이나 분노를 표현하거나, 자위환상을 고백하거나, 어린 시절에 허용됐던 것보다 더 단호한 태도로 치료비 혹은 스케줄의 변경을 요청했다면) 더욱 그렇다. 발달적 변화에 포함되어 있게 마련인 전진과 후퇴를 이해하지 못한다면, 전반적인 변화가 뚜렷해질 때까지 내담자의 이런 일시적인 퇴행에 자주 실망하게 될 것이다(이때의 역전이는 마침내 아이가 밤새 깨지 않고 자도록 하는 데 성공했는데, 바로 그다음 날부터 다시 아이가 새벽 3시마다 부모의 방으로 달려올 때 느끼는 좌절감과 비슷할 것이다).

엄밀히 말해서, 더 많이 위로받고 싶은 욕구를 자각하고 다른 사람의 포옹이나 격려를 요청하거나, 혹은 원초적 수준의 추동을 방출하는 방법(예, 경쟁적인 스포츠)을 의도적으로 찾는다면 이를 퇴행이라고 할 수 없다. 방어기제로 인정되려면 그 과정이 무의식적이어야 한다. 어떤 야망을 깨달은 직후 자기도 모르게 고분고분한 어린 여자아이처럼 구는 여성이나, 혹은 부인에게 어떤 새로운 차원의 친밀감을 느낀 직후에 아무 생각 없이 부인에게 폭언을 퍼붓는 남자의 경우에는 그 행동이 의식적으로 선택한 것이 아니기 때문에 퇴행이라는 용어를 정신분석적 의미에 맞게 사용할 수 있다. 종종 신체화도 퇴행의 한 유형으로 볼 수 있다. 만약 어떤 사람이 감정을 말로 표현할 수 있는 능력을 획득했고 그다음에 언어 이전의 신체화 상태로 퇴보한다면 그때의 신체화는 퇴행에 속한다.

건강염려증적인 사람들은 치료에 좀처럼 반응하지 않는 모호하고 변화무쌍한 증상을 장황하게 호소하여 의사를 질리게 만든다. 이들은 삶의 고통스러운 측면에 대처하는 일차적 방법으로 환자 역할로의 퇴행을 사용한다. 이들이 심리치료자를 찾아가도록 설득을 당할 즈음에는 이미 여러 차례 버릇없는 아이나 관심을 끌려는 변덕쟁이로 다루어진 데서 파생된 강력한 부가적인 방어의 벽을 쌓아 놓고 있는 경우가 많다. 이들은 치료자가 자신이 꾀병 환자임을 밝히려 들 것이라고 예상한다. 따라서 내담자가 환자 역할로의 퇴행을 주된 방어로 사용한다면 치료자는 거의 초인적 수준의 기지와 인내심을 비축하고 있어야 한다. 특히 아프다고 드러눕는 환자의 패턴이 또 다른 보상들에 의해 강화되어 왔을 때는 더더욱 그렇다('이차적 이득').

신체화와 건강염려증을 둘 다 갖고 있는 내담자를 만날 때도 있지만, 건강염려증과 신체화를 혼동해서는 안 된다. 건강염려증에서는 환자가 병을 걱정하고 확신하기까지 하지만 실제로 병에 걸리지는 않는다. 신체화에서는 환자가 정서적으로 소화할 수 없는 스트레스와 관련된 진단 가능한 병이 있다. 때로는 의사가 자신이 건강염려증 환자를 치료하고 있다고 확신하지만 결국에는 그 환자가 잘 알려지지 않은 진단되지 못한 질병을 앓고 있음을 알게 되는 경우도 물론 있다. 치료자는 분명히 건강염려증적이거나 신체화하는 것처럼 보이는 어려운 내담자가 사실은 확인되지 않은 전신성 질환을 앓고 있을 가능성을 늘 염두에 두어야 한다.

건강염려증과 다른 종류의 무력하고 어린애 같은 삶의 양식으로의 퇴행은 개인의 성격의 초석이 될 수 있다. 건강염려증을 동반하든 동반하지 않든, 어떤 사람이 삶의 도전에 대처하는 핵심 전략으로서 퇴행을 사용할 때, 그 사람은 유아적 성격infantile personality을 가지고 있다고 말할 수 있다. 이 범주는 DSM-II 이후에 공식적으로 사라졌지만, 몇몇 분석가들은 이 범주가 없어진 것을 애석해한다.

정동의 격리

불안이나 고통스러운 마음 상태를 다루는 또 한 가지 방법은 생각에서 감정을 격리isolation해 버리는 것이다. 경험의 정동적 측면은 그것의 인지적 차원과 분리될 수 있다. 정동의 격리는 매우 큰 가치를 지닐 수 있다. 만약 외과 의사들이 환자의 신체적 고통이나 누군가의 살에 칼을 들이밀 때 느끼게 되는 혐오감, 괴로움, 가학성에 계속 마음을 쓴다면 효율적으로 일을 할 수 없을 것이다. 만약 군대를 지휘하는 장군이 전쟁터의 생생한 참사를 끊임없이 감지한다면 제대로 작전을 짤 수 없을 것이다. 경찰관들은 사건에서 초연해질 수 없다면 잔혹한 범죄를 수사할 수 없을 것이다.

Lifton(1968)은 사람들이 어떤 대재앙을 경험한 뒤에 '정신적 무감각'을 겪는다고 기술하였다. 이것은 정동의 격리가 사회적 수준에서 작동함을 보여 준다. 유태인 대학살의 생존자들과 작업했던 많은 치료자들은 이들이 상상을 초월하는 잔혹한 경험에 대해 아주 메마른 어조로 묘사하는 것에 충격을 받았다. 정치학자인 Herman Kahn(1962)은 핵전쟁의 가상적 결과를 묘사한 영향력 있는 책을 썼는데,

그 책에는 핵 참사의 가장 참혹한 결과가 명랑하다 싶을 만큼 초연한 어조로 자세히 설명되어 있다. 극단적인 상황에 적응할 때의 유용성을 생각하면, 격리는 해리보다 좀 더 분별력이 있는 방어라고 할 수 있다. 경험이 의식에서 완전히 지워지지 않고 단지 그 정서적 의미만이 차단되기 때문이다.

격리는 뚜렷한 외상이 없는 상태에서도 부모의 특정한 양육 방식과 아동의 특정한 기질의 혼합에 의해 그 아동의 핵심 방어가 될 수 있다. 우리 주위에는 사람들이 흔히 강한 감정을 보이는 대상에 대해서 자신은 정서적 반응이 없다고 주장하는 이들이 있다. 이들은 격리 방어를 미덕으로 여기며, 오직 이성적 관심사만 표현하는 태도를 이상화하기도 한다. 우리 문화는 지성에서 감정을 배제하는 능력에 높은 점수를 주는 경향이 있다. 이것은 〈스타트렉〉의 팬들이 미스터 스포크라는 인물에 뜨거운 애정을 보내는 것에서도 드러난다. 하지만 격리가 본래의 자연스러운 태도라기보다는 일종의 방어로 여겨진다는 사실은 이 시리즈의 작가들이 스포크의 어머니를 지구인으로 설정하여 그에게 잠재적인 정서적 측면을 부여하기로 결정한 것에서 암암리에 드러난다.

현대의 많은 분석가들은 격리를 해리의 하위 유형으로 본다. 자아심리학파의 분석가들은 격리가 '지적 방어' 중에서 가장 원시적인 방어로, 주지화, 합리화, 도덕화 같은 기제의 기본 단위라고 보았다. 이들 방어에 대해서는 다음 단락에서 별도로 설명하겠지만, 이들은 어떤 상황, 생각, 사건에 대한 개인적이고 직감적인 반응을 무의식에 양도한다는 공통점을 가지고 있다. 어떤 사람의 주된 방어가 격리이고, 삶의 패턴이 생각을 지나치게 중시하고 감정을 지나치게 무시하는 양상을 반영한다면, 그 사람의 성격 구조는 강박사고적obsessive이라고 말할 수 있다.

주지화

주지화intellectualization는 지성에서 정서를 격리하는 좀 더 고차원적인 방어 형태에 붙이는 이름이다. 격리를 사용하는 사람은 대개 아무런 감정이 없다고 보고하는 반면, 주지화를 하는 사람들은 감정에 관하여 이야기를 한다. 하지만 듣는 사람들은 그의 감정이 메말라 있다고 느낀다. 예를 들어, 어떤 사람이 남의 이야기를 하듯이 초연한 어조로 "글쎄요, 당연히 그 점에 대해 화가 나기는 하지요."라고 말한다고 하자. 이는 그 사람이 화가 난다는 생각을 이론적으로 받아들이기는 하지만 실제 그것을 표현하는 것은 여전히 억제하고 있음을 의미한다. 정신분석을 받고 있는 환자가 자신의 치료 경험을 주지화할 때는, 자신의 내면을 움직인 어떤 중요한 일을 솔직하게 털어놓기보다는 마치 기상 캐스터가 객관적으로 오늘의 날씨를 알리듯이 카우치에서의 경험을 담담하게 요약한다. 2004년 미국 대통령 선거에서 알 고어의 딱딱하고 집요한 연설은 그의 패배에 한몫을 했다. 후보자가 열정이 없는 것처럼 보일 때 대중은 방어성을 염려한다.

주지화는 격리가 외상적인 과잉 자극을 다루는 것과 같은 방식으로 일상적인 정서적 과부하를 다룬다. 정서적 의미로 가득 찬 상황에서 이성적으로 생각할 수 있다는 것은 자아강도가 상당히 강하다는 뜻이며, 궁극적으로 그 상황의 정서적 측면을 소화하고 처리할 수 있는 한, 방어가 효과적으로 작동한다고 볼 수 있다. 많은 사람들이 스트레스하에서 충동적이고 반사적으로 반응하지 않고 주지화를 할 수 있을 때 자신이 한 단계 성숙했다고 느낀다. 그러나 감정을 심하게 자극받는 상황에서조차도 인지적이고 반정서적인 입장에 방어적으로 얽매여 있는 것으로 보일 때는, 사람들은 직감적으로 그 사람이 정서적으로 정직하지 못하다고 여기는 경향이 있다. 삶에 대처하기 위해 주지화에 의존하는 법을 배운 사람들은 성, 농담, 예술적 표현, 혹은 만족을 주는 다른 방식의 성인들의 놀이를 제대로 즐기지 못할 수 있다.

합리화

합리화rationalization 방어는 너무 익숙해서 여기서 자세히 설명할 필요가 없다. 이 용어는 일상적 용법으로 사용될 때도 정신분석적 저술에서 사용되는 것과 비슷한 의미를 가지고 있다. 또한 사람들은 대개 이 현상을 (적어도 다른 사람이 하면) 재미있는 일로 받아들인다. 벤자민 프랭클린은 "합리적인 피조물이 된다는 것은 참으로 편리한 일이다. 왜냐하면 이는 하려고 마음먹은 것이면 무엇이든 그 이유를 찾거나 혹은 이유를 만들 수 있게 해주기 때문이다."라고 하였다(K. Silverman, 1986, p. 39에서 인용). 원했던 것을 얻지 못했으나 되돌아 생각해 보면 실제로는 그다지 원했던 것이 아니었다고 결론지을 때나(이솝우화의 여우와 포도 이야기를 따라 종종 '신 포도 합리화'라 불린다), 어떤 나쁜 일이 일어났으나 결국 그렇게 나쁘지만은 않았다고 생각할 때는('단 레몬 합리화') 합리화가 작동한다고 할 수 있다. 어떤 집이 탐이 나지만 살 여력이 없을 때 그 집은 아무튼 우리에게 너무 크다고 결론짓는 것은 전자의 예가 될 것이다. 실패를 경험한 뒤 "그래, 경험을 통해 배우는 거야."라고 하는 태도에서는 배우는 것을 중시하는 사람들 사이에 유행하는 후자의 합리화를 볼 수 있다.

지적이고 창조적인 사람일수록 합리화를 잘하는 사람일 가능성이 많다. 화를 적게 내면서도 어려운 상황에서 최선을 이끌어 낼 수 있도록 한다면 이 방어가 긍정적으로 작동하고 있는 것이다. 그러나 이 방어가 가진 단점은 사실상 어떤 것이든 합리화할 수 있다는 (또한 합리화를 해 왔다는) 것이다. 사람들은 단지 어떤 게 좋게 느껴져서 그렇게 한다고는 좀처럼 인정하지 않고 그럴듯한 이유로 자신의 결정을 포장하길 더 좋아한다. 자식을 때리는 부모는 자녀가 "잘되라고" 때린다고 주장하며 자신의 공격성을 합리화한다. 환자의 형편을 고려하지 않고 치료비를 올리는 치료자는 그렇게 치료비를 더 내도록 하는 것이 환자의 자존심에 유익하다고 주장하면서 자신의 욕심을 합리화한다. 다이어트를 쉬지 않는 사람은 건강을 내세우면서 허영심을 합리화한다.

도덕화

도덕화moralization는 합리화의 가까운 친척이다. 합리화를 할 때 사람들은 무의식적으로 자신의 결정을 정당화할 인지적 근거를 찾는다. 도덕화를 할 때 사람들은 그런 결정을 따르는 것이 자신의 의무라고 느낄 수 있게 해 주는 방법을 찾는다. 합리화는 자신이 이미 원하는 바를 이치에 맞는 말로 바꾸는 것이다. 도덕화는 원하던 것을 도덕적 의무의 영역에 집어넣는 일이다. 합리화를 하는 사람은 실망을 안겨 준 일이 '학습 경험'을 제공했다고 이야기하고, 도덕화를 하는 사람은 그것이 '인격 수

양'을 하는 데 도움을 주었다고 주장한다.

충동의 이런 특이한 변형이 지닌 자기정당화의 속성 때문에 다른 사람들은 그것을 기분 좋게 느끼기도 하고 혹은 막연하게 불쾌감을 느끼기도 한다. 어떤 사회적 혹은 정치적 상황에서는, 지도자들이 도덕적 우월감을 느끼고 싶어 하는 지지자들의 욕구를 이용해 힘들이지 않고 집단적인 도덕화를 만들어 내며, 이렇게 유혹을 받은 대중들은 쉽사리 그것을 외면하지 못한다. 식민지의 자원을 약탈하면서도 그곳에 사는 사람들에게 수준 높은 문명을 제공한다고 믿었던 식민지주의자들의 신념도 도덕화의 좋은 예가 된다. 아돌프 히틀러는 엄청난 수의 추종자들에게 인류의 윤리적, 영적 향상을 위해 유대인과 다른 열등한 집단들을 제거해야 한다고 설득하여 그 자신의 살인 환상에 마음껏 탐닉할 수 있었다. 근래의 미국에서는 테러와의 전쟁을 명분으로 유서 깊은 인권 보호의 폐기가 정당화되었다.

이런 재앙의 수준은 아니지만, 우리는 고용인의 실수를 솔직히 지적하는 것이 감독자의 의무라면서 아랫사람을 혹독하게 비난하는 사람들을 흔히 볼 수 있다. 적대감이 가득한 어떤 심사위원은 박사 논문을 심사하는 자리에서 "이 논문에 대해 마땅히 지적해야 할 사항을 지적하지 않아 우리가 이 학생에게 부당한 호의를 베풀고 있는 것은 아닐까요?"라는 말을 한다. 실내 장식업자인 내 친구는 값비싼 주름살 제거 수술을 받기로 결정을 하고는 고객들에게 매력적인 외모를 보여 주는 것이 자신의 의무라고 설명하면서 자신의 욕망을 도덕화하였다. 베티 데이비스는 2차 세계대전 중 배우 생활을 계속하고 싶은 소망을 두고 갈등을 겪었다고 하였다. 그러나 그녀는 다음과 같이 생각하면서 심리적 불편감을 떨칠 수 있었다. "그렇지만 바로 그것이야말로 적이 바라는 것, 즉 미국을 파괴하고 마비시키고 싶어 하는 소망에 동조하는 일이라고 느꼈어요. 그래서 내 일을 계속하기로 결심을 했지요."(Sorel, 1991, p. 75에서 인용)

도덕화는 분열이 발달적으로 진보한 것으로 볼 수 있다. 정신분석 문헌에서 도덕화를 이렇게 설명한 경우를 본 적은 없으나, 선악을 조악하게 구분하던 원시적 경향이 자연스럽게 후기 단계로 넘어온 것이 바로 도덕화 성향이라고 말해도 무방할 것이다. 분열은 아동이 양가감정을 인식할 수 있는 통합된 자아를 갖기 이전의 시기에 작동한다. 도덕화는 자아가 발달하면서 느낄 수 있게 된 혼합된 감정들을 도덕적 원리에 의지함으로써 해결하려고 한다. 도덕화를 통해 우리는 그 사람의 초자아가 작동하고 있음을 추론할 수 있다. 비록 그 초자아가 대개는 경직되고 처벌적인 것이어서 '다른 사람들' 혹은 '저런 사람들'은 자신이 갖고 있는 도덕성이 결여되어 있다는 비교 집단을 필요로 하지만 말이다.

도덕화는 도덕적 피학증moral masochism이라고 불리는 성격 조직의 주요 방어이다(Reik, 1941). 일부 강박적인 사람들도 이 방어와 단단히 결합되어 있다. 도덕화를 많이 사용하는 환자들은 치료자가 자기패배적인 태도나 행동에 직면시키면 이 치료자가 도덕적으로 결함이 있어서 자신과 같은 방식으로 문제를 보지 않는다고 생각한다. 그래서 치료자는 난처한 딜레마에 처하게 된다. 내게는 신경증 쪽에 가까운 경계선적인 강박증 환자가 있었다. 그는 내게 자신의 강박적 자위행위에 대하여 도덕적 판단을 내려 달라고 계속 간청하였다. 나의 판단이 자신의 갈등을 해결해 줄 수 있으리라 기대한다는 것이었다. 나는 "만약 내가, '그런 행동은 당신이 여자들과 데이트도 하고 관계도 발전시켜 나가는 일을 방해하고 있다고 생각해요.'라고 하면 어떤 느낌이 들 것 같아요?"라고 물었다. 그는 "비판받는 것 같고, 매우 창피할 거예요. 쥐구멍에라도 들어가고 싶겠죠."라고 대답하였다. 다시 나는, "만약 내가, 억압이 심했던 당신의 배경을 감안할 때 '자위행위는 어떤 식으로든 성적 만족을 얻는 방법을 발견한 일종의 성취이고 성적인 측면에서 진일보했음을 의미한다.'라고 말한다면 어떨 것 같아요?"라고 물어보았다. 그는 "당신이 저질이라고 생각할 거예요."라고 하였다.

이런 면에서 도덕화는, 어떤 방어가 '성숙한' 기제로 간주될지라도 치료적 영향력이 좀처럼 통하지 않을 수 있음을 경고하는 한 예가 된다. 특정한 방어 전략을 만성적으로 경직되게 사용해 온 신경증 범주의 사람들과 작업하는 것은 정신병적 경향이 뚜렷한 환자와 작업하는 것만큼이나 아주 지난한 일이 될 수 있다.

구획화

구획화compartmentalization는 또 다른 지적 방어로서 아마도 합리화 및 도덕화보다는 해리 과정과 더 밀접하게 관련되어 있는 것 같다. 다만 이 구획화를 정당화하는 데 합리화 방어가 종종 이용되기도 한다. 구획화는 정동의 격리와 마찬가지로 이차적 방어들 중에서는 좀 더 원시적인 쪽에 놓여 있다. 구획화의 기능은 혼란, 죄책감, 수치심, 불안을 의식적으로 느끼지 않으면서 서로 충돌하는 두 가지 상태가 공존할 수 있도록 하는 것이다. 격리가 인지와 정서를 갈라놓는다면, 구획화는 양립할 수 없는 인지 세트들을 갈라놓는다. 구획화를 하는 사람은 본질적으로 서로 상반된 두 가지 혹은 그 이상의 생각이나 태도를 고수하면서도 그것이 모순임을 알지 못한다. 관찰자들에게는 구획화가 위선과 구별되지 않을 수 있다.

우리 대부분이 때때로 사용하는 일상적인 구획화의 예로는, 황금률에 대한 믿음을 고백하면서도 한편으로 자기 자신만을 생각하는 이기적인 태도를 가지고 있다든가, 허심탄회한 대화의 중요성을 옹호하면서도 특정한 사람을 외면한다든가, 사회적 편견을 개탄하면서도 인종주의적 농담을 즐긴다든가 하는 일들을 들 수 있을 것이다. 구획화가 조직이나 문화 안에서 일어나면 집단역동에 의해 강화될 수 있다. 미국에서는 정치적 영향력이 있는 일부 집단들이 증세를 하지 않으면서도 방위비를 늘릴 수 있다는 양립할 수 없는 신념을 진지하게 고수한다.

구획화 연속선의 병리적인 극단에 속하는 사람들을 보면, 공적 영역에서는 훌륭한 인도주의자이지만 가정이라는 사적 영역에서는 자녀를 학대하는 사람들을 볼 수 있다. 죄를 저주하면서도 한편으로는 누구보다도 더 많은 죄를 짓는 목사나 국회의원들을 우리는 거듭해서 목격한다. 음란물 추방에 앞장선 사람들 중에는 상당한 물량의 춘화를 수집한 이가 있음을 우리는 알고 있다. 그러나 분명한 죄책감을 가지고 죄를 저질렀거나 해리 상태에서 죄를 저질렀다면 이를 '구획화' 방어를 드러낸다고 보기가 어렵다. 이 용어는 모순된 행동들 혹은 생각들이 모두 의식에 닿아 있을 때만 적용된다. 이에 대해 직면시키면, 구획화를 하는 사람들은 그 모순을 합리화하려고 할 것이다.

취소

도덕화가 발달된 형태의 분열로 간주될 수 있는 것처럼, 취소undoing는 전능통제의 자연스러운 계승자로 간주될 수 있다. 이 방어에 포함된 마술적 속성은 그것의 원초적 기원을 잘 드러낸다. 하지만 방어적으로 취소를 사용하는 사람들은 그들의 성찰 능력에 호소할 경우, 미신적 행위나 매한가지인 자기 행동의 의미를 보게끔 할 수가 있다. '취소'의 의미는 보통 사람들이 생각하는 그대로이다. 어떤 정동(대개 죄책감이나 수치심)을 마술적으로 없애 버리기 위하여 무의식적으로 특정한 태도나 행동을 취하는 것을 말한다. 흔히 볼 수 있는 일상적인 예로는 전날 밤에 버럭 화를 냈던 배우자가 이를 보상하기 위해 선물을 사 가지고 집에 돌아오는 경우를 들 수 있다. 만약 그 동기가 의식적이라면 취소라 부를 수는 없다. 취소 행위를 하는 사람이 자신의 수치심이나 죄책감을 알아차리지 못하고, 그래서 그것을 속죄하고 싶은 마음을 의식하지 못할 때는 취소라 칭할 수 있다.

많은 종교의식들이 취소의 특성을 가지고 있다. 죄를 용서받으려는 노력, 심지어 생각 속에서만 저지른 것일지라도 이를 용서받고자 애쓰는 것은 인간의 보편적인 충동일 것이다. 죽음을 인지적으로 이해하기 시작하는 연령대의 아동은 취소의 요소를 지닌 수많은 마술적 의식을 행한다. 보도블록의 금을 밟지 않아야 엄마가 등이 부러지지 않는다고 믿는 아이들의 게임은 정신분석적으로 볼 때 엄마가 죽었으면 하는 무의식적 소망에 대한 취소로 이해할 수 있다. 이런 소망은 죽음의 의미를 좀 더 성숙하게 이해하게 된 이 무렵에 더 큰 두려움을 불러일으켰을 것이다. 이 취소 행동에 표현된 암묵적 믿음, 즉 적개심은 위험한 것이라는 아동의 신념에서 우리는 전능환상을 볼 수 있다. 생각과 행위를 동등한 것으로 파악하고 있는 것이다.

가끔 나에게 꽃을 선물하던 환자가 있었다. 그녀는 혼란이 상당히 심해서 만약 내가 선물을 거절하거나 혹은 선물을 주는 성향을 분석하려고 했다면 이를 자신의 친절에 대한 심각한 거절로 경험할 가능성이 있었다. 그래서 나는 오랫동안 그녀와 이 행동의 의미를 탐색해 볼 수 없었다. 그러나 나중에 그녀는 내게 화가 특히 많이 나면 그다음 회기에 꽃다발을 선물하는 경향이 있음을 깨닫게 되었다. 그때 그녀는 웃으면서 “사실 그 꽃은 선생님의 무덤에 바치는 꽃이었던 것 같아요.”라고 말하였다.

과거의 죄나 실수 혹은 실패에 대해 심한 회한을 갖고 있는 사람들은, 그것이 사실이건 과장됐건 혹은 단지 생각 속에서만 저지른 것이건 간에, 평생에 걸친 취소의 프로젝트를 수행하기도 한다. 내가 성격적 이타주의(McWilliams, 1984)의 심리에 관해 연구할 때 만났던 79세의 백인 중산층 여성은 유색인의 평등권 확보를 위해 수십 년을 바쳤다. 그 배경에는 그녀가 9세 때, 자신이 정말로 좋아했던 유색인 여성에게 무심코 모욕적인 말을 했던 일이 있었고, 그 일에 대해 그녀는 여전히 괴로워하고 있었다. 노예 폐지에 앞장섰던 사람들을 연구한 Tomkins(1964)는 취소 방어를 중심으로 구축된 이와 유사한 성격 조직을 제안한 바 있다.

취소가 어떤 사람의 중심 방어일 때, 그리고 과거의 범죄를 속죄한다는 무의식적 의미를 지닌 행위가 그의 자존감 유지의 주된 수단이 될 때, 우리는 그 사람의 성격을 강박행동적compulsive이라고 한다. ‘강박행동’ 혹은 ‘강박행동적’이라는 용어는 너무나 자주 바람직하지 않은 행동과 짝지어진다. 그러나 나는 이 개념이 도덕적인 면에서 중립적이라는 점을 강조하고 싶다. 강박적인 음주자도 물론 있지만 강박적인 인도주의자도 있을 수 있는 것이다. 마찬가지로, ‘강박적’(강박사고적 혹은 강박행동적)이라는 말은, 비록 이 명칭이 강박사고와 강박행동이라는 병리적 상태를 이해하기 위한 노력에서 나온 말이기는 하지만, 성격 구조에 적용될 때 경멸 혹은 비방의 뜻을 내포하지 않는다. 자아이질적인 원치 않는 생각(강박사고) 혹은 행동(강박행동)이 지속되어 고통을 당하는 사람들은 치료적 도움을 구한다. 그러나 이와 대조적으로, 강박적으로 소설을 쓰며 행복해하는 사람이나 강박적으로 정원을 손질하며 즐거워하는 사람을 ‘병들었다’고 말하기는 곤란하다. 성격을 묘사할 때 ‘강박사고적’이라는 말은 사고방식에, ‘강박행동적’이라는 말은 행동 양식에 각각 적용된다. 이 용어는 매우 적응적이고 건강한 성격을 묘사할 때도 사용될 수 있다.

자기 탓으로 돌리기

Anna Freud(1936)는 단순한 일상 용어를 즐겨 사용했는데, ‘자기 탓으로 돌리기

turning against the self' 역시 그런 예가 될 것이다. 이 개념의 의미는 말 그대로이다. 즉, 외부 대상으로 향하던 부정적인 감정이나 태도를 자기 자신에게 돌리는 것을 뜻한다. 힘이 있는 어떤 사람의 선의가 나의 안전에 꼭 필요하다고 하자. 그런데 그 사람에게 비판적인 감정이 드는 동시에 그 사람이 그런 비난을 참을 수 없을 것이라고 생각한다면, 비판적인 감정을 외부가 아닌 내부로 향하게 할 때 더 안전하다고 느낄 수 있다. 아동은 자신이 살 곳을 선택할 수 없다. 까다롭고 성마른 양육자를 공격한다면 비싼 대가를 치를 것이다. 이때 자기 탓으로 돌리기라는 방어는 자신의 안녕이 신뢰할 수 없는 힘센 어른에게 달려 있다는 혹독한 현실을 직시하지 않을 수 있도록 해 준다(Fairbairn, 1954). 자기비난의 느낌이 아무리 괴로워도, 변화를 일으킬 만한 힘이 없는 상황에서는 이것이 생존에 대한 현실적 위협을 인정하는 것보다 정서적으로 더 나을 수 있다.

내 환자 중의 한 사람은, 자살 충동이 있는 어머니와 변덕스럽고 자기중심적인 아버지 밑에서 어린 시절을 보냈다. 이 가족의 형편은 너무나 열악하여서 최소한의 생계를 유지하는 것도 어려울 정도였다. 그녀의 최초의 기억은 집세를 못 내 쫓겨났던 일에 대한 것이었다. 그녀는 어머니가 자살할 수도 있고 아버지가 제멋대로 일을 벌이며 사라져 버릴지도 모른다는, 가능성이 매우 높은 일을 걱정하며 만성적인 공포를 느끼기보다는 차라리 만약 자신이 더 나은 사람이었다면 부모가 자신을 사랑하고 보호해 주었을 것이라고 믿는 쪽을 택하였다. 아동기에는 적응적이었던 이러한 신념은 성인이 된 뒤에는 지속적인 괴로움의 원인이 되었다. 그녀는 좋지 않은 상황이 생길 때마다 그 상황을 개선하려는 창조적인 노력을 하기보다는 자기 자신을 공격하고 비난하는 데 시간을 보냈다. 어른이 된 그녀는 이제 더 이상 자신을 더 나은 사람으로 만드는 일에 유일한 희망을 걸었던 역기능적 가족 속의 무력한 아이가 아니었지만, 이 사실을 정서적 수준에서 깨닫기까지는 수년간의 치료가 필요하였다.

우리 대부분에게는 부정적인 감정, 태도, 지각을 자기 자신의 탓으로 돌리는 경향이 얼마간 남아 있다. 이는 그런 과정이 괴로운 상황을 더 잘 통제하는 것 같은 착각을 우리에게 불러일으키기 때문이다. 자기 탓으로 돌리기는 내사의 성숙한 형태로 생각할 수도 있다. 내사에서처럼 외부의 비판자를 통째로 삼키지는 않지만, 비판적인 태도를 일정 부분 동일시한다. 이 방어는 불쾌한 것을 부인하거나 투사하고 싶은 유혹을 알아차리고 그러지 않으려고 애쓰는 비교적 건강한 사람들 사이에서 인기가 있는 방어이다. 그들은 문제의 소재가 다른 사람이 아닌 자기 자신에게 있다고 믿는 쪽으로 실수하기를 원한다. 우울한 성격을 지닌 사람들 그리고 관계의 측면에서 성격적 피학증이 있는 사람들은 이 방어를 자동적이고 강박적으로 사용한다.

치환

치환displacement은 정신분석적 의미가 크게 왜곡되지 않은 채로 널리 이해되고 있는 또 다른 방어이다. 내 딸은 11세 때, 야단을 맞은 강아지가 장난감을 공격하는 것을 보면서 "저것 좀 봐! 장난감한테 화풀이를 하고 있어. 꼭 사람 같네!"라고 말한 적이 있다. '치환'은 어떤 추동, 정서, 집착, 행동의 방향을 원래의 대상으로부터 다른 대상으로 바꾸는 것을 가리킨다. 원래의 방향이 어떤 이유로 인해서 불안을 유발하기 때문이다.

어떤 남자가 상사에게 호통을 듣고 집에 돌아와 부인에게 고함을 지르고, 또 그 부인은 아이들을 야단치고, 아이들은 개를 발로 차는 장면을 묘사한 고전적 만화는 치환에 대한 일종의 연구 보고서라고 할 수 있다. Murray Bowen(예, 1993)을 따르는 가족치료자들이 강조하는 '삼각관계triangulation' 또한 일종의 치환 현상이다. 자신의 배우자가 바람을 피웠을 때 사람들은 한눈을 판 당사자보다는 '다른' 여자 혹은 남자에게 증오심을 퍼붓는 경우가 있다. 자신의 배우자는 유혹에 넘어간 순진한 희생자라고 생각하고 싶은 것이다. 배우자의 배신으로 이미 고통을 받고 있는 그 사람은 '그 나쁜 가정 파괴범'에게 비난을 퍼부음으로써 부정을 저지른 배우자에게 직접 분노를 표출할 때 생길 수 있는 더 이상의 관계 악화로부터 자신을 보호한다.

성욕 역시 치환될 수 있다. 성도착물은 성적 관심을 성기에서 발이나 구두처럼 무의식적 연관성이 있는 어떤 영역으로 방향을 바꾼 것으로 볼 수 있다. 만약 어떤 남자가 과거에 겪은 일로 인해 여성의 성기를 위험하게 느끼게 되었다면, 여성과 관련된 다른 대상이 그 대체물이 될 수 있을 것이다. 불안 자체도 치환될 수 있다. Freud의 유명한 환자인 '늑대 인간'은 말년에 자신의 코에 대한 병적인 집착 때문에 Ruth

Mack Brunswick로부터 치료를 받았는데, 이 집착은 성기 절단이라는 무서운 환상이 치환된 것으로 해석되었다(Gardiner, 1971). 어떤 사람이 위험한 영역에 대한 불안을 무서운 현상을 상징하는 특정한 대상으로 치환할 때(예컨대, 거미에 대한 공포는 모성에의 휘말림이라는 무의식적 의미를 지닐 수 있고, 칼에 대한 공포는 무의식적으로 남근 관통을 의미할 수 있다), 그 사람은 공포증을 갖고 있다(Nemiah, 1973).

만약 어떤 사람이 삶의 여러 측면에서 치환된 형태의 두려움을 보이며 이에 집착한다면 우리는 그가 공포증적인 성격을 가졌다고 말한다. 한 가지 공포증을 갖고 있는 사람들은 많이 있다. 그러나 치료자들은 광장공포증, 다수의 다른 공포증, 일반적인 공포증적 태도를 갖고 있는 환자들을 종종 본다. 공포증의 심리는 외상에 그 뿌리가 있는 두려움과는 다르다. 만약 내가 다리 위에서 끔찍한 사고를 경험한 적이 있고 그래서 다리를 피한다면, 이러한 회피는 외상후 현상이다. 그러나 만약 내가 정상적인 공포를 무의식적으로 상징화하고 치환했기 때문에 다리를 피한다면(다리를 본다는 것은 중요한 삶의 전환을 상징하며 그러한 전환의 종착점은 무덤이다), 또한 그럼으로써 노화와 죽음을 피할 수 있다는 마술적인 희망을 품는다면, 나는 공포증이 있는 것이다.

인종 차별, 성차별, 동성애자 차별과 같은 유감스러운 문화적 경향이나, 대응할 힘이 거의 없는 소수 집단에게 사회문제의 책임을 돌리는 일반적인 현상은 치환의 요소를 많이 포함하고 있다. 대부분의 조직과 하위문화들에서 볼 수 있는 희생양을 만드는 경향 역시 마찬가지이다. Sullivan이 '병렬적 왜곡parataxic distortion'이라고 불렀던 여러 장면에서의 전이 현상은 (자기의 내적 특징의) 투사와 (중요한 초기 대상에게 향했던 감정의) 치환을 포함하고 있다. 바람직한 형태의 치환으로는 공격적 에너지를 창조적 활동으로 돌리는 것이나(예컨대, 어떤 일로 인해 흥분해 있을 때 엄청나게 집안일을 해내는 것이나), 불가능하거나 금지된 성적 대상으로 인한 성적 충동을 적절한 파트너에게로 방향을 바꾸는 것 등을 들 수 있다.

반동형성

반동형성reaction formation이라는 방어는 상당히 흥미로운 현상이다. 인간에게는 뭔가를 덜 위협적인 것으로 만들기 위해 그것을 정반대의 방향으로 돌릴 수 있는 능력이 있다. 반동형성의 전통적 정의는 부정적 정동을 긍정적 정동으로 전환하는 것과, 긍정적 정동을 부정적 정동으로 전환하는 것을 포함한다. 예컨대, 증오를 사랑으로, 동경을 경멸로, 질투심을 끌림으로 변형하는 일은 많은 일상적인 교류에서 드러난다.

이런 과정을 쉽게 볼 수 있는 가장 이른 나이는 아마 서너 살 정도일 것이다. 이맘때 아이들은 동생이 태어나면서 자신의 자리를 빼앗기지만, 동생에 대한 분노와 질투심을 사랑의 감정으로 전환해 다룰 수 있는 정도의 자아강도를 획득한 것 같다. 그러나 자기 것이 아니라고 주장하는 정동의 일부가 반동형성의 방어 사이로 '새어 나오는' 경우가 많아서, 주변 사람들은 그가 의식적으로 품는 감정 속에 조금 과하거나 거짓된 것이 있음을 눈치챌 수 있다. 예를 들어, 남동생에게 자리를 빼앗긴 유치원생 누나는 "아기를 죽도록 사랑해."라는 낌새를 확실히 풍긴다. 그래서 아기를 너무 세게 껴안거나, 너무 크게 노래를 불러 주거나, 너무 거칠게 흔들어 주거나 한다. 동생이 있는 어른들은 대부분 어렸을 때 어린 동생이 비명을 지를 때까지 귀엽다며 볼을 꼬집었거나, 해로운 것을 맛있는 것이라며 건네줬다거나, 혹은 이와 유사하게 사랑을 명분으로 행한 여러 비행에 관한 이야기를 들어 봤을 것이다.

반동형성의 의미를 더 정확하게 기술하려면, 그것이 단순히 어떤 정서를 반대로 돌리는 것을 넘어서서 양가감정을 부인하는 기능을 한다는 점을 언급해야 한다. 사람의 본성이나 감정은 그것이 어떤 성질의 것이든 완전히 순수할 수는 없다는 것이 정신분석의 기본 가정이다. 사랑하는 사람을 미워할 수도 있고, 고마운 사람에게 화가 날 수도 있다. 우리의 정서 상태는 어느 한쪽 위치로 환원되지 않는다(Freud는 보편적인 양가감정에 한 가지 예외가 있는데, 그것은 남자 아기에 대한 어머니의 사랑이라고 말했다. 그러나 사람들은 자기애로 인해 그의 시각이 왜곡됐었다고 의심한다). 사람들은 흔히 분석가들이 내담자가 'x'라고 느끼는 것처럼 보이더라도 사실은 'y'라고 느끼고 있음을 드러내고 싶어 한다고 염려한다. 그러나 사실상 분석가들은, 'x'라고 느낄 수 있지만 또한 (아마도 무의식적으로) 'y'라고 느낄 수도 있다는 관점을 취한다. 반동형성을 하는 사람들은 복합적인 정서 반응의 한 극단만을 느낀다고 자기 자신을 설득하려고 한다.

부정적 감정을 피하고 오직 긍정적 감정만을 느끼는 방법을 발견한 앞서의 형과 언니의 예에서처럼, 감정의 색조를 섬세하게 구분하는 것과 (더욱 중요하게는) 감정과 행동의 차이를 구분하는 것이 발달상 아직 불가능한 이 연령대의 아이들에게 반동형성이라는 방어가 얼마나 가치가 있는지를 볼 수 있다. 반동형성이 바람직하게 작용하는 또 다른 예로는, 어떤 친구에게 죽이고 싶은 마음과 경탄하는 마음이 모두 포함된 경쟁심을 느낄 때 그 유능한 친구를 거부하기보다는 오히려 닮으려고 애쓰는 경우를 들 수 있겠다. 성인에게도 반동형성을 볼 수 있지만, 어른들의 경우 대개는 어떤 상황에 대한 자신의 정서적 반응의 모든 측면들을 인정하고, 감정보다는 행동의 영역에서 자신을 억제하는 것이 더 현명하다고 볼 수 있다.

반동형성은 적개심과 공격적 투쟁이 최고의 관심사이면서 이를 감당하지 못하는 위기감을 느끼는 정신병리에서 선호되는 방어이다. 예를 들어, 편집증적인 사람은 자신이 오직 증오심과 의심만을 갖고 있다고 느끼지만, 바깥에서 보는 사람들은 어렴풋하게나마 그가 동경심과 의존심도 갖고 있다고 느낀다. 강박적인 사람은 권력자에 대해 오직 존경과 감사의 마음만을 갖고 있다고 믿지만, 사람들은 그가 권위에 대한 거부감을 함께 갖고 있다고 느낀다.

역할 역전

자기에게 심리적 위협을 가하는 감정을 다룰 수 있는 또 다른 방법은 자신의 위치를 주체에서 객체로 혹은 그 반대로 바꿔 놓는 시나리오를 실행하는 것이다. 예를 들어, 만약 어떤 사람이 누군가에게 보살핌을 받고 싶은 소망이 있지만 이를 부끄럽거나 위험하다고 느낀다면 다른 사람을 보살피고 상대가 느끼는 만족감에 무의식적으로 동일시하는 방법으로 자신의 의존 욕구를 간접적으로 만족시킬 수 있다. 이러한 형태의 역할 역전reversal은 치료자들의 유서 깊은 방어인데, 그들은 자신의 의존심은 거북하게 느끼면서도 누군가가 자신을 의지할 때는 행복해한다.

아이들이 인형 혹은 '액션 피규어'(사내아이들을 위해 판매되는)를 갖고 놀 만한 나이가 되면 역할 역전을 사용한다고 볼 수 있다. 역전의 한 가지 장점은 상호교류에서 권력 관계를 바꾸어 그저 반응만 하는 역할이 아니라 주도하는 역할을 할 수 있다는 점이다. 통제-숙달 이론가들은 이를 "수동에서 능동으로의 변형"이라고 부른다(Silberschatz, 2005). 역전된 시나리오가 양성良性일 때는 이 방어가 건설적으로 작동하지만, 역전된 상황이 본질적으로 부정적일 때는 방어가 파괴적으로 작동한다. 동아리나 학과의 호된 신고식이나 이와 비슷한 가학적 통과 의례를 거친 신입생은 나중에 수동에서 능동으로, 희생자에서 가해자로 위치가 바뀌는 상황에 놓이면서 자신이 처음에 당했던 경험을 긍정적으로 느끼게 된다.

치료자들은 때때로 내담자의 역할 역전으로 인해 치료적 도움이 도전받는 상황에 처하기도 한다. 나와 오랫동안 함께 작업을 했던 한 내담자는 심한 우울과 알코올 중독 문제를 가지고 있던 어머니 밑에서 자랐다. 아침마다 그의 어머니는 지치고 비참한 모습으로 담배와 커피잔을 손에 든 채 몸을 웅크리고 있었다. 그가 우울증에 취약한 것도 이렇게 우울하고 자살 위험성이 있는 어머니와 만족스럽지 못한 모자관계를 가진 데서 유래하였다. 그는 치료실에 들어올 때 종종 내 얼굴을 훑어보면서 "오늘은 정말 피곤해 보이시네요." 혹은 "확실히 뭔가 우울해 보여요."라고 말하곤 하였다. 때로는 그의 말이 맞았지만, 보통은 나는 기분이 좋은 상태였다. 그래서 그의 관찰이 자주 틀리는 것에 마음이 쓰였다. 차츰 나는 그의 추측에 도전하면서 피로감이나 우울감을 느끼지 않는다고 말하였다. 그래도 그는 그 차이점에 흥미를 느끼거나, 내 말을 발판으로 삼아 자신이 무엇을 치환하고 투사하고 있는지 이해하려고 하지 않았다. 그 대신, "내가 괜찮다고 생각할지는 모르지만 분명히 그렇지 않다." "자신은 사람들을 매우 예민하게 관찰하는 편이어서 척 보면 우울한 사람인지 아닌지 알 수 있다."라고 주장하며 나와 자신의 역할을 심리적으로 역전시키곤 하였다.

이 내담자는 사실상 자신을 치료자로 만들고 나를 환자로 만듦으로써 자신에게 매우 어려웠던 과거의 상황을 역전시켰다. 그는 의지할 수 없는 어머니 밑에서 어린 시절을 보낸 경험으로 인해 의존하는 역할, 특히 여성에게 의존하는 역할이 주어질 때 정서적 안전감을 느낄 수 있는 기반이 없었다. 그는 역할 역전 방어를 사용함으로써 깊은 불안감을 인정하지 않을 수 있었지만, 이 방어는 불행하게도 정서적인 호혜 관계를 어렵게 만드는 부작용을 낳았다. 그의 우울 증상을 야기했던 촉발 사건 중에는 친구 관계나 연애 관계에서 실패를 반복한 경험도 있었다. 그런 관계에서 그는 결핍된 아이와 공감하지 못하는 부모의 시나리오를 재생하여, 그 속에서 후자의 역할을 맡음으로써 좋은 친구 혹은 연인이 될 수 있었던 사람들을 힘들게 하였던 것이다.

내가 수행한 이타주의 연구(McWilliams, 1984)에 참여했던 40대의 매력적이고 성공한 한 남성은 입양이 곤란한(인종적 낙인이 찍히거나, 신체적 장애나 기형, 선천적 질병이 있는) 아동들의 입양을 주선하는 국제기구에서 자원봉사자로 활동하는 것을 인생 최대의 낙으로 삼았다. "아기를 입양모의 손에 건네주면서 이제 이 아이에게 새로운 삶이 시작된다고 느낄 때 그 황홀감은 형용할 수가 없어요." 그는 이렇게 말하였다. 그의 과거력을 살펴보면, 2세 때 어머니가 돌아가신 청천벽력 같은 사건을 겪은 후에 짧은 기간 동안 매우 힘들어하다가 어떤 가정부에게 비공식적으로 입양이 되었는데, 나중에 그 가정부가 아버지와 결혼하여 현실적, 심리적 측면에서 그의 어머니가 되어 주었다. 그는 성공적으로 입양을 주선할 때마다 자신이 구원받았듯이 누군가를 구원한다는 행복한 기분과(비록 내가 그와 면담할 때까지만 해도 자신의 배경과 인도주의적 관심을 결코 의식적으로 연결하지 못하였지만), 이번에는 상황이 역전되었다는 안도감을 느꼈다. 그는 이제 힘 있는 구원자였으며, 무력하게 의지해야 하는 아이가 아니었다.

독자들도 눈치챘겠지만, 이제까지 논의된 상위 방어 과정을 보면 그것에 대한 과잉 의존을 반영하는 단일한 성격 유형이라는 것이 없다. 심리적으로 비교적 건강한 사람들은 역할 역전처럼 보다 성숙한 방어를 사용하는 경향을 보일 뿐만 아니라, 다양한 방어 양식에 의지하여 불안이나 여러 어려운 정서 상태를 다룬다. 그래서 이들을 한 가지 명칭만으로 쉽게 유형화할 수 없다.

동일시

동일시identification가 방어기제 목록에 포함되는 것이 이상해 보일 수도 있을 것이다. 사람들은 대개 다른 사람 혹은 그 사람의 어떤 측면을 동일시할 수 있는 능력을 바람직하고 비방어적인 과정으로 여긴다. 어떤 종류의 동일시(예, 사회학습 지향의 심리학자들이 '모델링'이라고 불렀고 요즘은 거울신경세포의 기능이라고 보는 종류)는 방어적 요소가 거의 없다는 사실이 잘 입증되어 있다. 그러나 정신분석 이론가들은 많은 동일시 사례들이 불안, 슬픔, 수치심이나 다른 고통스러운 감정을 회피하려는 동기나, 위협받은 자기응집력과 자존감을 복구하려는 동기에서 비롯되었다고 생각한다. 다른 성숙한 방어 과정과 마찬가지로 동일시는 심리 발달의 정상적 측면이며 오직 특정한 환경하에서만 문제가 된다.

Freud(1923)는 '의존적anaclitic'('기대다'라는 뜻의 그리스어에서 나온) 동일시와 '공격자와의 동일시'를 구별함으로써 비방어적 동일시와 방어적 동일시의 구분을 처음으로 제안하였다. 그는 첫 번째 유형은 소중한 사람처럼 되고 싶다는 복잡하지 않은 소망에 의해 동기화된다고 생각했다("엄마는 너그럽고 위안을 줘. 나도 그런 엄마처럼 되고 싶어."). 두 번째 유형은 똑같이 자동적이지만 다른 사람의 힘에 위협감을 느끼는 문제를 해결하려는 방어적 동기를 가지고 있다고 생각하였다("나의 적대적 충동을 엄마가 처벌할까 봐 두려워. 만약 내가 엄마가 된다면, 엄마의 힘은 바깥이 아니라 내 안에 있게 될 거야."). Freud는 많은 동일시 행동에는 사랑하는 대상을 직접적으로 취하려는 요소와, 두려워하는 대상과 같은 사람이 되어서 그 대상을 극복하려는 방어적인 요소가 모두 포함된다고 가정하였다.

분석가들은 '동일시'라는 단어를, 의도적으로 (하지만 적어도 부분적으로는 무의식적으로) 다른 사람처럼 되려고 하는 성숙한 수준의 내사를 가리키는 용어로 사용한다. 이러한 능력은 다른 사람을 통째로 삼켜 버리는 속성을 띠는 초기 유아기의 내사(혹은 '함입')에서부터, 다른 사람의 성격 특징을 선택적으로 취하는 섬세하고 자발적인 과정에 이르는 발달의 경로를 따라 성장한다(Cramer, 2006; Schafer, 1968). 동일시를 할 수 있는 잠재적 능력은 생애 전반에 걸쳐 전개되고 수정되며, 심리적 성장과 변화의 정서적 토대가 된다. 사람들 사이의 가까운 관계가 서로를 풍요롭게 해 주는 동일시 기회를 제공한다는 사실은 분석가들이 정서적 친밀감에 왜 그토록 큰 가치를 부여하는지를 설명해 준다. 원시적 투사가 정서적으로 건강한 사람의 일생에 걸쳐서 점점 더 큰 공감 능력으로 변화되어 가는 것처럼, 원시적 형태의 동일시는 점점 더 분별력을 갖추고 섬세하게 변형되어 존경할 만한 사람들의 속성을 모아 자기self를 풍부하게 만든다.

Freud에게 가장 익숙한 방어적 동일시의 패러다임은 오이디푸스적인 상황이었다. 이 유명한 시나리오를 보면, 어린아이는 특정한 연령(대개 만 3세 무렵)에 도달하면 어머니를 독점하고 싶은 그 자신의 소망을 자각하지만 어머니의 사랑이 자기 것이라고 주장하는 아버지가 있다는 냉혹한 현실에 맞닥뜨리게 된다(나는 여기서 남성 대명사를 사용하고 있다. 왜냐하면 동일시 과정에 대한 Freud의 묘사가 이성애 남아에 대한 이해를 기초로 했기 때문이다. 많은 분석가들이 이를 비판하였다). 아이는 너무나 명백하게 우월한 힘을 갖고 있는 아버지가 자신의 소망에 복수하기 위해 자기를 죽이거나 신체적 손상을 입힐 것이라고 두려워한다. 그리고 그러한 환상과 연결되어 있는 불안을 동일시를 통해 해결한다("아마도 아빠를 제거할 수는 없을 거야. 어쨌든 나는 아빠를 사랑하고, 정말로 없애고 싶은 것은 아니야. 또 엄마를 나 혼자 차지하려는 것도 아니야. 그것 역시 문제가 있을 거야. 하지만 아버지 같은 사람이 되어서, 나중에 엄마 같은 사람을 나만의 짝으로 삼을 수 있을 거야."). Freud는 이런 환상은 정상적이고 보편적이라고 생각했으며, 공격자(이 경우 상상 속의 공격자)와의 동일시의 원형이라고 생각하였다.

동일시는 본질적으로 중립적인 과정이다. 동일시의 대상이 누구냐에 따라 긍정적 효과를 낳을 수도, 부정적 효과를 낳을 수도 있다. 심리치료 과정의 매우 중요한 부분 중의 하나는 내담자의 낡은 동일시를 재고하게 하는 것이다. 이것은 어린 시절 내담자의 마음에 자동적으로 자리를 잡아 그 시절의 갈등을 해결해 주었으나 어른이 된 지금에 와서는 오히려 갈등을 불러일으키는 원인이 되었다. 나와 함께 작업했던 어떤 목사는 학대를 일삼는 알코올 중독증 아버지와 무능하고 겁이 많은 어머니 밑에서 자랐다. 그는 그 시절의 시련을 인간관계의 모든 문제를 주먹으로 해결하는 거친 삼촌을 흉내 냄으로써 버텨 냈다. 이 해결책은 적대적인 도시의 이웃들과 무질서한 가족 관계 속에서 지냈던 청소년기 동안에는 매우 적응적이었다. 누구든지 자신을 방해하면 때려눕힐 수 있었기 때문에 아무도 그를 건드리지 못했다. 이는 불안을 경감하고, 집에서 아무도 신경 쓰지 않는 골치 아픈 감정들을 방출하며, 자존감을 회복하고, 다른 사람의 존경을 얻어 내는 확실한 방법이었다. 그러나 그는 나중에 목사가 되고 나서도 역겨운 행동을 하는 교회 장로들을 때려눕히겠다고 위협하는 사건을 저질렀고, 그 결과 교회 회중들의 존경심을 잃어버리게 되었다. 신도들은 그의 행동이 기독교적 정신과 일치하지 않는다고 생각했다. 그 일이 있고 난 후에 그는 새로운 스트레스 대처 방식을 개발해야만 한다는 것을 깨닫고 자발적으로 치료를 받으러 왔다. 그는 치료 과정에서 어린 시절의 동일시의 특성과 그로 인해 지금 치르고 있는 대가를 이해하게 되면서 자신이 원하던 것을 얻게 되었다.

동일시는 모든 복잡한 삶의 문제에 대한 해결책으로 인식되기도 한다. 그래서 동일시는 정서적 스트레스를 겪을 때, 특히 자신의 정체성에 대한 기존의 주관적 관점을 뒤흔드는 스트레스를 겪을 때 자주 사용된다. 죽음이나 상실은 떠나 버린 애정 대상과의 동일시, 그리고 남겨진 사람의 정서 세계 안에서 떠나 버린 그 사람을 대체하게 된 새로운 대상과의 동일시를 촉진한다. 청소년들이 우상을 희구하고 그들을 흉내 내는 경향은 이미 오래전부터 잘 알려져 있다. 어렴풋하게 다가오는 성인기의 복잡하고도 두려운 요구들을 동일시의 과정으로 해결하고 싶은 것이다. 실제로 어떤 정신분석학자들은 요즘 십 대들이 현재 서구 문화가 제시하는 영웅에 만족하지 못하는 것이 최근 수십 년에 걸쳐 크게 증가하고 있는 청소년 자살과 연관되어 있다고 보기도 하였다(예, Hendin, 1975).

어떤 사람들은 마치 잉크를 흡수하는 스펀지처럼 다른 사람들보다 더 쉽게 거의 반사적으로 동일시를 하는 것 같다. 기본적인 정체성 혼란을 겪고 있는 사람들은 이런 점에서 위험에 처해 있다. 이런 위험은 사이비 종교나 컬트 집단의 행태를 연구한 사람이라면 누구든지 증언할 수 있을 것이다. 무의식적으로 자신의 성별이 문제라고 느끼는 히스테리적인 여성의 경우처럼, 특정한 영역에서만 정체성의 혼란을 겪는 상당히 건강한 사람들도 인생의 난제들을 잘 다룬다는 인상을 주는 주변 사람을 쉽게 동일시하는 경향이 있다.

새로운 애정 대상과 동일시할 수 있는 인간의 능력은 정서적 고통으로부터 사람을 회복시키는 주요한 통로이며, 변화를 가져오는 모든 심리치료의 주요한 기제이다. 치료 과정에 관한 연구들은 환자와 치료자 간의 정서적 관계의 질이 다른 어떤 요인들보다도 치료 성과와 상관이 높음을 반복해서 보여 주고 있다(Norcross, 2002; Strupp, 1989; Wampold, 2001, 2010). 치료 과정에 관한 최근의 일부 정신분석적 저술에서는, 한때는 심리적 치유를 떠받치는 대들보로 간주되던 해석이 거의 언급조차 되지 않을 정도로 치료 관계가 강조되고 있다(예, Buechler, 2008; Fosha, 2005; Maroda, 2010; Safran, 2012).

정신분석적 치료에서 치료자와 동일시하려는 환자의 성향은 회복을 위한 잠재력이 된다는 점에서 소중히 여겨지며, 따라서 가능한 한 남용되지 않도록 보호받아야 한다. 때로는 역전이 감정을 드러내도 된다고 말하는 치료자들도 있지만, 그러한 치료자들을 포함하여 모든 치료자들은 일반적인 인간적 덕목(동정심, 호기심, 차이점에 대한 인내심, 자신의 행동에 대한 책임감 등)은 보여 주되, 자신의 개인적 특성을 자세하게 드러내거나, 충고를 주거나, 특정 견해를 밝히는 등의 행동은 가능한 한 자제하여 치료자를 동일시하기 쉬운 환자의 성향을 악용하지 않도록 노력해야 한다. 환자 앞에서 위대한 구원자, 치유자, 예언자처럼 보이고 싶은 유혹에 빠지지 말아야 한다는 Freud(예, 1938)의 거듭된 경고는 여전히 치료자들이 명심해야 할 원칙으로 남아 있다. 환자의 동일시 소망을 자기애적으로 오용하는 것은 치료자들의 명백한 직업적 금기이지만, 이 역시 다른 금기들과 마찬가지로 아마도 우리들이 인정하고 싶은 것보다 훨씬 더 자주 깨어지고 있는 것 같다.

승화

한때 승화sublimation라는 개념이 교양인들 사이에 널리 알려지면서 다양한 개인적 성향을 이해하는 최신의 관점으로 인기를 끌었었다. 최근에는 추동 이론이 퇴조하고 정신분석 이론에 대한 일반적인 관심이 줄어들면서, 정신분석 문헌에서도 승화가 이전보다 덜 언급되고 있고 대중의 주목 또한 훨씬 덜 받고 있다. 승화는 원래부터 '좋은' 방어로 여겨졌고, 원시적 충동과 그것을 억제하는 힘 사이의 내적 갈등을 창조적이고, 건강하고, 사회적으로 유익한 방식으로 해결하는 방어를 대표하였다.

승화는 원래 Freud(1905)가 생물학적 기반을 갖는 충동(Freud는 빨고, 물고, 어지럽히고, 싸우고, 성교하고, 보고 보여 주고, 상처를 입히고, 고통을 참고, 어린 것을 보호하고자 하는 충동 등을 여기에 포함했다)이 사회적으로 가치 있는 형태로 표현되는 과정에 붙인 명칭이었다. Freud는 예를 들어, 치과 의사는 가학증을, 행위예술가는 노출증을, 변호사는 적을 죽이고 싶은 욕망을 승화하고 있다고 말할 것이다. 그에 따르면, 본능적 추동은 개인의 아동기 환경에 의해 영향을 받는다. 그래서 특정 추동이나 갈등이 두드러질 수 있으며, 창조적인 방향으로 발전하여 유용한 활동이 될 수 있다.

승화는 두 가지 이유에서 심리적 곤경을 해결하는 가장 건강한 방어로 간주되었다. 첫째, 이것은 인간이라는 종의 유지에 유익한 행동을 촉진한다. 둘째, 이것은 관련된 충동을 방출할 뿐이다. 그래서 반동형성의 경우처럼 충동을 다른 것으로 변형하거나, 부인이나 억압의 경우처럼 충동을 그와 반대되는 힘으로 상쇄하는 일에 정서적 에너지를 과도하게 낭비하지 않도록 한다. 이런 에너지 방출은 본질적으로 유익한 것으로 받아들여졌다. 인간 유기체를 적절한 항상성의 상태로 유지하기 때문이다(Fenichel, 1945).

승화는 어떤 사람이 문제가 되었던 충동과 갈등을 창조적이고 유용한 방법으로 표현하는 길을 발견했을 때 적용할 수 있는 개념으로 우리들에게 남아 있다. 심리치료의 목표가 유아적 추동으로부터 벗어나는 것이라고 보는 일반적인 오해와는 달리, 건강과 성장에 관한 정신분석의 입장은 우리 본성의 유아적인 면들이 성인기 내내 살아남아 있다고 본다. 우리는 그것을 벗어 버릴 수 있는 선택권을 가지고 있지 않다. 다만 더 좋거나 더 나쁜 방식으로 이를 다룰 수 있을 뿐이다.

분석적 치료의 목표는 자기의 모든 측면들을 그 가장 원시적이고 혼란스러운 측면까지도 이해하는 일과, 자기 자신에 대한 애정과 연민(그리고 자기의 것이 아니라고 부정하던 특성을 타인에게 투사하거나 치환하는 일이 줄어들면서 생기게 된, 다른 사람에 대한 애정과 연민)을 키우는 일과, 오래된 갈등을 새로운 방식으로 해결하는 자유를 확대하는 일을 포함한다. 거기에는 자기의 혐오스러운 측면을 깨끗이 몰아내거나 원시적 욕망을 그 흔적까지 없애 버리는 일이 포함되어 있지 않다. 승화가 자아 발달의 정점으로 여겨진다는 것은 인간에 대한 그리고 우리의 타고난 잠재력과 한계에 대한 정신분석의 기본 태도에 관해서 많은 것을 말해 준다. 또한 이런 관점이 담고 있는 가치가 정신분석적 진단의 특징이 되어야 함을 말해 준다.

유머

성숙한 방어의 목록에 유머를 추가하였다. 유머를 승화의 하위 유형으로 볼 수도 있지만, 유머는 매우 흥미로운 방어이기 때문이다. 아이들은 아주 어릴 때부터 농담을 하기 시작한다(내가 아는 8개월 된 아기는 '뜨겁다'라는 개념을 배우자마자 엄마의 가슴에서 갑자기 손을 떼며 "뜨거."라고 외치며 까르르 웃었다. 이는 분명 의도적으로 재치 있게 하는 말이다). 이러한 농담은 전혀 방어적으로 보이지 않으며, 어떤 농담들은 단순히 즐겁고 재미있다. 그러나 이와는 정반대로 웃기고자 하는 강박은 매우 방어적일 수 있다. 우리 대부분은 진지한 대화를 청할 때에도 농담을 멈추지 못하는 사람을 알고 있다. 계속해서 웃겨야 하고 삶의 불가피한 고통을 피하려 하는 것은 경조증적인 성격의 특징이다. 이러한 성격은 경계선 수준에서 가장 흔하게 발견된다.

분명히 어떤 유머는 심리적 고통을 인내하는 우리의 능력을 크게 확장해 준다. 이러한 과정의 극단적인 형태는 '섬뜩한 농담'으로 이는 극히 암울한 삶의 현실에서 살아남게 해 주는 기제로 수세기 동안 알려져 왔다. 많은 유머들이 긍정적인 방향으로 방어적이다. 이러한 유머는 두려움을 불러일으키는 대상을 비웃는다거나, 가혹한 현실을 가벼운 마음으로 인정한다거나, 고통을 즐거움으로 전환한다거나 하는 반가운 기능을 해 준다. 유머감각, 특히 자신의 별스러움을 웃어넘길 수 있는 능력은 정신건강의 핵심 요소라고 오랫동안 여겨져 왔다. 이전에는 음침하고 고뇌에 차 있던 환자가 유머를 구사한다면 이는 중요한 내적 변화가 시작됐다는 첫 번째 신호일 수 있다.

결어

이로써 개인의 성격 조직을 이해하는 데 필요한 방어 작용에 관한 개관을 마친다. 여기서 나는 독자들에게 이 책이 단지 성격 **장애**가 아닌 성격 **구조**를 다루는 책임을 다시 한 번 상기시키고자 한다. 비록 이 책의 초점이 진단이라는 임상적 작업에 맞춰져 있고, 또 진단이라는 것이 도움을 받으러 오는 사람들이 어떤 식으로든 고통을 받고 있다고 가정하는 일이긴 하지만, 독자들은 도움을 구하는 문제의 핵심이 환자의 기본 성격에 있지 않을 수도 있음을 기억해야 한다. 예컨대, 성격 구조와 상관없이 누구라도 감당하기 어려운 어떤 과도한 스트레스로 인해서 그런 문제를 겪기도 하는 것이다.

그러나 개인이 어떻게 고통을 받는가 하는 점은 그 사람의 성격 조직을 반영하기 마련이다. 또한 고통을 완화하도록 어떻게 도울 수 있는가 하는 것에 있어서도 성격 차에 대한 민감성이 요구된다. 선인장이나 담쟁이덩굴이나 모두 빛과 물을 공급하면 자라기는 하겠지만, 두 식물 간의 차이를 모르는 정원사는 그것들을 활짝 꽃피우지는 못할 것이다. 기본적 성격의 다양성을 이해하는 것은, 다루고자 하는 문제가 성격적이건 아니건 간에 효과적인 심리치료에 필수적이다. 우울을 겪고 있는 강박적인 사람에게 도움이 되는 치료적 자세와 기본 성격이 히스테리적으로 조직화된 또 다른 우울 내담자를 돕는 자세는 구분되어야 한다.

우리 모두는 아동기에 강한 두려움과 열망을 가지고 있었으며, 당시에 가능했던 최선의 방어 전략으로 그것들을 다루었고, 초기의 시나리오와는 다른 삶의 요구에 대응해야 하는 현시점에서도 그 대처 방법을 유지한다. 세심한 심리진단 과정의 목표는 개인이 얼마나 '병적인가'를 평가하거나, 사회적으로 정의되는 정상의 범위를 넘어섰는지의 여부를 결정하는 것이 아니라(McDougall, 1980), 한 사람의 고통의 특성과 강점을 이해함으로써 고통은 경감하고 강점을 살리는 데 참여할 수 있도록 하는 것이다.

2부에서는 정신분석에서 중요시하는 주요 성격 유형들을 기술할 것이다. 개인차를 분류하는 데는 여러 가지 많은 방법이 있다. 치료자들이 원래 갖고 있던 방식은 자신에게 익숙한 정신적 고통에 기초하여 사람들을 조직화하는 것이다(미용사, 바텐더, 교사, 음악가, 회계사와 같이 다른 직업을 갖고 있는 사람들을 인터뷰해 본다면 매우 흥미로울 것이다. 이들은 인간 전체를 자신의 일반화에 의해 구분한다. 내 생각에 대부분의 집단은 인간 세상을 바라보는 자신들만의 렌즈를 통해서 성격 유형을 만들어 낸다). 이미 언급한 대로, 각각의 성격 범주는 하나의 방어 혹은 일단의 방어들에 대한 성격적 의존을 나타내며, 명백하게 정신병적인 사람으로부터 특정한 심리적 지향을 지닌 정신건강의 표본인 사람에 이르기까지의 발달 범위를 포함한다. 2부에서, 나는 각각의 성격을 지닌 사람들의 치료 작업에서 드러나는 객관적인 측면과 주관적인 측면을 기술하고, 가능하다면 정신분석의 일반론과 추상화를 보고 가능한 임상적 상호작용에 담아서 제시할 것이다.

요약

이 장에서는 이차적 방어 혹은 '상위' 방어 중에서 가장 흔하고 또 임상적으로 의미가 있는 것들을 살펴보았다. 억압, 퇴행, 격리, 주지화, 합리화, 도덕화, 구획화, 취소, 자기 탓으로 돌리기, 치환, 반동형성, 역할 역전, 동일시, 승화, 유머가 여기에 포함되어 있다. 각 방어의 적응적인 예와 부적응적인 예를 제시하였고, 방어와 관련된 성격 유형에 대해서도 언급하였다. 마지막으로, 이 책 후반부로 넘어가는 데 도움을 주고자 성격과 방어의 관계에 관한 일반적인 사항들을 언급하였다.

더 읽을거리

5장의 마지막 부분에서 말했듯이, 방어는 대개 다른 주제들을 이야기하는 중간에 부수적으로 언급되지 책의 전체 주제가 되는 경우는 드물다. Anna Freud(1936)와 H. P. Laughlin(1970, 1979)의 저서는 예외적인 경우에 해당되는데, 둘 다 비교적 쉽게 읽힌다. 용감한 독자들을 위해서는 Fenichel(1945)이 늘 그렇듯 철저하게 이 주제를 다룬 『The Psychoanalytic Theory of Neurosis』의 8장과 9장을 추천한다. 경험적 연구에 근거한 방어에 대한 훌륭한 개관서로는 Vaillant가 편집한 『Ego Mechanism of Defense』(1992), 혹은 Phoebe Cramer의 『The Development of Defence Mechanism』(1991)과 『Protecting the Self』(2006)가 있다.

Part 2

Psychoanalytic Diagnosis

성격 조직의 유형

2부의 서론

2부의 각 장에서는 주요 성격 유형이 소개된다. 나는 임상 현장에서 맞닥뜨리는 빈도에 기초하여, 그리고 치료 작업에 대한 내 자신의 친숙성과 자신감에 기초하여 이들 유형을 선택하였다. 서문에서 밝혔듯이, 『정신역동적 진단편람Psychodynamic Diagnostic Manual』(PDM Task Force, 2006)에 여기서 다루지 않은 몇몇 성격 유형들이 기술되어 있다.

제시되는 순서는 임의적이지만, 전반적으로 대상관계의 수준이 낮은 사람들부터 시작하여 치료자들이 보기에 강력한 애착을 보이는 경향이 있는 사람들을 마지막으로 배치하였다(비록 이들의 특정한 애착 양식이 문제가 될 수는 있지만 말이다). 각 장은 다음 순서에 따라 구성된다. (1) 추동, 정동, 기질, (2) 자아의 적응적 작동과 방어적 작동, (3) 성격의 발달에 기여하고, 내재화되며, 나중의 관계에서 반복되는 초기의 관계 패턴, (4) 의식적, 무의식적으로 자기 자신을 어떻게 바라보며, 자존감을 어떻게 추구하는가를 포함한 자기의 경험, (5) 자기 및 타인표상, 자기–타인 상호작용 패턴에 따른 전이와 역전이 양상, (6) 치료적 시사점, (7) 감별진단.

장章 구성의 이론적 근거

처음 4개의 항목은 Pine(1990)이 제시한 것을 가져온 것이며, 그는 추동, 자아, 대상관계, 자기라는 개인심리의 양상들을 다음과 같이 요약하였다.

> 대체로 이 네 가지 용어는 각각 다음 영역을 가리킨다. (a) 추동, 충동, 소망, (b) 방어, 적응, 현실 검증 및 이들의 발달상의 결손, (c) 중요한 타인과의 관계 경험. 이 경험의 기억은 왜곡된 것일 수도 있다. (d) 자기에 대한 주관적 경험. 이것은 자신의 경계, 자존감, 존재감, 주체agency로서의 느낌 등과 관련된다(p. 13).

나는 이 네 가지 관점이 정신분석 전통 안에 암묵적으로 존재하며, 복잡한 인간심리의 다양한 모습을 정리하는 데 유용하다고 보는 Pine의 관점에 동의한다.

Pine의 첫 번째 영역에 나는 정동affect이라는 항목을 추가하였다(Isaacs, 1990; Kernberg, 1976; Spezzano, 1993; Tomkins, 1962, 1963, 1991, 1992 참조). Freud가 정서를 추동에 포함했기 때문에(Solms & Nersessian, 1999 참조), 분석적 이론화 과정에서 정동 자체는 늦게 주목을 받았다. 그러나 2000년의 조사에서 Blagys와 Hilsenroth는 정신역동적 임상가들은 정동에 대한 작업이 자신의 지향을 정의한다고 생각함을 발견하였다. 분석가들은 오랫동안 지적 통찰보다 정서적 통찰이 치료적으로 우위에 있다고 보았다(J. G. Allen, 1980 참조). 보다 최근에도 많은 이론가들이 정동을 인간심리와 임상 과정의 중심에 놓는다(예, Chodorow, 1999; Fosha, 2000, 2005; Maroda, 2010; D. Shapiro, 2002).

무의식적 정동의 강력한 작용을 증명하는 수많은 과학적 연구들이 있다(Westen, 1999 참조). 초기 경험과 뇌 기능에 관한 지난 20년간의 연구(예, Damasio, 1994; Lichtenberg, 1989; Panksepp, 1999; Solms & Bucci, 2000)는 성격 차를 이해하려면 이러한 암묵적인 감정들을 분별하고 이해해야 함을 지지해 준다. Rainer Krause의 연구(예, Anstadt et al., 1997)는 우리 모두가 성격적인 안면정동 패턴, 즉 우리 각자의 독특한 정서적 서명인 정서적인 '프랙탈fractal' 혹은 정동 표현의 유형과 순서를 가지고 있다고 제안한다. 따라서 안정적인 성격 차이에 각 성격의 특징적인 정동이 포함되어야 함이 분명해진다.

나는 추동, 정동 항목에 기질temperament도 포함했다. 현대의 유전학적이고 신경과학적인 발견의 관점에서 그리고 기질에 관한 수십 년간의 학문적 결과를 볼 때, Freud가 추동의 방향이나 힘과 같은 영역에서 선천적 개인차를 중시한 것은 선견지명이 있어 보인다(Kagan, 1994). 치료는 수정 가능한 것을 지향하기 때문에, 임상가들은 선천적으로 '타고난 것'에 대해서는 많이 생각하지 않는 경향이 있지만, 그럼에도 이미 갖고 태어난 것을 이해하는 것은 여전히 중요하다. 어떤 사람의 기질적인 특성을 안다면 목표를 합리적으로 정하는 데 도움이 되며, 내담자로 하여금 변할 수 없는 것을 수용하고 새롭게 적응하도록 도울 수 있게 해 준다.

각 유형의 다섯 번째와 여섯 번째 주제는 각 유형의 심리를 지닌 사람들의 대인관계 스타일과 그들을 효과적으로 치료하는 데 필요한 요소들을 제안하였다. 진단과 치료적 이유 모두에서 역전이 문제에 관해 논의하였다. 치료자의 정서적 반응에는 중요한 진단적 정보가 담겨 있으며, 이것이 치료적 접근을 달리해야 하는 성격 유형들을 구분하는 데 (특히 문제가 심한 환자들의 유형을 구분하는 데) 유일한 단서가 되는 경우도 많이 있다. 역전이 정보는 또한 우리가 앞으로 내담자와 작업하면서 느낄 감정에 대비할 수 있게 해 주며, 그럼으로써 우리의 그런 감정을 효과적으로 다룰 수 있는 기회를 더 넓힐 수 있게 해 준다. 서로 다른 성격 유형을 가진 환자들이 보여 줄 특징적인 '테스트'를 어떻게 통과하면 좋을지에 대해서도 이 부분에서 다루었다(Weiss, 1993).

마지막으로, 어떤 성격 조직이 분명한 것처럼 보일 때 그에 대한 가능한 대안에 독자들이 주의를 기울이도록, 특히 그런 감별진단이 치료 결과에 중요할 경우를 위해 감별진단에 관한 부분을 포함했다. 예를 들어, 히스테리적인 내담자를 근본적으로 자기애적인 사람으로, 혹은 자기애적인 내담자를 성격적 강박으로, 혹은 전반적 해리가 있는 사람을 정신분열증 환자로 오해할 때, 매우 부정적인 결과가 생길 수 있다. 체크리스트를 사용해서 진단을 내리는 DSM의 접근 자체가 오류를 낳을 수 있기 때문에 이런 실수는 언제라도 일어날 수 있다.

성격, 성격병리 그리고 상황 요인

다음에 소개되는 각 성격 유형은 건강한 사람과 혼란이 심한 사람 모두를 포함한다. 누구나 어떤 경험을 하거나 대응을 하는 데 있어 규칙성을 갖고 있고 그것이 성격을 이룬다. 우리 대부분은 성격이 '장애'가 아니다. 개인에 따라 특별히 강한 어떤 성격 성향을 보이기는 하지만, 우리 모두는 몇 가지 성격 스타일의 특징을 함께 가지고 있다. 하나의 범주에 깔끔하게 들어맞지 않는 많은 사람들이 두 유형의 성격 조직을 조합(예, 편집성–분열성, 우울성–피학성 등)할 때 더 적절하게 기술된다. 성격장애가 없는 내담자의 경우라도, 그의 성격 구조를 정확하게 평가하면 어떤 것이 내담자에게 잘 수용될지, 어떤 스타일의 관계를 맺어야 돕고자 하는 치료자의 노력이 촉진될 수 있을지 감을 잡을 수 있게 된다. 누구의 심리도 교과서의 기술 내용과 아주 정확하게 일치하지는 않겠지만, 우리 대부분은 치료자가 치료 방향을 가늠할 수 있을 정도로 일반적인 성격 영역 속의 어딘가에 속할 수 있다.

성격의 역동 그 자체는 병리가 아니다. 패턴이 너무 고정되어 있어서 심리적 성장과 적응을 방해할 때만이 성격병리 혹은 성격장애를 추론하는 것이 합리적이다. 강박적인 사람은 생각을 중심으로 자신의 생활을 조직하며, 학문, 논리적 분석, 상세하고 구체적인 계획, 현명한 의사 결정과 같은 창조적 사고 행위를 통해서 자존감을 찾는다. 그러나 병리적으로 강박적인 사람은 비생산적으로 반추하며, 아무런 목표도 야망도 실현하지 못하고, 제자리에서 맴도는 자신을 혐오한다. 우울한 사람은 다른 사람을 돌보는 일에서 만족을 얻는다. 그러나 병리적으로 우울한 사람은 자기 자신마저 돌볼 수 없다.

성격과 성격장애를 구별하는 것과 더불어 성격과 반응성을 구별하는 것도 중요하다. 어떤 상황은 성격의 잠재된 모습을 드러나게 한다. 상실은 우울한 면을 드러나게 하고, 통제를 위한 투쟁은 강박적 반추를 낳고, 성적 착취는 히스테리를 유발한다. 그러므로 치료자는 상황 요인과 성격 요인의 상대적인 영향력을 조심스럽게 평가해야 한다. 끊임없이 몰아치는 스트레스 상황에 놓여 있는 사람은 외적 규준으로 볼 때 성격장애처럼 보일 수 있지만, 그들의 패턴은 내적 요인이라기보다 상황적 요인에 의한 것일 수 있다. 예를 들어, '편집증을 유발'하는 분위기의 기관에서 일하는 사람이나 학생은 DSM의 편집성 성격장애에 부합하는 안정적인 특성을 지닌 것처럼 보일 수 있지만, 그 기관을 떠나 더 이상 모욕을 느끼거나 무력하거나 불안전하게 느끼지 않게 되면 그런 특성이 사라질 수 있다[정신분석연구소의 편집증 유발에 관한 관찰은 Kernberg(1986, 2006) 참조].

내 동료에게 치료를 받았던 어떤 중국인 학생은 많은 자기애적 집착을 보였다. 그녀는 자신이 어떻게 보이는가에 극도로 예민했고, 자존감을 유지하는 데 상당한 에너지를 썼으며, 뭐든지 쉽게 하는 것처럼 보이는 미국인 학생들에 대한 질투심으로 괴로워했고, 자신이 '제자리에 있는지' 끊임없이 걱정했다. 그러나 그녀는 치료자에게 진심 어린 따뜻한 태도를 보였고, 치료자 또한 애정이 담긴 역전이를 느꼈다. 이런 점을 고려할 때 그녀는 본질적으로 자기애적인 성격을 갖고 있다고 볼 수 없었다. 새로운 사회에 적응하는 스트레스로 인해, 문화적 변화를 겪는 사람이면 누구나 씨름하게 되는 수용 가능성, 정체성, 자존감에 대한 잠재적 염려가 악화되었을 뿐이었다. 이 사례는 반응성과 성격을 혼동하는 것에 대한 경고일 뿐만 아니라, 주관적 자료가 결정적으로 중요함을 잘 보여 주는 예가 된다.

성격 변화의 한계

임상 경험은 성격은 치료에 의해 상당 부분 수정될 수 있지만 변형될 수는 없음을 시사해 준다(그래서 추동 이론은 "효율성economics은 바꿀 수 있지만 역동dynamics은 바꿀 수 없다."라고 말했다). 즉, 치료자는 우울한 내담자의 파괴적이고 극단적인 우울이 덜 파괴적이고 덜 극단적인 것이 되도록 도울 수는 있지만, 그 사람을 히스테리 성격이나 분열성 성격으로 바꿀 수는 없다. 사람들은 핵심적인 내적 각본, 갈등, 기대, 정동, 방어와 같은 자신의 '내적 작동 모델'(Fonagy, 2001)을 유지한다. 그럼에도 새로운 경험과 통찰을 얻게 되면 주체성과 현실적 자존감을 크게 확장할 수 있다. 이전에는 자동적이었던 행동을 선택하고 조절하면서 자유가 증가하며, 어떻게 해서 자신이 특정한 경향성들을 갖게 되었는지 이해하면서 자기수용이 가능해진다. 치료 계약에 성격을 수정하려는 노력에 대한 합의가 포함되어 있는지 여부와 관계없이, 성격의 본질을 이해하게 되면 치료 작업이 촉진될 수 있다.

나는 이 책이 포괄적이기를 바라지만, 독자들의 책가방을 무겁게 하거나, 경제적인 부담을 주거나, 공부하고 싶은 마음을 포기하게 만들고 싶지는 않다. 2부에서는 정신병질, 자기애성, 분열성, 편집성, 우울성, 경조증성, 피학성, 강박성, 히스테리, 해리성 성격을 심층적으로 기술하였다. 앞서 언급했듯, 성격을 조직화할 수 있는 다른 많은 주제들이 있지만, 이것이 내가 가장 잘 알고 있는 모습이다. 나는 내가 생략한 대부분의 성격 유형이 교향악의 주제라기보다는 변주로 보인다는 인상을 갖고 있다. 예를 들어, 가학성이 근본적이고 핵심적인 성격인 사람이 없는 것은 아니지만, 그들은 좀처럼 자발적으로 치료를 받으러 오지 않는다. 정신병질이나 해리와 같은 다른 임상 양상의 한 부분으로 가학성을 발견할 때가 더 많다. 성격 수준에서 수동공격적인 사람들이 있지만, 수동공격적 경향은 의존적, 강박적, 편집적, 피학적 성향과 같은 다른 역동에 부수적인 경우가 더 흔하다.

Chapter 07 Psychoanalytic Diagnosis

정신병질성(반사회성) 성격

정신건강 현장에서 만나는 환자들 중에서 아마도 가장 인기가 없고 가장 위협적인 환자들인 정신병질적인 사람들에 대한 논의를 시작하려고 한다. 나는 Meloy(1988)를 따라 이 성격 유형의 예전 용어를 사용한다. "반사회적"이라는 용어는 밖으로 보이는 현상, 외적으로 볼 수 있는 것에 초점을 맞추며, 이 심리의 사회적 결과를 강조한다. 그러나 나는 여기서 정신병질적인 사람의 주관적 경험과 내적 역동을 깊숙이 살펴보고자 한다.

Kernberg(1984)는 자기애적 문제(자기의 장애)의 범위를 개념화하면서 그 극단에 심한 정신병질이 있다고 보았으며, 그의 견해는 연구를 통해 지지되고 있다(예, Gacano, Meloy, & Berg, 1992). Robert Hare(예, Hare et al., 1990)는 반사회적 경향이 있는 사람들과 진정한 정신병질자들을 구분하였으며, '정신병질자psychopath'라는 용어를 더 큰 스펙트럼 안의 일부에 국한하여 사용하였다. 이러한 구분은 연구를 위해 매우 유용하며, 위험한 직원이 될 수 있는 취업 응시자를 가려내는 것과 같은 매우 중요한 실질적인 결과를 가져다주었다. 그러나 반사회적 스펙트럼을 지배하는 역동을 논의하려는 목적에서, 나는 '정신병질적psychopathic'이라는 형용사를 '반사회적antisocial'과 동등하게 좀 더 느슨하게 사용하였고, '정신병질psychopathy'이라는 명사는 반사회적 범위 전체를 지칭하는 데 사용하였다. 그러나 1판에서 사용했던 방식과는 다르게, 또한 Hare의 용어 구분을 존중하는 의미에서, '정신병질자'라는 명사는 이 심리의 극단적인 형태를 보이는 사람들에게만 사용하였다. 또한 '사회병질적sociopathic'이라는 용어는 이제는 구식 구분이기 때문에 사용하지 않았다.

극단적인 정신병질자들은 치료가 불가능하다는 아주 강력한 증거가 있기는 하지만(M. H. Stone, 2000), 반사회적 경향을 지닌 많은 사람들이 치료의 효과를 볼 수 있다. 정신병질적인 특성을 중심으로 성격이 구조화된 사람들의 범위는 무척 넓다. 사람을 아무나 죽여 그 시신을 훼손하고 (자신의 피에는 독이 들어 있어서 살기 위해서는 다른 사람의 피가 필요하다는 망상으로 인해) 희생자의 피를 마셨던 Richard Chase(Biondi & Hecox, 1992; Ressler & Schactman, 1992)처럼 극도로 정신병적이고, 와해되고, 충동적이고, 가학적인 사람이 있는가 하면, Babiak와 Hare(2007)가 미국 기업의 정신병질자들에 관한 그들의 오싹한 저서인 『Snakes in Suits』에서 묘사한 인물들처럼, 도회적이고 세련되고 매력적인 사람들도 있다. 정신병질적인 사람들은 그 분포가 경계선 및 정신병 쪽 방향으로 기울어져 있는데, 개념적으로 이 진단이 애착 형성의 기본적인 실패와 매우 원시적인 방어에 대한 의지를 주된 특징으로 하고 있기 때문이다.

그러나 나도 Bursten(1973a)처럼, 정신병질의 특징을 다른 성격 특성보다 많이 보이며 높은 수준의 반사회적 성격으로 개념화하는 것이 합당한 상위 범위의 사람들이 있다고 생각한다. 이들은 정체성 통합, 현실 검증력, 보다 성숙한 방어를 사용할 수 있는 능력을 갖추었다는 점에서 경계선도 아니고 정신병적이지도 않다고 간주될 수 있지만, 그럼에도 불구하고 이들의 핵심적인 사고방식과 행동방식은 반사회적 감성을 드러낸다. 매우 성공한 사람들 중에는 본질적으로 정신병질적으로 보이는 사람들이 있다. 충분한 자아강도를 갖고 있는 것 같고 무자비할 정도로 다른 사람들에게 무관심한 사람들이 성실하고 배려심이 있는 사람들에 비해 경쟁적인 성취를 더 쉽게 달성할 수 있다.

1939년에 Henderson은 '수동–기생적인' 정신병질자와 공격적이고 폭력적인 정신병질자를 구분하였다. 따뜻한 가족과 좋은 친구들이 있는(적어도 사기가 발각되기 전까지는) 피라미드식 사기 수법의 개발자가 전자에 해당될 것이다. 우리 사회는 공격적인 양상을 띠는 정신병질에 비해 이러한 미묘한 형태의 정신병질에 더 충격을 받는 것 같지만, 다른 사람들을 착취하려는 성향은 동일하다. 정신병질적인 사람들은 다른 사람들을 '이겨 먹거나' 의도적으로 조종하려는 집착을 중심으로 성격이 조직화되어 있다는 Bursten(1973a)의 진단 준거는 정신병질적인 심리의 핵심을 꿰뚫고 있다. 이렇게 개념화한다면, 성격적 정신병질의 진단은 겉으로 드러난 범죄 행위와는 아무 관련이 없으며 단지 내적 동기하고만 관련이 있을 뿐이다.

정신병질에서의 추동, 정동, 기질

유아들이 태어날 때부터 기질이 다르다는 사실(아이를 둘만 키워도 누구나 아는 사실)은 과학적으로 잘 입증되어 있다(Kagan, 1994; Thomas, Chess, & Birch, 1968). 유아들은 활동 수준, 공격성, 반응성, 진정 가능성 등의 요인에서 선천적인 다양성을 보이며, 이 특성들은 정신병질적 방향으로의 발달에 영향을 미칠 수 있다. 쌍생아와 입양아에 관한 초기 연구들(예, Vandenberg, Singer, & Pauls, 1986)은 반사회적이 되는 사람들은 다른 사람들에 비해 체질적으로 더 공격적일 수 있다고 결론지었다. 이 책의 초판이 나온 이래로 뇌 연구가 폭발적으로 이루어졌고 체질적인 것과 학습되는 것이 분리될 수 있다는 우리의 이전 가정은 순진한 것이었음이 밝혀졌다. 즉, 유전적 소인은 초기 경험에 의해 빗나갈 수 있으며, 유전자는 켜졌다 꺼졌다 할 수 있고, 뇌 화학물질은 경험에 의해 바뀔 수 있으며, 모든 것은 상호작용한다. 잘 설계된 종단 연구를 통해 Caspi와 그의 동료들(2002)은 노어에피네프린 및 관련 신경전달물질을 파괴하는 변형된 유전자 표현[X 염색체에 영구적 영향을 미칠 수 있는 모노아민 산화효소(MAOA)의 변형]을 지닌 사람들이 학대를 당할 때 폭력적이고 반사회적인 패턴을 발달시킬 가능성이 훨씬 더 많다는 사실을 발견하였다(Fonagy, 2003; Niehoff, 2003 참조).

초기의 방치, 학대, 가혹 행위는 뇌에서 도덕을 관장하는 것으로 보이는 안와전두엽피질의 발달에 영향을 미칠 수 있다(Damasio, 1994; Martens, 2002; Yu, 2006). 따라서 반사회적인 사람들의 높은 수준의 정동적, 약탈적 공격성의 생물학적 기저는 그들이 이를 유전적으로 물려받았다고 직접적으로 말할 수는 없지만, 그럼에도 여전히 경험과 유전자의 상호작용에 의해 본질적으로 '내장되어 있다'고 볼 수 있다. 그 원인이 무엇이든 반사회적인 사람들은 세로토닌 수준이 낮으며(Coccaro, 1996), 정신병질자로 진단받은 사람들은 자율신경계의 반응성이 상당히 낮다(Intrator et al., 1997; Lykken, 1995). 이러한 사실은 이들의 감각 추구 성향과 익히 알려진 '경험에서 배우는 능력의 결여'를 설명해 주는 것일 수 있다(Cleckley, 1941, p. 368).

Louth, Williamson, Alpert, Pouget과 Hare(1998)는 정신병질자들은 언어와 정동을 담당하는 뇌 회로가 비정상적임을 발견했는데, 이러한 발견은 극단적으로 반사회적인 사람들은 우리 대부분이 하는 것처럼 관계에 기반을 둔 방식으로 감정을 배우지 못함을 시사해 준다. 대신 이들은 정서적인 말을 일종의 '제2의 언어'로 획득하며 자신의 내적 상태를 표현하기보다는 다른 사람을 조종하는 데 사용한다. 정신병질적인 사람들은 정동 조절 능력이 부족하며 쾌 흥분의 역치가 평균 이상이다(Kernberg, 2005). 우리 대부분은 좋은 음악, 애정이 깃든 성관계, 자연의 아름다움, 재치 있는 농담, 잘 수행된 일에서 정서적 만족감을 얻을 수 있지만, 정신병질적인 사람들은 살아 있다고 느끼기 위해 더 강렬하고 아슬아슬한 경험을 필요로 하는 것 같다.

정신병질적인 사람들의 주 감정은, 이들이 정서를 말로 표현하는 능력이 없기 때문에 구체적으로 제시하기가 어렵다. 이들은 말하는 대신에 행동한다. 이들은 특정한 정동에 대한 감각 없이 단지 기본적인 각성 감각을 갖고 있는 것처럼 보인다. 이들이 뭔가를 느낀다면, 맹목적인 분개나 조증의 들뜬 기분을 경험하는 것일 수 있다. 다음의 관계 패턴에 관한 부분에서 Modell(1975)이 처음으로 기술한 '전면적인 정동 차단'의 몇 가지 이유를 제시할 것이다. 정신병질적인 사람들을 위한 치료가 다른 성격을 가진 사람들을 위한 치료와 뚜렷하게 구별되는 한 가지 점은 치료자가 내담자가 느끼리라 여겨지는 감정을 반영해 줌으로써 동맹을 맺기를 기대할 수 없다는 것이다.

정신병질에서의 방어 과정과 적응 과정

정신병질적인 사람의 일차적 방어는 전능통제이다. 이들은 또한 투사적 동일시, 해리, 행동화를 사용한다. 힘을 발휘하고 싶은 욕구가 다른 어떤 목적보다도 우선한다. 이는 수치심으로부터 자기를 방어하게 해 주며, 특히 잔인한 정신병질자들의 경우에 범죄 행위의 기저에 흔히 있는 성적 도착을 다른 사람이 잘 알아볼 수 없도록 만든다(Ressler & Schactman, 1992). 정신병질자들에게서 잘 알려진 양심의 결여(Cleckley, 1941)는 초자아 결함(Johnson, 1949)뿐만 아니라 다른 사람들과의 일차적 애착이 결핍되어 있다는 증거가 된다. 철저히 반사회적인 사람들에게는 타인의 가치란 자신의 힘을 과시할 수 있게 해 주는 도구가 된다는 점에서만 쓸모가 있다.

정신병질적인 사람은 만약 듣는 사람이 자신의 힘에 감명받는다고 생각한다면 자신의 사기 행위와 속임수를 드러내 놓고 자랑할 것이다. 이 과정은 전혀 무의식적이지 않으며, 말 그대로 수치심이 없다. 법 집행관들은 어떤 범죄자들이 살인 행위는 기꺼이 고백하면서 이보다 덜 심각한 범죄(성적 충동성, 피살자의 지갑에서 몇 달러를 훔친 것)는 감추는 것을 보면서 거듭해서 놀란다. 이들 범죄자들은 그러한 사소한 범죄가 자신을 약하게 보인다고 생각한다(N. Susalis와의 사적 대화, 1993년 5월 7일). Kernberg(1984)는 정신병질자의 '악성의 거대성malignant grandiosity'에 주목하였다. 치료를 고의로 방해함으로써 가학적 승리를 맛보려는 정신병질자를 겪어 본 사람이라면 누구나 이 용어에 공감할 것이다.

정신병질적인 조종과, 히스테리 환자 및 경계선 환자에게서 흔히 조종이라고 불리는 것은 구별되어야 한다. 전자는 다른 사람을 이용하려는 고의적인, 자아동질적인 시도이며, 후자는 다른 사람은 이용당했다고 느끼지만 정작 환자 본인은 조종한다는 특정한 의도를 의식하지 못할 수 있다. 4장에서 언급했듯, '조종manipulation'이라는 용어는 의식적이고 고의적인 정신병질적 현상에 국한하여 사용하기를 권고한다. 히스테리나 경계선 환자들은 다른 사람들의 화가 치밀어 오르게 하고 조종당한다는 느낌을 갖도록 도발하는 간접적인 방법으로 자신의 욕구를 채우려 할 수 있지만, 이들의 행동은 매우 다른 이유에서 시작된다. 이들은 다른 사람을 무관심하게 이용하려는 것이 아니라 무의식적으로 관계를 유지하고자 한다.

초기의 관찰들 그리고 보다 최근의 연구(Robins, Tipp, & Przybeck, 1991)는 자기파괴적 행동이나 감옥행을 피한 정신병질적인 사람들이 중년에 접어들어 '기운이 빠지고' 심지어 선량한 바른 시민이 된다고 확인해 준다. 이때쯤 이들은 심리치료를 더 잘 받아들이고, 정신병질적 심리를 지닌 젊은 사람들에 비해 치료에서 더 많은 혜택을 볼 수 있다. 이러한 변화는 호르몬의 감소로 인해 행동하려는 내적 압력이 줄어들었기 때문일 수도 있고, 중년에 이르러 피할 수 없는 체력의 상실 때문일 수도 있다. 이렇게 전능방어가 어떤 한계에 의해 꺾이지 않는다면, 더 성숙한 적응력을 발달시키고자 하는 동기가 극히 적을 것이다. 모든 성격 유형에서 청소년 후기와 청년기에 있는 사람들, 특히 건강한 남자들은, 대개 전능한 느낌을 갖기 마련이다. 죽음은 멀리 있으며, 성인으로서의 특권은 눈앞에 있다. 유아적 거대성이 강화된다(정신병질이 남자에게 더 흔한 한 가지 이유는 여자들이 더 일찍 현실의 한계에 직면하기 때문이 아닌가 한다. 여자들은 신체적으로 강하지 않고, 생리의 성가심과 임신의 위험을 안고 살며, 강간이나 신체적 학대의 위험이 더 크다. 그리고 일차 양육자의 입장이 되어서는 훌륭한 어머니로서의 이상적 모습과 아이를 키울 때 느끼는 정서적 도전 간의 격차로 인해 겸손을 배운다). 그러나 젊은 시절 아무리 이점이 많았더라도, 우리는 현실에 뒷덜미를 잡히기 마련이다. 중년이 되면, 죽음은 더 이상 추상 개념이 아니며, 체력은 점점 약해지고, 반응 시간은 느려지고, 건강을 더 이상 장담할 수가 없고, 몸을 돌보지 않았던 대가가 나타나기 시작한다. 이런 삶의 현실로 인해 성숙해질 수가 있고, 덜 전능한 적응에 관심을 갖게 될 수 있다.

정신병질적인 사람들은 투사적 동일시도 사용한다. 이것은 발달적 지체와 원시적 방어에 대한 의존을 반영해 줄 뿐만 아니라, 언어적 표현 능력의 부족과 정서적 미성숙의 결과일 수 있다. 이들은 말로 정서를 표현하지 못하거나 혹은 (그에 더하여) 감정을 표현하기 싫어하는 경향이 있다(조종할 때를 제외하고). 이 사실은 이들이 다른 사람에게 자신이 무엇을 느끼고 있는지 알게 하는 유일한 방법은 다른 사람에게 그 감정을 유발하는 것임을 의미한다. 흔히 정신병질적인 사람들의 해리 방어가 언급되기는 하지만 구체적인 사례에서 이를 평가하기는 어렵다. 해리 현상은 어떤 실수에서 자신이 한 역할을 최소화하는 사소한 경우로부터 폭력 범죄를 완전히 기억하지 못하는 현상에 이르기까지 그 범위가 넓다. 해리의 속성을 지닐 수 있는 개인적 책임의 부인은 정신병질 진단의 결정적 지표 중의 하나이다. 애인을 심하게 구타하고서도 '사소한 말다툼'이 있었고 자신이 "아마 제정신이 아닌 것 같았다."라고 설명하는 가해자, 혹은 "이번에는 판단을 잘못했다."라고 주장하며 죄를 깊이 뉘우치는 듯이 행동하는 사기꾼은 성격적 특징을 최소화하는 것이다. 면접자가 이런 말을 듣는다면 좀 더 구체적인 질문을 해야 한다. "제정신이 아니었을 때 정확히 무엇을 했죠?" 혹은 "정확하게 무엇을 잘못 판단했다는 거죠?"(대개 두 번째 질문에 대한 대답은 사기를 친 것에 대한 가책이 아니라 잡힌 것에 대해 후회하고 있음을 보여 준다)

정신병질적인 사람이 어떤 경험을 하는 동안, 특히 범죄를 저지르는 동안 정서적으로 해리되어 있었거나 혹은 기억나지 않는다고 주장한다면 실제 그랬는지 아니면 이런 말 자체가 책임감을 모면하려는 조종인지 판단하기가 어렵다. 반사회적이라고 진단받은 사람이 심한 학대의 과거력을 가진 경우가 많다는 점을 감안하면 또한 학대와 해리의 인과관계를 감안한다면, 해리가 정신병질적 성격에 자주 수반된다고 생각할 수 없는 것은 아니다. 그렇다고 해도, 반사회적인 사람들의 말은 신뢰할 수 없다는 점에서 이는 매우 골치 아픈 문제가 된다. 이 장 마지막의 감별진단에 관한 부분과 15장에서 이에 대해 더 다룰 것이다.

행동화는 사실 정신병질을 정의하는 특성이다. 반사회적인 사람은 각성되거나 기분이 상할 때 행동을 부추기는 내적 자극을 경험한다. 뿐만 아니라, 충동 통제를 통해 얻을 수 있는 자존감 향상을 경험해 본 적이 없다. 예전 임상 문헌에는 정신병질자들이 불안이 없는 건가 아니면 불안이 보이지 않는 건가에 관한 논쟁이 있었다. Greenwald(1974)는 이들도 불안을 느끼지만 그런 유해한 감정으로부터 벗어나기 위해 너무나 빨리 행동화하기 때문에 주변 사람들이 불안을 볼 기회가 없다고 (또한 불안을 인정하면 '나약하게' 보이기 때문에 질문을 받을 때 결코 불안을 인정하지 않는다고) 믿었다. 그러나 경험적으로 조사해 볼 수 있는 한에 있어서는, 적어도 진정한 정신병질자들이라면 불안이 없다고 보는 쪽이 더 정확하다. 검사를 해 보면 이들의 두려움과 불안 수준은 정신병질적이지 않은 사람들에 비해 낮게 나온다. 또한 '탁자'라는 단어에 비해 '강간'이라는 단어에 더 반응을 보이지도 않으며(Intrator et al., 1997), 사실상 깜짝 놀라는 반응을 전혀 보이지 않는다(Patrick, 1994). 그러나 치료에 참여할 정도로 건강한 반사회적 경향을 지닌 사람들은 어느 정도 불안이 있을 수 있으며 (Gacano & Meloy, 1991; Gacano, Meloy, & Berg, 1992), 이러한 불안이 동기가 되어 치료에서 도움을 받을 수 있는 여지가 생길 수 있다.

정신병질에서의 관계 패턴

반사회적인 사람들의 어린 시절은 불안전과 무질서로 꽉 차 있다. 임상 문헌들은 오래전부터 거친 훈육, 지나친 방임, 방치의 혼란스러운 결합에 주목하였다(Abraham, 1935; Aichhorn, 1936; Akhtar, 1992; Bird, 2001; Greenacre, 1958; Redl & Wineman, 1951). 특히 폭력적인 정신병질자의 과거력을 보면, 일관성 있게 애정을 받으며 보호를 받아 본 적이 없다. 흔히 나약하고 우울하고 피학적인 어머니와 폭발적이고 일관성이 없고 가학적인 아버지가 있고, 알코올 중독이나 다른 중독의 가족력이 있다. 이동, 상실, 가정 파탄을 흔히 볼 수 있다. 이런 불안정하고 고통스러운 환경하에서는, 초기의 전능 감각 그리고 이후에 어린 자기를 보호해 주는 타인의 힘에 대한 정상적인 확신이 도저히 정상적으로 발달할 수 없을 것이다. 발달상 적절한 시기에 정상적인 힘에 대한 감각을 가질 수 없었던 것이 곤경에 처한 이 아이로 하여금 자신의 전능을 확인하는 일에 평생을 보내도록 몰고 갈 수 있다.

정신병질적인 사람은 정서를 의식한다 해도, 사람들이 일상적으로 느끼는 정서를 나약함 혹은 취약함과 연결하기 때문에 이런 정서를 인정하지 못한다. 이들에게는 정서적 경험을 말로 표현하도록 도와준 사람이 가족 중에 아무도 없었던 것 같다. 이들에게는 감정을 말하기 위해 언어를 사용한다는 개념이 없으며, 말의 다른 용도를 알 수 있는 기반이 내재화되어 있지 않다. 임상 관찰에 의하면, 이들의 가정에서 말은 대부분 다른 사람을 통제할 때 사용된다. 양육자가 아동의 정서적 욕구에 반응해 주지 않았다는 사실은 또 다른 임상 관찰에서도 드러난다. 정신병질적이 되는 아동들 중에는 물질적으로는 지나치게 풍족하고 정서적으로는 박탈되었던 경우를 볼 수 있다. 내가 본 반사회적 환자의 부모는 자식의 감정이 격해질 때마다 비싼 선물(스테레오, 자동차)을 사 주곤 하였다. 이들은 아이가 무엇 때문에 그러는지 들어

볼 생각을 하지 않았다. 이런 종류의 '관대함'은 아주 파괴적이다. 내 환자는 이렇게 부모가 잘해 줬기 때문에 자신의 삶에 뭔가가 빠져 있다는 개운치 않은 느낌을 어떻게 설명해야 할 지 알 수 없었다.

아주 통찰력 있는 최근의 정신분석적 견해(예, Kernberg, 2004; Meloy, 1997)는 (기질 및 양육 과정의 문제로 인한) 애착의 실패 및 그에 따른 내재화의 실패를 강조한다. 반사회적인 사람은 심리적으로 애착을 형성하고, 좋은 대상을 내면에 통합하고, 양육자를 동일시해 본 적이 없었던 것 같다. 이들은 사랑을 흡수하지 않았고 사랑을 받아 본 적이 없다. 그 대신 약탈자로 경험되는 '낯선 이 자기대상stranger selfobject' (Grotstein, 1982)을 동일시했을 수 있다. Meloy(1988)는 "우선 일차적인 부모상과의 깊고 무의식적인 동일시가, 그리고 궁극적으로는 사회, 문화, 인류와의 원형적이고 방향 제시적인 동일시가 부족했다."라고 이야기한다(p. 44).

입양을 한 많은 부모들은 삭막한 고아원에서 자랐거나 심한 방치와 학대의 배경이 있는 아동들이 애착장애를 갖고 있을 수 있으며, 이로 인해 이후에 아무리 헌신적으로 돌보더라도 끝내 사랑할 줄 모르는 아동이 된다는 사실을 어렵게 배운다. 그러한 과거력이 있는 어린 아동들은 종종 혼란-비지향disorganized-disoriented 애착을 보이거나, 조직적인 애착 전략이 전혀 내재화되어 있지 않음을 보여 준다(D. Diamond, 2004; Main & Solomon, 1986). 그런 상황에서는 애착 대상이 공포와 격분의 근원이 될 수 있으며, 엄마에게 미소를 지으면서 물어뜯는 모순된 행동을 보일 수 있다. 혼란-비지향 애착의 한 가지 하위 유형이 혼란-통제disorganized-controlling 애착이다. 이는 학대를 받은 6세 무렵의 아동에게서 나타나며(Hesse & Main, 1999), 정신병질적 심리의 장기 관찰 결과와 일치하는 것으로 보인다.

전능환상과 반사회적 행동을 중심으로 성격이 조직되는 또 다른 이유도 이들의 양육자와 관계가 있다. 이들의 부모 혹은 다른 중요한 인물들은 아동의 전능감에 깊은 관심을 보이고, 타인을 지배할 권한을 타고난 사람은 이 특권의 행사에 일체의 제약을 받아서는 안 된다는 메시지를 반복해서 보낸다. 이런 부모들은 권위에 대한 그들 자신의 증오심을 아동의 반항적 행동화에 동일시하며, 교사, 상담자, 사법당국이 그들의 자녀에게 제재를 가하려고 할 때 격렬하게 반응한다. 아동이 부모의 방어적인 해결책을 모방한다는 점에서 모든 성격 유형과 마찬가지로 정신병질도 '상속'될 수 있다. 성격적 정신병질의 주된 근원이 모델링 및 조종과 특권 행동의 강화에 있는 경우에는, 무질서와 방치에 뿌리를 둔 경우보다 예후가 더 좋을 수 있다. 자식을 제 멋대로 하도록 추켜세우는 부모를 둔 아이는 적어도 누군가와 동일시하는 일에서는 성공했으며, 따라서 관계를 맺을 수 있는 능력이 있다. 이런 유형의 가족이 상대적으로 건강한 반사회적 경향이 있는 사람을 기르고, 보다 외상적인 환경에서 진정한 혹은 일차적 정신병질자를 포함한 보다 혼란이 심한 사람들을 기르는 것 같다.

정신병질적 자기

정신병질에 이르게 하는 소인의 한 가지 생물학적 기저는 아동을 달래고 위로해 주고 반영해 주기 어렵게 하는 높은 수준의 공격성이다. 선천적으로 부산하고 요구가 많고 산만하고 고집이 센 아동들은 조용하고 쉽게 진정이 되는 아동들에 비해 훨씬 더 적극적이고 강력한 양육이 필요하다. 이런 아동들은 서구 사회 대부분의 학령 전 아동들이 받는 것에 비해 훨씬 더 직접적인 아버지 역할의 개입이 필요할 것이며(Cath, 1986; M. J. Diamond, 2007; McWilliams, 2005a; J. Shapiro, Diamond, & Greenberg, 1995), 아마도 양육 보조자가 도움이 될 것이다. 나도 매우 공격적인 아이들을 알고 있다. 이들은 한쪽 부모만으로는 감당하기가 너무 어려워 보이지만, 만약 충분한 자극과 온정적인 훈육이 주어진다면 단단한 애착을 형성할 수 있는 것으로 보였다. 현대의 서구 문화는 한 명의 부모로 충분하다고 보지만, 어쩌면 바로 그렇기 때문에 서구에서 더 많은 정신병질자를 기르고 있는지도 모른다.

그러나 이런 사회학적 추측은 접어 두더라도, 생애 첫날부터 문제 아동으로 여겨지는 조건에서는 정신병질의 잠재성을 지닌 아이들이 양육자의 사랑과 자부심이라는 정상적인 경로를 통해서 자존감을 발달시키기가 매우 어려울 것이다. 외부 대상이 이렇게 실패할 때는 아동이 정서적으로 투자하는 유일한 대상은 자기 및 자신의 개인적 힘밖에 없게 된다. 이렇게 되면 자기표상은 개인의 전능이라는 소망과 절망적인 나약함이라는 두려움으로 양극화될 것이다. 공격적이고 가학적인 행동은 불쾌한 각성 상태를 누그러뜨리고 동시에 자존감을 회복시킴으로써 정신병질적인 사람의 자기 감각을 안정되게 한다.

"샘의 아들"로 불리는 연쇄살인범 데이비드 버코위츠는 생모가 자신이 상상했던 고상한 인물이 아니라 단정치 못한 여자였다는 것을 알게 된 후에 여성들을 죽이기 시작하였다(Abrahamsen, 1985). 입양아였던 그는 훌륭한 '진짜' 어머니가 있다는 환상으로 자존감을 유지했으나 이 착각이 산산조각 나자 광란 상태에 빠져들었다. 이렇게 거대 환상에 대한 타격이 요란한 범죄로 이어지는 경우는 세상을 떠들썩하게 한 많은 사건들에서 볼 수 있다. 그러나 일상생활 속에서 만나는 조종적 성향의 사람들을 관찰해 보면 이러한 패턴의 본질은 정신병질적인 살인자에게만 국한되지 않음을 알 수 있다. 비현실적인 우월감이 반영된 자기 이미지를 너무 좋아하는 사람이라면, 자신이 단지 인간에 불과하다는 증거에 직면할 때 힘의 행사를 통해 자존감을 회복하려고 할 수 있다.

아동의 환경이 무질서할수록, 그리고 양육자가 삶에 크게 지치고 부모로서 부적합할수록 아이는 적절한 한계가 무엇인지, 또 충동적인 행동의 결과가 어떤 것인지 배울 기회가 없다. 사회학습 이론의 관점에서 보면, 아동의 거대성은 일관된 훈육의 결여가 초래한 결과라고 할 수 있다. 만약 아동이 양육자보다 훨씬 더 많은 에너지를 갖고 있는 조건이라면, 다른 사람의 요구는 무시해도 되며, 뭐든지 그 순간 내키는 대로 해도 되고, 어떤 불리한 상황이 초래되면 피하거나 시치미를 떼거나 다른 사람을 꼬드기거나 위협함으로써 넘어갈 수 있다는 교훈을 배울 것이다.

정신병질적인 환자들의 자기 경험 중 언급할 가치가 있는 또 다른 특징은, 가장 원하는 것을 파괴하려는 소망인 원시적 질투primitive envy이다(Klein, 1957). 비록 반사회적인 사람들이 말로 질투를 표현하는 경우는 거의 없지만, 이들의 행동은 많은 부분이 질투를 드러낸다. 사랑하는 능력을 기르지 못한 채 성장한 이들은 아마도 자신에게 결여된 어떤 것을 다른 사람들이 가지고 있고 또 즐기고 있다는 것을 모를 수 없을 것이다. 이들은 인생의 부드러운 영역에 속하는 것이라면 무조건 평가절하하고 폄하한다. 이것은 병리의 깊이와 무관하게 모든 반사회적인 사람들의 특성이다. 정신병 범위에 속하는 반사회적인 사람은 자신이 매력을 느끼는 대상을 죽이는 것으로 알려져 있다. 예를 들어, 연쇄살인범 테드 번디는 젊고 예쁜 여성들(그의 어머니를 닮았다고 한다)을 '소유'하기 위해 그들을 죽였다고 하였다(Michaud & Aynesworth,

1983). Truman Capote(1965)의 『In Cold Blood』에 묘사된 살인자들은 '아무런 이유 없이' 행복한 가족을 몰살시켰다. 이유가 있다면 오직 그들이 행복한 가족이었고 살인자들은 그들을 향한 끓어오르는 질투심을 참을 수 없었기 때문이다.

정신병질 환자와의 전이와 역전이

정신병질적인 사람의 기본적 전이는 자신 안에 있는 약탈predation 성향을 투사하는 것이다. 이들은 치료자가 이기적 목적으로 자신을 이용하려고 한다고 생각한다. 이들은 사랑과 공감이라는 정서적 경험을 해 본 적이 없기 때문에 치료자의 관심 속에 너그러운 마음이 있음을 이해할 방법이 없으며, 다만 치료자의 '음모'가 무엇인지 파악하는 데만 주력한다. 만약 자신의 개인적 목적(판사나 보호관찰 담당관에게 긍정적인 보고서를 써 주는 것 등)을 달성하기 위해 치료자를 이용할 수 있다고 판단한다면, 이들은 아주 매력적으로 행동하여 경험 없는 치료자를 속이려고 할 것이다.

치료자를 이용하거나, 치료자가 혹시 자신을 착취할 의도가 있는지 한 수 앞서 내려다보는 일에만 매달리는 환자의 태도를 보고, 치료자는 대개 도움을 주는 사람으로서의 본연의 정체성이 뿌리째 흔들리는 충격과 이에 저항하려는 역전이를 보인다. 순진한 치료자는 도와주려는 의도를 증명하고 싶은 유혹을 참을 수 없다. 그러나 그러한 노력이 실패로 돌아갈 때는 흔히 정신병질적인 사람을 향해 적개심과 경멸감을 느끼며, 도덕적 모욕을 가하는 반응을 보인다. 평소 온정적인 사람이 '비공감적인' 감정을 느낀다는 사실은, 역설적으로 정신병질 심리에 대한 일종의 공감으로 이해해야 한다. 내담자는 치료자를 좋아할 수 없으며, 치료자 또한 내담자를 좋아하기가 극히 어려움을 깨닫는다. 환자가 터놓고 증오심을 드러내는 경우가 드물지 않지만 이는 걱정할 일이 아니다. 미워할 수 있는 능력도 일종의 애착이기 때문이다(Bollas, 1987). 만약 치료자가 마음속이 냉정해지고 심지어 증오를 느끼는 경험을 참아 낼 수 있다면, 정신병질적으로 조직화된 사람의 내적 경험에 대한, 유쾌하지는 않지만 매우 유용한 이해를 얻은 것이다.

치료자가 자주 경험하는 다른 역전이 반응은 상보적(Racker, 1968; 2장 참조)인 것으로, 치료자는 주로 묘하게 불길한 느낌과 함께 공포심을 느낀다. 정신병질자와 작업하는 사람들은 이들의 차갑고 잔인한 눈빛에 대해 자주 이야기하며, 그런 환자가 자신을 '좌지우지 한다'고 걱정한다(Meloy, 1988). 치료자는 섬뜩한 예감을 흔히 느낀다. 그러나 여기서도, 치료자가 이런 불쾌한 반응을 내적으로 인정하고 참는 것이 중요하다. 그렇게 하지 못하고 이를 부인하거나 짐짓 뒤집으려고 하는 것은 현명하지 못하다(현실적인 면에서도 그렇고, 또한 이런 치료자 반응이 환자로 하여금 자신의 파괴력을 과시하도록 자극할 수도 있기 때문이다). 마지막으로, 환자가 적극적으로, 심지어 가학적인 태도로 치료자를 얕볼 때 치료자는 강렬한 적개심이나 포기하고 싶은 무기력한 감정을 느낀다. 이때 치료자는 환자가 보이는 이런 평가절하의 태도는 자신의 질투심에 대한 방어라는 사실을 상기해야 한다. 이런 냉철한 지적 작업은 정신병질자의 비웃음에 맞서 치료자 자신을 위로하고 적당히 식혀 주는 데 도움을 준다.

정신병질 진단의 치료적 함의

반사회적 환자들에 대한 평판이 부정적임을 고려하면, 우선 심리치료를 통해 도움을 받은 정신병질자들도 많다는 사실부터 말해 두어야겠다. 그러나 가능한 치료적 성취에 대해서 치료자가 자만해서는 안 되며, 다른 어떤 진단 범주의 환자들보다도 더 주의 깊게 평가하여 각각의 정신병질적 환자의 치료 가능성을 가늠해야 한다. 어떤 환자들은 문제가 너무 심하거나, 너무 위험하거나, 치료자의 목표를 무너뜨리려는 의도가 너무 확고해서 심리치료를 허망하고도 순진한 시도에 불과한 것으로 만들 수 있다. Meloy(1988)는 평가자와 치료자의 역할을 구분하는 중요한 시도를 하였는데, 이러한 구분은 다른 성격 유형의 환자들에게는 불필요하다. 왜냐하면 다른 유형의 환자들은 정신병질자처럼 임상가를 패배시키려는 목표를 갖고 있지 않기 때문이다. 치료적 허무주의 현상(Lion, 1978)에 관한 Meloy의 설명은 내 자신의 경험과 일치한다.

정신병질적인 혼란을 겪고 있는 모든 사람들, 혹은 반사회성 성격장애를 가진 모든 사람들을 그러한 진단을 받았다는 사실로 인해 **통째로** 치료 불가능하다고 판단하는 것은 고정관념에 불과하다. 그런 판단은 개인차를 무시하는 동시에 정신병리의 정도라는 것이 연속적인 속성을 갖고 있다는 사실을 도외시하고 있다. 나는 보호관찰, 가석방, 혹은 법원의 의뢰로 환자를 배정받고, 그리고 그런 치료 의뢰가 강제적 성격을 띠고 있기 때문에…… 치료적 성과를 얻는 것이 불가능하다고 가정하는 공공 정신건강기관의 임상가들에게서 이런 반응을 가장 흔하게 볼 수 있었다.

그러한 반응은 이들을 지도하는 선배 임상가에게 훈련받는 동안 '구전'을 통해 내재화한 태도의 산물인 경우가 많다. 다시 말해, 그것이 직접적인 개인적 경험의 산물인 경우는 거의 없는 것이다. 이는 어찌 보면 도덕적 판단이 전문적 평가를 침해하는 지점에서 이루어지는 집단 보복의 태도이다. 다른 사람들을 평가절하하고 모욕을 가하는 정신병질자들의 행동상의 병리를 임상가들이 일치concordant 동일시를 하여, 정신병질자들이 다른 사람들에게 행한다고 지각하는 것을 정신병질자들에게 행하게 된다(Meloy, 1988, p. 325).

Karon과 VandenBos(1981)도 이와 똑같이 정신분열증 환자들이 치료 불가능하다는 만연되어 있고 경험적 근거가 없는 믿음을 비판한 바 있다. 따라서 성격 조직이 정신병적 수준인 정신병질적인 환자들은 두 번 타격을 입게 된다.

정신병질적인 사람이 본질적으로 치료 불가능하다는 태도는 대부분의 훈련 프로그램이 (비록 소속 학생들을 정신병질자들이 많이 있는 교도소, 청소년 교정기관, 약물치료센터에 인턴 수련생과 실습생으로 보내는 프로그램이라 할지라도) 이들 집단을 위한 적절한 기법의 개발에 거의 관심을 기울이지 않는다는 사실을 반영하기도 한다. 초보 치료자가 다른 집단에는 효과적인 접근법을 사용하지 못하게 되면, 훈련의 한계보다는 환자를 탓할 수 있다.

치료 가능성의 평가는 이 책의 범위를 넘어서지만, 어떤 특정한 정신병질적인 사람에게 심리치료를 시행해야 할지를 평가하기 위해서는 Kernberg의 구조적 면접(B. L. Stern et al., 2004)을 사용하기 바란다. 이런 목적에 DSM-IV는 유용하지 않다. DSM-IV의 반사회적 성격장애 규준은 재소자들을 기준으로 하였고, 치료자가 아니라 연구자들을 염두에 두고 개발되었다. 양심의 가책을 느끼지 않는다는 항목을 제외하고, 반사회적 성격장애를 평가하기 위한 DSM-IV의 모든 규준은 임상 훈련을 받지 않은 사람들이 외적으로 관찰할 수 있는 요인들로 구성되어 있다. 즉, 핵심적인 내적, 주관적 상태를 주목할 필요가 없다. 따라서 (자신의 개인적 심리 때문이 아니라 다른 많은 이유로 권위자들과 충돌할 수 있는) 가난하고 탄압받고 주류에 속하지 못한 배경을 지닌 사람들을 과잉진단하고, 사회적으로 저명하고 성공한 정신병질자를 과소진단하는 경향을 보인다. 내가 2판을 쓰고 있을 때, DSM-5에서는 반사회적 심리를 자기애성 스펙트럼에 속하는 것으로 재구성하며 보다 내적으로 정의하는 듯 보였다.

일단 정신병질적인 사람과 작업하기로 결정했다면, 혹은 내가 만나고 있는 이 환자가 매우 반사회적임을 깨달았다면, 치료의 가장 중요한 특징은 강직성incorruptibility이다. 치료자, 치료의 틀, 치료 조건의 강직함이 치료를 가능하게 한다. 공감으로 보이이라는 희망에서 환자가 약점으로 볼 만한 것을 보여 주기보다는, 차라리 경직성의 측면에서 실수를 하는 게 훨씬 더 낫다. 반사회적인 사람들은 공감을 이해하지 못한다. 이들이 이해하는 것이란 사람을 이용해 먹는 방법뿐이다. 이들은 치료 계약의 엄격한 경계를 지키지 못하고 흔들리는 치료자에 대해 감사하는 마음이 아니라 가학적인 승리감을 맛본다. 아마도 약점이나 취약성으로 해석될 수 있는 모든 행동이 그럴 것이다. 〈양들의 침묵〉에서 앤소니 홉킨스는 조디 포스터를 조종하는 역할을 맡아 정신병질자들이 다른 사람의 아킬레스건을 간파하는 데 얼마나 능숙한지를 소름 끼치게 잘 보여 주었다. TV 드라마 시리즈 〈덱스터〉의 작가들은 공부를 많이 했음이 분명하다. 범죄 드라마 〈소프라노스〉에서처럼, 이들은 극단적이지만 완전히 정신병질은 아닌 주인공을 시청자가 좋아할 만한 극적 장치를 만들어놓았다. 덱스터는 얼마간 애착을 형성할 수 있지만, 해설자의 목소리를 통해 묘사되는 그의 내면세계는 심하게 반사회적인 사람의 정서적 한계를 다분히 보여 준다.

반사회적인 사람에게 애정을 기대하는 것은 비현실적이지만, 강하고 엄격하다는 인상을 줌으로써 존경을 받을 수는 있다. 정신병질적인 환자들과 작업할 때 나는 치료비를 각 회기를 시작할 때 내라고 고집하며, 치료비를 가져오지 않을 때는 (그 이유가 얼마나 그럴듯하건 간에) 내담자를 돌려보낸다. 대부분의 치료자들이 초심자 시절에 개별 환자의 특별한 요구를 진지하게 대하라고 배우지만, 나는 치료자가 절대

굽히지 않는 것이 정신병질자의 요구에 응하는 올바른 방법임을 경험을 통해 배울 수 있었다. 이런 환자의 경우, 나는 치료 초기에 계약의 견고성을 시험한다고 짐작되는 환자의 동기를 분석하지 않는다. 단지 치료비를 먼저 내는 것이 우리의 계약이었음을 그들에게 상기시키면서, 그들이 그들의 목적을 고수한다면 나는 (그들 자신을 더 잘 이해하도록 돕기 위해 나의 전문성을 활용한다는) 나의 목적을 고수할 것임을 반복해서 말해 준다.

타협하지 않는 정직성도 강직함의 일부이다. 직선적으로 분명하게 말하고, 약속을 지키고, 위협 앞에 당당하고, 고집스럽게 현실을 다룬다. 정직성에는 환자를 향한 심한 거부감을 치료자 스스로 인정하는 것이 포함된다. 이때의 감정은 역전이와 실제적인 위험에 대한 지각 모두를 포함한다. 만약 그러한 반응을 부인한다면, 역전이가 행동화될 수 있고 정당한 두려움이 과소평가될 수 있다. 정신병질적인 내담자를 치료하기 위해서 우리는 우리 자신의 반사회적 경향과 화해해야 하며 그럼으로써 환자의 심리를 동일시할 수 있는 기반을 마련해야 한다. 예를 들어, 돈 문제를 얘기한다고 하면, 치료비 지불의 근거를 제시하면서 치료자의 이기심과 욕심을 아무런 방어 없이 그대로 인정해야 한다. 일부 치료자들은 공통점이 될 만한 반사회적 특징을 자기 자신 안에서 발견할 수 없기 때문에 정신병질적인 사람들과 작업을 할 수가 없다.

그러나 정직은, 앞의 경우처럼 치료 계약에 적법하게 포함되는 것을 인정하는 일을 제외하면 치료자의 사적 개방을 의미하지 않는다. 치료자의 자기공개는 유약함으로 해석될 뿐이다. 또한 정직이 도덕적 가르침을 의미하지도 않는다. 환자의 파괴적 행동을 분석할 때, 환자에게 잘못했다는 느낌이나 죄책감이 있으리라 가정하고 이를 이끌어 내려는 시도는 아무 소용이 없다. 이들에게는 정상적인 초자아가 없으며, 나쁘게(약하게) 느끼기 위해서가 아니라 좋게(전능하게) 느끼기 위해 죄를 저지르기 때문이다. 그러므로 이런 경우에는 비도덕적 행동으로 인해 생길 수 있는 현실적 결과를 다루는 선에서 그쳐야 한다. 양심과의 투쟁을 가정하고 이를 파헤친다면, 유명한 은행 강도 윌리 서튼이 했던 것과 같은 이야기를 들을 가능성이 많다. 그는 왜 은행을 털었느냐는 질문에 "거기에 돈이 있으니까."라고 대답했다.

치료자가 정신병질자의 과대한 계획의 어떤 현실적 위험을 철저하게 지적하는 상황이라고 해서, 이를 너무 건조하게 다룰 필요는 없다. 반사회적 내담자와의 작업에 재능이 있는 것으로 유명한 내 동료는 법정 구속된 자동차 절도범과 있었던 일을 이렇게 보고하였다.

> 그 남자는 거의 성공할 번했던 절도 계획이 얼마나 절묘했는지, 예기치 못한 사소한 일이 생기지만 않았다면 어떻게 완전범죄가 될 수 있었는지 내게 설명하고 있었다. 이야기를 하는 중에 그는 점점 흥분하며 생기가 돌기 시작했고, 나는 감탄을 섞어 가며 그가 거의 성공할 번했다는 데 동의했다. 마치 우리가 공범처럼 느껴지기 시작했다. 마침내 그는 너무나 도취된 나머지 "당신도 해보겠어요?"라고 물었다.
>
> "아니요." 나는 대답했다.
>
> "왜 아니죠?" 그는 풀이 좀 죽어서 내게 물었다.
>
> "두 가지 이유 때문이죠."라고 내가 말했다. "첫째, 아무리 계획이 훌륭하다 해도 항상 잘못될 수 있는 여지가 조금은 있어요. 인생이란 그렇게 만만한 게 아니거든요. 그렇게 되면, 나는 당신처럼 감옥이나 정신병원에 강제로 가야 하고, 내가 원하지도 않는 정신과 의사와 이야기를 해야 돼요. 둘째, 내게는 당신에게는 없는 게 있기 때문에 그 일을 안 할 거예요. 그건 양심이라는 거죠."
>
> "그래요?" 그가 말했다. "어떻게 하면 나도 그런 걸 가질 수 있죠?"

양심(전문 용어로는 초자아)을 발달시키는 첫 번째 단계는 누군가를 좋아해서 그의 의견에 신경을 쓰는 것이다. 치료자는 도덕을 가르치지 않으며, 단지 일관성 있고, 처벌하지 않으며, 착취당하지 않는 대상이 됨으로써 환자가 더 책임 있는 행동을 향해 나아가도록 이끈다. 로스앤젤레스 암흑가의 반사회적인 사람들과 작업했던 Harold Greenwald(1958, 1974)는 정신병질자들이 이해하는 방식으로 그들과 소통할 수 있었음을 이야기하였다. 그는 다음과 같은 예를 통해 어떻게 자신의 힘을 과시했는지 보여 주었다.

> 어떤 포주가 와서 자신이 사는 방식을 얘기하기 시작했다. 그가 말하길, "알다시피 내가 어떤 사람인지 밝히기 좀 창피하긴 합니다만, 결국 그건 꽤 멋지게 사는 방법이에요.

남자라면 대부분 그렇게 살고 싶을 걸요. 포주로 사는 것 말입니다. 그렇게 나쁘지만은 않아요. 여자들을 데려다 몸을 팔게 하는 거죠. 왜 그러면 안 되나요? 왜 누구든 그러면 안 된다는 거예요?" 나는 이렇게 말했다. "당신은 멍청이야." 그가 왜냐고 물었다. 나는 이렇게 대답하였다. "자, 봐, 나는 매춘부들 덕에 먹고 살지. 매춘부들에 관한 책을 썼는데, 그것 때문에 존경도 받고 유명해졌어. 또 그 책이 영화로 만들어지기도 했지. 내가 매춘부들 덕에 번 돈이 당신보다 훨씬 더 많다고. 그런데 당신은, 당신 같은 얼간이는, 언제라도 붙잡힐 수 있고 감옥에서 한 10년은 썩겠지. 나는 존경을 받고, 명예를 얻고, 칭송을 받는데 말이야." 그가 이해할 수 있는 건 바로 이런 것이었다. 그는 자신과 비슷해 보이는 사람이 훨씬 뛰어난 방법으로 같은 목적을 이루는 것을 보았다(p. 371).

Greenwald는 정신병질 환자를 다루는 능수능란한, 그러면서도 본질적으로 강직한 자신만의 방식을 갖고 있다. 치료자가 존경받을 만하다는 것을 보여 주는 한 방법으로 '정신병질자를 정신적으로 압도'하거나 '사기꾼을 사기 치는' 방법이 유용함을 발견한 치료자가 Greenwald만은 아니다. 앞서 인용했던 내 동료도 그랬지만, 그는 자신의 정신병질적 충동을 충분히 인정하였고 따라서 내담자의 정서 세계와 완전히 동떨어져 있다는 느낌을 받지 않았다. 인상적인 것은, 그와 집중적인 치료를 하고 2년 혹은 3년째가 되면 정신병질 환자들이 종종 심각한, 심지어는 정신병적인 우울에 빠진다고 그가 보고한 것이다. 그는 이를 환자들이 그를 조종의 대상이 아니라 진정으로 좋아하기 시작했으며, 이를 깨달으면서 자신의 의존에 대해 비참하게 느끼는 단계로 곤두박질친 증거라고 보았다. 이러한 우울증은 아주 서서히 나아질 뿐인데, 그 본질에 있어서 Klein(1935)이 묘사한 생후 6~12개월 사이 유아의 감정과 비교된다. 이때 아기는 어머니가 자기 통제 밖에 있는 별개의 존재라는 사실을 고통스럽게 발견하게 된다.

다른 진단을 받은 사람과는 대조적으로 정신병질 내담자에게는 치료자가 무관심에 가까울 정도의 독립적인 힘을 지녔음을 보여 주어야 한다. 이러한 태도는 인지행동 치료에서도 적용이 되며, 분석적 치료자들뿐만 아니라 일부 인지행동치료자들도 이 집단을 효과적으로 치료할 수 있음을 보여 주었다(M. H. Stone, 2000). 치료자는 환자의 변화에 정서적 에너지를 쏟아서는 안 된다. 왜냐하면 반사회적인 사람들은 이 사실을 알아차리자마자 치료자의 무능을 입증해 보이기 위해 치료를 고의로 방해할 것이기 때문이다. 그러므로 치료자는 단순히 환자를 이해하는 데 관심을 기울이고, 치료자로서 자신의 역할을 유능하게 해내겠지만 치료에서 이득을 보건 못 보건 그건 전적으로 환자에게 달려 있음을 알리는 것이 더 낫다. 이런 원칙은 경찰관들이 범죄를 수사할 때 배우는 교훈과 유사하다. 경찰관들은 자백을 받아내는 게 중요하다는 것을 피의자가 눈치채지 못하게 하라는 교육을 받는다.

반사회적인 사람들을 가장 능숙하게 다루는 내가 알고 있는 면접자는 우리 지역의 형사반장이었다. 그는 강간범, 아동학대범, 살인범, 연쇄살인범으로부터 자백을(때로는 눈물어린 자백을) 받아내는 데 탁월한 능력을 보여 주었다. 그의 수사 테이프를 들어 보면, 범죄자를 존중하는 그의 태도와, 가장 흉악한 범죄자라 할지라도 누군가에게 진실을 말하고자 하는 욕구를 갖고 있다는 그의 조용한 신념에 놀라게 된다. 품위 있는 대접을 받는 피의자들의 반응은 감동적이기까지 하다. 면접자의 목적이 자신을 기소하는 것임을 이미 알고 있다는 점을 고려하면 더욱 그렇다. 그에게 심문을 받은 사람 중 누구도 자기가 배신당했다고 불평하지 않았고, 심지어 그들의 자백에 따라 그가 법정에서 증언할 때조차도 그랬다. 그들은 "그는 우리를 공평하게 대했다."라고 말하였다.

이러한 현상들을 보면, 정신병질자들의 전설적인 냉담함이 자신을 학대하는 환경(아동기에 그랬고, 나중에 야만적인 하위문화에 의해 되풀이된)에 대한 반응인가 아니면 이해할 수 없는 환경(도와주고 싶어 하는 치료자의 마음 같은)에 대한 반응인가 하는 의문이 제기된다. 이들 가해자들이 자신을 투옥하려는 사람에게 자백을 하고 눈에 띄게 안도감을 느낀다는 사실은 가장 구제할 수 없는 악당일지라도 원초적인 책임감을 갖고 있으며 관계에서 무엇인가를 얻을 수 있음을 시사한다. 가학적 살인자인 칼 팬츠럼(Gaddis & Long, 1970)은 자신에게 일상적인 친절을 베풀어 주었던 간수를 평생의 친구로 대했다. 엄격하고 확고한 태도를 취하면서도 근본적으로 이들을 존중하는 태도를 가지고 적절히 이를 조화하는 것이 반사회적인 사람들의 마음을 얻는 길인 듯하다(이러한 관찰은 위험한 범죄자에게 '관대함'을 보이자는 주장과는 다르다. 정신병질적인 사람들도 도움을 받을 수 있는 인간이라고 이해하는 것과, 심리치료를 통해 강박적인 살인자를 모범적인 시민으로 변화시킬 수 있다고 기대하는 소망적 사고를 혼동해서는 안 된다. 반사회적인 사람들의 범죄가 정신역동적으로 이해가 가능하건 아니건 간에, 그리고 이들이 개인적으로 치료 관계에서 도움을 받을 수 있건 없건 간에 일반 대중은 이들로부터 보호받아야 한다).

정신병질적인 사람의 전반적인 치료 목표는 다른 사람을 배려가 필요한 별개의 존재로 보게 되는, Klein이 말한 우울 포지션으로 환자가 나아가도록 돕는 것이다(Kernberg, 1992). 치료 과정 전반에 걸쳐 일관성과 존중을 보이는 분위기 속에서 정신병질적인 사람들의 전능통제, 투사적 동일시, 이들을 사로잡는 질투심, 자기파괴적 행동을 냉철하게 살펴보다 보면, 변화가 찾아올 것이다. 사람을 조종하기 위해 말을 하다가 솔직한 자기표현을 위해 말을 하기 시작하는 것은 큰 치료적 진전이라고 할 수 있다. 이런 변화는 반사회적인 사람이 성실하고 정직한 사람과 반복적으로 만나는 과정 그 자체를 통해 일어날 수 있다. 내담자가 충동을 억제할 수 있고 자기통제를 통한 자긍심을 배울 수 있게 된다면 이는 아주 획기적인 사건이라 할 수 있다. 정신병질자들이 인간관계를 향해 내딛는 아주 작은 발걸음은 엄청난 비극과 고통을 예방하는 일이다. 이를 위해 치료자들이 흘리는 땀방울은 큰 가치가 있다.

감별진단

정신병질적 요소가 있는 성격을 지닌 내담자에게서 이들의 반사회적 특징을 간파하는 것은 그리 어렵지 않다. 그러나 이런 특징들이 그 사람을 성격적인 정신병질이라고 규정할 만큼 성격의 중심을 이루고 있는가 하는 문제는 보다 난해하다. 본질적으로 반사회적이라고 오해받기 쉬운 심리로는 편집성, 해리성, 자기애성 성격을 들 수 있다. 중독자들의 행동도 종종 정신병질과 비슷하다. 또한 히스테리적인 성격을 지닌 사람들도 반사회성으로 오진될 수 있는데, 이에 대해서는 14장에서 다룰 것이다.

정신병질 대 편집성 성격

정신병질이 지배적인 심리와 편집적인 심리 간에는 중복되는 면이 상당히 많다. 많은 사람들이 두 성향의 특질을 다 갖고 있다. 반사회적인 사람이나 편집적인 사람 모두 힘의 문제에 대단히 관심이 많지만, 관점은 각기 다르다. 정신병질자와 달리 본질적으로 편집적인 성격 구조를 지닌 사람들은 깊은 죄책감을 갖고 있으며, 이러한 죄책감의 분석이 이들을 고통에서 회복시키는 데 결정적으로 중요하다. 따라서 편집적 특징과 정신병질적 특징을 모두 갖고 있는 사람들의 경우 어떤 성향이 더 지배적인지를 평가하는 일이 매우 중요하다.

정신병질 대 해리성 성격

정신병질과 해리 역시 상당히 중복된다. 환자가 기본적으로 약간의 해리 방어를 사용하는 정신병질적인 사람인지, 아니면 하나 이상의 반사회적 혹은 피해망상적 변경 인격을 지닌 해리성 심리인지를 평가하는 것은 매우 중요하다. 첫 번째 종류의 환자는 예후가 조심스럽지만, 본질적으로 해리성인 사람들은 정확히 진단될 경우 치료에 대한 반응이 좋다. 불행히도, 전문가라도 이런 평가를 내리기가 매우 어렵다. 해리성인 사람이나 정신병질적인 사람이나 모두 다른 사람에 대한 깊은 불신을 갖고 있으며, 각기 다른 이유로(학대에 대한 공포 대 전능한 승리) 속마음을 숨기고, 겉으로만 순응하고, 치료자를 좌절시키려 할 수 있다.

감별진단에 따라 어떤 중요한 결정이 내려지는 경우라면, 이 둘 사이의 감별진단은 권장되지 않는다. 예를 들어, 어떤 사람이 살인을 저지르고 난 뒤에 자신이 해리성 정체성 장애를 갖고 있다고 전문가를 설득할 수 있다면, 이 사람은 정신이상을 이유로 무죄를 주장할 수 있을 것이다. 이러한 복잡한 문제가 없다 하더라도 감별진단은 매우 어려운 일이지만, 이런 감별은 법적으로 매우 결정적인 차이를 가져오기 때문에 평가의 신뢰성을 높일 수 있는 절차를 평가자들이 개발하고 있다. 숙련된 법정심리학자들도 이 일은 어려워한다. 15장에서 이러한 감별에 대해 더 이야기할 것이다.

정신병질 대 자기애성 성격

마지막으로, 정신병질과 자기애는 밀접히 연결되어 있다. 경미한 자기애에서 시작하여 악성 자기애를 거쳐 명백한 정신병질까지는 모두 연속선상에 놓여 있다. 자기애가 지배적인 사람과 정신병질이 지배적인 사람 모두 주관적인 내적 세계가 텅 비어 있으며 자존감을 느끼기 위해 외부 사건에 의존한다. Kernberg(1984)가 처음으로 제안했던 이러한 차원적 개념화에 나는 늘 동의해 왔고 이제는 이를 지지하는 최신 연구들도 많기 때문에, 이 개정판을 쓰고 있는 지금은 DSM-5의 저자들이 이 두 장애를 자기의 장애라는 하나의 스펙트럼에 놓을 계획이라고 한다. 그러나 반사회적인 사람들과 자기애적인 사람들은 각기 별도의 연속선을 가질 만큼 충분히 다르기도 하다고 말하고 싶다.

정신병질적인 사람들 대부분은 반복적으로 이상화하지 않으며, 자기애적인 사람들 대부분은 전능통제에 의존하지 않는다. 많은 사람들이 두 가지 성격 유형의 양상을 모두 갖고 있으며 어느 쪽이든 자기과장self-inflation을 그 특징으로 할 수 있지만, 예후는 정신병질과 반비례하여 좋아진다. 두 성격 유형에 공통되는 부분이 많고 또 두 가지 성격 양상을 모두 갖고 있는 사람들이 많기는 하지만, 두 집단에 대한 치료적 접근은 상당히 다르기 때문에(예컨대, 공감적 반영은 자기애적인 사람들에게 위안을 주지만 반사회적인 사람들에게는 반감을 불러일으킨다), 내가 보기에 두 성격을 세심하게 구별하는 것이 임상적으로 유용한 것 같다.

정신병질성 성격 대 중독

물질 사용 장애가 있는 사람들은 조종적이고 착취적인 것으로 악명이 높다. 왜냐하면 이들에게는 인간관계나 개인의 성실성보다 중독 물질이 더 중요해지기 때문이다. 이들의 반사회적 행동 때문에, 이들의 성격을 대개 정신병질적이라고 추정한다. 중독된 사람들 중에 성격적으로 반사회적인 사람이 있을 수도 있겠지만, 면접자가 중독되기 전의 이들 행동에 관한 믿을 만한 정보를 수집할 때까지 혹은 상당한 시간의 회복 기간을 거쳐 그들의 기본 성격이 드러날 때까지 물질 남용자들의 성격 조직을 추론할 수는 없다.

요약

이 장에서 나는 정신병질성 성격을 지닌 사람들을 다른 사람에게 영향력을 행사하고, 이들을 조종하고, '이겨 먹고자' 하는 구조적 욕구를 가지고 있다고 묘사하였다. 반사회적 행동의 체질적 소인을 요약하였고, 이들의 특성인 정동 차단과, 그 사이사이에 드러나는 분노와 조증에 대해서 언급하였다. 또한 정신병질의 특징을 전능통제, 투사적 동일시, 해리, 행동화라는 방어의 관점에서, 그리고 불안정성, 악행의 방조, 정서적 몰이해, 착취, 잔인함으로 특징지어지는 대상관계의 관점에서, 그리고 나약함과 질투심을 회피하기 위한 과대한 노력에 의해 지배되는 자기구조의 관점에서 논의하였다. 비공감적일 것으로 추정되는 전이와 역전이 반응을 언급하였고, 치료자의 강직성과 일관성, 도움이 되는 사람으로 보이고 싶은 욕구를 의식적으로 포기하는 것이 중요함을 강조하였다. 마지막으로, 정신병질성 성격을 편집성, 해리성, 자기애성 심리 및 중독의 결과와 구분하였다.

더 읽을거리

불행하게도 심리치료의 전반적 과정을 다루는 책은 정신병질적 내담자에게 별로 관심을 기울이지 않으며, 이 집단을 조명한 좋은 정신분석 문헌도 드물다. Meloy가 편집한 『The Mark of Cain』(2001)은 정신병질에 관한 중요 논문을 모아 놓은 좋은 책이다. Bursten의 『The Manipulator』(1973a)와 Meloy의 『The Psychopathic Mind』(1988)는 포괄적이고 읽기가 쉬우며 치료에 관해서도 언급하고 있다. Akhtar 역시 『Broken Structure』(1992)에서 이 주제에 관한 훌륭한 장을 썼다. Hare의 『Without Conscience』(1999)도 탁월하며, Babiak과 함께 쓴 『Snakes in Suits』(2007)는 매우 흥미롭다.

Chapter 08 Psychoanalytic Diagnosis

자기애성 성격

'자기애'는 외부의 확인을 통해 자존감을 유지하려는 시도를 중심으로 성격이 조직된 사람들을 지칭하는 용어이다. 우리 모두는 우리가 누구이며 얼마나 가치 있다고 느끼는가 하는 점에서 취약하다. 우리는 자기 자신을 좋게 느낄 수 있도록 삶을 이끌어 가고 싶어 한다. 우리는 중요한 타인에게 인정받으면 자부심을 느끼고, 인정받지 못하면 상처를 입는다. 한편, 우리 중의 어떤 사람은 '자기애적 보급'과 자존감 지지에 매달려서 다른 일들을 도외시하는 과도한 자기몰입을 보이기도 한다. '자기애성 성격'이나 '병리적 자기애'와 같은 용어는 이런 자기관심의 지나친 불균형에 적용되는 말이며, 사람들이 일상적으로 느끼는 인정받고 싶은 마음이나 비난에 신경 쓰는 모습에는 적용되지 않는다.

Freud(1914a)는 병리적인 자기애와 정상적인 자기애 모두에 여러 번 관심을 보였다. 그는 그리스의 나르시스 신화에서 이 용어를 빌려 왔다. 나르시스는 연못에 비친 자기 모습을 사랑하다가 자신의 이미지가 결코 만족시켜 줄 수 없었던 갈망으로 인해 죽음에 이르렀다. 그러나 Freud는 자기애적 관심이 삶의 중심을 이루는 사람들의 치료에 대해서는 거의 말을 하지 않았다. Alfred Adler(예, 1927)와 Otto

Rank(예, 1929)가 지금이라면 자기애에 포함될 주제에 대해 글을 쓰긴 했지만, 이들이 Freud와 멀어진 이후로 다른 치료자들은 이들의 연구를 잘 모르게 되었다. 초기 정신분석 시대 이래로, 어떤 사람들은 추동과 무의식적 갈등의 관점으로 개념화하기 어려운 자존감의 문제를 가지고 있었고, 그래서 갈등에 기초한 치료 모델로는 다루기가 어렵다는 사실이 알려져 있었다. 이들의 경험은 결핍 모델deficit model이 더 잘 설명해 준다. 이들의 내적 삶에는 무엇인가가 빠져 있다.

자기애적으로 조직된 사람들은 다른 사람들에게 어떻게 보일까 하는 점에 과도하게 매달리며, 사랑이 없고, 남을 기만하는 자신의 모습을 남몰래 느낀다. 이들의 자기수용을 촉진하고 인간관계를 깊게 하도록 돕는 방법은 역동심리학이 Freud가 표면만을 건드렸던 영역들로 넓게 확장된 이후에야 등장하였다. 기본적 안전감과 정체감(Erikson, 1950, 1968; Sullivan, 1953), 기능으로서의 자아ego개념에 대비되는 자기self의 개념(Jacobson, 1964; Winnicott, 1960b), 자존감의 조절(A. Reich, 1960), 애착과 분리(Bowlby, 1969, 1973; Spitz, 1965), 발달의 정지와 결핍(Kohut, 1971; Stolorow & Lachmann, 1978), 수치심(H. B. Lewis, 1971; Lynd, 1958; Morrison, 1989), 정동의 조절, 외상, 애착(Banai, Mikulincer, & Shaver, 2005; Schore, 2002)과 같은 개념들이 주목을 받으면서 자기애에 대한 이해의 폭이 넓어져 갔다.

Freud 이후에 새로운 이론적 영역이 탐구되면서 과거의 영역들이 새롭게 조명되었고 이에 따라 자기애적 문제에 대한 치료적 접근도 진보를 이루게 되었다. 대상관계 이론가들(Balint, 1960; Fairbairn, 1954; Horney, 1939)은 유아는 전적으로 자기에게 심적 에너지를 집중한다(정서적으로 투자한다)고 가정하는 Freud의 "일차적 자기애"의 개념에 이의를 제기하였고, 논쟁은 열기를 더해 갔다. 일차적 관계성을 강조하는 이론가들은 자기애적 병리는 정상적인 유아적 거대성에 고착된 결과가 아니라, 초기 관계의 실망에 대한 보상이라고 이해하였다. 이 무렵, 간직하기containment(Bion, 1967), 버텨 주는holding 환경(Modell, 1976; Winnicott, 1960b), 비춰 주기mirroring(Kohut, 1968; Winnicott, 1967)와 같은 개념들이 속속 등장하여 치료 이론에 수정이 가해지기 시작하였다. 기존의 병리 및 치료 모델들보다 이런 새로운 생각들이 자기 감각의 연속성과 적정한 자기가치감에 근본적인 문제가 있는 사람들에게 더 잘 적용되었다.

Freud가 글을 쓰던 무렵에는 오늘날 일종의 유행병처럼 퍼져 있는 자기애적인 문제가 그리 흔하지 않았을 가능성도 있다. 정신분석에 영향을 받은 사회이론가들(예, Cushman, 1995; Fromm, 1947; Hendin, 1975; Lasch, 1978, 1984; Layton, 2004; Slater, 1970)은 현대 생활의 변화무쌍함이 자기애적인 관심을 강화한다고 주장하였다. 세상은 빠르게 변하고 사람들은 자주 이동한다. 대중매체는 우리의 불안을 이용하고 우리의 허영심과 욕심에 영합한다. 세속화는 한때 종교적 전통이 우리에게 제공했던 내적 규준을 희미하게 만들었다. 우리는 급속한 변화의 시대를 대중 사회 속에서 살아간다. 작고 안정된 공동체 사회라면 서로를 충분히 잘 알고, 살아온 내력과 평판에 기초해서 사람을 판단할 수 있다. 그런 사회에서는 한 사람의 성실성과 진실성이 높이 평가되겠지만, 급하게 변하는 현대 사회에서는 다른 사람에게 보여 주는 순간적인 인상이 더 큰 호소력을 가질 수 있다. 미국의 경우는 몇몇 현대 사회비평가들의 생각과는 달리 자기애적 몰입의 만연이 그렇게 최근에 일어난 일이 아닐 수도 있다. 1831년에, Alexis de Tocqueville(2002)은 기회의 평등을 강권하는 사회는 시민들로 하여금 어떻게 하면 자신의 주장이 특별히 주목받게 할 수 있을지에 관심을 쏟게 만든다고 말했다. 신분을 확연하게 구분해 주는 계급 제도가 없는 상태에서는 사람들은 자신의 우월성을 증명해 줄, 눈에 보이는 증거를 축적하려고 애쓴다. 왜냐하면 열등함은 개인적 실패와 같다고 생각되기 때문이다.

Freud의 환자들 중에는 자신의 선과 악에 관한 너무나 많은 내적 논평에 시달리는 사람들이 많았다. 그는 이러한 상태가 '혹독한 초자아'를 반영한다고 기술하였다. 반면, 현대의 내담자들 중에는 비판적인 내재화로 가득 차 있기보다는 주관적인 공허감을 경험하는 이들이 많이 있다. 이들은 자신의 원칙을 어겼다고 염려하는 것이 아니라 자신이 뭔가 '부적합'하다고 염려한다. 이들은 정체성이나 성실성 같은 사적인 측면보다는 미, 명성, 부, 정치적 정당성의 모양새와 같은, 눈으로 볼 수 있는 자산에 마음이 팔려 있다. 이미지가 실체를 대신하며, Jung(1945)이 페르소나(세상에 보여 주는 자기)라고 불렀던 것이 사람의 진실한 면모보다 더 실제적이고 신뢰할 만한 것으로 여겨진다.

Ernest Jones(1913)는 거대grandiose 유형의 자기애적인 사람들을 생생하게 묘사한 첫 번째 분석가일 것이다. Jones는 이들이 자기과시, 도도한 태도, 정서적인 접근 불가능, 전능환상, 자신의 창조성에 대한 과대평가, 판단적 경향 등을 특징으로 보인다고 기술하였다. 또한 그는 이런 유형의 사람들이 정신병에서부터 정상에 이르는 연속선 위에 있다고 묘사하면서, "그런 사람들이 미치게 되면 자신이 신이라는 망상을 드러내 놓고 표현하는 경향이 있으며, 이런 사례는 어떤 정신병자 수용소에서나 접할 수 있다."(p. 245)라고 하였다. W. Reich(1933)는 『Character Analysis』의 한 부분을 '남근적 자기애phallic-narcissistic 성격'을 고찰하는 데 할애하였다. 그는 여기서 이 성격에 대해 "자신만만하고…… 거만하고…… 정열적이고, 때로는 행동거지가 인상적이며…… (이들은) 보통 어떤 공격의 임박을 예상하고 자신이 먼저 공격하려고 선수를 친다."(pp. 217-218)라고 기술하였다. 이 유형의 핵심적 특징은 DSM-IV의 자기애성 성격장애 규준에 반영되어 있다.

정신분석적인 성격 관찰이 축적되면서 이런 외현적인 거대성 성격은 오늘날 우리가 '자기의 장애'(Kohut & Wolf, 1978)로 보는 것들 중 한 가지 형태에 불과함이 분명해졌다. 현대 분석 이론은 정체성과 자존감의 난관을 핵심으로 하면서 그 외양을 달리하는 여러 가지 유형의 자기애를 개념화하고 있다. Bursten(1973b)은 갈망형, 편집형, 조종형, 남근형 등의 하위 유형을 포함하는 자기애성 성격의 유형론을 제안한 바 있다. 허영심과 거대자기를 드러내는 자기애적 문제를 가진 모든 사람들이 내면에는 자의식과 수치심을 강하게 느끼는 아이를 감추고 있으며, 우울하고 자기비판적인 자기애적 문제를 가진 모든 사람들이 마음속으로는 자신의 존재에 대한 거대한 환상을 품고 있음을 많은 사람들이 주목하였다(Meissner, 1979; A. Miller, 1975; Morrison, 1983). 임상 문헌들은 이러한 두 가지 형태의 자기애를 다양한 용어들을 사용하여 구분하였다. '부주의형oblivious' 대 '과경계형hypervigilant'(Gabbard, 1989), 외현형overt 대 내현형covert 혹은 '소심형shy'(Akhtar, 2000), 과시형exhibitionistic 대 '폐쇄형closet'(Masterson, 1993), (내가 개인적으로 선호하는) '둔감형thick-skinned' 대 '민감형thin-skinned'(Rosenfeld, 1987) 등이 그것이다. Pharis(2004)는 열렬한 정치인들 중에서 큰 업적을 이루었지만 실수가 발견되면 이를 조용히 동료의 탓을 돌리는 '고결한 자기애자'를 기술하였다.

외양이 어떠하건 간에 자기애적인 사람들은 공통적으로 불충분함, 수치심, 나약함, 열등감이라는 내적 감각을 가지고 있거나, 혹은 그에 대한 공포를 가지고 있다

(Cooper, 1984). 이들의 보상적 행동은 매우 다양하게 표현되지만 그 주제와 집착은 비슷하다. 따라서 미국의 유명 여성 싱어송라이터였던 제니스 조플린이나 소크라테스의 문제 학생이었던 알키비아데스처럼 아주 다르게 보이는 사람들도 모두 자기애적으로 조직화되었다고 보는 것이 타당해 보인다.

자기애에서의 추동, 정동, 기질

성인기의 자기애성 성격 조직에 기여하는 선천적, 기질적 요인을 탐구한 연구를 나는 알지 못한다. 반사회적인 사람들은 사회에 크고 뚜렷한 피해를 끼치므로 연구 기금 조성을 촉발하지만, 자기애적인 사람들은 병리의 양상이 다양하고 미묘하며 그렇게 표나게 피해를 주지도 않는다. 자기애적인 사람 중에는 경제적, 정치적, 사회적인 영역에서, 혹은 다른 분야에서 성공한 사람들도 있고, 이들은 다른 사람의 칭송과 모방의 대상이 될 수도 있다. 구경하는 입장에 있는 사람들에게는, 이들이 인정을 갈망하는 자기애적인 허기로 인해 치르는 내적인 대가가 거의 보이지 않는다. 또한 이들이 자기애적인 추동에 기반을 둔 계획을 추진하면서 사람들에게 입힌 손상은 유능성을 발휘하는 데 따르는 사소하거나 불가피한 부작용이라고 합리화되기도 한다("달걀을 깨지 않고는 오믈렛을 만들 수 없잖아."). 또한, 미묘한 자기애적인 문제가 치료 가능한 성격 문제로 인식된 것은 겨우 수십 년밖에 되지 않았다.

Shedler와 Westen의 연구(예, 2010)에 의해 치료자들이 자기애적 역동을 꽤 확실하게 알아볼 수 있음이 밝혀졌지만, 자기애의 병인에 관한 대부분의 우리의 생각은 임상 현장에서 만들어진 가설이며 아직 검증이 되지 않았다. 이러한 가설 중의 하나가 자기애성 성격 구조를 발달시킬 위험성이 있는 사람들은 다른 사람들에 비해 체질적으로 비언어적인 정서적 메시지에 더 민감할 수 있다는 것이다. 분명하게 표명되지 않은 타인의 정동, 태도, 기대를 아주 민감하게 감지하는 유아들이 자기애적 문제를 가지게 될 가능성이 크다는 것이다. 예를 들어, Alice Miller(1975)는 직관적 재능을 타고난 아이가 양육자의 자존감 유지의 방편으로 이용되는 가정이 많고, 그 아동은 자신이 누구의 삶을 살아야 하는지 혼란을 겪으며 자란다고 제안했다.

Miller는 그러한 재능을 타고난 아이들은 그렇지 않은 아이들에 비해 양육자의 '자기애적 연장선'으로 다루어질 가능성이 많으며, 결과적으로 자기애적인 성인으로 자랄 가능성이 더 많다고 믿었다.

한편, Kernberg(1970)는 특권 의식과 거대 환상을 가진 자기애적 내담자들에 대해 논의하면서, 이들이 선천적으로 강한 공격 추동을 갖고 있거나 아니면 공격적 충동에 대한 불안을 인내하는 능력이 체질적으로 결여되어 있다고 제안하였다. 이러한 소질 요인은 자기애적인 사람들이 자신의 추동과 욕망을 인정하지 않으려고 하는 현상에 대한 부분적인 설명이 될 수 있다. 이들은 자신의 힘이 두려운지도 모른다. 이러한 추정들을 제외하고는, 자기애성 성격 구조에 기여하는 기질적 성향에 관해서 우리는 아는 바가 거의 없다.

자기애성 성격 조직과 관련된 주요 정서로는, 임상 문헌들에서 수치심shame과 질투envy가 되풀이해서 강조되고 있다(예, Steiner, 2006). 수치스러운 느낌과 창피당하는 것에 대한 두려움이 자기애적인 사람들의 주관적 경험을 지배한다. 초기의 분석가들은 이러한 정서 상태의 위력을 과소평가하고, 흔히 이를 죄책감으로 오해하여 죄책감 지향적인 해석을 했지만, 자기애적인 환자들은 이를 공감적으로 느끼지 못했다. 죄책감은 자신이 죄를 저질렀다거나 잘못을 했다는 신념을 전제로 한다. 이는 내부의 비판적 부모나 초자아라는 개념으로 쉽게 설명된다. 그러나 수치심은 나쁘거나 잘못한 것으로 사람들에게 보일 때의 느낌이다. 여기서 청중은 자기의 바깥에 있다. 죄책감은 적극적으로 악을 저지를 것 같은 느낌을 동반하지만, 수치심은 무력감, 추함, 무능함을 내포한다.

자기애적인 사람들이 질투심에 취약하다는 점도 이와 관련된 현상이며, 이러한 현상에 대해서는 Melanie Klein의 연구에 잘 설명되어 있다(Segal, 1997). 만약에 나는 뭔가 부족한데 이 부족함이 언제라도 노출될 우려가 있다는 내적 신념을 갖고 있다면, 부족함 없이 만족스러워 보이는 사람이나 혹은 내게 없는 것을 채워 줄 만한 어떤 자질을 가지고 있는 사람들을 향해 질투심을 느낄 것이다. 이 질투심은 자기애적으로 조직된 사람들에게서 많이 관찰되는, 자기 자신과 다른 사람을 향한 비판적 특성의 뿌리일 수 있다. 만약 내가 뭔가 부족하다고 느끼는데 다른 사람이 그것을 가지고 있다고 지각한다면, 나는 그가 가지고 있는 것을 비웃거나, 비난하거나, 조통함으로써 그것을 파괴하려 들 것이다.

자기애에서의 방어 과정과 적응 과정

자기애적으로 구조화된 사람들은 아주 다양한 종류의 방어를 다 사용할 수 있지만, 이들이 가장 근본적으로 의존하는 방어는 이상화와 평가절하이다. 이 두 과정은, 자기가 이상화될 때는 타인이 평가절하되고, 타인이 이상화될 때는 자기가 평가절하된다는 점에서 상보적이다. Kohut(1971)은 자기애적인 사람들의 내면세계의 한 극을 특징짓는 자기 지위의 확대감과 우월감을 묘사하기 위해 '거대자기grandiose self'라는 용어를 처음으로 사용하였다. 이런 과대성은 내면에서 느낄 수도 있고, 투사될 수도 있다. 자기애적인 사람들은 자신들이 직면한 문제를 처리할 때마다 끊임없이 '등수 매기기' 작업을 한다. "누가 '최고로 좋은' 의사지?" "'제일 훌륭한' 유치원은 어디지?" "'가장 엄격한' 훈련은 어디서 받지?" 이런 상대적인 위신과 명성에 대한 관심으로 인해 현실적인 장점이나 단점은 고려의 대상이 되지 않는다.

내가 아는 어떤 여성은 자기 아들을 '최고의' 대학에 보내겠다고 굳게 결심했다. 그녀는 아들을 데리고 다니며 몇몇 일류 대학을 보여 주었고, 가능한 연줄을 모두 동원하고, 심지어 아들이 인터뷰를 한 학교의 입학처장에게 감사의 편지를 쓰기도 했다. 4월 중순경 그녀의 아들은 몇몇 명문 대학들로부터 입학 허가를 받았고, 예일의 대기자 명단에 올랐다. 그럼에도 불구하고 그녀는 하버드에서 거절당했다는 사실에 절망했다. 아들은 프린스턴에 다니기로 결정했다. 그러나 1년 내내 그의 어머니는 자기 아들을 전학생으로 받아달라고 하버드를 졸랐고, 마침내 하버드는 그녀의 지칠 줄 모르는 간청에 항복하고 말았다. 아들은 프린스턴에서 잘하고 있었지만, 어머니의 고집이 아들을 이겼다.

우리는 이 어머니가 사람들의 일반적인 평가에 신경 쓰느라 다른 문제를 경시했다는 사실에 주목할 필요가 있다. 그녀는 아들의 전공 분야에서는 하버드의 교수들이 프린스턴보다 못하다는 것을 알고 있었다. 또한 하버드의 학부 졸업생이 프린스턴의 졸업생보다 덜 주목받는다는 경향이 있음도 알고 있었다. 자신의 아들이 하버드에서 1학년을 보내지 않았기 때문에 인간관계 면에서 어려움을 겪으리라는 점도 짐작하고 있었다. 그럼에도 불구하고 그녀는 고집을 꺾지 않았다. 비록 그녀가 자기애성 성격장애로 진단될 정도는 아니지만, 이 경우에 그녀가 아들을 자신의 자기애적 연장선으로 사용한 것은 분명하다. 그녀의 방어적 신념 체계 속에 만약 그녀가 대학에 응시할 당시 하버드의 '자매' 학교이며 여자들에게 '최고의' 대학으로 명성을 날리던 래드클리프에 갔었다면 자신의 인생이 눈부시게 변했을 거라는 믿음이 있었기 때문이다.

부모의 가치 평가에 자기애성 성격이 드러나는 사례로는, 내 환자 중에 예술과 문학적 감성을 지닌 한 대학생을 들 수 있다. 그는 자기과대화가 심한 아버지로부터 의사가 되거나 적어도 (자연과학에 소질이 없다는 게 입증되어서) 변호사라도 된다면 뒷바라지를 해 주겠지만, 그 외에는 일체의 지원을 해 줄 수 없다는 말을 들었다. 의사와 변호사는 부와 명예를 보장해 주지만, 만약 다른 직업을 갖는다면 집안에 먹칠을 하게 될 것이다. 이 젊은이는 태어나서 줄곧 부모의 자기애적 연장선으로 취급받았기 때문에, 미국 문화에서는 매우 특이했던 이런 아버지의 태도가 이상하다고는 전혀 생각하지 못했다.

이런 경향과 관련해서 자기애적으로 동기화된 사람들이 빠지는 함정으로 완벽주의라는 방어적 태도를 들 수 있다. 이들은 비현실적인 이상을 내세우고 그것을 달성했다고 믿거나(거대성 초래), 그에 미치지 못했을 때 이를 인간적으로 포용하기보다는 자신에게 본질적으로 결함이 있다고 느낀다(우울 초래). 이들이 치료를 받는다면, 그 목적을 자기를 이해하고 자기의 욕구를 다룰 수 있는 효과적인 방법을 찾는 데 두기보다는 자기를 완벽하게 만드는 데 두는 자아동질적인 기대를 가진다. 완벽에 대한 이들의 요구는 (평가절하된 자기의 투사 여부에 따라) 자기나 타인을 늘 비난하고, 인간 존재의 부족함 속에서 즐거움을 발견하는 능력이 없다는 점에서 잘 드러난다.

때때로 자기애적인 사람들은 어떤 사람—연인, 스승, 영웅—을 완벽하다고 여기고 그 사람과의 동일시를 통해 고양된 느낌을 얻음으로써 자존감의 문제를 다룬다("나는 그런 대단한 사람의 측근이다. 그는 전혀 오류가 없다."). 어떤 사람들은 누군가를 이상화했다가 그의 불완전성이 발견되면 단숨에 우상의 자리에서 끌어내리는 패턴을 평생에 걸쳐서 반복한다. 자기애적 딜레마를 완벽주의로 해결하려는 시도는 본질적으로 자기패배적일 수밖에 없다. 완벽함이 아니면 도저히 메울 수 없는, 너무나도 모욕적으로 느껴지는 자기 감각의 결손을 보상하기 위해 과장된 이상을 만들어 내지만, 이 세상의 누구도 완벽하지 않기 때문에 이 전략은 실패할 수밖에 없으며 형편없는 자기가 또다시 모습을 드러내게 된다.

자기애에서의 관계 패턴

이들의 역동을 기술한 일부 내용을 보고, 독자들은 자기애적인 사람의 인간관계는 그의 자존감 문제로 인해서 매우 힘겨우리라고 이미 결론을 내렸는지 모르겠다. 비록 자기애성 성격장애를 가진 사람이 치료를 받으러 올 때는 자신이 더 좋은 친구가 된다거나, 더 좋은 가족이 된다거나, 더 좋은 연인이 된다거나 하는 뚜렷한 목적을 가지고 오는 경우는 드물지만, 이런 문제를 가진 내담자는 특히 중년 혹은 그 이후에 다른 사람들과의 상호작용에서 자신에게 뭔가 문제가 있다는 것을 알아차리는 경우가 많다. 이들을 도울 때 한 가지 문제가 되는 점은 사람을 비판하지 않고 이용하지 않으면서 받아들인다는 것이 어떤 것인지, 이상화하지 않으면서 있는 그대로 사랑한다는 것이 어떤 것인지, 수치심을 느끼지 않으면서 감정을 진솔하게 표현한다는 것이 어떤 것인지를 전달하는 일이다. 자기애적인 사람들은 그런 일이 가능하다는 개념 자체가 없는 것 같다. 치료자가 이들을 수용하는 모습은 이들에게 친밀감을 정서적으로 이해하는 원형이 될 수 있다.

자기심리학자들은 우리의 삶에서 우리 존재를 확인해 주고, 감탄해 주고, 인정해 줌으로써 우리의 정체감과 자존감을 지탱해 주는 사람들을 지칭하기 위해 '자기대상selfobject'이라는 용어를 만들어 냈다(Basch, 1994 참조). 이 용어에는 자기대상의 역할을 하는 사람이 자기의 바깥에 있는 대상인 동시에 자기정의self-definition의 일부로서 기능한다는 뜻이 담겨 있다. 자기대상은 자존감의 조절을 도와줌으로써 우리가 내적으로 하는 일을 강화해 준다. 우리는 모두 자기대상을 가지고 있고, 또 자기대상을 필요로 한다. 자기대상을 잃으면 마치 우리 안의 필수적인 어떤 부분이 빠져나간 것처럼 위축되는 느낌을 받는다. 그러나 현실과 도덕은 다른 사람은 자기대상 그 이상이며, 그들이 우리를 위해 무엇을 해 주는지의 관점에서가 아니라 그들이 누구이고 무엇을 필요로 하는지의 관점에서 그들의 존재를 인식하기를 요구한다 (Benjamin, 1988).

자기애적인 사람들은 자기대상을 너무나 많이 필요로 하는 나머지 관계의 다른 측면들이 빛을 잃는다. 의사나 변호사가 되지 않는다면 지원을 해 주지 않겠다는 아버지를 둔 나의 내담자처럼, 관계의 다양한 측면을 상상조차 하지 못한다. 따라서 자기애적인 태도의 가장 슬픈 대가는 사랑하는 능력이 성장을 멈추었다는 사실이다. 자기애적인 사람은 심리적 평형을 유지하기 위해 타인을 필요로 한다. 하지만 자기가치를 확인받고 싶은 욕구가 너무나 소모적이기 때문에 상대방을 위한 에너지를 남겨 두지 못한다. 상대방은 그저 자기대상 혹은 자기애적 연장선으로만 기능할 뿐이다. 그러므로 자기애적인 사람들은 자신의 친구와 가족에게 혼란스러운 메시지를 보낸다. 다른 사람들에 대한 욕구는 깊으나, 이들에 대한 사랑은 얕다. Symington(1993)은 이러한 결핍의 궁극적 원인은 어떤 이유에서건 아동이 정서적으로 '생명을 주는' 최초의 대상과 단절되었기 때문이며, 그럼으로써 내적으로 황폐해지고 생명력을 찾을 수 없게 되는 장기적인 결과가 초래되었다고 믿었다.

어떤 이론가들은 이 길로 들어서는 사람들은 자기 자신이 자기애적 부속물로 이용됐던 경험이 있는 사람들이라고 말한다. 자기애적 내담자들은 그들이 가진 실제 모습 때문이 아니라 그들이 수행하는 기능 때문에 부모나 양육자에게 특히 중요한 인물로 여겨졌을 수 있다. "너는 매우 가치가 있다. 그러나 그것은 단지 네가 하는 특별한 역할 때문이다."라는 메시지를 받는 아동들은 만약 자신의 진짜 감정, 특히 적대적이고 이기적인 감정이 발각된다면 거부를 당하거나 창피를 당하리라고 걱정한다. 이는 타인의 인정을 이끌어 낸다고 배운 모습만을 보여 주는 태도, 즉 Winnicott(1960a)이 말한 '거짓 자기false self'의 발달을 조장한다. 정신병질과 자기애의 병인의 결정적인 차이점은, 반사회적인 심리는 본질적으로 아동을 학대하고 방치하는 환경에서 나오는 반면, 자기애적인 심리는 부모의 자기애적 목적에 협조하는 조건하에서만 지지와 관심 혹은 맹목적인 사랑을 받는 환경에서 나온다는 점일 것이다.

대부분의 부모들은 자기애적인 욕구와 진정한 공감을 섞어 가며 자신의 아이를 대한다. 이것이 적정한 수준이면 아이는 자기애적 연장으로 다루어지는 것을 즐긴다. 마치 아들이나 딸이 인정을 받으면 부모 역시 칭송의 대상이 되어 기쁨을 누리듯이, 부모를 자랑스럽게 만든다는 것은 어린 시절에 누릴 수 있는 무척 달콤한 기쁨 중의 하나이다. 늘 그렇듯이, 문제는 균형이다. 부모의 목적에 도움이 되든 못 되든 상관없이 아동이 충분한 관심을 받을 수 있는가? 나는 지금은 사망한 내 친구에게서 자기애적이지 않은 태도로 자녀를 대한 어머니의 모습을 볼 수 있었다. 그녀는 1930년대에 12명의 자녀를 길렀다. 빈곤의 경계선을 오가며 고통스러운 상실을 경험했지만 그녀는 자녀들을 모두 잘 키워 냈다.

> "임신을 할 때마다 울곤 했어요. 어디서 돈이 나올지, 어떻게 이 아이를 키우면서 살림살이를 돌봐야 할지 참 막막했지요. 하지만 임신 4개월쯤 되면, 생명이 꿈틀대는 걸 느끼며 흥분하게 되지요. '어서 빨리 나와라, 네가 누군지 정말 궁금하구나!'라고 생각했어요."

나는 그녀의 이런 소회를, 아이가 어떤 사람이 될지 이미 '알고 있는' 예비 부모의 태도와 비교하기 위해 인용하였다. 이들 예비 부모는 자녀를 자신이 이루지 못한 모든 야망을 실현해 주며 가문의 굴절된 영광을 되살리는 사람으로 조성하고자 한다.

자기애적인 사람을 키우는 가정의 또 다른 양상으로 끊임없이 평가를 일삼는 분위기를 들 수 있다. 만약 내가 아이의 성취를 나 자신의 자존감에 필수적인 것으로 본다면, 아이가 실망을 시킬 때마다 나는 은근하게 혹은 드러내 놓고 아이를 비난할 것이다. 누구도 아이를 야단치지 않고 키울 수는 없다. 하지만 막연하게 "너는 충분히 좋지 않다."라는 메시지를 바닥에 까는 경우와 잘못한 행동에 대해 구체적인 피드백을 주는 경우는 매우 다르다. 쉴 새 없이 아이를 칭찬하고 갈채를 보내는 평가적 분위기 또한 아이의 현실적인 자존감 발달에 똑같이 해롭다. 이는 자기애적인 아동을 둔 몇몇 가정에서 볼 수 있다. 평결이 긍정적이라 할지라도, 아이는 자신이 늘 평가받고 있음을 알고 있다. 아이는 끊임없이 자신을 감탄하는 태도 속에 거짓된 속성이 있음을 어느 정도는 알고 있다. 그는 그런 배경에서 생길 수 있는 특권

의식에도 불구하고, 자신이 약간 사기꾼 같으며 실제 자신의 모습과는 별 관련이 없는 그런 과찬을 들을 자격이 없다는 꺼림칙한 걱정을 하게 된다. Fernando(1998)는 이러한 종류의 지나친 만족이 병리적 자기애의 일차적 병인이라고 주장했다. Fiscalini(1993)은 자기애적 방향의 여러 가지 형태를 말하면서 수치스러워하는 아이, 버릇없는 아이, 특별한 아이가 성인기 병리적 자기애의 전조임을 밝혔다.

우리는 여기서 다시 한 번 어떻게 특정 성격 구조가 '상속'되는지를 본다. 부모 자신이 꼭 자기애적 성격이 아니어도 자기애적인 혼란을 겪는 자녀를 키울 수 있다. 부모는 특정한 자식에게 자기애적 요구를 집중적으로 표현하여, 그 자녀가 자신의 솔직한 감정과 다른 사람을 기쁘게 하기 위한 노력을 구분하지 못하게 되는 기초를 만든다. 어떤 부모에게 사소한 것이 다른 부모에게는 가장 중요한 것이 되기도 한다. 우리 모두는 우리가 갖지 못한 것을 자녀가 가지기를 바란다. 이 자체는, 자녀에게 부모를 위해 살라는 압력을 가하지 않는 한 해로운 일이 아니다.

Martha Wolfenstein은 1951년 「The Emergence of Fun Morality」라는 글에서 자기애적 과정을 흥미롭게 보여 주었다. 이 글에서 그녀는 어려운 시대에 성장한 전후 세대의 진보적인 뉴욕 지식인들이 그 자녀들에게 재미있게 살지 못하면 스스로를 나쁘게 느껴야 한다는 메시지를 보냈다고 말한다. 전쟁이나 민족적 박해와 같은 어떤 재난으로 인해 삶의 선택권을 철저하게 박탈당했던 사람들은 자녀들에게 자신들이 살아 보지 못했던 삶을 살아야 한다는 신호를 보내는 경향이 있다. 외상적 상처를 입은 부모를 둔 아이들은 정체성의 혼란과 함께 막연한 수치심과 공허감을 느끼며 성장하는 경우가 많다(Bergmann, 1985; Fogelman, 1988; Fogelman & Savran, 1979 참조). "너는 나와 다르게 모든 걸 가질 수 있어."라는 메시지는 이 세상 어느 누구도 모든 걸 다 가질 수 없다는 점에서 매우 파괴적이다. 어떤 세대든 그 나름의 제약과 한계에 직면하기 마련이다. 그러므로 그런 비현실적인 목표를 조건으로 하는 자존감은 절름발이 유산에 불과하다.

자기애적 자기

자기애적이라고 진단 내릴 수 있는 사람의 자기 경험에 관해서는 이미 많은 것을 이야기하였다. 막연하게 뭔가 잘못되었다는 느낌, 수치심, 질투심, 공허감, 불완전한 느낌, 추함, 열등감 등이 여기에 포함되며, 이에 상응하는 보상補償으로 독선적 태도, 자부심, 경멸, 방어적인 자기만족감, 허영심, 우월감 등이 있다. Kernberg(1975)에 따르면, 이러한 양극적 자기 경험은 자기를 거대한(전적으로 좋은) 자기로 느끼거나 고갈된(전적으로 나쁜) 자기로 느끼는 상반된 자아 상태의 반영이며, 자기애적 사람들에게는 이렇게 극단적으로 자기를 경험하는 것만이 자신의 내적 경험을 조직하는 유일한 방법이다. 이들의 내적 범주에는 "충분히 좋다" 혹은 "그만하면 좋다 good enough"라는 느낌이 없는 것이다.

자기애적으로 구조화된 사람들은 자신의 심리적 허약성에 대해 어느 정도는 알고 있다. 이들은 심리적으로 무너지고, 자존감이나 자기응집성을 순식간에 잃어버리고(예, 비난받을 때), 갑자기 자신이 대단한 인물이 아니라 아무것도 아닌 하찮은 존재라고 느낄까 봐 두려워한다(Goldberg, 1990b). 이들은 자신의 정체성이 너무 허술해서 제대로 버티고 서 있을 수 없고 작은 부담도 이겨 내지 못한다고 느낀다. 내적 자기가 산산조각 날 것 같은 두려움이 크기 때문에 그것이 신체적 건강에 대한 집착으로 치환되는 경우가 많다. 그들은 건강염려증적 집착과 죽음에 대한 병적 두려움에 취약하다.

자기애적인 사람들은 완벽주의적이어서, 자신이 틀릴 수 있다거나 혹은 다른 사람에게 현실적으로 의존하고 있음을 표시하는 감정이나 행동을 회피한다. 이들은 특히 후회와 감사의 태도를 부인하는 경향이 있다(McWilliams & Lependorf, 1990). 이들에게 어떤 개인적인 실수나 손실에 관한 후회는 결함이 있음을 시인하는 것이며, 누군가의 도움을 고마워한다는 것은 다른 사람을 필요로 함을 인정하는 것이다. 자기애적인 사람들은 실패하지도 않고 도움이 필요하지도 않다는 착각에 근거해서 자기 감각을 구축하려고 하기 때문에, 죄책감이나 의존심을 시인하면 도저히 받아들일 수 없을 정도로 수치스러운 어떤 것이 노출된다고 두려워한다. 따라서 자기애적인 사람들은 후회와 감사를 행동으로 표현하는 일, 진심 어린 사과와 마음에서 우러난 감사를 표시하는 일을 피하거나 별것 아닌 것으로 치부해 버린다. 그 결과, 다른 사람과의 관계가 상당히 피폐해질 수 있다.

개념의 정의상, 어떤 내담자가 내적 정당성을 느끼기 위해 외적 확인을 필요로 한다면 자기애성 성격 조직을 갖고 있다고 평가할 수 있다. 이론가들은 자기애적 자기 경험의 과대한 측면을 강조할 것인가, 아니면 고갈된 측면을 강조할 것인가 하는 점에 있어서 크게 의견을 달리한다. 이런 강조점의 차이는 자기애성 성격을 어떻게 이해하고 치료할 것인가에 관한 Kernberg와 Kohut 간의 의견 불일치에 잘 드러나 있으며, 이에 대해서는 다음에 더 이야기할 것이다. 이런 논쟁은 멀게는 자기에 대한 일차적 사랑을 강조한 Freud(1914b)와, 자기애적인 방어가 어떻게 열등감을 보상하는지를 강조한 Alfred Adler(1927) 간의 견해 차이로까지 거슬러 올라간다. 병리적 자기애의 발달에 있어서 거대한 자기 상태가 먼저인가, 아니면 고갈되고 수치스러운 자기 상태가 먼저인가 하는 질문은, 닭이 먼저인가, 알이 먼저인가를 묻는 수수께끼의 정신분석 버전이라 할 수 있다. 현상학적 관점에서 보면 이런 대조적인 자아 상태는, 우울증과 조증이 동일한 심리적 동전의 양면이듯이 서로 밀접하게 연결되어 있다.

자기애 환자와의 전이와 역전이

자기애적인 내담자들에 대해 느끼는 전이의 분위기는 병리적 자기애가 없는 내담자들에 대해 느끼는 것과 질적으로 다르다. 자기애적인 성격을 지닌 사람과의 치료적 관계는 그가 아무리 기능 수준이 높고 협조적일지라도 다른 내담자들과 작업할 때와는 뚜렷하게 대비되는 분위기를 자아낸다. 전형적으로 이들은 치료적 관계의 탐색에 아무런 관심이 없다. 초기 정신분석가들은 이를 인식하고 자기애적인 환자들은 리비도 에너지가 모두 자기를 향해 있기 때문에 전이를 보이지 않는다고 결론지었다. 이는 이들의 치료 가능성을 의심하는 또 다른 근거였다. 현대의 분석 이론은 자기애적인 내담자도 전이 반응을 보인다고 인정하지만 다른 환자들의 것과는 종류가 다르다고 말한다.

치료자에 대해 어떻게 느끼는지를 물으면, 내담자는 이를 산만하고 성가시며 자신의 관심사와는 아무 관련이 없다고 여길 수 있다. 자기애적인 환자는 대개 치료자가 자만심이나 확인받고 싶은 욕구 때문에 치료적 관계에 대한 경험을 묻는다고 결론짓는다(그런 생각이 사실일 때도 있겠지만, 환자의 이런 가정은 투사일 수 있다. 그러나 이 생각은 말로 표현되지 않는 경향이 있고, 적어도 치료 초기에는 효과적으로 다루기가 매우 어렵다). 그렇다고 자기애적인 환자들이 치료자에 대해 강한 반응을 보이지 않는다는 말은 아니다. 이들은 치료자를 심하게 평가절하하거나 이상화할 수 있다. 그러나 이들은 자신의 반응의 의미에는 이상하게 관심이 없으며, 치료자가 왜 그런 질문을 하는지 정말로 의아해한다. 이들의 전이는 자아동질적일 수 있어서, 한 걸음 떨어져서 살펴볼 수가 없다. 자기애적인 환자들은 치료자가 객관적으로 이류이기 때문에 평가절하하며, 치료자가 객관적으로 훌륭하기 때문에 이상화한다고 믿을 수 있다. 이런 반응을 자아이질적인 것으로 만들려는 노력은, 적어도 치료 초기에는 실패하기 마련이다. 평가절하된 치료자가 환자의 비판적 태도를 언급하면 환자는 치료자가 방어적이라고 지각할 것이고, 이상화된 치료자가 환자의 과대평가를 언급하면 완벽한 사람이 놀랍게도 겸손하기까지 하다며 치료자를 더욱 이상화할 것이다.

초보 치료자는 이상화 전이보다는 평가절하 전이를 훨씬 더 많이 겪는다. 이렇게 끊임없이 은근하게 무시당하는 비참함을 견뎌야 하는 치료자들에게 자기애적인 이상화 전이의 대상이 되는 것도 그보다 더 나을 게 없다는 사실이 위로가 될지 모르겠다. 어떤 경우든 치료자는 진정으로 도움을 주고 싶어 하는, 정서적 지능을 갖고 있는 한 사람으로서 자신의 실체가 소멸되는 느낌을 받을 수 있다. 이렇게 현실적인 존재로 보이지 않게 되는, 지워지는 느낌이 드는 역전이는 자기애적 역동을 보여 주는 징후가 될 수 있다.

이런 현상들과 관련된 역전이에는 지루함, 초조함, 졸림, 치료에서 아무 일도 일어나고 있지 않다는 막연한 느낌 등이 포함된다. 슈퍼비전을 받는 치료자가 자기애적인 내담자에 대해서 하는 이야기는 전형적으로 이렇다. "그 여자는 매주 와서, 한 주일 동안 있었던 일에 대해 얘기하고, 내 옷차림에 대해 흉을 보고, 내가 개입을 하면 전부 무시하고, 그리고 가 버려요. 왜 계속 오는 걸까요? 치료에서 무엇을 얻고 있을까요?" 방 안에 사람이 없는 것 같은 기이한 느낌이 드는 경우도 흔하다. 극심한 졸림은 아마 자기애적인 환자들에 대한 역전이 반응 중 가장 불쾌한 반응일 것이다. 이런 경험을 할 때마다 나는 생물학적인 설명을 만들어 내는 나 자신을 본다(간밤에 잠을 충분히 못 잤어, 점심을 너무 많이 먹었어, 감기 기운이 있나 봐). 그러나 그 환자가 일단 문밖으로 나가고 다른 환자가 들어오면 잠이 확 달아나고 집중이 잘된다. 때때로 환자가 이상화할 때는, 과대하게 팽창되는 느낌 혹은 두 사람이 서로를 칭찬해 주는 사교클럽에 가입한 느낌이 들기도 한다. 하지만 치료자 또한 성격적으로 자기애적인 사람이 아닌 이상 그런 반응은 납득이 되지 않고 오래가지도 않는다.

이런 현상을 이해하려면 자기애적인 사람들에게 특징적인 특별한 종류의 전이를 알아야 한다. 이들은 자기와 구분된 내적 대상, 예컨대 부모상을 치료자에게 투사하기보다는, 자기의 한 측면을 외재화한다. 즉, 내담자는 치료자를 어머니나 아버지처럼 느끼는 대신에(때로는 그런 전이를 보일 수도 있지만), 거대하거나 평가절하된 자기의 한 부분을 투사한다. 이때 치료자는 환자의 자존감 유지를 위한 내적 과정을 간직하는 용기container가 되며, 환자의 자기대상이 된다. 치료자는 환자가 과거에 잘 알던 인물, 즉 환자 자신과 완전히 분리된 사람으로 인식되지 않는다.

환자가 치료자를 자신과 구분되는 독립적인 사람으로 지각하기보다는 자존감을 유지하는 기능으로 이용한다는 사실은 치료자에게 무력감을 안겨 주는 당혹스러운 일이다. 치료자들이 자기애적인 내담자들을 치료하면서 느끼는 부정적인 역전이 반응들은 내담자들의 태도가 이런 비인간화의 효과를 지니고 있기 때문이다. 그러나 또한 대부분의 치료자들이, 자기애적인 환자와의 작업에서 이런 역전이 반응을 이해할 수 있고 예측할 수 있는 특징으로 받아들이고 나면, 그런 내적 반응을 인내하고 통제하고 공감을 이끌어 낼 수 있다고 보고한다. 치료자가 자신이 치료자로서 결함이 있다고 느끼는 경향은 사실상 자기가치에 대한 환자의 핵심적인 염려를 그대로 반영하는 일이다. 그러므로 치료자가 자신이 무엇을 잘못하고 있나 고민하는 대신에 임상적 사례개념화를 새로 하는 것이 도움이 된다.

Heinz Kohut과 자기심리학파의 영향을 받은 분석가들(예, Bach, 1985; Buirski & Haglund, 2001; Rowe & MacIsaac, 1989; Stolorow, Brandchaft, & Atwood, 1987; E. S.

Wolf, 1988)은 자기애적인 환자들이 보일 수 있는 자기대상 전이를 몇 가지 하위 유형으로 나누어 기술하였다. 여기에는 비춰 주기mirroring, 쌍둥이 관계twinship, 제2의 자아alter-ego 등의 패턴이 포함되며, 많은 학자들이 현대의 유아 연구에서 이러한 개념들과 동일한 현상을 발견한다. 이러한 복잡한 개념들을 여기서 충분히 다 설명할 수는 없다. 그러나 이전에 달리 개념화했던 환자에게 이러한 자기애적 성격의 묘사가 잘 맞는다고 생각하는 독자들은 자기심리학의 용어를 공부하는 것이 내담자들의 경험을 이해하는 데 도움이 될 것이다.

자기애 진단의 치료적 함의

자기애적인 사람이 자기를 과장하지 않거나 다른 사람을 폄하하지 않으면서도 자기를 수용할 수 있도록 도울 수 있다면 이는 정말 어려운 일을 아주 훌륭하게 해낸 것이다. 자기애적 병리를 다루기 위한 일차적인 필수 덕목은 인내심이다. 아무리 치료 성과가 좋은 치료자라도 자기애 환자의 심리에 영향을 미치는 일을 빠르게 할 수가 없다. 어떤 성격이든 성격 구조를 수정하는 일은 장기 작업이 되겠지만, 자기애적인 내담자의 경우에는 지루함과 사기 저하라는 역전이 반응을 오래 견뎌야 하기 때문에 인내심이 더 많이 요구된다.

자기애의 병인과 치료에 관한 이론들이 서로 맞서고 있기 때문에, 이들의 치료를 위한 정신역동적 지혜를 요약하기란 쉬운 일이 아니다. 이와 관련된 대부분의 논쟁은 1970년대와 1980년대에 나온 Kohut과 Kernberg 간의 복잡한 견해 차이에서 파생된 것으로 볼 수 있다. 이들의 입장을 요약하자면, Kohut(1971, 1977, 1984)은 병리적 자기애를 발달적 관점에서 보았으나(환자는 정상적인 경로를 따라 성숙하고 있었으나, 이상화와 탈이상화의 정상적인 욕구를 해결하는 과정에서 난관에 봉착했다), 이에 비해 Kernberg(1975, 1976, 1984)는 이를 구조적 관점에서 보았다[환자는 아주 초기부터 삐뚤어지기 시작했으며, 이로 인해 정상성과 비교할 때 정도의 차이라기보다는 질적으로 다른 원시적 방어에 단단히 고착되었다. 즉, 병리적 자기애란 리비도를 정상적으로 통합된 자기구조가 아니라 병리적인 자기구조에 투입함을 의미한다(1982, p. 913)]. 자기애적인 사람을 식물에 비유한다면, Kohut은 이들을 결정적 시점에 물과 햇빛이 너무 부족해서 성장을 멈춘 나무로 묘사하고, Kernberg는 돌연변이를 일으켜 잡종이 된 나무로 본다고 할 수 있다.

이와 같은 이론적 차이에 따라, 한 접근은 나무가 잘 자라도록 물과 햇빛을 충분히 공급해야 함을 강조하고, 다른 접근은 원래의 정상적인 모습을 되찾을 수 있도록 비정상적인 부분을 잘라 내야 한다고 제안한다. Kohut의 개념화(예, 1971, 1977)를 더 선호하는 사람들은 환자의 이상화와 평가절하를 너그럽게 받아들이고, 흔들리지 말고 환자의 경험에 공감하라고 권고한다. Kernberg(예, 1975, 1976)는 환자 자신의 거대성 혹은 치료자에게 투사된 거대성을 재치 있게 그리고 집요하게 직면시키고, 질투심과 욕심에 대한 방어를 체계적으로 해석하라고 주장한다. 자기심리학 지향의 치료자들은 환자의 주관적 경험 안에 머무르려고 하는 반면, 자아심리학과 대상관계 이론에 영향을 받은 분석가들은 내부와 외부의 위치를 왔다 갔다 한다(Gardner, 1991 참조).

내가 아는 대부분의 치료자들은 병인이나 치료적인 면에서 Kohut의 개념화가 잘 맞는 환자가 있는가 하면 Kernberg의 개념화가 적절해 보이는 환자가 있다고 말한다. Kernberg는 Kohut의 접근은 지지치료의 한 유형으로 볼 수 있고, 따라서 경계선부터 정신병적 범위에 속하는 자기애적 환자들에게 적절하다고 제안하였다(그러나 Kernberg의 말과 달리, Kohut의 치료 작업은 대부분 기능 수준이 높은 환자들을 대상으로 하였다). 내 동료들 중에도 많은 사람들이 이런 관점에 암묵적으로 동의하여, Kohut의 권고는 혼란이 심하고, 우울하고 고갈된 유형의 자기애적 내담자들에게 적용할 수 있다고 말한다. 이들의 논쟁에 관해서는 아직도 배심원들 사이에서 논란이 계속되고 있기도 하고, 또한 독자들이 전반적인 접근에 관한 권고를 원전에서 찾아볼 수 있으므로, 여기서는 이러한 논쟁에서 벗어나 있는 자기애의 치료에 관한 일반적인 제안만을 소개하고자 한다.

인내심에 대해서는 앞에서 이미 언급한 바 있다. 이 태도에는 치료 과정을 지루하고 힘겨운 일로 만드는 인간의 불완전함을 수용하라는 의미가 함축되어 있다. 인간은 모두 불완전하고 변화에 저항한다는 매우 당연해 보이는 가정은 자기애적인 사람들이 내재화한 것과는 극명하게 대비가 된다. 이 태도는 인간적이고 현실적이며,

인간의 전능을 요구하지도 않고 비판적이지도 않다. 이러한 입장에는 그 자체로 이미 상당한 치료적 유익이 있다. 겸손은 모든 임상 작업에서 중요하지만, 특히 자기애적 환자와 작업하는 치료자는 무엇보다 몸소 자기 자신의 약점들에 대해 너그럽고 현실적인 태도를 보여 주어야 한다.

임상 실제에서 Kohut이 가장 크게 공헌한 바는(Kohut, 1984) 치료자가 자신의 실수를 인정하는 것, 특히 공감상의 착오를 인정하는 것이 어떤 결과를 가져오는지 주목했다는 점이다. Kohut보다 앞선 세대의 자아심리학자들(예, Greenson, 1967)에 따르면, 치료자가 실수를 했을 때는 굳이 어떤 행동을 취할 필요 없이 그저 혼자 조용히 되짚어 보기만 하면 된다. 환자에게 그저 평상시와 같이 어떤 일이 연상되는지 어떤 느낌이 들었는지 이야기하라고 격려할 뿐이다. Carl Rogers(1951)는 Kohut의 치료적 권고와 거의 동일한 방법을 먼저 주장했지만, Kohut이 그랬듯 치료자가 아무리 좋은 의도를 갖고 있더라도 어쩔 수 없이 내담자에게 자기애적인 상처를 입힐 수 있다고 가정하지는 않았던 것 같다. 따라서 내담자 중심 치료에서는 치료자의 실수를 인정할지에 대해 아무런 말도 하지 않았다. 내가 보기에 Rogers의 진실성의 원칙에 따른다면 그렇게 해야 할 것이다. 자기심리학자들은 치료자가 공감에 실패할 때 자기애적인 사람들이 얼마나 마음이 황폐해지는지에 대해 우리의 주의를 환기했다. 그리고 그런 상처를 치료하는 유일한 방법은 치료자가 유감을 표명하는 것이라는 점을 일깨워 주었다. 치료자의 사과는 환자가 감지한 치료자의 실수를 확인해 줄 뿐만 아니라(그럼으로써 자기애적인 사람들이 늘 해 오던 대로 진심이 아닌 순응을 하도록 조장하지 않고, 오히려 그의 진실한 감정을 정당하다고 인정해 주고), 자신의 부족함을 인정하면서도 자존감을 지키는 예를 직접 보여 준다.

치료자가 자신의 불가피한 실수를 인정할 때는 과도하게 자기비판적인 태도를 취하지 말아야 한다. 이 점이 중요하다. 만약 환자가 치료자가 후회하며 괴로워하고 있다고 생각한다면, 환자는 실수란 하면 안 되는 것이고 엄격한 자기검열이 필요하다는 메시지를 전달받을 수 있다. 이것은 자기애적인 사람들이 이미 고통스럽게 겪고 있는 망상이다. 그러므로 치료자는 Winnicott의 말에서 힌트를 얻는 게 좋을 것이다. 그는 해석의 원칙에 대한 질문을 받고 다음과 같이 재치 있게 답변하였다. "나는 두 가지 목적에서 해석을 합니다. 첫째는 환자에게 내가 졸지 않고 깨어 있음을 보여 주기 위함이고, 둘째는 환자에게 나도 실수할 수 있음을 보여 주기 위해서입니다." 이와 비슷한 뜻에서, 미술치료 및 다른 표현치료를 전문으로 하는 분석가인 Arthur Robbins(개인적인 대화, 1991년 4월)는 그의 치료 기법을 '멍청이 치료'라고 표현하면서, "내가 멍청한 짓을 하면, 환자들이 나를 바로잡아 준다."라고 하였다. 현대 관계 운동의 저자들(예, Kieffer, 2007)은 유아 연구(Beebe & Lachmann, 1994)에 근거하여 Kohut(1984)이 불가피하다고 여겼던 '결렬과 회복' 과정이 모든 치료에서 가장 핵심임을 강조하였다. 나는 이러한 과정이 성격적인 자기애를 지닌 사람들의 치료에서 특히 중요하다고 생각한다.

자기애적인 환자를 도우려면 겉으로 표현되는 환자의 자기 상태가 얼마나 압도적이건 간에, 환자 내면의 잠재적인 자기 상태를 늘 염두에 두어야 한다. 가장 거만하고 당당해 보이는 사람도 비난으로 느껴지는 것에 맞닥뜨리면 극도의 수치심을 느낀다. 그러므로 치료자는 섬세하게 개입 전략을 세우는 수고를 아끼지 말아야 한다. 자기애적인 내담자와는 진정한 상호관계란 것이 미약하기 그지없다. 허약한 자존감이 상처를 입는 상황을 견디지 못하기 때문이다. 그들이 이전에 치료가 안 되는 것으로 유명했던 이유 중의 하나는, 수년간 지속된 치료관계에도 불구하고 감정이 상하면 갑작스럽게 치료를 그만두는 일이 많았기 때문이다.

앞에서 자기애적인 사람들의 경험에서 수치심이 발휘하는 위력과, 그리고 치료자가 수치심과 죄책감을 구별하는 것이 얼마나 중요한지 언급한 바 있다. 자존감이 허약한 사람은 어떤 부정적인 사건이 생길 때 그 안에서 자신이 한 역할을 끝까지 인정하지 않으려 할 수 있다. 쉽게 죄책감을 느끼고 자신이 저지른 잘못을 만회함으로써 실수에 대처하려는 사람들과 달리, 자기애적으로 동기화된 사람들은 자신의 실수로부터 도망가고 그것을 발견할 만한 사람으로부터 숨어 버린다. 이들과 작업하다 보면, 치료자는 그들이 겪는 어려움에 그들 자신이 기여한 바가 있음을 비공감적으로 직면시키거나, 아니면 그들이 다른 사람의 나쁜 행실을 원망할 때 그들에게 맞장구를 치기가 쉽다. 두 번째 태도는 그러지 않으면 치욕스러울 정도로 분해할 환자에게 일시적으로나마 위안을 주겠지만, 사실 두 가지 태도 모두 치료적이지 않다.

자기애적인 사람은 자신의 불완전이 눈에 보일 때 큰 충격에 빠지기 때문에, 암묵적으로 개인적 책임을 떠맡지 않으려는 애매한 말을 사용하는 경향이 있다("실수가 생겼네."). 치료자의 앞에는, 환자가 치료를 그만두거나 계속 비밀을 간직하게 할 만큼 수치심을 자극하지 않으면서도 이들이 자신의 행동을 더 잘 인식하고 정직하게 이를 인정하도록 도와야 하는 엄청나게 어려운 과제가 기다리고 있다. 내담자가 다른 사람들에 대해 불평하고 이들을 비난하는 맥락 가운데서도 이런 작업을 수행할 수 있는 한 가지 길은, "당신이 원하는 바를 분명히 이야기했나요?"라고 물어보는 것이다. 이런 질문을 하는 이유는 자기애적인 사람들은 무엇을 요청하는 데 대해 깊은 수치심을 느끼기 때문이다. 필요를 인정하면 자기의 결핍이 드러난다고 믿는 것이다. 그 결과, 이들은 비참한 기분을 느끼는 상황에 처하게 된다. 왜냐하면 이들이 보기에는 뭔가를 부탁하는 것은 굴욕적인 일인데, 이렇게 부탁을 하지 않는 이상 다른 사람이 저절로 이들의 요구를 알아주고 원하는 것을 해 주지는 않기 때문이다. 이런 어려운 일이 생기면 이들은 종종 자신의 문제는 같이 지내는 사람들이 무신경하기 때문이라고 치료자를 설득하려고 한다. 필요를 분명하게 밝히는 것이 어떤가를 물어보면, 누군가를 필요로 하는 것은 수치스러운 일이라는 자기애적 환자의 신념이 완곡하게 드러날 수 있고, 인간의 상호의존성에 관한 다른 무언가를 환자가 배울 수 있는 기회가 생길 수 있다.

앞서 자기대상 전이와 대상 전이의 차이점에 대해 언급한 바 있다. 이러한 차이점이 함축하는 바는 자기애적인 내담자와 작업하는 치료자는 이들의 전이 반응을 그렇지 않은 사람들의 전이처럼 그렇게 효과적으로 탐색할 수 없다는 점이다. 치료자가 환자에게 어떤 사람인지를 묻는 질문은 실패하기 마련이다. "아마 지금 당신은 나를 당신의 엄마처럼 느끼고 있는 것 같아요."라는 식의 해석은 무의미하고 산만하게 받아들여질 수 있다. 치료자는 자신이 환자에게 아무것도 아니라는 역전이 감정이 생기더라도, 자기애적인 사람들은 중대한 자존감 결손이 없는 다른 어떤 사람들보다도 실제로는 치료자를 더 많이 필요로 한다는 사실을 반드시 알아야 한다. 자기애적인 환자를 치료해 본 경험이 없는 치료자는 치료 중에 자신을 그렇게 하찮고 무능한 사람으로 만들어 버리던 바로 그 사람이 치료실 밖에서는 자신을 칭찬한다는 말을 듣고 깜짝 놀랄 수 있다. 거만하고, 자만심에 가득 차 있고, 미동도 하지 않을 것 같은 환자가 치료자가 민감하지 않을 때는 비참하게 느낀다. 바로 그 점에서, 치료자에 대한 이들의 깊은 의존심이 드러난다. 자기애적인 사람들과 작업할 때는,

다른 유형의 환자들의 경우에는 좀 더 직접적으로 다루게 될 많은 부분을 치료자가 묵묵히 견뎌야 한다는 사실에 익숙해져야 한다.

감별진단

자존감에 상처를 입으면 누구나 일시적으로 자기애성 성격처럼 행동할 수 있다. 더욱이, 모든 유형의 성격 구조에는 자기애적인 기능이 있다. 각 성격은 각자 특정한 방어를 통해 자존감을 보전한다. 그러나 성격적 자기애로 판명되려면, 상황과 무관한 주관성과 행동 패턴이 자동적으로, 장기간에 걸쳐 드러나야 한다. 요즘 들어 자기애성 성격 조직이라는 진단이 지나치게 많이 이루어지는 듯한데, 아마도 정신역동적 임상가들이 특히 더 그렇게 진단하는 것 같다. 이 진단은 상황 특정적인 반응을 보이는 사람들, 정신병질성 성격, 우울성 성격, 강박성 성격, 히스테리 성격에 잘못 적용되는 경우가 많다.

자기애성 성격 대 자기애적인 반응

성격적 자기애를 진단할 때 유념해야 할 사항은 앞서 제시한 바 있다. 인간이라면 누구나 취약성을 보이는 심리적 조건들이 있지만, 다른 어떤 것보다도 이 자기애적인 관심은 어디에서나 그 모습을 드러내며 상황적으로 아주 쉽게 유발될 수 있다. Kohut과 Wolf(1978)는 기존의 정체감을 위협하며 자존감을 손상시키는 상황에 직면한 사람들은 (2부의 서론에서 언급한 중국인 대학원생처럼) 자기애성 성격장애가 아니라 '이차적인 자기애적 혼란'을 겪고 있다고 하였다. 자기애적이지 않은 사람이라도 정체감과 자신감을 뒤흔드는 조건에 처하면 거만하게 남을 얕잡아 보거나, 혹은 공허해 하고, 이상화하기도 한다.

의과대학이나 심리치료 훈련 프로그램은 평소 성공적이고 자율적이었던 성인을 받아들여서 이들을 무능한 아이처럼 느끼게 만드는 것으로 유명하다. 이런 환경에서는 자랑, 독단적 주장, 지나치게 비판적인 논평, 자기 선생에 대한 이상화와 같은 보상 행동을 흔하게 볼 수 있다. 정신분석 문헌에서는 이런 현상들이 '자기애적 방어'를 구성한다고 말한다(예, Kernberg, 1984). 그러므로 자기애적인 문제를 겪고 있다고 해서 반드시 자기애성 성격이라고 할 수는 없다. 자기애적인 모습을 보이더라도 상황적 요인이 큰 영향을 끼치고 있다고 보인다면, 면접자는 자기애적 손상 이면에 있는 성격 구조를 추정하기 위해서 과거력과 전이 감정을 면밀히 살펴야 한다.

자기애성 성격 대 정신병질성 성격

앞 장의 마지막 부분에서 정신병질적인 성격 구조가 지배적인 사람과 본질적으로 자기애적인 사람을 구분하는 것이 중요하다고 말했다. Kohut의 방식으로 공감적 관계를 맺으려는 노력은 정신병질적인 사람들에게는 아무런 효과가 없다. 이는 정신병질적인 사람들이 온정적인 태도를 정서적으로 이해하지 못하기 때문이다. 이들은 호의적인 태도를 나약함의 상징이라며 비웃는다. Kernberg(예, 1984)가 주장했던 거대자기의 직면을 중심으로 하는 접근법은 정신병질적으로 조직화된 사람들에게 더 잘 수용될 수 있다. 이는 정신병질적인 내담자들을 전문으로 다루었던 Greenwald(1974), Bursten(예, 1973a, 1973b), Groth(예, 1979), Meloy(예, 2001)와 같은 치료자들의 권고와도 일치한다.

자기애성 성격 대 우울성 성격

우울한 유형의 자기애성 성격은 우울성 성격으로 오해받기 쉽다. 수많은 임상 이론과 관찰을 간단한 이미지로 축약해서 말하면, 두 집단 간의 본질적인 차이점은 자기애적으로 우울한 사람들은 주관적으로 비어 있는 반면, 내사적 심리(Blatt, 2004)를 지닌 우울한 사람들('멜랑콜리' 혹은 죄책감 유형의 우울증을 겪는 것으로 묘사되던 사람들)은 주관적으로 비판적이고 성난 내사로 가득 차 있다. 자기애적으로 우울한 사람은 자기의 실체가 없다고 느끼지만, 멜랑콜릭하게 우울한 사람은 자기가 있지만 더 이상 나쁠 수 없을 정도로 가장 나쁘다고 느낀다. 11장에서 이러한 차이점 및 이와 관련된 다양한 치료적 시사점에 대해 더 다룰 것이다.

자기애성 성격 대 강박성 성격

자기애성 성격을 지닌 사람은 완벽에 대한 자기애적 추구의 일부로서 세부 사항에 대한 관심을 보일 수 있다. 그래서 이를 근거로 자기애적인 사람들을 강박사고적 혹은 강박행동적 성격으로 잘못 개념화하기 쉽다. 정신분석치료의 초창기에는, 근본적으로 자기애적인 사람을 표면적인 증상이 강박의 범주에 속한다는 이유로 강박사고적 혹은 강박행동적이라고 간주한 경우가 많았다. 그 결과, 이들은 통제를 위한 투쟁, 분노와 상상 속 공격성에 대한 죄책감을 강조한 강박적 성격의 병인론에 기반을 둔 치료를 받았다.

그러나 자기애적인 환자들은 화가 나 있기보다는 공허하였으므로, 이런 치료에서는 그다지 진전을 보지 못했다. 이들은 치료자가 자신들의 주관적 세계의 중심에 없는 주제를 입이 닳도록 이야기하는 것을 들으며 오해받고 비난받는다고 느꼈을 것이다. 많은 사람들이 자기애적인 관심과 고전적인 강박적 관심을 모두 가질 수 있다. 그러나 병리적 자기애의 병인과 치료에 관한 이론이 발달하여 자기의 장애를 갖고 있는 사람을 도울 수 있는 역량이 크게 증가한 1970년대 이전에는, 자기애적 성향이 지배적인 사람들이 분석적 치료로부터 거의 아무런 도움도 받지 못했다. 나는 이 시기 이전에 분석적 치료를 받고 아직도 자신의 치료자와 정신분석 전반에 대해 불평을 하는 사람들을 많이 알고 있다. 심리치료 경험을 보고한 일반인들의 이야기 중에서는 이런 오진의 예로 보이는 내용을 발견할 수 있다. 13장에서 이 둘을 더 자세히 구분하고, 이런 진단적 오류가 의미하는 바에 대해서 더 상세히 다루도록 하겠다.

자기애성 성격 대 히스테리 성격

자기애성 성격과 강박성 성격의 감별이 남자들에게 좀 더 많이 필요한 반면, 자기애와 히스테리의 감별은 여자 환자들에게 훨씬 더 많이 필요하다. 히스테리적으로 조직화된 사람들은 자기애적인 방어를 사용하기 때문에 자기애성 성격으로 오인되기 쉽다. 이성애인 히스테리 여성은 자기과시적 행동을 보이고 남자들과의 관계에서 이상화한 후에 재빨리 평가절하하는 패턴을 보이기 때문에 기본 성격 구조가 자기애적인 것처럼 보일 수 있지만, 이들의 자기에 대한 관심은 성性 특정적이며 수치심보다는 불안에 의해 촉발된다. 갈등이 심한 영역을 제외하면, 이들은 따뜻하고 사랑스러우며, 공허감과는 거리가 멀다(Kernberg, 1984 참조).

이 감별진단이 중요한 이유는 두 집단에 대한 치료적 접근이 다르기 때문이다. 히스테리 환자들은 대상 전이에 주목하면 치료가 잘되지만, 자기애적인 환자들은 자기대상 현상을 이해해야 한다. 14장에서 이 주제를 보다 상세하게 이야기할 것이다.

요약

이 장에서는 자기애적으로 조직된 사람들의 고갈된 주관적 세계와, 그들이 믿을 만하고 가치 있는 자기 감각을 유지하기 위해서 시도하는 보상 행동을 기술하였다. 수치심과 질투, 이상화와 평가절하, 자존감의 평형을 유지하고 그 손상을 회복하기 위해 사용하는 관계 패턴을 강조하였으며, 이들의 자기대상 전이 경향, 함께 있으되 아무런 관계를 형성하고 있지 않는 듯한 느낌이 드는 역전이 반응을 논의하였다. 이런 특별한 자기애적 상태에 대한 이해를 바탕으로 몇 가지 치료적 시사점을 얻을 수 있지만, 자기애를 정신분석적으로 이해하는 데 있어서는 현재 논쟁이 벌어지고 있으며, 따라서 이 집단에 효과적인 접근이 무엇인지에 관해서 논란이 있음을 밝혔다. 마지막으로, 자기애성 성격 조직을 자기애적인 반응, 정신병질, 내사적인 우울성 성격, 강박적 성격 구조, 히스테리 심리와 구분하였다.

더 읽을거리

1970년대 이래로, 자기애를 조명한 방대한 정신분석 문헌들이 쏟아져 나왔다. Kohut이 『The Analysis of the Self』(1971)를 출간했고, Kernberg는 『Borderline Conditions and Pathological Narcissism』(1975)에서 그에 대한 대안적 개념을 제안하였다. 이 두 권의 책은 전문 용어를 너무 많이 사용하고 있어서 정신분석을 처음 접하는 사람들은 읽기가 거의 불가능하다. 대신 Alice Miller의 『Prisoners of Childhood』(1975)(다른 판에서는 『The Drama of the Gifted Child』라고 하였다), Bach의 『Narcissistic States and the Therapeutic Process』(1985), Morrison의 『Shame: The Underside of Narcissism』(1989)이 읽기가 편하다. Morrison은 『Essential Papers on Narcissism』(1986)이라는 제목으로 이 주제에 관한 중요한 정신분석 논문들을 모은 편저를 출판하였는데, 실린 글들이 대부분 훌륭하다. Philip Cushman의 『Constructing the Self, Constructing America』(1995)는 자기애성 성격의 중심에 있는 '공허한 자기'의 배경이 되는 문화적 흐름을 학문적으로 분석하였다.

자기애에 관한 보다 최근의 연구들은 DSM-IV의 기술에 기반을 두는 경향이 있으며, 따라서 내게는 분석적 저서들에 비해 피상적이고, 특질에 근거하며, 일차원적으로 보인다. 그러나 개념을 과잉 단순화하고 대중화하면 그 나름의 이점이 생길 수 있다. 자기애적인 부모, 연인, 동료, 상사, 또는 다른 어려운 사람들에 대처하는 데 도움이 되는 많은 대중 서적들이 지금 나와 있다.

Chapter 09 Psychoanalytic Diagnosis

분열성 성격

성격이 본질적으로 분열성schizoid인 사람들은 오해를 받기가 쉽다. 분열성 역동은 늘 심각한 원시성을 암시한다는 잘못된 생각이 널리 퍼져 있기 때문이다. 분열성이 아닌 사람들은, 분열성 역동을 지닌 사람들이 유능성과 자율성이라는 중요한 자아의 능력을 보이더라도 이들을 병리화하는 경향이 있다. 정신분열증이라는 분명한 정신병 진단이 분열성 연속선의 극단에 위치한 사람들과 잘 부합되고, 또한 분열적인 사람들의 행동이 비관습적이고, 유별나고, 심지어 기태적일 수 있다는 이유에서이다. 그러나 분열적인 사람들은 병원에 입원한 긴장성 정신분열증 환자에서부터 창조적인 천재에 이르기까지 넓은 영역에 걸쳐 존재한다.

다른 유형적 범주들과 마찬가지로, 분열적인 사람들은 심리적으로 무력한 사람에서부터 보통 사람들보다 더 건강한 사람에 이르기까지 모든 수준에 걸쳐 있다. 분열성 성격을 정의하는 방어가 원시적 방어(환상으로의 철수)이므로, 분열적인 사람 중 건강한 사람이 병적인 사람보다 더 드물다고 할 수는 있겠지만, 이 가정을 경험적으로 지지하는 연구 결과나 엄격한 임상 관찰은 없는 것으로 알고 있다. 정신분열증으로 발전하는 사람들의 가장 흔한 병전 성격 유형이 분열성이라는 오래전부터 의 증거(E. Bleuler, 1911; M. Bleuler, 1977; Nannarello, 1953; Peralta, Cuesta, & de Leon, 1991)가 있고 최근의 신경과학과 유전학에서 나온 몇몇 시사점들(Weinberger, 2004)도 있다. 그러나 그 역의 생각, 즉 분열성인 사람들이 모두 정신병적 붕괴의 위험을 지니고 있다는 생각은 경험적 근거가 없다.

분열성인 사람들은 이들의 숫자가 상대적으로 적다는 점에서 병리화될 수 있다. 다수에 속해 있는 사람들은 자신들의 심리는 정상이며 다름은 열등함과 동일하다고 가정하는 경향이 있다(수년간 성적 소수자들에게 일어났던 일처럼). 분열성인 사람의 정신분석적 개념은 Jung이 말한 내향성의 개념과 상당 부분 겹치며, 특히 Jung의 개념에 기반을 둔 MBTI 검사에서 내향–직감–감정–판단형(INFJ)으로 나오는 사람들이 그러하다. 성격 분포가 연구된 지역에서 INFJ는 전체 인구의 1%에 불과하며 '신비주의자' 혹은 '비밀을 털어놓을 수 있는 절친한 친구'로서 강점이 있다고 이해된다.

이러한 성격을 지닌 사람들은 철학적 탐구, 영성 수련, 이론과학, 창조적 예술과 같은 직업에 매력을 느낀다. 분열성 스펙트럼의 고기능군에서 우리는 루트비히 비트겐슈타인이나 마사 그레이엄과 같은 사람들, 그리고 경이로울 만큼 독창적이면서 다소간 기인의 풍모를 보이는 사람들을 발견할 수 있다. Albert Einstein(1931)은 자신에 관해 다음과 같이 썼다.

> 나는 사회정의와 사회적 책임에 대한 열의가 가득하지만, 이러한 열의는 늘 내가 다른 사람 혹은 공동체와 직접적인 접촉을 필요로 하지 않는 것으로 유명하다는 점에서 기이하게 비교되곤 한다. 나는 진정 '외로운 여행자'이며, 나의 조국, 나의 집, 나의 친구들, 심지어 나의 가족에게조차 진심을 다해 속해 본 적이 결코 없다. 이런 모든 관계 앞에서 나는 거리감과 고독의 필요성을 느껴 보지 않은 적이 한 번도 없다. …… (p. 9).

1980년 발간된 DSM-III에서는 대부분의 분석가들이 분열성 스펙트럼상에 존재하는 다양한 변종, 혹은 분열성이라는 일반적인 주제의 경미한 변형으로 간주하던 상태들이 서로 독립된 범주로 기술되었다. 이러한 결정에는 복잡한 이론적 쟁점들이 영향을 미쳤으며(Lion, 1986 참조), 분열성 상태의 본질에 관한 오래된 논쟁이 반영된 당대의 의견 차이가 영향을 미쳤다(Akhtar, 1992; E. Bleuler, 1911; Gottesman, 1991; Jaspers, 1963; Kraepelin, 1919; Kretschmer, 1925; Schneider, 1959). 많은 분석적 치료자들은 분열성, 분열형schizotypal, 회피성avoidant 성격장애의 진단을 분열성 성격의 비정신병 형태로 보고, 정신분열증, 정신분열형 장애, 분열성 정동장애의 진단을 분열성 기능의 정신병 수준으로 보는 관점을 견지하고 있다.

나는 분열성인 사람들을 자폐 스펙트럼의 일부로 보느냐는 질문을 종종 받는데, 이 질문에 어떻게 대답해야 할지 확신이 없다. 우리의 분류학적 범주는 임의적이고 중복된다. 환자 개인의 독특성을 이해하고자 할 때, 명칭들 간에 마치 있다-없다의 차이점이 분명히 존재하는 것처럼 행동한다면 이는 임상적으로 현명하지가 않다. 아마도 특히 고기능군에 속하는 분열성 심리는 자폐 스펙트럼의 건강한 극단에 속한다고 보는 것이 합리적일 수도 있다. 확실히, 관찰 가능한 이들의 행동만 본다면, 분열성인 사람들은 자폐증이나 아스퍼거 증후군을 진단받은 사람들처럼 관계가 되지 않고, 특이하고, 동떨어져 있는 것처럼 보인다.

그러나 자폐로 진단될 만한 사람들은 다른 사람이 무엇을 생각하고 무엇을 느끼고 무엇에 의해 동기화되는지 상상할 수 있는 내적 능력이 없다고 알려져 있는 반면, 분열성인 사람들은 철수되어 있음에도 불구하고 다른 사람의 주관적 경험을 비상하게 감지하는 경향을 보인다. 아스퍼거 진단을 받은 부모들은 자신의 아이를 안아 줘야 한다는 사실을 배워야만 알 수 있다는 말을 나는 들은 적이 있다. 분열성인 아버지라면 아이를 안아 주기는 어려워하더라도 아이에게 안기고 싶은 욕구가 있음을 이해하는 데 어려움이 없을 것이다. 분열성인 사람들은 자기 자신에 대해 말할 때 정동이 결여되어 있다기보다 정동에 압도되어 있다고 표현할 것이다. 따라서 내가 보기에 자폐와 분열성 간에는 커다란 차이점이 있다.

분열성 심리에서의 추동, 정동, 기질

임상 경험을 통해 보면, 분열성 성격으로 발전하는 사람들은 기질적으로 쉽게 자극을 받고 과민반응을 보이는 경향이 있다. 분열적인 사람들은 종종 자신이 선천적으로 예민했다고 말하며, 이들의 친지들은 이들이 아기였을 때 강한 빛이나 소음이 있거나 번잡한 환경에서 쉽게 움츠러들었다고 흔히 말한다(유별난 감수성을 지닌 아기들에 관한 Bergman & Escalona, 1949 참조). 마치 분열적인 사람들은 다른 사람들에 비해 신경 말단이 신체 표면에 더 가까이 있는 듯하다고 말할 수 있을 것이다. Doidge(2001)는 이들이 외적 침범에 대해 '과투과적hyperpermeable'이라고 기술하였다. 대부분의 유아들이 따뜻한 양육자의 몸을 껴안고, 매달리고, 자신의 몸을 꼭 맞추는 반응을 보이지만, 일부 신생아들은 마치 타인이 자신의 안락함과 안전을 침범이나 한 듯이 뻣뻣해지거나 몸을 뒤로 뺀다(Brazelton, 1982; Kagan, 1994). 이런 아기들이 체질적으로 분열성 성격 구조가 되기 쉬우며, 특히 아기와 주요 양육자가 '서로 잘 맞지 않을 때'(Escalona, 1968) 더욱 그렇지 않을까 추측된다.

고전적 관점에서 추동의 영역을 보면, 분열적인 사람은 구강기의 문제들과 씨름하고 있는 것으로 보인다. 구체적으로 말해, 이들은 휘말리고, 흡수되고, 왜곡되고, 점령당하고, 삼켜지는 위험을 피하는 일에 집착한다. 내가 참여하는 슈퍼비전 집단의 일원으로서 분열성 성격을 가진 한 재능 있는 치료자는 참석자들이 둥글게 앉아 있는 모습이 거대한 입이나 커다란 C자 같다는 생생한 환상을 집단 멤버들에게 묘사한 적이 있다. 그는 만약 자신이 어떤 환자에 대한 감정을 솔직하게 얘기해서 자신의 취약점이 드러난다면, 집단 멤버들이 그를 둘러싸서 C자를 O자로 만들 것이며 자신은 그 안에서 숨이 막혀 죽으리라고 상상하였다.

내 동료의 환상과 같은 것에 대해서는, 그런 환상을 가진 사람 자신의 허기가 투사되고 변형된 것이라는 해석이 가능하지만(Fairbairn, 1941; Guntrip, 1961; Seinfeld, 1991), 분열적인 사람은 종종 식욕 추동이 자기의 내부에서 나온다고 느끼지 않는다. 그 대신, 바깥세상이 안전과 개별성을 소모시키고 왜곡하는 위협들로 가득 차 있다고 느낀다. 분열성 상태를 '사랑의 굶주림'이라고 이해한 Fairbairn의 견해는 분열적인 사람이 일상적으로 느끼는 주관적인 경험이 아니라, '허기'와 반대되는 외현적인 경향성, 즉 철수하고, 환상 속에서 만족을 구하고, 현실의 세계를 거부하는 경향성의 기저에 있는 역동을 설명해 준다. Kretschmer(1925)가 말했듯, 분열적인 사람은 심지어 신체적으로도 마르기가 쉬운데, 그만큼 자기 자신의 욕망과 멀리 떨어져 있는 것이다.

또한 분열적인 사람들은 폭력적인 내용의 환상을 품기도 하지만, 사람들에게 그렇게 공격적이라는 인상을 주지 않는다. 이들의 가족과 친구들은 이들이 아주 점잖고 차분한 사람이라고 생각한다. 내 친구 중에는 명민하면서도 관습에 대해 분열성의 무관심을 보이는 친구가 있는데, 나는 늘 그의 그런 모습을 감탄해 왔다. 그가 결혼할 때 그의 누이는 그가 늘 '부드러운 사람'이었다고 소개하였다. 그렇지만 흥미롭게도 이런 부드러움의 이면에는 공포 영화, 범죄 실화, 세상의 멸망에 대한 종말론적 전망 등에 대한 기호가 함께 자리 잡고 있었다. 우리는 여기서 추동의 투사를 쉽게 추측할 수 있지만, 그의 의식적인 경험이나 다른 사람에게 주는 인상은 상냥하고, 겸손하고, 사랑스러운 괴짜의 그것일 뿐이다. 내 친구 같은 사람들과 작업을 해 본 대부분의 분석적 이론가들은 분열성 내담자들은 허기와 공격성 모두를 두터운 방어 밑에 묻어 두고 있다고 추론한다.

분열성 역동을 지니고 있으면서 기능 수준이 높은 사람들이 보이는 가장 놀라운 모습의 하나는 보통 사람들에게 흔한 방어가 이들에게는 없다는 점이다. 이들은 가까운 사람들이 경외감을 느낄 만큼, 심지어 위협적으로 느낄 만큼 많은 정서 반응들을 진솔하게 감지한다. 분열적인 사람들은 삶의 가혹한 현실이 그렇게 명백하게 보이는데도 어떻게 사람들이 자기 자신을 그렇게 쉽게 속일 수 있는지 의아하게 여긴다. 분열적인 사람들이 겪는 소외감은 부분적으로 이들이 자기 자신의 정서적, 직감적, 감각적 능력을 정당하게 인정받지 못한 경험에서 비롯된다. 다른 사람들은 그들이 보는 것을 못 보는 것이다. 분열적인 사람들은 다른 이들이 자신의 것이 아니라고 부인하거나 무시하는 것을 너무나 자연스럽게, 힘들이지 않고 지각하는 능력이 있다. 그래서 분열적이지 않은 다른 친구들의 덜 명료하고, 덜 양가적이고, 정서적으로 덜 끔찍한 세계를 공감하지 못한다.

분열적인 사람들은 자기애적인 사람들의 수치심이나 내사적으로 우울한 사람들의 죄책감과 그렇게 씨름하는 것 같지 않다. 이들은 어떤 잘못된 것을 벌충해야 한다거나 혹은 타인의 평가를 회피해야 한다는 내적인 압박감에 시달리지 않고 자기 자신과 세상을 있는 그대로 받아들이는 경향을 보인다. 그러나 기본적인 안전과 관련해서는 상당한 불안감에 시달린다. 압도되는 느낌을 받으면 그들은 숨어 버린다. 말 그대로 세상을 등진 은둔자가 되거나 상상 속으로 퇴각하는 것이다(Kasanin & Rosen, 1933; Nannarello, 1953). 분열적인 사람은 무엇보다도 세상사의 국외자, 방관자, 관찰자라고 할 수 있다. 분열적인 내 친구 한 명은 자신의 묘비에 다음과 같이 새겨야 한다고 내게 말했다. "여기에 ____가 잠들다. 그는 삶에 관해 철저히 읽고 생각하였다."

'분열성'이라는 단어의 어원에 함축되어 있는 나뉨 혹은 '분열split'은 두 가지 영역, 즉 자기와 외부 세계 사이, 그리고 경험되는 자기와 욕망 사이에서 일어난다(Laing, 1965 참조). 분석적 이론가들이 분열성 사람들의 분열 경험을 이야기할 때는 자기의 부분으로부터의 소외 혹은 삶으로부터의 소외를 말하는 것이며, 이는 본질적으로 '해리적'(D. W. Winnicott처럼 개인적으로 또 전문적으로 분열성 심리에 익숙한 분석가들이 자주 사용하는 또 다른 용어)이다. 하나의 자아 상태와 그 반대의 자아 상태를 왔다 갔다 하거나, 세상을 전적으로 좋은 부분과 전적으로 나쁜 부분으로 나누는 분열splitting 방어와는 다르다.

분열성 심리에서의 방어 과정과 적응 과정

앞서 언급하였듯이 분열성 성격 구조의 특징적인 방어는 내적인 상상 세계로의 철수이다. 이에 더하여, 분열적인 사람들은 투사와 내사, 이상화와 평가절하를 사용할 수 있고, 정도는 약하지만 자기와 타인이 심리적으로 충분히 분화되기 전에 시작되는 다른 방어들을 사용할 수도 있다. 보다 '성숙한' 방어 중에는 대부분 주지화를 가장 선호하는 듯하다. 이들은 부인이나 억압과 같이 정동과 감각의 정보를 차단하는 기제에는 거의 의존하지 않는다. 마찬가지로, 구획화, 도덕화, 취소, 반동형성, 자기 탓으로 돌리기 등 경험을 좋은 것과 나쁜 것으로 나누는 방어 작용도 이들의 레퍼토리에는 잘 포함되지 않는다. 분열적인 사람들이 스트레스를 받을 때는 외부 자극뿐만 아니라 자기 자신의 정동으로부터도 철수하여, 무디고, 단조롭고, 부적절해 보일 수 있지만, 그럼에도 불구하고 다른 사람들로부터 오는 감정적인 메시지는 아주 예민하게 감지한다는 증거를 종종 보여 준다.

분열성 성격의 사람이 소유한 가장 적응적이고 흥미진진한 능력은 창조성이다. 진정한 독창성을 보이는 예술가들은 대부분 강한 분열적 색채를 지닌다. 원래 그럴 수밖에 없는 것이, 기존의 관습에 새로운 영향을 미치기 위해서는 그 관습과 떨어져 있어야만 하기 때문이다. 건강한 분열성의 사람들은 자신의 자질을 이렇게 예술 작업, 과학적 발견, 이론적 혁신, 영적인 탐험 등에 발휘하지만, 이 범주에 속하는 혼란이 심한 사람들은 공포와 소외감으로 인해 세상에 이바지할 수 있는 재능을 미처 펼쳐 보이지도 못한 채 자신만의 지옥 속에서 살아간다. 자폐적인 철수를 창조적인 활동으로 승화하는 것이 분열성 환자를 치료할 때의 가장 주된 치료 목표라고 할 수 있다.

분열성 심리에서의 대상관계

분열적인 사람들의 일차적 관계 갈등은 가까워지기와 멀어지기, 사랑과 두려움 사이의 갈등이다. 애착에 대한 깊은 양가감정이 이들의 주관적 세계를 지배한다. 이들은 가까워지기를 갈망하지만, 그러면서도 다른 사람에게 휘말리고 삼켜진다는 두려움에 끊임없이 시달린다. 그래서 자신이 안전하고 분리되어 있다고 스스로를 안심시키기 위해 사람으로부터 거리를 두지만, 소외감과 외로움에서 벗어날 수 없다(Eigen, 1973; Karon & VandenBos, 1981; Masterson & Klein, 1995; Modell, 1996; Seinfeld, 1991). Guntrip(1952)은 분열적인 사람의 '고전적 딜레마'를 "대상과 자기 자신 모두를 상실할 수도 있는 여러 가지 위험을 무릅쓰지 않는 한, 다른 사람과 관계를 맺을 수도 맺지 않을 수도 없다."라고 묘사하고, 이런 딜레마를 '빈번한 출입in-and-out 프로그램'이라고 칭하였다(p. 36).

추운 밤의 고슴도치들에 관한 쇼펜하우어의 유명한 우화(Luepnitz, 2002 참조)는 분열적인 사람들의 딜레마를 잘 포착하고 있다. 고슴도치들이 따듯하기 위해 가까이 다가가면 서로를 찌르고, 아파서 멀리 떨어지면 추워진다. 이러한 갈등은 강렬하지만 짧은 만남을 가진 후 오랜 기간 은거하는 방식으로 상연될 수 있다. A. Robbins(1988)는 이 역동을 "나는 외로우니 가까이 오세요. 하지만 침범할까 두려우니 멀리 떨어져 있으세요."라는 메시지로 요약하였다(p. 398). 성적인 면에서 이들은 유난히 냉담하다. 기능적으로 정상이고, 오르가슴을 느낄 수 있는 경우에도 그렇다. 상대방에게 가까워질수록, 섹스는 수렁에 빠지는 일이라는 걱정이 커진다. 많은 여성들이 정열적인 음악가와 사랑에 빠지지만, 자신의 연인은 관능의 힘을 오로지 악기를 위해서만 비축한다는 사실을 알게 된다. 이와 비슷한 맥락에서, 분열적인 어떤 사람들은 손에 넣을 수 없는 성적 대상만을 갈망하며, 손에 넣을 수 있는 대상에 대해서는 모호한 무관심만을 보인다. 분열적인 사람의 파트너는 자신들의 성행위가 너무 기계적인 느낌이 든다고 호소한다.

분열성 역동의 발생을 연구하는 대상관계 이론가들은, 내가 보기에는 분열성 상태의 기원을 특정 발달 단계에서 찾으려는 부담을 과도하게 지고 있었다. 앞서 제안했듯이, 성격 구조의 유형을 고착-퇴행 가설로 설명하는 데는 문제가 있다. 그러나 그 나름의 호소력이 없지는 않다. 수수께끼 같은 현상을 단순히 일상적인 유아기 삶의 잔재로 간주함으로써 이를 쉽게 이해할 수 있도록 해 주는 것이다. Melanie Klein(1946)은 분열성 기제의 기원을 아동이 다른 사람이 분리된 존재임을 충분히 깨닫기 전인 초기 유아기의 보편적인 편집-분열 포지션에서 찾으려고 하였다. 또한 다른 초기 대상관계 분석가들도 이 선례를 따라 분열성 역동을 신생아 경험으로의 퇴행과 동등하게 보는 설명 패러다임을 개발하였다(Fairbairn, 1941; Guntrip, 1971). 오랫동안 이론가들은 고착-퇴행 모델이라는 발달적 편향을 수용하는 경향을 보였지만, 어떤 초기 단계가 고착 지점인지에 대해서는 서로 의견을 달리하였다. 예를 들어, Giovacchini(1979)는 Klein 학파의 전통에 따라 분열성 장애는 본질적으로 '정신 작용이 일어나기 전에' 시작된다고 보았으나, Horner(1979)는 분열성 장애의 기원이 아동이 공생 단계에서 빠져나오는 더 늦은 시기에 있다고 보았다.

분열성 성격의 개념은 불안전 애착의 한 유형인 회피애착의 패러다임과 상당 부분 중첩된다(Wallin, 2007). 애착 연구자들에 의해 '회피형' 혹은 '거부형'으로 지칭되는 아기들은 Ainsworth의 낯선 상황 관찰에서 엄마가 있는지 없는지에 무관심한 것처럼 보이는 반응을 한다. 이 아기들은 더없이 편안하게 보일 수 있지만, 그럼에도 엄마와 분리되어 있는 동안 심장박동이 상승하며 코르티솔(스트레스 호르몬) 수준이 올라가는 것으로 밝혀졌다(Spangler & Grossmann, 1993; Sroufe & Waters, 1977).

Ainsworth와 동료들(1978)은 이 아기들의 어머니가 아기들의 정상적인 의존을 거부한다고 보고하였다. 후에 Grossmann과 Grossmann(1991)은 이들 어머니들이 특히 아기들의 슬픔에 반응하지 않는다고 말하였다. Main과 Weston(1982)은 회피형 유아의 어머니들은 무뚝뚝하고, 정서 표현을 하지 않으며, 아이와의 신체 접촉을 싫어한다고 기술하였다.

분열성 성격의 대인관계적 병인을 임상적으로 추정해 볼 때, 이러한 연구 결과들의 내용은 흥미롭다. 거부적이고 아이의 욕구를 경멸하는 부모는 분명 아이의 방어적인 자기충족을 조장했을 것이다(Doidge, 2001; Fairbairn, 1940). 초기 시절 고립과 방치를 경험한 사람들은 가까워지는 것을 피하고 자극을 위해 자신의 내적 세계에 의지하는 것이 미덕임을 부득이하게 배웠으리라고 이해할 수 있다. Harry Stack Sullivan과 Arthur Robbins는 자기 자신의 분열성 경향으로 인해 많은 정신건강 종사자들에게 분열성 경험을 해석해 주었던 분석가들이었으며, 둘 모두 초기에 교우관계를 심각하게 박탈당했던 경험이 있다(Mullahy, 1970; A. Robbins, 1988).

아이가 철수하도록 부추기는 이와 정반대로 보이는 관계 유형은 아이에게 과도하게 투자하고, 과도하게 개입하고, 침해하는 양육 태도이다(Winnicott, 1965). 이렇게 숨 막히게 하는 어머니와 그의 분열적인 아들의 이야기는 문학 작품의 주요 소재이기도 하지만, 학문적 작업에서도 이런 관계를 찾아볼 수 있다. 분열성 성격의 남자 환자들이 임상가들에게 보고하는 바에 의하면, 이들의 가족 배경에서는 유혹적이고 경계를 침범하는 어머니와 참을성 없고 비판적인 아버지의 존재를 흔히 볼 수 있다. DSM-IV에는 분열성, 분열형, 회피형 진단의 성별 분포에 대한 정보가 담겨 있지 않지만, 여성보다는 남성 분열성 성격을 치료자들이 더 많이 본다는 것이 나의 인상이다. 일차 양육자는 여성이고, 여아들은 여성 양육자와 동일시하는 반면 남아들은 궁극적으로 여성 양육자와 탈동일시하기 때문에(Chodorow, 1978, 1989; Dinnerstein, 1976), 여성은 너무 많은 애착을 특징으로 하는 장애(예, 우울, 피학증, 의존성 성격장애)를, 남성은 너무 적은 애착을 특징으로 하는 장애(예, 정신병질, 가학증, 분열성)를 각각 더 많이 보이는 경향이 있다.

부모 개입의 정도뿐만 아니라 개입의 내용도 분열적인 초연함과 철수 패턴의 발달에 영향을 미칠 수 있다. 정신분열병이 발병한 사람들의 가족을 관찰한 수많은 연구자들은 정신병적 붕괴에서 모순되고 혼동을 일으키는 의사소통의 역할을 강조하였다(Bateson et al., 1956; Laing, 1965; Lidz & Fleck, 1965; Searles, 1959; Singer & Wynne, 1965a, 1965b). 일반적으로 이런 의사소통 패턴은 분열성 역동을 조장할 가능성이 있다. 정서적으로 정직하지 않고 겉으로만 상호적인 이중 속박의 메시지를 들으며 자라는 아이는 참을 수 없는 혼란과 분노로부터 자기 자신을 보호하기 위해서 철수라는 방어에 의지할 수 있다. 이들은 깊은 무망감을 느낄 것인데, 이것은 분열성 환자들에게서 자주 볼 수 있는 태도이다(예, Giovacchini, 1979).

분열성 현상에 관한 문헌들(정신분열증이 초래하는 막대한 사회적 비용 때문에 방대한 연구 문헌이 쏟아지고 있다)을 보면 어디에서나 이런 대조적이고 상호배타적인 개념화를 발견할 수 있다(Sass, 1992). 이러한 비일관성은 분열적인 사람의 해리되어 있는 자기 상태를 여실히 비춰 준다. 침해와 박탈 이 두 가지가 함께 작용하여 분열성 패턴을 가져오는지도 모른다. 만약 어떤 아동이 박탈되어 있고 외롭지만, 오로지 비공감적이고 침투적인 종류의 양육만 받을 수 있다면, 동경과 회피, 가까워지기와 멀어지기의 갈등이 일어날 가능성이 매우 높을 것이다.

Elizabeth Howell(2005)은 분열적 경험에 대한 Fairbairn의 개념화가 해리장애, 경계선 현상, 자기애를 이해하는 기초가 될 수 있다고 말했다(p. 3). 이들 현상은 모두 거짓됨, 경험의 분열, 정동 인내의 어려움, 유해한 다른 사람의 내재화라는 요소들을 지니고 있다. 특히 분열성 심리는 양육자가 아동의 기질적인 민감성과 강렬함에 둔감하여 외상적인 과잉자극을 주고 이에 대해 아동은 미세한 해리 반응을 보이는 패턴이 반복될 때 발생될 수 있다. Masud Khan(1963, 1974)은 분열성 상태에 관한 연구에서 아기에 대한 어머니의 강렬한 과잉동일시로 인해 실질적인 모성적 보호가 실패하면서 일어나는 '축적된 외상'을 추론하였다. 외상과 해리를 연구하는 최근의 학자들(예, R. Chefetz와의 개인적인 대화, 2010년 9월 12일)은 관계에서의 반복적인 외상의 결과로 일어난 해리 과정(정동 조절과 신체 경험의 장애, 만성적인 이인화 및 비현실화 등)이 분열성 심리를 이해할 수 있는 렌즈가 될 수 있다고 생각한다. 한 재능 있는 음악가는 이미지에 접근하는 특유의 분열적 방식을 통해 이러한 과정을 생생히 내게 말했는데, 아버지가 돌아가시기 전에는(9세 때) 세상이 유채색이었지만, 그 후에는 흑백이었다고 하였다.

분열성 자기

분열성 성격 양상 중 가장 두드러진 특징은 이들이 관습적인 사회적 기대를 등한시한다는 점이다. 자기애적 성격 양식과는 아주 대조적으로, 분열성 성격을 지닌 사람들은 자신이 다른 사람에게 어떤 영향을 미치는지 그리고 바깥세상 사람들이 자신을 어떻게 평가하는지 도무지 관심이 없다. 주관적 고독감의 고통을 느끼든지 느끼지 않든지 간에, 순응과 동조는 이들의 성미에 맞지 않는다. 사람들과 어울리는 게 어떤 면에서 편리하다는 것을 인식하더라도, 그렇게 어울려 잡담을 하거나 단체 모임에 참여하는 일을 어색해하고 심지어 정직하지 않다고 느끼는 경향이 있다. 이들은 이런 어울림을 부자연스럽고 인위적인 것으로 여긴다. 분열성 자기는 늘 나머지 인간 세상과 안전한 거리를 유지하려고 한다.

많은 관찰자들이 분열적인 사람들은 초연하면서도 은근히 빈정거리고 경멸하는 태도를 보인다고 말한다(E. Bleuler, 1911; M. Bleuler, 1977; Sullivan, 1973). 이들이 이렇게 고립적 우월감을 보이는 이유는 내가 앞에서 가설을 세웠던 것처럼 지나치게 통제하고 지나치게 침입적인 타자의 습격을 피하기 위함일 수 있다. 가장 와해된 정신분열증 환자라도 일종의 고의적인 반대 성향을 보인다는 사실은 오래전부터 알려져 왔다. 마치 자기통합을 보존할 수 있는 유일한 방법은 모든 관습적 기대를 시시한 우스갯거리로 삼아 버리는 일인 양 행동하는 것이다. Sass(1992)는 "반反 에티켓"이라는 제목의 글에서 이런 현상에 대하여 말하였다.

> 비교문화 연구가 우리에게 알려 주듯이…… 정신분열증 환자들은 일반적으로 '지극한 저항의 길'로 끌려들어 가는 듯하다. 이들은 자신이 속한 사회에서 가장 신성시되는 관습과 규칙이라면 그것이 무엇이든 위반하는 경향을 보인다. 따라서 이들은 신앙심이 깊은 나이지리아에서는 종교적 금기를 깨뜨리고, 일본에서는 가족 구성원을 공격하는 경향을 보인다(p. 110).

이들이 의도적으로 기행을 일삼고 인습에 저항하는 이유는 무엇일까? 아마도 분열적인 사람들은 타인에 의해 규정되는 조건을 심리적으로 점령당하고 말살당하는 상황으로 보고, 이를 악착스레 피하려고 하는지도 모른다.

따라서 분열적인 사람들은 휘말리는 것보다 버림받는 편을 덜 해롭게 여긴다. 자기정의와 관계의 양극화에 관한 Blatt(2008)의 포괄적인 저서를 예견이라도 하듯, Michael Balint(1945)는 「편안한 드넓은 공간, 두려운 빈 공간」이라는 제목의 유명한 글에서 정반대되는 두 가지 성격, 즉 힘들 때 고독 속에서 위안을 찾는 philobat(거리 두기를 좋아하는 사람)과, 기대어 흐느낄 어깨를 찾아 타인에게 이끌리는 'ocnophil'(가까워지기를 좋아하는 사람)을 비교하였다. 분열적인 사람들은 극단적인 philobat이다. 인간은 자신에게 없는 장점을 가진 반대 성향의 사람에게 이끌리는 경우가 종종 있다. 그래서 분열적인 사람은 히스테리 성격처럼 따듯하고, 표현이 풍부하고, 사교적인 사람들의 마음을 끄는 (또한 이들에게 마음이 끌리는) 경향이 있다. 그리하여 한쪽은 끊임없이 가까이 다가감으로써 관계상의 긴장을 풀려고 애쓰는 반면, 다른 한쪽은 휘말림이 두려워서 계속 더 멀리 도망가는, 어떤 익숙하고 심지어 희극적이기까지 한 문제가 발생한다.

그러나 나는 분열적인 사람이 차갑다거나 남을 돌볼 줄 모른다는 인상을 주고 싶지는 않다. 이들도 다른 사람을 아주 잘 돌볼 수 있지만, 그럼에도 불구하고 여전히 자신을 보호할 개인적 공간을 유지해야만 한다. 그래서 어떤 사람은 안전한 환경에서 자신의 섬세한 감성을 다른 사람을 돕는 데 사용할 수 있는 심리치료라는 직업에 끌리기도 한다. 그 자신이 분열성 성격이라고 느꼈을지도 모르는 Allen Wheelis(1956)는 정신분석이라는 직업의 매력과 위험에 대한 호소력 있는 글을 썼는데, 가까워지기와 멀어지기라는 핵심적인 갈등을 가지고 있는 사람들이 어떻게 정신분석이라는 직업에 끌릴 수 있는지 설명하였다. 분석가로서 이들은 다른 누구보다도 환자를 더 깊이 있게 알 수 있지만, 자신은 예측 가능한 직업적 경계 안에서만 자신을 노출시킨다.

분열성 역동을 갖고 있는 사람 중에는 창조적인 활동을 통해 자존감을 유지하는 사람들이 있다. 개인적 통합성의 유지와 자기표현의 문제들이 이들의 자기평가적 관심을 지배한다. 정신병질자가 자신의 힘의 증거를 좇아다니고, 자기애적인 사람이 자기사랑에 영양을 공급하는 칭송과 감탄의 피드백을 구한다면, 분열적인 사람은 자신의 순수한 독창성, 민감성, 독특성을 확인하고 싶어 한다. 그러나 이런 확인은 외부에서가 아니라 내적으로 주어져야 하며, 창조적인 노력에 대한 기준이 매우 높기 때문에, 분열적인 사람들은 종종 혹독하게 자신을 비판한다. 이들은 극단적인 진정성을 추구하므로, 고립과 사기 저하가 필연적으로 뒤따른다.

Sass(1992)는 분열성 상태가 어떻게 현대성을 상징하는지를 설득력 있게 묘사하였다. 공동체적 감성으로부터 현대인들이 느끼는 소외감은 20세기의 미술, 문학, 인류학, 철학, 비평 등의 해체주의적 관점에 잘 반영되어 있다. 이는 분열성 경험 및 정신분열증적 경험과 섬뜩하리만치 유사한 면이 있다. Sass는 특히 모던 양식 및 포스트모던 양식의 사상과 예술을 특징짓는 소외감, 과잉의 자기내성(정교한 자의식), 초연함, 도를 넘어선 합리성 등의 태도를 지적하며, 이를 '자연스러운 태도의 세계, 실질적인 활동의 세계, 공동체적 의미의 공유, 현실적인 물질적 존재'와 대비했다 (p. 354). 그의 견해는 정신분열증과 분열성 경험에 대한 지나치게 단순하고 간편한 설명들에 이의를 제기한다.

분열성 환자와의 전이와 역전이

분열적인 사람들이 유난히 철수를 선호한다는 점에서 이들이 심리치료나 정신분석 같은 친밀한 만남을 당연히 피할 것이라고 가정하기 쉽지만, 치료자가 사려 깊고 정중하게 대할 경우 이들은 심리치료에 호의적이고 협조적인 모습을 보인다. 치료자는 내담자 본인이 다루고 싶어 하는 주제를 존중하도록 훈련받는다. 또한 치료적 경계(시간 제한, 치료비 지불 방식, 내담자와의 사회적 · 성적 관계를 금지하는 윤리 규정 등)는 안전한 거리를 만들어 준다. 이런 것들이 분열적인 사람들이 가지고 있는 관계상의 휘말림에 대한 두려움을 줄여 주는 것으로 보인다.

분열적인 내담자들은, 이들의 다른 관계에서도 역시 그렇듯이 민감성, 정직성, 휘말림에 대한 두려움이 복합된 상태로 치료에 온다. 이들은 인간 사회와의 고립이 너무 고통스러워졌거나, 가깝게 느꼈던 몇 안 되는 사람을 상실하는 고통을 겪었거나, 혹은 자신의 고립과 관련된 한정된 목표, 예컨대 데이트를 못 한다거나 다른 특정한 사회적 행동을 시도하지 못하는 제약을 극복하려는 목표가 생길 때 도움을 청한다. 때로는 자신이 지닌 성격 유형의 심리적 약점을 분명히 모르는 상태에서 우울이나 불안, 혹은 다른 증상 증후군에서 벗어나기를 원할 수도 있다. 또 어떨 때는 곧 미쳐 버릴 것 같은 (때로는 정확한) 두려움 속에서 치료를 받으러 올 수도 있다.

치료의 초기 단계에서 분열적인 내담자는 입이 얼어붙고, 공허하고, 길을 잃은 것 같고, 고통스러워하는 경우가 적지 않다. 내가 치료했던 고뇌에 찬 어떤 분열성인 여성(McWilliams, 2006a)은 매 회기마다 장시간 입을 열지 않았는데, 마침내 내게 전화를 해서 "나는 당신이 내가 당신에게 얘기하고 싶어 한다는 것을 알았으면 해요. 하지만 그게 너무 상처가 돼요."라고 절실하게 이야기하였다. 치료자는 환자가 치료 장면의 안전을 내재화하는 동안에 보이는 긴 침묵을 견뎌야 할지도 모른다. 그러나 몹시 괴로울 정도로 내담자가 말이 없거나 정신병적으로 혼란스럽지만 않다면, 분열성 심리를 지닌 사람들과는 대개 재미있게 작업할 수 있다. 충분히 예상할 수 있는 바와 같이, 이들은 자신의 내적 반응을 매우 민감하게 지각한다. 그리고 자기 자신을 정직하게 표현해도 놀라거나 경멸하거나 조롱하지 않는 장소가 있음을 고마워한다. 분열성인 사람들은 이해받았다고 느끼고 존중받으며 치료를 받을 때 감사를 표하며 그러한 감사에 나는 여러 번 감동을 받았다. 환자들뿐만이 아니라 자신을 분열성이라고 스스로 진단한 독자들이 따듯한 이메일을 보내 자신들을 병리화하지 않으면서 자신들의 심리를 고찰하는 이 장과 다른 글들(McWilliams, 2006b)을 써 준 것에 대해 자발적으로 감사를 표하기도 한다.

분열성 환자와 작업하는 치료자가 치러야 하는 첫 번째 전이-역전이 과제는 침범당한다는 불안을 지나치게 일으키지 않으면서도 그 사람의 주관적 세계로 들어가는 길을 찾는 일이다. 분열적인 사람들은 멀리 앉아서 모호한 방식으로 의사소통을 한다. 그래서 이에 대한 반작용으로 치료자도 거리를 두기가 쉽고, 이들을 자신과 똑같은 동료 인간으로 보기보다는 흥미로운 별종으로 간주하기 쉽다. 통제-숙달 이론에 따르면, 이들이 제기하는 최초의 전이 '테스트'는 치료자가 자신을 이해하고 돕고자 하는 결심을 유지할 수 있는가, 자신이 보내는 혼란스럽고 당혹스러운 메시지를 견딜 수 있을 만큼 자신에게 관심이 있는가를 확인하는 것이다. 이들은 자신이 만났던 수많은 사람들처럼 치료자도 자신으로부터 정서적으로 철수하고 자신을 가망 없는 은둔자 혹은 재미있는 괴짜로 치부해 버릴까 봐 두려워한다.

분열성 상태를 이해하기 위한 과거의 노력을 살펴보면, 외로운 환자를 객관화하는 '전문가들'로 넘쳐난다. 이들은 분열성 현상에는 매료되지만 이 현상이 의미하는 정서적인 고통으로부터는 안전한 거리를 유지하며, 분열적인 사람들의 언어표현을 무의미하고 사소한 것으로, 혹은 굳이 애써 해독할 가치가 없는 수수께끼로 간주한다. 요즘 정신의학이 분열성 상태를 생리학적으로 설명하려고 열의를 보이는 것은 분열적인 사람들의 주관적 세계를 진지하게 생각하지 않는 이런 익숙한 성향의 한 형태라고 할 수 있다. Sass(1992)가 주장했듯이, 분열성과 정신분열증적 상태에 이르게 하는 생화학적, 신경학적 원인을 밝히려고 노력한다 하더라도 분열성 경험이 환자에게 어떤 의미인지를 밝히려는 노력 또한 계속되어야 한다. R. D. Laing(1965)은 Emil Kraepelin이 면접했던 여성 정신분열증 환자를 그의 『The Divided Self』에서 재평가한 바 있다. Kraepelin에게는 이해 불가능했던 환자의 말이 Laing의 공감적인 조망 안에서는 의미를 얻게 되었다. Karon과 VandenBos(1981)는 치료적 도움을 받을 수 있음에도 불구하고 훈련이 부족하거나 이들을 이해하려는 의지가 없는 임상가들에 의해 손쉽게 '관리' 프로젝트의 대상으로 몰릴 수 있었던 수많은 사례들을 제시하였다.

병리적 철수를 다룬 대다수의 진지한 정신분석적 저술들은 입원한 정신분열증 환자들을 대상으로 한 것이다. 성격적으로 분열적이면서 정신병적 발작의 위험이 없는 (분열적인 사람들의 대다수를 차지하는) 사람들은 치료자가 훨씬 이해하기 쉽고, 방어적으로 거리를 두게 하는 정도도 훨씬 덜하다. 그러나 치료적 자세와 요구 조건은 똑같이 적용된다. 다만 그렇게까지 극단적일 필요가 없을 뿐이다. 환자들의 내적 경험은, 사람들에게 아무리 이상하게 보인다 해도 잠재적으로 식별 가능한 의미를 지니고 있으며, 이들이 위협을 느끼지 않는 가운데 다른 사람과 친밀감을 형성할 수 있는 기반으로 사용될 수 있다고 생각해야 한다. 치료자는 분열적인 내담자의 초연함이 치료자가 다룰 수 없는 방어, 접촉과 연결을 가로막는 난공불락의 장벽이 아니라는 사실을 명심해야 한다. 만약 치료자가 환자를 억지로 자극하여 성급하게 자신을 드러내도록 하고 싶은 역전이나, 환자를 객관화하고 거리를 두고 싶은 역전이의 행동화를 피할 수 있다면, 굳건한 작업동맹이 조만간 형성될 것이다.

일단 치료적 관계가 자리를 잡으면, 정서적으로 복잡한 다른 문제들이 나타날 수 있다. 내 경험에 의하면, 분열적인 사람의 주관적인 허약함이 치료자에게 투영되어 치료자 자신도 약하고 무기력하다는 느낌이 흔히 든다. 치료 과정에서 환자와 치료자 모두 파괴적이고 탐욕스러운 외부 세계의 이미지와 환상에 사로잡힐 수도 있다. 또한 그와 반대되는 전능감, 두 사람이 공유하는 우월감이 출현할 수도 있다("우리 두 사람이 우주를 구성한다."). 환자를 독특하고 섬세하고 이해받지 못한 천재로, 혹은 제대로 평가받지 못한 현인으로 보는 호의적인 시선이 치료자의 내적 반응을 지배할 수 있다. 아마도 이는 어린 시절 이 특별한 아이에게서 어떤 위대함을 상상했던 과잉개입적인 부모의 태도와 궤를 같이할 것이다.

분열성 성격 진단의 치료적 함의

분열성 환자와 작업하려는 치료자는 매우 높은 수준의 진실성, 정서와 심상에 대한 높은 수준의 자각에 마음이 열려 있어야 한다. 아마도 이러한 경지는 다른 성격 유형을 지닌 환자들과는 수년간의 작업을 한 이후에나 가능한 일일 것이다. 철저한 개인 분석을 받지 않고도 여러 유형의 내담자를 잘 다루는 치료자들을 나는 많이 알고 있다. 그러나 치료자 자신이 분열성 성격이 아닌 이상, 자신의 깊숙한 내면을 치료적으로 속속들이 노출해 본 적이 없다면, 분열성 환자들에게 효과적으로 반응할 수 있을지 의문이다.

많은 치료자들이 얼마간은 우울 심리를 가지고 있고, 그래서 버림받음에 대한 두려움이 휘말림에 대한 두려움보다 더 크다. 그렇기 때문에 이런 치료자들은 자연스럽게 자신이 돕고자 하는 사람에게 가까이 다가가려고 노력한다. 그러다 보니 분열성 환자들에게는 정서적 공간이 필요하다는 점을 공감하기가 쉽지 않다. 내 슈퍼바이저 중의 한 분은 내가 침범에 가까울 정도로 지나치게 열심히 분열성 환자에게 다가가려고 애쓰는 모습을 보고, "이 사람은 사이다가 필요한데 자네는 계속 호박파이를 먹이려고 하잖아."라고 말했다. Emmanuel Hammer(1968)는 환자에게서 의자를 조금 뒤로 빼기만 해도 얼마나 효과적인지를 언급하면서, 그렇게 함으로써 치료자가 간섭하거나, 서두르거나, 점령하거나, 숨 막히게 하지 않을 것임을 비언어적으로 알려 주어 환자를 안심시키게 된다고 하였다.

이들은 강압적으로 다루어지는 것을 두려워한다. 이 점을 고려한다면, 치료의 초기 단계에서는 가급적 해석을 삼가야 한다. 또한 이 시점에서는 치료자보다는 분열성인 환자 자신이 자신의 내적 삶에 관해 더 많이 알 수 있다. 치료자의 가벼운 견해 표명이나 반응은 고맙게 받아들여질 수 있겠지만, 내담자가 표현하는 것 이상으로 밀어붙이려고 한다면, 이는 분열적인 사람들을 아주 당혹스럽게 만들거나 반감을 살 수 있고, 철수 경향성을 강화하게 된다. Susan Deri(1968)는 환자의 현실 감각과 내적 응집성을 강화하기 위해서는 환자가 사용한 단어나 이미지를 그대로 사용해서 표현하는 것이 중요하다고 강조하였다. 또한 Hammer(1990)는 꼬치꼬치 묻거나 심문하듯 질문하며, 자신이 마치 '사례'인 듯이 느끼게 하는 방식으로 분열성 환자를 대해서는 안 된다고 경고하였다.

정상화normalization는 분열적인 사람과의 효과적인 치료에 중요한 부분이다. 4장에서 정신병-경계선-신경증 축의 정신병적 말단에 있는 사람들에 대해서 이야기할 때 '위로 해석하기interpreting up'라는 일반적 기법을 논의한 바 있다. 이 기법은 심리적 건강의 수준에 관계없이 분열적인 환자들에게 유용할 수 있다. 왜냐하면 이들은 자신의 예민한 반응을 사람들이 이해하고 인정하리라고 잘 믿지 못하기 때문이다. 분열적인 사람들은, 기능 수준이 높은 사람일지라도 대부분 자신이 근본적으로 비정상적이고 다른 사람들이 자신을 이해할 수 없다고 걱정한다. 이들은 자신이 좋아하는 사람에게 자신을 충분히 알리기를 원하지만, 만약 내적 삶을 완전히 공개할 경우 자신이 별종으로 드러날까 봐 두려워한다.

분열적인 사람은, 자신의 지각 능력이 우월하다고 확신하는 사람들조차도, 그로 인해 다른 사람들이 자신에게 소외감을 느끼지 않을까 신경을 쓴다. 치료자는 분열적인 사람의 내적 세계를 이해할 수 있다는 메시지가 전달되도록 행동함으로써, 내담자가 타인의 관심사에 맞춰 주지 않아도 받아들여지는 경험을 할 수 있도록 돕는다. 결국에는 분열적인 환자의 자존감이 충분히 축적되어, 다른 사람들이 자신을 이해하지 못하는 경우에도, 그것이 자신의 기이한 감성 때문이 아니라 상대방의 한계 때문일 수 있음을 이해하게 된다. 이들은 평생에 걸쳐 자신보다 덜 민감한 논평가들에 의해 정서적 반응이 경시당하는 경험을 했을지 모른다. 그러므로 치료자가 자신들의 풍부한 상상력을 병리가 아닌 재능으로 재구성할 때 깊은 안도감을 느낄 수 있다.

휘말리거나 경시당하는 경험을 하지 않으면서 분열성 환자가 자기 자신에 대해 확신을 갖게 만드는 한 가지 방법은 예술적 혹은 문학적 이미지를 사용하여 분열적인 내담자의 관심사를 이해하고 있음을 전달하는 것이다. Robbins(1988)은 자신이 정신분석을 받기 시작할 무렵의 상황을 다음과 같이 묘사하였다.

> 내가 살아온 삶에 대해 무슨 말을 해야 할지, 혹은 그에 대한 나의 감정을 어떻게 전달해야 할지 막막하여 긴 침묵이 흐르는 경우가 많았는데, 그때 다행히도 분석가는 나를 버리지 않았다. 때때로 그는 연극, 문학, 영화를 인용하며 내게 '옛날이야기'를 들려주곤 했는데(Robbins는 어렸을 때 잠자리에서 옛날이야기를 들어 본 적이 없었다), 그 이야기들은 치료 중에 내가 그에게 보여 주었던 막연한 실마리 혹은 이미지와 어떤 연관이 있었다. 그런 이야기를 들으면서 나는 호기심이 발동했고, 그 자료들을 꼭 찾아서 읽어 보았다. 입센, 도스토예프스키, 카프카 등은 나의 내적 경험을 비춰 주고 명료화해 주는 풍부한 상징 자료의 소중한 원천이 되었다. 문학은, 그리고 나중에 미술은, 내가 표현하려고 했던 것에 상징적인 형태를 부여하는 것 같았다. 가장 중요한 사실은, 이 자료들이 분석가와 정서적 교감을 나누는 중요한 수단이 되어 주었다는 점이다(p. 394).

Robbins와 그의 동료들(1980; A. Robbins, 1989)은 창작 예술 치료에 풍성하게 이바지했으며, 정신분석적 작업의 미학적 차원을 정교하게 다듬었다. 이런 치료 양상은 분열적인 사람들에게 특히 유망하다.

일단 치료 관계가 건강하게 자리를 잡고 자기이해의 작업이 진행되고 있는 상황에서도 치료적 진전을 방해하는 일들이 생긴다. 가장 흔한 장애물은 아마도 치료자와 환자가 일종의 정서적 누에고치를 만들어 그 속에서 서로를 편안하게 이해한다고 느끼고, 치료 시간을 요구가 많은 세상을 피해 잠시 쉬는 휴식 시간으로 삼기가 쉽다는 점이다. 분열적인 사람들은 치료 관계를 치료실 밖에서의 삶을 향상하는 도구가 아니라 그 대체물로 만들려는 경향이 있다. 이때 공감적인 치료자는 부지불식간에 그들의 공모자가 될 수 있다. 이런 일이 생기면, 치료자는 환자가 거의 매 회기

마다 풍부한 통찰을 보임에도 불구하고 사회적 기능이 나아지지도 않고, 누군가에게 데이트를 신청하지도 않고, 성적 관계가 개선되지도 않고, 창조적인 프로젝트에 착수하지도 않는다는 사실을, 상당히 시간이 흐른 뒤에야 눈치채게 된다.

분열적인 내담자들이 치료자와의 관계에서 얻은 안전한 친밀감을 바깥세상에 일반화하는 작업은 쉽지 않은 도전일 수 있다. 치료자는 더 나은 사회적 기능과 친밀감을 촉진하기 위해 고용되었지만 정작 환자는 그런 목표를 추구하고 있지 않을 수 있다. 이때, 어떤 방식으로든 이 사실을 환자에게 상기시키려고 하면, 환자는 이를 침입적이고, 통제적이고, 비공감적으로 받아들이기 쉽다. 이러한 긴장은 다루어질 수 있으며 그것을 말로 명시해 주면 가까워지고 싶은 소망과 그에 대한 두려움 간의 갈등이 얼마나 강력한지 이들이 더 깊게 깨닫게 된다. 치료에서 늘 그렇듯, 이때도 타이밍이 무엇보다 중요하다.

Robbins(1988)는 치료자가 단순한 전이 대상이 아니라 기꺼이 '현실의 사람'으로 보이는 것이 중요하다고 강조하였다. 이러한 권고는 분열적인 사람들에게 특히 해당이 된다. '꾸민as if' 관계의 범람 속에 사는 이 사람들은 치료자가 한 인간으로서 적극적으로 참여한다는 것을 느낄 필요가 있다. 치료자는 그들이 관계를 지향할 때 느낄 위험을 이해하고 그들을 격려하며, 그들의 삶에 존재하지 않았던 즐거움과 유머를 몸소 보여 주고, 사람을 피해 숨거나, '빠져나가거나', 정서적 관계를 맺는 척 위장하는 그들의 경향성에 도전해야 한다. 진실성은 모든 내담자에게 중요하지만, 분열성 성격을 지닌 사람에게는 세포 수준의 투명한 진실성이 요구된다. 거짓을 간파하는 레이더를 지닌 이 민감한 사람들과 작업하다 보면, 보다 반응적인 치료적 태도를 취할 때 내담자의 전이 반응이 묻히지 않을 뿐만 아니라 더 쉽게 접근할 수 있음을 발견하게 된다.

감별진단

분열성 심리는 일반적으로 알아보기가 쉽다. 분열적인 사람들은 어떤 관습적인 인상을 면접자에게 심어 주는 데 별로 관심이 없지만 말이다. 진단을 할 때 가장 어려운 과제는 내담자의 자아강도를 평가하는 일이다. 분열적인 사람들은 이들이 면접자와 어떤 부분을 공유하는가에 따라 실제보다 더 혹은 덜 문제가 있다고 오해를 받을 수 있다. 이 보다는 덜 어려운 일이지만, 강박적인 사람들, 특히 경계선에서 정신병의 범위에 있는 사람들은 실제보다 더 분열적이라고 잘못 진단되기가 쉽다.

병리의 정도

진단에서 무엇보다 중요한 것은 분열성 범위 내에서 얼마나 혼란이 심한지를 평가하는 일이다. 아마도 DSM-IV에 참여한 사람들이 분열성 진단을 여러 진단 범주로 나눈 이유도 이 차원이 중요함을 경험했기 때문일 것이다. 이는 병리의 정도가 넓은 범위에 걸쳐 있는 다른 성격장애에 대해서는 하지 않은 일이다. 접수 면접에서 정신병적 과정의 가능성을 고려하는 것이 매우 중요하다. 환각과 망상에 대해 질문하고, 사고장애의 유무에 주의를 기울이고, 생각과 행동을 구별하는 능력이 있는지 평가해야 하며, 판단이 어려운 경우에는 심리검사를 실시해야 한다. 평가 결과, 정신병이 시사되면 약물치료와 입원치료를 처방할 수 있다.

정신분열증인 사람을 비정신병적 분열성 성격으로 오진하는 일은 비싼 대가를 치르게 하는 큰 실수가 될 것이다. 그러나 어떤 환자가 단지 분열성 성격이기 때문에 심리적으로 붕괴될 우려가 있다고 단정하는 것 역시 그에 못지않은 불행한 실수라고 할 수 있다. 분열적인 사람들은 종종 실제보다 더 병들어 보인다. 치료자의 이런 실수는 자신의 개성을 늘 광기와 같은 것으로 취급받아 왔을지 모르는 이들에게 모욕감을 더하는 일이다(정신병 환자의 경우라도, 치료자가 내담자를 '그저' 정신분열증 환자로만 여기지 않고 상당히 힘이 있는 사람이며 치료를 받고 좋아질 수 있다는 태도를 보이면, 정신병적 수준의 불안이 가장 효과적으로 완화된다).

분열적인 과정이 반드시 예후가 나쁘지만은 않다는 사실을 일단 받아들이고 나면, 분열적인 사람의 독창성과 인격을 존중하는 치료적 태도를 취하기가 쉬워진다. 분열성이지만 자신의 성격과 강하게 결부되지 않은 문제를 가지고 치료를 받으러 온 건강한 사람은 자신의 독특한 기질을 다루고 싶어 하지 않을 수 있다. 이것은 그들의 권리이다. 하지만 어떻게 하면 분열적인 사람들을 편안하게 하고 또 스스로 자신을 드러내게 할 수 있는지 아는 치료적 지식을 갖고 있다면, 환자가 직면하고 싶어 하는 문제를 보다 원활하게 다룰 수 있다.

분열성 성격 대 강박성 성격

분열적인 사람들은 스스로 고립되며 자신의 환상 생활의 주요 주제를 생각하고 심지어 반추하는 데 많은 시간을 보낸다. 또한 가까워지는 것에 대한 갈등을 가지고 있기 때문에 무표정하고, 감정이 없어 보이고, 질문에 대해서는 주지화하는 반응을 보일 수 있다. 어떤 사람들은 강박적인 혹은 강박적으로 보이는 기이한 행동을 하거나, 성가신 간섭으로부터 자신을 보호할 수 있는 특이한 의식적 절차를 준수하는 생활을 하는 강박적 방어를 사용한다. 그래서 이들은 강박적 성격 구조를 갖고 있다는 오해를 받을 수 있다. 분열적인 특성과 강박적인 특성을 모두 가지고 있는 사람도 많지만, 이 두 가지 성격 조직은 그 '순수한' 유형을 두고 논의한다면 몇 가지 중요한 차이점이 있다.

강박적인 사람들은 분열적인 사람들과는 매우 대조적으로 대개 사교적이다. 마찬가지로, 자기만의 방식을 고수하는 분열적인 사람들과는 대조적으로, 체면, 적절성, 동료들의 인정, 지역사회에서의 명성에 관심이 아주 많다. 강박적인 사람들은 도덕적인 경향을 보이며 참조 집단의 관행을 성실히 준수하는 데 반해서, 분열적인 사람들은 일종의 기질적 순수성을 갖고 있어서 옳고 그름을 따지는 관습적인 질문에 별다른 관심을 두지 않는다. 강박적 성격의 사람들은 감정을 부인하거나 격리한다. 이와 달리, 분열적인 사람들은 마음속으로 감정을 인식하고 확인할 수 있지만 이런 감정의 표현을 요구하는 인간관계에서는 뒤로 물러선다.

요약

나는 분열적인 성격을 가진 사람들이 어떻게 안전감을 확보하려 하는지 강조하였다. 즉, 이들은 휘말림에 대한 두려움으로 인해 친밀한 관계를 회피함으로써 또한 내적인 환상 세계 속으로 탈출함으로써 안전감을 보전하려 한다. 분열적인 사람들은 깊은 외로움에도 불구하고 가까워지기와 멀어지기의 갈등에 직면할 때 후자를 택한다. 이들에게 가까워진다는 것은 감당할 수 없는 과도한 자극에 노출되는 것이며 또한 자기를 아주 나쁜 방식으로 점령당하도록 허용하는 것이기 때문이다. 분열적 경향의 체질적 요인으로는 자기의 과민성과 과투과성을 들 수 있다. 이들은 환상 속으로의 자폐적인 철수와 더불어 다른 '원시적' 방어를 사용하기도 하지만, 진실성과 창조성이라는 탐나는 능력을 보여 주기도 한다.

이런 경향성이 다른 사람과의 관계에 미치는 영향을 논의하였고, 여기서 분열적인 사람들의 접근-회피 갈등을 조장했을 수 있는 가족 상호작용의 패턴, 즉 박탈과 침입의 공존에 주목하였다. 이들과 관련된 전이와 역전이 문제로, 내담자의 세계에 들어가는 것을 처음 허락받을 때 치료자가 겪는 어려움, 무력한 취약성 혹은 과대한 우월감이라는 내담자의 감정을 치료자가 공유하는 경향성, 다른 사람들을 향해 움직이는 것을 내키지 않아 하는 환자와 결탁하기 쉬운 점 등을 언급하였다. 치료적 권고로는 치료자의 자기자각의 극대화, 인내심, 진실성, 정상화, 자신의 '실제' 인격을 보여 주려는 자발성 등을 포함했다. 마지막으로, 분열성 연속선에서 환자가 어떤 지점에 있는지 정확히 평가하는 것이 중요함을 강조하였고, 분열성 성격과 강박성 성격을 구분하였다.

더 읽을거리

분열성에 대한 논의는 대부분 정신분열증을 다룬 저작들 속에 포함되어 있다. 예외도 있는데, Guntrip의 『Schizoid Phenomena, Object-Relations and the Self』(1969)는 설득력과 흡입력을 모두 갖추고 있다. Seinfeld의 『The Empty Core』(1991) 역시 분열성 심리에 관한 대상관계적 사고를 대표하는 훌륭한 저서이다. Ralph Klein이 공동 편집한 자기의 장애에 관한 저서(Masterson & Klein, 1995) 중 '유배된 자기self-in-exile'에 관한 장은 임상가들에게 매우 도움이 된다. Arnold Modell의 『The Private Self』(1996)도 중요한 공헌을 하였다. 이 주제에 관한 내 자신의 생각을 더 알고 싶은 독자들은 앞서 언급했던 말을 하지 않던 분열성 여성에 관한 글(McWilliams, 2006a) 혹은 『Psychoanalytic Review』(McWilliams, 2006b)의 논문을 참고할 수 있다.

미국심리학회는 글로리아라는 예명의 한 여성을 Carl Rogers, Fritz Perls, Albert Ellis가 각각 한 회기씩 상호작용한 장면을 녹화한 〈Gloria〉라는 비디오테이프(Shostrum, 1965)를 본 따서, 〈Three Approaches to Psychotherapy: The Next Generation〉(Beck, Greenberg, & McWilliams, 2012a, b)을 2012년에 2개의 비디오로 출시하였다. 치료자가 Judith Beck, Leslie Greenberg, 그리고 저자이며, 남성 환자와의 작업을 담은 1개의 DVD와 여성 환자의 작업을 담은 1개의 DVD로 구성되었다. 내가 분열성 심리를 기본 심리 구조로 갖고 있는 환자(스펙트럼의 건강한 쪽에 속하는)와 분석적 지향의 단기 치료를 실시하는 장면을 보고 싶은 독자는 이 DVD를 통해 케빈이라는 이름의 남성을 면접한 장면(또한 Beck과 Greenberg의 면접)을 볼 수 있다(Beck, Greenberg, & McWilliams, 2012b).

Chapter 10 Psychoanalytic Diagnosis

편집성 성격

우리 대부분은 편집적인 사람에 대한 이미지를 쉽게 떠올릴 수 있고, 소설, 드라마 등에 묘사되는 이 유형을 금방 알아본다. 예를 들어, 고전 영화 〈닥터 스트레인지러브〉에서 피터 셀러스가 보여 준 탁월한 연기는 의심, 유머의 결여, 거대성 등을 생생하게 표현하고 있다. 아는 사람 중에 편집적인 사람이 있거나, 혹은 우리 모두의 마음속에 있는 편집적 경향성을 코믹하게 표현한 것임을 알아보는 사람들은, 이런 장면이 익숙하게 다가온다. 그보다 덜 노골적인 모습의 편집성을 알아보기 위해서는 훈련된 감각이 필요하다. 편집성 성격 조직의 본질은 자기 내부의 부정적 속성들을 부인하고 그것을 투사에 의해 다루는 습관이다. 그렇게 함으로써 자신과 관계가 없다고 부인하는 속성들은 이제 외부의 위협으로 느껴진다. 투사 과정은 의식적인 과대망상적 자기 감각이 수반될 수도 있고 그렇지 않을 수도 있다.

편집성 성격 구조의 진단은 정신건강에 심각한 장해가 있음을 의미할 때가 많지만, 성격에 스며들어 있는 다른 역동들과 마찬가지로, 이 유형의 성격 조직은 정신병적 수준에서 정상 수준에 이르는 폭넓은 연속선상에 존재한다(Freud, 1911;

Meissner, 1978; D. Shapiro, 1965). 앞서 논의된 성격 유형들과 마찬가지로, 편집증을 정의하는 방어는 아동이 내부 사건과 외부 사건을 분명하게 구분하지 못하는, 따라서 자기와 대상을 혼동하는 시기에 시작될 수 있다. 본질적으로 편집증은 자기 내부에 있는 것을 마치 자기 외부에 있는 것처럼 경험하는 것이다. '더 건강한' 편집적인 사람이 '더 병든' 편집적인 사람보다 드물다고 할 수는 있지만, 편집성 성격을 지닌 사람들은 자아강도, 정체성 통합, 현실 검증력, 대상관계 수준 등에서 서로 많이 다르다.

특질에 기초하여 편집성 성격장애를 기술한 DSM-IV의 매뉴얼은 임상가의 관점에서 볼 때 다소 피상적이지만, 이 유형의 성격에 관해 우리가 알고 있는 지식에 한계가 있음을 보여 준다는 점에서는 정확하다. 편집적인 사람이 심리적인 도움을 구한다면(혹은 누군가가 이들을 데려온다면) 이전부터 상당히 심각한 곤경에 처해 있었음이 분명하다. 우울하거나, 히스테리적이거나, 피학적인 사람들과는 대조적으로, 기능을 잘하는 편집적인 사람들은 자신이 심한 정서적 고통을 겪거나 혹은 다른 사람들을 크게 격분시키지 않는 한 심리치료를 회피하는 경향이 있다. 또한 편집적인 사람은 낯선 사람들을 신뢰하지 않기 때문에 연구의 피험자로 자원할 가능성도 거의 없다.

정상 수준의 편집성 성격을 지닌 사람들은, 악하고 위협적인 세력에 맞서는 자신들의 성향을 마음껏 드러낼 수 있는 정치적 역할을 추구하는 경우가 종종 있다. 기자들과 풍자가들은 딕 체니를 종종 편집적으로 묘사하지만, 그의 정치를 싫어할지라도 그의 탁월한 국제 정세 대응 능력에는 이의를 제기하지 않는다. 연속선의 반대쪽 끝에는, 희생자들이 자신을 죽이려 한다는 신념 속에서 희생자들을 죽인 몇몇 연쇄살인범들이 있다. 이들은 광기에 휩싸인 투사의 파괴성, 즉 성숙한 자아 과정에 의해 조절되지 못하고 현실에 뿌리내리지 못한 채 작동하는 편집증의 예를 잘 보여 준다. 최근의 몇몇 악명 높은 살인자들도 편집적인 성격을 가졌던 것으로 보인다.

여기서 5장에서 언급했던 바를 다시 한 번 강조하고자 한다. 편집증 진단은, 도움을 구하는 사람이 자신이 처한 위험에 대해 틀린 생각을 하고 있다는 치료자의 믿음에 근거해 내려서는 안 된다. 편집적으로 보이는 사람 중에는 실제로 스토킹을 당하거나 괴롭힘을 당하고 있는 사람들이 있다. 예를 들어, 자신이 떠나 온 사이비 종파의 신도, 버림받은 애인, 불만을 품은 친지 등에 의해 위협을 당하고 있을 수 있다(또한 편집증이라고 진단 내릴 수 있는 사람들 중에서도 현실적인 위험에 처한 사람들이 있다. 사실상 편집적인 사람들은 다른 사람으로 하여금 혐오감을 느끼게 하는 특성을 갖고 있어서 학대를 유발하는 경우가 많다). 성격적으로 편집적이지 않은 사람들도 굴욕감을 느끼고 모함을 당하는 경우와 같이 편집증을 유발하는 상황에서는 일시적으로 편집적이 될 수 있다. 진단적 목적을 위해 면접을 할 때, 면접자는 피면접자가 겁을 먹을 만한 타당한 이유가 있는지, 혹은 내담자에게 치료를 받으라고 강요하는 사람이 개인적인 이해관계 때문에 내담자를 미친 사람으로 보이게 하지는 않는지 살펴봐야 한다.

이와는 반대로, 실제로 편집적인 사람이 편집적으로 보이지 않는 경우도 있다. 이 사람들과 같은 사회 집단에 속한 편집적이지 않은 동료들은(면접자도 포함될 수 있다) 어떤 사람, 세력, 제도(테러리스트, 자본가, 종교적 권위, 포르노물 제작자, 언론 매체, 정부, 가부장제, 인종 차별주의자 등 정의의 승리에 장애물로 보이는 모든 것)의 위험성에 관한 신념을 이들 편집적인 사람들과 공유할 수 있고, 따라서 이 사람들이 그런 문제에 집착하는 데 뭔가 다른 내적인 이유와 동기가 있음을 알아차리지 못할 수 있다(Cameron, 1959). 하원의원 앨라드 로웬스타인은 1960년대 학생운동 시절에 자신을 추종했던 데니스 스위니에게 암살당했다. 만약 로웬스타인이 스위니가 편집성 성격을 가졌음을 눈치챘었다면, 성적으로 유혹적이라고 해석될 수 있는 행동을 하지 않았을 것이고 아마 지금 살아 있었을지 모른다(D. Harris, 1982 참조). 이 두 사람은 맞서 싸워야 할 사회적 악에 대해서 비슷한 신념을 가지고 있었다. 다만 로웬스타인의 신념은 기본적으로 투사가 아니었던 데 반해, 스위니의 신념은 투사의 소산이었다.

한편, 시간이 흐른 후에는 선견지명이 있었다고 판명이 되지만, 그럼에도 불구하고 본질적으로 편집적인 사람들이 있다. 하워드 휴즈는 핵으로 인한 환경오염을 신경 쓰는 사람이 거의 없던 시절에도 네바다에서 행해진 원자폭탄 실험의 결과를 끔찍하게 두려워했다. 수년 후에 방사능으로 인한 피해가 보다 분명하게 드러났을 때 그는 훨씬 덜 미친 사람으로 보였다. 그러나 그의 관점이 옳았다고 해서 그의 심리가 덜 편집적이 되는 것은 아니다. 만년의 그의 삶이 보여 준 것들은 그가 겪은 고통이 어느 정도까지 그 자신의 투사에 기인하고 있었는지를 말해 준다(Maheu & Hack,

1992). 이런 모든 가능성들을 여기서 제시하는 목적은, 진단을 할 때는 선입관을 버리고 객관적 정보에 근거해 신중하게 판단을 내려야 함을 강조하기 위해서이다. 특히 편안하게 대하기 어려운 딱딱하고 의심이 많은 내담자들을 진단할 때 더욱 그러하다.

편집성 성격에서의 추동, 정동, 기질

편집적인 사람들은 자기 고통의 근원이 자신의 바깥에 있다고 본다. 따라서 편집적 혼란이 심한 사람들은 자기 자신보다 다른 사람들에게 더 위험한 존재가 된다. 비록 이들이 누군가가 자신을 죽이려 한다는 생각에서 먼저 자살해 버리는 경우가 있다고 알려져 있기는 하지만, 혼란 수준이 비슷한 우울한 사람과 비교해 보면 자살의 가능성은 훨씬 적다. 편집적인 사람들 중에는 화를 내고 위협을 가하는 특성을 보이는 사람들이 많다. 이 점이 높은 수준의 선천적 공격성 혹은 성마름이 편집적인 심리에 이르게 하는 하나의 요인이 아닌가 하는 추측을 가능하게 한다. 강한 공격적 에너지를 지닌 어린 아동은 이를 잘 다루어서 긍정적인 자기 감각으로 통합시키기가 힘들 것이다. 또한 제어하기 어렵고 요구가 많은 아이에게 양육자가 부정적으로 반응하면 아동은 이런 경험을 통해 외부 사람이 자신을 박해한다는 느낌을 더 크게 가질 것이다. 편집증을 기질과 연결한 최근의 연구는 그리 많지 않다. 1978년 Meissner는 편집증이 유아기의 '활동성' 징후(불규칙성, 비순응성, 반응의 강렬함, 부정적 기분)와 관계가 있고, 또한 낮은 자극 장벽 및 그로 인한 과잉흥분성과도 관계가 있다는 경험적 증거를 열거한 바 있다.

정동적인 면에서 보자면, 편집적인 사람은 분노, 원한, 복수심 등의 적대적인 감정과 씨름할 뿐만 아니라, 강렬한 두려움 때문에도 고통을 당한다. Silvan Tomkins(예, 1963)는 편집적 태도를 공포심과 수치심의 결합으로 보았다. 편집적인 사람들은 흔히 왼쪽 아래로 향하는 안구운동을 보이는데(그래서 비전문가들도 알아볼 만큼 '흘금거린다'는 인상을 준다), 이는 순수한 공포심을 나타내는 왼쪽 수평선 방향과 순수한 수치심을 나타내는 아래쪽 수직선 방향을 신체적으로 타협한 것이다(S.

Tomkins와의 사적 대화, 1972). 가장 과대한 편집적인 사람일지라도 다른 사람으로부터 해를 입는다는 공포 속에서 산다. 그래서 극도의 경계심 속에서 상대방의 모든 행동과 상호작용을 감시한다.

분석가들은 편집적인 내담자들이 겪는 종류의 공포를 '절멸불안annihilation anxiety' (Hurvich, 2003)이라고 오랫동안 불렀다. 즉, 이들의 불안은 산산조각 나고, 파괴되고, 지구에서 사라져 버리는 공포이다. 누구든 이런 수준의 공포를 경험해 본 사람이라면 그것이 얼마나 끔찍한지 알 것이다. 포유동물의 정동을 연구한 Jaak Panksepp(1998)은 이런 종류의 불안이 포식자의 공격에 대비하기 위해 진화적으로 발달한 '공포' 체계FEAR system의 일부임을 밝혀냈다. Panksepp은 신경생물학적으로 '공황' 체계PANIC system에 속하며 세로토닌에 의해 중개되는 애착/분리 불안과 절멸불안을 구분하였다. 편집적인 불안은 세로토닌 재흡수 억제제로 진정되지 않는 경향이 있지만, 대신 벤조다이제핀, 알코올, 다른 '진정제' 약물에는 반응한다. 아마도 이런 이유로 편집적인 환자들이 종종 그러한 화학물질에 중독되는지도 모른다.

수치심이라는 정동은 자기애적인 사람만큼이나 편집적인 사람에게도 커다란 위협이 되지만, 편집적인 사람은 그 위험을 다르게 경험한다. 아무리 거만한 자기애적인 사람이라도 자신의 정체가 폭로된다고 느끼면 의식적으로 수치심을 느낀다. 이들은 형편없는 자기 모습이 노출되지 않도록 사람들에게 강한 인상을 심어 주는 데 에너지를 쏟아붓는다. 이와 반대로, 편집적인 사람들은 부인과 투사를 아주 강력하게 사용할 수 있기 때문에, 느낄 수 있는 수치심이 자기의 내부에 남아 있지 않는다. 따라서 편집적인 사람들은 자신을 모욕하고 창피 주려고 작정한 것처럼 보이는 사람들의 시도를 격퇴하는 데 에너지를 집중한다. 자기애성 성격 구조를 지닌 사람들은 자신의 불충분함이 드러날까 봐 두려워한다. 반면, 편집성 성격을 지닌 사람들은 다른 사람의 악의를 두려워한다. 이렇게 자기 내부에서 무슨 일이 벌어지고 있는지보다는 다른 사람의 동기를 가정하고 이에 초점을 맞추는 이들의 성향은, 편집성 환자를 경험해 본 사람이라면 누구나 증언할 수 있듯이, 치료에서 커다란 걸림돌로 작용할 수 있다.

자기애적인 사람들과 마찬가지로 편집적인 사람들 역시 질투심에 취약하다. 그러나 자기애적인 사람들과는 달리 이들은 질투심을 투사적으로 다룬다. 이들이 감당해야 하는 분노의 정도와 강렬함이 그러한 차이를 만들어 내는지도 모른다. 때때로 망상 수준에 근접한 원한과 질투심이 이들의 삶을 혼탁하게 만든다. 이런 태도는 직접적으로 투사될 수 있다("다른 사람들이 내가 갖고 있는 것을 시기해서 나를 해치려 한다."라는 신념). 질투는 다른 정동 및 충동의 투사에 수반되는 경우가 더 흔하다. 예컨대, 자신의 정상적인 불륜 환상을 전혀 의식하지 못하는 편집적인 남편이 자기 부인이 다른 남자들에게 마음을 빼앗기고 있다고 확신하게 되는 경우처럼 말이다. 이러한 종류의 질투심에는 동성과 가까워지고 싶은 무의식적인 갈망이 포함되어 있는 경우가 많다. 그러한 동경은 무의식적으로 성애적인 동성애와 혼동될 수 있고(Karon, 1989), 이성애 남성들은 동성애를 두려워할 수 있기 때문에, 이들은 이런 소망을 혐오하고 부인한다. 남성으로부터 보살핌을 받고 싶은 이 욕구는, 예를 들어 자신이 아니라 자신의 여자 친구가 둘이 함께 알고 지내는 남자 친구와 더 친해지고 싶어 한다는 확신으로 다시 출현한다.

마지막으로, 편집적인 사람은 죄책감에 심하게 짓눌려 있다. 그러나 죄책감 역시 수치심처럼 인정되지 않고 투사된다. 자신이 나쁘다는 느낌을 심하게 받는 몇 가지 이유와 이를 치료적으로 경감하기 위한 방법이 아래에 제안될 것이다. 무의식적 죄책감이라는 견디기 어려운 짐 역시 편집적인 내담자를 그토록 도와주기 어렵게 만드는 심리적 특징 중 하나이다. 이들은 치료자가 자신을 **진짜로** 알게 되면 자신의 모든 죄와 비행으로 인해 충격을 받을 것이며, 그래서 자신을 거부하거나 처벌을 가할 것이라는 공포 속에서 산다. 이들은 이런 굴욕을 당하지 않기 위해 만성적으로 경계 태세를 취하며, 벌을 받아야 한다는 자기 속에 있는 느낌을 외부에서 가해지는 위험으로 변형한다. 이들은 무의식적으로 자신이 발각되리라 예상하고 있으며, 이 두려움을 타인의 행동 이면에 있는 '실제' 악의를 식별하려는 끝없는 노력으로 변형한다.

편집증에서의 방어 과정과 적응 과정

투사, 그리고 투사되고 있는 것의 부인이 편집적인 사람의 심리를 지배한다. 환자의 자아강도와 스트레스의 정도에 따라 편집적인 과정은 정신병적, 경계선적, 신경증적 수준이 될 수 있다. 먼저 그 차이점을 살펴보겠다. 완전히 정신병적인 사람은 마음을 편치 않게 하는 자기의 부분을 투사하되, 다른 사람들에게 투사가 얼마나 이상하게 보이는지는 상관하지 않고 투사된 부분이 '밖에 있다고' 굳게 믿는다. 동성애자인 불가리아 비밀요원이 자신이 마실 물에 독을 탔다고 믿는 망상형 정신분열증 환자는 자신의 공격성, 동성과 가까워지고 싶은 소망, 자민족 중심주의, 권력에 대한 환상을 투사한다. 그는 자신의 신념을 현실의 관습적인 사고와 맞출 수 있는 방법을 찾지 않는다. 아마도 그는 자신이 세상에서 그러한 위협을 볼 수 있는 유일한 사람이라고 확신할 것이다.

경계선 수준의 성격 조직을 갖고 있는 사람들은 현실 검증력을 잃지 않고 있기 때문에, 경계선 범위의 편집성 환자들은 자신의 것이 아니라고 부인하는 태도를 투사하되, 투사의 대상이 되는 사람들이 그러한 태도를 느끼도록 미묘하게 자극한다. 이것이 투사적 동일시이다. 자신의 어떤 감정을 제거하려고 하지만, 그러한 감정을 여전히 보유하고 있으며, 그 감정이 정당함을 자기 자신에게 확인시켜야 한다. 그래서 경계선 수준의 편집적인 사람은 투사되고 있는 것이 투사 대상과 '들어맞도록' 작업한다. 따라서 자신의 증오와 질투심을 부정하는 환자는 치료자에게 적대적인 태도를 취하면서 치료자가 자신의 성취를 질투하고 있음을 안다고 선언한다. 치료자가 호의적으로 어떤 말을 하면, 내담자는 이를 질투심에서 유발된 것이며, 음해하고 통제하려는 소망의 증거라고 재해석한다. 끊임없이 오해를 받으며 지쳐 버린 치료자는 마침내 환자를 미워하고 그렇게 마음대로 분풀이할 수 있는 환자의 자유를 질투한다(Searles, 1959). 우리는 직업을 택할 때 우리가 돕고자 하는 사람을 향해 그토록 강력한 부정적인 감정을 느끼게 되리라고는 예상하지 않는다. 그래서 이런 남다른 과정은 치료자들을 고뇌에 빠뜨린다. 이 현상은 많은 정신건강 전문가들이 일반적으로 경계선 환자나 편집성 환자를 견디기 어려워하는 이유를 설명해 준다.

신경증 수준의 편집적인 사람들은 잠재적으로 자아이질적인 방식으로 내부 문제들을 투사한다. 즉, 환자는 투사를 하지만 그러면서도 관찰하는 자기의 부분을 어느 정도 갖고 있으며, 결국에는 신뢰 관계를 바탕으로 이 관찰자아를 통해 외재화된 내용들이 자기 마음의 투사임을 인정할 수 있게 된다. 접수 면접에서 자기 자신을 편집적이라고 기술하는 사람들은 종종 이 범주에 속한다(경계선과 정신병적 수준의 편집적인 내담자들도 때로 이런 식으로 말하지만, 이는 자신이 전문 용어를 알고 있음을 보여 주기 위해서이며, 자신의 두려움이 투사를 가져온다는 사실을 진정으로 이해하고 있는 것은 아니다). 어느 날 내 환자가 와서 그동안 내가 비판적인 태도를 취한다는 증거를 찾을 수 없었지만 그럼에도 내가 비판적이라는 환상을 갖고 있었다고 말한다면, 그 환자가 좋아지고 있음을 나는 안다. 투사에 일말의 진실이 있을 수 있다는 점에서 내가 "자, 내가 어떤 면에서 비판적이었을 수 있는지 한번 생각해 볼게요."와 같은 말을 하면, 환자는 "때로는 내 미친 편집증을 그냥 놔둘 수도 있지 않나요?"라고 반응한다.

내 내담자 중에 재능 있고 건강하지만 성격적으로 편집적인 사람이 있었는데, 내가 다른 사람들에게 잘 보이기 위한 목적에서 자신을 매도해 버릴지도 모른다는 깊은 두려움을 느끼곤 하였다. 그는 만약 우리 두 사람을 다 아는 이 분야의 어떤 전문가가 나에게 그를 험담한다면, 어떤 식으로든 나도 그 비난에 동조할 것이라고 확신했다(한편, 그는 나에게 상처받았다고 느꼈을 때 거침없이 사람들에게 불만을 토로했고, 그래서 내 동료 몇 사람은 꽤 심하게 나의 치료를 비판했었다). 그러나 그는 그러한 두려움이 인정받고 칭찬받고 싶은 (혐오할 일이 아닌) 자기 자신의 욕구를 투사한 것이며 그의 방어적인 비판적 태도를 투사하고 행동화한 것임을 이해할 수 있게 되기 전에도, 나에게 해당이 되지 않는 무언가를 내게 덮어씌우고 있다고 스스로 생각할 수 있었다.

편집적인 사람들은 고통스러운 감정을 투사적으로 다루어야 하기 때문에 부인 및 그것의 가까운 친척인 반동형성을 유별나게 많이 사용한다. 물론 우리 모두는 투사를 한다. 이런 보편적인 투사 성향은 전이의 기초이고, 분석적 치료를 가능하게 하는 과정이다. 그러나 편집적인 사람이 투사를 하는 바탕에는 고통스러운 태도들을 자신의 것이 아니라고 부정하려는 욕구가 너무 크게 자리 잡고 있기 때문에, 부인이 그렇게 필수적으로 포함되지 않는 다른 투사 작용과 전혀 다른 과정으로 느껴진다. Freud(1911)는 편집증은, 적어도 정신병적 형태의 편집증은 반동형성("나는 당신을 사랑하지 않아, 나는 당신을 미워해.")과 투사("나는 당신을 미워하지 않아, 당신이 나를 미워해.")가 연속되는 무의식적 과정이라고 설명한 바 있다. 이러한 개념화에는 정상적인 애정을 경험하는 데 대한 편집적인 사람의 공포가 함축되어 있는데, 아마도 이는 초기 애착 관계가 파괴적이었기 때문일 것이다. Freud는 편집증에는 특히 동성에 대한 동경이 내재되어 있다고 생각했지만, 내 자신의 경험으로는 어떠한 종류의 동경이든 편집적인 사람에게는 견디기 어려울 정도로 위험하게 느껴지는 듯하다.

편집적인 사람들은 편집적인 과정이 처음 시작된 인간적으로 훨씬 이해하기 쉬운 원래의 태도와 아주 멀리 떨어진 심리적 장소에서 자신을 드러낸다. Freud의 패러다임은 이런 과정이 이루어지는 몇 가지 가능한 경로 중 하나를 보여 주었을 뿐이다(Salzman, 1960). Karon(1989)은 망상적인 편집적인 사람이 동성과 가까워지고 싶은 소망을 다루는 방법을 다음과 같이 요약하였다.

> "나는 그를 사랑해."라는 감정을 반박할 수 있는 여러 가지 방법을 생각해 보면, 다음과 같은 전형적인 망상들을 볼 수 있다. "나는 그를 사랑하지 않아, 나는 나를 사랑해(과대망상)." "나는 그를 사랑하지 않아, 나는 그녀를 사랑해(성애망상)." "나는 그를 사랑하지 않아, 그녀가 그를 사랑해(질투망상)." "나는 그를 사랑하지 않아, 그가 나를 사랑해(망상적인 동성애적 위협을 야기하는, 동성에 대한 동경의 투사)." "나는 그를 사랑하지 않아, 나는 그를 미워해(반동형성)." 마지막으로, 가장 흔한 것은 망상적인 증오심을 투사한 다음과 같은 것이다. "그는 나를 미워해, 그러니까 나는 그를 미워해도 괜찮아(그리고 내가 그를 미워한다면, 나는 그를 사랑하지 않는 거야)." (p. 176)

편집적인 사람들과 작업할 때의 가장 큰 어려움은 자신의 원래의 정동과 이를 다루는 방어 과정 간에 얼마나 거리가 멀고 또 얼마나 꼬여 있는가와 관계가 있다.

편집적 심리에서의 관계 패턴

치료자들의 임상 경험에 의하면, 편집적인 성격을 갖게 되는 사람들은 성장 과정에서 자기효능감이 심하게 모욕당했던 것으로 보인다. 이들은 제압당하고 굴욕당하는 경험을 반복적으로 했다(MacKinnon et al., 2006; Tomkins, 1963; Will, 1961). Freud(1911)는 다니엘 파울 슈레버의 망상형 정신병에 관한 보고를 바탕으로 편집증 이론을 도출하였는데, 가부장적이고 지배적인 슈레버의 아버지는 아이들을 강하게 단련시키려면 고된 신체적 훈련이 필요하다면서 자신의 아들에게 그런 훈련을 강요했다고 한다(Niederland, 1959). 이후에 슈레버는 그가 신뢰했던 권위자들과 당대의 법체계에 의해 굴욕을 당했다(Lothane, 1992).

편집적인 사람의 성장 배경에는 비난, 변덕스러운 처벌, 기쁘게 할 수 없는 어른, 지독한 치욕 등의 이력이 공통적으로 등장한다. 편집적인 사람으로 자라는 아이들의 부모는 흔히 그들 자신이 몸소 편집의 예를 보여 준다. 이들 부모는 세상에 믿을 수 있는 사람은 가족밖에 없다고 강조한다(사실 자녀를 학대하는 사람은 이들 부모이고 학교와 지역사회가 객관적으로 더 친절하다는 점을 생각하면, 참으로 역설적인 주장이다). 아이들은 부모로부터 의심하고 힐난하는 태도를 관찰하고 배운다. 경계선과 정신병적 범위에 속하는 편집적인 사람들은 비난과 조롱이 가족 관계를 지배했거나, 미래에 편집증 환자가 될 그 아이가 가족들이 싫어하는 속성, 특히 '나약함'이라는 범주에 속하는 속성의 투사 대상으로서 가족의 희생양이 되었던 배경에서 나올 수 있다. 내 경험으로는, 신경증에서 건강한 범위에 속하는 편집적인 사람들은 따뜻하고 안정된 면과 놀리고 빈정거리는 면이 공존하는 가정에서 나오는 경향이 있다.

편집성 성격 조직에 이르게 하는 또 다른 요인으로, 일차 양육자가 불안이 심한 경우를 들 수 있다. 편집적인 한 환자의 어머니는 만성적인 신경과민으로 입이 너무 말라서 외출할 때마다 보온 물병을 가지고 다녔고, 누적된 긴장으로 인해 자신의 몸이 "시멘트 조각이 되어 버렸다."라고 말하곤 했다. 이 어머니는 이미 걱정거리가 너무 많아서 딸이 문제를 가져오면 그것을 부인해 버리거나, 불안을 버티고 간직해 줄 수가 없어서 딸의 문제를 재앙의 수준으로 부풀리곤 하였다. 또한 이 어머니는 환상과 행동의 경계를 혼동하였고, 자기 딸도 생각은 행동과 똑같다고 여기도록 만들었다. 그녀의 딸은 사랑이건 미움이건 개인적인 감정은 위험한 힘을 지니고 있다는 신념을 전수받았다.

어른이 된 딸은 어머니에게 남편이 너무 제멋대로 굴어서 그에게 대들었다고 말했다. 이 어머니는 처음에는 딸이 남편을 오해하고 있다고 주장했다. 말하자면, 그는 헌신적인 남편인데 다만 자기 딸이 남편이 못마땅한 일을 한다고 상상한다는 것이었다. 내 환자가 계속 말다툼의 원인을 설명하며 자신의 주장을 굽히지 않자, 이 어머니는 남편의 심기를 건드리면 얻어맞거나 버림받을지 모른다며 조심하라고 다그쳤다(어머니 자신이 남편한테 구타를 당하고 이혼까지 당했다). 내 환자가 남편이 한 행동에 대해 계속 화를 터트리자, 그녀의 어머니는 부정적으로 생각해서 일을 더 그르치지 않도록 그 일 말고 다른 일을 생각하라고 딸에게 사정하였다. 청소년기에 겪은 이러한 상호작용의 전형적 예로 아버지의 성추행 시도를 어머니에게 말한 일을 들 수 있다. 그녀의 어머니는 그런 일이 일어나지 않았다고 주장하다가 그 일을 딸의 탓으로 돌리며 비난했다.

의도는 좋지만 매우 혼란스러운 이 어머니는, 그 자신이 어린 시절에 따뜻한 위로를 받은 적이 없었고, 딸에게 위로를 해 줄 수 있는 능력이 없었다. 딸의 성격 형성기에 어머니가 주었던 불안에 찌든 충고와 끔찍한 예언은 어린 소녀의 두려움을 더 심각하게 만들었다. 그런 환경에서 성장한 딸은 자신의 감정을 극단적으로 변형할 때만이 스스로를 위로할 수 있었다. 그녀가 나와 치료를 시작할 때는 이미 몇 명의 치료자를 거쳤다. 치료자들은 그녀의 끝을 알 수 없는 욕구와 가차 없는 적개심에 두 손을 들고 말았다. 그들은 그녀가 정신병적 범위 혹은 상태가 심한 경계선 범위에 속하는 편집증이라고 생각했다. 그녀는 수년간의 치료를 받은 후에야 앞의 예와 같은 인간관계 교류를 보고하였고, 일생 동안 그와 비슷한 교류를 하면서 그것이 얼마나 파괴적이었는지를 이해할 수 있는 능력이 생겼다.

이 사례에 나타난 어머니의 왜곡된 반응 양식에서 우리는 편집증의 몇 가지 다른 씨앗들을 발견할 수 있다. 첫째, 현실과 그에 대한 환자의 정상적인 정서적 반응이 모두 반박당했고, 이해받는 느낌보다는 두려움과 수치심이 주입되었다. 둘째, 그녀의 어머니는 부인과 투사의 본보기가 되었다. 셋째, 원시적인 전능환상이 강화되어 압도적인 죄책감이 확산되는 토대가 마련되었다. 마지막으로, 어머니와의 상호작용은 애초의 고통은 하나도 경감하지 못한 채 또 다른 분노만을 유발하였고, 따라서 자신의 기본적인 감정과 지각에 관한 환자의 혼란만 증폭되었다. 은연중에 모욕을 당하는 이와 같은 상황에서는(이 경우, 그녀는 고마워할 줄 모르고, 감정을 다룰 줄 모르고, 위험한 사람으로 취급되었다), 처음보다 더 화가 치밀 수밖에 없다. 그러나 모욕을 가한 쪽에서는 단지 도와주려고 했을 뿐이라며 그러한 반응을 이해할 수도 없고 나쁘다고 평가한다.

이렇게 갈피를 잡을 수 없게 하는 교류는 편집적인 사람들의 성인 관계에서 거듭해서 복제된다. 이들에게 내재화된 대상은 편집적인 사람 자신과 이들과 관계를 맺는 모든 사람을 끊임없이 흔들고 고통스럽게 한다. 만약 아동의 일차적인 지식 공급원이 원시적 방어를 사용하는 혼란이 심한 양육자라면, 혹은 솔직한 감정을 표현하기 위해서가 아니라 (자신이 안전하고 중요하다고 느끼기 위한 필사적인 시도로서) 상대방을 조종하기 위해서 언어를 사용하는 사람이라면, 아동의 이후의 인간관계가 부정적인 영향을 받지 않을 도리가 없다. 이러한 견지에서 볼 때, '실제로' 무슨 일이 벌어지고 있는지(D. Shapiro, 1965) 알고자 하는 편집적인 사람들의 투쟁을 이해할 수 있고, 또한 이런 편집적인 친구, 지인, 친지와 관계를 맺는 사람들의 당혹감, 무력감, 소외감을 이해할 수 있다.

물론 어머니의 불안만이 이 여성의 심리에 영향을 준 것은 아니다. 만약 그녀에게 자신의 감정과 생각에 확신을 갖도록 도와준 양육자가 있었다면 어쩌면 편집적인 방향으로 성격이 형성되지 않았을지도 모른다. 그러나 그녀가 십 대 후반일 때 가족을 버린 그녀의 아버지는 무섭도록 비판적이고, 폭발적이고, 경계를 무시하는 사람이었다. 편집적인 사람들은 어차피 받을 학대를 수동적으로 기다리며 불안을 견디기보다는 먼저 공격을 퍼붓는 경향을 보이는데("네가 나를 치기 전에 내가 먼저 너를 치겠다."), 이는 이러한 양육이 초래하는 불행한 결과로 잘 알려져 있다(Nydes, 1963). 편집증을 경감하는 데 성공한 많은 치료자들은, 무서운 부모의 존재 그리고 아동이 그들로 인해 생긴 감정을 악화하지 않고 잘 처리하도록 돕는 사람의 부재가 편집증을 낳는 공통 배경이라고 말한다(MacKinnon et al, 2006).

편집적인 사람들은 힘과 권력의 문제에 관심이 매우 많고 또한 행동화의 경향을 보인다는 점에서 정신병질적인 사람들과 몇 가지 공통점이 있다. 그러나 편집적인 사람들은 사랑할 수 있는 능력을 지니고 있다는 점에서 결정적으로 차이가 있다. 자기 자신의 의존욕구에 겁을 먹고 자신이 좋아하는 사람의 동기와 의도를 의심하며 괴로워할 수는 있지만, 이들은 깊은 애착을 형성할 수 있고 오래도록 충성할 수 있다. 아동기의 양육자가 아무리 박해를 하고 부적절했더라도, 편집적인 내담자들은 분명 어린 시절에 그것이 불안했든 양가적이었든 애착을 형성할 수 있는 충분한 가용성과 일관성을 경험했다. 사랑할 수 있는 이들의 능력은 이들의 과잉반응성, 적대감, 공포심에도 불구하고 치료를 가능하게 해 준다.

편집성 자기

편집적인 사람의 자기표상은 무능하고, 창피스럽고, 혐오스러운 자기 이미지와, 전능하고, 정정당당하고, 의기양양한 자기 이미지로 양극화되어 있다. 이러한 두 이미지 간의 긴장이 이들의 주관적 세계를 뒤덮고 있다. 그러나 잔인하게도 어떤 쪽도 위안을 제공하지 못한다. 양극의 약한 쪽은 학대와 경멸에 대한 공포가 따라다니며, 반면 강한 쪽은 심리적 권력의 필연적인 부작용, 즉 궤멸적인 죄책감을 낳는다.

양극 중의 약한 쪽은 편집적인 사람들이 얼마나 만성적으로 두려움을 느끼며 사는가 하는 데서 잘 나타난다. 이들은 결코 충분히 안전하다고 느끼지 못하며, 주변 환경의 위험을 탐지하는 일에 엄청난 에너지를 소비한다. 과대한 쪽은 이들의 '관계사고'에서 잘 드러난다. 세상에서 일어나는 모든 일이 자신과 관련되어 있다고 믿는 것이다. 이는 정신병적 수준의 편집증에서 가장 분명하게 드러나는데, 말하자면 국제적인 스파이 일당이 자신을 노리고 있다거나, TV 광고 시간에 세상의 종말이 시작됐다는 은밀한 메시지를 받는다고 믿는 환자의 사례를 들 수 있다. 그러나 많은 것을 성취한 현실 지향적인 내담자가 자신이 평소에 앉는 의자에 누군가가 앉았다는 사실은 자신을 해치고 욕보이려는 음모를 드러내는 것인지도 모른다며 이를 곱씹는 말을 나는 들은 적이 있다. 첨언하자면, 이런 내담자는 접수 면접 시 편집적으로 보이지 않는 경우가 종종 있다. 몇 회기가 지난 후에야, 자신에게 일어나는 모든 일은 자신의 존재에 대해 다른 사람들이 지니고 있는 어떤 뜻을 반영한다는 조직적인 신념이 출현하며, 그래서 이를 듣는 치료자가 깜짝 놀라는 일이 생긴다.

편집적인 사람의 과대망상은 그것이 무의식적이건 의식적이건 간에 이들에게 견디기 어려운 죄책감을 안겨 준다. 만약 내가 전능하다면 온갖 종류의 끔찍한 일이 모두 내 잘못이 된다. 뭔가 잘못된 일을 저질러서 그것이 발각되고 벌을 받을까 봐 노심초사해 본 사람이라면 편집증과 죄책감 간의 밀접한 관계를 직감적으로 이해할 수 있을 것이다. 한번은 내 학생 중 한 명이 과제물을 늦게 냈는데, 그 학생은 마치 내 마음속에는 자신의 규칙 위반과 그에 대한 응징 계획밖에 없다는 듯이 가능한 한 나를 피하려 했다. 나에게 치료를 받고 있던 한 여성은 바람을 피우고 있었는데, 애인과 손을 잡고 드라이브를 하다가 앞에 있는 경찰차를 보고 얼른 손을 놓은 적이 있다고 말했다.

용납하기 어려운 어떤 태도를 부인하고 투사할 때 매우 중대한 결과가 발생할 수 있다. 한동안 임상가들은 동성애적 집착을 부정하는 것과 편집증이 연결되어 있다고 말해 왔으며(예, Searles, 1961), 이는 수십 년 전 몇몇 경험적 연구(예, Aronson, 1964)에 의해 확인되었다. 보다 최근에 Adams, Wright와 Lohr(1996)는 일련의 실험을 통해 어떤 남성이 동성애적 심상에 의해 각성되는 정도가 클수록 동성애에 대한 공포증이 큼을 보여 주었다. 편집적인 사람들 중 소수는 동성애적 감정을 행동으로 옮기기도 하지만, 이들은 포함해서 모든 편집적인 사람들은 동성에게 이끌린다는 생각을 역겹게 느끼며 편집적이지 않은 사람들은 거의 상상할 수 없을 정도로 그 혐오의 정도가 크다. 그래서 왜 자신들의 성적 지향이 그렇게 위협적으로 보이는지 이해하기 어려운 게이나 레즈비언들에게, 편집적인 집단의 동성애 혐오는 참으로 위협적이다.

나치즘의 짧은 승리가 증명했듯이(나치즘은 유태인뿐만 아니라 동성애자, 정신장애자, 집시를 공격 대상으로 삼았다), 문화 전체 혹은 특정 하위문화가 편집적인 경향을 공유할 때 가장 참혹한 결과가 발생할 수 있다. 나치즘의 발흥을 연구한 학자들(예, Gay, 1968; Rhodes, 1980; F. Stern, 1961)은 나치즘의 심리적 기원을 임상가들이 편집적인 사람의 아동기에서 발견하는 것과 동일한 종류의 사건에서 찾는다. 1차 세계대전에서의 독일의 궤멸적인 패배, 그리고 이어진 징벌 조치로 인해 천정부지로 치솟은 물가, 기근, 공황, 이에 대한 국제 사회의 무관심은 편집적인 지도자와 나치즘이라는 조직적인 편집증에 호소하게 만드는 토대를 만들어 주었다(최근 미국 정치에서의 편집증의 역할에 관해서는 Welch, 2008 참조).

편집적인 사람들의 자기 경험의 핵심에는 깊은 정서적 고립이 있고, Sullivan (1953)이 '단짝'의 '합의적 타당화'라고 칭했던 혹은 후에 Benjamin(1988)이 '인정'이라고 칭했던 것에 대한 욕구가 있다. 편집적인 사람들은 자존감을 고양하기 위한 방법으로 주로 권위적 대상 혹은 중요한 인물을 겨냥해 힘을 행사한다. 정당성을 옹호하고 승리를 거두는 경험은 이들에게 안전감과 도덕적 청렴성을 동시에 느끼게 해주며 (비록 덧없기는 하지만) 이들에게 위안을 준다. 편집적인 사람이 툭하면 소송을 제기하는 무서운 버릇은 자신을 박해한 부모에게 도전하여 패배를 맛보게 하려는 욕구에서 비롯된다. 편집성 성격을 지닌 사람 중 일부는 억압과 학대의 희생자들을 헌신적으로 뒷바라지한다. 부당한 권위와 맞서 싸우고 약자를 옹호하는 기질을 지닌 이 편집적인 사람들은 이렇게 심신의 소진을 막아 주는 심리역동이 없는 다른 선의의 활동가들에 비해 전선에서 훨씬 오래 버틸 수 있기 때문이다.

편집성 환자와의 전이와 역전이

편집성 환자들의 전이는 대부분 신속하고, 강렬하고, 종종 부정적이다. 치료자는 가끔 구세주의 이미지가 투사되는 대상이 되기도 하지만, 일반적으로는 모욕을 가하고 인정에 인색한 대상으로 비친다. 편집적인 내담자들은 심리평가를 받을 때 면접자가 자신의 나쁜 점을 들춰내어 우월감을 느끼려고 애쓰거나 자신의 안위와는 무관한 어떤 목적을 가지고 있을 것으로 예상한다. 이들은 임상가가 엄격하고, 유머가 없고, 언제든 비난할 태세를 취한다며 공격하는 경향이 있다. '편집적 응시'라고 불려 온 냉정한 시선으로 치료자를 뚫어지게 쳐다볼 수도 있다.

그러므로 이들을 면접하는 면접자가 자신이 뭔가 취약하다고 느끼고 방어적인 자세를 취하게 되는 것은 놀랄 만한 일이 아니다. 역전이는 대개 불안하고 적대적인 종류의 것이다. 흔한 경우는 아니지만, 구세주로 여겨지는 경우에는 우호적인 거대성을 띨 수 있다. 어떤 경우든지 간에 대개 치료자는 강한 내적 반응을 의식하며, 이는 보다 미묘하게 일어나는 자기애성 환자 및 분열성 환자들에 대한 역전이와 대비된다. 편집성을 구성하는 부인과 투사는 거부하고 싶은 자기의 부분을 밀쳐 내도록 한다. 이에 따라 편집성 환자의 치료자는 내담자가 의식으로부터 추방한 정서 반응을 환자 대신 의식적으로 느끼는 경우가 많다. 예컨대, 환자는 적대감으로 가득 차 있는 반면, 치료자는 적대감이 방어하고 있는 두려움을 느낄 수 있다. 또는 반대로 환자는 뭔가 취약하고 무력하게 느끼는 반면, 치료자는 가학적인 강력한 힘을 느낄 수 있다.

대부분의 치료자들은 이러한 내적 반응이 가져온 중압감 때문에, 그리고 이런 내적 반응이 편집적인 내담자가 처리하려고 애쓰는 고통의 정도가 어느 정도인지를 감지하도록 해 주기 때문에, 환자가 믿고 있는 위험한 상황의 비현실성을 '환자가 제대로 보도록' 하려는 역전이 경향을 보인다. 어느 정도 경력을 가진 치료자라면, 안심시켜 달라고 울부짖던 환자가 막상 치료자가 안심을 시키면 "당신 또한 음모에 가담하여 끔찍한 위협으로부터 내 관심을 돌리려고 한다."라고 확신하는 경우를 적어도 한 번은 경험해 본 적이 있을 것이다. 치료자는 이렇게 불행하고 의심이 많은 내담자에게 당장 큰 도움을 줄 수 없다는 무력감을 느낀다. 이것이 아마도 궁극적으로 위안이 되는 관계를 확립하려 할 때 치료자가 경험하는 최초의 그리고 가장 위협적인 장벽이 될 것이다.

편집성 성격 진단의 치료적 함의

편집성 환자와 작업할 때 치료자가 직면하게 될 첫 번째 과제는 견고한 작업동맹을 형성하는 일이다. 어떤 내담자라도 성공적인 치료를 위해서는 그런 관계 수립이 필요하지만(그리고 때로는 만만치 않지만), 편집적인 사람은 다른 사람을 신뢰하는 데 어려움이 있기 때문에 이것이 특히 더 중요하다. 내가 지도한 한 초심자는 매우 편집적인 내담자에 대한 치료 계획을 어떻게 세웠냐고 묻자, "첫째, 그녀가 나를 신뢰하게 만들겠어요. 그다음 자기주장 기술을 익히도록 하겠습니다."라고 대답했다.

틀렸다. 편집적인 사람이 치료자를 진실로 신뢰하게 된다면, 아마 수년간의 시간이 흘렀을 것이고, 치료는 대단히 성공적이었을 것이다. 그러나 그 학생은 어떤 점에서는 옳았다. 내담자는 치료자가 선의를 가지고 있고 유능할 수 있다는 생각을 치료 초기부터 약간은 할 수 있어야 한다. 이를 위해서는 치료자의 상당한 인내심이 필요하다. 뿐만 아니라 부정적 전이를 편안하게 대화의 주제로 삼을 수 있고, 치료자 자신을 겨냥한 그런 증오와 의심은 예견했던 일임을 전달할 수 있는 능력이 필요하다. 강력한 적개심을 당황하지 않고 수용하는 치료자의 자세는 응징에 대한 두려움으로부터 환자를 보호해 주며, 증오가 모든 것을 파괴하리라는 공포를 경감해 주고, 환자 스스로 악으로 간주했던 자기의 모습이 그저 평범한 인간적 속성에 불과함을 예증해 준다.

이 단락은 다른 장들에서보다 더 길 것이다. 편집적인 내담자들을 위한 효과적인 작업은 '표준적인' 정신분석적 치료와는 상당히 다르기 때문이다. 가장 깊은 수준에서 자신을 이해하고, 자기의 몰랐던 측면을 의식으로 끌어올리고, 자신의 인간성 전체를 가능한 한 온전히 수용하도록 촉진한다는 치료 목표는 공유하지만, 이런 목표를 달성하는 방법은 다르다. 예를 들어, 편집적인 내담자들은 지금 집착하는 외현적 문제에 도달하기까지 원래의 감정을 수없이 근본적으로 변형했기 때문에, '표면에서 심층으로'의 해석은 대개 불가능하다. 동성의 누군가로부터 지지받기를 간절히 원하고, 무의식적으로 그런 갈망을 성적 욕망으로 오인하고, 그것을 부인하고, 누군가에게 투사하고, 전치하고, 자신의 부인이 자기 친구와 바람을 핀다는 두려움에 휩싸이게 된 남자는, 치료자가 그저 아내가 부정하다는 생각에 관해 자유롭게 연상해 보라고 한다면 자신의 진짜 관심사를 꺼내 놓지 못할 것이다.

마찬가지로, "내용을 분석하기 전에 저항을 분석한다."라는 원칙도 성과를 내기 어렵다. 치료자가 편집적인 내담자가 보인 행동이나 말에 대해 언급하면, 이들은 판단을 받는다고 느끼거나 실험실의 동물처럼 철저하게 조사를 받는다고 느낄 뿐이다(Hammer, 1990). 부인과 투사의 방어를 분석하면 이 방어를 더욱 미로처럼 복잡하게 만들 뿐이다. 정신분석적 기법의 전통적인 측면들, 예컨대 내담자의 질문에 답변하기보다는 탐색하고, 무의식적이거나 숨기고 있는 감정을 드러낸다고 보이는 환자의 행동 양상을 조명하고, 사소한 실수에 주의를 환기하는 등등의 기법은 환자가 내적 자료에 더 많이 접근하고 그에 관해 좀 더 허심탄회하게 이야기하도록 용기를 북돋기 위해 고안되었다(Greenson, 1967). 그러나 편집적인 사람들에게는 이런 치료 기법이 부메랑이 되어 돌아온다. 만약 내담자의 마음을 열게 하는 표준적인 방법이 편집적 감성을 더욱 정교하게 만들 뿐이라면, 이들을 어떻게 도울 수 있을까?

첫째, 유머감각에 호소한다. 많은 나의 스승님들은 편집적인 환자들이 조롱받는다고 느끼지 않도록 그들에게 농담을 하지 말라고 충고하였다. 이 경고는 충분히 근거가 있는 것이지만, 그렇다고 치료자가 스스로를 조소의 대상으로 삼고, 세상의 불합리를 웃어넘기고, 남을 얕보지 않으면서 재치를 발휘하는 태도를 보여 주지 말라는 뜻은 아니다. 농담은 공격성을 안전하게 방출하는 유서 깊은 방법이다. 그러므로 유머는 치료에 꼭 필요하고, 아마도 편집적인 내담자들의 경우에는 특히 더 그럴 것이다. 편집적인 사람을 감싸고 있는 폭풍 전야의 음울한 구름 너머에서 한줄기 빛을 발견하는 것만큼 환자와 치료자에게 위안이 되는 것은 없다. 서로 유머를 즐길 수 있는 장을 마련하는 가장 좋은 방법은 치료자 자신의 사소한 약점, 가식, 실수를 비웃는 것이다. 편집적인 사람들은 아무것도 놓치지 않는다. 이들의 면밀한 응시 앞에서는 치료자의 어떤 결함도 안전하지 못하다. 내 친구 한 명은 정신분석가의 귀중한 자산인 '코 하품'을 완벽하게 한다고 주장하지만, 그 친구라 할지라도 뛰어난 편집증 환자를 속일 수는 없을 것이라고 내 카우치를 걸고 맹세할 수 있다.

앞서 이 장에서 내력을 소개했던 여성은 내가 아무리 감쪽같이 얼굴 근육을 조절해도 내가 하품하는 것을 결코 놓치지 않았다. 그녀가 그것을 지적했을 때 나는 또 들켰다고 사과하는 태도로 시인하고, 그녀 앞에서는 어떤 것도 감출 수 없다고 스스로를 불쌍히 여기며 푸념하였다. '내가 하품한다고 생각하면서 당신은 어떤 상상을 했느냐'고 무겁고 딱딱하게 탐색하는 것보다는, 이런 식의 반응이 우리의 작업을 깊이 있게 해 주었다. 물론 치료자의 유머를 환자가 조롱으로 듣는다면 언제라도 사과할 각오를 해야 하지만, 과민한 환자와의 작업은 숨 막힐 듯 진지한 분위기 속에서 이루어져야 한다는 생각은 내가 보기에 지나친 염려이며 짐짓 점잖 빼는 태도일 수 있다. 특히 작업동맹이 탄탄하게 형성된 후에는(이렇게 되는 데는 몇 달 혹은 몇 년이 걸릴 수도 있겠지만) 이들의 전능환상을 자아이질적인 것으로 만들기 위해서 분별력 있게 약간 놀려 주는 것도 아주 큰 도움이 된다. 어려운 내담자들과 작업하는 일에 재능을 갖고 있는 Jule Nydes(1963)는 다음과 같이 자신의 예를 들었다.

> 어떤 환자가…… 노력의 대가로 유럽 휴가를 가게 되었는데, 가는 도중에 비행기가 추락할 거라고 굳게 믿고 있었다. 내가 "당신은 신이 당신 한 사람을 처치하기 위해 수백 명의 목숨을 희생시킬 만큼 무자비하다고 생각해요?"라고 말하자, 그는 당황해하면서도 안심하는 모습을 보였다.
>
> 비슷한 또 다른 예를 들면, 어떤 젊은 여성이…… 결혼을 목전에 두고 강한 편집증적 공포를 느꼈는데, 그녀에게 이 결혼은 무의식적으로 대단한 승리를 의미했다. 당시는 '미친 폭파범'이 지하철에 폭탄을 설치하고 다닐 때였다. 그녀는 폭탄이 터져 자신이 죽으리라 확신했고, 그래서 일부러 지하철을 타지 않았다. 그녀는 내게 "'미친 폭파범'이 무섭지 않아요?"라고 물었다. 그리고 내가 대답하기도 전에 "물론 아니겠죠, 당신은 택시만 타잖아요."라고 빈정거렸다. 나는 "나도 지하철을 타기는 하지만 '미친 폭파범'이 무섭지는 않다. 왜냐하면 그 사람은 내가 아니라 당신을 겨냥하는 게 분명하기 때문이다."라고 하였다(p. 71).

Hammer(1990)는 편집증 환자와 통찰을 나눌 때는 간접적이고 체면을 살려 주는 방식으로 해야 한다고 강조했다. 그러면서 투사의 불리함을 해석하는 한 방법으로 다음과 같은 우스개 이야기를 추천하였다.

> 어떤 남자가 잔디 깎는 기계를 빌리러 이웃집에 가고 있었는데, 친구가 빌려주면 얼마나 좋을까라고 생각하고 있었다. 그러나 친구네 집에 가는 도중에, 이 친구가 과연 빌려줄까 하는 의심이 슬금슬금 고개를 쳐들기 시작했다. 아마 안 빌려줄지도 몰라. 친구네 집에 도착했을 무렵에는 의심이 격분으로 치달았고, 친구가 문 앞에 나타나자 이 남자는 "그 망할 놈의 잔디 깎는 기계로 뭘 할지 잘 알지 않나, 필요 없으니 처박아나 두라고!"라고 소리를 질렀다(p. 142).

유머, 특히 기꺼이 스스로에 대해 웃을 수 있는 유머는 아마도 그것이 역할 연기나 비밀스러운 게임이 아닌 '진실한' 어떤 것을 환자에게 보여 준다는 점에서 치료적인 것 같다. 편집적인 사람은 기본적으로 무엇이 진실인지 알 길이 없는 환경에서 살아온 경우가 많다. 그러므로 치료자가 정서적으로 정직할 때 이들은 이를 통해 사람들이 서로 어떻게 관계를 맺는지를 본다. 나는 편집적인 내담자들에게 매우 진솔하게 응답하라고 권고한다. 다만 다음에서 언급할 경계의 유지와 관련된 몇몇 예외 사항을 지키면서 말이다. 이 말은 내담자가 질문할 때 답변을 보류하고 질문 이면에 있는 생각을 탐색하기보다는, 그 질문에 정직하게 대답하라는 뜻이다. 내 경험에 비추어 보면, 편집적인 사람은 자신이 관심을 갖는 외현적인 내용을 치료자가 존중하고 다루어 줄 때 그 안에 숨겨진 관심사를 외면하지 않고 오히려 더 기꺼이 들여다보려고 한다.

둘째, 치료자는 복잡한 편집성 방어의 '밑으로 내려가거나' 혹은 '옆으로 비켜가거나' 혹은 '빙 돌아서'(선호하는 은유적 표현은 다르겠지만) 그 방어의 뒤에 숨겨진 애초의 정동에 도달할 수 있다. 앞서 아내가 부정을 저지르고 있지는 않을까 하는 생각에 사로잡혀 있는 사례의 경우에는, 참으로 외롭고 의지할 데가 없다고 느끼는 것 같다고 이야기하는 것이 도움이 된다. 환자가 편집적 열변을 토할 때는, 심하게 꼬여 있는 방어 과정을 해체하고 싶은 유혹을 뿌리치고 그저 환자의 말이 흘러가는 대로 따라가 주다가, 때를 봐서 환자로 하여금 분노에 찬 집착을 하게 만들었던, 부인하고 투사한 바로 그 감정에 공감적으로 다가서야 한다. 이때 치료자는 환자의 떠들썩한 불평이 얼마나 빨리 사그라지는지 보고 놀라게 될 것이다.

환자가 방어하고 있는 감정이 어떤 것인지 확인하는 가장 좋은 단서는 치료자의 역전이인 경우가 많다. 이때 편집적인 사람이 자신이 인정하지 않는 태도를 치료자에게 신체적으로 투사하고 있다고 상상하는 게 도움이 된다. 지금 환자가 정당하고도 강력한 분노를 사정없이 쏟아붓고 있고, 그 결과 치료자가 위협을 느끼고 무기력하게 느낀다고 하자. 이럴 때 치료자가 "당신은 자신이 얼마나 화가 났는지 생생하게 잘 느끼고 있는 것 같습니다. 하지만 내 생각에는 그 분노뿐만이 아니라, 한편으로는 깊은 두려움과 무력감도 함께 느끼고 그걸 잘 처리하고 싶어 하는 것 같습니다."라는 말을 하면 내담자는 깊은 안도감을 느낀다. 만약 치료자가 틀렸을지라도, 내담자는 이 언급을 무엇이 그토록 내담자의 마음을 상하게 하는지 이해하고 싶어 한다는 말로 듣는다.

셋째, 편집적 반응이 점점 심해져서 고통을 겪는 환자들은 최근에 무슨 일이 일어나서 마음이 상했는지를 밝히는 것이 도움이 된다. 종종 그런 촉발 사건은 분리(아이가 학교에 다니기 시작했다, 친구가 이사를 갔다, 부모님이 답장을 하지 않았다), 실패, 혹은 역설적이게도 성공(실패는 모욕감을 주지만, 성공은 전능감에 따른 죄책감과 질투어린 공격에 대한 두려움을 낳는다)과 관련된 사건들이다. 내 환자 중의 한 사람은 편집적 장광설을 길게 늘어놓는 경향이 있는데, 대개 20~30분은 들어 보아야 무엇 때문에 그러는지 알 수 있다. 그의 편집증이 작동할 때는 이를 반박하지 않으려고 노력하면서, 대신 그가 스쳐가듯 얘기한 그 일 때문에 얼마나 괴로워하고 있는지 본인도 잘 모르는 것 같다고 이야기하면, 편집적 과정을 전혀 분석하지 않았는데도 그것이 해소되는 경향을 보인다. 화가 날 때 자신이 흥분 상태에 있음을 자각하고 촉발 사건을 찾아보도록 환자를 교육하면, 편집적 과정 자체가 예방되는 경우가 많다. 특히 내담자의 깊숙한 슬픔에 다가서고 그 고통을 부드럽게 마주할 수 있을 때, 편집증이 자취를 감출 수 있다는 것을 나는 알게 되었다.

대개 편집적 사고의 내용에 대한 직접적인 반박은 피해야 한다. 편집적인 사람들은 정서와 태도를 매우 예리하게 지각한다. 이들의 혼란은 이 정서와 태도의 의미를 해석할 때 일어난다(Josephs & Josephs, 1986; Meissner, 1978; D. Shapiro, 1965; Sullivan, 1953). 치료자가 이들의 해석에 이의를 제기하면, 환자는 치료자가 "당신은 그 의미를 잘못 이해한 것 같다."라고 넌지시 말하는 게 아니라, "그렇게 보았다니, 당신은 미쳤다."라고 말하는 것으로 듣는 경향이 있다. 그러므로 대안적인 해석을 해 주고 싶은 유혹을 느낄지라도, 그것을 너무 성급하게 할 경우에는 환자는 자신을 하찮게 여기고 깔본다고 느끼며, 편집적인 해석을 자극했던 기민한 지각이 유린당하는 느낌을 받는다.

편집적인 내담자가 용감하게도 치료자에게 자신의 의견에 동의하는지 동의하지 않는지 직접 물어볼 때, 치료자는 다른 적당한 가설을 제시하며 문제가 된 그 사안이 다르게 해석될 여지가 있음을 보여 줄 수 있다("왜 그 남자가 당신을 해치려 했다고 생각하는지 알겠어요. 하지만 또 다른 가능성이 있다면, 예컨대 그 남자가 자기 상사와 한판 싸우고 나서 도로 위에 사람이 있건 말건 미친 사람처럼 운전했을 수도 있겠죠."). 여기서 치료자가 편집적인 사람이 자기 위주로 생각한 타인의 동기를 선한 동기로 대체하지 않았음을 주목하기 바란다("동물을 치지 않으려고 급하게 핸들을 꺾었을지도 모르죠."라고 하지 않았다). 왜냐하면 만약 자신이 아는 불순한 의도를 치료자가 그럴듯하게 꾸미고 있다고 생각한다면, 환자가 더 불안해지기 때문이다. 또한 이런 대안적 해석을 제시할 때는, 그냥 가볍게 던지는 느낌으로 해서, 환자가 그것을 받아들일 수도 있고 버릴 수도 있도록 하였음을 주목하기 바란다. 편집적인 환자들과 작업할 때는, 환자가 치료자의 생각을 받아들일지 말지 겉으로 드러내도록 요구해서는 안 된다. 이들의 시각에서는, 받아들인다는 것은 모욕적인 복종과 같고, 거부는 응징을 초래할 수 있기 때문이다.

넷째, 가장 가증스러운 공상도 인간 본성을 창조적으로 훌륭하게 비튼 예로 볼 수 있음을 지적하면서, 생각과 행동의 차이점을 반복해서 언급한다. 치료자가 적개심, 욕심, 욕정 혹은 내세우기 곤란한 비슷한 성향을 행동화하지 않으면서도 거기서 즐거움을 느낄 수 있음을 보여 준다면, 통제할 수 없는 악의 덩어리에 대한 환자의 두려움이 경감된다. Lloyd Silverman(1984)은 감정과 공상의 해석에 그치지 않고 그 감정과 공상을 즐기라는 권고가 유용함을 강조하였다. 이는 편집적인 사람들과의 작업에서 특히 중요한 차원이다. 치료에 이런 차원이 빠져 있으면, 환자들은 그러한 감정들을 인간 조건의 한 부분으로 끌어안는 것이 치료 목표가 아니라, 그것을 노출하고 굴욕을 당하며 그런 감정들을 깨끗이 추방해 버리는 것이 목표라고 생각하게 된다.

나의 맏딸이 세 살 때, 유치원 선생님이 선행이란 "좋은 생각을 하고 좋은 행동을 하는 것"이라고 가르쳐 주었다. 이 말을 들은 내 딸은 걱정이 많았다. 나는 선생님 말씀에 동의하지 않는다고 하면서, 나쁜 생각을 한다는 건 정말 재미있는 일이지만, 그런 생각에도 불구하고 좋은 행동을 할 수 있다면 특히 더 그렇다고 말해 주었다. 딸아이는 크게 안심하였다. 몇 달 후, 딸아이는 아기인 여동생을 괴롭히지 않으려고 애쓰면서, 짓궂은 표정으로 이렇게 말했다. "나는 좋은 행동을 하고 아주 나쁜 생각을 해!" 비록 내 딸이 평생토록 환상과 현실을 혼동해 온 사람에 비해서 훨씬 일찍 배우긴 했지만, 내가 딸에게 가르쳤던 것은 편집적인 내담자를 치유하는 메시지와 본질적으로 같다.

다섯째, 치료자와 내담자 사이의 경계에 크게 주의를 기울여야 한다. 다른 유형의 환자에게는 때로 책을 빌려줄 수도 있고 새로운 헤어스타일을 칭찬할 수도 있지만, 편집적인 사람에게 그러한 행동을 하면 여러 가지 복잡한 일이 벌어질 수 있다. 편집적인 내담자들은 치료자가 자신의 역할에서 벗어나 내담자의 심리적 요구와 관련이 없는 어떤 목적을 위해 내담자를 이용할지 모른다고 끊임없이 걱정한다. 강렬한 이상화 전이를 하고 치료자와 '진짜' 친구가 되고 싶다고 주장하는 내담자조차도 (아마도 특히 이런 내담자들이) 치료자가 유별나게 호의를 베푸는 듯한 행동을 할 때 공포심을 느낄 수 있다.

일관성은 편집적인 사람의 안전감에 결정적으로 중요하다. 비일관성은, 소망은 너무 큰 힘을 발휘한다는 환상을 자극한다. 각 치료자들의 경계가 정확하게 무엇인가(예, 치료 시간에 안 왔을 때의 문제, 혹은 치료자의 집에 전화하는 문제를 어떻게 다룰 것인가) 하는 것 보다는, 그런 경계를 얼마나 성실히 지키는가 하는 점이 더 중요하다. 편집적인 내담자들의 입장에서는, 치료자가 유혹을 당하거나 겁을 집어먹고 평상시의 위치에서 벗어날지도 모른다고 걱정하기보다는, 관계의 한계에 대해 분통을 터뜨리고 슬퍼하는 일이 훨씬 더 치료적이다. 환자를 보살피고자 하는 치료자의 마음에서 비롯된 뜻밖의 일탈이, 우울한 사람에게는 희망의 불꽃을 피워 올릴 수 있지만, 편집적인 환자에게는 불안의 화염을 작열케 할 수 있다.

이 주제와 관련해서는 편집적인 내담자들의 유사성애적인pseudoerotic 전이 폭풍의 위험성에 대해서 언급할 필요가 있다. 동성애에 대한 공포에 취약한 편집적인 사람들이 많으므로, 환자와 동성同性인 치료자는 이성 치료자보다 전문가로서의 직분을 지키는 데 더욱 조심해야 할지 모른다. 하지만 동성 치료자건 이성 치료자건 간에 내담자의 성애화된 강렬한 허기 혹은 격분의 대상이 되는 경우가 있다. 극심한 심리적 박탈과 인지적 혼란(애정과 성, 생각과 행동, 내부와 외부 간의 혼란)의 결합은 종종 성애화된 오해와 두려움을 가져오기 때문이다. 이때 치료자가 할 수 있는 최선의 대응은 치료의 틀을 복구하고, 감정의 분출을 참아 내고, 그런 폭발의 이면에 있는 감정을 정상화normalize하고, 감정과 행동의 한계를 구분하여 심리치료가 계속 가능하도록 하는 것이다.

마지막으로, 치료자가 개인적인 힘과 절대적인 솔직함을 보여 주는 것이 매우 중요함을 강조하고자 한다. 편집적인 내담자들의 내면은 적대적이고 공격적인 투쟁으로 가득 차 있다. 이들은 파괴적인 전능감에 오랫동안 시달려 왔고, 도대체 생각이 끝나고 행동이 시작되는 지점이 어디인지를 몰라 매우 혼란스러워한다. 이들은 자신의 이러한 사악한 내적 과정이 치료자를 다치게 하거나 파괴할지도 모른다는 것을 가장 크게 걱정한다. 그러므로 이들은 자신의 치료자가 자신의 환상보다 더 강하다는 것을 알 필요가 있다. 편집적인 사람에게 이야기할 때는, 때로는 내용 자체보다는 그러한 메시지를 얼마나 자신감 있게, 거리낌 없이, 두려워하지 않고 전달하는가가 더 중요하다.

편집적인 환자들을 실제 치료한 경험을 보고한 치료자들은 (편집성 과정의 기원에 관한 이론을 다룬 더 방대한 문헌들과는 대조적으로) 대부분 존중, 성실, 재치, 인내를 강조하였다(Arieti, 1961; Fromm-Reichmann, 1950; Hammer, 1990; Karon, 1989; MacKinnon et al., 2006; Searles, 1965). 이들 중 특히 정신병적 내담자와 작업했던 몇몇 저자들은 환자가 현실을 보는 관점에 동참해 보라고 권한다. 이것이 내담자에게 충분한 확인과 긍정을 제공하고, 그럼으로써 이제 치료자와 내담자가 공유하는 것처럼 보이는 편집적인 해석 체계와 결별을 시작할 수 있도록 돕는다는 것이다(Lindner, 1955; Spotnitz, 1969). 그러나 대부분의 저자들은 그렇게까지 하지 않아도 치료자가 내담자의 세계관을 존중하고 있음을 전달할 수 있다고 느낀다.

편집성 환자들은 모욕과 위협을 극도로 민감하게 지각한다. 그러므로 치료 과정 중에 어느 정도의 균열과 후퇴는 각오해야 한다. 치료자는 정기적으로 괴물이 되어 버릴 것이다(Reichbart, 2010). 내담자가 Sullivan(1953)이 '악성 변형'이라고 부른 것을 만들고 갑자기 치료자를 위험하거나 부패했다고 경험하기 때문이다. 때로는 치료 작업이 피해 대책을 위한 끝없는 훈련처럼 보인다. 단기적으로는, 치료자는 혼자 있다는 느낌을 꽤 오랫동안 견뎌야 한다. 왜냐하면 편집성 심리를 지닌 사람들은, 치료자가 자신들을 이해하려고 진력을 다해도 이를 말이나 행동으로 인정해 주는 일이 거의 없기 때문이다. 그러나 헌신적이고, 적절하게 겸손하고, 정직한 치료자는 편집적인 사람과 수년간을 함께 하면서 아주 큰 변화를 가져올 수 있다. 그리고 이들의 모든 분노의 밑바닥에서, 따스함과 감사가 샘솟는 깊은 우물을 발견한다.

감별진단

앞서 언급했듯이 기능 수준이 높으면서 면접자에게 자신의 편집증의 정도를 감추려고 하는 경우를 제외하면, 편집성 성격 구조는 대체로 진단하기가 쉽다. 편집성이 명백한 환자는 분열적인 내담자들과 마찬가지로 정신병적 과정의 가능성에 반드시 주의를 기울여야한다.

편집성 대 정신병질성 성격

7장에서 편집적인 사람과 반사회적인 사람의 심리를 구별할 때 죄책감이 핵심적으로 중요함을 언급하였다. 여기서는 또한 사랑에 대해서도 언급해야겠다. 만약 편집적인 사람이 자신과 당신이 기본적인 가치를 공유하고 있으며 곤경에 처했을 때 당신을 의지할 수 있다고 느낀다면, 그 사람은 사실상 한없는 충성과 관용을 보여 줄 수 있다. 투사적 과정은 반사회적인 사람들에게도 흔하지만, 정신병질자들이 근본적으로 비공감적인 데 반해 편집적인 사람은 대상과 깊숙이 관련되어 있다. 편집적인 사람들이 장기간의 애착 관계를 지속하는 데 주로 위협이 되는 점은, 다른 사람들에 대한 감정의 결여가 아니라 배신의 경험이다. 이들은 부당한 대우를 받는다고 느낄 때는 30년 동안 지속해 온 관계도 단칼에 자를 수 있다. 이들은 도덕적 감성의 유사성을 기초로 하여 다른 사람들과 관계를 맺는다. 그리고 자신과 자신의 애정 대상이 선과 악의 평가에 있어 한 몸이라고 느끼기 때문에, 자신이 동일시하는 사람에게서 도덕적 결함이 지각되면 이를 자기의 결함으로 느낀다. 이 결함을 뿌리째 제거하기 위해서는 과오를 저지른 대상을 반드시 내쫓아 버려야만 하는 것이다. 그러나 파국적 관계의 이력이 있다고 해서 이들에게 사랑할 수 있는 능력이 없는 것은 아니다.

편집성 대 강박성 성격

강박적인 사람은 정의正義와 규칙의 문제에 민감하고, '부드러운' 정서를 부인하며, 통제의 문제에 집착하고, 수치심에 취약하고, 의분을 품는 경향을 보인다는 점에서 편집적인 사람들과 공통점이 있다. 또한 세부 사항을 샅샅이 살피고, 사소한 점에 고착되어 큰 그림을 오해한다. 게다가, 정신병으로 붕괴되는 과정에 있는 강박적인 사람들은 비합리적인 강박사고를 보이다가 서서히 편집적인 망상으로 빠져들 수 있다.

그러나 이 두 진단 범주에 속하는 사람들은 그들의 과거력에서 굴욕감이 어떤 역할을 했는지, 그리고 굴욕감에 얼마나 민감한지 하는 점에서 서로 다르다. 강박적인 사람들은 통제당하는 것을 두려워하지만, 편집적인 사람들이 가지고 있는 신체적인 위해와 정서적인 치욕에 대한 두려움은 없다. 강박성 환자들은 저항적인 특성에도 불구하고 면접자에게 더 협조하려 할 것이며, 이들과 작업하는 치료자는 편집성 환자들이 유발하는 만큼의 불안을 느끼지 않는다. 보통 강박적인 내담자에게는 표준적인 정신분석 기법이 도움이 된다. 강박적이라고 믿었던 환자가 관습적인 명료화와 해석에 대해 분개하는 반응을 보인다면, 이는 편집적 특성이 이들을 지배하고 있다는 첫 번째 징후일 수 있다.

편집성 대 해리성 심리

해리성 정체성 장애가 있는 사람들은 편집증이 있는 변경 인격을 갖고 있는 경우가 많으며, 면접자에게 그 인격이 그 사람 전체를 대표한다는 인상을 줄 수 있다. 편집증과 해리 모두 정서적 학대라는 병인을 갖기 때문에 한 사람 안에 이 두 가지 과정이 공존하는 경우가 흔하다. 15장에서 해리장애의 진단에 대해 상세히 논의할 것이며, 이를 통해 편집성 성격을 지닌 사람과 편집성 변경 인격 혹은 편집적 경향을 지닌 해리적인 사람을 어떻게 구별하는지가 좀 더 분명해질 것이다.

요약

이 장에서는 편집적인 성격을 가진 사람들의 외현적 특성과 내현적 특성을 기술하고, 특히 이들이 투사에 의존함을 강조하였다. 가능한 병인으로는 선천적인 공격성, 그에 따른 공포, 수치심, 질투심, 죄책감에 대한 취약성을 언급하였다. 가족 내에서의 위협, 굴욕, 투사 과정, 그리고 불안으로 가득 찬 모순된 메시지가 이 유형의 성격 조직 형성에 어떤 역할을 하는지 살펴보았고, 편집적인 사람의 자기 감각은 무력한 취약성과 전능한 파괴성 사이를 오간다는 점, 그리고 정체성과 자존감의 핵심이 허약한 데서 오는 집착을 기술하였다. 전이와 역전이 과정의 강렬함, 특히 격분이 포함되어 있는 과정도 논의하였다.

편집성 환자의 치료자는 유머감각을 발휘하여 자기를 수용하고 인간적 약점을 즐겁게 인정하는 모습을 보여 주어야 하며, 방어와 내용보다는 정동과 과정을 다루고, 경험의 편집적 해석에 대한 정면 공격을 피하면서 증상의 악화를 가져온 구체적인 촉발 사건을 찾아내고, 생각과 행동을 구별하고, 경계를 지키고, 치료자의 개인적인 힘과 진실성과 존중하는 태도가 전달되도록 해야 한다. 마지막으로, 편집성이 현저한 심리를 지닌 사람들과 정신병질, 강박성, 해리성 성격 조직을 지닌 사람들을 구분하였다.

더 읽을거리

편집증을 다룬 가장 포괄적인 저서는 Meissner의 『The Paranoid Process』(1978)일 것이다. 그러나 D. Shapiro(1965)의 편집성에 관한 장이 설명이 더 잘되어 있고, 더 짧고, 더 생생하다. 편집증에 관한 최근의 정신분석적 저작들은 사회정의의 문제를 다루거나 정치 현상에 관해 논평하고 있다. 편집증이 다른 집단에 대한 두려움을 이용하여 한 집단의 응집력을 높이는 과정에서 핵심적인 역할을 하기 때문이다. 『Psychoanalytic Review』는 최근 이 주제만을 다룬 흥미로운 호[2010, vol. 97(2)]를 발간하였고, 여기에 저자의 글도 포함되어 있다.

Chapter 11 Psychoanalytic Diagnosis

우울성 성격과 조증 성격

이 장에서는 우울역동에 의해 형성된 성격을 가진 사람들에 대해 논의하고, 또한 우울의 부인denial을 특징으로 하는 성격 패턴, 즉 조증, 경조증, 순환성이라고 불려 온 성격을 지닌 사람들의 심리에 대해서도 짧게 다룰 것이다. 후자에 속하는 사람들은 우울한 사람들이 무의식적으로 사용하는 것과는 정반대의 전략으로 삶에 접근하지만, 성격을 조직하는 기본적인 주제, 기대, 소망, 두려움, 갈등, 무의식적인 이해의 틀은 서로 비슷하다. 조증 상태와 우울 상태를 번갈아 경험하는 사람들이 많이 있다. 이 중 정신병적 수준의 상태를 '조울증'이라고 하였으며, 이 용어는 망상과 자살 충동을 떠올리게 한다. 하지만 정신병적 경험이나 자살 시도를 전혀 하지 않으면서도 조증과 기분부전 상태를 주기적으로 오가는 사람들이 많이 있다. 지금은 이들을 주로 양극성 장애로 진단한다.

우울이 두드러진 사람들과 조증이 두드러진 사람들, 그리고 양극을 오가는 사람들은 그 심각성의 연속선에서 모든 수준에 걸쳐 존재한다. Kernberg(1975)는 경조증적 성격장애가 부인이라는 원시적 방어를 사용한다는 점에서 그 정의상 경계선 상태라고 생각했지만, 이러한 관찰은 그 사람의 성격이 단지 유형이 아닌 장애로 볼 만큼 문제시되는 경우에만 적용된다. 나는 경조증적 역동을 핵심으로 갖고 있고 부인방어를 사용하지만 경계선이라고 보기에는 정체성 통합이 너무 잘되어 있고 자기관찰 능력도 아주 예리한 사람들을 알고 있다.

우울성 성격

DSM-III를 제작할 때 모든 우울 질환과 조증 질환을 '기분장애'라는 항목에 포함하기로 결정하면서, 우울 심리를 이해하는 데 심각한 장애물이 생겼다(Frances & Cooper, 1981; Kernberg, 1984 참조). 이런 결정이 내려지면서 우울 현상에서 정동만큼이나 중요한 심상, 인지, 행동, 감각의 요소들은 뒤로 밀리고 기분부전 상태의 정동적인 측면만이 부각되었다. 또한 임상적, 경험적으로 오랫동안 확립되어 온 우울성 성격장애라는 진단이 없어져 버렸고, 아울러 임상적 우울 상태에 있지 않을 때 우울한 사람들을 특징짓는 내적 방어에 주의를 기울이지 못하게 만들었다. 최근에 나는 이러한 결정을 내린 위원회 인사들 모두가 제약회사와 얼마간 연관을 갖고 있었다고 들었다. 나는 이들이 부정을 저질렀다고 생각하지는 않지만, 이러한 연관성은, 추정컨대 '과학적' 결정을 내리는 데 무의식적 영향을 끼쳤을지도 모른다는 의문을 갖게 만든다. 일반적으로 제약회사들은 정신적 고통을 약물에 좀처럼 반응하지 않는 오래 지속된 성격 패턴으로 보기보다는 별개의 장애로 개념화하기를 더 좋아한다.

임상적인 우울증은 알아보기가 매우 쉽다. 우리 중 많은 사람들이 우울증을 특징짓는 문제들, 즉 가눌 수 없는 슬픔, 에너지 부족, 일상적인 즐거움을 느끼는 능력의 상실, 생존 기능의 장해(섭식, 수면, 자기조절의 문제) 등의 문제로 고통을 겪는다. Freud(1917a)는 우울('멜랑콜리') 상태와 정상적인 애도mourning를 비교한 첫 저자였다. 그는 두 가지 상태의 중요한 차이점으로, 정상적인 애도 반응에서는 어떤 중요한 일로 인해서(예컨대, 소중한 사람이 이제 이 세상에 존재하지 않게 되어서) 외부 세계가 축소됨을 경험하지만, 우울 상태에서는 상실했거나 손상됐다고 느끼는 것이 자기의 한 부분임을 관찰하였다. 애도 반응에서는 슬픔이 파상적으로 오는 경향이 있다. 상실이 상기될 때 절절한 아픔을 느끼는 순간들을 간간이 겪지만, 기능은 거의 정상적으로 할 수 있다. 그러나 우울증은 끈질기게 이어지며 기능을 못하게 만들어 버린다. 애도 과정은 기분이 서서히 회복되며 끝나지만, 우울증은 끊임없이 지속될 수 있다.

그렇다면, 어떤 점에서 우울은 애도의 반대라고 볼 수 있다. 정상적으로 슬퍼하는 사람들은 사별이나 상실 이후 한동안 심한 슬픔에 잠길 수는 있지만 우울해지지는 않는 경향을 보인다. 임상적 우울증에서 뚜렷하게 드러나는 인지, 정동, 심상, 감각 과정은 우울성 성격을 지닌 우리들의 마음 안에서 미묘하고, 만성적이고, 조직적이고, 자기영속적으로 작동한다(Laughlin, 1956, 1967). 이 책의 독자층을 감안한다면, '우리들'이라는 표현이 적절한 듯하다. 심리치료자 중 상당수가 성격적으로 우울한 것으로 보이기 때문이다(Hyde, 2009). 우리는 슬픔에 공감하고, 자존감의 상처를 이해하고, 친밀감을 추구하고, 상실에 저항한다. 그리고 치료의 성공은 환자의 노력 덕분이며, 실패는 우리의 개인적인 한계 때문이라고 생각한다.

Greenson(1967)은 우울 감성과 성공적인 치료자의 자질 간의 관계를 언급하면서, 심각한 우울을 겪어 보지 않은 분석가는 치료자로 일할 때 불리할 수 있다고까지 하였다. Greenson은, 아브라함 링컨과 같이 고뇌에 찬 모습을 역력히 보여 주었던 역사적 인물들과 함께, 자기 자신도 우울 연속선의 건강한 쪽 끝에 속하는 사람의 실례라고 생각했는지 모르겠는데, 아마 상당히 타당한 생각일 것이다. 우울 연속선의 아주 혼란된 극단에서는 망상에 빠져 무자비하게 자신을 혐오하는 정신병 환자를 볼 수 있다. 이들은 항우울제가 개발되기 전까지만 해도 치료자가 수년간에 걸쳐 헌신적인 노력을 기울임에도 불구하고, 여전히 세상을 구원할 최선의 방안은 자기 자신을 파괴하는 길뿐이라는 확신을 가진 사람들이었다.

이 책의 1판을 쓴 이후에, 나는 우울 스펙트럼 내의 하위 유형에 관한 Sidney Blatt의 연구(Blatt, 2004, 2008; Blatt & Bers, 1993)에 대해 더 많이 알게 되었다. 요컨대, Blatt은 "나는 별로야, 내겐 결함이 있어, 나는 제멋대로야, 나는 나쁜 사람이야"('내사형introjective' 우울)라고 자신의 우울 상태를 개념화하는 사람들과 "나는 공허해, 허기가 져, 외로워, 누군가가 필요해"('기대다'라는 그리스어에서 유래한 '의존형anaclitic' 우울)라고 주관적으로 느끼는 사람들을 구분하고, 이들의 서로 다른 내적 경험과 서로 다른 치료적 요구에 대해 연구하였다. 1판의 이 장에서는 우울 심리의 내사형을 더 많이 전제로 하였다. 의존형 우울은 의존적 성격 유형 혹은 장애로 개념화했던 것 같다. 개정판에서는 두 가지 하위 유형을 모두 다루려고 노력하였고, 특히 치료에 관한 부분에서 그러하였다.

Blatt(2008)은 이 두 가지 상반된 유형을 우울의 영역을 넘어서서 연구하였고, 이 두 유형을 '자기정의self-definition'와 '관계 속의 자기self-in-relationship'라는 성향으로 명칭을 바꾸었다. 우리 모두는 자기정의와 관계욕구를 둘 다 가지고 있고, 둘 사이의 균형은 분명 전반적인 정신건강의 한 축을 담당한다. 자기애성 성격을 지닌 사람들은 다른 사람을 평가절하하면서도 그들의 관심에 목말라하지만, 그럼에도 불구하고 거만하거나(자기정의) 고갈된(관계 속의 자기) 어느 한쪽으로 기운다. 이와 마찬가지로, 우울한 사람들도 어느 한쪽으로 기우는 경향을 보인다. 『정신역동적 진단편람Psychodynamic Diagnostic Manual』의 성격 위원회 위원들(PDM Task Force, 2006)은 성격의 하위 유형에 관한 오랜 임상적 전승이 Blatt의 두 가지 양극과 잘 들어맞음을 발견하였다. 이후의 장들에서 Blatt의 구별에 관해 더 설명하게 될 것이다.

우울에서의 추동, 정동, 기질

가족력, 쌍생아, 입양아 연구 등이 시사해 주는 바에 따르면 우울 취약성은 후대로 이어질 수 있다(Rice et al., 1987; Wender et al., 1986). 우울 경향성의 전달이 유전적으로 결정되는 정도 그리고 우울한 부모의 행동이 자녀들의 기분부전 반응을 조성하는 정도를 확실하게 평가할 수 있는 사람은 아직 없지만, 우울은 분명 대물림된다. 다른 포유동물들의 연구에서 초기의 모성 상실 혹은 거부에 대한 반응 패턴은 인간의 우울 양상과 동일함이 밝혀졌다(Panksepp, 2001). 상실 및 그에 동반되는 정동, 인지, 신체 경험의 원형은 한 사람의 아주 어린 시절에 정해질 수 있으며, 이후 그 사람의 뇌 기능에 영구적으로 영향을 미칠 수 있고, 그다음에는 그 사람의 자녀에게서 재상연될 수 있다. 왜냐하면 뇌 형성의 과정을 살펴보면, 단순히 유전적으로만 보이는 것이 보다 복합적으로 결정될 수 있음을 시사해 주기 때문이다.

Freud(1917a)는 너무 이른 상실 경험이 우울 상태의 중요한 전조가 된다고 추측하였으며, 후에 Abraham(1924)은 이 생각을 좀 더 구체적으로 다듬었다. 지나친 만족이나 지나친 박탈은 그 일이 일어난 유아기 단계에 고착되게 한다는 고전적 이론에 따라서, 처음에는 우울한 사람들은 너무 빨리 혹은 너무 갑자기 젖을 떼었거나, 적응 능력을 압도하는 어떤 다른 좌절 경험을 초기에 겪었으리라고 이해되었다(Fenichel, 1945 참조). 우울한 성격을 지닌 사람들의 '구강적' 특성이 이런 추정을 하는 데 영향을 미쳤다. 우울한 사람들은 비만인 경우가 많고, 대개 먹고, 담배 피고, 마시고, 이야기하고, 키스하는 등의 구강적인 만족을 좋아하며, 자신들의 정서 경험을 음식이나 배고픔에 비유해 묘사하는 경향이 있음을 본 것이다. 우울한 사람들이 구강기에 고착되어 있다는 생각은 완전히 사라지지 않았다. 아마도 그런 개념화가 이론적인 바탕이 있기 때문이 아니라 직감적인 호소력이 있기 때문일 것이다. 나의 슈퍼바이저 중 한 분은 내가 모든 사람을 허기지게 본다면서 내가 나 자신의 우울 주제를 모든 내담자에게 투사하는 경향이 있음을 보게 해 주었다. 그 이후에야 나는 정서적 양분이 필요한 사람들과 요리를 배우는 게 어떠냐고 말해 줄 필요가 있는 사람들을 구분하기 시작하였다.

초기에 우울 과정을 정신역동적으로 어떻게 설명했는지 그리고 그것이 어떻게 철저히 대중화되었는지를 보면, 추동 이론이 구체적인 임상 문제에 어떻게 적용되었는지를 알 수 있다. Freud(1917a)는 우울 상태에 있는 사람들은 자신의 부정적 정동을 다른 사람에게서 거둬들여 자기 자신에게로 돌리며, 자신의 실제 약점에 비해서 너무나 터무니없이 자신을 증오한다고 말하였다. 리비도와 공격성으로 심리적 동기를 설명하던 시절에, 이 현상은 '자기에 대한 가학증'(공격성) 혹은 '안으로 향한 분노'로 묘사되었다. 이러한 개념화가 임상적으로 유망해 보였기 때문에, Freud의 동료들은 이를 열렬히 지지하였고, 환자가 무엇 때문에 화가 났는지 깨닫게 하고 그럼으로써 병리적 과정이 역전될 수 있는 치료를 하기 시작했다. 후대의 이론가들은 우울한 사람들이 왜 분노 반응을 자기를 향해 돌리도록 배웠는지, 어떤 기능을 위해 그런 패턴을 지속하는지를 설명해야 할 과제를 안게 되었다.

내부를 향한 공격성aggression-inward 모델은 우울한 사람들은 자기 자신을 위해서는 갈등이 없는 자연스러운 분노를 좀처럼 느끼지 못한다는 관찰과 잘 부합된다. 대신 이들은 죄책감을 느낀다. 특히 내사형 우울성 성격에 가까울수록 그러하다. 이 죄책감은 편집적인 사람들이 가진 부인되고 방어적으로 재해석된 종류가 아니라, 비난받아 마땅하다는 부분적으로는 의식적이고 자아동질적인 느낌으로 온 몸에 퍼져 있다. 시나리오 작가 윌리엄 골드먼은 한 인터뷰에서, "내가 저지르지 않은 죄를 추궁당할 때, 나는 왜 내가 그걸 잊어버렸을까를 생각한다."라고 재치 있게 표현한 바 있다. 우울한 사람들은 자신이 저지른 모든 죄, 자신이 미처 베풀지 못한 모든 친절, 마음을 스치고 지나간 모든 이기적인 생각들을 의식하고 이로 인해 번민한다.

의존형 우울의 주된 감정인 슬픔은 우울 심리를 지닌 사람들의 또 다른 주요 정동이다. 죄악과 부정은 이들을 고통스럽게 한다. 하지만, 그것이 이들에게 편집적인 사람들이 보이는 적대적인 분노, 강박사고를 하는 사람들이 보이는 도덕화, 강박행동을 하는 사람들이 보이는 취소행위, 히스테리적인 사람들이 보이는 불안을 유발하는 일은 거의 없다. 임상적으로 우울한 사람들의 비통함은 너무도 생생하고 이목을 집중하게 해서, 일반 대중의 마음속에서, 또한 이제는 분명히 전문가들의 마음속에서도, '슬픔'과 '우울'은 사실상 동의어가 되어 버렸다(Horowitz & Wakefield, 2007). 기분부전 증상이 없는 많은 사람들이 우울성 성격을 지니고 있고, 또한 슬픔과 우울은 적어도 한 가지 측면에서는 상호배타적인 상태이기 때문에, 이 둘을 같은 것으로 보는 시각은 오해를 불러일으킨다. 심리적으로 견고하고 생기가 넘칠지라도 우울성 성격을 지닌 사람들은 이들의 말을 민감하게 듣는 사람들에게 내면의 멜랑콜리를 넌지시 전달한다.

Monica McGoldrick(2005)은 가슴에는 노래를, 눈에는 눈물을 머금고 있는 집단으로 유명한 아일랜드인들을 뛰어나게 그리고 있으며, 우울한 영혼을 지닌 이들 민족문화의 분위기를 잘 짚어 내고 있다. 우울한 사람들은 정상적으로 기능할 수 없을 만큼 혼란이 심하지 않은 이상 사람들이 좋아하는 타입이다. 이들은 미움과 비난을 밖으로 돌리지 않고 자신에게로 돌린다. 그래서 대개 타인의 잘못에 대해 너그럽고, 이해를 잘해 주고, 동정적이다. 또한 다른 사람들의 미심쩍은 점을 선의로 해석하고 어떤 대가를 치르더라도 관계를 유지하려고 애쓴다. 심리치료 또한 당연히 높게 평가한다. 이후의 절에서, 어떻게 하면 이러한 매력적인 특성이 이들에게 손해가 되지 않게 예방할 수 있는지 논의할 것이다.

우울에서의 방어 과정과 적응 과정

내사형 우울을 지닌 사람들의 가장 강력한 방어이자 이들의 경험을 조직하는 방어는 당연히 내사이다. 내사는 이들의 고통을 경감하고 우울 경향을 수정하기 위해서 이해해야 할 가장 중요한 심리기제이다. 정신분석적인 임상 이론이 발달하면서, (안을 향한 공격성 대 밖을 향한 공격성이라는) 단순한 에너지 개념을 넘어서서 내재화 과정에 대한 깊이 있는 연구가 진행되기 시작하였다. Freud는 '애도와 우울'(1917a)에서 이를 묘사하였고, Abraham은 이를 우울한 사람의 '잃어버린 애정 대상과의 동일시'라고 하였다. 분석가들이 우울에서 내재화 과정의 중요성을 강조하기 시작하면서(Bibring, 1953; Blatt, 1974; Jacobson, 1971; Klein, 1940; Rado, 1928), 기분부전이라는 불행에 맞서 싸울 수 있는 치료적 역량이 크게 증가되었다.

내사형 우울 환자들과 작업할 때 치료자는 내재화된 대상의 소리를 듣는다. 내담자가 "그건 틀림없이 내가 이기적이기 때문이에요."라고 해서, 치료자가 "누가 그런 말을 하나요?"라고 물으면, "엄마"(혹은 아버지, 조부모, 손위 형제 등 내사된 비판자)라는 대답을 들을 수 있다. 그래서 종종 치료자는 마치 유령에게 이야기하는 것 같고, 치료가 제대로 되려면 푸닥거리라도 해야 할 것처럼 느낀다. 이 예에서 보듯이, 우울한 사람들을 특징짓는 내사는 오래된 애정 대상의 혐오적 특성을 무의식적으로 내재화한 종류이다. 일반적으로 애정 대상의 긍정적인 속성은 호의적으로 기억되는 반면, 부정적인 속성은 자기의 일부분으로 느껴진다(Klein, 1940).

2장에서 언급했듯이, 환자가 어떤 대상을 적대적이고, 비판적이고, 방치한다고 느끼고 그런 이미지를 내재화했다고 해서 그 대상이 반드시 실제로 그랬다는 뜻은 아니다(물론 실제로 그러는 경우도 많고, 그래서 치료를 더욱 방해하기도 한다). 아버지가 아들을 깊이 사랑했지만 아들은 버림받았다고 느낄 수 있다. 어쩌면 그 아버지는 갑자기 어려워진 생활을 꾸려 나가기 위해서 부업까지 해야 했거나, 전선에 배치되거나, 혹은 중병으로 갑자기 입원을 했을 수도 있다. 어린 아들은 아버지의 유기에 대해 적대감을 느끼지만, 그러면서도 아버지를 간절히 원하고, 아버지가 곁에 있었을 때 그의 소중함을 미처 깨닫지 못한 것을 자책할 것이다. 아이들은 저 자신의 반응을 자기를 버린 애정 대상에게 투사하여, 그 애정 대상이 화가 났거나 마음이 상해서 떠났다고 상상한다. 그런 악의적인 혹은 상처받은 유기자의 이미지는, 아이로서는 견디기가 너무 고통스럽기도 하고, 또 애정 대상과 재결합하고자 하는 소망에 방해가 되기 때문에 의식 밖으로 추방되어 자기의 나쁜 부분으로 느껴진다.

따라서 아동은 상실한 대상을 이상화하는 한편, 모든 부정적 정동을 자기 감각 속으로 추방하면서 외상적 상실 혹은 너무 이른 상실의 경험을 극복하려고 할 수 있다. 이 잘 알려진 우울역동은 아이로 하여금 자신은 나쁜 사람이고, 꼭 필요한 좋은 사람을 자신이 쫓아 버렸고, 앞으로 또다시 버림받지 않기 위해서는 열심히 노력해서 자신의 나쁜 점을 차단해야 한다는 느낌을 온몸에 배게 만든다. 독자들은 이러한 설명이 예전의 내부로 향한 공격성 모델과 모순이 없음을 알 수 있을 것이다. 이것은 우울한 사람들이 이런 방식으로 적대적인 감정을 처리하는 습관을 가지게 된 이유를 설명해 준다. 만약 어떤 사람이 자신의 나쁜 점이 사랑하는 대상을 내쫓았다고 믿음으로써 고통스러운 분리로부터 벗어났다면, 사랑하는 대상을 향해 오직 긍정적인 감정만을 느끼려고 부단히 노력할 것이다. 일상적이고 자연스러운 적대감과 비난을 인정하지 않으려는 우울한 사람들의 저항은 이런 맥락에서 이해할 수 있다. 어떤 사람은 자신이 좀 더 좋은 사람이 되면 배우자가 더 이상 자신을 학대하지 않을 것이라고 믿으면서 난폭한 배우자 곁에 머문다. 이 참담하고 주목할 만한 현상 또한 이렇게 이해할 수 있다.

자기 탓으로 돌리기turning against the self(A. Freud, 1936; Laughlin, 1967)는 내사형 우울을 지닌 사람의 또 다른 방어기제로, 우울 역동과 관련된 덜 원시적인 기제이다. 내사라는 개념은 대상 없이는 불완전하다고 느끼고, 완전하다고 느끼기 위해 그 대상을 자기 감각 속으로 끌어들이는 총체적인 경험을 말한다. 비록 이때 대상을 자기 감각 속으로 끌어들인다는 것은 대상과의 고통스러운 경험에서 비롯된 나쁘다는 느낌을 자기표상으로 취한다는 의미이지만 말이다. 자기 탓으로 돌리기는 불안, 특히 분리 불안을 경감해 주며(만약 유기를 초래한 것이 자신의 분노와 비난이라고 믿는다면, 그 분노를 자신에게로 향하게 할 때 더 안전하게 느낀다), 자신에게 힘이 있다는 느낌을 유지해 준다(만약 내 안에 나쁜 것이 있다면, 이런 성가신 상황을 내가 변화시킬 수 있다).

아동은 실존적으로 의존적일 수밖에 없다. 만약 자신이 의지해야 하는 사람이 믿을 만하지 않거나 나쁜 의도를 갖고 있는 사람이라면, 아동은 현실을 수용하거나 아니면 현실을 부인하는 선택을 해야 한다. 만약 현실을 수용하면, 삶은 공허하고, 무의미하고, 어찌해 볼 도리가 없다고 일반화될 수 있으며, 만성적인 불완전감, 공허감, 갈망, 허무함, 실존적인 절망감만이 남게 될 것이다. 이것이 의존형 우울이다. 대신 자신이 의지해야 하는 사람이 믿을 만하지 못하다는 사실을 부인하면(두려움 속에 사는 것을 견딜 수 없기 때문에), 자신의 불행은 자기 자신 때문이라고 결론 내리고 따라서 자신을 개선하면 환경을 변화시킬 수 있다는 희망을 간직할 수 있게 된다. 자신이 착해질 수만 있다면, 이기적이고 파괴적이라고 생각하는 자기 자신을 넘어설 수만 있다면, 삶은 더 나아질 것이다(Fairbairn, 1943). 이것이 내사의 역동이다. 우리의 임상 경험은 힘이 없음을 인정하기보다는 아무리 불합리할지라도 차라리 죄책감을 느끼는 쪽을 택하는 인간적인 경향성이 우리에게 있음을 거듭해서 보여 준다. 내사형 우울이 있는 사람은 자신이 나쁘다고 느끼지만 그 나쁨 속에서 힘을 느낀다. 반면 의존형 우울이 있는 사람은 희생당했다고 느끼며, 무기력하고, 수동적이다.

이상화는 우울 환자들에게서 볼 수 있는 또 다른 중요한 방어이다. 우울한 사람들은 자기 경험(만성적으로 공허하게 느끼거나, 비밀스럽게 나쁘다고 느끼거나)으로 인해 자존감이 손상되어 있으며, 그에 따라 다른 사람을 그만큼 더 높게 본다. 타인을 지나치게 높게 보고, 그리고 그에 비교해서 자신을 작게 느끼고, 그다음 작아진 자기를 보상하기 위해 이상화 대상을 찾고, 그 대상에게 열등감을 느낀다. 이러한 자기 영속적인 순환 고리는 우울한 사람들의 전형적인 특징이다. 이들의 이상화는 지위와 권력이 아니라 도덕적 관심사를 중심으로 형성된다는 점에서 자기애적인 사람들의 이상화와는 다르다.

우울 심리에서의 관계 패턴

자아 과정에 관한 앞 절의 내용은 우울 환자의 대상관계에 관한 몇 가지 중요한 주제를 시사해 준다. 첫째, 초기의 상실 혹은 반복된 상실이 어떤 중요한 역할을 한다. 우울과 애도의 정동은 현저한 일치를 보이기 때문에 이론가들은(멀리는 Freud에 이르기까지) 기분부전 역동의 기원을 애정 대상과의 고통스럽고 너무 이른 분리 경험에서 찾으려고 하였다. 그리고 그런 경험은 우울한 내담자의 과거사를 보면 대개 쉽게 찾을 수 있다. 초기의 상실이란, 예컨대 부모의 사망처럼 늘 구체적이고 관찰 가능하고 경험적으로 증명될 수 있는 것이 아니다. 아이가 정서적으로 준비도 되기 전에 의존적 행동을 포기하도록 강요당한 경우처럼, 초기의 상실은 보다 내적이고 심리적일 수 있다.

Erna Furman(1982)이 쓴 「어머니가 거기 있어야 떠날 수 있다」라는 얼핏 온건해 보이는 논문은 이 두 번째 종류의 상실을 파헤치고 있다. Furman은 아기가 욕구충족 대상의 상실을 받아들일 준비가 되면 어머니는 바로 젖을 뗄 의무가 있다는 전통적 사고방식을 비판하면서, 아이들은 서두르지 않아도 스스로 젖을 뗀다고 강조한다. 독립을 향한 갈망은 의존에 대한 소망만큼이나 원초적이고 강력하다. 퇴행이나 '재충전'이 필요할 때는 언제든지 부모가 옆에 있다고 확신하는 아이들은 자연스럽게 분리를 추구한다(Mahler, 1972a, 1972b). Furman은 아동의 자연스러운 전진의 관점에서 분리 과정을 재조명하고, 만약 아이들에게만 맡겨 두면 퇴행적 만족을 더 좋아할 것이기 때문에 부모가 나서서 적절하게 좌절을 시켜야 한다는 오래된 서구식 사고방식(과거의 정신분석적 사고와 아동 양육에 관한 많은 대중 서적에 반영되어 있는 관점)에 이의를 제기한다.

Furman(1982)에 의하면, 젖을 떼는 시기에 (또한 유추하건대, 다른 분리의 시기에도) 본능적 만족의 상실을 절실하게 느끼는 쪽은 아기가 아니라 오히려 어머니라고 하였다. 어머니는 아동의 자율성이 자라는 모습에서 기쁨과 자부심을 느끼지만, 통증과도 같은 슬픔을 함께 느낀다. 정상적인 아동은 이런 아픔을 이해한다. 아이들은 자신이 처음 학교에 가는 날, 처음 댄스파티에 가는 날, 그리고 졸업식이 있는 날에 어머니가 눈물을 훔치리라는 것을 안다. Furman은 아동의 성장을 보는 고통이 너무 커서 어머니가 아이에게 매달리고 죄책감을 유발하거나("네가 없으면 나는 너무 외로울 거야."), 혹은 역逆공포증적으로 아이를 밀쳐 버릴 때("왜 혼자 놀지 못하는 거야?")만 분리-개별화 과정이 우울 역동으로 귀결된다고 믿었다. 전자의 상황에 놓인 아동은 자신의 공격적이고 자율적인 정상적 소망이 사랑하는 사람에게 상처를 입힌다는 느낌을 갖게 되며, 후자의 상황에 놓인 아동은 자신의 자연스러운 의존 욕구를 혐오하도록 배운다. 어떤 쪽이든, 자기의 중요한 부분이 나쁘게 경험된다.

초기의 상실뿐만 아니라 아동이 무슨 일이 일어났는지 현실적으로 이해하기 어렵고 정상적으로 슬퍼하기 어렵게 만드는 상황들도 우울 성향을 싹트게 할 수 있다. 그런 상황 중에는 발달적인 요인도 있다. 두 살배기 아이는 사람이 죽는다는 사실과 죽음의 이유를 헤아리기에는 너무 어리다. 또한, "아빠는 너를 사랑해, 하지만 아빠랑 엄마랑 사이가 안 좋아서 아빠가 떠나는 거야."와 같은 복잡한 대인관계 동기를 이해할 수가 없다. 2세 아동의 세계는 여전히 마술적이며 범주적이다. 기껏해야 좋은 것과 나쁜 것이라는 조악한 범주로만 사물을 생각하는 아이에게 부모가 사라졌다는 사실은 이성적인 교육과 설득으로는 도저히 상쇄할 수 없는 어떤 나쁜 것에 관한 가정을 만들어 낼 것이다. 분리-개별화 단계에서의 중요한 상실은 우울역동으로 귀결되게 마련이다.

다른 환경으로는, 가족 구성원의 무지와 무관심을 들 수 있다. 이들은 아동이 곤경에 처할 때 아동에게 무엇이 필요한지 신경을 쓰지 않고, 아동이 자기 위주의 도덕적인 해석을 할 때 이를 바로잡아 주는 설명이 필요하다는 것을 모른다. 이혼이 자녀에게 미치는 영향을 살펴본 Judith Wallerstein의 장기 연구에 따르면 (Wallerstein & Blakeslee, 1989; Wallerstein & Lewis, 2004), 부모의 이혼 후에도 아동이 우울하지 않고 잘 적응하는지를 예언하는 가장 좋은 지표는 양육을 맡지 않은 쪽 부모가 아이와 여전히 관계를 유지하는가, 또한 아이에게 부모의 결혼에서 무엇이 잘못되었는지를 그 연령에 적절하고 정확하게 설명해 주었는가 하는 점이라고 한다.

우울 성향을 부추기는 또 다른 환경은 애도를 못하게 하는 가족 분위기이다. 부모나 다른 양육자가 슬픔을 부인하는 모델이 되거나, (예컨대, 험악한 이혼 후에) 상실 대상 없이도 가족 모두가 더 잘 살 수 있다는 가족 신화에 아동이 가담하도록 압력을 넣거나, 아동에게 고통을 숨기고 부모를 안심시키도록 요구할 때, 정상적인 애도 반응은 지하로 숨어들고 결국에는 자기 안에 뭔가 잘못된 게 있다는 믿음의 형태를 띨 수 있다. 때로 정서적으로 너무 많은 짐을 떠안은 부모는, 슬픔을 인정하면 온통 다 무너져 버리기라도 하는 양 아이에게 더 이상 슬퍼하지 말고 어른을 보호하라는 강렬한 무언의 압력을 보내기도 한다. 아동은 자연스럽게 슬픔은 위험하며 위안받고 싶은 욕구는 파괴적이라는 결론을 내리게 된다.

어떤 경우에는, 애도 및 다른 형태의 자기보살핌과 자기위안은 '이기적이고' '제멋대로이고' '자기연민에 불과할 뿐'이며, 마치 마땅히 경멸당해야 할 행동이라고 보는 도덕적 신념이 가족 전체를 지배하기도 한다. 이렇게 죄책감을 유발하는 일과, 고통스러워하는 아이에게 징징거리지 말고 극복하라고 훈계하는 일은 자기의 취약한 측면은 무엇이든지 감추도록 만들고, 비판적인 부모와의 동일시를 통해 자신의 취약한 측면을 혐오하도록 만든다. 내가 만난 많은 우울 환자들은 가족이 어려움에 처할 때마다 아이로서 자연스럽게 표출하는 퇴행 반응을 제대로 통제하지 못한다고 욕을 얻어먹었다. 성인이 된 이들은 마음이 상할 때마다 자신의 부모가 했던 그 방식 그대로 자기 자신을 심리적으로 학대하였다.

정서적인 유기 혹은 실제적인 유기와 부모의 비난이 결합될 때는 특히 우울역동을 만들 가능성이 크다. 어떤 환자는 열한 살 때 엄마를 암으로 잃었는데, 그 아버지는 딸의 불행이 자신의 궤양을 악화하고 죽음을 재촉한다고 거듭해서 불평하였다. 또 어떤 내담자는 네 살 때 멀리 있는 숙박 캠프에 몇 주 동안 보내지게 되어서 눈물을 흘렸는데, 엄마로부터 훌쩍거리기나 하는 아기라는 소리를 들었다. 심하게 우울한 어머니로부터 어린 시절 정서적으로 방치되었던 한 내담자는 어머니를 필요로 할 때마다 이기적이라는 비난과 함께 고아원에 보내지 않는 것을 고마워하라는 말을 들었다. 이런 사례들에서 우리는, 부모의 정서적 학대에 대한 분노 반응이 이미 거부당할까 봐 두려워하고 있는 아이에게는 너무 위험하게 느껴졌으리라는 것을 쉽게 짐작할 수 있다.

나와 함께 치료 작업을 했던 몇몇 우울 환자들은 원 가족 안에서 정서적으로 가장 기민한 사람이었지 싶다. 다른 가족들은 부인하면서 넘어가는 어떤 힘든 상황에 대해 그들이 반응을 보이면 '과민'하다거나 '과잉반응'한다는 딱지가 붙고, 이런 명칭이 내면적으로 이들을 계속 따라다니며 전반적인 열등감과 연결되었다. Alice Miller(1975)는 어떻게 가족이 한 아이의 정서적 재능을 부지불식간에 착취할 수 있는지 기술하고, 이런 일이 생기면 그 아이는 결국 가족을 위해 특별한 기능을 수행할 때만 자신의 가치를 느낀다고 하였다. 만약 아동이 정서적 재능을 가진 것에 대해 조롱당하고 병리적으로 취급받기까지 한다면, 단순히 일종의 가족치료자로 이용당할 때보다 그 우울역동이 훨씬 더 심해질 것이다.

마지막으로, 우울역동을 초래하는 강력한 원인으로 부모의 심각한 우울을 지목할 수 있는데, 이는 특히 아동의 발달 초기에 큰 영향을 미친다. 도와줄 사람이 없는 상황에서 심각한 우울을 겪고 있는 어머니는, 아기가 가능한 한 최선의 출발점에서 삶을 시작하도록 돕고 싶은 마음이 아무리 간절하더라도, 최소한의 보호 차원을 넘어서서 아기를 잘 보살피는 것이 불가능할 것이다. 우리는 유아에 대해 알면 알수록 이들이 삶의 기본적 태도와 기대를 확립하는 데 초기 경험이 얼마나 결정적인지 더 많이 알게 된다(Beebe et al., 2010; Cassidy & Shaver, 2010; M. Lewis & Haviland-Jones, 2004; D. N. Stern, 2000). 아이들은 부모의 우울증으로 인해 심한 괴로움을 겪는다. 이들은 정상적인 요구를 하는 것에 대해 죄책감을 느끼며, 자신의 요구가 다른 사람을 진 빠지게 하고 지치게 만든다고 믿게 된다. 일반적으로, 심하게 우울한 어른을 의지해야 하는 상황을 일찍 겪을수록 정서적 박탈은 더 커진다.

이렇게 우울한 적응에 이르게 할 수 있는 수많은 경로들이 있다. 서로 미워하고 갈등하는 가족뿐만 아니라 서로 사랑하는 가족 안에서도 우울역동이 생겨날 수 있다. 아동이 겪는 상실과 그 상실을 심리적으로 제대로 돕지 못하는 경로는 셀 수 없이 다양한 방식으로 조합된다. 우리들이 사는 사회는 어른들이 아이들의 관심사를 세심하게 들어줄 시간이 부족하고, 사람들이 일상적으로 거처를 옮기고, 가족의 해체가 흔히 일어나고, 고통스러운 감정을 약물로 상쇄할 뿐 그 감정에는 귀를 기울이지 않는 곳이다. 이런 사회에서 청소년의 우울과 자살률이 급증하고, 처방 약물의 남용, 비만, 도박과 같은 역우울성 강박행동이 증가하고, '잃어버린 아이' 혹은 '내면의 아이'를 재발견하려는 대중 운동이 폭발적으로 일어나고, 고립감과 죄책감을 덜기 위해 자조自助 집단을 찾는 사람들이 늘어나는 현상은 전혀 놀라운 일이 아니다. 인간이란 현대의 삶이 요구하는 관계상의 불안정을 감당할 만큼 단단하게 만들어져 있지 않은 듯하다.

우울성 자기

내사형 우울 심리를 갖고 있는 사람은 저 밑바닥에서부터 자신이 나쁘다고 믿는다. 이들은 자신의 욕심, 이기심, 경쟁심, 허영심, 자만심, 분노, 질투, 욕정을 한탄한다. 이들은 이런 정상적인 경험들을 뒤틀리고 위험한 것으로 여긴다. 그리고 자신이 본질적으로 파괴적인 사람이라고 걱정한다. 이런 불안은 구강기적 색채를 띨 수도 있고("내 허기가 다른 사람들을 파괴할까 봐 두렵다."), 항문기적 색채를 띨 수도 있고("나의 반항심과 가학증은 위험하다."), 오이디푸스적 특징을 보일 수도 있다("경쟁하고 사랑을 쟁취하려는 나의 소망은 나쁜 것이다.").

우울한 사람들은 자기 안에 있는 어떤 것이 대상을 쫓아 버렸다고 믿는다. 그렇게 믿음으로써, 애도하지 못한 자신의 상실 경험을 이해하는 것이다. 그저 거절당했다고 느꼈을 뿐인데도, 그 느낌은 자신은 거절당해 마땅하고, 자신의 잘못 때문에 그렇게 되었고, 앞으로도 누군가가 자신을 잘 알게 되면 반드시 자신을 거절할 것이라는 무의식적인 신념으로 전환된다. 이들은 '좋은' 사람이 되려고 매우 열심히 노력한다. 그러면서도 그들은 자신의 죄가 드러나고 무가치한 존재가 되어 버림받을까 봐 두려워한다. 어떤 환자는 동생이 죽었으면 하는 어린 시절의 소망을 내게 들려준 다음에, 내가 다시는 자신을 보지 않으리라고 확신하게 되었다. 심리적으로 세련된 오늘날의 많은 내담자들이 그렇듯이, 그녀도 의식적인 수준에서는 동생에게 자리를 빼앗긴 아이의 그런 심리를 이해하였지만, 깊은 경험의 수준에서는 여전히 유죄 평결을 기다리고 있었다.

내사형 우울을 지닌 사람들의 죄책감은 때로 그 깊이를 헤아릴 수 없다. 죄책감의 어떤 면은 단지 인간 조건의 한 부분일 뿐이고, 완전히 바람직할 수만은 없는 복잡한 우리의 본성과 부합되지만, 우울한 사람들의 죄책감에는 어떤 거대한 자만심이 포함되어 있다. 정신병적 우울증이 있는 사람들에게는 때로 이것이 자신이 죄를 지었기 때문에 어떤 재난이 발생했다는 신념으로 표현된다(그래서 경찰서에는 사회적으로 유명한 범죄를 자신이 저질렀다고 주장하는 망상형 우울증 환자들의 전화가 많이 걸려 온다). 우울한 성격 구조를 가지고 있지만 기능 수준이 높은 사람들도 막상 심리

치료를 하다 보면 그런 비슷한 생각을 하고 있음이 드러난다. "내게 나쁜 일이 생기는 것은 내가 그런 일을 당할 만한 사람이기 때문이다."라는 신념이 밑에 깔린 일관된 주제일 수 있다. 내사형 우울을 지닌 사람들은 심지어 "나처럼 나쁜 사람은 아무도 없어."라는 거대한 사고에 기초한 역설적 형태의 자존감을 가지고 있기도 한다.

우울한 사람들은 자신에 관한 최악의 평가를 믿을 준비가 되어 있기 때문에 비난에 민감하다. 비판은 이들에게 심한 충격을 준다. 사람들이 자신의 약점을 약간이라도 언급하면 다른 것은 못 듣고 오직 그 부분만을 듣는 경향을 보인다. 건설적인 의도에서 어떤 평가가 이루어진다 해도 이들은 자신이 너무 많이 노출된다고 느끼고 너무 많이 상처받을 수 있다. 그래서 전체 평가에 포함된 긍정적인 내용을 별것 아닌 것으로 여기거나 아예 놓치게 된다. 정말 비열한 공격을 당해도 이들은 그 공격에 포함된 일말의 진실을 넘어서서, 그것이 아무리 타당한 면이 있다 하더라도 어느 누구도 비인간적이고 모욕적인 대접을 받을 이유가 없다는 사실을 보지 못한다.

종종 내사형 우울의 사람들은 남을 돕고, 박애주의적인 활동을 하고, 사회 진보에 이바지하는 일을 함으로써 죄책감을 상쇄하고 자신의 무의식적인 역동을 조절한다. 도덕적 열등감에 가장 취약한 사람이 현실적으로 가장 자비로운 사람이라는 사실은 삶의 커다란 아이러니 중의 하나이다. 우울성 성격을 지닌 많은 사람들이 선행을 통해서 자존감의 안정을 유지하고 우울 에피소드를 피한다. 나는 성격적 이타주의에 관한 연구를 하면서(McWilliams, 1984), 자선을 베푸는 나의 피험자들이 유일하게 우울을 경험한 시기가, 환경적인 여건으로 인해 일시적으로 그런 인류애적인 활동을 할 수 없었을 때였음을 발견하였다.

앞서 말한 대로, 심리치료자들 중에는 꽤 심한 수준의 내사 역동을 지닌 이들이 종종 있다. 이들은 남을 돕는 기회를 찾음으로써 자신의 파괴성에 대한 무의식적 불안을 잠재운다. 그러나 사람들을 심리적으로 돕는 일이 그리 쉽지도 않거니와, 돕는다고 하더라도 적어도 우리가 원하는 만큼 그렇게 빨리 도와줄 수가 없고, 또한 치료 과정에서 환자의 성장을 위해 일시적으로 고통을 주지 않을 수가 없기 때문에, 혹은 단순히 실수를 할 때가 있기 때문에, 초보 치료자들은 지나친 책임감과 지나친 자책감에 시달리는 일이 많다. 슈퍼바이저들은 수련생들이 치료 역량을 키우는 데 이런 역동이 얼마나 방해거리가 되는지 자주 목격한다. 나의 우울한 내담자 중 한 사람은 본인도 치료자였는데, 자신의 내담자와 어떤 좌절을 겪을 때마다, 특히 그로 인해 부정적인 감정을 느낄 때마다, 그 문제에서 자신이 어떤 역할을 했는지에 대해 신경을 너무 많이 썼다. 그런데 그 정도가 심하다 보니, 어떤 특정 유형의 환자와 작업할 때 생기기 마련인 치료과정의 부침을 배울 수 있는 기회를 놓치곤 하였다. 치료는 두 사람이 함께 만드는 과정이며 상호주관성이 개입되는 과정일 수밖에 없는데도, 그녀는 이를 일종의 자기정화淨化의 여정으로, 그리고 자신이 기본적으로 사람을 돕는 일에 부적합한 것 같다는 공포심으로 바꾸어 버렸다.

첨언하자면, 내 생각에는 강력한 내사 역동이나 의존 역동이 없더라도 치료자가 되기 위한 훈련 자체가 우울을 만들어 내는 경향이 있다. 내가 지도하는 프로그램에서는 대부분의 학생들이 2년차 때쯤 우울 기간을 거치는 모습을 보인다. 대학원의 심리치료 훈련 과정은 기분부전 반응의 온상이다. 이들은 성인 역할도 해야 하고 아이 역할도 해야 하는 최악의 상태에 있다(즉, 책임감 있고, 자율적이고, 독창적인 사람이 되라는 요구를 받지만, 아무런 힘이 없다. 또한 자기 분야의 '연장자'에게 의존하지만, 그렇다고 보호받고 위로받지도 않는다). 이뿐 아니라 심리치료 훈련을 받는 사람들은, 예술을 배운다는 것은 어떤 내용을 해박하게 잘 아는 것하고는 차원이 다르다는 사실에 직면해야 한다. 예전 자신의 위치에서 이름을 날렸던 수련생들이 자신이 한 일을 낱낱이 드러내고 비판적인 피드백을 받는 위치로 전락하면서 정서적인 충격을 받는다.

이제까지 주로 내사형 우울을 지닌 사람의 자기에 관해 이야기하였다. 의존형 우울을 지닌 사람들은 자기 자신을 그렇게 나쁘게 경험하지는 않는다. 이들은 자신은 늘 부족하고 무언가를 갈망하고 있지만, 실망스러운 삶을 살 수밖에 없는 운명이라고 본다. 이들은 죄책감을 느끼기보다 수치심을 느끼기가 쉬우며(아무도 자신을 원하지 않기 때문에), 사랑을 받을 때도 자신이 사랑받을 만한 가치가 없다고 느낀다. 친밀감에 대한 열망을 지닌 자기 자신을 혐오하지 않을 수는 있지만 여전히 그런 열망은 헛되다고 느낄 수 있다. 이들은 "인생이란 별 볼 일 없어요. 그러다 죽는 거죠."라는 자신의 생각을 치료자가 공유하게끔 만들려고 애쓸 수 있다. 왜냐하면 자신의 미래에 더 이상 좋은 것은 없으며, 만약 다른 가능성이 있다고 상상한다면 참을 수 없는 질투심을 느낄 것이기 때문이다. 내 환자 중 한 명은 내가 어떤 주제를 해결해야 하는 문제로 구성하는 경향을 견딜 수 없다고 말했다. 그녀의 인생을 통틀어서 친구 혹은 친지들과 가장 가깝게 느끼는 순간은 그들에게 닥친 운명이 얼마나 가혹한지 한탄하는 동병상련을 느낄 때뿐이었다. 운명을 바꾸려는 어떠한 노력도 이들이 함께 공유하는 달콤한 비탄을 위협할 뿐이다.

여자들은 남자들에 비해 정서적인 문제를 우울한 방식으로 해결할 위험성이 더 큰 듯하다. 1970년대와 1980년대에 페미니스트 이론가들(예, Chodorow, 1978, 1989; Gilligan, 1982; J. B. Miller, 1984; Surrey, 1985)은 대부분의 가정에서 일차 양육자가 여성이라는 사실을 들어 이 현상을 설명하였다. 남자아이들은 어머니와 달라짐으로써 성정체감을 획득하고, 여자아이들은 어머니와의 동일시를 통해 성정체감을 획득한다. 초기 양육에서의 이런 차이로 인해 남자들은 융합보다는 분리를 통해 남성성을 확인하므로 내사를 덜 사용하고, 여자들은 관계를 통해서 여성성을 느끼기 때문에 내사를 더 많이 사용한다. 내적으로 공허하다고 느낄 때, 남자들은 누군가를 필요로 하고 갈망하는 의존적 존재로 자신을 경험하기보다는 부인방어를 사용하면서 역의존적으로 행동할 가능성이 더 많다.

우울 환자와의 전이와 역전이

우울한 내담자들은 대개 사랑하기가 쉽다. 이들은 빠르게 애착을 형성하고, 비난을 두려워할 때도 치료자가 좋은 뜻에서 그러는 거라고 믿으며, 공감적 반응에 감동을 받고, '착한' 환자 역할을 하려고 열심히 노력하고, 약간의 통찰이라도 얻으면 마치 그것이 생명을 지켜 주는 한 조각의 양식인 양 고마워한다. 이들은 치료자를 이상화하는 경향을 보인다(자신은 나쁘지만 치료자는 도덕적으로 선하다고 보거나, 자신의 내적 공허감을 채워 준다고 보는). 그러나 이들의 이상화는 자기애적인 환자들이 의례히 그러듯이 정서적으로 연결되지 않는 그런 종류가 아니다. 우울한 사람들은 치료자가 자신과 분리된 현실적인 존재이며 자신을 돌봐 주는 사람이라고 보고, 그러한 치료자의 위치를 매우 존중하며 부담을 주지 않으려고 열심히 노력한다.

이와 동시에, 내사형 우울이 있는 사람들은 정신분석 문헌에서 가혹하고, 가학적이고, 원시적인 초자아로 다양하게 개념화되던 내적인 비판의 목소리를 치료자에게 투사한다(Abraham, 1924; Freud, 1917a; Klein, 1940; Rado, 1928; Schneider, 1950). 환자가 생각으로 한 사소한 죄를 고백하면서 치료자가 이를 용납하지 않으리라 예상하며 몹시 비참해할 때 치료자는 당혹스러울 수 있다. 우울한 내담자들은 만약 치료자가 자신을 실제로 알게 되면 자신에 대한 치료자의 관심과 존중이 사라지리라는 뿌리 깊은 신념을 갖고 있다. 생각할 수 있는 모든 부정적인 것들을 자발적으로 이야기하고 이에 대해 계속 수용 받는 경험만을 하더라도 이런 신념은 수개월 혹은 수년간 지속될 수 있다.

의존형 우울이 있는 사람들은 처음에 치료에 대해 편안하게 느낄 가능성이 많다. Blatt(2004)은 치료자의 따뜻하고 무비판적인 관심에 만족을 느끼면서 긍정적인 효과가 금방 나타나며 우울 증상도 경감됨을 발견하였다. 이는 직감적으로 맞는 말이다. 만약 나의 내적인 우울 경험이 따뜻한 애착에 필사적인 그런 것이었는데 치료자로부터 그것을 얻는다면, 기분이 금방 좋아질 수 있다. 의존적으로 우울한 사람들은 양성의 이상화를 발달시키고 치료자가 자신을 돌본다고 가정할 가능성이 많다. 치료자가 내담자에게 현실 세계에서 변화를 가져오라고 직면시키기 전까지는 전이와 역전이에 따른 어려움이 발생하지 않는 경향이 있다.

내사형 우울 환자들이 치료에서 진전을 보이면, 적대적인 태도를 덜 투사하고 대신 그것을 치료자를 향한 분노와 비난으로 보다 직접적으로 경험한다. 이 시점에 이르면 이들은 사실은 치료자에게 도움을 받으리라고 기대하지 않으며, 치료자가 하고 있는 일은 아무런 효과도 없다고 말함으로써 자신의 부정적 반응을 표현할 수 있다. 치료자가 이런 비난을 너무 개인적인 것으로 받아들이지 않으면서 이 시기를 잘 참아 내는 것이 중요하다. 또한 치료 과정상 이전에 이들을 불행하게 만들었던 자기 자신을 향한 모든 불평으로부터 이제 이들이 빠져나오고 있다고 스스로를 위로해야 한다. 의존적 지향의 내담자들이 진전을 보이면, 이들 역시 비판적이 되는 경향을 보인다. 왜냐하면, 비록 지금 따뜻한 관계를 맺고 있기는 하지만 작업해야 할 것들이 있다는 고통스러운 사실에 직면해야 하기 때문이다. 내 경험으로는, 그들의 불평을 많이 받아주면 줄수록, 나중에 치료실 바깥에서 자기 자신을 위해 더 주장할 수 있게 된다.

첨단을 달리는 정신약물학 덕분에 이제 우리는 환자의 혼란 수준이 어느 정도이든지 간에 그들과 치료 작업을 할 수 있게 되었고, 심지어 정신병적인 내담자의 우울역동까지 분석할 수 있게 되었다. 리튬 등의 항우울 성분이 발견되기 이전에는, 경계선 또는 정신병적 구조를 지닌 많은 환자들이 애착으로 인한 고통을 견뎌 낼 수가 없었다. 너무나도 단호하게 자신이 나쁘다고 생각하며, 치료자가 자신을 미워하리라고 확신하고, 진정한 헌신은 없다고 절망했기 때문이다. 때로 그들은 수년간의 치료 후에 겨우 희망을 느끼기 시작하면서 또 다른 참혹한 실망을 맛볼까 봐 두려워 자살을 시도하기도 한다.

보다 건강한 내사형 내담자들은 자신의 기본적인 결함에 대한 신념이 대개 무의식적이고 의식으로 떠오를 때는 자아이질적이기 때문에 함께 치료 작업을 하기가 쉬운 경향이 있다. 그러나 문제가 더 깊은 사람들은 우울한 감정과 신념의 정도를 완화하기 위해 약물치료가 필요할 수 있다. 경계선이나 정신병적 수준의 우울 환자들은 무자비하고 완강한 자기혐오에 사로잡혀 있을 수 있지만, 약물치료를 받는 환자들은 그런 경우가 드물다. 마치 이들의 우울 역동이 화학 작용에 의해 자아이질적으로 바뀌는 듯하다. 적절한 약물치료로 안정을 찾은 환자들에게 남아 있는 자기혐오의 그림자는 신경증 수준으로 우울한 사람들의 병리적 내사를 분석하듯 다룰 수 있다.

보다 건강한 의존적인 내담자들 역시 함께 작업하기가 쉽다. 비록 이들의 밑바탕에 깔려 있는 수동성이 성가실 수는 있지만 말이다. 경계선과 정신병적인 수준의 내담자들과는 작업하기가 매우 어려울 수 있다. 자신을 위해 치료자가 그저 문제를 해결해야 한다는 생각이 너무 자아동질적일 수 있고, 약물치료 경험으로 인해 자신의 내적 자원은 완전히 부실하니 바깥에서 도움이 와야 한다는 생각이 강화되기 때문이다.

우울한 사람에 대한 역전이는 환자의 우울 주제의 심각성에 따라 온정적이고 따뜻한 마음에서부터 전능한 구원 환상에 이르기까지 다양한 형태를 띨 수 있다. 이런 반응은 상보complementary 역전이(Racker, 1968)에 해당된다. 치료자는 신, 혹은 '훌륭한 어머니', 혹은 내담자가 이전에 가져보지 못했던 민감하고 수용적인 부모가 될 수 있다는 환상을 갖게 된다. 치료자의 이런 바람은 우울 역동의 치유는 무조건적인 사랑과 전적인 이해라고 보는 환자의 무의식적 신념에 대한 반응일 수 있다(이런 생각은 상당 부분 진실이지만 위험하고 불완전하다. 이에 관해 곧 설명하겠다).

우울 환자의 치료자들은 일치concordant 역전이도 느낄 수 있다. 이럴 때 치료자는 자신이 무능하고, 서툴고, 해롭고, '충분히 좋지 않다'고 느끼거나(내사적 요소), 희망이 없고, 무능하고, 의기소침하고, 헛되다고 느낄 수 있다(의존적 요소). 우울한 태도는 전염된다. 나는 한 정신건강센터에서 일하면서 (순진하게도) 네 명의 중증 우울 내담자를 연이어 만나는 스케줄을 잡은 뒤에 이 사실을 처음 깨달았다. 네 번째 내담자를 만난 뒤에 사무실의 커피포트를 향해 비틀거리며 걸어가고 있을 때, 센터의 직원들은 내게 먹을 것을 건네며 마음껏 하소연하라고 말했다. 우울한 사람들과 작업하는 동안에는 자신이 치료자로서 부족하다고 결론 내리기가 쉽다. 다행히 개인적인 삶에서 정서적인 만족감을 얻을 수 있는 자원을 풍부하게 갖고 있다면, 이런 감정이 완화될 수 있다(Fromm-Reichmann, 1950; McWilliams, 2004 참조). 이런 감정은 치료자로서 경험을 쌓고 요지부동의 우울 환자를 돕는 일에 성공했음을 부정할 수 없게 되면서 서서히 줄어드는 경향을 보인다.

우울성 성격 진단의 치료적 함의

우울 증상을 보이는 사람 혹은 우울하게 성격이 조직된 사람들의 치료에서 가장 중요한 조건은 수용과 존중, 그리고 이들을 온정적으로 이해하고자 노력하는 분위기이다. 치료에 관한 대부분의 저서들은(인본주의적 입장이든, 정신역동 지향이든, 인지행동을 선호하든 간에) 특히 우울 내담자들의 치료에 적합한 관계 맺기 방식을 강조한다. 비록 이 책이 몇몇 진단 그룹(예, 정신병질과 편집증)의 치료에서는 이런 일반적인 태도만으로는 불충분하다는 기본 입장을 취하고는 있지만, 우울한 사람들을 도울 때 이러한 태도가 얼마나 중요한지 강조하고 싶다. 우울 환자들은 비난과 거부에 대한 자신들의 두려움이 근거가 있음을 증명해 주는 단서라면 그것이 아무리 사소하더라도 절대 놓치지 않는 레이더를 갖고 있기 때문에, 이들과 작업하는 치료자는 비판단적이고 정서적으로 일관성 있는 태도를 유지하기 위해 각별히 신경을 써야 한다.

내사형 우울 내담자들과 작업할 때는, 치료 작업의 대부분이 필연적으로 거부당할 수밖에 없다는 내담자의 기저 가정 또한 그러한 거부를 예방하기 위해 '착한' 사람이 되고자 하는 이들의 반작용적 노력을 이해하는 것에 할애된다. Blatt과 Zuroff(2005)는 국립정신건강연구소(National Institute of Mental Health: NIMH)의 대규모 주요 우울증 연구에서 수집된 자료를 분석한 결과, 내사형 환자가 좋아지기 위해서는 자신이 나쁘다는 환자의 내적 신념 그리고 그가 겪었던 상실 사건에서 자신의 나쁨이 어떤 역할을 했다고 가정하고 있는지를 치료자가 다루는 것이 핵심임을 발견하였다. 치료자가 인지적 관점에서 그 주제에 접근하든[Beck(예, 1995)이 '비합리적 인지'에 초점을 맞추듯], 혹은 정신역동적 관점에서 접근하든(통제-숙달 이론이 '병인적 신념'을 강조하듯), 중요한 문제는 환자가 암암리에 갖고 있는 생각을 밖으로 드러나게 하고 그것에 도전하는 것이다.

기능 수준이 높은 내사형 환자들의 경우에는 그 유명한 분석 카우치를 사용하는 것이 유익하다. 카우치가 그런 주제에 빨리 초점을 맞출 수 있도록 해 주기 때문이다. 내가 치료했던 한 여성은 (외현적인 우울 증상은 없었지만 우울성 성격을 지녔는데) 내 표정을 읽는 데 전문가였다. 그녀는 얼굴을 마주보고 작업하는 상황에서는 비난과 거부의 두려움을 너무나 재빨리 부인하였고 자신이 그런 걱정을 하는지조차 의식하지 못하였다. 치료자인 나 또한 그랬다. 그녀는 남의 눈치를 보는 데 너무나 능숙하였으므로 평소 같으면 그런 모습을 알아차렸을 나도 그때는 그냥 놓쳐 버렸다. 그런데 카우치를 사용하기로 결정하고 더 이상 시선 접촉을 할 수 없게 되자, 그녀는 어떤 주제에 대해 이야기하는 것이 갑자기 어려워졌고, 그것이 다름 아닌 내가 자신을 인정하지 않으리라는 확신에서 비롯된 것임을 깨닫고 깜짝 놀랐다. 카우치를 선택할 수 없는 상황에서는 자리 배치 방식 등을 통해 내담자의 시각적 탐색 기회를 최소화하고, 그럼으로써 자신이 얼마나 만성적이고 자동적으로 눈치를 보고 경계하고 있는지 느끼게 할 수 있다.

Blatt과 Zuroff(2005)는 의존형 환자들의 경우, 치료에서 이들이 치료자들과 어떤 이야기를 나누건 간에 빨리 좋아짐을 발견하였다. 이들의 우울 경험이 애착 욕구를 중심에 두고 있다는 점에서 자신을 돌보는 사람과 안전하게 연결되어 있다고 느끼자마자 증상이 경감된다는 사실은 그리 놀랍지 않다. 그러나 이 집단은 NIMH가 지원했던 비교적 단기적인 치료가 끝나고 난 다음에 또다시 증상을 나타냈다. 이러한 결과는 의존적으로 우울한 내담자들의 치료는 장기 치료 혹은 적어도 종결이 정해지지 않은 치료이어야 함을 시사해 준다. 이들이 애착을 형성한 다음 자신이 통제하지 못하는 환경에서 성급하게 애착을 상실하는 상황이 재현되는 것을 방지하기 위해서이다. 치료자의 존재가 믿을 만하고 긍정적인 내부의 목소리로 내재화되기까지는 시간이 걸린다.

보험회사 혹은 클리닉에 의해 단기 치료가 최선의 치료라고 소개되는 경우가 많기 때문에, 단기 치료가 유일한 선택인 환자들은 자신이 생각했던 것보다 자신이 더 심각하다고 결론 내릴 수 있다. 단기 치료를 통해 일시적으로 기분이 나아지더라도 "다른 사람에게는 분명 치료 효과가 있지만 나 같은 구제불능한테는 아니야."라는 가정을 하게 되면서 자존감에 손상을 입는다. 만약 반드시 종결을 해야 하는 조건에서 우울한 내담자와 작업할 때는, 상실의 의미를 환자가 어떻게 해석할지 미리 예측하여 다루는 것이 특히 중요하다. 고통스러운 임상적 우울 삽화 기간 동안에는 몇 회기로 임의적으로 제한된 치료가 위로를 줄 수 있겠지만, 이렇게 시간 제한적인 경험은 결국 외상적으로 단절됐었던 다른 관계와 무의식적으로 똑같이 받아들여질 수 있으며, 환자가 애착을 유지하는 데 실패했다는 또 다른 증거가 된다.

경계선과 정신병 범위에 속하는 의존적 혹은 내사적 우울 환자와의 효과적인 치료를 위해서는 실재하며, 볼 수 있고, 정서적으로 반응하는 사람과 안전한 동맹을 구축할 수 있는 장기간의 시간이 특히 필요하다. 왜냐하면 자신이 사랑받을 만한 가치가 없다는 가정과 거부당하리라는 공포가 너무 뿌리 깊고 자아동질적이어서, 치료자의 얼굴을 면밀히 살펴서 최악의 두려움을 반증할 기회를 상실한다면, 너무 불안해서 도무지 자유롭게 말을 할 수가 없기 때문이다. 때때로 치료자가 아주 오랜 시간을 들여서 내담자에 대한 수용의 태도를 보여 주어야만 의식적인 수준에 있는 '거절에 대한 두려움'이 겨우 드러나고, 그것을 함께 검토하여 반증할 수 있게 된다.

두 유형의 우울 환자와 작업할 때 분리에 대한 이들의 반응을 탐색하고 해석하는 것이 매우 중요하다. 짧은 침묵으로 인한 치료자와의 분리에 대해서도 마찬가지이다(긴 침묵은 피해야 한다. 이것은 환자에게 자신이 재미없고, 하찮고, 헤매고 있고, 희망이 없다는 느낌을 불러일으킨다). 우울한 사람들은 버림받는 것에 극히 민감하며, 혼자 있을 때 불행하다고 느낀다. 이보다 더 중요한 것은, 이들은 상실을 자신이 나쁘다는 혹은 불충분하다는 증거로 경험할 수 있다는 점이다. 이는 대개 무의식적이지만, 특히 정신병적 경향의 내사적 우울이 있는 사람들은 의식적으로 그렇게 느끼기도 한다. 자신이 근본적으로 악하며 사랑스럽지 않다는 이 우울 주제는 "당신은 내게 정나미가 떨어질 테고 그래서 반드시 나를 떠날 거야." 혹은 "당신은 나의 이 끝없는 갈증과 허기가 싫어서 도망가는 거야." 혹은 "당신이 떠나는 것은 내 죄를 벌하기 위해서야." 등으로 다양하게 변형된다. 따라서 일상생활의 상실이(예컨대, 치료자가 휴가 계획을 잡거나 약속을 취소하는 일이) 우울 환자들에게는 얼마나 괴로운 일인지 잘 이해해야 하고, 또한 환자가 이런 일을 어떻게 해석하는지를 세밀하게 살펴야 한다.

무비판적인 기본적 수용이 우울 환자 치료의 필요조건이긴 하지만 충분조건은 아니다. 특히 내사형 우울 환자들에게 그러하다. 내가 보기에는 우울한 내담자를 치료하는 초보 치료자들은 환자에게 불필요한 고통을 주지 않기 위해서 휴가를 아예 가지 않거나, 스케줄 조정이 되지 않아 부득이하게 약속을 취소해야 할 때도 그렇게 하지 않는 경향을 보인다. 이 분야에 있는 우리들 대부분이 우울 환자들을 처음 치료할 때는 이들을 고통으로부터 보호하기 위해서 아마도 신경증 수준으로 지나치게 유연하고 너그러웠을 것이다. 그러나 우울한 사람들에게 정말로 필요한 것은 끊임없는 보살핌이 아니다. 이들에게 필요한 것은 분리 후에도 치료자가 돌아오는 경험이다. 이들은 유기되는 것에 대한 분노가 관계를 깨지 않았으며, 자신의 허기가 치료자를 영원히 쫓아내지 않았다는 점을 알 필요가 있다. 하지만 상실을 견디지 않는 한 환자는 이런 교훈을 배울 수 없다.

부정적인 감정을 느껴 보라고 격려하면, 우울 환자들은 치료자에 대한 적개심이라니 그런 것은 감히 느껴 볼 엄두를 못 낸다고 저항할 수 있다. "나한테 너무나 필요한 사람인데 어떻게 화를 낼 수 있나요?"라고 말이다. 중요한 가정이 생략된 이 생각에 무심코 동참하지 않도록 주의해야 한다(불행하게도, 우울한 감성의 치료자는 환자들과 유사한 역동을 갖고 있기 때문에 그런 말이 정말 그럴듯하다고 생각하기 쉽다). 환자의 그 질문 속에는 분노가 사람들을 갈라놓는다는 검증되지 않은 가설이 포함되어 있음을 지적할 수 있을 것이다. 우울한 사람들에게는, 아닌 척하거나 자신의 감정을 느끼지 못할 때와는 달리, 부정적인 감정을 자유롭게 인정할 때 오히려 사람들과 가까워질 수 있다는 사실이 뜻밖의 발견으로 다가갈 수 있다. 내가 의지하는 대상이 나의 분노에 대해 병리적으로 반응하는 경우를 제외한다면, 분노는 정상적인 의존을 방해하지 않는다. 많은 우울 내담자들이 어린 시절에 이렇게 '분노가 의존을 방해하는 경험'을 하였다. 그러나 성인들 간의 관계에서는 그럴 가능성이 훨씬 적다는 사실을 그들은 잘 모른다.

치료자들은 우울 환자들의 자존감을 향상해 주려고 애를 쓰지만, 이런 노력은 아무 효과가 없거나 오히려 역설적인 결과를 가져올 때가 종종 있다. 자기혐오에 깊게 빠져 있는 사람에게 지지적인 언급을 하면 다음과 같은 내적 변형을 통해 우울이 오히려 심해질 수 있다. "나를 정말로 아는 사람이라면 그렇게 좋은 말을 할 수가 없어. 내가 괜찮은 사람이라고 생각하다니 치료자가 나한테 속은 거야. 이런 좋은 사람을 속이다니 역시 나는 나쁜 사람이야. 그리고 이 치료자는 너무 쉽게 속잖아. 그러니 그렇게 좋은 말을 해도 믿을 수가 없어." 이럴 때 Hammer(1990)는 코미디언 그로우초 막스를 즐겨 인용한다. 이 사람은 자신을 회원으로 받아주는 컨트리클럽에는 도무지 가입하고 싶은 마음이 들지 않는다고 단언하곤 했다.

지지적인 접근이 역효과를 가져온다면, 특히 내사적인 내담자에게는 거의 항상 그럴 것인데, 우울한 사람의 자존감을 높이기 위해 치료자는 무엇을 할 수 있을까? 자아심리학자들이 이에 관해 유용한 처방을 내어놓았다. 즉, 자아를 지지하지 말고 초자아를 공격하라. 만약 어떤 남자가 친구의 성공을 질투한 죄에 대해 자신을 호되게 나무라는데, 치료자가 그에게 질투는 정상적인 정서이고, 특히 환자가 그것을 행동화하지 않았으므로 스스로를 꾸짖기보다는 축하해 줄 일이라고 말한다고 하자. 환자는 말은 안 하지만 속으로는 회의적으로 반응할 것이다. 그러나 치료자가 "그래서 그게 뭐가 그렇게 끔찍한가요?"라고 하거나, 하나님보다 더 깨끗해지려고 한다고 은근히 놀리거나, 온화한 태도로 "우리 좀 인간적으로 살아요!"라고 말한다면, 아마 환자는 그 속에 담긴 메시지를 좀 더 쉽게 받아들일 것이다. 비판적인 어조로 해석을 하면 우울한 사람들은 이를 더 잘 참아낸다("치료자가 나를 비판한다면, 분명히 그 말에는 옳은 점이 있어. 아무튼 나는 나쁜 사람이니까."). 이는 치료자가 비판하는 것이 환자가 내사한 비판적 대상일 때도 마찬가지이다.

우울 환자의 치료에서 또 다른 효과적인 접근은, 다른 내담자라면 저항으로 볼 수 있는 행동을 이들의 경우에는 일종의 성취로 인정하는 것이다. 예컨대, 많은 환자들이 약속 시간을 취소하거나 치료비를 가져오지 않는 행동을 통해 치료에 대한 부정적인 반응을 표현하지만, 우울한 사람들은 좋은 사람이 되려고 아주 열심히 노력하기 때문에 대개 환자 역할의 표상과도 같은 자세를 보인다. 하지만 그 정도가 너무 지나치므로, 이들의 순응적 행동은 병리의 한 부분으로 보는 것이 합당하다. 그러므로 만약 내담자가 약속을 취소하거나 일시적으로 치료비를 내지 않을 때는, 조금이라도 반항적인 행동을 하면 치료자가 보복할 것처럼 두려워하더니, 이제 드디어 이를 극복하기 시작한 것 같다고 해석하는 것이 좋다. 이런 해석은 내담자의 우울한 정신 구조에 작지만 의미 있는 충격을 준다. 지나치게 협조적인 환자를 만나면 치료자는 그저 운이 좋다고 생각하고 마음을 놓을지도 모른다. 그러나 사실은, 만약 우울한 사람이 치료 중에 치료자에게 이의를 제기하거나 자기 위주로 행동을 한 적이 한 번도 없다면, 치료자는 그런 행동 패턴을 주목하고 대화와 탐색의 주제로 삼아야 하는 것이다.

우울한 성격의 환자와 작업하는 치료자는 내담자가 치료자의 후광을 벗겨 버릴 때 이를 수용하고, 심지어 이를 기꺼이 환영하는 자세를 보여야 한다. 이상화되는 것은 기분 좋은 일이지만, 환자에게는 좋을 것이 없다. 정신분석 운동의 초기 시절부터 치료자들은 우울 환자가 치료자를 비판하거나 화를 내거나 실망하는 것이 중요한 치료적 진전을 뜻함을 알고 있었다. 그들은 이를 대략 수력학적으로 이해했지만(분노의 에너지가 내부가 아니라 외부로 향했다), 현대의 분석가들은 자기가치 평가의 관점에서 이를 이해한다. 궁극적으로 우울 환자들은 '한 수 아래'의 위치를 떠나서, 치료자를 결점이 있는 보통 인간으로 볼 수 있어야 한다. 이상화를 계속한다는 것은 결국 열등한 자기상을 계속 유지한다는 의미일 뿐이다.

마지막으로, 만약 여건이 허락한다면 종결을 우울 환자 스스로 결정하도록 하는 것이 좋다. 이 점은 다른 환자보다 우울 환자에게 더욱 중요하다. 또한 향후 치료 가능성에 대해서도 문을 열어 놓고, 나중에 도움을 구해야 한다면 어떤 부담을 느낄 것 같은지 미리 의논하고 분석하는 것이 바람직하다(환자들은 심리적인 '점검과 조율'을 위해 되돌아오면 실패를 인정하는 셈이 된다고 말하거나, '치유'가 미진해서 치료자가 실망할지 모른다고 말하는 경우가 많다). 우울 감성의 주요 원인은 되돌릴 수 없는 분리인 경우가 많다. 아이들은 언제라도 다가갈 수 있는 이해심 많은 부모에게 안전감을 느끼지만, 되돌릴 수 없는 분리를 겪은 아이들은 마음으로부터 모든 관계를 차단하고 모든 퇴행적 갈망을 억누르며 자란다. 이런 배경을 감안한다면, 우울 환자와의 종결 단계는 특별한 배려와 유연성을 가지고 다루어야 한다.

감별진단

우울성 심리와 혼동되는 대표적인 두 가지 성향은 자기애(고갈형)와 피학증이다. 내가 보기에 오진의 방향은 우울한 사람을 두 가지 성격 중 하나로 오해하는 쪽보다는 기본 성격이 자기애적 혹은 피학적인 사람을 우울한 사람으로 잘못 생각하는 쪽이 더 많다. 이렇게 자기애적인 혹은 피학적인 환자를 우울성 환자로 오인하는 이유는 두 가지 요인에서 비롯되는 것 같다. 첫째, 우울 경향이 있는 치료자가 자기 자신의 역동을 자신과는 다른 핵심적인 내면의 이야기를 갖고 있는 사람에게 투사하는 경우이다. 둘째, 자기애적 혹은 피학적 성격을 지닌 사람들은 임상적 우울증의 증상들, 특히 기분부전을 흔히 보인다. 어떠한 경우든 오진은 임상적으로 불행한 결과를 낳을 수 있다.

우울성 성격 대 자기애성 성격

8장에서 자기애성 성격의 우울-고갈depressed-depleted 유형을 기술한 바 있다. 이 유형의 심리를 갖고 있는 사람들은 의존형 우울 역동을 갖고 있는 사람들과 일부 중복된다. 성격 차이란 분명한 경계가 있는 것이 아니기 때문에 우리 대부분은 양쪽 성향을 모두 지닌다. 그러나 자기애적인 성향이 더 강한 사람들은 의존형 우울을 지닌 사람들에 비해 주관적인 허기를 덜 느끼고, 관계를 덜 중요시하며, 수치심을 더 많이 방어한다. 의존형 우울이 있는 사람들 역시 공허감, 무의미감, 실존적 절망을 표현할 수 있다. 그러나 의존적 우울에서 주관적으로 공허하다는 느낌은 자기애적인 내담자들의 자기 핵심에 있는 실질적인 공허감과는 다르다. 자기애적으로 우울한 사람은 자기대상 전이를 보이는 반면, 우울성 성격을 지닌 사람들은 대상 전이를 보인다. 전자에 대한 역전이는 모호하고, 짜증스럽고, 감정이 얕은 경향을 보이는 데 반해, 후자에 대한 역전이는 훨씬 더 분명하고, 따뜻하고, 강력하며, 대개 구조rescue 환상을 포함한다.

환자의 편을 들고 격려하는 치료자의 반응은 자기애적으로 조직된 사람에게는 위안이 될 수 있지만, 우울한 사람들은 이들의 내사적인 역동이 어느 정도이든 간에 치료자의 이런 반응을 듣고 의기소침해질 수 있다. 자기공격은 자기애적 역동의 핵심이 아니기 때문에, 자기애적인 구조를 가진 사람에게는 초자아를 가정하고 이를 공격하는 것이 (환자가 자기비난을 하는 것으로 보고 이를 부드럽게 지적하는 정도일지라도) 별 도움이 안 될 것이다. 자기애적 환자들의 정서 경험을 수동적인 정서 반응이 아니라 분노로 해석하는 것 역시 아무 효과가 없을 것이다. 분노는 이들의 핵심적인 정서 상태가 아니기 때문이다. 그러나 내사적인 내담자에게는 이런 해석이 위안을 주고 힘이 나게 할 수도 있다. 이런 반응을 보면 '안으로 향한 분노 대 밖으로 향한 분노'라는 오래된 개념화가 신비로울 정도로 정확하다는 인상을 받는다.

일반적으로, 자기애적인 내담자는 아무리 우울하더라도 비판적인 부모 및 상처를 주었던 분리를 강조하는 해석적 재구성에는 좀처럼 귀를 기울이지 않는다. 왜냐하면 자기애적 역동에서는 거부와 외상이 중심적인 내면의 이야기가 아니기 때문이다. 그러나 우울 환자들은 그러한 재구성을 자신의 모든 고통을 개인적인 약점으로 돌렸던 오랜 습관에 대한 대안적 관점으로 이해하고 고맙게 받아들인다. 자기애적인 사람들에게는 치료자가 '전이 관계 속에서' 작업하려고 해 봐도 그저 무시되거나 혹은 전반적인 이상화 전이 속으로 흡수되어 버릴 뿐이지만, 우울 환자들은 이러한 전통적인 접근을 좋게 받아들이고 잘 활용한다.

비록 밖에서 볼 때 드러나는 증상은 같을지라도, 내사에 의해 우울한 사람과 자기애에 의해 우울한 사람이 보이는 차이점은, 자기애적인 내담자는 병리적으로 텅 비어 있고 우울한 내담자는 병리적인 적대적 내사로 가득 차 있다고 보는 은유적인 이해와 맞아떨어진다. 이들을 위한 치료는 이렇게 대조적인 주관적 세계에 맞추어 진행되어야 한다.

우울성 성격 대 피학성 성격

우울과 자기패배적(피학적) 패턴은 밀접하게 관련되어 있다. 두 가지 지향 모두 무의식적 죄책감에 대한 적응이기 때문이다. 사실 이 둘의 공존은 너무 자주 볼 수 있기 때문에, Kernberg(예, 1984)는 Laughlin(1967)의 초기 관찰을 인정하면서 "우울-피학성 성격"을 신경증 수준의 세 가지 흔한 성격 조직 중의 하나라고 보았다. 이 둘은 흔히 이렇게 공존하며 상승 작용을 하는 것이 사실이지만, 나는 우울 심리와 피학성 심리를 조심스럽게 구분하는 편이 더 낫다고 생각한다. 이 책의 구성 원칙은 정신분석 전통에서 개념적 위치가 확립되어 있고, 심리치료 기법상 중요한 함의를 지닌 집단 간의 차이점에 주목하는 것이다. 12장에서는 우울성 성격이 우세한 사람들과 피학성 성격이 우세한 사람들 간의 차이점을 살펴보고, 그것의 치료적 시사점을 상세히 설명할 것이다.

경조증성(순환성) 성격

조증은 우울증의 이면이다. 경조증성 성격을 지닌 사람들은 근본적으로 우울성 성격 조직을 가지고 있지만 이를 부인 방어로 대응한다. 조증 경향을 지닌 사람들 대부분이 부인 방어가 실패하고 우울이 표면화되는 에피소드를 겪는다. 그래서 때로는 '순환성cyclothymic'이라는 용어가 이들의 심리를 묘사하는 데 사용된다. DSM-II(American Psychiatric Association, 1968)에서는 우울성 성격장애와 순환성 성격장애 진단을 모두 수용하였다.

경조증은 우울증과 단순히 대비되는 상태가 아니라, 하나에서 열까지 우울증을 거꾸로 뒤집어 놓은 상태이다. 경조증적인 사람은 들떠 있고, 힘이 넘치고, 자신을 높이고, 재치 있고, 과대하다. Akhtar(1992)는 경조증적 성격장애를 지닌 사람들을 다음과 같이 묘사하였다.

> 경조증적인 성격을 지닌 사람은, 겉으로 봐서는 명랑하고, 매우 사교적이고, 사람을

이상화하는 버릇이 있고, 일에 몰두하고, 언행이 가볍고, 표현이 분명하지만, 속으로는 다른 사람들을 향한 공격성 때문에 죄책감을 느끼고, 혼자 있는 것을 견디지 못하고, 공감 능력이 부족하고, 사랑할 수 없고, 부도덕하고, 인지적으로는 체계적 접근이 결여되어 있다(p. 193).

그러나 성격적 경조증을 지닌 많은 사람들이 Akhtar가 묘사하고 있는 성격장애에 비해서는 온건한 유형이며, 진지하게 사랑하고 행동할 수 있다.

조증 상태에 있는 사람 혹은 조증 성격을 지닌 사람은 거대한 계획과 생각의 질주, 그리고 음식이나 수면 같은 일상적인 신체적 요구에 구애받지 않는 것으로 잘 알려져 있다. 이들은 항상 '떠' 있다가 결국은 소진된다. 조증을 경험하고 있는 사람은 말 그대로 멈출 수가 없기 때문에, 중추신경계를 누그러뜨리는 술, 진정제, 마약과 같은 약물의 유혹을 받기가 쉽다. 화면에 비치는 많은 희극배우와 재담꾼들이 경조증적 성격을 보여 주는데, 이들의 그칠 줄 모르는 재치는 때로 사람을 지치게 만든다. 평소에 아주 재미있는 사람이 때때로 기분부전적인 측면을 뚜렷하게 드러내기도 한다. 작가 마크 트웨인과 앰브로스 비어스, 코미디언 레니 브루스, 배우 로빈 윌리엄스 등을 그 예로 들 수 있을 것이다. 이들은 모두 심한 우울 에피소드를 겪었다.

조증에서의 추동, 정동, 기질

경조증적 심리를 지닌 사람은 높은 에너지, 흥분, 이동성, 산만성, 사교성으로 유명하다. 뛰어난 연예인, 재담꾼, 익살꾼, 흉내를 잘 내는 사람 중에 이런 사람들이 많다. 이들은 친구들에게 보배 같은 존재이지만, 그럼에도 불구하고 때때로 친구들은 이들이 진지한 이야기마저도 모조리 유머로 돌리기 때문에 정서적으로 가까워지기가 어렵다고 말한다. 조증이나 경조증 심리를 지닌 사람들이 부정적인 정동을 보일 때는, 슬픔이나 실망이 아니라 주로 분노로 표현되며, 때로는 갑작스럽고 통제할 수 없는 격분의 형태를 띠는 경향을 보인다.

정신분석적인 관찰자들은 이들이, 이들의 짝인 우울 영역에 속하는 사람들과 마찬가지로, 구강기 선상을 따라 성격이 조직된 것으로 본다(Fenichel, 1945). 이들은 쉴 새 없이 이야기하고, 지나치게 마시고, 손톱을 깨물고, 껌을 씹고, 담배를 피우고, 입안을 물어뜯는다. 특히 조증 연속선의 혼란된 극단에 속하는 많은 사람들이 비만이다. 조증인 사람들의 기분이 아주 좋아 보여도, 이들의 부단한 움직임은 상당한 불안을 시사해 준다. 이들이 보여 주는 즐거움은 어느 정도 전염성이 있어서 다른 사람들 또한 즐겁게 해 주기도 하지만, 어쩐지 위태롭고 믿음직스럽지 못하여서 주변 사람들에게 걱정을 끼친다. 들뜬 기분은 경조증적인 사람들에게 친숙한 것이지만, 평정과 평온 혹은 Lacan이 말한 **주이상스**juissance는 이들의 경험 세계와는 완전히 동떨어져 보인다(Akiskal, 1984).

조증에서의 방어 과정과 적응 과정

조증 및 경조증적인 사람의 핵심 방어는 부인과 행동화이다. 이들의 부인은, 다른 사람이라면 크게 스트레스를 받거나 놀랄 만한 사건을 이들은 마치 별일 아니라는 듯이 무시할 때(혹은 유머로 전환할 때) 잘 드러난다. 행동화는 종종 도주의 형태를 취한다. 이들은 어떤 상실을 위협하는 상황을 만나면 달아나 버린다. 또한 이들은 성애화, 약물 중독, 도발적 행동, 심지어 도둑질처럼 정신병질적인 행동으로 보이는 행위를 통해서 고통스러운 감정으로부터 도망친다. 그래서 어떤 분석가들은 조증 내담자들의 현실원리의 안정성에 의문을 제기한다(Katan, 1953). 조증인 사람들은 평가절하 방어도 사용한다. 특히 누군가에게 끌리고 좋아하는 마음이 들면 나중에 실망할 것을 두려워하여 그를 평가절하한다. 이 과정은 우울한 사람들의 이상화 경향과 대비된다.

조증인 사람은 정서적 고통을 겪느니 차라리 마음을 산만하게 만드는 일을 선호한다. 심각한 성격장애가 있거나 일시적인 정신병적 상태에 있는 사람들은 전능통제 방어를 사용할 수도 있다. 그래서 자신이 아무런 약점도 없고 죽지도 않을 것처럼 느끼고, 어떤 거대한 계획의 성공을 확신하기도 한다. 조증 정신병적 발작 중에는 충동적인 노출증, 강간(대개 배우자나 연인), 권위주의적인 통제 행동을 보이는 경우도 없지 않다.

조증 심리에서의 관계 패턴

경조증적인 사람들의 과거력을 살펴보면, 우울한 사람들에 비해서 훨씬 더 뚜렷하게, 아동이 외상적인 분리를 겪고 그것을 정서적으로 처리할 기회가 없었던 패턴이 반복되었음 볼 수 있다. 이들의 아동기는 애도하지 못한 중요한 사람의 죽음, 아무도 설명해 주지 않은 이혼과 별거, 전혀 준비할 수 없었던 갑작스러운 이사 등으로 온통 어수선하다. 내가 만났던 경조증적인 한 남자는 10세가 될 때까지 26번을 이사했다. 학교에서 돌아오면 길가에 이삿짐 차가 서 있는 경우가 한두 번이 아니었다고 한다.

조증 및 경조증적인 사람의 배경에서 우리는 비난과 정서적인(혹은 신체적인) 학대를 흔히 본다. 앞에서 나는 외상적 분리와 정서적 유기 및 학대가 결합하여 어떻게 우울을 초래하는지 논의한 바 있다. 조증인 사람들은 우울한 사람들의 경우보다 이 상실이 더 극단적이었거나, 양육자가 상실의 정서적 의미에 대해 훨씬 더 무심하였을 가능성이 크다. 그렇지 않다면 부인과 같은 극단적인 방어가 필요한 이유를 설명하기 어렵다.

조증성 자기

내가 치료하였던 한 경조증 환자는 자신이 마치 빙빙 도는 팽이 같다고 하였다. 그녀는 쉬지 않고 움직여야만 어떤 고통스러운 느낌을 피할 수 있음을 예리하게 감지하였다. 경조증적 패턴을 지닌 사람들은 애착을 두려워한다. 누군가를 좋아한다는 것은, 그 사람을 잃으면 너무나 엄청난 충격을 받게 된다는 뜻이기 때문이다. 조증의 연속선은 이런 조증 과정의 원시성으로 인해 경계선과 정신병 영역에 사람들이 많이 몰려 있다. 그런 만큼 경조증 및 순환성 환자들은 자기심리학자들이 파편화

fragmentation라고 부르는 주관적인 자기붕괴를 경험할 위험성이 크다. 이들은 마치 만약 끊임없이 움직이지 않는다면 자신이 산산조각 나리라는 두려움을 느끼는 듯하다. 조증 방어가 무너질 때 심각한 자기파편화가 일어나는 우울을 겪은 직후 치료를 받으러 오기도 한다,

경조증적인 사람들이 희미하게나마 자존감을 유지하는 길은, 고통을 회피하는 동시에 다른 사람의 넋을 빼 놓아 고양된 기분을 느끼는 방법밖에 없다. 조증 방어를 하는 어떤 사람들은 자신은 사람들에게 깊은 정서적 투자를 하지 않으면서도 그들이 자신에게 정서적 애착을 형성하게 하는 데 아주 능숙하다. 이들은 대개 명석하고 재치가 있다. 그래서 그 친구와 동료들은, 특히 지성과 심각한 정신병리는 상호배타적이라는 일반적인(그러나 틀린) 믿음을 갖고 있는 사람들은, 나중에 이들의 심리적 취약성을 알고 크게 놀라기도 한다. 만약 어떤 상실이 도저히 부인할 수 없을 정도로 큰 고통을 가져오면, 갑작스러운 자살 시도와 정신병적 행동이 조증의 견고한 울타리를 침범할 수도 있다.

조증 환자와의 전이와 역전이

조증 내담자는 명랑하고, 통찰력이 있고, 매혹적인 한편, 사람을 혼란스럽고 지치게 만드는 경향이 있다. 빨래방에 있는 건조기를 보면, 옷이 돌아가는 모습이 대략 보이기는 하지만 너무 속도가 빨라서 눈으로 따라갈 수가 없는데, 경조증적인 한 젊은 여성과 작업을 하면서 나는 내 머리가 그런 건조기 속에서 돌고 있다는 공상을 했었다. 때로 초기 면접에서 면접자는, 환자가 그렇게 격랑이 심한 과거를 겪었다면 그런 이야기를 하면서 좀 더 슬프거나 괴로운 감정을 보여야 하는 것 아닌가 하는 이상한 느낌이 든다. 또 어떨 때는 환자가 제공하는 이 모든 이야기 조각들을 도무지 정리할 수 없다는 느낌이 들기도 한다.

아마도 경조증적인 사람들과 작업하는 치료자에게 가장 위험한 역전이는, 그들의 매력적인 외양 이면에 자리 잡고 있는 고통의 정도와 붕괴의 잠재성을 과소평가하는 일일 것이다. 환자가 협조적인 관찰자아와 신뢰할 수 있는 작업동맹을 보이는

것 같아도, 그것은 조증의 부인 방어와 방어적 매력이 작동한 결과일 수 있다. 매력적인 경조증 내담자의 투사검사 결과를 보고 충격을 받는 치료자가 한두 사람이 아니다. 종종 '로르샤흐Rorschach 검사'는 접수 면접 팀의 어느 누구도 의심하지 않았던 정신병리를 포착하기도 한다.

경조증성 성격 진단의 치료적 함의

경조증 환자를 치료할 때는 일차적으로 도주의 예방에 관심을 기울여야 한다. 치료자는 치료 초기에 의미 있는 애착 관계에서 도망가려는 환자의 방어적 욕구를 해석하고(이는 환자의 과거력에 분명히 나타난다), 환자가 뛰쳐나가고 싶은 충동을 느끼더라도 일정 기간 동안 치료에 머무르도록 하는 계약을 맺어야 한다. 그렇게 하지 않으면 환자가 안 오기 때문에 치료는 불가능하다. 이 절차는 대체로 다음과 같다.

> "내가 보니까, 당신의 삶에서 중요한 관계는 모두 갑자기 깨지곤 했군요. 대개는 당신이 먼저 관계를 깼고요. 우리 사이에서도 그런 일이 일어나지 말란 법이 없지요. 왜냐하면 특히 치료를 받다 보면 힘든 일들이 생기거든요. 당신은 삶이 고통스러워질 때면 그것을 피하는 패턴을 보여 왔습니다. 우선은, 만약 당신이 치료를 갑자기 그만두고 싶다고 해도, 그 이유가 아무리 합당하더라도 최소한 6회기는 더 온다는 계약을 하고 싶습니다(혹은 적절해 보이거나 협의 가능한 회기 수). 그래야지만 그만두기로 결정한 이유를 서로 깊이 있게 이해하고, 또 정서적으로도 서로 편하게 치료를 종결할 수 있으니까요."

이때 환자로서는 어쩌면 생전 처음으로, 관계를 끝내는 데도 정서적으로 적절한 방식이 있다는 것, 즉 관계가 끝날 때는 슬픔 혹은 다른 여러 감정들을 느끼게 마련이고 그 감정을 잘 보살펴 주어야 한다는 사실에 직면하게 된다. 이들과의 치료 작업은 슬픔 및 다른 부정적인 감정을 부인하는 태도에 지속적으로 초점을 맞추는 것이어야 한다. 대부분의 분석가들(예, Kernberg, 1975)은, 경조증 내담자들은 슬픔을 참아 내기가 참으로 어렵기 때문에 치료자 편에서 환자가 도망가지 못하도록 온갖 노력을 기울인다 하더라도 그 예후를 조심스럽게 볼 수밖에 없다고 생각하였다. 그래서 때로는 보다 확실하게 '병든' 조증 환자들을 돕기가 더 쉬운데, 왜냐하면 심리적 불편감의 정도가 치료에 머물러 있으려는 동기를 유지해 주기 때문이다.

중증의 우울 환자와 마찬가지로, 혼란이 심한 조증 환자들에게도 향정신성 약물은 하늘이 내린 선물과도 같은 것이었다. 정신의학이 발달한 덕분에 지금은 환자의 특정한 필요에 맞추어 약물의 종류와 용량을 조절하는 것이 가능해졌다. 리튬만이 조증에 효과가 있던 시절은 오래전에 지나갔다. 그러나 나는 약을 처방하는 의사가 각각의 환자에게 조심스럽고 개별적인 접근을 취하는 것이 매우 중요하다고 생각한다. 조증 경향이 있는 내담자들도 다른 사람들과 마찬가지로 양상이 다양하며, 종종 특이한 신체적 민감성, 중독성, 알레르기를 보일 수 있다. 환자가 심리치료자뿐만 아니라 약물을 처방하는 의사와도 의지할 수 있는 관계를 맺고, 또한 이들 치료자들이 서로 협력적인 관계를 형성하는 것이 환자의 회복에 상당한 도움이 된다. 일부 관습적인 견해와는 달리, 조증 환자에게도 심리치료가 가치가 있고 또 효과가 있다. 심리치료가 없다면, 이들은 슬퍼하지 못한 상실 경험을 처리할 수 없고, 두려움을 덜 느끼면서 사랑하는 방법을 배울 수 없다. 심리치료를 받는 이들은 약을 완전히 끊을 수도 있다.

경조증적인 사람들 중에 비교적 건강한 사람들은 인생의 후반부에 자진해서 치료를 받으러 오는 경향이 있다. 그동안 넘치던 에너지와 추동이 줄어들고, 삶을 돌아보며 자신의 인생이 얼마나 형편없이 조각이 났으며 또 불만족스러웠는지 분명히 볼 수 있는 때가 된 것이다. 때로는 12단계 프로그램과 같은 중독 치료 과정에서 오랜 기간 작업한 후에, 자기파괴성이 감소하고 자신의 삶을 이해하고 싶은 마음이 생기면서 개인 치료를 받으러 오기도 한다. 이들과 방어 패턴을 일부 공유하고 있는 거대grandiose 유형의 자기애적 내담자들도 그렇지만, 이들 경조증적인 사람들도 젊은 사람보다는 나이든 사람이 돕기가 더 쉽다(Kernberg, 1984). 그렇다고 하더라도, 이들 역시 성급한 도주를 방지하기 위한 계약을 맺을 필요가 있다. 경조증적 성격의 심리치료에 관한 문헌이 부족한 까닭에, 많은 치료자들이 그런 계약이 필요하다는 사실을 경험을 통해 어렵게 배운다.

편집성 환자에게 적용되는 몇몇 치료적 접근이 경조증 환자에게도 적용된다. 경조증 환자의 방어도 우회하여 그 '밑으로 내려가야' 한다. 예컨대, 환자에게 자신의 완고하고 융통성 없는 부인방어를 탐색해 보도록 요청하기보다는, 좀 더 공격적으로 부인방어를 직면시키고 지금 부인되고 있는 것이 무엇인지 명칭을 붙여서 지적해야 한다. 치료자는 강하고 헌신적이어야 한다. 치료자는 아래에서 위로 해석해야 하며, 정상적인 부정적 감정에 대해서 가르치고, 그런 감정이 재앙을 가져오지 않음을 교육해야 한다.

이들은 슬픔과 자기파편화에 대한 조증적 공포를 가지고 있으므로, 치료는 천천히 진행되어야 한다. 신중하고 침착한 모습의 치료자는 정신없이 분주한 내담자에게 감정의 세계 속에서 달리 살아가는 법을 보여 주는 모델이 된다. 그러나 치료는 아주 정직하고 직설적인 분위기에서 이루어져야 한다. 경조증적인 사람들 대부분은 심적 고통을 피하려는 노력에서 말이 된다 싶은 것은 무엇이든지 말하도록 배워 왔다. 정서적 진솔함이란 이들에게 처절한 투쟁일 수 있다. 따라서 치료자는 환자에게 진실을 말하고 있는지 반복해서 물어보아, 환자가 대충 변명하여 발뺌하거나, 우스갯소리로 넘겨 버리거나, 임시변통으로 꾸미지 못하도록 해야 한다. 편집적인 사람들과 마찬가지로, 경조증적인 내담자들도 적극적이고 예리한 치료자, 특히 빈말을 하지 않고, 위선적이지 않으며, 자기 자신을 속이지 않는 치료자를 필요로 한다.

감별진단

전이와 역전이에 관한 절에서 경조증적 내담자를 확인하는 데 가장 큰 장애물이 무엇인지 언급한 바 있다. 치료자는 첫인상이 매력적인 이 사람들이 실제보다 더 성숙한 방어를 사용하고, 자아강도가 더 강하고, 정체성 통합이 더 잘되어 있다고 오지각할 수 있다. 이런 실수를 하면, 민감한 경조증적인 사람은 단 한 번의 면접만으로 치료를 그만두게 될 수 있다. 조증적으로 성격이 조직된 사람들 중에서 정신병적 범위에 속하지 않는 내담자들은 히스테리, 자기애, 강박행동 혹은 주의력결핍장애(ADD)를 갖고 있다고 잘못 진단되는 경우가 흔하다. 정신병적 증상을 보이는 사람들은 정신분열증이라는 오해를 가장 자주 받는다.

경조증성 성격 대 히스테리 성격

경조증적인 내담자들은(특히 여성 내담자들은) 일견 매력적이고, 외견상 따뜻하게 교류할 수 있는 능력과 통찰력을 갖춘 것처럼 보인다는 점에서 히스테리로 오인될 수 있다. 이런 실수를 하면 환자를 놓쳐 버리기 쉽다. 왜냐하면 경조증적인 사람들은, 치료자가 히스테리 조직을 지닌 사람들을 돕는 치료 방식을 취할 때, 자신을 충분히 '버텨 주지' 못하고 단지 피상적으로 이해한다는 느낌을 받기 때문이다. 내사에 의해 우울한 사람들과 마찬가지로 조증 구조를 지닌 사람들의 마음속에도 자신을 좋아하는 사람은 모두 속고 있다는 무의식적 신념이 자리 잡고 있다. 이러한 신념을 치료자가 직접적으로 분명하게 다루지 못하면 환자는 치료자를 평가절하하고 치료자로부터 달아나 버린다. 그러나 히스테리 구조를 지닌 사람들에게는 그런 직접적인 방식은 금물이다. 동성 및 이성과의 관계 모두에서 사람들과 갑자기 관계가 단절됐다는 증거, 외상적이고 애도하지 못한 상실을 겪은 과거력, 히스테리적인 사람들의 관심사인 성과 권력에 대한 무관심 등은 경조증적인 사람들을 히스테리적인 사람들과 구별해 주는 주요 측면들이다.

경조증성 성격 대 자기애성 성격

거대성은 조증 기능의 핵심적인 양상이기도 하기 때문에, 경조증 혹은 순환성인 사람들을 거대 유형의 자기애 환자로 오해하기 쉽다. 이는 우울 환자와 우울-고갈형의 자기애 환자를 혼동하는 것과 매우 흡사하다. 이들의 과거력을 잘 살펴보면 차이점이 드러난다. 자기애적으로 구조화된 사람들은 경조증적인 사람들이라면 대부분 가지고 있는, 격랑이 휘몰아친 듯한 재앙 수준의 파편화된 배경을 가지고 있지 않다.

심리내적인 차이점을 보면, 자기애적인 사람들은 내적인 공허감에 시달리지만, 경조증적인 사람들은 잔인한 부정적 내사로 가득 차 있으며 이를 부인방어로 처리한다. 거만한 모습을 보이는 자기애적인 사람들도 여러 가지 방법으로 애착 관계에 저항하여 치료자가 대하기가 어렵지만, 느닷없는 도주의 위험은 그렇게 심하지 않다. 따라서 경조증적인 사람을 자기애적인 사람으로 오해하면 환자를 또 한 명 잃을 수 있다. 그러나 이 두 집단은 나이가 들면 치료적으로 접근이 더 용이하다는 점에서 비슷한 면도 있다. 과대한 자기애를 내사의 관점에서 이해하는 분석가들(예, Kernberg, 1975)은 두 유형의 내담자에게 유사한 접근법을 사용하라고 말한다.

경조증성 성격 대 강박행동적 성격

경조증적인 사람들은 휘몰아치는 특성을 보인다는 점에서 성격적인 강박행동과도 비교해 볼 필요가 있다. 강박행동적인 사람이나 경조증적인 사람 모두 야심만만하고 요구가 많다. 그래서 이런 특징에 기초해서 이 두 집단을 비교하기도 하지만(Akiskal, 1984; Cohen, Baker, Cohen, Fromm-Reichmann, & Weigart, 1954), 이런 유사성은 대부분 피상적인 것에 지나지 않는다. Akhtar(1992)는 경조증적인 사람과 강박행동적인 내담자의 차이점을 다음과 같이 요약하였다[그는 Kernberg(1984)의 관점에 따라 강박행동적인 내담자들이 신경증 수준의 성격 조직을 가지고 있다고 보았다].

> 경조증적인 사람과 달리 강박행동적인 사람은 깊이 있는 대인관계를 맺을 수 있으며, 성숙한 사랑, 관심과 배려, 진실한 죄책감, 애도, 슬픔을 느낄 수 있다…… 강박행동적인 사람은 오래도록 친밀한 관계를 유지할 있으나, 대인관계에서 신중하고 주저하는 모습을 보인다. 이와 반대로, 경조증적인 사람은 대인관계에서 과장된 모습을 보이고, 사람들과 어울리는 것을 좋아하고, 우호적인 관계를 쉽게 맺지만, 상대방에 대한 관심을 금방 잃어버린다. 강박행동적인 사람은 세부 사항을 중시하지만, 경조증적인 사람은 아무 생각 없이 이를 무시한다. 강박행동적인 사람은 도덕에 얽매여 있고 모든 규칙을 준수하려고 하지만, 경조증적인 사람은, 마치 '외고집 성격'처럼(Chasseguet-Smirgel, 1985) 자기 편의대로 일을 처리하고, 금기에 도전하며, 관습적 권위를 조롱한다(pp. 196-197).

따라서 경조증과 히스테리를 구분할 때와 마찬가지로, 행동의 외현적 측면과 내적 의미의 차이점에 주목하는 것이 감별진단에 매우 중요하다.

조증 대 정신분열증

조증 정신병적 상태에 있는 사람은 급성 파과형hebephrenic 에피소드를 보이는 정신분열증 환자와 매우 유사해 보일 수 있다. 적절한 약물치료를 위해서는 이 둘을 감별하는 것이 중요하다. 일반적인 인상과는 달리, 어떤 사람이 외현적으로 정신병적 상태에 있다고 해서 그가 반드시 정신분열증을 가지고 있는 것은 아니다. 어떤 사람이 보이는 정신병적 붕괴의 특징을 잘 파악하기 위해서는(특히 그가 처음으로 정신병적 발작을 보이는 젊은 환자라면 더욱더), 그의 과거력을 철저하게 조사하고(만약 내담자가 망상이 심해서 대화가 불가능하다면 가족들을 통해서), 정동의 둔감성과 추상적 사고 능력을 평가하는 것이 중요하다. 우리가 때로 '분열성 정동장애schizoaffective' 라고 부르는 상태는 조울증적 특성과 정신분열증적 특성을 모두 갖고 있는 정신병 수준의 반응으로서, 특히 섬세한 약물치료가 필요하다.

조증과 주의력 결핍 장애

최근 수년간 성인 주의력결핍장애(ADD)와 주의력결핍/과잉행동장애(ADHD)에 대한 관심이 매우 높아졌다. 내가 보기에 이러한 추세는 현대의 삶이 우리에게 수많은 경쟁적인 자극들을 제공하며 그럼으로써 우리가 갖고 있는 산만한 경향을 강화해 준다는 사실을 반영하는 듯하다. 또한 산만함을 경감해 주는 아주 많은 약물을 우리가 갖고 있기 때문에 이러한 진단 경향이 증가하는 것일 수도 있다. 성격적으로 조증인 사람들은 매우 산만하며, 주의력결핍장애를 갖고 있다고 쉽게 가정될 수 있다. 그러나 부인방어로 막으려고 하는 상실, 갈망, 자기혐오의 내적 주제가 드러난다면, 성격적 경향성과 성인 주의력결핍장애가 있는 사람의 증상 문제를 구별할 수 있을 것이다. 물론 경조증적 성격과 주의력 결핍 문제를 둘 다 갖고 있을 수도 있다. 이러한 상황에서 약을 처방하는 의사는 조증 상태를 촉발할 수 있다고 알려진 약을 처방하지 않도록 각별히 주의를 기울여야 한다.

요약

이 장에서는 임상적 우울증으로 정의되는 기분장애를 경험하는지의 여부와 상관없이, 우울 선상을 따라 성격이 조직된 환자들에 대해 논의하였다. Blatt(2004, 2008)을 따라, 의존형(혹은 갈망형)과 내사형(혹은 자기공격형)의 우울성 성격을 구분하였다. 추동, 정서, 기질의 측면에서는 구강성, 무의식적 죄책감, 그리고 (환자가 우울 경향이 있는가, 혹은 조증 경향이 있는가에 따라) 과장된 비통함 혹은 과장된 기쁨을 강조하였다. 자아 과정으로는, 우울 지배적 구조에서의 내사, 자기 탓으로 돌리기, 이상화를, 그리고 조증 지배적 구조에서의 부인, 행동화, 평가절하를 살펴보았다. 환자의 대상관계는 외상적 상실, 부적절한 애도, 부모의 우울, 비난, 학대, 오해의 관점에서 설명하였다. 내사형 우울의 구제 불가능할 정도로 나쁜 자기상과 의존형 우울의 채워지지 않는 허기에 대해서도 논의하였다. 전이와 역전이를 다룬 부분에서는 우울한 사람과 조증적인 사람의 매력적인 속성 및 그와 연관된 치료자의 구조 환상 그리고 빠르게 도와줄 수 없는 치료자의 사기저하 가능성을 언급하였다.

치료 방식으로는, 공감적 태도의 지속적인 유지와 더불어, 내담자가 가진 근본적인 가정에 대한 강력한 해석, 분리 반응에 대한 끈질긴 탐색, 초자아에 대한 공격, 그리고 조증 환자의 경우에는 도주 예방 계약과 정직한 자기표현을 끈질기게 요구할 것 등을 권고하였다. 진단적으로는, 우울 내담자를 자기애적 및 피학적으로 조직된 환자들과 구별하였고, 경조증 및 조증 내담자들을 히스테리, 자기애, 강박행동, 정신분열증, 그리고 ADD와 ADHD를 보이는 사람들과 구별하였다.

더 읽을거리

Laughlin(1967)의 우울성 성격에 관한 장이 매우 훌륭하지만, 요즘은 구하기가 어려울 것이다. Gaylin(1983)의 편저를 보면 우울에 대한 정신분석적 관점이 잘 요약되어 있다. 내가 아는 경조증적 성격에 관한 최근 논문은 Akhtar(1992)의 『Broken

Structures』에 실린 것이 유일하다. Fenichel(1945)도 다시 추천하는데, 그의 난해한 용어에 기가 꺾이지 않을 독자라면 우울증과 조증을 다룬 부분을 읽어 보면 유익할 것이다. 비록 주요 우울증이나 조증 질환의 임상 현상을 성격적 속성의 측면에서 기술하고 있지는 않지만, 우울 심리와 조증 심리를 갖고 있는 사람들의 회고록은 이들의 주관적 경험을 살펴볼 수 있는 가장 좋은 통로라고 나는 생각한다. 이 중 William Styron, Kay Redfield Jamison와 Andrew Sullivan의 회고록이 특히 감동적이다.

9장 말미에서 미국심리학회가 2012년에 2개의 DVD를 출시하였으며, 내가 분열성이라고 본 남자와 가진 치료 회기를 보라고 제안하였다(Beck, Greenberg, & McWilliams, 2012b). 다른 비디오에 출연을 자원한 여성 환자는 내가 보기에 경조증적 역동을 갖고 있는 듯했다(Beck, Greenberg, & McWilliams, 2012a). 치치는 민감하고 재미있고 재능이 있으며, 따뜻한 관계를 금방 맺을 수 있었다. 그녀와 나는 촬영을 하기 전에 우연찮게 짝이 되었는데, 그때 나는 촬영용 메이크업을 받아 엉망이 되어 있었다(거울 속의 나는 101마리 달마시안의 크루엘라 드빌 같았다).

치치는 대인관계를 포함해서 정서적인 투자를 할 때마다 중도에 그만두거나 고의적으로 방해하는 패턴을 보인다고 호소하였다. 외교관의 딸로 그녀는 어린 시절에 살던 곳을 거듭해서 떠나야 했고, 그녀의 비판적인 어머니는 헤어지는 것에 대한 슬픔이나 동경을 전혀 받아 주지 않았다. 왜 촬영에 자원을 했느냐고 묻자, 그녀는 자신이 몇몇 치료 대가들의 비디오에 환자로 등장했었고 무대에 서는 것을 좋아한다고 내게 말했다. 나는 그녀가 깊은 애착을 형성하는 것에 대한 두려움으로 인해 이곳저곳에서 치료를 받으며 내면의 우울 성향을 다루려 하고 있으며, 무의식적으로 과거의 이주 경험을 반복하고 있는 건 아닌가 생각했다. 그녀와의 두 번째 회기에서, 나는 그녀가 친밀한 관계에 대한 두려움이 있다고 가정하고, 그녀가 탐색적 치료에 대한 불편함을 표현했음에도 불구하고 치료자를 신중하게 선택해서 장기 치료를 받아보라고 설득하려고 했다. 그녀는 미심쩍어 하는 듯 보였고, 다음 면접에서 나와 함께 있는 것이 편안하게 느껴지지 않는다고 말하였다. 아마도 내가 그녀의 안전지대에 머물러 있기보다는 정신분석적인 사고를 드러내려 했기 때문일 것이다. 그래서 이 DVD에 대해 마음이 좀 아프지만, 경조증적 방어를 하는 내담자를 돕고자 하는 나의 모습을 보고 싶은 독자들은 이 DVD를 통해 배우는 것이 있을 것이다.

Chapter 12 Psychoanalytic Diagnosis

피학성(자기패배적) 성격

자기가 자기 자신의 최악의 적인 듯이 보이는 사람들은 인간 본성을 연구하는 이들에게 흥미로운 질문을 제기한다. 어떤 사람의 과거가 그 사람의 안녕과는 반대되는 결정과 행동으로 가득 차 있다면, 우리는 이를 이해하기가 쉽지 않다. Freud는 유기체는 쾌락을 최대화하고 고통을 최소화하려 한다는 (당대의 생물학 이론과 일치하는) 전제 위에 자신의 이론을 세웠다. 그러므로 그에게 자기패배적 행동은 설명하기가 가장 골치 아픈 문제였었다. 그에 의하면, 정상적 발달 과정에서 유아들의 선택은 쾌락원리를 따르며, 나중에는 현실원리에 의해 그것이 수정된다(2장 참조). 하지만 어떤 선택은 표면적으로 쾌락원리도 현실원리도 따르지 않는 것처럼 보이기 때문에, Freud는 자기패배적 행동, 즉 '피학적 masochistic' 행동 패턴을 설명하기 위해서 자신의 메타심리학을 상당 부분 확장하고 수정해야 했다(Freud, 1905, 1915a, 1916, 1919, 1920, 1923, 1924).

초기의 분석 이론가들은 오스트리아의 작가 Leopold von Sacher-Masoch처럼 고통과 굴욕을 통해서 오르가슴을 느끼려는 사람들의 성애행동을 이론적으로 설명할 필요를 느꼈다. 이미 당시에는 이 현상을 가리키는 명칭이 있었다. 고통을 가함으로써 쾌락을 느끼는 현상(가학증sadism)이 Marquis de Sade의 이름을 따서 명명된 것처럼, 이렇게 고통을 당함으로써 성적 흥분을 느끼는 현상은 Sacher-Masoch의 이름을 따서 불리고 있었다(Krafft-Ebing, 1900). Freud는 대부분의 행동은 궁극적으로 성적 기원을 갖는다고 강조하였으므로, 외양상 성적이지 않은, 자발적으로 고통을 만들어 내는 자기패배적인 패턴에도 '피학증'이라는 용어를 자연스럽게 적용하였다(LaPlanche & Pontalis, 1973; Panken, 1973 참조).

Freud(1924)는 어떤 궁극적 목적을 이루기 위해 고통을 자초하는 일반적인 패턴을 좁은 의미의 성적인 피학증과 구분하기 위해서 '도덕적 피학증moral masochism'이라는 용어를 만들었다. 1933년에 이르면, Wilhelm Reich가 성격 유형들을 논한 자신의 저서에 '피학성 성격'을 포함할 정도로 이 개념은 폭넓게 수용되었다. Reich는 이 성격을 설명하면서 고통을 자초하고, 불평하고, 자신을 괴롭히고 비하하는 패턴과, 자신의 고통을 통해 다른 사람을 괴롭히고자 하는 무의식적인 소망을 강조하였다. 도덕적 피학증과 피학성 성격 역동은 긴 세월 동안 분석가들의 호기심을 자극하였을 뿐만 아니라(Asch, 1985; Berliner, 1958; Grossman, 1986; Kernberg, 1988; Laughlin, 1967; Menaker, 1953; Reik, 1941; Schafer, 1984), 다른 학자들의 관심도 끌게 되었다. 예를 들어, Millon(1995)은 '억울한aggrieved' 자기패배적 성격 유형을 기술하였고, 미국정신의학회(American Psychiatric Association, 1994)는 DSM-IV에 '자기패배적 성격장애'를 포함할 것을 고려하였다.

피학증은 여전히 필수적인 개념으로 남아 있다. Emmanual Ghent는 현대 관계 정신분석에서 상징적인 위치를 확보한 1990년의 논문에서, 피학증은 항복이라는 자연스러운 소망이 왜곡된 것이라고 주장하면서, 항복을 패배의 동의어로 보는 서구식 가정에 이의를 제기하였다. 이와 비슷하게, 융 분석학파는 피학증은 공경과 숭배라는 원형적인 욕구의 '그림자'라고 설명하였다(Gordon, 1987). Gabriel과 Beratis(1997)는 피학적 패턴을 초기 외상과 연결하였다.

피학적 행동은, 비록 그것이 좁은 의미에서는 자기 자신을 포기하는 태도를 뜻하기는 하지만, 이 책에서 다루고 있는 다른 현상들과 마찬가지로 반드시 병리적이지는 않다. 때로 우리의 도덕성은 우리에게 순간적인 개인의 안락보다는 좀 더 가치 있는 어떤 것을 위해 고통을 받으라고 명령한다(C. Brenner, 1959; de Monchy, 1950;

Kernberg, 1988 참조). Helena Deutsch(1944)가 모성은 본질적으로 피학적이라고 한 것은 바로 이런 의미에서이다. 포유류는 자신의 생존보다 어린 새끼들의 안녕을 우선시한다. 이 행동은 개체로서의 동물에게는 '자기패배적'일 수 있지만 후손과 종 전체를 위해서는 그렇지 않다. 피학증을 더욱 칭찬할 수 있는 경우로는, 문화와 가치의 보존과 같은 사회적 선을 위해 자신의 생명, 건강, 안전의 위험을 무릅쓰는 사람들을 들 수 있다. 성격적으로 피학적 경향을 지녔을 수 있는 몇몇 사람들은(마하트마 간디와 마더 테레사가 생각나는데) 자기 자신보다 대의를 위해 영웅적인, 심지어 성자와 같은 헌신을 보여 주었다.

'피학적'이라는 용어는 때때로 도덕과는 무관한 자기파괴적인 패턴을 지칭하는 데도 사용된다. 이런 경우를 우리는 사고를 잘 당하는 사람이나, 혹은 자살을 기도하지는 않지만 고의적으로 자해를 하는 사람들에게서 볼 수 있다. 피학증이라는 단어를 이런 용도로 사용할 때는, 자기파괴적인 사람이 보이는 표면상의 '미친 짓' 이면에 어떤 나름대로의 이유와 논리가 있음을 시사한다. 다시 말해, 자해를 하는 그 사람의 마음속에는 어떤 특별한 목적이 있어서 이런 이상한 수단을 통해 얻으려고 하는 정서적 위안과 비교해 볼 때 그런 신체적인 고통쯤은 별것 아닌 것으로 여긴다는 것이다. 예컨대, 자신의 몸에 칼로 상처를 내는 사람들은, 자기 피를 보면 비로소 살아 있다는 느낌이 들며, 존재감이 없거나 자신의 감각으로부터 소외될 때 느끼는 고통이 그 어떤 일시적인 신체적 불편함보다 훨씬 더 견디기 어렵다고 이야기한다. 이렇게 피학증의 정도와 색채는 매우 다양하다. 자기파괴성은 정신병적으로 자신의 신체를 손상하는 사람에서부터 일 중독자에 이르기까지 다양한 사람들을 특징짓는다. 도덕적 피학주의자는 전설적인 기독교 순교자들로부터 유대 전통을 따르는 어머니들에 이르기까지 넓은 범위에 걸쳐 있다.

어떤 특정한 상황에서는 누구나 피학적으로 행동하며(Baumeister, 1989; Salzman, 1960 참조), 이것이 좋은 결과를 낳기도 한다. 아이들은 아무도 안 가르쳐 줘도 자기 자신을 곤경에 빠뜨려서 양육자의 관심을 끄는 방법을 배운다. 내 동료 중의 한 사람은, 일곱 살 난 자기 딸이 아빠가 같이 안 놀아 준다고 화가 나서는 2층에 올라가 제 장난감을 모조리 부수겠다고 협박하는 것을 보고서 정상적 피학증의 역동을 처음으로 이해할 수 있었다고 하였다. 너무나 습관적으로 스스로 부과한 고통을 통해

도덕적 승리를 얻으려는 사람들이 있다. 이런 사람은 피학성 성격을 지녔다고 보는 게 합당할 것이다. 한 예로, 리처드 닉슨은 많은 사람들의 눈에 도덕적 피학주의자로 비쳤다(Wills, 1970 참조). 그는 부당하게 피해를 당하는 듯한 분위기를 풍겼고, 당당하게 고통을 견디는 모습을 보여 주고 싶어 하였으며, 자신의 안위가 위기에 처한 상황에서도 의문스러운 판단을 하였다(예컨대, 그는 워터게이트 테이프를 없애지 않았으며 결과적으로 그로 인해 대통령직을 박탈당했다).

나는 정신분석가들이 사용하는 '피학증'이라는 용어에는 고통과 고난을 좋아한다는 의미가 포함되어 있지 않음을 강조하고 싶다. 피학적으로 행동하는 사람들은, 의식적이건 무의식적이건, 어떤 더 좋은 것을 기대하면서 고통과 고난을 견딘다. 분석적 관찰자가 매 맞는 아내가 학대하는 남편 곁에 머물면서 피학적으로 행동하고 있다고 말할 때는, 그녀가 구타당하는 것을 좋아한다고 비난하는 것이 아니다. 그 말은 그녀의 행동은 그녀의 피학적 신념을 보여 준다는 뜻이다. 즉, 학대를 견디는 이유와 목표가 자신의 고통을 정당화하거나(예, 가족의 보전), 훨씬 고통스러운 결말(예, 완전히 버림받음)을 피하거나, 혹은 이 두 가지 모두를 얻는 데 있다는 뜻이다. 또한 그 말은 그녀의 계산이 틀렸다는 뜻이기도 하다. 가해자 곁에 머무는 것이 가해자를 떠날 때보다 객관적으로 더 해롭고 위험함에도 불구하고, 여전히 자신의 궁극적인 안녕이 마치 학대를 견디는 일에 달려 있는 듯이 행동한다는 것이다. 내가 이 점을 강조하는 이유는, DSM에 자기패배적 성격장애를 포함할지 여부를 논의하던 때에, 많은 사람들이 피학증 혹은 자기파괴성이라는 속성을 고통을 즐긴다고 누군가를 비난하는, 마치 어떤 왜곡된 형태의 즐거움을 위해 의식적으로 학대를 유발한다고 '희생자를 탓하는' 것과 동일하게 본다는 사실이 명백해졌기 때문이다.

어떤 사람의 성격이 성격장애로 생각될 만큼 문제가 있다면, 거기에는 정의상 무언가 피학적인 속성이 있다. 만약 한 사람의 사고, 감정, 관계, 대처, 방어의 핵심 방식들이 반복적으로 부적응적이라면, 그 사람의 성격 패턴은 자기패배적이 된 것이다. 피학증이 다른 역동의 부산물이 아니라 반복적 패턴의 최전면에 드러나 있는 사람들이 분석가들이 피학적 성격이라고 생각할 수 있는 사람들이다. 우울하게 성격이 조직화된 사람들처럼, 이들의 역동은 의존형(관계 속의 자기)에서부터 내사형(자기정의)에 이르는 범위에 걸쳐 있다(Blatt, 2008). 강한 의존욕구를 갖고 있는 피학적인 사람들은 때로 관계 피학주의자라고 불린다. 즉, 그들의 자기패배적인 행동은 어떤 대가를 치르더라도 애착을 유지하려는 노력에서 비롯된다. '도덕적 피학주의자'라는 용어는 고통을 인내하고 희생하는 능력을 중심으로 자존감을 형성한, 내사에 의해 성격이 조직화된 사람들에게 흔히 적용된다. 내가 만났던 녹초가 된 집중치료실의 간호사가 이런 후자의 범주에 해당된다고 할 수 있다. 내가 주 80시간 이하로 일하라고 제안하자 나를 똑바로 바라보며, "글쎄요, 어떤 전문가들은 기준이 낮을 수도 있겠죠. 하지만 난 그런 사람이 아니에요."라고 단호하게 말했다.

피학성 성격과 우울성 성격은 상당 부분 중첩이 되는데, 특히 신경증부터 건강한 수준에 있는 사람들에게서 그런 모습을 볼 수 있다. 한쪽 성격을 갖고 있는 대부분의 사람이 다른 쪽 성격도 가지고 있다. Kernberg(1984, 1988)는 우울-피학성 성격을 신경증적 성격의 가장 흔한 유형의 하나로 보았다. 그러나 나는 특히 경계선과 정신병적 수준에서 이 두 성격에 상당히 대조적인 치료 방식이 요구된다는 점에서, 두 심리 간의 차이점을 강조하고자 한다. 치료자의 의도가 아무리 좋다 해도, 피학성 성격이 지배적인 사람을 우울성 성격으로, 혹은 그 반대 방향으로 오해할 때는 큰 손해를 입힐 수 있다. 나는 최근에 나와는 다른 계열의 훈련을 받은 Richard Friedman(1991)이 비슷한 관찰을 했음을 발견했다. 그는 '본질적으로 성격적 피학증과 연관된' 우울과 그렇지 않은 우울을 구분하면서, "지금은 숨겨져 있지만 피학적인 우울 환자들은 만성적으로 우울한 사람들 중에서 중요한 하위 집단을 구성한다. 특히 이들은 치료적 반응이 최선에 미치지 못하는 만성 우울 환자들 중에서 발견될 가능성이 많다."라고 주장하였다(p. 11).

피학증에서의 추동, 정동, 기질

흥미롭게도, 우울 상태와는 대조적으로 자기패배적 패턴은 광범위한 경험적 연구의 주제가 되지 못했다. 이는 아마도 피학증이라는 개념이 정신분석가 집단을 넘어서서 널리 수용되지 못하였기 때문일 것이다. 그 결과, 피학적 성격 조직에 기여하는 체질적 요인에 대해서는 알려진 바가 거의 없다. 성적 피학증이 유전된다고 본

Krafft-Ebing(1990)의 결론과 구강적 공격성의 역할에 관한 몇몇 추론을 제외하면 (예, L. Stone, 1979), 선천적 기질에 관한 가설은 거의 찾아볼 수 없다. 임상적 경험에 의하면, 성격적 피학성을 발달시키는 사람들은(아마도 우울성 성격을 발달시키는 사람들도 마찬가지겠지만), 예컨대 분열적 양식을 발달시키는 철수 성향의 유아들에 비해 체질적으로 더 사회적이거나 대상추구적일 것으로 생각된다.

따라서 피학증을 가져오는 개인의 체질적 취약성이 무엇인가 하는 질문은 여전히 해결되지 않은 채 남아 있다. 전문가들의 관심을 더 많이 끌었던 주제는 남녀의 성차이다. 많은 학자들(예, Galenson, 1988)은 아동기의 외상과 학대가 성별에 따라 아동에게 다르게 영향을 미친다는 인상을 받았다. 즉, 학대를 당한 여아들은 피학적 패턴을 발달시키는 경향이 있으며, 학대를 당한 남아들은 공격자와의 동일시를 통해 보다 가학적인 방향으로 성장하는 경향이 있다는 것이다. 다른 모든 일반화와 마찬가지로 여기에도 많은 예외가 있다. 피학적인 남성과 가학적인 여성이 드물지 않기 때문이다. 그러나 성인 남성의 신체적 힘이 클수록, 또한 그것이 주는 이점에 어린 소년이 더 큰 기대를 가질수록, 남자들은 행동에 호소하는 방식으로 외상을 극복하려고 할 것이고, 여자들은 금욕과 자기희생, 그리고 신체적 패배를 통한 도덕적 승리(약자의 유서 깊은 무기)를 추구하는 성향을 키우게 될 것이다. 테스토스테론, 도파민, 옥시토신 같은 호르몬 분비가 남녀에 따라 다르다는 점도 이러한 성차에 영향을 미쳤을 수 있다.

피학적인 사람들의 정동 세계는 우울한 사람들의 그것과 비슷하지만 결정적으로 중요한 한 가지 차이점이 있다. 의식적인 슬픔과 깊은 무의식적 죄책감이 흔하지만, 이에 더하여 피학적인 사람들 대부분은 분노를 쉽게 느낄 수 있으며 자기 자신을 위해 분개할 수도 있다. 이런 감정 상태일 때 그들은 우울한 사람들보다는 편집적인 성향이 있는 사람들과 공통점이 더 많다. 달리 표현하자면, 많은 피학적인 사람이 자신은 고통을 당하고 있으며 그것이 부당하다고 본다. 아무 잘못도 없지만 저주를 받은 희생자라거나 단지 팔자가 사나울 뿐이라고 보는 것이다('나쁜 업보'처럼). 단순히 우울 주제만을 가지고 있는 사람들은 자신이 마땅히 당해야 할 일이라고만 생각하기 때문에 어느 정도 자신의 불행한 운명에 순응하려고 하지만, 이와 달리 피학적인 사람들은 부질없는 아우성으로 귀먹은 하늘을 괴롭히는 셰익스피어 소네트의 연인처럼 자신의 불행한 운명을 푸념하며 화를 낼 수 있다.

피학증에서의 방어 과정과 적응 과정

우울한 사람들과 마찬가지로 피학적인 사람들도 내사, 자기 탓으로 돌리기, 이상화 방어를 사용한다. 그리고 여기에 더하여 행동화에 크게 의존한다(정의상, 피학증의 본질은 자기패배적인 행동에 있기 때문이다). 도덕적 피학주의자들 또한 자신의 내적 경험에 대처하기 위해 (역시 정의상) 도덕화를 사용한다. 이제 그 이유를 논의하겠지만, 자기패배적 성격을 지닌 사람들은 일반적으로 우울한 사람들에 비해 더 활동적이다. 이들은 우울한 감정을 느낄 때 사기저하, 수동성, 고립의 상태를 상쇄할 어떤 일을 해야만 한다는 압박감을 느끼며, 이들의 행동은 이런 내적 요구를 반영한다.

피학적 성격의 전형적인 특징은 피해를 자초하는 방식으로 방어적 행동화를 한다는 점이다. 자기패배적인 행동에는 고통스러운 상황을 예상하고 이를 극복하고자 하는 노력이 포함되어 있으며, 이런 행동은 대부분 무의식적으로 일어난다(R. M. Loewenstein, 1955). 예컨대, 만약 어떤 사람이 권위적인 인물들은 모두 변덕스럽고 언젠가는 자신을 의지하는 사람을 처벌할 것이라고 확신한다면, 또한 이러한 일이 일어나리라 예상하며 만성적인 불안에 시달리고 있다면, 예상되는 처벌을 미리 촉발함으로써 불안을 경감하고 자신에게 힘이 있다고 안도할 수 있을 것이다. 적어도 고통을 당할 시간과 장소는 스스로 선택할 수 있다. 통제-숙달 이론을 지향하는 치료자들(예, Silberschatz, 2005)은 이런 행동을 '수동에서 능동으로의 전환'이라고 부른다.

Freud(1920)는 그가 반복강박repetition compulsion이라고 부른 어떤 강력한 힘을 이런 유형의 사례들에서 관찰하고서 깊은 인상을 받았다. 인생은 불공평하다. 어린 시절에 가장 고통을 많이 겪었던 사람들이 대개 어른이 되어서도 가장 큰 고통을 겪는다. 그리고 이런 일은 기이하게도 어린 시절의 환경을 모사한 듯한 비슷한 시나리오 안에서 반복해서 일어난다. 설상가상으로, 성인으로서 이들이 겪는 상황은 주변 사람들의 눈에는 본인이 스스로 만들어 내는 것으로 보인다. 그러나 당사자는 그것을 의식적으로 경험하지 못한다. Sampson과 Weiss 및 그 동료들이 지적하였듯이(예,

Weiss, Sampson, & the Mount Zion Psychotherapy Research Group, 1986), 반복적 패턴은 모든 사람의 행동을 특징짓는다. 만약 어떤 사람이 안전하고 긍정적인 어린 시절을 보낼 만큼 운이 좋았다면, 그에게서 반복적인 패턴은 거의 찾아보기 어렵다. 그들은 살아가면서 주어지는 현실적인 기회에 편안하게 적응하고, 정서적으로 긍정적인 상황을 재생산하는 경향을 보이기 때문이다. 그러나 어린 시절을 두려움에 떨고, 방치당하고, 학대당하며 보냈던 사람들은, 그런 경험을 심리적으로 극복하려는 노력에서 그러한 환경을 재창조하려고 하며, 그런 패턴이 확연히 드러날 뿐만 아니라 비극적이다.

내가 수년간 치료했던 한 자해 환자는 자신의 피학증의 근원을 어린 시절 어머니에 의한 학대에서 찾을 수 있었다. 정신적으로 극히 혼란스러웠던 그녀의 어머니는 이성을 잃을 정도로 격분하여 칼로 그녀를 베기도 하였다. 이렇게 기억이 되살아나고, 무력했던 어린 시절을 슬퍼하고, 과거와 현재의 현실을 구분하기 시작하면서, 그녀의 자해행동은 서서히 사라졌다. 그러나 그것은 이미 자신의 피부에 되돌릴 수 없는 상처를 내고 사람들에게 충격적인 장면을 보여 준 이후였다. 그녀의 성격 조직이 정신병적 수준이었기 때문에 치료는 천천히 우여곡절을 겪으며 진행되었지만, 결국에는 성공적이었다.

이 내담자보다 훨씬 건강한 다른 여성 내담자는, 부부 사이가 따뜻하고 편안하게 느껴질 때마다, 검소한 남편 앞에서 자신이 최근에 돈을 흥청망청 썼노라고 당당하게 밝히곤 했다. 이러한 행동은 여지없이 남편을 격분하게 만들었다. 어린 시절 그녀는 매사가 순탄하고 잠잠하면 곧 폭풍우가 몰아친다고 결론을 내렸었고, 우리는 이렇게 도발하는 습관은 그녀가 어린 시절에 내렸던 이런 결론이 여전히 위력을 발휘하고 있음을 보여 준다는 사실을 함께 이해할 수 있었다. 그러므로 결혼 생활이 순조로울 때, 그녀는 폭발적으로 화를 냈던 그녀의 아버지처럼 남편 또한 갑자기 폭발해서 자신들의 행복을 파괴할 것이라고 무의식적으로 걱정하기 시작하였다. 따라서 그녀는 빨리 이를 극복하고 유쾌한 관계를 회복하기 위해서, 남편의 화를 돋우리라고 본능적으로 알고 있는 방식으로 행동하였다. 그러나 불행하게도 남편의 입장에서 보면, 그녀의 행동은 유쾌함을 되살리는 것이 아니라 고통을 일으키는 원인이 되었다.

Reik(1941)는 다음과 같이 피학적 행동화의 몇 가지 차원을 밝혔다. (1) 도발하기(앞의 사례), (2) 불 끄기("나는 이미 고통을 당하고 있어요. 그러니 제발 더 이상 내게 벌주지 마세요."), (3) 노출하기("자, 봐요, 내가 이렇게 고통받고 있잖아요."), (4) 죄책감 떠넘기기("당신 때문에 내가 뭘 했는지, 내가 어떻게 되었는지 보라고요."). 우리 대부분은 이런 몇 가지 차원에서 경미한 수준의 피학적 방어를 자주 사용한다. 수련 중인 치료자가 자기비난의 홍수에 휩쓸려 슈퍼비전을 받을 때, 만약의 경우를 대비해 피학적 전략을 종종 사용한다. 만약 슈퍼바이저가 내가 내담자한테 중대한 실수를 저질렀다고 생각한다 해도, 내가 그것을 알고 있고 충분히 벌을 받았음을 이미 보여 준 거야. 만약 그게 아니라면 다행이고.

관계적 피학증에서의 자기패배적 행동은 분리불안에 대한 방어로 이해될 수 있다(Bach, 1999). 자기패배적 행동은 사람들을 끌어들이고 이들이 피학적 과정에 관여하도록 만드는 한 방법이다. 한번은 내가 참여했던 치료 집단에서, 어떤 집단 구성원이 아주 눈에 뻔히 보이게 집단을 자극하여 계속 자신에게 비난을 가하도록 유도하고 있었는데, 본인은 이 사실을 잘 모르는 것 같았다. 그러다가 다른 사람들이 그의 자기비하적이고 징징거리는 태도가 사람들을 격앙시키고 공격을 유발한다고 직면시키자, 그는 그동안의 태도에서 벗어나 차분한 모습을 보여 주었다. 그는 "관심을 아예 못 받는 것보다는 차라리 얻어맞는 게 더 낫거든요."라고 하였다. 대상관계를 논하는 절에서 이 역동을 더 자세하게 다루도록 하겠다.

피학증이 보다 내사적인 사람들의 경우, 도덕화는 분통 터지게 하는 방어일 수 있다. 이들은 종종 현실적인 문제 해결보다 도덕적 승리에 훨씬 더 큰 관심을 보인다. 때로 사람들이 적법한 절차에 따라 국세청에 세금 환급을 요구하는 편지를 쓰는 경우가 있는데, 상당한 액수를 환급받을 자격이 있는 자기패배적인 내 환자에게 그런 생각을 해 보도록 하는 데 몇 주가 걸린 일이 있었다. 정작 그녀는 국세청이 자신의 세금 문제를 잘못 처리했음을 나에게 설명하는 데 치중하였다. 그녀의 말이 확실히 옳은 말이기는 했지만, 핵심이 돈을 돌려받는 데 있다면 그녀는 완전히 초점을 비켜나간 셈이다. 그녀는 내가, 현실적인 보상을 받도록 돕기보다는 자신에게 맞장구치면서 같이 분개하기를 훨씬 더 많이 바랐다. 내가 그녀를 그냥 내버려 두었다면, 그녀는 불공정을 제거하기보다는 불공정한 자료를 수집하며 그것을 한탄하기만 하고 있었을 것이다.

이 역동은 부분적으로는 자신이 나쁘다는 내사적인 우울 신념을 처리하는 방법인 듯하다. 자신의 이야기를 듣는 사람으로부터 죄를 지은 것은 다른 사람이라는 확인을 받고 싶은 욕구가 너무 커서, 보통 사람들이라면 우선순위를 두기 마련인 실질적인 목표는 무시될 수 있다. 의붓부모와 사는 아동들이 의붓부모가 친절하고 호의적일지라도 피학적인 행동(성질을 부리고 반항적으로 행동하고 벌을 내리게끔 자극하는)을 하는 경향을 보이는 것은 무의식적인 죄책감과 관련이 있을 수 있다. 부모를 잃은 아이들은 자신이 나빠서 아버지나 어머니를 내쫓았다고 두려워하는 경향이 있다. 아무것도 할 수 없는 무력감보다는 죄를 짓더라도 힘이 있는 쪽을 택하기 때문에, 이들은 나쁜 사람은 의붓부모라고 자기 자신과 다른 사람을 설득하려고 하며, 그럼으로써 자신이 나쁜 짓을 했다는 느낌으로부터 시선을 돌리고자 한다. 이들은 의붓부모의 행동이 자신의 믿음을 지지해 줄 때까지 계속 도발할 수 있다.

이러한 역동은 왜 순수한 행동적 접근이 종종 의붓가족 구성원에게 영향을 미치기 어려운지를 설명해 줄 수 있다. 죄책감에 사로잡혀 화를 내는 쪽의 주요 관심사는 가족의 분위기를 개선하는 데 있지 않고 고통을 계속 받는 데(그래서 다른 누군가의 책임으로 보이도록 하는 데) 있기 때문이다. 물론 이런 모습은 어린아이들만이 보이는 것도 아니고 재혼 가족에만 국한된 것도 아니다. 초등학교 교사라면, 아동의 친부모가 아이의 잘못된 행동 때문에 자신이 오랫동안 고통받아 왔다고 주장하면서도, 정작 아이의 행동을 개선하기 위한 제안은 실천에 옮기지 못하는 사례를 얼마든지 보았을 것이다. 우리는 이들 부모에게서, 나쁜 것은 아이 쪽이며, 자신은 이를 묵묵히 견딜 뿐이라는 생각을 확인받고자 하는 욕구가 다른 모든 것을 압도한다는 느낌을 받는다.

자주 사용되는 또 다른 방어는 부인이다. 피학적으로 조직된 사람들은 자신이 고난을 당하고 있고 누군가가 자신을 학대하고 있음을 말과 행동으로 표현하지만, 그로 인해 어떤 불편감을 느끼고 있음은 부인하고, 가해자가 좋은 의도에서 그랬다고 주장하기도 한다. 한 내담자는 직장 동료들 앞에서 자신을 모욕한 적이 있고 자신을 싫어하는 것이 분명한 고용주에 대해서 이야기하기를, "그녀는 분명히 좋은 뜻에서 그랬고, 마음속으로는 내 생각을 많이 해 줍니다."라고 하였다. 내가 "그 여자가 당신을 그런 식으로 대했을 때 어떤 느낌이 들었어요?"라고 물었더니, 그는 "아, 그녀가 내게 뭔가 중요한 것을 가르쳐 주려고 한다는 걸 깨달았고, 그래서 그녀에게 고마워했죠."라고 대답하였다.

피학적 심리에서의 관계 패턴

Emmanuel Hammer는 피학적인 사람은 희망을 버리지 않는 우울한 사람이라고 즐겨 말하였다. 그가 하고 싶었던 말은, 우울 상태와 비교하여 피학증의 병인을 살펴보았을 때, 우울 반응에 이르게 한 박탈과 외상적 상실이 '나는 사랑받고 있다.'라는 생각을 온전히 포기하게 만들 정도로 혹독하지는 않았다는 뜻이다(Berliner, 1958; Bernstein, 1983; Lax, 1977; Salzman, 1962; Spitz, 1953 참조). 부모 노릇을 제대로 못하는 사람이라도 자기 아이가 다치거나 위험에 처하면 수선을 떨며 어떤 행동을 취할 수 있다. 이들의 자녀들은 비록 전반적으로는 버림받은 느낌, 버림받았으므로 무가치하다는 느낌에 시달리지만, 만약 자신이 충분히 고통을 받는다면 어느 정도 보살핌을 받을지도 모른다고 배운다(Thompson, 1959). 아이에게는 방치되는 것보다 부모가 어떤 식으로든 관심을 주는 것이 더 안전하게 느껴질 수 있다. Wurmser는 『Torment Me but Don't Abandon Me』(2007)라는 책에서 이러한 현실을 잘 짚어내고 있다.

내가 평가했던 한 여성은 살아오면서 유난히 많이 다치고, 아팠고, 자주 불운을 겪었다. 그녀에게는 정신병적으로 우울한 어머니가 있었다. 그녀에게 가장 어렸을 때의 기억을 물었더니, 세 살 때 다리미 위로 넘어져 화상을 입은 날, 평소에는 거의 받아 본 적이 없던 위로를 어머니로부터 받았던 일을 떠올렸다. 대개 피학적인 사람의 과거력은 우울한 사람의 과거력과 비슷한 면이 많다. 그들의 삶에는 애도하지 못한 상실, 죄책감을 유발하거나 비판적인 양육자, 아이가 오히려 부모에 대해 책임감을 느끼는 역할 역전, 외상과 학대의 사례, 우울의 모델이 된 사람들이 있다(Dorpat, 1982). 그러나 자세히 들어보면, 피학적인 환자들이 아주 깊은 곤경에 처했을 때 반응을 해 주었던 사람이 있었다고 말하는 것을 들을 수 있다. 우울한 사람들은 자신을 위해서 아무도 존재하지 않는다고 느끼지만, 피학적인 사람들은 만약 동정과 보살핌을 받아야 할 필요성을 충분히 증명할 수만 있다면, 정서적으로 철저히 유기되는 상황을 견디지 않아도 된다고 느낄 수 있다.

Esther Menaker(예, 1953)는 해결되지 않은 의존의 문제와 혼자되는 것에 대한 두려움이 어떻게 피학증의 기원이 되는지를 설명하였던 최초의 분석가 중 한 사람이었다. 내 동료의 딸이 자기 장난감을 모두 부숴 버리겠다고 위협했던 예에서 볼 수 있듯이, "제발 나를 떠나지 마세요. 당신이 없어지면 나 자신을 해칠 거예요."라는 메시지가 많은 피학적 의사소통의 핵심을 이룬다. 남편에게 맞는 여성들 중에는 쉼터에 왔다가 목숨만 간신히 살려 주는 그 남편에게 거듭해서 되돌아가 심하게 구타당하는 일을 반복하는 여성들이 있어서, 쉼터에서 일하는 사람들로 하여금 절망감과 분노에 머리를 쥐어뜯게 만드는 일이 종종 있다. Ann Rasmussen(1988)은 이들의 심리를 연구하는 흥미로운 프로젝트를 수행한 바 있는데, 그녀는 큰 위험에 처한 이 여성들이 고통이나 죽음을 두려워하기보다는 버림받는 것을 훨씬 더 두려워한다는 것을 알게 되었다. 그녀는 다음과 같이 기록하였다.

> 가해자와 떨어져 있을 때, 피험자들 대부분은 극심한 절망의 나락에 떨어져 주요 우울증의 지경에 이르렀으며, 거의 아무런 기능도 하지 못했다…… 많은 사람들이 음식을 먹을 수도, 침대에서 일어날 수도, 다른 사람과 어울릴 수도 없다고 표현하였다. 한 피험자는 이렇게 말하였다. "남편과 떨어져 있으면, 나는 아침에 어떻게 일어나야 하는지도 모르겠어요…… 어떻게 먹는지도 잊어버렸고, 한 입 삼킬 때마다 배 속에 돌덩이가 들어가는 것 같아요." 그들이 혼자가 될 때 느끼는 심연의 깊이는 학대하는 배우자와 함께 있을 때 겪는 그 어떤 고통보다도 더 깊고 고통스럽다(p. 220).

피학적인 환자를 만나다 보면, 그들의 부모가 그들에게 정서적으로 관심을 보였던 유일한 시간은 그들이 벌을 받을 때였다는 사실을 깨닫게 되는 경우가 드물지 않다. 이러한 환경에서 애착과 고통의 연합은 불가피하다. 애정과 학대가 특이하게 결합된 괴롭힘과 집적거림도 피학증을 키울 수 있다(Brenman, 1952). 특히 처벌이 과도하거나, 폭력적이거나, 가학적일 때, 아동은 고통은 관계의 대가라고 배운다.

아동은 신체적 안전보다는 관계를 훨씬 더 갈망한다. 아동기 학대의 피해자는 대개 학대에 대한 부모의 합리화를 내재화한다. 이는 방치되는 것보다는 맞는 게 더 낫다고 느끼기 때문이다. Rasmussen(1988)의 또 다른 피험자는 다음과 같이 고백하였다. "다시 어린아이가 되었으면 하고 늘 바라 왔어요. 엄마가 여전히 나를 보살펴 주었으면 좋겠어요. 지금 매를 맞을 수 있으면 좋겠어요. 왜냐하면 매는 말을 잘 듣게 하고 앞으로 어떻게 해야 될지 알게 해 주는 방법이기 때문이죠. 만약 나를 좀 더 때려 주는 엄마가 있다면, 중심을 잡고 제대로 살아 볼 수 있을 텐데."(p. 223)

성격이 피학적으로 형성된 많은 사람들의 과거력에서 볼 수 있는 또 하나의 특징은 시련을 씩씩하게 견디면 크게 보상을 받았다는 점이다. 내가 아는 한 여성은 15살에 어머니를 결장암으로 잃었다. 그녀의 어머니는 돌아가시기 전 몇 달을 집에서 보냈는데, 시간이 흐를수록 혼수상태와 대소변을 가리지 못하는 상태가 길어지면서 쇠약해져 갔다. 그녀는 인공항문을 소독하고, 피 묻은 이불보를 빨고, 욕창이 생기지 않도록 어머니를 바꿔 누이는 등등의 간호사 역할을 떠맡았다. 그녀의 외할머니는 손녀의 이러한 헌신에 크게 감동받아서, 손녀딸이 얼마나 용감하고 이기심이 없는지, 하나님도 틀림없이 그녀를 어여삐 봐주실 것이며, 죽어 가는 어머니를 돌보기 위해 청소년기에 의당 해 보고 싶은 것을 불평 한마디 없이 포기했다고 입에 침이 마르도록 칭찬하였다. 외할머니의 이야기는 모두 사실이었지만, 자기희생에 대해서 그토록 많은 강화를 받고, 자신의 욕구를 위해 짬을 낼 때는 거의 격려를 받지 못했던 경험은 그녀에게 긴 세월 동안 영향을 미쳤으며, 평생을 피학적으로 살아갈 근본 바탕을 만들어 주었다. 그녀는 이후에 직면한 모든 발달 과제에서도 자신의 관대함과 인내심을 보여 주는 일에 힘을 기울였다. 그러나 사람들은 그녀가 혼자 잘난 체한다며 넌더리를 내고, 자꾸 엄마 노릇을 한다며 화를 냈다.

일상생활의 대인관계를 보면, 자기패배적인 사람은 동병상련의 처지에 있는 불행한 친구들에게 애착을 느끼는 경향이 있다. 또한 도덕적 피학주의자의 면모를 가지고 있는 자기패배적인 사람인 경우, 자신이 부당하게 고통받고 있음을 인정해 줄 사람들에게 끌린다. 이들은 또한 자신들을 함부로 대하거나 심지어 가학적으로 대하는 관계를 거듭 재창조하는 경향을 보인다. 매 맞는 배우자 혹은 애인은 이런 사례의 가장 극단적인 경우일 뿐이다. 일부 가학-피학적 애착관계는 자기패배적인 사람이 학대 성향을 이미 가지고 있는 파트너를 선택한 결과처럼 보인다. 혹은 적당하게 친절한 상대를 만났지만, 학대를 견디는 사람이 그 사람에게서 최악의 것을 이끌어내려 애쓰는 경우도 있는 듯하다.

Nydes(1963)는 피학성 성격을 지닌 사람들은 편집적인 사람과 어떤 공통점을 가지고 있으며, 또 어떤 사람들은 피학적인 성향과 편집적인 성향을 주기적으로 오간다고 주장하였다(Bak, 1946 참조). 이러한 유사성의 근원은 이들이 모두 위협을 민감하게 지각한다는 데 있다. 편집적인 사람이나 자기패배적인 사람이나 모두 자존감, 안전, 신체적 안녕이 공격받을지 모른다는 두려움에 늘 시달린다. 이런 불안에 직면해서, 편집적인 사람은 "당신이 나를 치기 전에 내가 먼저 당신을 치겠다."라는 식으로 해결하는 반면, 피학적인 사람은 "당신이 나를 칠 필요가 없도록 내가 먼저 나를 치겠다."라는 식으로 반응한다. 피학적인 사람이나 편집적인 사람 모두 힘과 사랑 사이의 관계에 무의식적으로 집착한다. 편집적인 사람은 힘을 느끼기 위해 사랑을 희생한다. 피학적인 사람은 그 반대로 한다. 특히 성격 조직이 경계선 수준인 경우, 이런 대조적인 해결책은 자아 상태가 왔다 갔다 하는 모습으로 나타날 수 있으며, 치료자는 환자를 두려움에 떠는 희생자로 보아야 할지 위협을 가하는 적대자로 보아야 할지 혼란을 느끼게 된다.

피학적인 역동은 자기패배적 성격을 갖고 있는 사람들의 성생활에도 스며들 수 있다(Kernberg, 1988). 그러나 성격적으로 피학적인 많은 사람들이 성적인 피학증을 보이지는 않는다(이들의 자위환상 속에 성적 흥분을 극대화하기 위한 피학적 요소가 포함될 수 있지만, 파트너가 약간이라도 공격성을 보이면 성적 흥미를 잃어버리는 경우가 많다). 또한 성생활의 내력에서 피학적 성애 패턴을 보이는 사람들 중에서 많은 사람들이 자기패배적 성격을 가지고 있지 않다. 초기 추동 이론은 개념적 수준에서 성과 성격을 매우 밀접하게 연결했으며, 불행하게도 성역동과 성격역동은 항상 동형이라는 경솔한 가정을 유산으로 남겼다. 물론 그럴 때도 종종 있다. 그러나 아마도 다행스럽게도, 그렇게 단순하게 보기에는 사람은 훨씬 더 복잡하다.

피학성 자기

피학적인 사람의 자기표상 역시 우울한 사람의 그것과 어느 정도 유사하다. 이들은 자신이 가치 없고, 죄를 지었으며, 거부당할 만하고, 벌을 받아 마땅하다고 여긴다. 여기에 더하여, 단순한 상실감보다는 궁핍하고 불완전하다는 전반적인 느낌을 갖고 있을 수 있으며 때로는 이런 느낌이 의식적일 수도 있다. 또한 오해를 받고, 이해받지 못하고, 학대를 당할 운명이라는 믿음을 갖고 있기도 하다. 도덕-피학성 성격 구조를 지닌 사람들은 자신의 고통에 고무되고, 자신과 똑같은 시련을 자기만큼 의연하게 견디지 못하는 부족한 인간들을 무시하는 경향이 있어서, 종종 자기 거대감에 빠져 사람을 비웃는다는 인상을 다른 사람들에게 준다. 이런 태도 때문에 사람들은 도덕적 피학주의자들이 마치 자신의 고통을 즐기고 있는 듯한 느낌을 받게 되지만, 사실은 이들이 그 속에서 자존감을 버티게 해 줄 보상 기반을 찾았다고 보는 게 더 적절할 것이다(Cooper, 1988; Kohut, 1977; Schafer, 1984; Stolorow, 1975).

때때로 사람들은 피학적 내담자들이 다른 사람으로부터 학대받은 사례를 하나하나 열거할 때 그들의 괴로운 표정 사이에서 은밀한 미소의 흔적을 발견한다. 그래서 이들이 자신을 괴롭힌 사람의 명예를 확실하게 손상시킴으로써 어떤 가학적 쾌감을 맛본다고 추론하기가 쉽다. 또한 자기패배적인 사람은 자신의 불행을 즐긴다는 일반적인 가정을 뒷받침하는 또 다른 근거가 되기도 한다. 그러나 이들이 대인관계 딜레마를 고통을 통한 애착attachment-through-suffering이라는 방법으로 해결함으로써 어떤 이차적 이득을 얻는다고 말하는 것이 더 정확하다. 도덕적 피학증의 경향이 높은 사람들은 반격을 하지 않음으로써 반격하고, 가해자의 공격성을 드러내 가해자가 도덕적으로 열등함을 보여 주고, 이러한 전략이 가져다주는 도덕적 승리를 맛보는 것일 수 있다.

보다 관계 지향적인 사람들은 자신의 피학적인 행동이 자신이 관계를 맺고 있는 사람과 더 많은 연결을 이끌어 내리라 기대하기 때문에 미소를 지을 수도 있다. 정신과 의사들은 "이번에도 약이 듣지 않는 것 같네요."라고 말하며 되돌아오는 환자들이 실망한 것처럼 보이지만 입가에는 옅은 미소를 띠우는 마음 아픈 모습에 익숙하다. 많은 치료자들이 경험하듯이, 이들은 상사, 친지, 친구, 배우자가 자신을 함부로 대한다고 애처롭게 호소하면서도, 막상 상황을 개선할 어떤 행동을 하도록 격려하면 뭔가 실망한 듯이 보이고, 주제를 바꾸고, 다른 영역에서의 고충으로 초점을 돌린다. 불행을 용감하게 견딤으로써 자존감이 상승하고 관계가 강화된다고 느낄 때, 또는 자신의 유익을 위해('이기적으로') 행동하면 이러한 목표를 달성하기가 더 어렵다고 볼 때, 불쾌한 상황을 시정 조치가 필요한 상황으로 재구성하기가 어렵다.

우울하게 성격이 조직된 사람들은 대부분 고독 속으로 퇴각하는 경향을 보이지만, 피학적인 사람은 자신이 나쁘다는 느낌을 다른 사람에게 투사하고, 그다음 나쁜 것은 자신의 내부가 아니라 밖에 있다는 증거를 이끌어 내는 방식으로 행동한다. 이는 자기패배적인 패턴과 편집적 방어의 또 다른 유사점이다. 그러나 대개 피학적인 사람의 공포는 편집적인 사람의 공포에 비해 덜 원시적이며, 원치 않는 자기의 측면을 추방하기 위해 정동을 그렇게 심하게 변형하지 않아도 된다. 그리고 아주 은둔적일 수도 있는 편집적인 사람들과 달리, 피학적인 사람들은 다른 사람을 바로 곁에 두어 그들을 자신이 추방한 가학적 성향의 저장고로 사용해야 한다. 편집적인 사람은 투사된 악의를 막연한 권력 집단이나 멀리 떨어져 있는 박해자에게 귀인시킴으로써 불안을 해소할 수도 있지만, 피학적인 사람은 가까이 있는 누군가에게 투사된 악의를 갖다 붙이고, 그 사람의 관찰 가능한 행동을 통해 그가 도덕적으로 비열하다는 자신의 신념이 옳음을 증명한다.

피학성 환자와의 전이와 역전이

피학적 내담자들은, 오로지 눈에 띄게 고통을 당할 때만 보살핌을 받는다고 믿는 아이의 드라마를 치료자와 재상연reenact하는 경향을 보인다. 치료자는 환자를 구하고 위로하도록 설득당하는 부모가 되고, 환자는 너무 나약하고 겁에 질려 있어서 부모의 도움 없이는 절박한 삶의 문제들을 아무 것도 다룰 수 없는 아이가 된다. 만약 내담자가 실제로 어떤 혼란스럽고 위험한 상황에 처해 있고, 거기서 어떻게 빠져나와야 할지 갈피를 못 잡는 것으로 보이는 상황이라면, 치료자 또한 치료를 시작하기 전에 우선 환자의 안전부터 보장해야 한다는 압박을 받는다. 피학적 모양새가 덜 극단적인 사례에서도, 내담자는 삶이 가하는 조롱 앞에서 무력감을 느끼고 있음을 전달하며, 불운과 곤경에 맞서는 유일한 방법이란 그저 참고, 극기하고, 심지어 명랑해지려고 노력하는 것일 뿐임을 보여 주려고 한다.

종종 피학적인 내담자는 자신이 구조되어야 하고, 구조를 받을 자격이 있다고 치료자를 설득하려 든다. 이런 목표와 함께 환자의 마음속에는 두려움이 공존한다. 환자는 치료자가 애정이 없고, 딴 데 정신이 팔려 있고, 이기적이고, 비판적이고, 학대적인 권력자일 것이라고 두려워하며, 환자의 무가치함을 들춰내고, 희생당하는 것은 환자 탓이라고 비난하고, 치료 관계를 포기하리라고 예상한다. 구조의 소망과 학대의 두려움은 내담자의 성격 조직의 수준에 따라 의식적일 수도 있고 무의식적일 수도 있으며, 자아동질적일 수도 있고 자아이질적일 수도 있다. 자기패배적인 사람은 거의 항상 무의식적으로, 관찰자가 자신의 약점을 알아보고 죄지은 자신을 거부하리라는 공포 속에서 산다. 이런 두려움과 싸우기 위해서 이들은 자신이 무력한 사람이며, 또한 좋은 사람이 되려고 노력하고 있음을 확실하게 보여 주려고 애쓴다.

치료자는 피학적 역동에 대해서 보통 피학과 가학이라는 두 가지 역전이를 보이는데, 대개 이 둘을 모두 경험한다. 가장 흔한 치료자의 반응 패턴은(특히 초보 치료자들의 경우), 치료자가 우선 자신의 관대함을 과도하게 (그리고 피학적으로) 보여 주려고 애쓰는 것이다. 치료자는 환자의 고통을 충분히 이해하고 있으며, 환자를 결코 공격하지 않을 테니 이를 믿어 달라고 환자를 설득한다. 그런 다음, 이러한 접근이 단지 환자를 더 무기력하고 비참하게 만드는 것을 보고서 자아이질적인 초조감과 짜증을 느끼며, 또 그런 다음에는 그토록 완강하게 도움에 저항하는 내담자를 보며 가학적인 보복 환상을 느낀다.

치료자 중에는 우울 심리를 가지고 있는 사람이 많기도 하고, 또 특히 치료 초기에는 피학적 성향이 지배적인 사람을 우울한 사람으로 오해하기가 쉽기 때문에, 치료자는 종종 자신이 환자 역할을 할 경우에 자기 자신에게 도움이 될 만한 어떤 것을 환자에게 해 주려고 노력한다. 그래서 해석과 행동을 통해서, 자신은 항상 그의 곁에 있으며, 그의 불행의 정도를 잘 알고 있고, 그를 돕기 위해 더 많은 노력을 기울일 것임을 강조한다. 어떤 치료자는 황량한 늪지대에 홀로 빠져 있는 내담자와 치료적 동맹을 돈독하게 하려는 바람에서, 치료비를 깎아 주고, 스케줄을 조정하여 가외의 회기를 잡고, 언제라도 전화를 받아 주며, 여타의 다른 특별 대우를 제공한다. 이런 행동은 우울한 사람과의 작업을 촉진할 수는 있겠지만, 피학적인 사람에게는 역효과를 낸다. 치료자의 행동이 환자의 퇴행을 가져오기 때문이다. 환자는 자기패배적으로 행동하면 얻는 게 있음을 배운다. 즉, 고통을 선전하면 할수록 더 많은 응답을 받는다. 결국 치료자는 열심히 노력하면 할수록 상황은 더 나빠진다는 사실을 알게 된다. 이것은 피학적인 사람의 경험 세계를 완벽하게 비춰 준다.

나는 나 자신과 나의 수련생들을 보면서, 피학적인 내담자들과는 어떻게 작업해야 하는지, 피학적인 행동화를 어떻게 피할 수 있으며, 우리가 안타깝게 여기는 내담자들에게 가학적으로 반응하는 이 곤혹스러운 역전이를 어떻게 피할 수 있는지를 다들 어렵게 배운다는 것을 알았다. 대부분의 치료자는, 피학적 퇴행에 제한을 가하는 법을 배우도록 자극해 준 내담자들을 생생하게 기억한다. 나의 경우에는 문제가 심각한 환자로는 거의 최초로 만났던, 정신병적 범위의 편집-피학적인 젊은 내담자가 생각난다. 고백하는 게 당혹스럽기는 하지만, 나는 그를 구원해야 한다는 구조 환상의 홍수 속에서, 너무나 간절하게도 내가 좋은 대상임을 증명하고 싶었다. 그래서 그가 직장에 갈 수 있는 방법이 더 이상 없다고 슬프게 이야기하는 것을 듣고서는 기꺼이 내 차를 빌려주었다. 그리고 별로 놀랄 일도 아니지만, 그는 내 차를 나무에다 박아 버렸다.

이렇게 내담자의 피학적 반응을 직면시키기보다는 지지해 주는 경향을 보이는 한편으로, 치료자는 자신의 가학적 충동을 인정하기 어려워한다. 그러나 인정하지 않은 채 넘겨 버리는 감정은 행동화되는 경향이 있으므로, 이런 억압은 위험할 수 있다. 정신건강 서비스를 받는 소비자들이 치료자가 희생자를 비난할지도 모른다고 예민한 반응을 보이는 현상은 아마 우연이 아닐 것이다. 이런 현상은 과거에 약자의 입장에 처해 있었을 때 치료자의 무의식적 가학증을 느꼈던 많은 사람들의 경험에서 유래하였을 수 있다. 치료자가 최선을 다하는데도 내담자는 점점 더 우울해지고 징징거리기만 해서 치료자가 분통이 터질 지경에 이르면, 처벌적인 해석이나 거절("이 사람에게는 다른 치료자가 필요한 것 같아.")을 하면서 이를 합리화하기가 쉬워진다.

피학적인 내담자는 치료자의 화를 돋울 수 있다. "나를 도와주려고 노력해 보세요. 나는 점점 더 나빠질 테니까."라는 메시지를 뿜어 대는 내담자보다 치료자의 자존심에 더 치명적인 것은 없다. 오래전부터 이런 부정적인 치료 반응(Freud, 1937)은 무의식적 피학증과 연결되었지만, 이를 지적으로 이해하는 것과 정서적으로 체험하는 것은 전혀 별개의 문제이다. 고집스럽게 자기비하적인 행동을 하는 사람 앞에서 우호적이고 지지적인 태도를 유지하기란 참으로 어려운 일이다[Frank 등(1952)의 "도움을 거부하는 불평자" 참조]. 나는 심지어 이 장을 쓰면서도, 피학적 과정을 기술하는 나의 글이 약간 무례한 분위기를 띠게 되는 것을 의식한다. 자기패배적 환자에 대해 글을 쓴 분석가(예, Bergler, 1949) 중에는 드러내 놓고 경멸적인 언사를 사용하는 이도 있다. 이런 감정이 언제 어디서나 출현할 수 있다는 사실은 세심한 자기감찰의 필요성을 더욱 부각해 준다. 피학적이고 가학적인 역전이 반응이 생긴다고 해서 치료가 반드시 큰 난관에 부닥치는 것은 아니지만, 그런 감정을 부인하는 치료자는 거의 틀림없이 곤경에 처하게 된다.

마지막으로, 피학적인 환자들은 자신의 자기파괴적인 행동에 담긴 의미를 정서적으로 부인하는 경향을 보이기 때문에, 자기상해의 위험에 정상적으로 동반되는 불안을 치료자가 버텨 주어야 하는 상황이 된다. 피학적인 내담자의 행동으로 인해 발생할 수 있는 결과를 탐색하려고 할 때, 내담자의 위험한 행동에 대해 나는 점점 불안해지는데, 환자는 점점 무심해지고 당연하게 여기고 별거 아닌 것으로 치부함을 나는 종종 발견하곤 한다. "HIV에 감염될 수 있다고 걱정은 했나요?"라고 질문하면, "그런 일이 있으리라 생각하지 않아요." 혹은 "딱 한 번이요." 혹은 "아마도 약간은, 그런데 그게 지금 내가 하고 싶은 말은 아니에요."라는 모호한 답변을 들을 수 있다.

피학성 성격 진단의 치료적 함의

Freud와 그의 많은 동료들이 피학적 역동에 관한 글을 쓰고, 그것의 기원과 기능, 무의식적 목표, 숨겨진 의미를 기술했지만, 치료적 함의에 대해서는 별다른 말을 하지 않았다. Esther Menaker(1942)가 피학증과 관련하여 여러 고전적인 치료 양상들을 관찰한 첫 번째 분석가였다. 예컨대, 그녀는 환자가 카우치에 눕고 분석가가 권위적인 태도로 해석하는 것은 피학적인 내담자들에게 지배-복종이라는 굴욕적인 상호작용을 복제하는 일로 경험될 수 있다고 지적하였다. 그녀는 대면 치료를 하고, 전이뿐만 아니라 실제 관계를 강조하고, 분석가의 말투에서 모든 전능의 흔적을 없애는 것 등 치료 기법의 수정을 권고하였다. Menaker는 치료 장면의 그런 잠재적인 가학-피학적 요소를 모두 제거하지 않는다면, 환자는 그저 복종, 순응, 친밀함을 위해 자율성을 희생하는 일을 반복하는 느낌만을 가지게 될 것이라고 말하였다.

그녀의 주장은 여전히 유효하다. 다만, Menaker(1942)의 권고를 문자 그대로 받아들이기보다는 그 정신을 받아들여야 한다는 점에서 그렇다. 예를 들어, 요즘 정신분석의 치료 장면에서는 기능 수준이 높은 환자들만 누워서 자유연상을 하도록 권장하기 때문에(그리고 아마도 신경증 수준의 피학적 내담자라면 카우치에서의 이완을 굴욕적인 패배와 동일한 것으로 받아들이지 않을 만큼 튼튼한 관찰자아를 가지고 있을 것이기 때문에), 카우치에 관한 그녀의 견해는 다소간 의문의 여지가 있다. 그러나 실제 관계가 중요하다고 본 것은 옳은 말이다. 피학적인 사람은 반드시 건강한 자기주장의 실례를 가까이서 봐야 한다. 그러므로 치료적 협력 관계를 구축할 때 치료자가 한 인간으로서 자신을 어떻게 표현하는가 하는 점이 자기패배적인 환자의 예후에 매우 중요하다. 치료자가 쉽사리 이용당하지 않고, 억울하고 분한 마음을 남길 정도로 상대방에게 아량을 베풀지도 않는 모습은, 타인을 위해 자기 자신을 위한 관심사는 모두 희생하도록 배우며 자란 사람들에게 완전히 새로운 지평을 열어 줄 수 있다. 따라서 자기패배적인 내담자를 다룰 때의 첫 번째 '규칙'은 피학증의 모델이 되지 않는 것이다.

오래전 내 슈퍼바이저 중 한 분은 내가 수입이 빠듯한 사람들을 위해 일한다는 것을 알고서, 환자들이 재정 적자로 곤란을 겪을 때 대부분의 환자들은 치료비가 밀리게 놔두어도 괜찮지만, 피학적인 내담자에게는 절대 그런 식으로 관용을 베풀어서는 안 된다고 강조하셨다. 나는 체질적으로 좋은 충고에 담긴 지혜를 몸소 실수를 저지른 후에야 배우는 사람인 듯하다. 부지런하고, 성실하고, 매력이 있는 한 내담자가 도저히 어쩔 수 없어 보이는 재정적 위기를 설득력 있게 설명하는 모습에 넘어가 슈퍼바이저의 경고를 무시해 버렸다. 나는 그가 재정적으로 다시 재기할 때까지 그를 '후원'하겠다고 하였다. 하지만 그는 돈 문제에 있어서 점점 더 무능해졌으며, 나는 점점 더 속이 상했고, 급기야 내 실수를 교정하기 위해 그와 함께 골머리를 앓으며 변제 계획을 세워야 했다. 그 후로는 같은 실수를 되풀이한 적이 없지만, 내가 그랬듯이 나의 수련생들도 대개는 쓰디쓴 경험을 통해서 이런 지혜를 배우는 모습을 본다. 잘못된 관용으로 인해 대가를 치르는 사람이 치료자 한 사람뿐이라면 그다지 뼈아프지 않을 수도 있지만, 다름 아닌 환자에게도 피해를 준다는 사실이 명백해질 때는, 치료자의 지갑이 홀쭉해지는 만큼이나 치료자로서의 자신감도 손상을 입는다.

따라서 자기패배적인 내담자에게 '치료적' 자기희생을 몸소 보여 주는 것은 전혀 내담자를 위한 일이 아니다. 이는 오히려 내담자로 하여금 죄책감을 느끼게 만들고 자신이 나아질 만한 가치가 없다고 느끼게 만든다. 치료자가 자기희생의 본보기가 되면 내담자는 자신의 권리를 어떻게 행사해야 하는지를 배울 수 없다. 피학적 내담자에게 치료비 문제를 봐주기보다는, 만만치 않은 역동을 다루는 일에 적절한 보상이 될 정도로 비용을 물리고, 치료자는 이를 받을 만한 충분한 자격이 있다는 자세로 치료비를 받아야 한다. Nydes(1963)는 피학적 환자들에게 치료비를 받고 기분 좋아하거나, 돈을 애지중지하거나, 아주 흡족해하며 수표를 주머니에 집어넣는 모습을 의도적으로 보여 주곤 했다.

피학적인 환자들이 합당한 자기보살핌의 모델을 가져야 할 분명한 필요가 있음에도 불구하고, 정작 대부분의 치료자들은 적당한 자기관심과 자기보호를 보여 주기를 주저한다. 그 이유는 아마도 치료자라면 마땅히 사리사욕을 탐해서는 안 된다고 억제하기 때문일 수도 있지만, 만약 한계를 두면 자기패배적인 환자들이 화를 내고 비판적인 반응을 보일까 봐 두려워하기 때문일 수 있으며, 이런 예감은 대개 정확하다. 다시 말해, 대부분의 피학적 환자들이 초기 대상에 의해 벌을 받았듯이 치료자도 똑같이 이기적이라는 이유로 벌을 받을 것이다. 사실 그렇게 된다. 그러나 이는 우리가 바라는 바이기도 하다. 자기파괴적인 사람은 용감하게 미소를 지을 때만 아무 일 없이 넘어간다는 것을 배울 필요가 없다. 화를 내더라도 받아들여진다는 점을 깨달아야 하는 것이다.

이들은 원하는 것을 얻지 못할 때 화가 나는 것은 자연스러운 일이며, 화가 나면 나는 대로 다른 사람들의 이해를 받을 수 있음을 배울 필요가 있다. 고통을 노출하면서 또 도덕주의로 자신의 올바름을 보여 주면서 그 분노를 애써 방어하지 않아도 괜찮다는 것을 알아야 한다. 피학적인 사람들은 오직 상대방이 자신에게 잘못했음이 아주 분명할 때만 적개심을 느낄 자격이 있다고 믿을 수 있으며, 이런 태도는 불필요한 심리적 분투에 엄청난 시간을 허비하게 만든다. 정상적인 수준의 실망, 분노, 좌절을 느낄 때에도 이들은 자신이 이기적인 사람이라는 수치스러운 느낌을 피하기 위해서 이를 부인하거나 도덕화할 수 있다. 치료자가 자기유익을 위해 행동하고 피학적인 환자들이 이에 대해 화를 낼 때, 이러한 환자의 반응을 치료자가 자연스럽고 흥미롭게 받아들이면, 그동안 이들이 소중한 보물처럼 안고 살아왔던 파괴적인 내적 범주가 개편된다.

이러한 이유로 인해서, 경험이 많은 치료자들은 피학적인 환자들에게 "동정심을 보이지 말라."라고 충고한다(Hammer, 1990; Nydes, 1963). 이는 곤경에 처한 일로 해서 그 사람을 야단치라거나, 피학증을 보인다고 해서 가학적으로 반응하라는 의미가 아니다. "아이고, 불쌍해라!"로 들릴 수 있는 의사소통을 하는 대신에, "어쩌다 자신을 그 지경에 처하게 했어요?"라고 재치 있게 물어야 한다는 뜻이다. 내담자가 상황을 개선할 수 있는 능력을 가지고 있다는 점이 항상 강조되어야 한다. 자기패배적인 사람들은 다른 사람의 온정을 이끌어 내는 유일한 방법은 오직 자신의 무력함을 입증하는 길뿐이라고 믿어 왔다. 그러므로 자아 구축을 촉진하고 환자를 유아화하지 않는 이런 낯선 치료자의 반응은 이들을 성나게 만드는 경향이 있다. 그러나 이런 개입을 통해서 치료자는 내담자의 정상적인 분노 표현을 환영하고, 이들의 부정적인 감정을 수용함을 보여 주고, 내담자가 점점 더 솔직해지는 것에 대해 안도감을 느낌을 보여줄 수 있다.

마찬가지로, 치료자가 환자를 구조해 주면 안 된다. 내가 만난 환자 중 가장 문제가 심했던 피학적 환자 한 사람은 폭식증에서부터 여러 종류의 중독과 정신병적 수준의 불안에 이르는 다양한 증상을 보였는데, 자신이 화를 내는 바람에 치료자가 멀어졌다는 두려움이 들 때마다 공황적인 마비 상태에 빠지곤 하였다. 그런 일이 일어났던 어느 날, 그녀는 너무 미칠 것 같아서 지역 정신건강센터의 치료자에게 입원시켜 달라고 간청하고 72시간 동안 입원하겠다는 동의서에 서명을 했다. 그러나 반나절도 못 가 불안이 가라앉고 계속 입원하고 싶은 마음이 없어져 버렸다. 그녀는 센터의 정신과 의사로부터, 내게 허락을 받으면 빨리 퇴원시켜 주겠다는 약속을 얻어 냈다. 나는 "처음에 입원을 할 때 당신은 스스로 3일 동안 입원하겠다고 서명을 했어요. 그러니 자신이 한 일에 대해서 책임지기를 바랍니다."라고 대답하였다. 그녀는 격분하였다. 그러나 몇 년이 지난 뒤에, 그녀는 바로 그 순간이 치료의 전환점이 되었노라고 내게 고백하였다. 그녀는 내가 자신을 성인으로, 자기 행동의 결과를 책임지며 살아갈 수 있는 한 사람의 어른으로 대해 주었기 때문이라고 그 이유를 설명하였다.

같은 맥락에서, 치료자는 이들의 죄책감과 자기회의에 동참해서는 안 된다. 치료자는 피학적인 내담자들로부터 자기고발의 심리를 공유하라는 강한 압력을 받는다. 죄책감을 유발하는 메시지는 흔히 분리를 앞두고 가장 강력하게 등장한다. 치료자가 휴가를 떠나기 직전에 자기파괴성이 증폭되는 사람들이 있다. 이런 흔한 시나리오에는 그것이 환자에게 얼마나 상처가 되는지 고뇌하지 않는다면 치료자가 뭔가를 즐겨서는 안 된다는 환자의 무의식적 주장이 담겨있다. 내담자는 "당신이 내게 어떤 고통을 줬는지 봐요!" 혹은 "당신 때문에 내가 무슨 짓을 했는지 봐요!"라는 뜻으로 번역될 수 있는 행동을 한다. 이것을 가장 잘 다루는 방법은, 내담자의 아픔을 공감적으로 반영해 주면서도, 동시에 치료자의 잔치에 재를 뿌리게 놔둘 수 없음을 씩씩하게 보여 주는 것이다.

다른 사람의 신경증적 반응에 대해 죄책감을 느끼지 않으면서 스스로를 돌보는 예를 보여 주는 것은 피학적인 사람들에게 도덕적 공포를 불러일으킬 수 있다. 그러나 그와 동시에, 조금 더 자신을 존중하는 삶을 실험해 볼 마음을 품게 할 수 있다. 내가 이를 처음 배운 것은 꽤 심한 수준의 피학증을 보이는 젊은 어머니들의 집단에서였다(McWilliams & Stein, 1987). 휴가를 앞둔 내 동료 치료자는 그녀의 휴가가 집단 구성원들에게 상처를 주고 있다는 강력한 무언의 메시지를 받고 있었다. 이 메시지는 자신들을 돌보지 않고 떠나는 것에 대해 너무 미안해할 필요가 없다는 표리부동의 '어머니 표' 포장지에 싸여 전달되었다. 내 동료는 이에 대해 자신은 조금도 죄책감을 느끼지 않으며, 집단은 완전히 잊어버리고 아주 재미있게 놀기를 고대하고 있다고 당당하게 말했다. 어머니들은 일순간 격앙됐지만, 마치 칙칙한 위선과 수동

공격의 수렁에서 빠져나온 듯이 다시 생기가 돌고 이전보다 더 정직한 모습을 보여 주기 시작하였다.

위험한 상황에 처한 피학적인 환자에게 불안을 느낄 때는, 이를 떨쳐 버리고 마음 아프게 하는 문제를 감정에 좌우되지 말고 평이하게 다루면 종종 도움이 된다. 나의 친구인 Kit Riley는 위험한 가해자에게 계속 되돌아가는 여성을 도우려 할 때 치료자가 불안을 표현하면, 환자는 걱정이 마술처럼 '사라졌다'고 느끼게 될 뿐이라고 내게 가르쳐 주었다. 이제 불안은 환자가 아니라 치료자의 것이다. 대신 진지하지만 객관적인 말투로 다음과 같이 말하는 것이 도움이 될 수 있다.

> "그 사람은 당신을 죽이고 싶어 하지 않고, 당신을 공격한 후에는 깊이 뉘우치고, 그게 그 사람이 보여 주는 사랑이고, 당신은 그 사람을 사랑하고, 그래서 돌아가고 싶어 한다는 걸 알겠어요. 좋아요. 하지만 고의는 아니더라도 그 사람이 당신을 **진짜로** 죽이는 상황까지 몰고 갈 수 있다는 점도 심각하게 고려해야 해요. 유언장은 써 놓았나요? 만약 당신이 살해되면 누가 아이들을 돌봐 줄지 아이들과 얘기해 본 적 있나요? 생명보험은 있나요? 남편이 수혜자로 되어 있다면, 아마 바꾸고 싶을 텐데……."

치료자가 불안을 떠맡기를 거부하고 단지 현실을 얘기할 때, 내담자는 치료자에게 떠넘기려 했던 불안을 스스로 느끼며 자신의 피학적 행동에 담긴 의미를 직면해야만 하는 상황이 되는 경향이 있다.

물론 타이밍이 중요하다. 만약 치료자가 작업동맹이 든든하게 자리를 잡기 전에 너무 강하게, 너무 빨리 치료를 진행한다면 환자는 비판당하고 야단맞는 느낌을 받을 것이다. 치료자는 피학적인 사람의 고통은 (비록 스스로 선택한 것처럼 보일지라도) 그 사람이 의식적으로 통제 가능한 범위를 이미 벗어났다는 동정적 이해를 전달해야 한다. 이와 동시에, 의지적인 결단을 내리고 환경을 변화시킬 수 있는 능력이 내담자에게 있음을 존중하면서 직면시키는 태도를 취해야 한다. 이 두 가지를 아우르는 기술은 교과서에서 배울 수 있는 것이 아니다. 그러나 웬만큼 내담자를 위해 마음을 쓸 줄 아는 치료자라면 언제, 어떻게 환자를 직면시킬지 직감을 키워 나갈 수 있다. 만약 치료자의 시도가 치료적으로 불편한 수준을 넘어서서 내담자에게 상처를 입힌다면, 치료자는 사과해야 한다(E. S. Wolf, 1988). 그러나 이때도 과도한 자기비난은 피해야 한다.

피학적 환자들의 병리적 기대를 무너뜨리는 방식으로 행동하는 것과 더불어, 치료자는 비합리적이지만 환자가 소중히 여기는 무의식적인 신념의 증거를 적극적으로 해석해야 한다. 이러한 무의식적 신념으로는 "내가 충분히 고통을 받는다면 사랑을 얻을 수 있을 거야." "적을 다루는 가장 좋은 방법은 그들이 학대자임을 증명하는 거야." "나에게 뭔가 좋은 일이 일어난다면 그건 단지 내가 나 자신을 충분히 벌주었기 때문이야."와 같은 것들이 있다. 대개 자기배패적인 사람은 자기주장이나 자신감을 처벌과 연결하고, 자기비하를 궁극적 승리와 연결하는 마술적 신념을 갖고 있다. 많은 종교적 관습과 민속 전통에서도 고통과 보상의 연결을 볼 수 있는데, 피학적인 사람은 종종 무비판적으로 이런 관습에 의지해서 자신의 병리를 지탱한다. 이런 신념은, 엎치락뒤치락하며 확실히 큰 해를 끼치는 고통을 겪을 때 그에 대한 우리의 분노를 누그러뜨리며 우리를 위로해 주기도 한다. 그러나 이러한 생각이 효과적일 수 있는 행동을 취하는 데 방해가 된다면, 득보다 실이 더 많다.

통제-숙달 이론이 정신분석적 이해에 공헌한 것 중 하나가 병인적인 신념과 그것을 시험해 보려는 내담자의 반복적 시도를 강조한 일이다. 치료자는 치료자로서 피학적으로 행동하기를 거부함으로써 그 시험을 통과해야 한다. 이와 더불어 치료자는 내담자로 하여금 자신이 어떤 시험을 하고 있는지, 그리고 삶의 본질, 인간, 행복 추구 등등과 관련하여 내담자가 어떤 기저 신념을 갖고 있는지 깨닫도록 도와야 한다. 치료의 이 부분은 역전이를 통제하는 것만큼 정서적으로 도전적이지는 않지만, 효과적으로 실행하기가 가장 어렵다. 피학적 행동의 이면에 있는 전능 환상은 쉽게 없어지지 않는다. 환자가 보고하는 우연한 사건들 속에서 성공은 처벌받고 고통은 보상받았던 증거를 언제라도 찾을 수 있다.

내담자의 비합리적 신념을 드러내려는 치료자의 끈질긴 노력은 종종 치료적 차이를 가져오기도 한다. '전이 치유transference cure'는 치료자의 자기존중적 태도를 내담자가 이상화하고 동일시하여 피학적 행동이 일시적으로 줄어들게 하지만, 비합리적 신념을 드러내는 치료는 내담자를 자기포기로부터 온전히 벗어나게 하는 더 깊고 영구한 변화를 가져온다.

감별진단

앞서 말했듯, 이 책에서 논의되는 모든 성격 양상에는 피학적 요소가 담겨 있다. 적어도 방어의 경직성과 발달 정지의 수준이 단순한 성격이라기보다 성격장애라고 해도 될 만큼 병리적일 때 말이다. 그러나 다른 성격 유형이 가진 피학적 기능은 성격을 조직하는 주제로서의 피학증과 동일하지 않다. 이 책에서 다루는 성격적 피학증과 가장 혼동하기 쉬운 심리 유형은 우울과 해리 심리이다.

피학성 성격과 우울성 성격

많은 사람들이 우울 역동과 피학적 역동을 함께 갖고 있으며, 이들을 보통 우울-피학성 성격이라고 본다. 그러나 나의 경험으로는, 이들 대부분은 이 두 가지 요소 중의 어느 한쪽 방향으로 기울어져 있다. 우울한 기조를 띤 이 두 심리를 구별하는 것은 각 성격 유형을 위한 최적의 치료 양식이 서로 다르기 때문에 중요하다. 우울이 지배적인 사람은 다른 무엇보다도 치료자가 판단하지 않고, 거부하지 않고, 포기하지 않는다는 것을 알아야 하고, 우울을 지속하게 하는 내재화된 대상과는 달리, 자신이 고통을 받을 때 치료자가 각별히 자신과 함께하리라는 것을 배워야 한다. 그러나 피학적 성향이 더 많은 사람은 무기력한 고통이 아니라 오히려 자기주장이 온정과 수용을 이끌어 낼 수 있음을 알아야 하고, 평소에는 관심이 없다가 재앙이 벌어질 때 주의를 기울였던 그들의 부모와는 달리, 치료자는 현재 환자가 겪는 비참한 상태의 시시콜콜한 모습에 특별히 관심을 두지 않음을 깨달아야 한다.

우울한 사람을 피학적인 사람으로 다루면, 그 내담자는 비난받고 버림받는다고 느끼면서 우울이 더 심해지고 심지어 자살에 이를 수도 있다. 반면에, 피학적인 사람을 우울한 사람으로 다루면 자기파괴성을 강화할 수 있다. 아주 단순한 예로 피학적 성격의 사람에게 항우울제를 처방하는 경우를 들 수 있다. 경험이 많은 여러 치료자들은 이때 축1 우울증 진단이 가능한 경우라 하더라도, 약이 할 수 있는 것은 기분이 나아지려면 권위자와 권위자의 마술이 필요하다는 환자의 병인적 신념을 살

찌울 뿐이라는 사실을 발견하였다. 우울 경향과 피학적 경향을 모두 가지고 있는 환자를 치료할 때는, 현재 우울역동이 더 우세한지 피학적 역동이 더 우세한지를 계속 평가해서 환자의 주된 방어과정에 적절한 개입을 해야 한다.

피학성 심리 대 해리성 심리

지난 수십 년 동안 해리에 관한 우리의 지식이 폭발적으로 증가하였다. 오로지 피학증의 이론에 따라서만 이해해 왔던 행동들이 외상적인 학대와 방치의 과거력을 가진 환자의 특수성에 맞추어 재해석되었다(Gabriel & Beratis, 1997; Howell, 1996). 많은 사람들이 상징적이든 구체적이든 과거에 입었던 손상을 자기 자신에게 반복하는 해리 상태에 빠질 수 있다. 해리 상태에서의 자해 성향을 보여 주는 가장 극적인 예로는 자기최면으로 자기 상태를 바꾼 후 어린 시절의 극심한 고통을 재상연하는 내담자를 들 수 있다. 이를 잘 살펴보면, 극심한 고통을 가했던 최초의 가해자와 동일시된 변경 인격의 존재가 드러나고 주 인격은 이를 기억하지 못할 수 있다.

이런 사례에서의 일반적 역동은 문자 그대로 피학적이다. 그러나 만약 그런 자해가 늘 의식되지는 않는 환자의 일부분에 의해 해리상태에서 이루어졌다는 사실을 치료자가 놓친다면, 해석은 아무 효과가 없을 것이다. 15장은 해리 환자의 치료를 다룬다. 우선은, 자해가 기태적인 경우 환자에게 단도직입적으로 자해한 사실을 기억하고 있는지 물어야 한다는 점을 기억하기 바란다. 만약 내담자가 자해 사실을 기억한다고 하면, 이인화나 신체이탈을 어느 정도 느꼈는지 물어볼 수 있다. 환자가 자기파괴적 행위를 저질렀던 당시의 마음 상태를 알아차리고 접촉하기 전까지는, 피학증의 해석보다는 해리를 감소시키기 위한 개입이 우선해서 이루어져야 한다.

요약

피학증의 개념과 그와 관련된 자기패배적 양식의 역사를 간단히 소개하였으며, 이것을 고통 속의 기쁨이라는 일반인의 피학증 개념과 구별하였다. 도덕적 피학증과 관계적 피학증을 구분하였고, 성적 소인에 대해서도 언급했지만(여성의 피학증, 남성의 가학증), 피학적 성격 조직은 여성과 남성 모두에게서 발견됨을 강조하였다. 피학증은 우울 정동을 주요 정동으로 이와 함께 분노와 분개를 담고 있으며, 피학적인 자아 과정은 우울 방어와 함께 행동화, 도덕화, 부인을 포함한다고 설명하였다. 피학적 관계는, 주로 방치나 학대를 일삼던 주요 대상이 아동이 고통을 당할 때 간간히 온정을 보여 주었던 이들의 초기 경험과 닮아 있을 수 있다고 주장하였다. 피학적 자기는 우울한 자기와 유사하며, 여기에 더하여 이들은 학대를 용감하게 견딤으로써 자존감을 조절한다.

자기패배적 환자의 전이는 소중하게 다루어지고 구조 받고 싶은 소망을 반영하는 특징을 보인다고 설명하였으며, 피학적이고 가학적인 역전이에 대해서도 논의하였다. 치료 방식으로는, 실제 관계를 중시하고(특히 치료자가 건강한 자기존중의 모범을 보여 주고), 환자의 문제해결 능력과 책임을 존중하며, 병인적 신념을 끈질기게 드러내고, 도전하고, 수정해야 한다고 권고하였다. 마지막으로, 피학증을 우울 및 해리 심리와 구별하였다.

더 읽을거리

도덕적 피학증에 관한 Reik(1941)의 연구는 좀 오래된 견해도 담고 있지만, 여전히 읽을 만한 가치가 있으며, 초보자들이 의욕을 상실하게 할 만큼 난해한 메타심리학의 늪에 빠져 있지도 않다. Stolorow(1975)의 논문은 자기심리학의 조망에서 피학증을 고찰하였다. 자기애성-피학성 성격을 다룬 Cooper(1988)의 논문은 피학증에 관한 고전이다. Jack과 Kerry Kelly Novick(예, 1991)은 피학증의 개념을 발달적 관점에서 고찰하였고 읽기기 쉽다. 피학증에 관한 Glick과 Meyers(1988)의 편저에는 좋은 논문이 여러 편 포함되어 있고, 대부분은 성격 패턴에 관한 것이다. 『Essential Papers on Masochism』(Hanley, 1995)도 좋은 편저이다. 이 장에서 인용한 Leon Wurmser(2007)와 Sheldon Bach(1999)의 책은 모두 훌륭하다. 마지막으로, 관계정신분석의 고전인 Emmanuel Ghent(1990)의 논문을 강력하게 추천한다. 이 논문은 항복이라는 값진 경험이 피학적 복종과 어떻게 다른지 섬세하고 광범위하게 탐색하고 있다.

미국심리학회의 'Master Clinicians' 시리즈의 DVD에 내가 참여하였고(McWilliams, 2007), 여기에 내가 피학적 성격이 지배적이라고 본 환자와의 면담이 담겨 있다. 이 DVD는 www.apa.org/videos에서 볼 수 있다.

Chapter 13 Psychoanalytic Diagnosis

강박성 성격

서구 사회에는 생각하고 행동하는 것을 중심으로 성격이 조직화된 사람들이 많다. 계몽주의 사상의 상징이었던 '이성의 이상화'와 '인간 행동을 통한 진보'라는 신념은 여전히 우리들의 집단 심리 속에 깊게 스며들어 있다. 서구 문명은 일부 아시아 및 제3세계 사회와는 달리 그 어떤 특성보다도 과학적 합리성과 "할 수 있다"라는 실용주의를 높게 평가한다. 그래서 많은 사람들이 자신의 논리적 기능과 실제적인 문제해결 능력에 높은 가치를 부여한다. 우리 사회에서는 사고와 행동을 통해 쾌快를 추구하고 자긍심을 느끼는 것이 아주 정상적인 모습으로 받아들여진다. 그런 까닭에, 사람들은 그것이 그렇게나 높게 평가된다는 사실에 담겨 있는 복잡한 의미에 대해서는 거의 생각하지 않는다.

사고와 행동이 어떤 사람의 심리를 움직이는 주된 동력이 되고, 느끼고, 지각하고, 직관하고, 듣고, 놀고, 백일몽에 빠지고, 예술을 즐기는 등등의 덜 이성적이며 덜 도구적인 다른 방식들과 상당한 불균형을 이루고 있을 때, 우리는 그 사람이 강박성obsessive-compulsive 성격 구조를 가지고 있다고 추측한다. 이 범주에 속하는 사람들 중에는 매우 생산적이고 존경할 만한 사람들이 많다. 이성과 행동은 변론을 준비하고 이를 법정에서 보여 주기를 좋아하는 변호사의 심리를 주관한다. 정치 활동에 참여함으로써 자존감을 느끼는 환경 운동가도 이와 유사한 힘에 의해 움직일 수 있다. 성격 구조가 너무 경직되어 DSM의 강박성 성격장애 규준에 부합되는 사람들 중에서 많은 사람들이 종종 명백히 방어적인 방식으로 생각과 행동을 거의 반반씩 조합해서 사용한다. '일중독'과 'A형 성격'은 강박성 주제의 변주곡으로 대중적으로 알려져 있다.

한편, 생각에 많은 에너지를 사용하지만 행동에는 상대적으로 무관심한 사람들과 그 반대의 성향을 보이는 사람들도 있다. 예컨대, 어떤 철학 교수는 강박사고적 obsessive이지만 강박행동적compulsive이지는 않은 성격 구조를 가지고 있을 수 있다. 이들은 지적 활동에서 쾌감과 자존감을 얻지만, 자신의 생각을 행동으로 옮겨야 한다는 압력은 느끼지 않는다. 목공이나 회계학에 끌리는 사람들은 흔히 강박행동적이지만 강박사고적이지는 않다. 이들은 구체적이고 세밀한 과제를 달성함으로써 만족을 느끼며, 지적 정교화에는 별로 관심이 없다. 강박행동적인 의식儀式, ritual을 보이지 않으면서 침투적 사고를 없애기 위해 치료자를 찾아오는 사람이 있는가 하면, 그 반대의 호소 문제로 치료자를 찾아오는 사람도 있다. 우리는 지난 한 세기 동안 강박사고와 강박행동 증상을 연결하는 프로이트식 사고의 영향력 아래 있었기 때문에, 이 두 현상을 하나로 묶어서 보는 데 익숙해져 있다. 그래서 이 두 가지가 개념적으로, 그리고 때로는 임상적으로 분리되어 있다는 사실을 놓치기 쉽다.

이 책 또한 기존의 관습에 따라 강박사고적 성격과 강박행동적 성격을 한 장에 포함했다. 강박사고와 강박행동의 경향성은 종종 한 사람 안에서 공존하여 나타나고, 또한 이들 각각의 기원을 분석적으로 탐색하면 유사한 역동이 드러난다. 그러나 성격 문제와 관련해서는 이런 결합이 다소 인위적인 것임을 알아야 한다. 증상으로서의 강박사고(지속적인 원치 않는 생각들)와 강박행동(지속적인 원치 않는 행동들)은 성격적인 강박 여부를 떠나서 누구에게나 일어날 수 있다. 또한 강박적인 사람들이 모두 반복적인 침입적 사고 때문에 고통을 받거나 저항할 수 없는 행동에 몰두하는 것은 아니다. 이들을 강박적이라고 부르는 이유는 이들의 대처 양식이 강박사고 및 강박행동 증상과 밀접하게 연결된 방어와 동일한 방어를 포함하고 있기 때문이다(Nagera, 1976). 강박장애는 복잡한 생물학적 과정과도 연관되어 있다. 그러나 다른 많은 분석가들(예, Chessick, 2001; Gabbard, 2001; Zuelzer & Mass, 1944)과 마찬가지로, 나 역시 이제 우리가 강박장애의 생물학적 배경에 대해 더 많이 알게 되었다는 이유만으로 강박증상의 심리적 측면을 간과하는 너무 환원주의적인 태도를 취하게 되었다고 느낀다.

강박장애(예전 용어로는 노이로제)에서 반복적인 생각과 저항할 수 없는 행동은 자아이질적이다. 이러한 증상은 그것을 갖고 있는 사람을 혼란스럽게 만든다. 강박성 성격 구조에서 이러한 생각과 행동은 자아동질적이다(D. Shapiro, 2001). 강박성 성격 구조는 오랫동안 흔한 혹은 '고전적인' 신경증 수준의 성격 조직으로 인식되어왔다. Salzman(1980)은 강박심리에 관한 초기 관찰들을 다음과 같이 요약하였다.

> Freud는 강박적인 성격 구조를 가진 사람을 질서정연하고, 고지식하고, 인색하다고 묘사했다. 또 어떤 사람들은 이들이 완고하고, 질서정연하고, 완벽주의적이고, 규칙적이고, 꼼꼼하고, 인색하고, 검소하고, 주지주의와 사소한 논쟁에 몰두하는 경향이 있다고 묘사했다. Pierre Janet는 그런 사람들을 경직되고, 융통성이 없으며, 적응력이 부족하고, 지나치게 양심적이고, 순서와 규율을 좋아하고, 큰 장애물 앞에서도 완강하다고 묘사하였다. 이들은 대개 신뢰할 수 있는 사람들이고, 높은 기준과 윤리적인 가치관을 지니고 있다. 이들의 도덕적 요구는 실질적이고, 정확하고, 빈틈이 없다. 스트레스가 심한 상황에서는 이런 성격 특성들이 증상 행동으로 응고될 수 있고, 이것은 다시 일종의 의식이 될 수 있다(p. 10).

이들의 경직된 주지주의에 주목하여 이들을 '살아 있는 기계'라고 표현한 Wilhelm Reich(1933)의 묘사 또한 여기에 덧붙일 수 있을 것이다(D. Shapiro, 1965). 우드로우 윌슨, 한나 아렌트, 마틴 부버 등은 이 집단 중에서 기능 수준이 높은 사람들을 대표한다고 할 수 있을 것이고, 반면 존 레논에 대한 강박사고에 사로잡혀 그를 암살하는 강박행동을 하였던 마크 채프먼은 강박성 연속선의 정신병적 극단에 있다고 볼 수 있을 것이다.

전반적인 개념으로서 피학증이 그랬던 것처럼, 우리가 병리적이라고 보게 되는 대부분의 행동은 정의상 강박행동적이다. 이런 행동을 하는 사람은 소용없거나 해롭다고 결론이 난 행동을 반복적으로 하게끔 몰아붙여지는 것 같다. 분열적인 사람은 사람을 회피하게끔, 편집적인 사람은 사람을 불신하게끔, 정신병질적인 사람은 사람을 이용하게끔 하게 되지 않을 수 없다. 좁은 의미에서의 강박역동 혹은 강박행동적 성격 조직에서는 취소가 두드러질 때만 그것을 강박행동이라고 한다.

강박사고와 강박행동에서의 추동, 정동, 기질

Freud(1908)는 강박장애를 갖게 되는 사람들은 유아기에 생리적, 선천적으로 과민한 직장直腸을 가지고 있었다고 믿었다. 현대의 분석가들은 이러한 가정에 의문을 제기하지만, 그럼에도 강박성에 유전적 소인이 있는 것 같다고 본 Freud의 의견에는 동의하는 듯하다(예, Rice, 2004). 대부분의 분석가들은 여전히 '항문기적' 주제가 강박사고와 강박행동을 보이는 사람들의 무의식 세계를 물들이고 있다고 말할 것이다. Freud(1909, 1913, 1917b, 1918)가 항문기 발달 단계(대략 18개월에서 3년)에의 고착 그리고 특히 이 시기에 조직화되는 공격 충동을 강조한 것은 당시로서는 새롭고 독창적이었으며, 정신분석의 '정체'를 폭로하고 싶어 하는 사람들이 생각하듯이 그렇게 기이한 것도 아니었다.

첫째, Freud(1908, 1909, 1913)는 강박성 성격을 지닌 사람들을 하나로 묶어 주는 전형적인 여러 특징들(청결, 고집, 규칙성, 보유withholding 경향성)이 배변 훈련 과정에서 특히 불거지는 주제임을 주목하였다. 둘째, 그는 강박 환자들의 언어, 꿈, 기억, 환상 속에서 항문기적 심상을 발견하였다. 나 역시 이를 발견하였다. 내가 치료했던 한 강박적인 남성은 가장 어렸을 때의 기억으로 변기 위에 하염없이 앉아서 '내놓기'를 거부하던 일을 떠올렸다. 내가 자유연상을 해 보라고 했을 때, 그는 자기 자신을 '바짝 조이고 있고' '모든 것을 가두고' 있다고 묘사하였다.

셋째, 그는 강박사고와 강박행동 때문에 그의 치료를 받았던 사람들이 너무 이른 시기에, 혹은 너무 엄격하게, 혹은 부모가 지나치게 개입하는 맥락에서 배변 통제를 강요받았음을 관찰하였다(Fenichel, 1945). (항문의 괄약근은 18개월 정도는 되어야 제대로 발달한다는 점에서, 20세기 초에 전문가들이 서구 중산층 부모들에게 생후 1년부터 배변 훈련을 시작하라고 충고한 것은 매우 불행한 결과를 낳았다. 성실한 부모 노릇을 한다는 명분 아래 아동에게 강압적인 태도를 행사하도록 조장하였고, 즐거운 자기조절과 숙달의 과정을 지배-복종의 투쟁으로 변모시켰다. 당시에는 어린아이에게 관장제를 주입하는 것이 유행이었는데, 이 외상적인 절차가 '위생'이라는 명분으로 합리화되었음을 생각해 보면, 모든 부모들이 아이에게 때 이른 항문 통제를 강요하도록 문화적으로 승인했던 이 현상에서 우리는 상당한 가학성을 발견할 수 있다.)

강박성과 항문성anality 간의 연관성은 강박적 집착이 불결, 시간, 돈 등 항문기적 주제와 관련이 있다는 임상적 보고(MacKinnon, Michels, & Buckley, 2006)뿐만 아니라, 경험적 연구(예, Fisher, 1970; Fisher & Greenberg, 1996; Noblin, Timmons, & Kael, 1966; Rosenwald, 1972; Tribich & Messer, 1974)에 의해서도 지지되어 왔다. 어린 시절의 신체 경험을 중심으로 강박역동을 개념화한 고전적 관점은 지금도 여전히 타당하고 생명력이 있다(예, Benveniste, 2005; Cela, 1995; Shengold, 1988).

Freud는 아동에게 있어서 배변 훈련이란 사회적으로 수용 가능한 것을 위해서 자연스러운 것을 포기해야만 하는 첫 번째 상황이 된다고 추론하였다. 훈련을 책임진 어른과, 그 어른으로부터 너무 일찍 (혹은 너무 엄격하게, 혹은 무서울 정도로 과도한 관심 속에서) 훈련을 받는 아동은 권력 투쟁의 길에 들어선다. 그러나 아동은 결국 그 투쟁에서 패배할 수밖에 없다. 통제당하고, 판단당하고, 일정에 맞추어 볼일을 보라고 요구받는 경험은 아동에게서 분노 감정과 공격 환상(종종 배변에 관한)을 만들어 낸다. 아동은 궁극적으로 이런 경험과 환상을 자기의 일부분으로, 즉 나쁘고, 가학적이고, 더럽고, 수치스러운 자기의 부분으로 느끼게 된다. 이제 아동은 정체감과 자존감을 유지하기 위해서, 변덕스럽고, 지저분하게 행동하고, 분노와 수치심 같은 감정에 사로잡히고, 통제를 벗어나려고 하기보다는, 오히려 규칙적이고, 깨끗하고, 이성적이고, 자신을 확실히 통제하는 사람으로 느끼고 싶어 한다. 이런 경험이 만든 엄격하고 흑백논리적인 초자아는, Ferenczi(1925)가 '괄약근 도덕성sphincter morality'이라고 풍자적으로 묘사한 경직된 윤리의식을 통해 그 모습을 드러낸다.

강박적인 사람의 기본적인 정동적 갈등은 (통제당하는 것에 대한) 분노 대 (비난받거나 처벌당하는 것에 대한) 두려움이다. 그러나 이들과 작업하는 우리들을 특히 놀라게 하는 점은 이들의 정동이 개념화되어 있지 않고, 침묵하고 있고, 억제되어 있고,

접촉할 수 없고, 합리화되고, 도덕화된다는 점이다(MacKinnon et al., 2006). 많은 현대의 저자들은 정동에 대한 강박적인 알레르기를 일종의 해리로 생각한다(예, Harris & Gold, 2001).

강박적인 사람들은 감정을 표현하기 위해서가 아니라 감정을 감추기 위해 언어를 사용한다. 강박적인 내담자에게 무엇무엇에 대해 어떻게 느꼈냐고 물어보고 어떻게 생각했다는 대답을 듣는 경우를 대부분의 치료자들은 떠올릴 수 있다. 감정을 숨기는 이 집단의 규칙에 예외가 있는데, 그것은 분노이다. 분노는 만약 합리화될 수만 있다면 이들에게 수용된다. 의분義憤은 참을 수 있으며, 심지어 높게 평가된다. 그러나 원하는 것을 얻지 못해서 화를 내는 것은 안 된다. 치료자는 강박적인 사람에게도 '정상적인 반작용적인' 분노가 있음을 느끼지만, 환자는 대개 이를 부인한다. 비록 이들이 세 번이나 치료비를 가져오는 것을 잊어버리거나, 치료자의 말을 중간에서 자르거나, 토라지는 행동을 보이면서 그런 행동 속에 수동공격적이거나 적대적인 태도가 담겨 있음을 '머리로' 인정하는 경우가 가끔 있기는 하지만 말이다.

수치심은 정동이 결여된 강박적인 사람들의 일반적인 모습에서 또 다른 예외가 된다. 이들은 자기 자신에 대해 높은 기대를 가지고 있는데, 이를 치료자에게 투사하고, 자신의 생각과 행동이 스스로 정한 적정한 수준에 이르지 못할 때는 당혹감을 느낀다. 일반적으로 수치심은 의식적이며, 적어도 약간 유감스럽다는 정도로는 표현된다. 치료자가 부드럽게 이를 다루면, 대개 다른 감정을 탐색하려 할 때 맞닥뜨릴 수 있는 저항과 부인을 불러일으키지 않으면서도 그런 감정이 있음을 밝히고 탐색할 수 있다.

강박사고와 강박행동에서의 방어 과정과 적응 과정

앞부분에서도 시사되었듯이, 강박사고적인 사람의 성격을 조직하는 방어는 정동의 격리이다(Fenichel, 1928). 그리고 강박행동을 보이는 사람의 주된 방어 과정은 취소이다. 강박사고와 강박행동을 모두 보이는 사람은 격리와 취소를 모두 사용한다. 기능 수준이 높은 강박사고적인 사람은 격리방어를 극단적인 형태로는 사용하지 않는다. 대신 합리화, 도덕화, 구획화, 주지화와 같이, 인지에서 정동을 분리하는 보다 성숙한 방법을 선호한다. 마지막으로, 이 임상 집단에 속하는 사람들은 반동형성에 크게 의지한다. 또한 발달 수준에 상관없이 모든 강박적인 사람들이 치환을 사용할 수 있다. 특히 분노를 치환하는 경우가 많은데, 원래의 대상에서 '합법적인' 대상으로 분노를 돌릴 수 있는 상황에서는 수치심을 느끼지 않으면서 분노 감정을 자신의 것으로 할 수 있다.

추동, 정동, 소망에 대한 인지적 방어

강박적인 사람들은 인지와 정신 작용을 이상화한다. 이들은 대부분의 감정을 유치함, 나약함, 통제 상실, 혼란, 불결 등과 관계가 있는 평가절하된 영역에 할당하는 경향이 있다(때로는 여성성으로 치부하기도 한다. 강박적인 성격의 남자들은 부드러운 감정을 표현하면 남성성이 표현되기 이전에 생애 처음으로 했던 그러나 지금은 벗어난 어머니와의 동일시 단계로 퇴행할까 봐 두려워할 수 있다). 따라서 이들은 정서, 신체감각, 공상의 세계가 강력한 힘을 발휘하고 마땅히 그래야 할 상황에서 아주 불리한 입장에 놓인다. 남편의 장례식장에서 장례 절차의 모든 세부 사항을 끊임없이 생각하며 미친 듯이 바쁘게 움직이는 미망인은 사람들에게 꿋꿋하고 의연한 외양을 보여 주기는 하겠지만, 자신의 슬픔을 효과적으로 처리할 수 있는 기회를 잃어버리고 다른 사람들이 따뜻한 위로의 말을 건넬 수 있는 기회도 앗아가 버린다. 강박사고적인 경영자는 적절한 휴식과 기분전환이 필요하다는 사실을 부인하고, 과도한 업적 지향을 회사의 규칙으로 삼음으로써 부하 직원들을 힘들게 한다.

강박사고적인 성격을 가진 사람은 형식적이고 공적인 역할은 효과적으로 수행할 수 있어도, 친밀하고 가정적인 역할이 요구될 때는 깊이가 없고 서투르다. 이들도 애정이 깃든 애착 관계를 형성할 수 있지만, 불안과 수치심을 느끼지 않으면서 자신의 부드러운 부분을 표현하지 못한다. 그래서 이들은 감정을 나누어야 할 상호작용을 위압적인 인지적 상호작용으로 바꾸어 버린다. 치료에서건 혹은 다른 상황에서건 감정을 묘사할 때는 남의 이야기를 하듯이 한다("지진이 났을 때 어떤 느낌이 들었어요?" "글쎄, 뭐 무기력하게 느꼈겠죠."). 하지만 인간의 모든 활동을 합리적인 분석과 문제해결의 관점에서 접근할 수는 없다. 접수 면접에서 만났던 한 남자는 부인과의 성생활에 대해서 질문을 하자, 음울한 말투로 "할 일을 하는 거죠."라고 대답하였다.

강박사고적인 사람들 중에 경계선과 정신병적 범주에 속하는 이들은 격리 방어를 너무 무차별적으로 사용해서 분열성schizoid으로 보이기도 한다. 분열적인 사람은 감정을 느끼지 못한다는 오해가 널리 퍼져 있으나, 이는 인지와 정서의 간극이 너무나도 넓고 깊어서 마치 나무토막이나 로봇이 된 것 같은 강박사고적인 사람들이 퇴행한 모습을 두고 하는 말일 수 있다. 극단적인 강박사고와 망상은 아주 미세한 차이만을 보이기 때문에, 혼란이 심한 강박사고적인 사람들은 편집증에 가깝게 보인다. 그래서 이런 말도 있다. 옛날에 항정신병 약물이 아직 개발되지 않았던 시절에는 극도로 경직된 비정신병적 강박 환자와 간신히 자신을 방어하는 망상형 정신분열증 환자를 감별하는 흔한 방법이 환자를 보호시설이 된 방에 데려다 놓고 이제 당신은 안전하다고 강조하는 것이었다고 한다. 이렇게 강박사고적인 방어를 일시적으로 중지하도록 유도하면, 정신분열증 환자는 편집적인 망상을 얘기하기 시작하는 반면, 강박적인 사람은 방을 청소하기 시작한다는 것이다.

추동, 정동, 소망에 대한 행동적 방어

강박 증상 및 강박적 성격 구조를 특징짓는 강박행동을 정의하는 방어기제는 취소이다. 강박행동적인 사람은 속죄 혹은 마술적인 보호라는 무의식적 의미를 지닌 행동을 함으로써 취소를 한다. 강박행동은 특정한 행동이 어떤 양식에 따라 거듭 반복이 되고, 때로는 점점 확대된다는 점에서 충동성impulsivity과는 다르다. 또한 강박행동은 처리하지 못한 과거 경험을 재연하여 극복하려는 욕구가 그렇게 크게 작용하지 않는다는 점에서, 엄밀히 말해 '행동화acting out'와도 구별된다.

우리 모두는 강박적인 활동에 친숙하다. 배가 더 이상 고프지 않은데도 접시의 음식을 싹 비우거나, 시험공부를 해야 하는데도 집안을 청소하거나, 자신을 화나게 만든 사람을 비난해 봐야 그저 적을 만들 뿐이라는 것을 잘 알면서도 그 사람을 비난하거나, 슬롯머신에 "딱 한 번만 더"라며 동전을 집어넣는다. 강박행동의 양상이 무엇이든지 간에, 이성적으로 해야 한다고 생각하는 행동과 하지 않을 수 없다고 느끼는 행동 사이의 간극이 뚜렷하다. 그렇지만 강박적인 활동 자체는 해로울 수도 있고 이로울 수도 있다. 어떤 활동을 강박적이게 하는 것은 그것의 파괴성이 아니라 몰아붙이는 특성이다. 플로렌스 나이팅게일은 어쩌면 강박적으로 사람을 도왔을 수 있다. 희극배우 존 스튜어트는 강박적으로 사람들을 웃기는지도 모른다. 강박행동이 자신에게 이익이 되는 한 그것 때문에 치료를 받으러 오는 사람은 거의 없다. 그러나 그 행동과 관련된 문제 때문에 치료를 받으러 올 수는 있다. 이들이 강박행동적으로 조직되었다는 것을 치료자가 안다면, 내담자가 치료에서 무엇을 기대하든지 간에 이들을 돕는 데 도움이 된다.

종종 강박행동은 범죄를 취소한다는 무의식적인 의미를 갖고 있다. 맥베드 부인이 손을 씻는 행동은 이런 역동을 보여 주는 문학 작품의 좋은 예가 될 것이다. 이 경우는 주인공이 실제로 범죄를 저질렀지만, 강박행동을 하는 사람의 범죄는 주로 환상 속에 존재한다. 내 환자 중에는 기혼의 종양학 전문 의사가 있었는데, 그녀는 AIDS가 입을 통해서는 전염되지 않는다는 사실을 잘 알면서도, 혼외정사의 유혹을 느꼈던 한 남자와 키스를 한 후에 그녀 자신도 어쩔 수 없는 압박감에서 HIV 항체검사를 반복해서 받았다. 때로는 죄책감과는 전혀 관계가 없어 보이는 일부 강박행동도 잘 살펴보면 죄책감을 유발하는 상호작용에서 유래했음이 밝혀지기도 한다. 예를 들자면, 강박적으로 설거지를 하는 사람들 중에는 어렸을 때 음식을 안 먹겠다고 떼를 쓰다가 이 세상 어딘가에는 기아에 허덕이는 사람도 있다는 비난을 들으며 죄책감을 키웠던 경우가 많다.

강박행동은 전능통제라는 무의식적 환상을 드러내기도 한다. 취소와 마찬가지로, 여기서 통제하려는 의지는 생각과 행위가 분화되기 이전에 시작된 믿음에서 나왔다는 점에서, 이러한 역동은 상상 속 범죄에 대한 집착과 관련이 있다. 만약 내가 나의 환상과 충동이 위험하다고 생각하고, 또한 그것들이 실제 행동과 똑같이 강력한 힘을 가졌다고 생각한다면, 나로서는 그에 필적하는 강력한 힘으로 그것들을 제압하려고 할 것이다. 이성 이전의 인지(일차 과정 사고)에서는, 자기가 세상의 중심이며, 자신에게 일어나는 일은 우연한 운명의 장난이 아닌 자기 자신의 행동의 결과이다. 게임을 하기 전에 항상 특정한 의식을 행하는 야구선수, 기도할 때 뭔가 빼먹은 일이 있으면 불안해하는 사제, 입원할 때 가지고 갈 가방을 확인하고 또 확인하는 산모, 이들은 모두 어느 정도는 자신이 만약 올바르게만 행동한다면 통제 불가능한 것까지도 통제할 수 있다고 생각한다.

반동형성

Freud는 강박적인 사람이 양심적이고, 까다롭고, 지나치게 아끼고, 부지런한 것은 무책임하고, 지저분하고, 낭비하고 싶고, 반항적이고 싶은 소망에 대한 반동형성이며, 이들이 어떤 특성에 과도하게 책임을 느끼느냐에 따라 어떤 숨겨진 성향과 싸우고 있는지 힌트를 얻을 수 있다고 생각하였다. 예를 들어, 강박사고적인 사람이 줄기차게 추구하는 합리성은 강박사고적인 방어로 충분히 감추지 못한 미신적이고 마술적인 사고에 대한 반동형성으로 볼 수 있다. 제 몸조차 가누지 못하면서 운전을 하겠다고 고집을 부리는 남자는 사고를 피하기 위해서는 운전자도 멀쩡하고 운도 따라 줘야 하는 것이 아니라 자신이 직접 차를 운전해야 한다는 신념을 드러낸다. 그토록 통제하겠다고 고집을 피우는 그의 태도에서 우리는 어느 모로 보나 그가 통제력을 상실했음을 느낀다.

6장에서 반동형성은 양가감정을 견디지 못하는 데서 오는 방어임을 지적한 바 있다. 강박적인 사람과 치료 작업을 하다 보면, 협력과 반항, 자발성과 게으름, 청결함과 지저분함, 질서와 무질서, 검약과 낭비 등등의 갈등에서 이들이 양쪽 모두에 고착되어 있음을 보고 놀라게 된다. 강박행동적으로 조직화된 사람은 누구나 엉망진창인 서랍을 적어도 하나씩은 갖고 있는 듯하다. 선행의 귀감이 되는 사람들도 역설적인 부패의 섬을 하나씩 숨기고 있을 수 있다. 저명한 신학자인 폴 틸리히는 방대한 포르노를 수집하고 있었고, 마틴 루터 킹 주니어는 바람둥이였다. 바르고 책임 있게 사는 데 심하게 집착하는 사람은 우리들 대부분이 직면하는 것보다 더 강력한 방종의 유혹과 투쟁하고 있는지도 모른다. 만약 그렇다면, 그들이 자신의 보다 어두운 충동을 단지 부분적으로만 거스를 수 있다 해도 그리 놀라운 일이 아니다.

강박성 심리에서의 관계 패턴

어떤 사람이 강박심리를 발전시키게 되는 한 가지 경로는 부모 대상이 어릴 때부터 높은 행동 기준을 설정하고 그 기준에 맞출 것을 요구했던 경우이다. 이러한 양육자는 좋은 행동은 보상하고 나쁜 행동은 벌주는 일관되고 엄격한 태도를 보이는 경향이 있다. 이런 부모가 기본적으로 애정이 있는 사람들일 때, 이들의 자녀는 정서적으로 혜택을 입은 아이들로 자라서 부모의 철저한 헌신이 옳았음을 입증하는 방향으로 자신의 방어를 사용한다. 성취동기에 관한 McClelland(1961)의 고전적 연구에 상세히 기록되어 있는 미국의 전통적인 자녀 양육 방식은 자기 자신에 대한 기대가 높고 목표 달성을 위해 좋은 성적을 내는 강박적인 사람들을 길러 내는 경향이 있다.

양육자가 터무니없이 엄격하거나, 나이에 비해 너무 과도한 요구를 하거나, 부족한 행동뿐만 아니라 그에 동반되는 감정, 생각, 환상마저도 가혹하게 비난한다면, 그 자녀들의 강박적인 적응은 더 큰 문제가 될 수 있다. 나와 치료 작업을 했던 한 내담자는 종교적 신심은 깊지만 정서적 능력은 얕은 엄격한 중서부의 프로테스탄트 가정에서 자랐다. 그의 부모는 그가 목사가 되기를 바랐고, 그가 어릴 때부터 죄에 대한 모든 생각을 떨쳐 버리고 유혹에 물들지 말라고 교육했다. 이런 메시지는 그에게 아무런 문제도 일으키지 않는 듯했다. 사실 그는 자신의 부모가 그토록 원하는 숭고한 도덕적 역할을 떠맡는 것이 그리 어렵지 않은 일이라고 생각했다. 그러나 사춘기가 찾아왔고, 그는 성적 유혹이라는 것이 전에 생각했던 것처럼 그렇게 추상적인 위험이 아님을 알게 되었다. 그때 이후로 그는 지나친 자기비난에 빠졌고, 성적 도덕성의 문제를 놓고 이성적으로 끊임없이 반추했으며, 다른 남자 아이들이라면 별 문제 없이 즐기고 통제하는 법을 배웠을 성애적 감정을 막아 내느라 초인적인 노력을 기울여야 했다.

대상관계적인 조망에서 볼 때, 강박적인 사람들이 성장하는 가정에서는 통제의 문제가 매우 중요시된다는 점이 주목된다. Freud(1908)는 항문기를 원형적인 '의지의 싸움'이 잉태되는 시기로 보았지만, 대상관계적인 관점을 취하는 사람들은 배변 훈련을 지나치게 통제했던 부모들은 아마도 구강기와 오이디푸스기의 문제들(그리고 그 이후의 문제들)에 있어서도 똑같이 통제적인 태도를 보였으리라고 생각한다. 화장실의 법칙을 설정했던 어머니는 아이를 시간에 맞추어 먹이고, 일정한 시간에 낮잠을 자도록 요구하고, 자연스러운 신체활동을 억제하고, 자위행위를 못하게 하고, 관습적인 성역할을 고집하고, 말을 똑똑하게 못하면 벌을 주는 등의 일을 했을 가능성이 높다. 아이가 오이디푸스적인 관심을 거두고 항문기적 관심으로 퇴행하도록 할 만큼 금지를 심하게 한 아버지는 아마도 아이가 아기였을 때는 따뜻하게 안아 주지 않았을 것이고, 걸음마를 할 즈음에는 지나치게 엄격했을 것이며, 아이가 학교에 다닐 때는 권위적이었을 것이다.

Meares(2001)는 서로 다른 문화(예, 인도, 일본, 이집트)에서 강박사고적인 사람들의 오염 공포 빈도에 관한 연구를 인용하면서, 이들의 오염 공포는 부모의 과잉개입과 과잉보호에 의해 유발된 분리불안과 관계가 있다고 하였다. 그는 인지발달에 관한 이론적, 경험적 연구들을 살펴본 후, 과잉보호하는 부모는 어린아이가 자기경계의 감각을 발달시키는 데 필요한 작은 위험도 감수하지 못하도록 방해를 한다고 주장하며, 이러한 자기경계 결여의 관점에서 강박적인 사람들의 마술적이고 전능한 사고를 설명하였다.

강박성 성격에도 두 가지 유형이 있다. 첫 번째는 보다 내사적이고 '자기정의'를 지향하는 유형이며, 두 번째는 보다 의존적이고 '관계 속의 자기'를 지향하는 유형이다(Blatt, 2008). Freud(1913)가 말한 강박은 확실히 전자의 유형이다. 내가 '전통적인' 혹은 '구식의' 강박역동을 말할 때, 이는 Freud의 시대와 문화에서 흔했던 죄책감 지배적인 심리를 말한다. 현대의 많은 문화와 하위문화에서도 이러한 유형이 발견되고는 있지만, 북미 주류 사회에서는 이제 드문 것 같다. 곧 더 설명하겠지만, 도덕적으로 완벽한 내면의 자이로스코프에 반응하는 것이 아니라, 수치심에 뿌리를 두며 다른 사람에게 완벽하게 보이는 데 초점을 맞추는 강박적인 행동을 우리는 더 많이 보게 되었다. 이 책의 1판에서는 두 번째 유형의 강박성 성격을 자기애성 성격의 하위 유형으로 본 Kernberg(1984)의 개념화를 따랐다. 그러나 죄책감이 심하지 않은 강박적인 사람을 개념화는 또 다른 방법은 이들을 의존형 강박심리로 보는 것이다.

구식의 강박성 성격을 기르는 가정에서는 도덕적이고 죄책감을 유발하는 말을 통해 통제를 가할 수 있다. 예컨대, "강아지에게 제때 밥을 주지 않다니 정말 무책임하구나. 너한테 실망했다." 혹은 "너처럼 다 큰 애라면 좀 더 협조할 줄 알았다." 혹은 "다른 사람이 너한테 그런 식으로 했다면 너는 어떻겠니?"라고 말이다. 아이들은 도덕화를 적극적으로 모방한다. 부모는 자신의 행동을 무엇이 옳은가에 기초해서 설명한다("나는 너를 벌주고 싶지 않지만, 다 너를 위해서다."). 칼뱅 신학의 '일을 통한 구원'처럼, 생산적인 행동은 미덕과 연결된다. 자기통제와 만족의 지연은 이상화된다.

아직도 이런 식으로 아이를 양육하는 가정이 많이 있긴 하지만, 서구 산업 사회에서는 지나치게 도덕적인 양육이 억제 효과를 일으킨다는 대중적인 '프로이트식 사고'로 인해서, 또한 이와 더불어 20세기의 위난과 격변이 만족을 뒤로 미루지 말고 "가질 수 있을 때 가져라."라고 사람들을 일깨워 준 뒤로는, 자녀 양육 방식에도 많은 변화가 생겼다. 그래서 이제는 Freud 시대에 흔히 볼 수 있었던 도덕에 집착하는 강박성 성격을 지닌 사람들을 이전보다 보기 어려워졌다. 통제를 강조하는 현대의 많은 가정들은 죄책감을 유발하기보다는 수치심을 불러일으킴으로써 강박적 패턴을 조장한다. 많은 임상가들과 대중 사회의 관찰자들에 따르면, 서구에서는 "뚱뚱해지면 사람들이 너를 어떻게 생각하겠니?" 혹은 "그 따위로 행동하면 다른 아이들이 너랑 놀지 않으려 할 거야." 혹은 "더 열심히 공부하지 않으면 아이비리그 대학에 절대 들어갈 수 없어."와 같은 메시지들이, 개인의 양심을 우선시하고 행동의 도덕적 의미를 강조하는 의사소통보다 더 흔해졌다.

섭식장애처럼 보다 현대적인 강박성 병리를 다루는 치료자라면 이러한 변화를 잘 이해해야 한다(20세기가 시작될 무렵에 거식증과 폭식증이 알려져 있지 않았다기보다는 발병 빈도가 적었음이 거의 확실하다). 강박행동에 대한 프로이트식 관점은 거식증과 폭식증의 강박성을 설명하는 데는 충분치 않다. 대상관계 이론 및 애착, 중독, 해리에 관한 연구에 기반을 둔 Freud 이후의 저자들이 임상적으로 보다 유용한 개념화를 제공하였다(예, Bromberg, 2001; Pearlman, 2005; Sands, 2003; Tibon & Rothschild, 2009; Yarock, 1993).

또 다른 가족 유형이 강박성 성격을 만드는 배경으로 언급되었다. 정신분석적 관찰에서 흔히 보는 일이지만, 이 가족은 과잉통제적이고 도덕주의적인 분위기와는 대척점에 서 있다. 어떤 사람들은 가족의 기대와 기준이 전혀 없고, 주변의 어른들로부터 아무런 지도와 가르침을 받지 못한다고 느낀다. 그래서 이들은 자기 자신을 성장시키기 위해서 더 큰 문화에서 이상적인 행동과 감정의 규준을 얻어 와 그것에 맞추어 살아 나간다. 그러나 이런 기준은 개인적으로 잘 아는 사람을 본받아서 얻은 것이 아니기 때문에, 추상적이고 가혹하며, 인간적인 균형 감각에 의해 완충되지 않는다. 내 환자 중에 아버지는 우울증에 알코올 중독자이고 어머니는 일에 치여 정신이 없었던 사람이 있었다. 그는 정리된 것이라고는 아무것도 없는 집에서 자랐다. 지붕은 새고, 잡초는 무성하고, 주방 싱크대에는 접시가 쌓여 있었다. 그는 부모 노릇을 못하는 부모가 너무 창피해서 자신은 정반대의 사람, 즉 질서 있고 유능하고 자신을 잘 통제하는 사람이 되겠다고 굳게 결심하였다. 그는 자라서 성공한 세무사가 되었지만, 늘 일에 쫓겨 사는 일중독자였고, 언젠가는 자신이 부모와 본질적으로 별반 다를 바 없는 무능한 가짜임이 밝혀지리라는 두려움 속에서 살았다.

초기의 정신분석가들은 이렇게 훈육을 제대로 받지 못한 아동이 강박적 성격을 발달시키는 현상에 큰 관심을 보였다. 이 현상은 아동이 권위적이고 강한 부모를 동일시한다고 가정한 Freud(1913)의 초자아 형성 모델에 의문을 제기하는 것이었기 때문이다. 많은 분석가들이 가장 혹독한 초자아를 지닌 자신의 환자들이 훈육이 없는 매우 느슨한 환경에서 자랐음을 발견하였다(Beres, 1958 참조). 분석가들은 환자가 자신이 스스로 만들어 낸 부모상을 모델로 삼아야 할 경우, 특히 강한 공격적인 기질을 갖고 있어서 만들어진 부모상에 그러한 기질을 투사할 경우, 강박역동이 생길`수 있다고 결론을 내렸다. 나중에 Kohut(1971, 1977, 1984)과 다른 자기심리학자들도 이상화를 강조하는 자신들의 관점에 입각해서 유사한 관찰 결과를 내놓았다.

강박성 자기

내사형의 강박적인 사람들은 통제와 도덕적 정당성의 문제에 깊은 관심을 보인다. 이들은 도덕적 정당성을 통제의 관점에서 정의하는 경향이 있다. 즉, 공격적이고 욕망에 사로잡힌 자기의 부분을 엄격한 통제 아래 묶어 두는 것을 올바른 행동과 같은 것으로 본다. 이들은 대개 종교적으로 진지하고, 근면하고, 자기에 대해 비판적이고, 믿음직스럽다. 이들의 자존감은 내재화된 부모상이 요구하는 높은 수준의 행동 혹은 생각의 기준을 따르는 데서 온다. 이들은 걱정이 많다. 선택을 해야 하는 상황에서는 특히 더 그렇다. 선택 행위가 뭔가 불길한 기운을 띤다 싶으면 쉽게 마비 상태에 빠질 수 있다. 의존형의 강박적인 사람들 역시 걱정을 많이 하긴 하지만, 이들의 초점은 보다 외부로 향한다. 즉, 이들에게 '완벽한' 결정이란 이를 지켜보는 누구도 비난할 수 없는 결정을 말한다.

이러한 마비는 강박사고적인 사람들이 선택을 주저하는 데서 오는 아주 불행한 결과 중 하나이다. 초기 분석가들은 이 현상에 '광적 의심doubting mania'이라는 이름을 붙였다. 모든 선택의 가능성을 열어 둠으로써 모든 가능한 결과를 통제하려고(사실은 통제한다는 환상을 유지하려고) 노력하지만, 바로 그래서 이들은 결국 어떤 선택도 하지 못한다. 내가 아는 강박적인 한 여성은 출산에 대해 상반된 철학을 가지고 있는 두 병원을 놓고 고민에 빠졌다. 그녀는 임신 기간 내내 어떤 병원의 어떤 의사가 더 좋을까를 거듭 생각하였다. 그리고 이 문제를 미처 해결하지 못한 채 진통이 시작되었다. 그런데 그녀는, 지금 이 상태가 병원에 가야 할 상황인지 또 어떤 병원에 가야 할지를 결정하는 데 시간을 너무 끌었고, 갑자기 출산이 임박한 단계까지 가버렸다. 결국 그녀는 가장 가까운 병원에 가서 당직 근무 중인 전공의의 도움을 받아 아기를 낳았다. 그녀는 끝없이 망설였고, 마침내 현실이 스스로의 해결책을 찾았던 것이다. 물론 그때까지의 모든 힘든 고민은 헛된 것이 되고 말았다.

그녀의 예는 '완벽한'(즉, 죄책감과 불확실성에서 자유로운) 결정이 무엇인지 볼 수 있을 때까지 결정을 미루는 강박사고적으로 구조화된 사람들의 경향성을 잘 보여준다. 이들은 흔히 두 명의 남자 친구, 두 개의 대학원 프로그램, 두 개의 취업 기회 등등에 대한 양가적 갈등을 해결하기 위해 치료를 받으러 온다. 이들은 '잘못된' 결정을 할지도 모른다는 강한 두려움을 보이며, 오로지 합리적인 측면만을 따져 보려고 한다. 전형적으로는 장점과 단점의 긴 목록을 작성한다. 그래서 치료자는 어떤 선택이 더 나을지에 대해 의견을 제시하고 싶은 유혹을 종종 느낀다. 하지만 그렇게 하면 환자는 즉각 반대의 논리를 내세운다. "그래요, 하지만……"이라는 강박사고적인 사람들의 태도는, 적어도 부분적으로는, 행동에 불가피하게 수반되는 죄책감을 모면해 보려는 시도로 볼 수 있다. 강박사고적인 사람들은 연인이 떠나 버리거나 마감일을 넘기는 경우와 같이, 외부 환경이 스스로의 방향을 정할 때까지 종종 결정을 미루고 행동을 지연한다. 자율성이나 결정권을 보존하려는 지나친 열정이 결국은 전형적인 신경증적 방식으로 그것을 불가능하게 만든다.

강박사고적인 사람들이 미루고 지연하는 데 반해, 강박행동적인 사람들은 너무 앞서 나간다. 강박행동적인 심리를 지닌 사람들도 죄책감이나 수치심 그리고 자율성과 관련된 비슷한 문제를 가지고 있지만, 정반대의 방향으로 이 문제를 해결한다. 이들은 대안을 생각하기 전에 행동부터 한다. 이들에게 특정 상황은 특정 행동을 필요로 하는 '요구 특성'을 갖는다. 이들의 행동이 늘 어리석거나(좋은 결과를 바랄 때마다 주문을 외는), 자기파괴적인(성적으로 야릇한 느낌이 들기만 하면 바로 침대로 뛰어드는) 것은 아니다. 어떤 사람들은 강박적으로 남을 돕는다(McWilliams, 1984). 어떤 운전자들은 도로 위의 동물을 치지 않으려고 자신의 안전도 돌보지 않고 차량 파손도 감수한다. 생명을 지키려는 강박행동이 너무나 자동적으로 표출되는 것이다.

강박행동적인 사람의 행동으로의 돌진은 강박사고적인 사람의 행동의 회피와 마찬가지로 자율성과 관계가 있다. 강박적인 사람은 자신이 사실상 선택하고 있음을 의식하지 않기 위해서, 현실적으로 도움이 될 만한 생각이나 의미 있는 감정을 교묘하게 회피한다. 선택에는 자신의 행동에 대한 책임이 뒤따른다. 그리고 책임을 지려면 정상적인 수준의 죄책감과 수치심을 인내해야 한다. 신경증적이지 않은 죄책감은 힘을 행사하는 일에 뒤따르게 마련인 자연스러운 반응이다. 또한 다른 사람들도 볼 수 있는 의도적인 행동을 취할 때는 수치심의 가능성도 불가피하게 동반된다. 그러나 강박사고적인 사람이나 강박행동적인 사람은 비합리적인 죄책감과 수치심에 너무 흠뻑 젖어 있어서, 이런 감정들을 더 이상 받아들일 여지가 없다.

앞서 언급한 바와 같이, 강박사고적인 사람은 생각을 통해 자존감을 유지하며, 강박행동적인 사람은 행동을 통해 자존감을 유지한다. 이들은 자신이 생각하고 있는 것 혹은 성취하고 있는 것에 기초해서 자기 자신을 좋게 느끼기 어려운 환경이 되면 우울해진다. 실직은 누구에게나 괴로운 일이지만, 강박행동적인 사람에게는 일이 종종 자존감의 일차적 근원이라는 점에서 엄청난 재앙이 된다. 이에 관한 연구가 있는지 아직 모르겠지만, 내가 보기에 죄책감에 사로잡힌 유형의 강박역동을 지닌 사람들은 아주 나쁜(통제 불가능하고 파괴적인) 자기개념이 주도권을 잡는 내사적인 우울을 겪는 경향이 있으며, 수치심에 취약한 강박적인 내담자들은 의존적인 우울 반응을 겪는 경향이 있다(11장 참조).

강박적인 사람은 자신의 적개심을 두려워하며, 실제적인 공격성과 순전히 정신적인 공격성 모두에 대해 지나치게 자기비난을 하며 괴로워한다. 마찬가지로, 가족이 보냈던 메시지의 내용에 따라, 욕정, 욕심, 허영, 게으름, 질투에 굴복하는 것에 대해서도 불안해할 수 있다. 이들은 그러한 태도를 수용하지 않으며 자신의 실제 행동에 국한해서 자기존중이나 자기비난을 결정하는 것이 아니라, 그런 충동을 느끼는 것 자체를 비난받아 마땅하다고 여긴다. 내사형의 강박사고적인 환자들은 도덕적 피학주의자들처럼 지나치게 양심적이고 의분을 느끼는 경향을 보이며, 또한 자기 자신에게 엄격한 요구를 하는 데서 일종의 은밀한 허영심을 키울 수 있다. 이들은 다른 모든 미덕에 앞서 자기통제에 가장 큰 가치를 부여하며, 규율, 질서, 신뢰성, 충성심, 성실, 인내심 등과 같은 특성을 강조한다. 이들은 통제를 멈추기가 어렵다. 그래서 성, 놀이, 유머, 즉흥성과 같은 영역에서의 능력이 쇠퇴하기 마련이다.

마지막으로, 강박적인 사람은 감정이 실린 전체는 피하고, 따로 떼어 내어 생각하는 세부 사항을 좋아한다(D. Shapiro, 1965). 강박사고적인 심리를 지니고 있는 사람은 가사는 전부 듣지만 음악은 전혀 듣지 않는다. 어떤 결정이나 지각의 전체적인 의미를 알게 되면 죄책감이 올라올지도 모르기 때문에, 전체적인 의미는 간과한 채 특정한 의미나 세부 사항에만 시선을 고정한다("만일 _____하면 어쩌나."). 강박사고적인 사람은 로르샤흐 검사에서 전체 반응은 피하고 잉크 반점의 작은 세부 영역들에 집중한다. 속담에도 있듯이, 이들은 나무를 보느라 숲은 보지 못한다(무의식적으로는, 보지 않으려고 한다).

강박성 환자와의 전이와 역전이

강박적인 사람들은 '좋은 환자'가 되는 경향이 있다(발달 연속선의 낮은 쪽에 있어서 정동의 격리가 너무 경직되어 있거나 강박행동의 즉시성이 너무 맹렬해서 치료적 협력이 어려운 사람들을 제외하고). 이들은 진지하고, 양심적이고, 정직하고, 동기 수준이 높으며, 열심히 작업한다. 그럼에도 불구하고, 이들은 어려운 환자로서 명성이 높다. 강박사고적인 내담자들은, 치료자를 헌신적이지만 요구가 많고 비판적인 부모로 경험하며, 의식적으로는 순응해도 무의식적으로는 반항한다. 매우 성실하게 협력하지만 저변에는 짜증과 비난의 기류가 흐른다. 치료자가 있을 수 있는 부정적인 감정에 대해 언급하면, 이들은 대개 부인한다. Freud(1908)가 최초로 주목했던 바와 같이, 강박사고적인 환자들은 미묘하게 혹은 공공연하게 논쟁적이고, 통제적이고, 비판적이며, 돈을 지불하는 것에 대해 화를 내는 경향을 보인다. 이들은 치료자가 말을 하면 잠자코 기다리지 못하며, 한 문장이 끝나기도 전에 말을 자르고 들어온다. 그리고 의식적인 수준에서는 자신의 반항적 태도에 대해 전혀 모르는 듯하다.

35년 전에 나는 심한 강박사고와 강박행동을 보이는 한 남성을 치료했다. 요즘이라면 그를 동시적 노출치료와 아마도 약물치료에 의뢰했을 것이다. 당시에는 그런 치료들이 개발되지 않았었다. 그는 인도 출신의 공학도였는데, 낯선 환경에서 마음을 잡지 못하고 향수병을 앓고 있었다. 인도에서는 윗사람에게 순종하는 것이 크게 강화를 받는 행동이었으며, 그의 전공 분야에서는 강박행동이 적응적이고 보상을 받는 행동이었다. 그러나 상대적으로 강박성이 높은 그 참조집단들을 기준으로 삼더라도, 그의 반추 사고와 강박적 의식은 너무 지나친 것이었고, 그는 어떻게 그것을 그만둘 수 있는지 치료자가 명확하게 말해 주기를 원했다. 내가 이 문제를 그러한 집착의 이면에 있는 감정을 이해하는 과제로 재구성하자, 그는 크게 낙담하였다. 나는, 아마도 문제를 이해하는 나의 방식이 빠르고 권위적인 문제해결을 가져오는 게 아니어서 실망스러운가 봐요라고 말하였다. 그는 펄쩍 뛰며 아니라고 부인하였다. 그는 내가 문제를 가장 잘 아는 사람이라고 확신한다면서 오로지 긍정적인 반응만을 보였다.

다음 주에 그는 심리치료라는 분야가 얼마나 '과학적'인지 물었다. "물리학이나 화학과 같은 정밀과학인가요?" 나는, 그렇게 정확하지 않으며 예술적인 측면이 많다고 대답하였다. "알겠어요." 그는 얼굴을 찌푸리며 생각에 잠겼다. 그래서 그에게, 내가 몸담고 있는 분야가 과학적 정밀성이 떨어져서 혹시 문제가 되느냐고 물었다. 그는 아니라고 대답하면서, 무심코 내 책상 가장자리에 놓여 있던 서류들을 정리하였다. "사무실이 너무 정리가 안 되어 있어서 신경이 쓰여요?" "아니요!" 그는 창조적인 사람은 원래 그런 것 같다고 덧붙였다. 세 번째 회기에 그는 인도와 여기가 얼마나 다른지를 나에게 가르쳐 주었다. 그리고 뭔가에 정신이 팔린 듯이 인도 출신의 정신과 의사라면 어떤 식으로 치료했을까를 이야기하면서 시간을 보냈다. "인도 문화에 대해 내가 더 많이 알았으면 하나요? 또는 인도인 치료자를 만나볼 수 있었으면 하나요?" "아니요!" 그는 내게 무척 만족하고 있다고 하였다.

당시 그는 내가 근무하던 클리닉의 방침에 따라 8회기를 상담받기로 되어 있었다. 마지막 회기에 나는 그를 부드럽게 약을 올려서 치료 기간 중에 때때로 나에 대해, 그리고 치료에 대해 약간 짜증난 적이 있었다고 시인하게 하는 데 성공하였다(그는 화가 나지는 않았고, 기분도 별로 상하지 않았고, 그저 조금 성가셨다고 조심스럽게 말했다). 여덟 번의 만남을 통해 많은 것을 성취하리라고 기대하지도 않았지만, 나는 그 치료가 거의 실패한 것이라고 생각하였다. 그러나 2년 후에 그는 나를 다시 찾아와서, 치료를 받은 이후로 감정에 대해서, 특히 고향에서 멀리 떨어져 살면서 느끼는 분노와 슬픔에 대해 많이 생각했다고 하였다. 그런 감정을 받아들이면서, 그의 강박사고와 강박행동은 서서히 수그러들었다. 그는 이 임상 집단에 속하는 사람들의 전형적인 방식으로, 치료에서 얻은 통찰을 혼자 힘으로 계속 추구하는 방법을 통해 자신의 통제감을 유지할 수 있었고, 이러한 주관적인 자율성을 통해 자존감을 지킬 수 있었다.

강박사고적인 내담자에 대한 역전이로 그들을 흔들어 놓고, 평범한 인간적인 감정에 마음을 열게 하고, 그들에게 언어적 관장제를 주입하고, "똥을 싸든지 아니면 요강에서 내려오라."라고 성화를 부리고 싶은 초조하고 짜증나는 마음이 종종 든다. 의식적으로는 과도하게 복종하면서 무의식적으로는 강력하게 반항하는 이들의 모습은 사람을 말 그대로 미치게 만든다. 감정을 나약함이나 자기조절 부족의 증거로 보는 시각이 전혀 없는 치료자라면, 강박사고적인 사람이 감정을 수치스러워하고 감정을 인정하지 않으려고 저항하는 현상을 불가사의하게 느낀다. 때로는, 환자의 위축된 정서 세계에 대한 동일시(일치 역전이)로 인해서, 혹은 이렇게 화를 돋우는 사람에게 '한바탕 퍼붓고 싶은' 보복 소망(상보 역전이)을 참고 간직하려는 생리적인 노력으로 인해서, 정말 괄약근이 조이는 느낌이 들기도 한다.

강박적인 사람이 베일 뒤에서 뿜어 내는 비판적 분위기는 치료자의 사기와 의욕을 꺾을 수 있다. 이에 더해 치료자는 내담자의 끝없는 주지화로 인해 싫증이 나고 거리감을 느끼기가 쉽다. 나는 한 강박적인 내담자를 치료하면서, 그 사람의 머리는 살아서 말을 하고 있지만, 그의 몸은 놀이공원에서 고객들이 얼굴을 내밀고 사진을 찍을 수 있도록 만들어 놓은 실물 크기의 합판 같다는 상상에 사로잡히고는 했었다. 내사형의 강박사고적인 내담자들과 작업할 때는 하찮은 느낌, 지루함, 지워지는 느낌이 거의 들지 않지만, 의존형의 강박사고적인 사람들과 작업할 때는 이런 감정들로 인해 치료자가 짜증이 날 수 있다. "애트킨스 다이어트를 해야 할까, 사우스 비치 다이어트를 해야 할까" "푸들을 사야 할까, 비글을 사야 할까" "택시를 타야 할까, 걸어가야 할까" 등등의 끝없는 반추를 듣고 있노라면 화가 치밀어 오를 수 있다.

죄책감에 시달리는 강박환자들의 무의식적 평가절하 속에는 매우 대상관계적인 어떤 것이 있으며, 어린아이처럼 따르고 협조하며 '좋은' 사람이 되려고 노력하는 데서 뭔가 가슴을 찡하게 하는 것을 느낄 수 있다. 전형적으로 치료에서 뭔가 이루어지고 있기는 한 걸까 하는 의구심을 강박적인 내담자뿐만 아니라 치료자도 느낀다. 특히 내담자가 그런 걱정을 직접 표현할 만큼 용감해지기 전에는 더욱 그렇다. 그러나 강박사고적인 사람들이 보이는 모든 완강함의 이면에는 비판하지 않고 인내하는 치료자의 태도를 인정할 수 있는 능력이 숨어 있다. 그러므로 기본적으로 따뜻한 분위기를 유지하는 것이 크게 어렵지는 않다.

강박성 성격 진단의 치료적 함의

강박적인 사람을 치료할 때의 첫 번째 규칙은 일상적인 친절함을 보여야 한다는 것이다. 이들은 다른 사람들을 화나게 만드는 데 익숙하지만, 사람들이 왜 화를 내는지는 잘 모른다. 그런 만큼 사람을 화나게 하는 자신의 모습에 대해 치료자가 보복하는 반응을 보이지 않을 때 이를 고마워한다. 수치심에 대한 취약성을 이해하고 이것을 해석하는 것도 필수적이다. 이들에게는 직면적인 방법을 쓰기보다는, 충고하지도, 재촉하지도, 격리, 취소, 반동형성이 어떤 결과를 초래하는지를 두고 비판하지도 않는 것이 치료에서 더 큰 진전을 가져온다. 강박사고적인 내담자와 치료자

사이에는 역전이에서 비롯되는 힘겨루기가 흔히 일어난다. 이런 힘겨루기는 정서적 측면에서 일시적인 진전을 가져오지만, 장기적으로는 생애 초기의 해로웠던 대상관계를 반복할 뿐이다.

치료자는 요구가 많고 통제를 일삼는 부모처럼 되지 않도록 주의하는 동시에, 다정하고 따뜻한 관계를 유지하려고 애써야 한다. 치료자의 활동 정도는 환자에게 달려 있다. 어떤 강박사고적인 사람들은 회기가 거의 끝날 때까지 치료자가 한마디도 끼어들지 못하게 할 것이고, 반면 어떤 사람들은 치료자가 아무 말도 하고 있지 않으면 혼란과 두려움을 느낄 것이다. 통제하지 않으려는 태도와, 정서적인 무관심으로 느껴질 수 있는 태도는 구분되어야 한다. 침묵이 흐를 때 압박감을 느끼는 사람에게 아무 말도 하지 않는 것은 치료 과정에 해를 끼친다. 주목하지 않을 때 버림받는 느낌을 받는 사람에게도 침묵이 해를 끼친다. 판단하기 어려울 때는 내담자를 존중하는 태도로, 치료자의 어떤 행동이 도움이 되겠는지 물어보는 것이 좋다. 치료자가 어느 정도로 말을 하는 것이 좋겠는지 환자의 생각을 물어보는 질문을 하면 그 자체로 치료자의 문제를 해결해 줄 뿐만 아니라, 내담자의 주도권, 평등권, 현실적인 통제감각을 지지해 줄 수 있다.

조언과 통제를 피한다는 일반적인 규칙에도 예외가 있다. 명백하게 위험한 강박행동을 하는 사람들이 여기에 해당된다. 자기파괴적인 강박행동성에 대해 치료자는 두 가지 선택을 할 수 있다. 치료를 통해 서서히 통합이 이루어지면서 행동하고자 하는 강박성이 줄어들 때까지 치료자가 환자의 행동으로 인한 불안을 참고 견디거나, 아니면 처음부터 내담자의 강박행동 중단을 치료의 전제 조건으로 삼는 것이다. 첫 번째 선택의 예로는, 환자가 여러 사람과 강박적으로 성적 관계를 맺을 때 이를 비판단적인 태도로 들으면서 그 역동을 분석하되, 환자가 성의 방어적 사용을 더 이상 합리화할 수 없을 때까지 일관된 자세를 견지하는 것이다. 이러한 선택의 한 가지 이점은, 이렇게 하면 환자가 더 정직해질 수 있다는 것이다(만약 행동의 중단을 치료의 전제 조건으로 삼는다면, 환자는 그런 행동을 한 뒤에는 그것을 감추고 싶은 유혹을 느낄 것이다). 환자의 자기파괴성이 생명을 위협하지 않는다면 내 생각에는 이 방법이 대체로 더 낫다.

두 번째 선택의 예로는 중독자에게 심리치료를 시작하기 전에 해독과 재활을 먼저 하고 오도록 요구하거나, 거식증이 위험한 수준인 내담자에게 병원의 식이요법을 통해 몸무게를 일정량 이상 늘려야 한다고 주장하거나, 혹은 알코올 남용자에게 단주 모임 AA에 참석하는 것을 치료 조건으로 삼는 일 등을 들 수 있다. 취소행위가 자동적일 때, 취소로써 방어하고 있는 소망, 충동, 환상 속 범죄는 의식의 표면으로 떠오르지 않을 것이다. 게다가, 강박적으로 자신을 해치는 사람을 아무 조건 없이 치료에 받아들이면, 자기통제력을 전혀 발휘하지 않고도 치료가 마술적으로 이루어지리라고 보는 환자의 환상에 치료자가 본의 아니게 일조할 수 있다. 이 두 번째 입장은 환자의 강박행동에 약물 남용이 포함되어 있을 때 특히 권장된다. 정신 과정이 화학 작용에 의해 뒤바뀐 사람들을 치료하려는 것은 헛된 노력에 불과하다.

강박행동을 하는 사람은 아주 치명적인 일을 겪은 후에야 치료에 반응하는 경우가 많다. 도벽이 있는 사람이나 유아성욕자는 대개 경찰에 체포된 다음에야 치료에 대해 진지하게 생각한다. 중독자들은 치료적 도움을 받기 전에 종종 '바닥까지 내려갔다' 와야 하고, 흡연자는 건강을 위협받기 전에는 좀처럼 담배를 끊으려 하지 않는다. 강박행동을 하면서 '그럭저럭 지낼' 수 있는 한, 변화에 대한 동기는 찾아볼 수 없다. 일단 강박행동을 통제하게 된다면 심리치료를 받고 싶어 할까 의아해하는 독자들도 있을 것이다. 그러나 사람들은 의지적인 노력이나 권위에 대한 복종으로 강박행동을 다스릴 수 있는 것과 애초부터 그런 행동을 하지 않는 것의 차이를 크게 느낀다. 강박적인 행동을 중단한 사람들을 치료하는 것은 강박행동을 가져온 문제들을 극복하게 하고, 간신히 자기를 통제하는 것을 넘어서서 진정한 내적 평온을 발견할 수 있도록 도와준다. 술을 마시고 싶은 욕구 자체를 더 이상 느끼지 않는 알코올 중독자는, 많은 유혹을 느끼지만 끊임없는 의지적 노력을 통해 이를 참는 사람들에 비해 훨씬 더 건강하다(Levin, 1987). 강박행동에서 회복되고 있는 사람들 역시 왜 자신이 중독행동에 취약한가를 이해하면 도움이 된다.

이 진단 그룹에 속하는 사람들, 특히 강박사고적인 사람들과 치료 작업을 잘하기 위한 두 번째 중요한 요소는 주지화를 피하라는 것이다. 정서적 반응의 억제가 아직 풀리지 않았는데, 인지적 수준의 해석을 하면 역효과가 일어난다. 마치 자동차 정비공이 누군가의 차에 무엇이 문제인지를 자세히 설명하듯이 자신의 역동을 해박하게 논할 수는 있지만, 그 모든 지식에도 불구하고 조금도 좋아지지 않는 내담자들이 있음을 우리는 잘 알고 있다. 너무 이른 해석의 위험성(예, Glover, 1955; Josephs, 1992; Strachey, 1934) 그리고 지적 통찰과 정서적 통찰 간의 차이에 대한 언급(예, Kris, 1956; Richfield, 1954)이 분석적 임상 이론에 편입된 것은 바로 이 강박적인 사람들과의 경험에서 비롯되었다.

하지만 치료자가 "그런데 어떻게 느끼세요?"라는 질문을 반복하는 것은 (양쪽 모두에게) 힘겨루기처럼 느껴질 수 있다. 그러므로 감정적인 차원을 치료 작업에 도입하는 한 가지 방법은 심상, 상징, 예술을 사용하는 것이다. Hammer(1990)는 강박사고적인 사람이 감정을 표현하기보다는 오히려 감추기 위해서 어떻게 언어를 사용하는지 탐색하면서, 이 집단에게는 비유와 은유가 풍부한 시적인 스타일의 대화가 특히 중요하다고 말하였다. 또한 극도로 감정을 억제하는 환자들은 집단 치료(여기서는 다른 내담자들이 격리 방어를 정면으로 공격하는 경향이 있다)와 개인 치료(여기서는 그런 경험을 개인적으로 처리할 수 있도록 치료자가 도울 수 있다)를 병행하는 것이 때로는 치료적이다(Yalom & Leszcz, 2005).

강박사고적으로 또는 강박행동적으로 구조화된 사람들을 잘 치료하기 위한 세 번째 요소는, 환자가 치료와 치료자에 대해 느끼는 분노와 비난을 표현할 수 있도록 치료자가 기꺼이 돕는 것이다. 대개 이런 작업을 바로 할 수 있는 것은 아니다. 그러나 다음과 같은 예비 작업을 통해 환자가 앞으로 그러한 감정을 수용할 수 있도록 길을 닦을 수 있다. "우리가 원하는 만큼 치료가 빨리 진행되지 않아서 화가 날 수도 있습니다. 여기 오는 것에 대해서, 혹은 나에 대해서 원망하는 마음이 들더라도 별로 놀랄 일이 아닙니다. 만약 우리의 치료작업에 대해서 불만이 생긴다면 어떻게 하시겠어요? 그런 마음을 나에게 솔직하게 이야기하는 데 방해가 될 만한 게 혹시 있을까요?" 이렇게 표현의 발판을 마련하는 개입을 하면, 내담자들은 흔히 자신이 적극적으로 불만을 느끼고 비판을 한다는 것은 상상할 수 없다고 말한다. 이때 치료자가 그 말에 큰 흥미를 표현하면, 자동적이었던 격리 과정을 자아이질적으로 만드는 과정이 시작될 수 있다.

강박적인 사람들에게 도움이 되려면, 정동을 확인하고 이름을 붙여 주는 것뿐만 아니라 그것을 즐길 수 있도록 격려할 필요가 있다. 정신분석적 치료는 무의식을 의식화하는 데서 그치지 않는다. 의식화된 것을 수치스럽게 보는 환자의 신념을 바꾸어야 한다. 수치심에 대한 이러한 민감성 뒤에는 죄스러움에 관한 병리적 신념이 자리 잡고 있으며, 이러한 병리적 신념이 강박사고와 강박행동의 기제를 작동하게 한다. 가학적 환상을 남김없이 인정할 뿐만 아니라 그것은 환상일 뿐이므로 즐길 수도 있다는 생각, 혹은 자신이 슬픔을 느낀다는 사실을 마지못해 받아들이는 자세를 넘어서서 충분히 슬퍼함으로써 위로와 평안을 얻을 수 있다는 생각은 이들 내담자들에게는 전혀 새로운 소식이 될 수 있다. 여기에 치료자의 유머 감각을 함께 나누는 것도 이들을 그토록 무겁게 내리누르는 죄책감과 자기비난의 짐을 가볍게 할 수 있다.

강박사고와 강박행동의 심리를 갖고 있는 사람들은 흔히 "그런 걸 느낀다고 해서 좋은 게 뭔가요?" 하는 의문을 표시한다. 이에 대한 답은 "감정을 느끼지 않는 것 자체가 해롭다."라는 것이다. 감정은 살아 있다는 느낌, 활기찬 느낌, 자신이 진정한 인간이라는 느낌을 준다. 비록 그 감정이 그동안 환자가 "그다지 좋지 않다."라고 생각했던 태도를 드러낸다고 하더라도 말이다. 강박행동적인 환자에게는 "당신은 그저 가만히 있는 것을 뭔가를 하는 것보다 훨씬 견디기 어려워한다."라고 말해 주는 것이 도움이 된다. 중독자를 위한 12단계 프로그램이 이들의 자기파괴적인 강박행동성을 멈추려고 노력하는 과정에서 평온의 기도serenity prayer를 발견한 것은 우연이 아니다. 강박적인 사람들이 감정으로부터 도망가려 할 때, 실용성을 중시하는 이들의 특성에 호소하는 것이 도움이 될 때도 있다. 예를 들어, 사람이 울면 만성적인 기분장애와 관련된 생화학물질이 제거된다고 하는데, 과학적인 정보를 신뢰하는 환자들에게는 이런 사실을 아는 것이 도움이 된다. 이들이 만약 감정을 표현하는 일을 가련한 방종이 아닌 다른 어떤 것으로 합리화할 수 있다면, 조만간 감정을 표현하는 위험을 감수할 수 있을 것이다. 그러나 궁극적으로는, 치료자가 정서적인 진솔함을 꾸준하게 보이고, 또한 환자가 자신이 판단당하거나 통제받지 않는다는 경험을 점점 더 많이 하게 되면서, 치료는 진전을 보일 것이다.

선택적 세로토닌 재흡수 억제제(SSRIs)와 같은 약물 및 노출치료와 같은 인지행동적 기법이 도입되면서, 예전에 정신분석치료만을 받을 때보다는 강박장애를 갖고 있는 많은 사람들이 이제는 더 많은 도움을 받고 있다. 그러나 자아동질적인 반추와 강박행동을 하는 강박성 성격을 지닌 사람들에게는 약물치료나 인지행동적 접근이 그다지 효과적이지 않은 듯하다. 이러한 현상은 11장에서 말한 바와 같이, 성격적으로 우울한 환자들은 성격 구조가 우울하지는 않은 사람들의 주요 우울증이나 기분부전을 경감해 주는 약물에 잘 반응하지 않는다고 했던 현상과 궤를 같이한다. 그럼에도 불구하고, 강박성 성격을 지닌 내담자와 작업하는 많은 분석 치료자들(예, Lieb, 2001)은 역동적 심리치료를 약물치료 및 인지행동치료와 결합할 때 효과가 더 좋아진다고 보고한다.

감별진단

강박 역동은 다른 종류의 심리와 구별하기가 쉬운 편이다. 격리와 취소행위는 대개 잘 보인다. 강박행동적인 성격 조직은 행동하려는 강박성을 쉽게 감출 수 없기 때문에 특히 눈에 잘 띈다. 그럼에도 불구하고 몇 가지 다른 성격들과 혼동될 수 있다. 강박사고적 구조는 특히 발달 연속선의 낮은 쪽에 있으면 분열성 심리와 구분하기가 어려우며, 또한 강박사고적 방어를 하는 자기애적 성격과도 구분이 어렵다. 때로는 강박성 역동과 기질적 뇌 증후군을 구별하기 어려울 수도 있다.

강박사고적 성격 대 자기애성 성격

8장에서 자기애적 성격 구조와 강박사고적 성격 구조의 차이점을 논의할 때, 자기애적인 사람을 강박사고적인 혹은 강박행동적인 사람으로 오해하여 그 결과 치료자가 주관적인 공허함과 취약한 자존감보다는 무의식적 분노, 전능 환상, 죄책감을 다루려 할 때 환자에게 상당한 손해를 끼친다는 점을 강조하였다. 그 반대의 방향으로 실수를 할 때는 아마 피해가 덜 심각할 것이다. 왜냐하면 우리 모두는 각자의 성격이 어떠하든지 간에 자기self의 문제에 초점을 맞추는 치료에서 유익을 얻을 수 있기 때문이다. 그럼에도 불구하고, 구식의 도덕적인 강박사고 혹은 강박행동을 보이는 사람을 자기애적으로 개념화하여 치료하면, 갈등을 겪고 있는 것이 아니라 결핍된 사람으로 취급된다는 점에서 결국 내담자의 사기가 저하되고 심지어 모욕감을 느끼게 될 것이다.

내사적 역동의 강박적인 사람은 강한 심리적 무게중심을 가지고 있다. 즉, 이들은 판단적이고 자기비판적이다. 만약 치료자가 이들의 주관적 경험을 형성시킨 더 깊은 수준의 정동과 신념은 탐색하지 않은 채 그런 경험을 공감적으로 수용하는 의사소통을 한다면, 이는 진정한 의미의 공감을 환자에게서 박탈하는 일이 된다. 때로 강박적인 내담자들은 치료자가 반영mirroring이라고 생각한 개입을 부정한 행위로 받아들인다. 환자가 보기에 변호할 여지가 없는 자기의 측면들을 치료자가 부당하게 슬쩍 눈감아 준다고 보기 때문이다. 이러한 상황에서 환자는 치료자의 도덕적 신뢰성을 의심하기 시작한다. 괴로운 감정들을 수용하려는 노력에 앞서 그러한 감정을 숨기기 위해 세운 이성적이고 도덕적인 방어를 분석하는 일이 먼저 선행되어야 한다.

강박사고적 성격 대 분열성 성격

공생적-정신병적 범주에서는, 분열성으로 보이는 사람들 중 일부가 사실은 퇴행한 강박사고적인 환자일 수 있다. 분열적인 사람들은 비록 외부 세상으로부터 철수해 있어도, 강렬한 내적 감정과 생생한 환상을 의식하고 있다. 반면, 철수되어 있는 강박사고적인 사람은 격리방어를 너무나 철저하게 사용하기 때문에 주관적으로 '텅 비어 있거나' 외견상 멍해 보일 수 있다. 이런 감별진단을 적용해야 하는 사람의 병전 기능에 대해 알고 있다면, 안심하고 강렬한 내적 경험을 표현해도 된다고 환자에게 전해야 할지, 아니면 마음속이 그렇게 차갑고 메마르게 느껴진다니 너무 힘들겠다고 해야 할지 그 단서를 얻을 수 있을 것이다.

강박 증상과 기질적 증상

이 책이 기질적 원인에 의한 정신병리를 다루고 있지는 않지만, 의학적 훈련을 받았든 받지 않았든 경험이 없는 면접자들은 뇌손상과 관련된 행동을 강박 증상으로 오해하는 경우가 빈번하다는 사실을 언급해야겠다. 기질적 뇌 증후군의 전형적 증상인 보속적保續的 사고와 반복 행동(Goldstein, 1959)은 '기능적인' 강박사고 및 강박 행동을 닮았다. 하지만, 심리역동에 기초한 질문을 해 보면 정동의 격리나 취소가 포함되어 있지 않음이 밝혀진다. 태아 알코올 증후군 혹은 임신 중 산모의 중독 가능성, 출생 시의 합병증, 고열을 동반하는 질병(수막염, 뇌염), 두부 손상 등등을 포함한 과거력을 잘 살펴보면, 기질적 진단이 시사될 수 있으며 신경학적 검사를 통해 이를 확인할 수 있다.

뇌손상이 있다고 해서 모두 지능의 손상을 겪는 것은 아니다. 임상가는 어떤 사람이 똑똑하고 유능하다고 해서 기질적 원인에 의한 어려움을 겪을 리 없다고 가정하면 안 된다. 이는 매우 중요한 감별 사항이다. 왜냐하면 내담자의 강박적 경직성을 완화하기 위해 무의식적인 역동을 밝히는 치료는 기질적 손상을 입은 환자를 위한 치료와는 전혀 다를 수 있기 때문이다. 기질적 손상을 입은 사람과 그의 가족들을 위한 치료에서는 내담자의 정서적 안전과 편안함을 위해서 순서와 예측 가능성을 유지하는 것이 매우 중요함을 강조해야 한다.

요약

이 장에서는 정서적 안전을 추구하고, 불안을 경감하고, 자존감을 유지하고, 내적 갈등을 해결하기 위해 생각을 하거나 행동하는 것을 선호하는 사람들에 대해 논의하였다. 강박성 성격 구조의 발달에는 항문기적 주제가 핵심적인 역할을 한다고 본 Freud(1908, 1909, 1913, 1931)의 관점을 중심으로 이 성격 구조에 관한 고전적 개념을 개관하였고, 항문기적 주제와 관련된 무의식적 죄책감과 전능환상을 둘러싼 투쟁도 살펴보았다. 또한 이러한 고전적인 유형의 강박 현상과 보다 의존적인 양상의 강박심리를 구별하였다. 강박사고적인 사람과 강박행동적인 사람은 방어(격리, 취소, 반동형성)를 통해 정동, 소망, 추동을 대부분 억제하거나 이로부터 주의를 분산하지만, (적대감에서 오는) 무의식적 죄책감과 (기준에 미치지 못하는 데서 오는) 수치심에 대한 의식적인 민감성을 쉽게 추론할 수 있음을 지적하였다. 이 집단에 속하는 사람들의 가족력을 살펴보면 통제의 과잉 혹은 통제의 결여가 두드러진다. 이들의 현재 대인관계는 형식적이고, 도덕적이고, 다소 메말라 있지만, 그럼에도 불구하고 애착을 형성할 수 있는 기본적인 능력을 보여 준다.

또한 강박적인 완벽주의, 양가감정, 그리고 행동을 미루거나 충동적으로 행동함으로써 죄책감을 회피하는 특성에 대해서도 설명하였고, 전이와 역전이는 치료자가 환자의 무의식적인 반항심을 느끼고 처리하는 문제를 중심으로 펼쳐진다고 말하였다. 이들을 치료할 때는 서두르지 않고, 권력투쟁을 피하며, 주지화를 저지하고, 분노와 비난을 표현하게 하고, 평가절하되어 있던 감정과 환상을 즐기는 모델이 되어 주는 것이 중요하다. 마지막으로, 분열성 환자들, 완벽주의적이고 강박행동적인 방어를 하는 자기애적 구조를 가진 사람들, 기질적 뇌 증후군이 있는 사람들과 강박적 성격을 구별하였다.

더 읽을거리

아마도 이 주제를 다룬 책 중에서 가장 읽기 쉬운 책은 Salzman(1980)의 책일 것이다. D. Shapiro(1965)의 강박적 성격 양식에 관한 자연적 연구는 여전히 고전으로 남아 있으며, 그의 1984년과 1999년의 저서는 앞서의 연구를 따라 강박적인 경직성에 관한 흥미로운 장을 제공하고 있다.

Shengold의 『Halo in the Sky』(1988)는 구성 개념과 은유적 표현으로서의 항문성을 명쾌하게 설명하고 있다. 『Psychoanalytic Inquiry』 21권 2호(Bristol & Pasternack, 2001)에는 강박성에 관한 많은 논문들이 실려 있으며, 이 장에서 몇몇 논문들을 인용하였다. 대부분은 강박장애와 관련된 것이지만, 강박성 성격에 관해서도 다루고 있으며, 최신 신경과학 연구의 맥락에서 강박성에 관한 정신분석적 사고를 어떻게 평가하는지도 담고 있다.

Chapter 14 Psychoanalytic Diagnosis

히스테리(연극성) 성격

정신분석은 히스테리를 이해하고자 하는 노력과 함께 시작되었다. 이 주제는 Freud가 처음 그 문제에 매달렸던 1880년대 이래로 반복해서 치료자들의 관심을 끌었다. Freud는 최면을 통해 히스테리 질환을 연구하던 프랑스의 정신과 의사 Charcot, Janet와 Bernheim의 작업에서 영감을 받아, 정신분석 이론에 그 형태를 부여해 준 질문들을 처음으로 제기하였다. 어떻게 알면서도 동시에 모를 수 있을까? 중요한 경험을 잊어버리는 것을 어떻게 설명할 수 있을까? 몸은 마음이 헤아리지 못하는 어떤 것을 표현하는가? 간질에 걸리지 않은 사람이 완전히 간질로 보이는 발작을 일으키는 감각 증상을 어떻게 설명할 수 있을까? 의학적으로 정상인데도 눈이 안 보이는 이유는? 신경에 아무 이상이 없는데도 마비가 생기는 이유는?

당시 히스테리를 앓고 있던 여성들은 꾀병 환자라는 이유로 진료실에서 쫓겨났다. 여성 심리 혹은 성적 외상과 관련해서 Freud가 어떤 실수를 했든지 간에, 그가 이런 여성들을 진지하게 대하고 존중하며 이들의 특별한 고통을 이해하려고 노력했던 점은 분명히 높게 평가할 만한 일이다. 그렇게 함으로써, 그는 정서적 장애가 있든 정서적으로 건강하든 사람들 안에서 작동하는 심리 과정을 이해할 수 있다고 믿었다. 이 장의 목적이 Freud의 시대에 히스테리 신경증이라는 항목 아래 포함되었던 여러 극적인 장해들(전환 장애, 기억상실증, 설명이 불가능한 급성 불안발작, 그 밖의 이질적인 현상들)을 다루는 데 있지는 않지만, 히스테리 질환과 관련된 정신분석의 역사를 개관하다 보면 그런 상태를 종종 동반하는 히스테리적 성격 구조에 궁극적으로 초점을 맞추게 될 것이다.

히스테리적(혹은 DSM에 따르면, 연극성) 성격은 히스테리 증상을 뚜렷하게 보이지 않는 사람들에게서도 흔하다. 강박사고와 강박행동을 보이지는 않지만 그런 증상을 만들어 내는 것과 동일한 원리에 따라 움직이는 강박적인 사람들이 있듯이, 히스테리 발작을 일으킨 적이 없어도 주관적인 경험은 히스테리를 일으키는 역동으로 채색된 사람들이 많이 있다. 이러한 성격 유형은 여성들에게서 더 많이 볼 수 있지만, 히스테리적으로 조직된 남성도 드물지 않다. 실제로 Freud(예, 1897)는 자기 자신을 약간 히스테리적이라고 보았는데, 그럴 만한 충분한 이유가 있었다. 그의 초기 출판물(1886) 중에는 남성 히스테리에 관한 것도 있다. 히스테리적 성격을 지닌 사람들의 방어는 비교적 성숙한 것으로 생각되었기 때문에 정신분석 지향의 치료자들은 이들이 주로 신경증 범위에 속한다고 생각하는 데 익숙하지만, 경계선과 정신병적 수준에서 조직화된 히스테리 심리를 갖고 있는 사람들도 많다.

Elizabeth Zetzel(1968)은 이 집단에 속하는 비교적 건강한 사람들과 손상이 심한 사람들 간에 현격한 차이가 있음을 지적한 바 있다(이 논문은 "그녀가 착할 때는 정말, 정말 착해요. 하지만 못됐을 때는 너무 무서워요."라는 동요로 시작된다). 혼란스럽게도, 1980년 이후 DSM은 연극성 성격장애를 히스테리 연속선의 가장 병리적인 쪽에 속한다고 재개념화하였고, 그 결과 'Zetzel의 3유형 및 4유형' 성격 그리고 Kernberg(1975, 1984)의 '유아적 성격infantile personality'과 구분이 불가능해졌다. Kernberg와 다른 연구자들은 '히스테리적hysterical'이라는 용어를 고기능군의 환자들에게 사용하였고, '히스테리성hysteroid' '연극성histrionic' '유사히스테리적 유아성pseudohysterical infantile'이라는 용어는 경계선과 정신병 범위에 속하는 환자들을 지칭할 때 사용하였다.

성격과 성격장애에 관한 보다 최근 연구의 용어를 사용해 말하면, 히스테리적 경향이 있으면서 안전 애착되어 있는 사람들은 연극성 유형(장애가 아닌) 혹은 히스테리적 성격을 지녔다고 볼 수 있다. 정신병리와 애착을 연구하는 연구자들(예, Ouimette, Klein, Anderson, Riso, & Lizardi, 1994)은 DSM의 연극성 성격장애 규준에 부합되는 사람들이 불안-저항형 애착 유형을 보인다고 말하였다. 히스테리적이면서 심각한 초기 외상의 과거력이 있고 유아기의 안전 대상이 동시에 공포의 대상이기도 했던 사람들은 혼란형 애착 유형을 보이며, 이들의 애착은 적개심과 공격성이 아니라 주관적인 무기력과 강박행동적인 돌봄이라는 특징을 지닌다(Lyons-Ruth, 2001).

혼란형 및 외상후적 애착 유형의 극단적인 형태로 볼 수 있는 히스테리 정신병 현상은 고대 이래로 알려져 있었고(Veith, 1965, 1977), 여러 문화에 걸쳐서 언급되었으며(Linton, 1956), 예전의 연구들에 의해 지지되었다(Hirsch & Hollender, 1969; Hollender & Hirsch, 1964; Langness, 1967; Richman & White, 1970). 그러나 DSM에서 히스테리 정신병이 없어지면서, 이를 평가하기 위한 접근 자체가 확실히 어려워졌으며, 외상과 관련된 히스테리성 과정으로 보아야 할 상황에서 정신분열증을 과잉 진단하는 결과가 초래되었다.

히스테리적 성격을 지닌 사람들은 높은 불안 수준과 강한 반응성을 보이며, 특히 대인관계 면에서 그러하다. 이들은 따뜻하고, 활력이 넘치고, 직관적인 사람들로, 위험하고 극적인 상황에 매력을 느낀다. 흥분에 너무 중독된 나머지 여러 위기 상황을 전전할 수도 있다. 이들이 겪는 갈등과 불안 수준으로 인해서, 이들의 정서성은 다른 사람들에게 피상적이고, 인위적이고, 과장된 인상을 주며, 감정이 갑자기 변하기도 한다('정동의 히스테리적 불안정성'). 유명한 여배우 사라 베른하르트(Gottlieb, 2010)는 히스테리적 특성을 많이 지녔던 것으로 보이고, 소설 속의 인물인 스칼렛 오하라 역시 그러하다. 히스테리적 성격을 지닌 사람들은 연기, 공연, 설교, 교직, 정치와 같이 다른 사람의 이목을 끄는 직업을 좋아할 수 있다.

히스테리에서의 추동, 정동, 기질

많은 사람들이 히스테리적으로 조직된 사람들은 기질적으로 강렬하고, 과민하고, 사람을 좋아한다고 보았다. 좌절감을 느낄 때는 발버둥치며 울고 재미있게 해 주면 기쁨에 넘쳐 깔깔거리는 아기들은 어쩌면 히스테리가 자랄 체질적 모판을 지니고 있는지도 모른다. Freud(예, 1931)는 강렬한 식욕은 나중에 히스테리적이 되는 사람들의 특성일 수 있고, 이들은 구강적 보급, 사랑, 관심, 성애적 친밀감을 갈망한다고 제안하였다. Blatt과 Levy(2003)는 광범위한 경험적 자료를 검토한 후 이들이 의존성 쪽으로 방향이 기울어져 있음을 발견하였다. 자극을 추구하지만 자극이 너무 많으면 압도당하며, 고통스러운 경험을 처리하는 데 어려움을 겪는다. 이들은 종종 분열성인 사람들에게 끌리곤 하는데, 아마도 분열성인 사람들과 동일한 감성을 갖고 있는지도 모른다(McWilliams, 2006). 하지만 히스테리적인 사람들은 사람들로부터 멀어지는 것이 아니라 사람들을 향해 다가간다.

강박사고적인 경향이 있는 사람들이 좌반구 지배적이라면, 이와 대조적으로 히스테리적인 경향이 있는 사람들은 체질적으로 우반구 기능에 더 많이 의존한다(Galin, 1974; Wasserman & Stefanatos, 2000)고 추정하는 연구자들도 있다(예, D. W. Allen, 1977). fMRI 연구가 시작되기 이전에는, 히스테리적 인지 양식에 관한 D. Shapiro(1965)의 세심한 연구가 이런 추정의 한 가지 근거가 되었다. 히스테리적으로 조직화된 사람들이 보이는 정신 작용의 특성은 강박사고적인 사람들의 그것과는 상당히 다르다. 이들의 정신 작용은 인상과 심상에 근거하며 총체적이다. 히스테리적 성격이면서 지능이 높은 사람들 중에는 대단히 창조적인 사람들이 있다. 이들은 정동적, 감각적인 지각능력과 논리적인 이해력을 결합하여 지적 감성과 예술적 감성을 멋지게 아우른다.

발달적으로는, Freud(1925b, 1932)와 많은 후기 분석가들(예, Halleck, 1967; Hollender, 1971; Marmor, 1953)은 히스테리적인 사람이 구강기적 문제와 오이디푸스기적 문제에 이중으로 고착되어 있다고 보았다. 이것을 아주 간단하게 설명하면 다음과 같다. 애착을 갈망하는 예민한 어린 여아는 유아기 시절에 어머니의 반응적인 보살핌을 특히 필요로 한다. 이 여아는 어머니로부터 충분한 안전감, 만족감, 자신을 소중히 여긴다는 느낌을 받지 못하면서 실망하게 된다. 오이디푸스기에 접어든 이 여아는 어머니를 평가절하함으로써 분리를 획득한다. 아이는 자신의 강렬한 사랑을 '아버지'라는 매우 자극적인 대상을 향해 돌린다. 특히 아이의 충족되지 않은 구강기적 욕구와 이후의 성기적 관심이 결합되어 이 시기의 오이디푸스적 역동이 증폭되기 때문이다. 하지만 아이가 어떻게 어머니와 동일시하고 또 경쟁하면서 오이디푸스적 갈등을 정상적으로 해결할 수 있겠는가? 아이는 어머니를 여전히 필요로 하면서 또 어머니를 평가절하한다.

이러한 딜레마는 아이를 오이디푸스적 수준에 옭아맨다. 고착의 결과로, 그녀는 남자는 강하고 흥미로우며, 자신을 포함하여 여자는 나약하고 하찮다고 보는 시각을 유지한다. 그녀는, 힘은 원래 남성적 속성이라고 간주하기 때문에 남자들을 우러러보지만, 무의식적으로는 남자들을 미워하고 질투한다. 그녀는 남자들과 밀착됨으로써 자존감을 높이려 하지만, 그러면서도 우월한 이 남자들을 미묘하게 처벌한다. 그녀는 남성적 힘에 접근하기 위해서 이상화 및 '여성적 계략'(자신이 약하다고 느끼는 사람들의 전략들)을 사용하며, 자신의 섹슈얼리티를 자신의 생물학적 성이 제공하는 '힘'으로 직감하고 이를 사용한다. 그녀는 성을 자신을 표현하는 용도가 아니라 방어적인 용도로 사용하며, 남자들 및 그들의 힘의 남용을 두려워한다. 그래서 남자들과 성적 친밀감을 쉽게 즐기지 못하며, 성교통, 마비감, 충분한 반응성의 결여, 불감증 등과 같이 두려움과 거부를 표현하는 신체적 증상을 겪을 수 있다.

남근선망을 여성의 보편적 문제로 강조한 Freud의 생각은 히스테리적으로 구조화된 여성들과의 작업에서 나왔다. 그는 자신의 환자들이 꿈, 환상, 증상을 통해서 남성적 힘을 남근 이미지로 상징화하는 것을 발견하고, 그에 따라 이 여성들이 어린 시절 자기 자신과 어머니의 무력함을 남근의 결여와 동일한 것으로 보도록 배웠다고 추정하였다. 당시의 가부장적이고 점점 복잡해지는 도시 문화 속에서 전통적인 여성적 덕목은 존중을 받지 못하였다. 그 속에서 자란 많은 어린 소녀들이 아마 그러한 결론에 도달하기가 쉬웠을 것이다. Freud(1932)는 다음과 같이 설명하였다.

> 소녀들의 거세 콤플렉스는…… 반대 성의 성기를 보면서 시작된다. 그들은 즉시 차

이점을 알아차리며, 그러한 차이점과 그것의 중요성을 받아들이지 않을 수 없게 된다. 이들은 뭔가 크게 잘못되었다고 느끼고, 종종 자기도 '그것과 같은 것을 갖고' 싶다고 선언하며, 자신의 발달과 성격 형성에 뿌리 깊은 흔적을 남기게 될 '남근선망'의 희생자가 된다(p. 125).

이러한 글을 보면 일부 지식층 내에서의 Freud에 대한 평판에도 불구하고, 그가 가부장제의 부정적 결과들을 이해하고 있었음을 엿볼 수 있다. 일생 동안 그는 여성들의 직업적 성취와 지적 평등을 장려하였다. 또한 남근선망을 해석함으로써 사실은 남자들이 우월하지 않다는 것을 환자들이 깨닫고 그런 유아적 환상을 검토하고 폐기하도록 촉구할 수 있으리라고 희망하였다. 일부 세기 중반의 미국 치료자들이 여성들을 '적당한' 가사의 영역에 안전하게 묶어 두는 용도로 이 남근선망의 개념을 사용하였지만, 그 일로 Freud를 비난하는 것은 옳지 않다(Freud의 복잡한 여성관을 깊이 있게 논한 Young-Bruehl, 1990 참조).

정동의 영역을 살펴보면, 히스테리적인 사람들은 불안 수준이 매우 높고 수치심과 죄책감에 취약한 것으로 유명하다. 종종 이들의 정동을 '얕은 정동'으로 개념화하기도 하지만, 실제로 이들은 강렬한 정동과 싸우고 있으며 그런 강렬한 정동에 두려움을 느끼면서 특유의 방어막을 세운다. 이에 대해서는 연극적인 사람들의 자기감각을 논의할 때 더 이야기할 것이다.

히스테리에서의 방어 과정과 적응 과정

히스테리적 성격을 가지고 있는 사람들은 억압, 성애화, 퇴행을 사용한다. 이들은 대개 반대의 성이 힘이 있고 위험하다고 상상하며, 이와 관련해서 역공포적인 counterphobic 방식으로 행동화한다. 이들은 또한 해리 방어를 사용하기도 하는데, 이에 대해서는 다음 장에서 더 자세하게 언급하려고 한다.

Freud는 억압을 히스테리의 가장 기본적인 정신 과정으로 보았다. 그에게 기억상실증은 너무나 흥미로운 현상이었다. 그는 이를 통해 마음의 구조에 대해, 그리고 우리가 접근하기 어려운 어떤 수준에서 무엇인가를 '알고' 있으면서도 어떻게 동시에 '잊어버릴' 수 있는지에 대해 설명해 주는 총체적 이론을 세울 수 있게 되었다. Freud는 억압은 우연한 실수가 아니라 적극적인 힘이라는 개념을 정립하였다. 그 계기가 된 일이 바로 히스테리 환자와의 작업이었다. 최면 상태에 들어간 환자는 아동기 외상(종종 근친상간적 외상)의 경험을 회상한 뒤에 히스테리 증상에서 벗어났다. 그의 초기의 치료적 시도를 보면, 처음에는 최면을 통해, 그다음에는 최면이 아닌 암시를 사용하여 환자의 억압을 해제하는 일에 온 힘을 쏟았다. 이 과정에서 그는 환자들에게 이완하도록 요청하고 어떤 기억이라도 떠오를 수 있게끔 마음을 열도록 권고하였다. 그는 외상적 기억이 최초의 정서적 힘과 함께 되돌아오는 과정을 소산消散, abreaction이라고 불렀으며, 이러한 과정이 일어날 때 히스테리 장애가 사라짐을 관찰하였다.

억압된 기억 및 그와 연관된 정동은 정신분석적 탐구의 중심 대상이 되었고, 억압의 해제가 치료의 핵심 과제로 보이게 되었다. 그러나 오래지 않아, Freud는 히스테리 환자들이 되찾은 '기억'의 일부는 사실은 환상이라고 확신하게 되었으며, 그의 관심을 외상에 대한 기억상실에서 소망, 두려움, 유아 이론, 고통스러운 정동의 억압으로 옮기게 되었다. 그는 여성을 무성적無性的 존재로 보는 빅토리아 시대의 신화가 심리적 건강에 특히 해롭다고 보았으며, 그렇게 강력한 생물학적 힘은 진압되는 것이 아니라 단지 방향을 틀게 할 수 있을 뿐이기 때문에, 성애적 욕구를 억압하도록 양육된 여성들은 히스테리를 보일 우려가 있다고 생각하였다. 또한 그는 어떤 질병은 심리적 충동이 신체적 증상으로 전환되어 나타난 것이라고 생각하기 시작하였다. 예컨대, 자신의 성감대를 자극하는 행동은 타락한 짓이라고 배운 여성은 자위의 유혹을 느낄 때 손의 감각과 운동 능력을 상실할 수 있다. 이런 현상은 '장갑 마비' 혹은 '장갑 무감각'이라고 알려졌다. 손을 빼고는 아무 이상이 없었기 때문이다(손을 마비시키는 신경학적 손상은 팔도 마비시키므로 이런 경우는 신경학적 원인에서 비롯되었다고 할 수 없다). 이런 현상은 Freud 시대에는 드물지 않았으며 어떻게 하든 설명이 필요하였다.

Freud는 장갑 마비와 같은 현상에서 영감을 받아, 히스테리 질환은 소망(예, 자위하려는)과 금지(자위를 반대하는) 사이의 갈등을 해소하는 일차적 이득과, 다른 사람들의 염려와 관심을 얻는 이차적 이득을 달성한다고 생각하였다. 이차적 이득은 몸과 신체적 장애에 대한 비성애적 관심을 통해 이들의 성적 관심의 상실을 보상해 준다. 구조 이론의 발달과 더불어 이러한 역동은 원초아와 초자아 간의 갈등으로 여겨지게 되었다. Freud는 이런 심리적 해결책은 성적 에너지를 적절하게 표현하거나 승화하지 못하고 그저 봉쇄만 하기 때문에 매우 불안정하다고 생각하였다. 그는 환자의 어떤 성애화된 흥미가 표출되면 이를 '억압된 것의 복귀'라고 해석하는 경향이 있었다. 억압은 유용한 방어일 수 있지만, 끊임없이 방출되려는 압력을 받는 정상적인 충동과 반대 방향으로 작동할 때는 쉽게 균열이 되며 믿을 수 없게 된다. Freud는 히스테리적인 사람들이 보이는 높은 수준의 불안은 억압된 성적 에너지가 신경과민으로 전환된 것이라고 보았다(2장 참조).

히스테리 증상에 대한 설명을 이렇게 길게 하는 이유는, 성격적 수준에서도 이에 비견되는 과정을 볼 수 있기 때문이다. 성애적 충동이나 갈등이 위험하고 수용 불가능해 보여서 이를 억압하는 사람들은 성적인 좌절감을 느낌과 동시에 막연한 불안감도 함께 느끼는 경향이 있다. 친밀감과 사랑에 대한 이들의 정상적인 소망은 크게 증폭될 수 있다. 마치 충족되지 못한 성적 갈망이 열기를 더해 준 듯 말이다. 이들은 매우 유혹적인 행동을 할 때가 있지만(억압된 것의 복귀), 자신의 행동에 포함된 성적 도발은 의식하지 못한다. 사실 이들은 자신의 행동이 성적 접촉을 주도하는 것으로 해석될 때 충격을 받는다. 또한 만약 그런 관계를 계속 진행한다 하더라도(성애화된 무서운 대상을 달래고, 또한 자신의 행동의 영향력에 대한 죄책감을 누그러뜨리기 위해서 때때로 이렇게 한다), 이들은 일반적으로 그것을 성애적으로 즐기지는 않는다.

억압과 성애화의 이러한 상호작용 과정에 더하여, 히스테리적 성격을 지닌 사람들은 퇴행을 사용할 수 있다. 불안을 느낄 때, 거부당할까 봐 두려울 때, 혹은 무의식적인 공포를 자극하는 도전에 직면할 때, 이들은 무기력한 어린아이 같은 모습으로 잠재적인 거부자와 학대자를 무장해제시켜서 곤경을 피하려고 시도한다. 매우 불안한 상태에 있는 사람들이 그렇듯이(인질로 잡힌 사람이 납치범을 신뢰하게 되는 현상을 뜻하는 '스톡홀름 증후군' 혹은 '패티 허스트 현상' 참고), 히스테리적 경향이 있는 사람들은 피암시성이 매우 높다. 기능수준이 높은 사람들은 퇴행적으로 행동할 때 매력적일 수 있다. 경계선과 정신병적 범위에 속하는 연극성 환자들은 몸이 아프거나,

의존적으로 매달리거나, 칭얼거리거나, 요구가 많아지거나, 위험에 중독된다. 히스테리적 역동의 퇴행적 양상은 한때 일부 여성 하위문화에서 아주 흔했으며, 따라서 일부러 바보같이 굴고, 계집애처럼 낄낄거리고, 크고 강한 남자들에 대해 과장되게 떠벌리는 것이 정상으로 보였다. 이에 해당하는 19세기식 표현이 기절이었다.

히스테리적인 사람의 행동화는 종종 역공포적이다. 이들은 자신이 무의식적으로 두려워하는 것에 오히려 접근한다. 성을 무서워할 때 유혹적으로 행동하는 것은 단지 한 가지 예에 불과하다. 이들은 자신의 몸을 무의식적으로 부끄러워할 때 자신을 드러내 보일 수 있으며, 다른 사람들에 대해 열등감을 느낄 때 스스로를 관심의 중심에 서게 만들며, 공격당하는 것을 무의식적으로 두려워할 때 용감하고 영웅적인 행동을 보이며, 권력자의 힘을 두려워할 때 그를 자극하는 경향을 보인다. DSM-IV(American Psychiatric Association, 1994)의 연극성 성격장애에 관한 기술에서는 히스테리적 성격의 행동화 양상을 강조하면서 다른 똑같이 중요한 특징들을 배제하고 있다. 물론 이 역공포적 행동이 히스테리와 관련된 순수한 행동적 현상 중에서 가장 두드러진 것이기도 하고, 또한 확실히 사람들의 시선을 끄는 것이기도 하지만, 이 행동의 의미 또한 진단에서 매우 중요하다. 히스테리적 양식의 가장 절박한 내적 특징은 불안이다.

히스테리적으로 구조화된 사람들은 무의식적인 불안, 죄책감, 수치심을 넘치도록 가지고 있으며, 기질적으로 강렬하고 과도하게 자극을 받을 수 있다. 그래서 이들은 압도당하는 느낌을 쉽게 받는다. 다른 사람이라면 감당할 수 있는 경험도 히스테리적인 사람들에게는 외상적인 것이 될 수 있다. 그 결과 이들은 한 번에 처리해야 할 정서적인 정보의 양을 줄이기 위해 해리 기제를 사용할 수 있다. 이러한 예로는 19세기 프랑스 정신과 의사들이 이름을 붙인 여러 현상들을 들 수 있다. 어떤 상황이나 증상이 심각함에도 불구하고 이상하게 관심을 두지 않는 히스테리성 무관심la belle indifférence, 실제로 일어나지 않은 일을 기억하는 거짓 재인fausse reconnaissance, 적어도 말을 하는 동안에는 자신도 믿는 것처럼 보이지만 빤한 거짓말을 하는 공상적 거짓말pseudologia fantastica 등이 있고, 그 외에도 둔주fugue 상태, 인지적으로 회상하지 못하는 외상적 사건의 신체적 기억, 폭식이나 히스테리적 격분과 같은 해리 행동 등이 있다. 히스테리적 성격 구조와 해리성 성격 구조는 상당 부분

중첩된다. 현대의 많은 저자들은 히스테리 심리를 해리성 심리의 한 형태로 본다.

내 환자 중의 한 사람은 매우 성공한 60대의 전문직 여성으로, 안전한 성에 대해 사람들을 교육하는 일에 경력의 태반을 바쳐 왔다. 어느 날 그녀는 회의에 참석하던 도중 딱히 매력을 느끼지 않는 어떤 남자와 침대로 직행해 버렸다("그 남자가 그걸 원했는데, 어쩐지 그게 마지막 말처럼 느껴졌어요."). 그녀는 남자에게 콘돔을 사용하도록 요구해야 한다는 생각도 못했다. 그녀는 안 된다고 말할 수 있는 능력과, 무방비의 성관계가 가져올 수 있는 부정적 결과에 대한 자각을 모두 해리해 버렸다. 나중에 알게 되었지만, 그녀의 해리의 근원에는 유혹적이고 자기애적인 아버지가 있었고, 다른 사람의 필요를 항상 우선시하라는 메시지를 끊임없이 들었던 어린 시절의 경험이 있었다.

히스테리 심리에서의 관계 패턴

히스테리적 성향이 있는 이성애자들의 배경을 살펴보면, 성별에 따라 힘과 가치를 다르게 부여했던 사건과 태도를 종종 볼 수 있다. 히스테리를 유발하는 흔한 상황으로, 자신의 부모가 딸인 자기보다 오빠나 남동생을 훨씬 좋아한다는 사실을 고통스럽게 의식하거나, 혹은 자신이 아들이 아니어서 부모가 무척 실망하고 아쉬워한다는 느낌을 받는 경우를 들 수 있다(때로는 그녀의 생각이 정확할 수도 있고, 때로는 자신이 딸 셋 중에 막내라는 객관적인 자료로부터 그런 잘못된 결론을 내렸을 수도 있다). 혹은, 어린 소녀가 볼 때 아버지를 포함한 남자 구성원들이 어머니와 그녀 자신과 여자 형제들보다 훨씬 더 큰 권력을 쥐고 있음을 알아차리는 경우를 들 수 있다.

이 아이가 긍정적인 관심을 받는 경우는 외모와 같은 피상적이고 외적인 속성, 혹은 순진함과 착함과 같은 위협적이지 않고 유아적인 속성이 주목을 받을 때이다. 이 아이의 부모는 오빠나 남동생을 못마땅해할 때는 그 이유를 여성성과 결부한다("꼭 계집애처럼 구는구나!" 혹은 "그래서야 네가 우리 집 사내대장부라고 할 수 있겠니?"). 아이는 나이를 먹고 신체적으로 성숙해지면서, 아버지가 자신과 멀어지고 자신의 성징이 발달하는 것에 대해 불편해한다는 것을 느낀다. 그녀는 자신이 여성이기 때문에 거부당한다는 느낌을 깊게 받지만, 한편으로는 여성성이 남자들에게 이상한 힘을 발휘함을 직감한다(Celani, 1976; Chodoff, 1978, 1982).

연극성인 여성들의 아버지는 무섭기도 하고 유혹적이기도 했음이 종종 보고된다(예, Easser & Lesser, 1965; Herman, 1981; Slipp, 1977). 남자들은 자신이 어린 딸에게 얼마나 위협적인지를 과소평가하기 쉽다. 남자의 몸, 얼굴, 목소리는 어린 소녀나 엄마의 것보다 더 거칠고, 익숙해지는 데 시간이 필요하다. 화를 내는 아버지는 민감한 여자아이에게는 특히 더 무서워 보인다. 아버지가 불끈하며 화를 터뜨리거나, 혹독하게 야단을 치거나, 변덕스럽게 행동하거나, 특히 성폭력을 저지를 때는 공포의 대상이 된다. 어린 소녀를 지나치게 예뻐하다가 또 한편으로 무섭게 구는 아버지는 일종의 접근-회피 갈등을 만든다. 아버지는 자극적이면서 동시에 두려운 대상이 된다. 그 아버지가 만약 가부장적 가족 안에서 어머니 위에 군림하는 것으로 보인다면, 그 효과는 더욱 증대된다. 딸은 자신과 같은 성性의 사람들은 덜 존중받으며, 특히 즐거운 소녀 시절이 일단 지나가 버리고 나면 더욱 그렇다고 배운다. 그리고 아버지와 성이 같은 사람들은 조심스럽게 접근해야 한다고 배운다. Mueller와 Aniskiewitz(1986)는 히스테리적 성격의 병인으로 어머니의 역할 부족과 아버지의 자기애의 결합을 강조한다.

> 어머니가 연약하고 무능하여 구석에 물러나 있든, 아니면 딸의 존재에 위협을 느껴 경쟁적으로 반응하든, 성숙한 상호관계가 형성되지 못했다는 기본적인 문제가 남아 있다…… 마찬가지로 아버지가 자신의 적합성에 대한 갈등을 불안정한 유사남성적 외양을 통해 표현하든, 아니면 딸에게 따뜻하고 성적이고 공모하는 식으로 직접적으로 표현하든, 이런 아버지는…… 자신의 미성숙을 드러낸다…… 겉으로 드러나는 아버지들의 특성은 다양하지만, 이들의 내면적 성격 성향은 공통적으로 남근-오이디푸스적 지향을 반영한다. 이 아버지들은 자기중심적이고, 소유욕이 강하고, 관계를 자신의 연장선으로 본다(pp. 15-17).

따라서 자신의 성정체감에 문제가 있다는 느낌은 히스테리적 성격의 주요 원인이 된다. 전통적으로 남성에게 기득권을 부여하는 문화 속에서도, 남성성이 폄하되는 모계 중심의 가정에서 자란 어린 소년은 (예, 가상적인 '진짜' 남자와 모욕적으로 비교당하면서) 히스테리적인 방향으로 성장할 수 있다. 동성애 남성들 중에는 DSM-IV의 연극성 성격 규준에 부합하는 하위 집단이 있는데, 이들의 배경에 그런 가족역동이 있음이 보고된다(예, Friedman, 1988). 히스테리에서 여성의 빈도가 높은 이유는 다음 두 가지 사실로 설명할 수 있을 것이다. (1) 일반 문화에서 남성이 여성보다 더 많은 권력을 가지고 있으며, 이 사실을 알아차리지 못하는 아이는 없다. (2) 남성이 유아의 일차 양육자가 되는 경우가 드물기 때문에 이들의 상대적 부재는 남성이 여성에 비해 아이들에게 더 자극적이고, 더 이상화할 만하며, 더 '타인'으로 느껴지도록 만든다.

단순한 성 고정관념(남자들은 강하지만 자기애적이고 위험하며, 여자들은 부드럽고 따뜻하지만 약하고 무력하다는 생각)을 강화하는 양육의 결과로, 이렇게 길러진 여성들은 특히 강해 보이는 남자들에게 밀착함으로써 안전과 자존감을 얻으려고 한다. 이 여성은 이를 위해 자신의 성을 이용할 수 있지만, 그 남자와 신체적 관계를 맺어도 만족스러운 성적 반응을 느끼지는 못한다. 또한 남자가 가진 그 힘이 두렵기 때문에 그 남자에게서 부드러운 측면을 일깨우려고 하며, 그런 다음에는 덜 남자답다고(즉, 부드럽고, 여성적이고, 약하다고) 무의식적으로 남자를 평가절하한다. 히스테리적으로 조직된 일부 여성 혹은 남성들은 이렇게 성과 관련된 과대평가와 평가절하의 순환을 반복한다. 여기서 권력은 성애화되지만, 묘하게도 성적 만족은 전혀 없거나 금방 시들해진다.

히스테리적 자기

히스테리적인 자기 감각은 강력하고 낯선 타인이 지배하는 세상 속에서 살아가야 하는 작고, 결함이 있고, 두려움에 떠는 어린아이로서의 느낌이다. 히스테리적인 성격을 지닌 사람들은 다른 사람을 통제하고 조종한다는 인상을 주지만, 이들의 주관적인 마음 상태는 이와 정반대이다. 히스테리적 구조를 지닌 사람이 행하는 조종이란, 정신병질적인 사람들의 책략과는 아주 대조적으로, 기본적으로 안전과 수용을 추구하는 데 따르는 이차적인 것일 뿐이다. 이들이 다른 사람들을 자기 뜻대로 움직이려고 할 때는, 무서운 세상 속에서 안전한 섬을 확보하거나, 흔들리는 약한 자존감을 지탱하거나, 두려운 일이 생길까 봐 이를 극복하기 위해 먼저 그런 일을 주도하거나, 무의식적인 적대감을 표출하거나, 혹은 이러한 동기들 중 몇 가지를 동시에 달성하기 위해서이다(Bollas, 1999). 이들은 다른 사람들을 '이겨 먹는' 일에서 쾌락을 추구하지 않는다.

무대예술 전공의 대학원생이었던 나의 환자의 경우를 예로 들자면, 그녀는 다정하지만 변덕스럽게 분노를 폭발시키곤 했던 아버지 밑에서 자랐는데, 힘 있는 남자 선생에게 빠져서 어떻게든 그 사람의 가장 총애하는 학생이 되려고 전력을 다하는 일을 반복하였다. 그녀는 모든 남자 선생과 지도자들에게 은근한 아부와 큰 경외심을 보이는 문하생 노릇을 하면서 접근했는데, 제멋대로인 남자들의 손에 운명이 달려 있는 연기 지망생으로서 이 분야를 헤쳐 나가려면 어쩔 수 없다고 자신의 태도를 합리화하였다. 그녀의 유혹은 몇몇 선생들에게는 무시하기 어려운 것이었다. 그녀는 그들이 자신에게 매력을 느낀다는 신호를 받기 시작하면, 흥분(자신이 힘이 있고 가치를 인정받는다고 느껴서), 활력(자신이 매력적이고 그들이 자신을 원한다고 느껴서), 두려움(그들이 자신에게 끌려서 성적 요구를 할까 봐), 죄책감(자신이 의지를 발휘하여 그들에게서 금지된 성애적 관심을 얻어 냈다는 점에 대해서)을 느꼈다. 그녀의 조종성은 남자들에게, 그것도 힘 있는 남자들에게 국한되어 있었고, 비록 그 동기는 강력했지만 갈등으로 가득 차 있었다.

연극성 성격을 지닌 사람의 자존감은 자신이 두려워하는 사람(반대 성의 사람, 혹은 히스테리적 구조를 지닌 동성애자의 경우 동성 중 힘이 있어 보이는 사람)이 지닌 것에 못지않은 지위와 권력을 자신도 갖고 있다는 느낌을 계속 유지할 수 있느냐의 여부에 달려 있다. 이상화된 대상과의 밀착은, 특히 그 대상과 매우 가깝다는 사실을 사람들에게 보여 줄 때, 일종의 '파생된' 자존감을 만들어 낼 수 있다(Ferenczi, 1913). 즉, '이 힘 있는 사람이 나의 일부다'. 예술가나 정치인들을 이상화하는 열광적인 팬들의 심리가 이런 느낌이다. 강력한 남자에 의해 관통당함으로써 그의 힘을 나누어 가질 수 있다는 무의식적인 환상은 성적 행동화를 더욱 부추긴다.

히스테리적인 구조를 지닌 사람이 자존감을 획득하는 또 다른 방법은 구조 작전을 통해서이다. 역할 역전을 통해서, 위험에 처한 아이들을 도와주어 자기 안의 두려워하는 아이를 보살피는 것이다. 혹은 권위적인 대상에 대한 두려움을 역공포적으로 다룰 수도 있어서, 무섭고 자극적이었던 아동기 대상을 대체하는 현재의 대상을 변화시키고 치유하려고 나설 수도 있다. 상냥하고, 따뜻하고, 사랑스러운 여자가 착취를 일삼는 파괴적인 남자를 '구원'하려는 희망에서 이들과 사랑에 빠진다. 이러한 현상은 언뜻 이해가 안 가는 일이지만, 히스테리적인 젊은 여성들의 부모, 교사, 친구들에게는 익숙한 일이다.

히스테리적인 남자들과 여자들의 꿈 이미지에는 각각 비밀스러운 자궁 혹은 남근의 소유를 뜻하는 상징이 종종 발견된다. 히스테리적으로 조직화되어 있는 여자들은 자연스러운 공격성 안에 있는 자신의 힘을 성정체성에 통합된 것으로 보기보다는 자신의 '남성적' 측면을 나타내는 것으로 여기는 경향이 있다. 이렇게 여성성 안에서 힘을 느끼지 못하는 현상은 히스테리적으로 조직된 여성들에게 풀 수 없는 자기영속적인 문제를 던져 준다. 한 내담자는 그것을 이렇게 표현하였다. "내가 힘이 있다고 느낄 때, 나는 남자 같다고 느껴요. 강한 여자가 아니라." 이런 생각, 즉 남성성은 능동성과 같고 여성성은 수동성과 같으며, 따라서 주장적인 여성은 그녀의 '남성적' 측면을 발휘하는 것이고 부드러운 남자는 그의 '여성성'을 발휘하는 것이라는 생각은 19세기 후반에 널리 유행하였고, 수많은 정신분석 이론에서 그렇게 가정되었다[예, Jung(1954)의 아니무스와 아니마 원형]. 현대의 정신분석적 성이론(예, Dyess & Dean, 2000)은 이러한 본질주의적이고 환원주의적인 사고를 반박하지만, 무의식에서는 이러한 이미지가 여전히 강력한 위력을 발휘한다.

히스테리적 성격 구조를 지닌 사람들은 자신의 성적 대상이 힘을 지니고 있는 하나의 계급이라고 인식하기 때문에, 노화에 대해 우울하게 반응할 수 있다. 히스테리적 역동을 지닌 이성애 여성은 여성성의 유일한 능력은 성적 매력이라고 느낀다. 그래서 자신이 어떻게 보이는지에 대해 지나치게 관심을 쏟으며 늙는 것을 남들보다 더 두려워할 수 있다. 강한 대상이 자신을 원하지 않는다면 자신은 하찮고 약한 존재라는 무의식적인 히스테리적 신념과 씨름하는 동성애 남성도 비슷한 어려움을 겪을 수 있다. 나이든 히스테리적 여성의 희비극적 속성은 「욕망이라는 이름의 전차」의 블랑쉬 뒤부아가 잘 보여 주고 있다. 토마스 만의 소설 「베니스에서의 죽음」

의 구스타프 아센바흐는 나이 들어가는 동성애 남성의 고통을 극명하게 보여 준다. 히스테리적인 경향이 있는 내담자라면 외형적 매력 이외에 자존감을 추구하고 실현할 수 있는 다른 영역을 개발하도록 격려해야 할 필요가 있다.

연극성 사람들이 보이는 허영과 유혹의 경향성은, 비록 이러한 태도가 자존감을 세우고 그것을 유지하는 기능을 한다는 점에서 일종의 자기애적 방어를 구성하고 있기는 하지만, 성격 구조가 기본적으로 자기애적인 사람들이 보이는 유사한 행동 과정과는 다르다. 히스테리적으로 구조화된 사람들은 내적으로 공허하거나 사람들에게 무관심하지 않다. 이들이 사람을 매혹하려는 것은 공허함을 채워 줄 다른 사람의 관심을 갈망하기 때문이 아니라, 침입, 착취, 거절을 두려워하기 때문이다. 이런 불안이 자극되지 않을 때는 진심으로 따뜻하게 남을 돌볼 줄 안다. 비교적 건강한 히스테리적인 사람들의 경우에는 성격의 사랑스러운 측면과 방어적이고 때로는 파괴적인 측면이 크게 갈등을 일으킨다. 앞에서 언급했던 야심 많던 그 여배우는, 유혹하려고 온갖 노력을 다 기울였던 그 남자들에게 자신이 복잡한 영향을 미치고 있음을 의식하고 이로 인해 고통스러워하고 죄책감을 느꼈다. 그리고 비록 감정을 긴 시간 해리할 수는 있었지만, 이들의 부인들에 대해서도 죄책감을 느꼈다.

연극성 사람들이 보이는 관심 끌기 행동은 자신이 수용될 수 있는지, 특히 어린 시절의 경험과는 달리 자신의 성을 지닌 몸이 인정받을 수 있는지 확인받는다는 무의식적인 의미를 지니고 있다. 히스테리적으로 조직된 사람들은 무의식적으로 거세당했다고 느끼는 경향이 있다. 그런 까닭에 자신의 몸을 드러내 보여 줌으로써 수동적인 신체적 열등감을 능동적인 힘의 느낌으로 전환하려고 한다. 이들의 노출증은 그래서 역우울적이다.

이와 유사한 관점을 취하면, 히스테리와 연관된 '얕은 정동'을 더 깊게 이해할 수 있다. 연극성 사람들이 감정을 표현할 때, 이들의 말 속에는 연극 같고, 진실하지 않고, 과장된 속성이 종종 있다. 그러나 이는 지금 표현하고 있는 정서를 이들이 '정말로' 느끼지 않는다는 의미가 아니다. 이렇게 피상적이고 눈에 보이게 연기를 하는 이유는, 힘 있는 어떤 사람 앞에서 자신을 표현하는 만용을 부릴 때의 결과에 대해서 이들이 극도의 불안감을 느끼기 때문이다. 이들은 오랫동안 어린아이 취급을 당하고 무시당해 왔다. 그 결과, 이들은 자신의 감정이 온전히 존중되리라고 기대하지 않는다. 이들이 감정을 과장하는 이유는 불안을 피하고, 자기 자신과 다른 사람에게 자기표현의 권리를 납득시키기 위해서이다. 이와 동시에, 자신이 정말로 진지한 것은 아님을 전달함으로써, 만약 이곳도 자신을 표현할 만한 안전한 장소가 아니라고 판명이 되면 그동안 자신이 말한 바를 취소하거나 최소화할 수 있는 여지를 확보하려고 하는 것이다. 연기를 하듯이 눈을 번뜩이며 "나는 너무 너무 너무 화가 치밀었어요!"라고 선언을 하면, 다른 사람들은 그 말 속에 진정한 감정이 없거나 별거 아니라고 생각하게 된다.

Bromberg(1996, p. 223)는 히스테리적인 사람은 "일생에 걸쳐 자신의 진짜 모습을 가짜인 듯 보여 주는 사람"이라고 재치 있게 이야기하였다. 이 말 속에는 깊은 공감적 감성이 담겨 있다. 히스테리적인 사람의 딜레마를 "자신의 주관적 경험의 진정성을 다른 사람에게 전달할 수 없는 비극적 무능력"이라고 새롭게 표현한 것이다(p. 224). 세심하게 존중하는 치료적 분위기가 이루어지면, 연극성인 사람들이 결국은 치료자가 자신의 말을 충분히 듣는다고 느끼고 믿음이 가는 직접적인 방식으로 자신의 분노와 다른 감정들을 이야기할 수 있을 것이다. 또한 반응적이고 인상에 근거한 대응방식을 주도적이고 분석적인 방식으로 보강할 수 있을 것이다.

히스테리 환자와의 전이와 역전이

원래 전이는 히스테리의 영역에 속하는 호소 문제를 갖고 있던 내담자들과의 작업에서 발견되었다. 이들과의 작업에서 전이가 그렇게 눈에 띄었던 것은 우연이 아니다. 히스테리를 보는 Freud의 전체 개념은, 의식적으로 기억되지 않는 것이 무의식의 영역에서는 여전히 활동하고 있으며, 그것이 증상, 초기 시나리오의 상연 및 재경험을 통해 표현되려 한다는 관찰을 둘러싸고 전개되었다. 과거에 느꼈던 위험과 모욕이 지금 일어나고 있는 것으로 잘못 지각된다. 이는 히스테리적인 사람들이 너무 불안해서 과거의 경험과 상반된 정보를 받아들이지 못하기 때문에 일어나기도 한다.

연극성 사람들은 또한 매우 대상관계적이며 정서적인 표현을 잘한다. 이들은 다른 사람들에 대해서, 그리고 치료자에 대해서 자신이 느끼는 바를 쉽게 말한다. 앞서 기술한 역동을 감안하면, 여성 히스테리 환자와 남성 치료자가 만나는 상황에서 내담자의 중심 갈등이 얼마나 빨리 자극될지 아마 금방 짐작할 수 있을 것이다. Freud(1925a)는 처음에는 상당히 화가 났다. 연극성 환자들에게 자신이 호의적인 의사임을 이해시키려고 노력하는데도 불구하고, 환자들은 그를 도발적인 남성적 존재로 보기를 고집하며, 그로 인해 고통받고, 허우적거리고, 때로는 사랑에 빠지는 것을 발견한 것이다.

히스테리적 성격은 성과 관련된 주제가 세상을 보는 방식을 지배할 수 있는 심리이다. 그래서 내담자와 치료자의 성별에 따라 초기 전이의 성격이 달라질 수 있다. 히스테리적 역동을 지닌 이성애인 여성 내담자는 남성 치료자에 대해 흥분하고, 겁먹고, 방어적으로 유혹적일 수 있다. 여성 치료자에 대해서는 은근한 적대감과 경쟁심을 보일 수 있다. 또한 남성 치료자든 여성 치료자든 내담자가 약간 어린아이 같다는 느낌을 받을 수 있다. 히스테리적인 남성 환자의 전이는 이들의 내적 우주관이 어머니상에 더 많은 힘을 부여하느냐, 아니면 아버지상에 더 많은 힘을 부여하느냐에 따라 달라진다. 히스테리적인 내담자는 대부분 협조적이며 치료자가 관심을 보이는 데 대해 고마워한다. 그러나 경계선과 정신병적 수준의 히스테리성 사람들은 너무 파괴적으로 행동화를 하고 치료 관계를 너무 위협적으로 느끼기 때문에 치료하기가 어렵다(Lazare, 1971).

그러나 기능 수준이 높은 히스테리적 내담자라 할지라도 거의 정신병적이라고 느껴질 만한 강도의 전이를 보일 수 있다. 뜨거운 전이는 치료자와 내담자 모두를 불편하게 만든다. 이러한 전이는 재치 있게 탐색을 하고 전문가의 경계를 철저히 지키면 효과적으로 다룰 수 있다. Freud가 그랬듯이, 자신의 역할을 확고히 지키는 치료자는, 내담자가 복잡한 배경에서 시작된 자신의 욕구를 안전한 환경에서 극복해 나가는 과정을 지켜보면서, 이러한 전이 반응이 치료의 장애물이 아니라 치유가 일어나게 하는 도구임을 발견할 것이다. 치료자 앞에서는 너무 두려워서 자신의 열정적인 반응을 시인할 수 없는 연극성 환자들은 치료자를 대신하는 것이 너무도 분명해 보이는 어떤 다른 사람을 대상으로 행동화를 할 수도 있다. 내게 슈퍼비전을 받은 치료자 중에 제임스라는 이름을 가진 이가 있었는데, 그가 히스테리적인 젊은 여성을 치료하게 되었다. 그 내담자의 아버지는 내담자가 어렸을 때 외상적인 침범과 거부를 번갈아 가며 보였다고 한다. 그녀는 치료를 시작한 뒤 처음 몇 달 동안 여러 남자들과 연속해서 관계를 가졌는데, 그 남자들은 짐, 제이미, 제이라는 이름을 가지고 있었다.

간혹 강렬한 전이를 견딜 수 있을 만큼 치료자와 내담자 간에 충분한 신뢰가 쌓이기도 전에, 히스테리적인 역동을 지닌 사람의 전이가 고통스러울 정도로 강렬하게 펼쳐지기도 한다. 특히 치료 초기의 몇 달 동안 환자들이 도망갈 수 있다. 연극성 내담자들은 때로는 이를 합리화하고, 때로는 자신을 내모는 것이 치료자에 대한 이끌림, 두려움, 증오, 그리고 그로 인해 유발되는 불안의 강력한 힘이라는 것을 의식하기도 한다. 이들을 두렵게 하는 반응이 따뜻한 감정과 동반될 수도 있지만, 그저 참아 내기에는 너무나 많은 혼란을 줄 수 있다. 나도 그런 여성 내담자들을 여러 명 경험했다. 그들은 내 앞에서 적개심을 느끼고 평가절하하는 자신의 모습을 보고 너무 불편해져서 계속 치료에 올 수가 없었다. 나의 남자 동료들도 비슷한 경험을 한다. 치료자의 사랑을 쟁취하는 데 지나치게 집착한 나머지 치료 효과를 볼 수 없었던 연극성 내담자들이 치료자를 떠나간다. 이러한 사례들에서, 특히 전이가 어느 정도 자아이질적인 경우에는, 과도하게 자극적이거나 평가절하된 초기 대상과 덜 비슷해 보이는 사람으로 치료자를 바꾸면 치료 작업이 잘 이루어지는 경우가 있다.

히스테리적 내담자에 대한 역전이로 내담자에 대한 방어적 거리 두기와 유아화가 있다. 이런 역전이는 남성 치료자와 여성 내담자가 만날 때 주로 문제가 되는데, 특히 치료자가 매우 자기애적인 성격을 가지고 있을 때는 크게 문제가 될 소지가 있다. 연극성 내담자들이 보이는 거짓 감정에 대해서 치료자들이 존중하는 태도로 관심을 기울이기가 상당히 어렵고, 불안한 이들 환자들의 연극적인 모습은 치료자의 비웃음을 유발하기가 쉽다. 그러나 히스테리적으로 조직된 사람들은 대부분 대인 단서에 극히 민감하다. 비록 이들이 치료자의 무례함을 의식 밖에 가두어 둘 수 있다 하더라도, 돌보는 척하며 재미있어 하는 치료자의 태도는 이들에게 큰 상처를 준다.

여성혐오증을 공개적으로 그리고 자아동질적으로 드러내는 것은 정치적으로 옳지 않다. 그러나 이런 말을 차치하더라도, 우리는 (남자) 정신과 전공의들이 골치 아픈 연극성 환자를 두고 자기들끼리 위로하는 말을 흔히 들을 수 있었다. “진짜 별난 히스테리 환자가 있는데, 그 여자는 내가 얼굴을 찡그릴 때마다 울음을 터트려. 그리고 오늘은 허벅지를 겨우 가릴까 말까 하는 치마를 입고 왔다니까!" 그런 대화가 들리는 거리에 있는 여성 치료자들은 괴로운 표정을 교환하며, 자신이 도와주려고 하는 사람에 대해서 그런 식으로 말할 수 있는 사람에게 치료를 받지 않는다는 사실에 대해 조용히 감사의 기도를 드리곤 했다. 요즘은 경계선 환자들에 대해서 이런 식의 대화가 오가는 것을 여전히 듣는다. 경계선 성격장애에 관한 DSM의 기술이 히스테리성 특징을 강조하고 있다는 점에서, 이렇게 평가절하하는 역전이가 여전히 위력을 떨치고 있다는 사실은 매우 인상적이다. 사실상, '히스테리'가 질병 진단으로서는 사라졌음에도 불구하고, 우리는 경계선 성격장애라는 개념 속에서 억압된 것의 복귀를 목격하고 있다고 주장할 만하다(Bollas, 1999).

이렇게 은근히 깔보고 적대적으로 반응하는 것과 더불어서, 치료자들은 연극성인 여성들을 어린 소녀처럼 다루고 싶은 유혹을 느낀다. 히스테리적 무장의 주요 무기로서, 퇴행은 예상할 수 있는 일이다. 그러나 얼마나 많은 치료자들이 이런 히스테리적 초대에 응하여 전능감을 행동화하는지를 보면 참으로 놀라울 뿐이다. 무력하고 고마워하는 어린 것에게 '든든한 아버지' 노릇을 해 준다는 것은 분명 상당히 매력적인 일이다. 나는 다른 때라면 그러지 않았을 훈련이 잘되어 있는 치료자들이 히스테리적으로 조직된 여성들을 치료할 때는 안심시키고, 위로해 주고, 충고해 주고, 칭찬해 주고 싶은 충동을 간직하지 못하는 경우를 여러 번 보았다. 이런 치료자의 행동은 환자가 너무 약해서 혼자서는 제대로 생각하고 해결할 수도 없고, 스스로 안심시키고 위로하는 능력을 키울 수도 없다는 숨은 뜻을 전달하게 된다. 대부분의 연극성 사람들이 보이는 퇴행은 방어적이다. 즉, 성인으로서 책임을 질 때 따라오기 마련인 두려움과 죄책감으로부터 자신을 보호하려는 것이다. 그러므로 진정한 무능력과 방어적 퇴행을 혼동하면 안 된다. 무능한 것과 두려운 것은 같은 것이 아니다. 히스테리적인 사람을 지나치게 동정하거나 너무 너그럽게 대하면, 비록 적대적으로 은근히 깔보는 태도가 그 속에 없다 하더라도, 내담자의 실추된 자기개념을 더욱 악화한다는 문제가 생긴다. 과도하게 부모처럼 염려하는 태도는, 환자의 '조종성 manipulativeness'에 냉소를 보내는 것만큼이나 모욕적이다.

마지막으로, 히스테리적인 내담자의 유혹에 응하고 싶은 역전이 반응에 대해서 언급해야겠다. 내담자에 대한 성적 학대에 관한 연구에서 여러 번 증명되었듯이 (Celenza, 2007; Gabbard & Lester, 2002; Gutheil & Brodsky, 2008; Pope, Tabachnick, & Keith-Spiegel, 1987), 이러한 역전이는 여성 치료자보다는 남성 치료자에게 훨씬 더 위험하다. 히스테리적 환자를 치료하는 여성 치료자는, 환자가 아무리 유혹적인 남자라 할지라도 의존적인 남자와 권위적인 여자의 쌍을 성애화하기 어렵게 만드는 내재화된 사회적 관습에 의해 보호받는다. 이에 반해 나이 많거나 힘 있는 남자가 젊거나 도움이 필요한 여자에게 끌리는 현상은 문화적으로 수용된다(정신역동적으로 이러한 현상은 여성에 대한 남성의 함입陷入, engulfment 공포에 뿌리를 두고 있으며, 이런 패러다임에 의해 공포가 완화된다). 이런 문화 때문에 남성 치료자들은 성적 유혹에 훨씬 더 취약한 입장에 놓이게 되는 것이다.

환자와의 성적 행동화는 비참한 결과를 가져온다. 이론적 논의와 치료 실제의 교훈은 이를 거듭 확인해 준다(Celenza, 2007; Gabbard & Lester, 2002; Gutheil & Brodsky, 2008; Pope, 1987; Smith, 1984). 치료에서 핵심 갈등이 활성화될 때 히스테리적인 내담자들이 필요하다고 느끼는 것은 사실은 이들에게 필요한 것이 아니다. 이와 반대로, 이들에게 필요한 것은 자신이 원하는 바로 그 대상에게 이용당하지 않겠다는 강력한 소망을 느끼고 이를 표현해 보는 경험이다. 누군가를 유혹하려다가 실패하는 경험은 이들 연극성 사람들을 변화시키는 데 지대한 영향을 미친다. 어쩌면 생애 처음으로, 자신이 의지하는 사람이 자신을 이용하지 않고 오히려 자신의 안녕을 중요하게 여긴다는 것을 알게 되고, 또 자신의 자율성을 직접적으로 행사하는 것이 그 자율성을 방어적으로 성애화하여 왜곡하는 것보다 더 효과적임을 배우기 때문이다.

히스테리 진단의 치료적 함의

표준적인 정신분석적 치료는 히스테리적 성격 구조를 지닌 사람들을 위해 창안되었으며, 이 그룹의 건강한 내담자들에게는 여전히 최선의 치료이다. 여기서 표준적 치료란, 치료자가 대체로 조용히 기다리고, 비지시적이고, 내용보다는 과정을 다루고, 방어되고 있는 것보다는 방어를 다루고, 전이에서 드러나는 저항을 다루는 경우를 제외하고는 해석을 제한하는 것을 의미한다. David Allen(1977)은 다음과 같이 말하였다.

> 히스테리 환자들은 즉시 접촉을 시작한다. 이것은 이들이 추구하던 보상적 접촉이다. …… 초보 치료자들에게 이 환자들은 가장 분명하고 가장 손에 잡히는 전이의 증거를 제공해 준다. …… 히스테리적 성격 치료의 핵심은 전이이다. 만약 잘못된 해석을 하면, 나중에 얻는 정보에 따라 이를 수정할 수 있다. 만약 해석의 기회를 놓치면, 거듭해서 또 다른 기회를 얻을 수 있다. 그러나 만약 전이를 잘못 다루면, 치료는 곤경에 처한다. 전이를 잘못 다루는 일 혹은 치료동맹의 확립에 실패하는 일은 거의 유일한 치명적 실수라고 할 수 있다. 이는 회복하기가 극히 어렵다(p. 291).

치료자의 우선적인 과제는 작업동맹을 확립하고, 치료 계약을 하면서 양측의 책임을 명확하게 하는 일이다. 건강한 히스테리적 내담자들은 기본적인 관계의 능력이 있기 때문에 이 과정이 비교적 신속하고 쉽게 이루어진다. 그런 다음에는 침범하지 않는 따뜻한 태도를 취하고, 자기개방을 조심스럽게 피함으로써 전이가 활발하게 일어나도록 허용해야 한다. 일단 치료 관계 안에서 환자의 주제가 표면으로 떠오르면, 치료자는 환자의 감정, 환상, 좌절, 소망, 두려움이 치료자 앞에서 펼쳐지는 대로 이를 적절하게 다룰 수 있다. 이때 히스테리적 내담자가 스스로 이해에 도달할 수 있도록 치료자가 기다려 주는 것이 매우 중요하다. 성급한 해석은 타인의 우월한 힘과 통찰력을 다시 한 번 상기시키고 히스테리적 감성을 지닌 사람들을 위협할 뿐이다. 치료자의 말 속에 "당신보다 내가 당신을 더 잘 안다."라는 태도가 조금이라도 묻어 있다면, 이들은 자신의 내적 표상 세계를 지배하는 심상 속에서 치료자가 자신을 거세하거나 관통한다고 느낄 것이다. 온화하게 질문하고, 환자가 무엇엔가 걸려 있는 듯하면 그 점을 가볍게 언급하고, 어떤 느낌이 들고 또 그것이 어떻게 이해되는지를 끊임없이 되돌아보게 하는 것이 효과적인 기법의 주된 내용을 이룬다.

신경증 수준의 히스테리적인 사람을 치료할 때는 치료자가 뒤로 물러나서 환자가 스스로 잘해 나가는 모습을 지켜보는 경험을 할 수 있다. 그렇게 하려면, 뭔가 기여를 함으로써 치료자 자신의 가치를 인정받으려고 하는 자기애적 욕구에 고삐를 채워야 한다. 연극성 사람들을 위해 치료자가 할 수 있는 가장 큰 기여는 환자의 능력을 믿어 주는 것이다. 이들은 문제를 파악하고 성인으로서 책임 있는 결정을 내릴 수 있는 능력이 있다. 또한 치료자는 이들의 감정을 이끌어 낼 뿐만 아니라 생각과 감정의 통합에도 주의를 기울여야 한다. Allen(1977)은 이렇게 보았다.

> 치료에서 장인적 솜씨가 필요한 핵심적인 부분은 환자의 감정과 가치관을 충분히 존중하고 그의 인지 양식 내에서 소통하는 일이다. 히스테리적 사고 양식은, 지나치지만 않다면 그 자체로서 열등한 것이 아니지만, 세부적이고 순차적인 '좌반구적 사고'의 이점을 보충할 필요가 있다. 어떤 점에서는, 강박적인 사람들이 어떻게 느끼는지 또 느낌을 통해서 무엇을 소통할 수 있는지를 배워야 하는 것처럼, 히스테리적인 사람들은 어떻게 생각하는지 또 생각을 통해서 무엇을 소통할 수 있는지를 배워야 한다(p. 324).

혼란이 심한 히스테리적 내담자들에게는 훨씬 더 적극적이고 교육적인 작업이 필요하다. 치료자는 첫 면접에서 내담자를 무력하게 만드는 불안을 참아 내고 그것을 이해하고자 노력하는 한편으로, 앞으로 치료를 위험에 빠뜨릴 수 있는 유혹이 어떤 것이 있을지를 예측해야 한다. 예를 들면, 내담자에게 다음과 같이 말할 수 있다. "치료에서 이런 문제들을 다루고자 하는 결심이 서 있다는 것을 잘 알겠어요. 하지만 우리가 같이 살펴본 대로, 지금까지 당신은 불안이 아주 심해지면 자극적인 연애로 피해 버리고는(혹은 아파 버리고는, 혹은 격렬하게 화를 낸 뒤 떠나 버리고는, 혹은 어떤 특정한 패턴을 따르고는) 했어요. 여기서도 그런 일이 일어날 수 있겠지요. 긴 여정이 될 수도 있는데, 그동안 꾸준히 치료에 올 수 있겠어요?"

기능 수준이 낮은 히스테리적 내담자에게는, 치료자에 대해서 강력하고 부정적인 반응을 느낄 수 있음을 미리 이야기해 주어야 하며, 그럴 경우에도 반드시 치료에 와서 그 점에 대해서 말을 해야 한다는 점을 강조할 필요가 있다. 일반적으로, 혼란이 심한 히스테리적 내담자들에게는 경계선 환자들에게 적용되는 접근들이 유용하다. 이때 치료자는 전이 반응에 특별히 관심을 두어야 한다.

감별진단

히스테리적 성격의 표면적 특성을 고려할 때, 이 성격 조직과 혼동되기 쉬운 주요 병리로는 정신병질과 자기애를 들 수 있다. 이에 더하여, Freud 시절에도 그랬지만, 히스테리 심리와 해리 심리 간에는 다소간 혼동되는 면이 있다. 마지막으로, 역시 Freud 시대와 이전 시대에 그랬듯이, 생리적 질환을 앓고 있으면서 정확한 진단을 받지 못한 사람들이 히스테리적 성격장애로 오해받는 일이 있다.

히스테리적 성격 대 정신병질적 성격

수십 년에 걸쳐서 다수의 연구자들(예, Chodoff, 1982; Cloninger & Guze, 1970; Kraepelin, 1915; Lilienfield, Van Valkenburg, Larntz, & Akiskal, 1986; Meloy, 1988; Rosanoff, 1938; Vaillant, 1975)이 정신병질과 히스테리가 관련이 있음을 지적하였다. 일부 연극성 여성들, 특히 경계선 범위의 연극성 여성들이 정신병질적인 남자들에게 매력을 느끼는 현상도 두 심리 간에 서로 통하는 점이 있음을 보여 준다. Meloy(1988)는 유죄판결을 받은 살인자에게, 그를 변호하거나 그의 연인이 되기를 바라는 동정심 넘치는 여성들로부터 편지가 쇄도하는 현상을 언급한 바 있다.

여성에게서 히스테리적인 것으로 보이는 속성이, 남성들에게서 드러날 때는 정신병질적인 것으로 해석되는 일이 종종 있다. Richard Warner(1978)는 정신건강 전문가들에게 가상적 사례의 특징을 묘사한 자료를 제시하였다. 이 자료에는 선정적이고, 경박하고, 흥분하기 쉬운 행동적 특징들이 묘사되어 있었는데, 전문가들은 이를 남성 환자의 것이라고 했을 때는 반사회적 성격으로, 여성 환자의 것이라고 했을 때는 히스테리적 성격으로 평가하였다. 이에 따라 Warner는 히스테리와 정신병질은 본질적으로 동일한 것이라고 결론 내렸다. 그러나 경험이 많은 임상가라면, 히스테리적인 증상을 보이기는 하지만 성격적 히스테리라기보다는 확실히 정신병질적인 여성들, 그리고 반사회적이 아니고 분명히 연극성인 남성들을 적어도 몇 명은 만나 본 경험이 있을 것이다. 만약 이 두 범주가 같은 심리의 남성형과 여성형에 불과하다면 이런 일은 일어날 수 없다(Warner의 인물 묘사는 감별진단을 어렵게 하는 행동적 특징을 담고 있기도 했다). 그의 연구 결과를 좀 더 합리적으로 해석하자면, 남성에게서는 정신병질이, 여성에게서는 히스테리가 더 빈발하기 때문에, 대부분의 진단 전문가들이 자신의 예측을 의심할 만한 충분한 자료가 없는 상태에서 기존의 설명의 '틀'을 가지고 연구에 참여했다고 볼 수 있다.

히스테리 연속선에서 혼란이 심한 쪽으로 갈수록 히스테리는 정신병질과 혼동되기 쉽다. 경계선과 정신병적 범위에서는 두 가지 심리의 양상을 다 가지고 있는 사람들이 많다. 그러나 어떤 역동이 더 지배적인가를 확인하는 일은 치료동맹의 형성과 치료의 궁극적인 성공을 위해 아주 중요하다. 히스테리적인 사람은 매우 대상관계적이며, 갈등으로 가득 차 있고, 두려움이 심하다. 이들과의 치료적 관계는 치료자가 이들의 두려움을 얼마나 잘 이해하는가에 달려 있다. 정신병질적인 사람들은 두려움을 나약함과 같은 것으로 보며, 의존의 주제보다는 자기정의의 주제에 더 큰 반향을 보이고, 자신의 공포심을 반영해 주려는 치료자를 경멸한다. 히스테리적인 사람과 반사회적인 사람 모두 극적인 행동을 보이지만, 정신병질에서는 연극성 사람들이 보이는 방어적 연극화를 찾아볼 수 없다. 치료자가 자신의 강인함과 힘을 내비치면 정신병질적인 사람들은 치료에 긍정적으로 참여하겠지만, 히스테리적인 내담자들은 겁을 먹거나 유아적인 모습을 보일 것이다.

히스테리적 성격 대 자기애적 성격

앞에서 말했듯이, 히스테리적인 사람들은 자기애적 방어를 사용한다. 히스테리적인 사람이나 자기애적인 사람 모두 기본적인 자존감의 결손, 깊은 수치심, 관심과 확인을 받으려는 보상적 욕구를 가지고 있고, 이상화와 평가절하를 사용한다. 그러나 그 근원이 서로 다르다. 첫째, 히스테리적인 사람은 자존감의 문제가 대개 성 동일시의 문제 혹은 특정한 갈등과 관련이 있으나, 자기애적인 사람들은 이 문제가 넓게 확산되어 있다. 둘째, 히스테리적으로 조직된 사람은 기본적으로 따뜻하고 남을 배려할 줄 안다. 이들은 핵심 딜레마와 두려움이 활성화될 때만 남을 이용하려는 속성을 드러낸다. 셋째, 히스테리적인 사람은 주로 성과 연관된 구체적인 면에서 타인을 이상화하고 평가절하한다. 이들의 이상화는 주로 역공포증counterphobia에서 유래하며("이 멋진 남자는 내게 상처를 주지 않을 거야."), 이들의 평가절하는 반응적이고 공격적인 속성을 띤다. 이와는 대조적으로, 자기애적인 사람은 대상 지향적인 강력한 정동의 압력 없이 습관적으로 모든 사람에게 등수를 매긴다. Kernberg(1982)는 히스테리적인 여성과 자기애적인 여성 모두 가까운 관계에서 불만족을 경험하지만, 히스테리적인 여성은 역공포적으로 이상화한 나쁜 대상을 선택하는 반면, 자기애적인 여자는 적합한 대상을 선택한 후 그를 평가절하한다고 설명하였다.

이런 감별진단이 지닌 치료적 함의는 상당히 중요하지만 여기서 다루기에는 너무 복잡하다. 원칙적인 언급만 하자면, 히스테리적인 사람은 표준적인 분석적 치료가 적합한 반면, 자기애적인 사람은 자기응집성과 긍정적인 자기개념을 유지하려고 하는 이들의 핵심 요구에 맞게 수정된 치료가 필요하다는 점을 지적할 수 있다.

히스테리적 성격 대 해리성 성격

히스테리 심리와 해리 심리는 밀접하게 관련되어 있으며, 현대의 많은 학자들은 두 심리를 외상이라는 동일한 주제의 변형으로 본다. 해리성 성격이 히스테리성 성격으로 오인되는 경우가 그 반대의 경우보다 훨씬 흔하기 때문에, 이 두 상태 간의 차이점 및 해리역동과 관련된 메타심리학적 분류의 문제를 다음 장에서 논의할 것이다.

히스테리적 상태 대 생리학적 문제

미국의 대중적 프로이트주의가 전성기를 구가하던 시절에 비하면 지금은 까닭모를 신체적 증상의 원인을 무의식적 갈등에 돌리는 경향이 훨씬 줄어들기는 했지만, 이해할 수 없는 질병이 신체적 원인에서 비롯되었을 가능성을 간과해서는 안 된다. 다발성 경화증 같은 몇몇 전신성 질환은 의사들을 좌절시키는 많은 '여성적 호소 문제'를 동반하기 때문에 히스테리적 기원을 갖고 있다고 오해받기 쉽다. 1990년대 영국에서는 미국을 방문했던 원예가들 중에서 '정원사 히스테리'로 진단받는 이들이 크게 늘어났던 일이 있었다. 나중에 밝혀진 바로는, 이들이 여행 중에 미국의 가을철 나뭇잎 표본을 수집했는데, 여기에 독성이 있는 새빨간 담쟁이덩굴이 많이 포함되어 있었다. 이보다 심각한 경우는 작곡가 조지 거슈윈에게서 볼 수 있다. 만약 그의 치료자가 그의 뇌종양 증상을 심리적인 원인에서 비롯된 것으로 해석하지 않았다면 아마 그는 38세보다 더 오래 살았을 것이다.

연극성인 사람들은 불안할 때 퇴행을 하고, 정이 가지 않고 과장하는 방식으로 호소 문제를 표현한다. 그래서 히스테리적 경향이 있는 사람이 신체적 질병이 있을 때 이를 철저하게 검사받지 못할 위험성이 있다. 연극성 사람들이 기질적 문제를 가지고 있을 가능성을 잘 살펴보는 일은 단순히 의학적으로 신중한 차원을 넘어선다. 이는 기본적인 인간적 존엄성을 제대로 존중받지 못했던 겁에 질린 동료 인간에게 일종의 치료적인 메시지를 전달해 준다.

요약

이 장에서는 분석적 개념화가 발전해 온 맥락 속에서 히스테리적 성격을 기술하였다. 추동(열정적이고 애정을 갈망하는 기본적 기질, 여성성 혹은 남성성과 관련된 실망으로 인해 악화된 구강적, 오이디푸스적 투쟁), 자아(총체적 느낌에 의존하는 인지 양식: 억압, 성애화, 퇴행, 행동화, 해리 방어), 대상관계(자기애적이고 유혹적인 메시지를 전달하는 부적절한 양육, 반복강박에 의해 지배되는 이후의 관계들), 자기(작고, 결함이 있고, 위험에 처해 있다고 보는 자기상, 그리고 힘의 성애화와 관련된 갈등으로 인해 손상되기 쉬운 자존감)의 양상들이 포함되었다.

전이-역전이 경험으로는, 내담자와 치료자의 성별에 따라 강하고, 경쟁적이고, 성애화된 반응이 일어날 수 있으며, 내담자의 퇴행적 경향성으로 인해 내담자를 존중하기보다는 경멸하거나 유아화할 수 있음을 이야기하였다. 또한 성적인 전이를 헤쳐 나가는 것의 중요성 및 치료자 쪽의 성애화의 파괴성를 강조하였다. 치료적 권고로는 전문가적인 경계의 유지, 따뜻하고 공감적인 태도, 전통적인 정신분석적 지침에 입각한 해석의 경제성 등을 언급하였다. 히스테리적 성격을 정신병질, 자기애성, 해리성 성격과 비교하였고, 마지막으로 히스테리 증상처럼 보이는 것이 사실은 생리적 원인에 의한 것일 수 있으므로 이를 살펴보아야 한다고 경고하였다.

더 읽을거리

Mardi Horowitz(1991)의 편집서와 Mueller와 Aniskiewitz(1986)의 책은 히스테리적인 성격을 공감적으로 이해하게 해 주며, 이 책들을 나는 특히 좋아한다. 이들의 논조에는 남성 치료자들이 히스테리에 관해 글을 쓸 때 흔히 보이는 베푸는 듯한 태도가 없다. 히스테리적 인지 양식에 관한 D. Shapiro(1965)의 논문은 빈틈이 없으며, 여전히 시의적절하다.

19세기 후반의 상징적인 정신질환으로서 히스테리 신경증(오늘날의 우울증에 해당된다 할 수 있겠다)에 관심이 있는 독자라면, 히스테리에 관한 Scull(2009)의 신랄한 자서전이 흥미진진할 것이다. Veith(1965)의 고대부터 현대에 이르는 역사적 개관은 유익하고 재미있다. 사려 깊고 열정적인 페미니스트 학자들을 좋아하는 사람들을 위해 Juliet Mitchell(2001), 그리고 Muriel Dimen과 Adrienne Harris(2001)의 『Storms in Her Head』를 추천한다. 히스테리를 이미 완성된 지나간 문화적 현상으로 간주하는 사람들과 달리, Mitchell은 우리가 다시금 히스테리에 주목해야 한다고 주장한다. Bromberg의 『Standing in the Space』(1996) 중 '히스테리, 해리, 치유'라는 제목의 장은 문체가 아주 좋으며, Freud와 후기 프로이트 학파의 개념화에 대한 예리한 논평을 제시하고 있고, 히스테리적인 문제를 지닌 사람들을 위한 관계적인 맥락의 치유를 조명해 준다.

Chapter 15 Psychoanalytic Diagnosis

해리성 심리

1993년 내가 이 장을 처음 썼을 때, 정신역동 지향의 성격에 관한 책에 해리 심리를 포함시키는 것은 새로운 시도였다. 그 이후로 해리 현상에 관한 정신분석적 관심이 폭발적으로 증가하였다. 특히 자신이 관계학파에 속한다고 생각하는 치료자들(예, Boulanger, 2007; Bromberg, 1998, 2010; Davies & Frawley, 1994; Grand, 2000; Howell, 2005; D. B. Stern, 1997, 2009), 애착 연구자들(Liotti, 2004; Lyons-Ruth, Bronfman & Parsons, 1999), 인지 및 정동 신경과학자들(Panksepp, 1998; Schore, 2002; Teicher, Glod, Surrey, & Swett, 1993)이 많은 관심을 보였다. 외상과 아동 발달을 연구하는 학자들은 한때는 다중인격이라고 불렀고 DSM의 최신판에서는 '해리성 정체성 장애'로 지칭되는 현상을 이해하기 위한 새로운 패러다임들을 만들어 냈다. 즉, 해리 반응은 자동적이고, 만성적이고, 한 사람의 일생에 걸쳐 반복된다는 것이다. 이런 점에서 나와 다른 몇몇 저자들은 이를 해리성 성격 구조로 기술할 수 있는 성격 패턴이라고 생각한다(I. Brenner, 2001, 2004; Classen, Pain, Field, & Woods, 2006 참조).

새로운 자료들의 홍수 속에서 이 장을 개정하기 위해 나는 Richard Chefetz와 긴

밀하게 협력하였다. 그는 정신분석과 외상 연구를 두루 섭렵하였고, 해리성 내담자들을 치료한 폭넓은 경험이 있으며, 다중의 자기 상태에 관한 애착 이론, 인지 및 정동 신경과학, 관계 정신분석적 조망들을 외상학의 핵심 연구와 통합하여 매우 감동적인 논문들을 썼다(예, Chefetz, 2000a, 2000b, 2009, 2010a, 2010b). 또한 그는 현재 진행 중인 패러다임의 변화에 있어서도 나보다 훨씬 앞서 나가고 있다. 그는 해리성 성격 구조 혹은 성격장애라는 개념을 거부하며(Chefetz, 2004), 내가 결함이 있는 자아심리학 모델에 의지하여 진단 자료들을 조직화하며 이런 방식은 치료자들이 해리 과정을 이해하는 데 자주 걸림돌이 된다고 본다.

만성적이고 심각한 해리 상태를 전통적인 성격 범주 중의 하나로 분류하는 것은 해리 현상을 이해하는 최선의 패러다임이나 은유가 아니라는 관점이 맞을 수도 있다. 그러나 성격에 스며들 수 있는 해리 과정을 다른 성격 패턴과 구별하는 것이 진단적으로 매우 중요하다는 점을 감안할 때, 해리성 정체성 장애와 다른 복합적인 해리 상태를 이 책에 반드시 포함해야 한다고 나는 여전히 느낀다. 이 장에서 나는 해리성 내담자들을 치료하는 독자들에게 몇몇 기본적인 정보들을 제공하려고 노력할 것이다. 그러나 그러한 정보들을 조직화하는 다른 방식들도 열려 있음을 함께 알릴 것이다.

대략 1980년대까지만 해도, 심각한 해리에 기초한 다중인격 장애 및 이와 연관된 심리는 성격 유형과 장애의 도식들로 통합되기에는 발생 빈도가 너무 낮다고 인식되었다. 하지만 지금은 아주 활발히 해리되는 사람들이 많이 있으며, 이들에게 해리과정은 강렬한 정서를 느낄 때처럼 심리적으로 불안정해지는 상황을 다루기 위한 첫 번째 적응기제라는 점이 분명해졌다. 해리되는 많은 사람들에게 해리 경험은 자아동질적이며 정상이라고 가정된다. 만약 해리성 정체성 장애가 환자들이 자신에게 해리된 자기 상태들(변경 인격)이 있음을 종종 알지 못하고, 해리에 대해 알고 있는 자기의 부분조차도 그 비밀을 털어놓기 꺼릴 만큼 신뢰의 문제가 심각한 그런 '숨은 병리'[Gutheil, Kluft(Ed.), 1985]가 아니었다면, 아마 우리는 오래전에 해리성 내담자를 알아보고 돕는 방법을 알았을 것이다.

하지만 오래전에 이를 알았던 사람들이 있었다. Freud는 자신의 이론을 전개하는 과정에서 최종적으로 외상보다는 발달의 문제를, 해리보다는 억압을 우선시하였는데, 유감스럽게도 이로 인해 19세기 말에 이미 상당한 학문적 성과를 올렸던 해리에 대한 연구가 우리의 시야에서 가려져 버렸다. 예를 들어, Pierre Janet(1890)는 많은 히스테리 증상을 해리 과정의 관점에서 설명하면서, 억압을 첫 번째 설명 원칙으로 삼았던 Freud에 대해 분명한 반대의 입장을 보였다(Janet의 연구에 기초한 van der Hart, Nijenhuis, & Steele, 2006 참조). 미국에서는 William James와 Alfred Binet가 해리에 관심을 보였다. Morton Prince(1906)는 『꿈의 해석』(Freud, 1900)이 이목을 끌기 시작하던 무렵에 해리성 여성의 상세한 사례를 출간했다(불행히도, 『꿈의 해석』의 영향력에 가려져 사실상 빛을 보지 못하였다. Putnam, 1989; C. A. Ross, 1989b 참조). 20세기 중반의 이론으로는, Sullivan(1953)이 경험의 정상적인 변형으로서 '내가 아닌 나 not-me'라는 개념을 제시하며 해리의 주관적인 경험을 가장 가깝게 포착하였다.

해리 내담자를 경험해 본 치료자는 다중성은 기태적인 정신이상이 아니라, 특정한 종류의 과거사에 대한 적응으로 이해할 만한 현상이며, 특히 아동기에 기원을 둔 만성적인 외상후 스트레스 증후군으로 본다(D. Spiegel, 1984). 해리성 정체성 장애를 지닌 사람의 자기 상태들 간의 차이점이 널리 알려지면서 해리 상태는 세상이 떠들썩하도록 선정적으로 다루어졌다. 이런 차이점들(주관적 나이, 성정체성, 성적 기호, 전신성 질환, 알레르기, 안경 처방전, 뇌전도 검사 결과, 필체, 우세 손, 중독, 언어적 재능 등)이 너무나 인상적이기 때문에, 일반인들은 다중인격 장애를 자신이 들어 본 정신질환 중에서 가장 특이한 것으로 생각할 수 있다. 해리를 다뤄 본 경험이 거의 없는 많은 치료자들 역시 마찬가지이다.

기록되어 있는 장애 중 다른 어떤 것도 그것이 정말 존재하는가의 여부를 두고 그토록 많은 논란이 일었던 적이 없었다. 해리 현상은 분명 곧이곧대로 믿기 어려운 측면이 있다. 그러나 우리는 실제로는 굶어 죽을 지경에 처했는데도 자신이 비만이라고 믿는 사람들이 있다는 사실을 진지하게 받아들인다. 이에 견준다면, 우리 마음 안에는 견딜 수 없는 경험을 분리하는 방법이 있다는 사실을 받아들이기가 그렇게 어렵지만은 않을 것이다. George Atwood는 해리성 정체성 장애가 '존재'하는가에 관한 논쟁은 해리 환자들이 처한 곤경과 무서울 만큼 꼭 닮았다고 말한 적이 있다("내가 이걸 기억하는 걸까, 아니면 만들어 내고 있는 걸까?" "내 경험을 심각하게 받아들여야 할까, 아니면 관심 끌기라며 무시해야 할까?").

이제 우리는 외상 경험 동안에 분비되는 글루코코르티코이드가 해마를 차단할 수 있으며, 이렇게 되면 애초에 삽화기억(그 일이 있었다는 기억)의 형성이 불가능하다는 것을 안다(Solms & Turnbull, 2002). 의미기억(사건에 대한 제3자적 사실), 신체적-절차적 기억(사건의 신체 경험), 정서적 학습(촉발 사건과 연결된 정동의 편도체 저장)은 작동되고 있지만, "내가 거기에 있었고 내게 그 일이 일어났다."라는 감각은 뇌에 결코 각인되지 못할 수 있으며, 따라서 복구 가능하지도 않다. 이렇게 외상이 기억을 망가뜨리기 때문에, 치료자는 내담자가 외상을 경험했다는 사실은 알지만 그것을 어떻게 경험했는가는 자세히 알지 못하는 경우가 많다(J. H. Slavin, 2007). 해리 환자를 치료해 본 적이 있는 많은 치료자들은 "해리성 정체성 장애가 존재하는가"에 관한 논쟁은 상상조차도 할 수 없는 상태에 대한 광범위한 사회적 역전이라고 생각하며, 나 역시 같은 입장이다.

맥락을 잘 살펴보면, '변경 인격'(Putnam, 1989), 혹은 '고립된 주관성'의 경험(Chefetz, 2004), 그리고 '다른 어딘가에서는 알고 있는 마음속 생각'(Kluft, 2000)을 가져오는 해리가 그렇게 이해 불가능한 현상은 아니다. 인지심리학자들(예, Hilgard, 1986; Ledoux, 1996, 2002)은 동시에 공존하는 생각의 고리들을 환자 집단과 '정상' 집단 모두에서 발견하고 기술하였다. 해리 상태와 최면(해리되는 사람은 실제로 자발적으로 최면 상태에 들어간다)에 관한 연구는 인간 유기체의 놀라운 능력을 보여 주었으며, 의식, 뇌 기능, 마음의 통합 과정과 분리 과정, 잠재 능력에 대한 흥미진진한 질문들을 제기하였다. 하지만 치료자들은 해리 환자 개개인은 거의 모든 측면에서 그저 평범한 인간일 뿐이라는 사실을 잘 안다. 이들은 상이한 자기의 상태들을 주관적으로 경험하는 한 사람의 인간으로서, 다만 그 고통을 너무 생생하게 겪을 뿐이다.

M. Prince(1906)의 "Miss Beauchamps" 이후, 상세한 자료와 함께 보고된 다중인격의 첫 사례는 〈이브Eve의 세 얼굴〉의 주인공인 이브로서, 본명은 Christine Costner Sizemore이다(Sizemore, 1989; Sizemore & Pittillo, 1977; Thigpen & Cleckley, 1957). 그녀는 기능 수준이 높은 해리성 환자의 좋은 예로, 매우 활기차고 당당한 여성이었다. 독자들은 성격적 해리로 고통을 당하는 사람들 중에서 이 시대에 '세상으로 나와' 치료자를 찾아온 첫 번째 사람이 상당한 수준의 기본적 신뢰감, 자아강도, 대상 항상성을 지닌 사람이었다는 점을 주목해야 할 것이다. 해리성 정체성 장애로

진단될 수 있는 혼란이 더 심한 사람들은, 자신의 다중성을 스스로 의심할 때조차도 혹시 함부로 다루어지지는 않을까 하는 두려움 때문에 자신의 고통스러운 내면의 삶 속으로 순진한 치료자를 들여놓지 못한다. 특히 치료 초기에는 더 그렇다. 내가 몇 년간 치료했던 해리성 여성은, 1970년대에 정신질환자들을 퇴원시켜 병원 밖에서 생활하도록 했던 운동 덕에 평생을 더러운 정신병원에 갇혀 살지 않아도 됐었고, 그것이 계기가 되어 자신의 환각 경험과 '잃어버린 시간'을 인정하는 용기를 낼 수 있었다고 말하였다.

Josef Breuer의 유명한 환자이면서 정신분석 역사에 지대한 영향을 끼친 'Anna O'(Bertha Pappenheim)는 기능 수준이 높은 다중인격의 또 다른 예이다. Breuer와 Freud(1883~1885)는 그녀의 해리 상태를 히스테리 질환의 한 부문으로 보았지만, 현대의 진단 전문가라면 대부분 그녀를 일차적으로 해리성으로 볼 것이다. 그녀는 이렇게 묘사되었다.

> 완전히 구별되는 두 가지 의식 상태가 있었는데, 이 두 상태는 아주 빈번하게 그리고 아무런 경고 없이 번갈아 나타났으며, 병의 진행과 함께 그 차이가 점점 더 뚜렷해졌다. 이 두 상태 중의 한 상태에서는 그녀는 자신의 주변 상황을 인식했다. 이때 그녀는 우울하고 불안했지만 비교적 정상이었다. 다른 하나의 상태에 있을 때는 그녀는 환각을 경험했고 '버릇없게' 행동했다. 말하자면, 그녀는 입버릇이 사나웠고, 사람들에게 쿠션을 집어던지곤 했다. …… 만약 (그녀가 다른 의식 상태에 있는 동안) 방안의 물건이 옮겨지거나 누군가 방에 들어오거나 나가거나 하면, 그녀는 시간을 '상실했다'고 호소하였고, 의식적인 생각의 흐름 속에 빈 곳이 있다고 말하였다. …… 마음이 아주 맑은 순간에는…… 그녀는 두 개의 자기가 있는데 하나는 진짜이고 하나는 자신이 나쁜 행동을 하도록 압력을 가하는 사악한 것이라고 호소하였다(p. 24).

이 비범한 여성은, Breuer에게 받은 치료가 실패로 끝났지만 나중에 매우 유능하고 헌신적인 사회사업가가 되었다(Karpe, 1961).

삶의 많은 부분을 정상적으로 기능하며 살 수 있었던 Christine Sizemore와 Bertha Pappenheim과는 대조적으로, 무자비할 정도로 자기파괴적이고 '무수히 파편화된

polyfragmented' 환자들도 있다. 이들의 해리는 너무나 자동적이고 무질서하여 자신이 수백 개의 '인격들'을 가졌다고 느끼는데, 이 인격들 대부분은 어떤 당면 문제를 다루는 제한된 속성을 가지고 있다. 해리에 대한 관심이 재개될 때마다 대중매체에 소개되는 Truddi Chase(1987)가 바로 이 범주에 속할 수 있다. 치료자가 그녀의 해리 상태를 대중적으로 알리는 데 그렇게 힘을 쏟지 않았더라면 그토록 산산조각 난 것처럼 보이지 않았을지도 모른다는 논란이 있기는 하지만 말이다. 정신병적 범위에 속하는 해리성 사람들은 정신병원이 아니라 교도소에 더 많이 있을 것이다. 해리성인 사람은 종종 망상 상태에서 강간과 살인을 한다. 이런 일을 저지른 이들의 변경 인격은 다중성을 야기한 외상적 학대와 방임의 산물일 수 있다(Lewis, Yaeger, Swica, Pincus, & Lewis, 1997).

지난 30년간 해리가 재발견되면서, 해리에 관한 지식을 얻고 전파하는 운동을 이끈 사람들과 정신분석가 집단 상호 간에는 상당한 양가감정이 존재해 왔다. 한 편의 입장을 보면, 분석가들은 조직화된 무의식적 힘의 위력을 이해한다. 그래서 이들은 외상이 만든 변경 인격이 의식 밖에 존재한다는 생각을 하기 위해 굳이 큰 상상력을 발휘할 필요가 없다. 또한 이들은 환자들과 수개월 혹은 수년에 걸쳐서 작업을 하는 경향이 있어서, 이 기간 동안 해리성인 사람의 숨겨진 부분이 처음 치료를 받으러 올 때의 자기 상태에서는 인식하지 못했던 경험을 드러낼 수 있는 용기가 생길 수 있다. 따라서 분석적 치료자들은 다른 전문가들에 비해 다중성을 드러내는 사람들과 작업을 할 기회가 더 많고, 많은 치료자들이 그러한 비밀 노출을 의심하지 않고 존중하며 다룬다. 또한 자신이 정신분석 훈련을 받을 때는 강조되지 않았던 상태에 관해 내담자들로부터 기꺼이 배울 자세가 되어 있다.

그러나 다른 한편으로는, 분석 이론이 최근처럼 발달하기 전까지, 정신역동적 임상가들은 Freud가 선호했던 설명 체계를 수용하여 외상과 학대보다는 환상, 그리고 환상과 발달 과제의 상호작용을 더 강조하는 경향을 보였다. 흥미롭게도, Freud는 당시 그가 존경하던 정신과 의사들이 분명히 인식하고 있었던 다중인격에 대해서 거의 아무런 언급도 하지 않았다[비록 "아마도 '다중인격'으로 불리는 사례의 비밀은 상이한 동일시가 돌아가며 의식을 점유함을 가리킬 것이다."(1923, pp. 30-31)라고 다소 즉흥적인 설명을 한 적은 있지만 말이다]. 그가 가진 이런 맹점은 일부 프로이트 학파들에게 영향을 미쳤고, 이들은 환자가 근친상간과 성적 학대를 보고할 때 이를 환상으로 여기는 경향을 보였다. 환자들이 아동기 성학대를 보고할 때는 '거짓 기억false memory'의 문제가 논란의 대상이 된다. 외상은 지각을 왜곡하고, 기억을 손상시키며, 이로 인해 이후에 사실과 환상을 혼동하는 기반이 마련된다(Dorahy, 2001). 흥미롭게도 Freud가 처음에 제시했던 '유혹 이론seduction theory'도 바로 이러한 문제 때문에 좌초되었다. 이 같은 현상은 외상을 겪은 환자뿐만 아니라 외상의 과거력이 있는 치료자에게도 적용된다. 특히 외상을 겪은 사람은 다른 사람을 돕는 직업 혹은 외상을 연구하는 일에 끌릴 수 있다. 따라서 오해와 혼란의 가능성이 엄청나게 많다.

정신역동적 전통 속에서 훈련을 받은 사람들은 이렇게 Freud로부터 시작된 생각을 습관적으로 따라가는 것 외에도, 해리된 자기 상태의 등장을 알려 주는 신호인 의식의 전환을 발달적 개념을 적용하여 이해하는 실수를 저지르기도 한다. 예를 들어, 이들은 환자의 그런 변화를 의식의 변경이 아니라 비기억상실의 퇴행적 삽화 혹은 방어적 분열splitting의 증거로 해석하는 경향을 다른 정신건강 전문가들에 비해 더 많이 보인다. 그러다 보니 한때는 통합되었던 것을 분열시키는 것인지 아니면 항상 따로 떨어져 있던 것을 해리하는 것인지를 구분해 줄 수 있는 질문을 아예 하지 않는 경우도 있다(D. B. Stern, 1997).

이런 연유로 해서, 외상과 해리를 배우고 가르치는 일에 헌신해 온 몇몇 이름 있는 치료자들은 아동 성학대의 유병률과 파괴성을 과소평가한 Freud와 프로이트주의자들을 용서하기 어려워한다. 또 어떤 사람들은 Kernberg와 같은 사상가들의 영향력을 한탄하기도 한다. 왜냐하면 이들이 외상과 관련된 해리와 발달적으로 정상인 분열을 같은 것으로 보고, 그 결과 해리성 성격을 지닌 많은 사람들을 경계선 혹은 정신분열증으로 오진했기 때문이다. 이러한 실수는 수년 동안 환자에게 잘못된 치료를 받게 할 수 있다. 해리장애의 전문가들(예, C. A. Ross, 1989a)은 절망에 빠진 수많은 사람들이 제대로 이해를 받지 못하고 수년간에 걸쳐 (강력한 안정제나 전기충격 같은) 불필요한 의료 절차에 시달리면서 또다시 외상을 경험했다고 지적하였다. 이러한 지적은 옳다. 해리의 주창자들을 비판하는 사람들은 찾으려고만 한다면 다중인격을 어디에서든 볼 수 있을 것이라고 반박한다(Brenneis, 1996; D. R. Ross, 1992 참조). 정신병리에도 유행이 있음을 부인할 수 없다. 피암시성이 중요한 역할을 하는 질환들에서 특히 그러하다.

내가 이 모든 사항을 설명하는 이유는, 비록 해리성 정체성 장애와 기타 해리 질환이 DSM에 포함되면서 일정한 공식적 지위를 획득하기는 했지만, 해리 개념을 주장하는 사람이건 비판하는 사람이건 이들의 연구에 여전히 어떤 논쟁적인 태도가 스며들어 있기 때문이다. 어떤 분야에서건 패러다임의 전환이 이루어질 때 이는 예상할 수 있는 일이다(Kuhn, 1970; R. J. Loewenstein, 1988; Loewenstein & Ross, 1992). 이 책을 읽는 독자의 개인적 의견이 어떠하든지 간에, '경험에 근접한' 감성으로 해리 현상을 이해해 보라고 강력하게 권하는 바이다. 다시 말하면, 상이한 많은 자기들의 복합체처럼 느끼고 행동하는 사람의 내적 경험을 공감한다는 관점에서 해리를 이해해 보라는 말이다. 해리에 대한 내 자신의 이해는 여전히 발전하고 있으며, 여기서 내가 말한 것의 많은 부분이 나중에는 개정되리라고 본다. 어떤 전문가를 믿을지를 결정하기보다 환자가 어떤 경험을 하는지를 이해하고자 하는 노력이 훨씬 더 중요하다.

해리 상태에서의 추동, 정동, 기질

해리를 일차적 방어기제로 사용하는 사람들은 기본적으로 자기최면의 대가들이다. 고통스러울 때 변경된 의식 상태로 옮겨 가는 것은 누구에게나 가능한 일이 아니다. 그런 재능이 있어야 한다. 사람들은 기본적인 피최면성의 수준이 모두 다르고(Spiegel & Spiegel, 1978), 자기최면의 능력도 다 다르다. 자동적으로 해리되는 것을 배우기 위해서는 최면 상태에 들어갈 수 있는 체질적인 잠재력을 가지고 있어야 한다. 그렇지 않다면, 아마도 외상을 다른 방식으로 다룰 것이다(예, 억압, 행동화, 물질사용)

어떤 사람들은 해리성 정체성 장애를 발달시키는 사람들은 규준 집단에 비해 선천적으로 재주가 더 많고 대인관계 면에서 더 민감하다고 말한다. 복잡하고 풍부한 내적 삶(상상의 친구, 가상의 정체성, 내적인 드라마, 상상놀이)을 갖고 있는 아동은 그런 재능이 덜한 아이들에 비해 공포에 질리거나 정서적인 외상을 경험할 때 내면의 비밀 세계로 퇴각하기가 더 쉬울 것이다. 또한 전해져 내려오는 임상 자료에 의하면, 해리와 씨름하는 사람들은 평균 집단보다 더 똑똑하고 더 창조적임이 시사되기도 한다. 이런 관찰은 인위적으로 만들어진 것일 수 있다. 도움을 받으러 오는 사람들이 전체 해리성 스펙트럼의 전형은 아니기 때문이다. 이브와 시빌Sybil(Schreiber, 1973)은 한때는 다중인격의 모범적인 예로 여겨졌지만, 지금은 이들이 보였던 히스테리성 양상을 특징으로 하는 해리 환자들이 오직 소수일 뿐임을 우리는 안다(Kluft, 1991).

내가 알기로는, 해리 현상을 설명하는 데 추동 개념이 사용된 적은 없다. 아마도 이는 정신건강 전문가 집단이 해리에 관심을 집중할 무렵에는 정신분석적 추동이론이 이미 그 주도권을 상실했기 때문일 것이다. 그러나 해리성 성격에서 정동은 그 모습을 또렷이 드러낸다. 해리되는 사람은 정동에 압도당해 왔으며 사실상 이를 처리하도록 도움을 받아 본 적이 없다. 결과적으로, 이들의 정동은 만성적인 조절 불능의 상태에 있다(Chefetz, 2000a). 어떠한 외상적 상황에서건 해리를 유발하는 가장 중요한 정서는 원시적 공포, 극심한 두려움, 수치심이다. 격분, 흥분, 죄책감도 개입될 수 있다. 활성화된 정서 상태의 종류가 많고 갈등이 심할수록, 해리 없이 경험을 동화하기가 어렵다.

참을 수 없는 고통, 혼란스러운 성적 각성과 같은 신체적 상태는 최면을 촉발할 수 있다. 양육자에 의한 초기의 성적 외상과 학대 경험 없이 해리성 정체성을 발달시킬 수도 있지만, 경험적 연구들에 의하면 해리성 정체성 장애로 진단될 정도의 심각한 병원 사례에서 대부분 그러한 관계가 확인되었다(Braun & Sacks, 1985; Putnam, 1989). 또한 방임 역시 그에 못지않은 병인으로 점점 떠오르고 있다(Brunner, Parzer, Schuld, & Resch, 2000; Teicher et al., 2004). 부모에 의해 성적으로 이용당하거나 그러지 않을 때는 (착취적인 부모 혹은 다른 양육자에 의해) 방치되는 아동은 참을 수 없는 고통을 겪으며 해리라는 해결책에 의존할 수밖에 없다. DSM의 해리성 정체성 장애 규준에 부합될 정도로 심각한 해리를 겪고 있는 사람들의 과거력을 살펴보면, 왕따와 또래의 괴롭힘(Teicher, Samson, Sheu, Polcari, & McGreenery, 2010), 정서적 학대, 그리고 아마도 가장 치명적인 병인일 수 있는 가정폭력의 목격(Wolf, Gales, Shane, & Shane, 2000) 등을 발견할 수 있다.

해리 상태에서의 방어 과정과 적응 과정

모든 방어는 특정한 상황에 처한 미성숙한 유기체가 그 상황에서는 나름대로 최선의 적응을 시도한 데서 출발하며, 그다음 자동화되고, 그럼으로써 이후의 상황에서는 부적응적인 것이 된다. 의지하게 되는 첫 번째 전략으로 해리 방어를 사용하는 경우 역시 이 점에서 다를 바가 없다. 해리성 성격을 지닌 일부 성인들 중에는 외상을 최초로 경험한 시점 이후로 단순하지만 정교한 '탐지되지 않는' 해리 과정을 그저 계속해서 사용하는 사람들이 있다. 이는 정동을 조절하기 위함이다. 반면에, 어떤 사람들은 학대가 일단 중단된 후로는 상당한 기간 동안 변경 인격들로부터 미약하나마 협조를 받으며 생활하거나, 아니면 하나의 자기 상태가 일관성 있게 주관적 세계를 지배하기도 한다.

해리를 처음으로 촉발한 가족을 떠나면서 관찰 가능한 해리를 중단했다가, 아들이나 딸이 자신이 처음 학대를 당했던 나이에 이르면 다시 해리가 시작되는 사람들을 흔히 볼 수 있다(이들은 대개 이런 동일시적 연결을 전혀 의식하지 못한다). 자기최면의 경향성이 잠재되어 있던 성인에게서 해리가 촉발되는 또 다른 흔한 요인은 아동기의 외상을 무의식적으로 떠오르게 하는 어떤 경험을 하는 것이다. 내가 치료했던 한 여성은 어느 날 집 안에 있던 물건이 떨어져서 다치게 되었는데, 다친 곳이 어린 시절 제의적인 아동학대를 당할 때 훼손당했던 바로 그 신체 부위였다. 그 일을 계기로 그녀는 수년 내에 처음으로 갑자기 딴사람이 되었다. 내담자의 과거를 잘 살펴보면, 성인기 내내 사소하게 해리된 경우를 많이 찾아볼 수 있다. 그러나 대개 환자를 치료에 오게끔 하는 것은 내담자를 무력하게 만드는 극적인 해리 반응이다(긴 시간을 잃어버리거나, 자신이 기억할 수 없는 일을 다른 사람을 통해 듣거나, 무언가를 함으로써 감정을 회피하게 해 주었던 규칙적인 일상을 하지 못하는 경우가 생길 때). Kluft(1987)도 이 같은 현상을 해리 상태의 "진단을 가능하게 하는 창窓"이라고 이야기하였다(R. J. Lowenstein, 1991 참조).

해리는 묘하게도 보이지 않는 방어이다. 하나의 자기 상태 혹은 일단의 변경 인격들이 일을 유연하게 처리하면 내담자의 바깥에 있는 사람은 아무도 해리 과정을 볼 수가 없다. 많은 치료자들이 자신은 해리성 정체성 장애를 가진 사람을 치료해 본 적이 없다고 믿는데, 이는 아마도 내담자가 자신이 다중인격임을 스스로 밝히거나, 이질적인 변경 인격이 극적으로 나타나리라고 예상하기 때문일 것이다. 때로는 그런 일이 일어나기도 한다. 하지만 해리의 징후는 대개 미묘하다. 하나의 변경 인격만이 특정한 한 회기에 치료를 받으러 오는 경우가 많다. 치료 중에 알아보기가 아주 쉬운 변경 인격(예, 겁먹은 어린아이)이 출현하더라도, 그런 면에서 식견이 부족한 치료자는 환자의 이러한 변화를 해리와 무관한 현상(예, 일시적인 퇴행 현상)으로 해석하는 경향을 보인다.

내가 처음으로 경험한 심한 해리 내담자는 바로 한 발짝 떨어진 곳에 있었다. 1970년대 초였는데, 같은 대학의 동료인 친한 친구가 자기가 치료하는 어떤 여학생이 치료 2년째에 다중성을 드러냈다며 나와 상의를 하였다. 동료의 설명은 참으로 흥미로웠다. 당시는 『Sybil』이 막 출판되었던 때였다. 나는 그때 동료의 이야기를 들으며, 이 내담자는 현존하는 소수의 다중인격자 중 한 사람임이 분명하다고 생각했다. 그런데 내 동료는 그녀가 내가 가르치는 과목을 듣고 있다고 하면서, 내담자의 허락을 받았다며 그녀의 이름을 말해 주었다. 나는 어안이 벙벙했다. 그 여학생이 해리 환자일 것이라고는 상상도 못했었다. 밖에서 볼 때, '전환'을 표시하는 변화는 사소한 기분 변동 정도로밖에는 보이지 않았다. 친구로부터 그녀가 얼마나 힘겹게 기억상실과 싸우고 있는지를 알게 된 이후로, 그 일은 믿을 준비가 되어 있는 관찰자들에게조차도 해리 현상을 알아본다는 것이 얼마나 어려운 일인지를 가르쳐 준 잊을 수 없는 교훈이 되었다. 그 후로 나는 숨어 있는 해리 환자가 얼마나 많을까 하는 의문을 품기 시작하였다.

해리의 인구통계학적 특성은 해리의 이러한 비가시성으로 인해 정확히 평가하기가 곤란하다. 가끔 해리 심리를 지닌 사람의 배우자와 만나 이야기를 나눌 때가 있는데, 이들은 배우자의 진단을 분명히 인식하고 있으면서도, "하지만 내 아내가 어제는 정반대로 말했거든요!"라고 말하곤 한다. '어제는 다른 변경 인격과 이야기를 했었어.'라고 머리로는 알고 있어도, 이 지식은 '어제나 오늘이나 같은 몸을 갖고 있는 사람에게 이야기를 하고 있다.'라는 감각이 제공하는 자료를 만나면서 희미해진다. 해리성 정체성 장애를 진단받고 이를 인정하는 사람의 가장 가까운 파트너가 해리의 신호를 놓친다면, 전문가, 특히 해리라는 주제를 회의적으로 보라는 충고를 받은 전문가의 눈에 이것이 더더욱 안 보이리라는 것은 짐작하기 어렵지 않다. 해리를 반복하는 사람들은 자신의 착오를 '감추는' 방법을 배운다. 이들은 어릴 때부터 둘러대기와 꾸미기 기술을 발달시킨다. 자신은 기억을 못하는데 사람들이 자꾸 '거짓말'을 한다고 비난하기 때문이다. 이들은 자신을 마땅히 보호해 주어야 할 사람들로부터 지독한 고통을 겪었다. 그래서 윗사람을 믿지 않으며, 자신을 완전히 개방하는 것이 자신에게 유익하리라고 기대하면서 치료에 오지 않는다.

얼마나 많은 사람이 삶에 적응하는 방식으로 해리에 심하게 의존하는지 추정하는 일은 해리라는 용어를 어떻게 정의하느냐에 따라 달라진다. '고전적' 다중인격 외에도, '달리 규정되지 않은 해리성 장애Dissociative Disorder Not Otherwise Specified: DDNOS'로 불리는 상태가 있다. 이 상태에서는 변경 인격들이 존재하지만 신체에 대한 집행권은 갖고 있지 않거나, 갖고 있더라도 뚜렷한 기억상실이 없다. 또한 이인화depersonalization를 비롯한 다른 해리 현상들도 있다. 이인화는 우울과 불안 다음으로 많이 보고되는 정신과적 증상인데(Cattell & Cattell, 1974; Steinberg, 1991), 이들 중에는 성격적인 것이라고 간주해도 무방할 만큼 빈도가 잦고 오래 지속되는 것도 있다.

1988년에, Bennett Braun은 BASK(행동Behavior, 정동Affect, 감각Sensation, 지식Knowledge)라는 약자로 알려진 개념화를 제안하였다. 이를 통해 Braun은 해리의 개념을 Freud가 생각했던 것과 같은 주변적인 방어가 아닌 보다 상위의 범주로 그 위치를 격상시켰다. 그의 모델은 함께 출현하는 일이 많으면서도 서로 관련된 것으로 여겨지지 않았던 많은 과정들을 포괄한다. 사람들이 최면 상태에서 자신의 신체를 훼손하거나 신체적 마비를 경험하는 경우에서 볼 수 있듯이 행동을 해리할 수도 있고, 또는 히스테리성 무관심la belle indifférence이나 감정이 배제된 외상의 기억에서처럼 정동을 해리할 수도 있고, 또는 전환성 감각마비나 학대의 신체기억에서처럼 감각을 해리할 수도 있고, 또는 둔주 상태와 기억상실증에서처럼 지식을 해리할 수도 있다. BASK 모델은 억압을 해리의 보조자로 보며(지식의 해리), 이전에 히스테리적이라고 간주되었던 많은 현상을 해리의 영역에 포함한다. 또한 심리내적 갈등의 측면에서 이해되는 경향이 있었던 많은 주제를 외상과 연결한다. 마찬가지로, 몇몇 현대 정신분석가들(Bromberg, 1998; D. B. Stern, 1997)은 방어 과정들을 해리라는 포괄적인 상위 개념 밑에 속하는 것으로 그 위치를 변경했다. 해리로 진단된 환자들과 작업하는 치료자들은 그러한 개념화가 유용함을 발견한다. 또한 다른 사람들과 작업하는 치료자들도 그러한 개념화를 통해 우리들 누구에게나 일어날 수 있는 해리 과정을 민감하게 감지하는 데 도움을 받을 것이다.

해리 상태에서의 관계 패턴

규칙적으로 해리되는 사람의 아동기 관계를 특징짓는 것은 무엇보다도 학대이다. 대개 성적 학대가 포함되지만, 반드시 그것에만 국한되지는 않는다. 해리성 정체성 장애가 있는 사람들의 양육자는 그들 자신이 해리를 보이는 경우가 많다. 자기 자신의 외상의 과거력 때문에 직접적으로 해리되거나, 혹은 알코올이나 다른 약물에 의해 생긴 변경된 자기 상태를 통해 간접적으로 해리된다. 이들은 (심인성 기억상실이건 약물 남용으로 인한 일시적인 의식상실이건) 자신이 한 일을 기억하지 못할 때가 많다. 그래서 자녀들에게 외상을 입히는 한편, 아이들이 자신에게 일어난 일을 이해하도록 돕지도 못한다.

심각한 해리 내담자는 혼란-혼미형disorganized-disoriented의 'D유형' 애착을 보인다. D유형 애착은 안전의 대상이 공포의 대상이기도 했던 유아기 경험과 연관되어 있다(Blizard, 2001; Fonagy, 2001; Liotti, 1999; Lyons-Ruth et al., 1999; Main & Hesse, 1990; Solomon & George, 1999). 혼란형 애착은 외상적인 경험에 대한 민감성을 증가시킬 수 있는데, 공공연한 학대가 아니라 어머니의 정서적 비가용성이 그 원인일 때에도 그러하다(Pasquini, Liotti, Mazotti, Fassone, & Picardi, 2002). 회피형 애착 역시 해리를 예언해 줄 수 있다(Ogawa, Sroufe, Weinfield, Carlson, & Egeland, 1997). 생애 초기의 외상 경험은 심리 구조를 황폐화하고(Schore, 2002), 변연계의 발달을 왜곡하며(Teicher et al., 1993), 뇌량의 비정상을 야기하고(Teicher et al., 2004), 소뇌충부의 발달을 방해한다(Anderson, Teicher, Polcari, & Renshaw, 2002). 만성적인 과각성은 뇌에 글루코코르티코이드를 과잉 분비시키며 해마에 손상을 입힌다(Solms & Turnbull, 2002). 심각한 외상은 체질적, 환경적, 유전적, 심리적 회복 능력을 무력화할 수 있다(de Bellis, 2001).

Herman(1992)과 Liotti(1999, 2004)는 외상을 당한 사람의 내면에서 가해자, 희생자, 구조자의 이미지가 어떻게 존재하는지를 연구하였다. 1968년에 Karpman이 처음으로 언급했던 '삼각 드라마'가 바로 그것이다. 목격자와 방관자의 역할에 관해 언급한 연구자들도 있다(Davies & Frawley, 1994; R. Prince, 2007). 치료자들은 자신이 그러한 역할 중 하나를 떠맡게 되며, 외상적 주제가 극적으로 분출되리라 예상할 수 있어야 한다. 갑작스럽고 강렬한 위험스러운 경험, 폭주하는 정동, 세 가지 역할 중 하나를 상연하라는 정서적 압력이 치료자에게 가해지면서, 해리 심리를 만들어 낸 경험들, 즉 내담자의 삶을 압도하며 성격을 형성한 경험들이 치료에서 반복되는 경향을 보인다.

많은 사람들은 해리성 정체성 장애가 지난 세대에 비해 최근에 더 흔해졌는지, 아니면 오로지 해리성 정체성 장애를 확인할 수 있는 능력이 더 많아졌기 때문에 지금처럼 이 장애의 진단이 증가했는지 궁금해한다. 지난 수십 년 동안 심각한 아동학대가 계속 증가해 왔고, 그 결과 예전보다 더 많은 사람들이 해리 문제를 일으키게 되었다고 볼 수도 있다. 아동학대를 부추길 수 있는 사회학적 요인들은 많다. 현대전의 속성(참전 군인뿐만 아니라 문명사회 전체가 외상을 입고, 그 결과 더 많은 사람들이 자신의 공포를 자녀들에게 재상연할 수 있다), 가족의 해체, 현대의 빠른 유통 과정 덕에 가능해진 중독의 증가(약물에 중독된 부모는 제정신일 때는 상상도 하지 못할 일을 저지른다), 폭력적 영상물의 증가(취약한 사람들이 더 쉽게 최면 상태에 들어가도록 자극한다), 현대 삶의 이동성, 익명성, 프라이버시(옆집 사람들이 자신의 자녀를 어떻게 대하는지 도무지 알 수가 없고, 그들의 행동에 개인적으로 영향을 끼칠 방법도 없다) 등이 그러한 요인들이다.

그러나 다른 한편으로 생각해 보자면, 아이들은 아주 옛날부터 외상의 피해자였다. 해리 문제를 가지고 있는 환자를 치료하다 보면 그 부모 역시 학대를 당했고, 그 부모의 부모 또한 그런 일을 당했음을 발견한다. 이전 세대를 살던 아이들이 지금보다 더 평화로운 삶을 살았으리라고 생각하는 사람들은, 과거를 동경하는 사회학적 이론들에 일침을 가한 Coontz(1992)의 말에 귀를 기울여야 한다. 그럼에도, 어린 시절의 학대에 대해 이야기하며 그것의 유산인 해리에서 벗어나기 위해 도움을 청하는 사람들이 우리 시대에 더 많아진 것 같다. 미국에서는 여성해방운동 그리고 베트남에서 외상을 겪은 참전 군인들의 보고에 의해 이러한 논쟁에 불이 붙었다. 그러나 해리는 서구의 현상만은 아니다. 터키에서의 최근 연구(Sar, Akyuz, & Dogan, 2006; Sar, Dogan, Yargic, & Tutkun, 1999)에 의하면, 터키에서 해리 환자의 발생 비율은 Latz, Kramer, Hughes(1995)가 노스캐롤라이나 병원에서 확인한 해리 환자의 발생 비율과 비슷하다고 한다.

Kluft(1984)는 다중인격 장애와 중증 해리의 병인에 관한 4요인 이론을 제안하였다. 첫째, 이들은 최면의 재능을 타고났다. 둘째, 이들은 심각한 외상을 입었다. 셋째, 이들의 해리 반응은 아동기의 특정한 경험들에 의해 조성된다. 즉, 해리는 적응의 산물이며, 어느 정도는 가족에 의해 보상을 받는다. 넷째, 외상적 사건이 벌어지는 동안, 그리고 그 일이 지나간 후에 아무도 이들을 달래 주지 않았다. 앞의 세 가지 전제 조건에 관해서는 이미 논의를 하였다. 마지막 네 번째 요인도 그에 못지않게 중요하며, 여기에 공감하지 않는 치료자는 없다. 아무도 이 아이들을 안아 주거나, 눈물을 닦아 주거나, 그 두렵고 고통스러운 일을 설명해 준 적이 없는 것 같다. 대개 외상에 대해 정서적인 반응을 보이면 더 심한 학대를 받을 뿐이다("정말 울 일이 어떤 건지 보여 주마!"). 가족들은 감정을 부인하고, 고통을 잊어버리고, 간밤의 공포는 모두 상상에 불과한 듯 행동하는 일종의 체계적인 공모를 한다.

해리성 정체성 장애의 한 가지 흥미로운 모습은 해리되는 많은 사람들이(적어도 치료를 받으러 오는 사람들은) 사랑스러운 면모를 보인다는 점이다. 기본적인 정서적 안전이 그렇게 유린당하고 부모의 보살핌이라는 것이 그렇게 형편없었음에도 불구하고, 그래서 이들의 애착 능력이 파괴되었으리라고 추측하는 것이 어찌 보면 당연한데도 불구하고, 임상가들은 거의 보편적으로 해리 환자들이 치료자에게서 깊은 관심과 다정한 감정을 불러일으킨다고 보고한다. 비록 이들이 (피학증에서처럼 반복강박에 의해) 학대하는 사람들과 얽히는 일도 종종 있지만, 이들은 너그럽고 이해심 많은 친구들을 끄는 힘이 있다. 해리적인 사람들의 과거력을 보면, 이들에게 뭔가 특별한 것이 있음을 보고 좋은 방향으로 힘이 되어 주고자 한 사람들(오랫동안 계속 연락을 하는 어린 시절의 친구, 이들이 병동의 다른 정신분열증 환자와는 다르다고 느낀 간호사, 좋은 선생님, 너그러운 경찰)이 적지 않았음을 발견할 수 있다.

독자들은 이 책에서 각 성격 유형들의 전반적인 심리를 고려하여 내가 정한 대상 관계성의 정도에 따라 여러 성격 유형의 배열 순서가 정해졌음을 기억할 것이다. 해리 환자들은 히스테리적인 사람들보다도 더 대상추구적이며, 관계에 목말라 하고, 보살핌을 고마워할 수 있다. 그럼에도 불구하고, 나는 해리를 다룬 문헌들에서 이 널리 알려진 현상을 설명한 부분을 본 적이 없다. 어쩌면 해리성인 사람의 애착 유형이 해결되지 못한 문제들을 지니고 있어서 계속 관계를 추구하게 만드는지도 모른다. 이유가 무엇이건, 다중인격 장애를 갖고 있는 많은 사람들이 희망을 갖고 강력하게 애착하는 경향을 보인다. 해리가 아닌 사람들의 경우, "제발 저를 도와주세요. 하지만 가까이는 오지 마세요."라는 갈등에 찬 외침이 느껴지는데, 이러한 의사소통은 종종 경계선 심리의 전형으로 이해된다(Masterson, 1976). 간혹 해리 상태에서 위험한 자살 시도 혹은 유사 자살 시도의 행동을 보일 때 특히 그러하다.

해리성 자기

당연한 이야기이지만, 만성적으로 외상을 입은 사람의 자기의 가장 두드러진 특징은, 자기가 일정한 기능을 수행하는 여러 개의 부분 자기들partial selves로 나뉘어 있다는 점이다. 유아기에 방치되고 학대를 당한 사람들은 자기의 통합이 처음부터 방해를 받기도 한다. 이러한 별개의 자기 상태들로는 외상학자들이 '주인 인격'이라고 처음 이름을 붙였던 자기 상태(가장 자주 출현하며, 대개 치료를 받으러 오는 자로서 불안하고, 의기소침하고, 어쩔 줄 몰라 하는 모습을 보일 수 있다), 유아 및 아동의 요소, 내부의 박해자, 희생자, 보호자 및 조력자, 그리고 특별한 목적을 지닌 변경 인격들이 있다(Putnam, 1989). 주인 인격이 변경 인격을 전부 알 수도 있고, 일부만 알 수도 있고, 전혀 모를 수도 있으며, 마찬가지로 각각의 변경 인격이 다른 변경 인격을 전부 알 수도, 일부만 알 수도, 아니면 전혀 모를 수도 있다.

해리 환자를 경험해 보지 못했거나 의심이 많은 사람들은, 해리된 자기의 부분들이 해리되는 당사자와 그 사실을 잘 아는 다른 사람들에게 얼마나 분명하고 '생생한'지 이해하기가 어려울 수 있다. 어느 날 저녁 우리 집에 전화가 왔다. 자동응답기가 막 녹음을 시작하는 순간에 수화기를 들었는데, 내 환자의 변경 인격인 성마른 아이의 목소리가 들렸다. 그녀는 내가 있으리라고 의심하고 있던 어린 시절의 외상에 관해 이야기하려고 전화를 걸었다. 그리고 왜 치료를 받으러 오는 쪽의 자기가 그것에 관해 알아야 하냐고 물었다. 다음 날, 내담자에게 전화에 관해 얘기했더니 그녀는 들어 보고 싶다고 하였다. 그녀는 해리된 부분과 내가 나누었던 대화를 함께 들은 후, 자신의 과거를 하나하나 이야기하는 어린애 같은 목소리에는 전혀 동질감이 느껴지지 않는다고 말하였다. 대신 부모다운 논리와 목소리로(그녀는 어머니였다) 투정 부리는 어린 아이를 좋은 쪽으로 설득하는 나에게 동감이 된다고 하였다.

복잡한 음악 작품 전체를 하나로 엮는 주제가 있듯이, 아동기 학대가 싹 틔운 핵심 신념이 해리 환자의 모든 정체성을 관통한다. Colin Ross는 다중인격 장애의 '인지도認知圖'를 논하면서, 이를 다음과 같이 요약하였다.

1. 자기의 상이한 부분들은 분리되어 있다.
2. 희생자는 학대에 책임이 있다.
3. 분노(혹은 좌절감, 반항, 비판적 태도……)를 표현하는 것은 잘못된 일이다.
4. 과거는 현재이다.
5. 주 인격은 기억을 처리할 수 없다.
6. 나는 나의 부모를 사랑하지만 그녀(변경 인격)는 나의 부모를 미워한다.
7. 주 인격은 벌을 받아야 한다.
8. 나는 나 자신과 다른 사람을 신뢰할 수 없다(1989b, p. 126).

Ross는 각각의 신념을 분해하여 그 신념을 구성하는 하위 신념 및 그것과 논리적 필연성을 가지는 태도들을 열거하였다. 예를 들면 다음과 같다.

2. 희생자는 학대에 책임이 있다.
2a. 나는 나쁜 아이였음이 틀림없어. 그렇지 않았다면 그런 일이 일어나지 않았을 거야.
2b. 만약 내가 완벽했더라면, 그런 일이 일어나지 않았을 거야.
2c. 화를 냈으니 나는 벌을 받아 마땅해.

2d. 만약 내가 완벽하다면, 화가 나지 않을 거야.

2e. 나는 결코 화가 나지 않아. 화를 내는 사람은 그 여자야.

2f. 학대가 벌어지도록 놔두다니 그 여자는 벌을 받아 마땅해.

2g. 분노를 드러냈으니 그 여자는 벌을 받아 마땅해(p. 127).

외상학자들의 최근 문헌들에는 변경 인격들에 어떻게 접근하고, 또 기억상실의 장벽을 어떻게 약화할 수 있는지를 알려 주는 다양한 정보가 제공되어 있다. 이런 정보를 바탕으로 치료자들은 궁극적으로 환자의 모든 변경 인격들이 한 사람 안에 통합되어 이전에는 격리되고 접근 불가능했던 모든 기억, 감정, 자산들을 그 사람의 것으로 삼을 수 있도록 도울 수 있다. 이 과정에서 치료자는 변경 인격들 '모두'가 환자라는 점을 꼭 기억해야 한다. 가장 고약한 박해자 인격마저도 그 사람의 적응적인 한 측면으로 통합될 수 있는 가치 있는 부분이다. 변경 인격이 모습을 드러내지 않을 때에도 치료자는 그들이 듣고 있으며, 현재 모습을 드러낸 다른 인격을 '통해서' 자신의 관심사를 다루고 있다고 가정해야 한다(Putnam, 1989)

해리 환자들과 가까이서 작업해 보지 않은 치료자들은, 환자의 변경 인격을 현실의 인격으로 대하며 함께 동참한다는 생각에 불안해질 수 있다. 그러나 이렇게 하지 않으면 치료 효과가 없는 것 같다(Kluft, 2006). 인격으로 출현한 자기 상태들을 인정하지 않으면, 내담자의 정신생활의 많은 부분을 치료적 관계에서 배제하는 결과가 초래된다. 내 경험을 기준으로 한다면, 변경 인격들을 거부하는 것은 환자의 경험에 대한 치료자의 자연스러운 공감적 반응에 위배되기도 한다. 어떤 치료자들은 '부분들'이라고 말하고, 또 어떤 치료자들은 '당신이 되는 여러 가지 방법들'이라고 말한다. 이러한 표현들은 여러 가지를 느끼지만 한 사람인 경험을 지칭하는 상식적인 언어 사용이다(Chefetz, 2010a). 치료는 마치 가족치료 같을 수 있다. 한 사람이 만든 내적인 가족 체계를 그것을 만든 그 사람과 하는 가족치료 말이다.

해리 환자와의 전이와 역전이

해리 내담자들이 보이는 전이의 가장 인상적인 특징은 너무나도 많은 전이가 일어난다는 점이다. 심하게 학대를 당해 온 사람은, 누군가 의지하게 되는 사람이 생기더라도 그가 혹시 학대자가 아닐까 싶어 끊임없이 경계한다. 특히 아동인 자기 상태가 주도권을 잡고 있을 때는 현재가 과거와 아주 흡사하게 느껴지므로, 비현실적이고 환각적인(예컨대, 치료자가 나를 강간하려고 한다, 고문하려고 한다, 버리려고 한다는) 신념이 작동하는 일이 드물지 않다. 이러한 전이는 치료자에게 정신병적으로 보일 수도 있지만, 외상적인 전이로 이해하는 편이 더 나으며(Kluft, 1994; R. J. Loewenstein, 1993), 정신병적 장애나 정신분열증의 징후가 아니다. 그러나 해리에 대해서 훈련을 받지 않은 전문가들은 그렇게 추정하는 일이 잦다. 이런 전이는 학대가 일어났던 당시에는 의식에서 단절되어 내담자의 사적인 이야기로 통합되지 못한 채 남아 있던 외상후적인 지각, 감각, 정동이다. 이 전이는 학대와 연합된 일련의 자극들에 대한 조건화된 정서 반응으로 이해하는 것이 아마 가장 적절할 것이다.

해리로 미처 진단되지 않은 사람과의 치료 작업은 일반적으로 다음과 같이 전개된다. 치료자는 치료를 받으러 오는 자기 상태에 있는 사람이 모호하고 우호적인 긍정적 전이를 보임을 느낀다. 이 자기 상태는 수주, 수개월, 혹은 수년간에 걸쳐 유일한 환자로서 치료를 받는다. 그러다가 갑자기 환자가 외상에 대한 기억을 떠올리고 이것이 변경 인격, 신체기억, 혹은 학대의 재상연을 활성화하면서 위기가 닥친다. 이러한 전개 양상은 경험이 부족한 치료자를 큰 혼란에 빠트리며, 치료자는 이를 정신분열증적 발작으로 오해하고 역공포적으로 반응할 수 있다. 이렇게 되면 해리 환자들의 병력 기록은 불필요한 (해리를 오히려 악화할 수 있는 주요 안정제를 포함한) 약물치료, 침입적인 의학적 처치, 전기충격, 환자를 유아화하는 '관리 프로그램' 등에 의뢰되면서 아주 누더기가 될 수 있다. 그러나 정말 무슨 일이 일어났는지를 알아볼 수 있는 치료자에게는 이러한 위기가 회복을 위한 협력이 시작되었음을 알리는 신호가 될 수 있다.

해리 환자들은 전이에 흠뻑 젖어 있기 때문에, 치료자는 일부 분석적 치료자들이 통상적으로 하는 것에 비해 좀 더 '현실적으로' 행동할 필요가 있다. 실제로 많은 치료자들이 자신이 자연스럽게 그렇게 하고 있음을 깨닫는다(이럴 때 순수한 '정통' 기법을 강조하는 훈련을 받은 치료자는 죄책감을 느낀다). 해리되지 않는 비교적 건강한 사람들은 현실에 뿌리를 잘 내리고 있을 수 있으므로, 이들의 심층적인 투사가 드러나도록 하려면 치료자가 자신을 잘 드러내지 않아야 한다. 고전적 정신분석의 패러다임에서는 이렇게 해야만 전이의 분석이 가능해진다. 내담자가 자신이 증거가 없는 상황에서도 어떤 특정한 것에서 원인을 찾는 경향이 있음을 발견하고, 그다음 그런 가정에는 역사적 근원이 있음을 발견하기 때문이다. 이와는 대조적으로, 해리와 씨름하고 있는 사람들은 (기능 수준이 높을지라도) 눈앞의 현실은 훨씬 불길한 진정한 현실, 즉 착취, 유기, 고문으로부터 잠시 눈을 돌리게 할 뿐이라고 가정하는 경향을 보인다.

그러므로 해리성인 사람의 전이를 탐색하기 위해서는, 무엇보다도 치료자가 자신이 환자가 예측하는 그런 가해자와는 다른 사람, 즉 정중하고, 헌신적이고, 겸손하고, 직업정신이 투철한 사람임을 보여 주어야 한다. 해리성인 사람의 세계는 꼼꼼히 살펴보지 않은 전이로 너무 많이 물들어 있기 때문에, 그런 전이를 적극적으로 반박할 필요가 있다. 특히 치료 초기, 혹은 플래시백 동안이나 그 직후 내담자를 다시 현실로 돌아오게 할 때("나는 낸시 맥윌리엄스고, 우리는 지금 플레밍턴의 상담실에 있어요."), 이런 반박 작업은 과거와 현재를 혼동하는 자신의 강렬한 반응을 내담자가 이해하게 하는 데 매우 중요할 수 있다.

해리를 다룰 때, 치료자와 내담자 모두에게 가장 곤란한 경험은 성적인(성애화된) 전이(Blum, 1973; Wrye & Welles, 1994)와 외상적인 전이(Chefetz, 1997)이다. 환자는 자신을 '특별히' 대해 달라는 강한 압력을 행사할 수 있으며, 여기에는 연인이 되어 달라는 압력도 포함된다. 그리고 이는 너그럽고, 자애롭고, 이타적으로 보이고 싶은 치료자의 자기애적인 욕구와 상호작용할 수 있다. 치료자가 자신 안에 환자에 대한 증오와 분노도 함께 있음을 인정하지 않은 채 구조자의 역할 혹은 이상화된 욕망의 대상을 행동화하려는 유혹을 느낄 때, 내담자를 어린아이 취급하고 해를 끼치는 장면을 재연하며 해리 반응을 악화할 수 있다. 외상을 입은 사람의 고통이 너무나 깊고 부당하기 때문에 그리고 작은 배려에도 반응하는 모습이 너무도 애틋하기 때문에, 치료자는 이들을 (특히 아이 인격인 경우) 무릎에 앉히거나 집에 데려가고 싶은 간절한 마음을 느낀다. 그러나 아무리 강렬하게 이런 반응을 유발한다 하더라도, 이들은 정상적인 경계가 허물어지면 공포로 얼어붙는다. 근친상간적인 착취의 냄새가 나기 때문이다.

20세기 후반기에 다중인격을 재발견한 선구자들은 지나치게 양육적인 태도를 보이는 경향이 있었다. 이들에게는 외상 치료자들의 작업을 접해 볼 기회가 없었고, 따라서 역전이를 어떻게 다루어야 할지 도움을 받을 수도 없었다. Cornelia Wilbur는 Sybil에게 너무 엄마처럼 행동했고, David Caul도 Billy Milligan에게 너무 과도하게 개입했던 듯 보인다(Keyes, 1982). 겁이 없었던 선배들처럼, 해리 내담자를 처음 보는 많은 치료자들이 내담자에게 지나치게 베푸는 경향을 보인다. 외상 환자들은 간직해 주기containing가 어렵기로 유명하다. 회기가 끝날 때쯤 시간을 끌며 이야기를 더 하곤 하는데, 이는 분명 치료 중에 파헤쳐진 공포에 맞서 치료자의 정신적 지지를 조금이라도 더 얻어 내기 위함이다. 경험이 많은 치료자들도 이런 내담자들과는 정해진 시간을 슬쩍 넘기기가 쉽다고 보고한다. 해리 환자들은 학대를 관계의 필연적인 부분으로 본다. 따라서 예상되는 재학대가 언제 일어날지를 가늠하기 위해 시간의 경계를 흔들어 보는 것이다. 치료 경험이 쌓이면서, 보통의 내담자들을 대할 때보다 더 따뜻하고 더 정서를 표현하면서도 그와 동시에 엄격하게 한계를 지키는 일이 점점 쉬워진다. 불가피하게 실수를 저지를 때에도 대개 변경 인격 중 하나가 기꺼이 바른 길로 안내해 줄 것이다.

이들에 대한 역전이 중에 상당히 재미있는 종류가 있는데, 그것은 바로 해리이다. 해리도 다른 심리처럼 전염성이 있다. 자기최면의 전문가들과 작업을 하다 보면 치료자 자신도 최면 상태에 빠지기 쉽고, 이상하게도 잘 잊어버리는 일이 일어난다. 내가 다중인격임을 알게 된 첫 환자와 작업을 시작하던 무렵에, 나는 내가 이미 등록했다는 것을 잊고 '다중인격과 해리 연구를 위한 국제 학회'(지금은 '외상과 해리 연구를 위한 국제 학회')에 두 번이나 등록한 적이 있다.

해리 상태 진단의 치료적 함의

초심 치료자들은 심각하거나 만성적인 해리를 보이는 사람과 작업해야 한다고 생각하면 두려워질 수 있다. 그리고 많은 훈련 프로그램에서도 초심자가 그런 내담자를 다루기는 너무 벅차다고 생각한다. 이는 유감스러운 일이다. 해리는 흔하고, 해리가 해리로 보이건 아니건, 어떤 치료자든 언젠가는 심각한 해리 그리고 그로 인한 문제에 맞닥뜨리게 될 것이다. Putnam(1989)은 해리 내담자를 돕는 데 어떤 특별한 마법이나 기발한 묘수가 있는 것이 아니라고 말한다. 이 책의 1판에서는 그의 말을 그대로 옮기기만 했다. 그러나 해리 집단에 대한 내 자신의 경험이 많아지면서 그의 주장이 사실임을 확인하였다. 해리성 정체성 장애 환자 혹은 다른 복합적인 외상후 장애를 갖고 있는 환자와 작업할 때는 상당한 정서적 에너지가 필요하다. 이 집단과의 작업은 외상적인 상연enactment이 일어날 수 있는 위험성을 안고 있기 때문에, 치료자는 자기 자신을 깊숙이 알고 있어야 한다. 이를 위해 스스로 치료를 받는 것도 좋은 방법이다. 또한 해리에 정통한 슈퍼바이저와 동료들로부터 많은 지지를 받아야 한다.

Kluft(1991)는 해리 집단을 위한 효과적인 치료의 핵심을 간추려 제시하였다. 내가 그보다 더 잘할 수는 없을 것이다. 그의 원칙은 다음과 같다.

1. MPD(다중인격 장애)는 경계가 파괴되어 생긴 문제이다. 따라서 치료가 성공하려면 안전한 치료의 틀, 그리고 확고하고 일관된 경계가 있어야 한다.
2. MPD는 주관적인 통제가 불가능하고 공격과 변화를 수동적으로 견디는 상태이다. 따라서 통제와 숙달, 환자의 적극적인 참여에 초점을 맞추어야 한다.
3. MPD는 비자발적 상태이다. 환자는 외상을 입겠다고 선택하지 않았고, 자신의 증상이 자신의 통제 밖에 있음을 느낀다. 따라서 치료는 강력한 작업동맹에 기초해야 하며, 치료의 전 과정에 걸쳐서 이를 확립하려는 노력이 이루어져야 한다.
4. MPD는 외상이 묻히고 정동이 격리된 상태이다. 따라서 감춰진 것이 드러나야

하고 묻혔던 감정이 소산消散, abreaction되어야 한다.

5. MPD는 변경 인격들 간의 분리와 갈등이 지각되는 상태이다. 따라서 치료는 이들 변경 인격들 간의 협력, 협조, 공감, 동일시를 강조해야 한다.
6. MPD는 최면에 의해 현실이 교체된 상태이다. 따라서 치료자의 의사소통은 분명하고 직설적이어야 한다.
7. MPD는 중요한 타인의 비일관성과 관련이 있는 상태이다. 따라서 치료자는 모든 변경 인격을 공평하게 대해야 하며, '편애'를 하거나 변경 인격에 따라 행동을 크게 바꿔서는 안 된다. 치료자가 일관성 있게 모든 변경 인격을 대하는 것은 해리 방어에 대한 가장 강력한 도전이다.
8. MPD는 안전, 자존감, 미래의 전망이 파괴된 상태이다. 따라서 치료자는 내담자의 사기를 북돋우고 현실적인 희망을 고취하려고 노력해야 한다.
9. MPD는 감당할 수 없는 압도적인 경험에서 비롯된 상태이다. 따라서 치료에서 속도 조절이 매우 중요하다. 대개 치료의 실패는 해리되었던 자료를 인내할 수 있는 환자의 능력에 비해 치료의 속도가 너무 빠를 때 일어난다. …… 회기의 처음 1/3 동안 어떤 어려운 자료에 대해 이야기를 시작하고, 그다음 1/3 동안 이에 대해 좀 더 깊이 있게 작업하고, 마지막 1/3 동안 환자가 안정을 되찾을 수 있도록 정리한다는 계획을 세웠지만, 만약 계획대로 그 자료에 대해 이야기를 시작할 수 없었다면, 환자가 감당할 수 없게 압도된 상태에서 회기를 끝내지 않도록 그 자료를 건드리지 말아야 한다.
10. MPD는 타인의 무책임에서 비롯된 상태이다. 따라서 치료자는 매우 책임감 있는 태도를 보여야 한다. 또한 일단 환자의 모든 변경 인격들이 합리적인 책임감이 무엇인지를 실제로 파악했다는 확신이 들면, 환자에게도 높은 수준의 책임감을 요구해야 한다.
11. MPD는 아이를 보호해 줄 수 있었던 사람이 아무 일도 하지 않은 데서 비롯된 상태이다. 기법적인 중립성은 무관심과 거부로 해석될 수 있다. 비교적 자유롭게 감정 표현을 하는 따뜻한 자세를 취할 때 치료자의 역할을 가장 잘 수행할 수 있다.
12. MPD는 환자가 많은 인지적 오류를 만들고 보유한 상태이다. 치료는 그런 인

지적 오류를 반복해서 다루고 교정해야 한다(pp. 177-178).

최면에 대해서 약간 아는 것도 도움이 된다. 해리되는 사람들은 자발적으로 최면 상태에 들어가기 때문에, 환자 혼자서 최면 상태에 들어가건 아니면 치료자와 협력해서 최면 상태에 들어가건, 최면 없이 치료 작업이 이루어질 수는 없다. 최면 과정을 외상적이고 방어적으로 사용하지 않고 자신의 통제하에 두면서 자율적이고 치료적으로 사용하는 방법을 환자가 배울 수 있도록 돕는다면, 치료자로서 아주 중요한 일을 하는 것이다. 이들은 최면에 천재적 재능을 가지고 있기 때문에 최면유도 기법은 사용하기가 아주 쉽다. 특히 안전감을 구축하고, 과도한 불안을 간직하고, 응급 상황을 다루는 데 효과적이다. '미국임상최면학회American Society for Clinical Hypnosis'(www.asch.net)와 '국제최면학회International Society of Hypnosis'(www.ish-web.org)에서 최면에 대한 도움을 받을 수 있다.

나도 최면을 가까이 하지 않으려고 발버둥치다가 최면에 다가간 사람이다. 나의 동료인 Jeffrey Rutstein은 이런 태도를 "Freud에게 적당한 방법이 아니었다면 나에게도 적당한 방법이 아니야!"라는 반응이라고 말한다. 내가 최면 기법을 배우지 않으려고 했던 이유는 권위주의적인 것으로 간주되는 모든 개입에 대한 나의 의구심 때문이었다. 나는 실제로 졸리지 않은 내담자에게, "당신은 점점 졸리다."라고 지시하고 싶지 않았다. 하지만 이 편견은 점점 줄어들었다. 평등하고 협력적인 방식의 최면(최면유도 심상과 다른 세부사항에 대해 환자가 치료자에게 지침을 주는 방식)을 배웠고, 그리고 최면 덕분에 나의 해리 내담자들이 외상의 기억 속에 들어갔다 나오면서 만나게 되는 큰 정서적 소용돌이를 훨씬 더 차분하게 다루는 모습을 보았기 때문이다. 최면에 관한 기초 지식이 없는 치료자라면 최면에 관한 주말 워크숍만으로도 대부분의 해리 내담자와 작업할 수 있는 적당한 기술을 배울 수 있다. 이런 훈련은 해리 현상의 전반을 이해하는 데도 도움이 된다. 마찬가지로, 안구운동 민감소실 재처리요법(EMDR)도 보조 치료로서 유망해 보인다(Chemtob, Tolin, van der Kolk, & Pitman, 2004). 그러나 EMDR은 복합적인 해리를 보이는 사람에게는 혼란을 일으킬 수 있다.

외상적인 전이가 위력적이기 때문에, 치료자는 '왜곡당하는' 느낌을 받더라도 환자가 자신을 사용하는 것을 참을 수 있어야 한다. 이를 위해서는 자기 자신의 방어를 완전히 눌러 버리는 것이 필요하다. 이에 더하여 Sandler(1976)가 말한 '반응적인 역할'을 떠안거나, Lichtenberg(2001)가 말한 내담자의 '귀인을 입는' 태도를 취해야 한다. Chefetz(개인적인 대화, 2010년 10월 11일)는 다음의 대화를 이러한 반응의 예로 들었다. "그래요, 당신은 내가 당신을 해칠 거라고 느끼는군요. 어떤 일이 벌어지리라고 상상하세요? 그런 생각을 하면 어떤 일이 떠오르나요? 과거의 어떤 장면과 연결이 되나요? 당신은 지금 그런 생각과 감정에 흠뻑 젖어 있는데, 한 발짝 뒤로 물러나거나, 혹은 그 옆에서 자신을 바라볼 수는 없을까요? 왜 그 일이 그렇게 지금처럼 느껴지세요?"

이쯤에서 Chu(1998)가 기술한 복합적인 해리를 치료할 때의 단계들에 관하여 설명하겠다. Chu는 치료를 3단계로 나누었다. (1) 초기 작업(긴 시간이 걸릴 수 있다): 자기관리, 증상 통제, 초기 외상의 인정, 정상적인 기능의 지지, 감정 표현, 치료적 동맹을 위한 지속적인 협상 등에 집중한다. (2) 치료의 중간 단계: 환자가 견딜 수 있는 속도에 맞추어 소산과 재구성 작업을 한다. (3) 치료의 후반 단계: 치료 효과를 공고히 하고 내담자가 자신의 삶을 사는 데 필요한 기술을 향상시킨다. Chefetz(개인적 대화, 2010년 10월 11일)는 안정화, 외상의 훈습, 통합과 종결로 해리 장애의 단계적 치료를 요약하였다. 안정화 기간은 오래 걸릴 수 있으며 서둘러서는 안 된다. 이 기간 동안 내담자에게 자기위안, 자기관리, 기초 교육, 정동의 인내를 위한 기법을 가르치게 된다.

모든 치료에서 그렇듯, 치료 실제에서는 치료 단계가 종종 뒤바뀔 수 있다. 안정화 기간에 외상 작업이 끼어들 수 있고, 통합과 종결 기간 동안 오래된 주제들을 다시 다룰 때 외상 작업으로 되돌아가거나 처음으로 다루게 되는 외상이 드러나기도 한다. Coons와 Bowman(2001)은 해리성 정체성 장애로 진단된 환자들에 대한 10년간의 추수 연구를 통해, '외상과 해리 연구를 위한 국제학회International Society for the Study of Trauma and Dissociation'의 일반적인 치료지침(www.isst-d.org/education/treatmentguidelines-index.htm)이 해리와 그 외의 증상 모두를 개선했음을 발견하였다.

해리 내담자와 작업할 때는 얼마간의 유연성이 필요하다. 표준 치료에서 벗어나

아주 순수한 의도에서 경계를 넘기도 하고, 때로는 치료자가 "책을 던져 버리자."라고 의도적으로 결정할 수도 있다(Hoffman, 1998 참조). 어떠한 경우든, 그것의 잠재적인 의미에 주의를 기울이면서 개방적이고 사려 깊은 태도로 경계를 협상하는 것이 중요하다(Gabbard & Lester, 2002). 나는 가끔 내담자의 결혼식에 참석하기도 하고, 선물을 받기도 하고, 한 장소에 있기에는 너무 불안이 심한 내담자와 한 블록 정도 함께 산책을 하기도 하는데, 때로 이러한 경계 침범이 치유적으로 받아들여지기도 한다. 치료의 정상적인 경계를 위배할 때는, 그것이 의도적이든 아니든, 무슨 일이 일어났는지 그리고 그것이 내담자에게 어떤 의미인지를 상호협력하에 다루는 것이 특히 중요하다. 해리성인 사람은 다른 누구보다도 경계의 위반에 관심이 많기 때문에, 표준적인 치료 절차에서 이탈할 때 이들의 반응에 주의를 기울이는 것은 매우 필수적이다.

특히 해리 환자들과 작업할 때는 "천천히 갈수록 빨리 도착한다."라는 정신분석의 오래된 농담을 기억하는 편이 현명하다. 1980년대에 다중인격이 재발견되면서, 일부 클리닉과 연구자들은 치료 시간을 줄이기 위해 노출치료와 계획된 소산 작업을 실험적으로 실시했지만, 이러한 기법이 복잡하게 해리되는 내담자들에게 또 다른 외상이 될 수 있음을 발견하였다. 보통 사람들보다 이미 훨씬 더 많은 상처를 안고 있는 사람들에게 또 다시 외상을 입힐 권리가 우리에게는 없다. 특히 정신건강이라는 미명하에 말이다. 이 분야에 대해 더 많이 교육받고 싶은 독자들을 위해, Richard Chefetz와 Elizabeth Bowman이 2001년에 시작한 해리성 장애와 만성 복합 외상이 있는 아동, 청소년, 성인을 위한 심리치료 프로그램을 추천한다. www.isst-d.org에서 정보를 얻을 수 있다.

감별진단

해리 환자에 대한 너무나 많은 오해와 잘못된 치료가 진단적 오류에서 비롯되기 때문에, 이 장에서는 다른 장에서보다 감별진단에 관해 더 자세히 살펴볼 것이다. 만성적이고 복합적인 해리를 보이는 사람들의 전형적인 모습은 여러 가지 심각한 진단(예, 양극성 장애, 정신분열증, 분열정동장애, 주요 우울증)을 받고 수년간 정신건강 기관에서 치료를 받는 경우이다. 이들 중 약물로 치료되는 사람은 없다. 때로는 경계선 성격장애로 진단되기도 한다. 약물치료를 모두 중단하고 어느 정도 기능을 잘 하는 기간이 있을 수도 있다. 온전한 상태에 있을 때, 해리 내담자들은 그동안 실패했던 수많은 약물 처방을 버리고 다수의 치료자들을 떠난다. 그러는 동안 누구도 이들에게 학대를 당하거나 상해를 입은 적이 있는지 물어보거나, 이인화, 비현실감, 기억상실에 대해 질문한 적이 없다. 1988년에, Coons, Bowman과 Milstein은 해리 내담자가 치료를 처음 시작하고 정확한 진단을 받기까지 평균 7년이 걸림을 발견하였다. 지금은 이 기간이 줄어들고 있을 수 있다. 하지만 환자의 치료 이력에 다수의 심각한 혹은 상호배타적인 진단들이 뒤섞여 있다면, 치료자는 해리성 정체성 문제의 가능성을 반드시 의심해 봐야 한다.

내담자의 외상 이력이 이미 알려져 있지 않는 한, 대부분의 초보 치료자들은 해리를 염두에 두라는 지침을 받지 않는다. 1970년대에 내가 수련을 받을 때, 나는 해리의 가능성을 '배제'하라고 배운 적이 없다. 일례로, 내담자가 목소리가 들린다고 보고하면 기질적 혹은 기능적 정신병으로 가정되었고, 정신분열증의 일종일 수 있다고 배웠다. 나는 목소리가 환자의 머릿속에서 들리는 것 같은지 아니면 머리 밖에서 들리는 것 같은지 물어보라는 얘기를 듣지 못했다. 외상후적인 환각 상태와 정신병적 붕괴를 구분하는 이런 약식 방법은 1970년대에는 아예 알려지지도 않았지만, 이후의 연구들을 통해 그 가치가 입증되었음에도 불구하고(Kluft, 1991; C. A. Ross, 1989a 참조), 이것을 가르치는 경우가 여전히 드물다. 내가 보기에 지금도 대부분의 대학원 과정에서는 고전적인 PTSD를 어떻게 확인하는지를 가르치는 정도에 머물고 있다.

해리 심리를 가지고 있는 대부분의 사람들은 자신의 문제가 해리라고 말하며 치료를 받으러 오지 않는다는 사실을 되풀이하여 강조하는 바이다. 해리는 추론되어야 한다. 해리 과정의 가능성을 시사해 주는 자료로는 외상의 과거력, 심각한 알코올 중독이나 약물 남용의 가족력, 설명할 수 없는 심한 사고를 당한 경험, 초등학교 시절에 대한 기억상실, 환자가 합리적으로 설명할 수 없는 자기파괴적인 행동 패턴, 잃어버린 시간(필름 끊김, 혹은 시간 왜곡에 대한 호소), 두통(인격이 변경될 때 흔함), 자신을 3인칭 혹은 1인칭 복수로 지칭함, 눈동자 굴리기 등 최면 상태처럼 보이는 행동, 머릿속의 목소리나 소음, 치료 실패의 전력 등을 들 수 있다.

태어날 때부터 성별이 모호한 생식기 이상이 있었고(염색체 손상, 호르몬 손상, 태내 손상 등 여러 가지 이유로), 한쪽 성으로 보이기 위해 아주 어릴 때 수술을 받거나 침입적인 의학적 처치를 받은 사람은 해리의 위험성이 매우 높다. 특히 해당 아동이 자신의 상태에 관해서 그리고 고통스럽고 외상적인 의학적 처치를 받아야 하는 이유에 대해서 거짓말을 들었다면, 그 위험성이 특히 높다. 불과 몇 년 전까지만 해도 소아과의 의료 지침은 그렇게 하도록 되어 있었다(Lee et al., 2006). 신생아 2,000명 중 한 명이 생식기의 외양이 기형인 상태로 태어나기 때문에('간성間性' 상태, '성 발달의 장애' 혹은 '비정형 생식기'), 이런 이유로 깊은 외상을 입은 사람들이 상당히 많다. 미국에서만 10만 명이 넘는 사람들이 앞서 언급한 의료 지침을 따라야 했다(Blackless et al., 2000).

이인화와 비현실감은 해리장애의 흔한 특징이지만, 환자들이 이러한 정보를 자발적으로 보고하는 경우는 거의 없다. 치료자는 환자가 자신의 정신건강을 의심받는다는 기분이 들지 않게 하면서 그에 관해 물어야 한다. 이런 질문을 할 수 있는 몇 가지 방법들이 있다. 예를 들자면 이런 식이다. "도대체 이해할 수는 없지만, 내가 내 몸에 있지 않다는, 그런 경험을 해 본 적이 있나요? 말로 설명하기는 어렵지만, 비현실적인 느낌이 드는 그런 경우가 혹시 있나요? 내가 지금까지 했던 말로는 설명하기 어려운, 어떤 다른 경험을 해 본 적이 있나요?" 이인화나 비현실감을 경험하면 미친 거라고 생각하는 사람들이 많기 때문에, 현명한 치료자라면 해리성 역동의 핵심에 수치심이 있을 수 있다는 슬픈 현실을 늘 경계해야 한다.

해리의 문제는 경미한 이인화에서부터 무수히 파편화된 다중인격 장애에 이르기까지 그 범위가 넓다. 우리 중 많은 사람들이 가끔씩 해리 증상을 경험한다. 이런 가벼운 해리 증상이든 아니면 성격 전반에 퍼져 있는 전략적인 해리이건, 그것을 볼 준비가 되어 있지 않은 치료자들은 그것을 치료할 수가 없다. 현재 진단을 위한 가장 표준적인 도구는 DSM-IV의 '해리장애를 위한 구조화된 임상 면접Structured Clinical Interview for DSM-IV Dissociative Disorders: SCID-D'(Steinberg, 1993)이다. 하지만 다 마치려면 2~3시간이 소요될 수 있다. C. A. Ross(1989b; Dissociative Disorder Interview

Schedule), Briere(1992; Trauma Symptom Inventory: www.johnbriere.com/tsi.htm), Dell(2006; Multidimentional Inventory of Dissociation)과 같은 다른 도구들이 도움이 될 수 있다.

해리 상태 대 정신병

해리 환자는 위기 상황에 처하거나 스트레스를 받을 때 Schneider(1959)의 "1급 증상"에 해당하는 대부분의 증상을 보인다(Hoenig, 1983; Kluft, 1987, 2000). 그래서 정신분열증으로 오해받기가 쉽다. 만약 면접자가 해리 상태에서의 인격 전환을 기분의 불안정성으로 본다면, 그 내담자는 정신병적 수준의 분열정동장애 혹은 양극성 장애로 잘못 진단될 수 있다. 해리되는 사람의 환각과 망상은 투사가 아니라 플래시백 현상인 경우가 많다. 해리 환자와 치료자와의 관계는 치료 초기부터 강렬할 수 있지만, 정신분열증적인 내담자는 단조롭고 삭막한 관계를 맺으며 치료자로부터 강렬한 애착을 이끌어 내지 않는다. 정신분열증에서 현실과 대인관계로부터의 철수는 십 대부터 시작되어 은밀히 진행되다가 성인기에 이르러 고립이 심화되는 경향이 있다. 반면, 해리성 정체성 장애가 있는 사람은 어떤 영역에서는 기능을 잘 하고 어떤 영역에서는 기능을 잘 못하는 구획화된 삶을 산다.

양극성 장애 환자와 분열정동장애 환자는 기분의 변화를 보이지만 기억의 장애는 없다. 조증 상태에 있는 양극성 질환 환자는 흥분 상태에 있는 해리성 사람들에 비해 자기과대가 훨씬 심하다. 양극성 장애의 순환 주기는 빠르면 1년에 네 번이라고 규정되어 있지만, 해리 환자는 하루에 몇 번씩 심지어 한 시간에 몇 번씩 의식의 변경이 일어날 수 있다.

해리 증상은 정신분열증 및 정동형 정신병과 공존할 수 있다. 그래서 진단 작업이 더욱 어렵고 복잡해진다. 만약 환자가 목소리가 들린다고 하면, 해리가 주된 역할을 하는지를 평가하기 위해서는 '그런 말을 하는 당신의 부분'과 이야기를 나누고 싶다고 요청해야 한다. 해리가 지배적이라면 변경 인격이 응답할 수 있다. 처음 이렇게 할 때는 스스로 어이없다는 느낌이 들지만, 그 후에는 오히려 그냥 평범한 질문처럼 생각된다. 이런 질문을 할 때 일어날 수 있는 최악의 상황이라고 해 봐야 환자가 치료자를 멍하게 쳐다보며 '초기 면접에서는 의례히 이런 기이한 질문을 하나 보다.' 라고 여길 뿐이다. 초심자들은 이 점을 기억하기 바란다.

해리 상태 대 경계선 상태

내가 이 책에서 취하고 있는 정신분석적인 발달적 관점에서 볼 때, 경계선 상태와 해리 상태의 진단은 상호배타적이지 않다. 해리는 성격 발달의 어떤 수준에서건 성격에 스며들 수 있다. Kluft(1991)는 DSM-III-R의 다중인격장애(MPD)와 경계선성격장애(BPD)의 정의에 대해 언급하면서, "MPD와 BPD를 모두 갖고 있으면서 치료를 꾸준하게 받는 환자들 중에, 1/3은 일단 치료에 안착을 하면, 곧 BPD의 특징을 보이지 않게 되며, 1/3은 MPD가 해소되면서 BPD의 특징도 함께 소실되고, 1/3은 통합 이후에도 BPD의 특징을 유지한다."라고 보고하였다. 아마도 마지막 집단에 속한 환자들은 해리를 일단 멈춘 후에 후속 치료를 통해 경계선 상태를 치료할 수 있을 것이다.

해리 환자들 중에는 분리-개별화 주제가 지배하는 경계선 범위에 속한다고 보는 것이 합당한 사람들이 있다. 그러나 해리성이면서 기능 수준이 높은 사람들은 해리가 문제시될 때 경계선으로 오해받는 경우가 흔하다. 해리는 분열을 닮았고, 자기상태의 전환은 적개심, 의존심, 수치심, 또는 다른 태도가 기억상실 없이 분출되는 모습이라고 잘못 개념화된다. 따라서 치료자는 기억상실의 여부에 민감해야 한다. 외상을 입은 사람들은 권위자의 호의를 믿지 않기 때문에, 자신의 말이 존중을 받으며 환영받는다는 표현이 있을 때만 결정적인 정보를 제공할 수 있다. 그래서 어떻게 질문하느냐가 매우 중요하다. "지난 월요일에는 내게 몹시 화를 내고 내가 쓸모없는 사람이라고 생각하더니, 오늘은 내가 아주 좋은 사람이라고 말하네요."라는 치료자의 말은 해리 집단이나 경계선 집단 모두에게 방어를 촉발할 수 있다. 그러나 "오늘은 내가 정말로 당신 편에 있다는 것을 분명히 느끼시는군요. 지난 월요일 회기에 나에 대해 어떻게 느끼셨는지 기억하세요?"라고 물으면, 해리 내담자는 지난 월요일의 회기를 잊어버렸음을 인정할 수 있게 된다. 경계선 역동을 지닌 사람은 사랑에서 증오로, 이상화에서 평가절하로 왔다 갔다 한 것을 합리화할 가능성이 많다.

해리 상태 대 히스테리 심리

앞서 언급했듯, 히스테리 심리와 해리 심리는 중복되는 부분이 상당히 많다. 우리들 대부분 두 가지 심리를 모두 갖고 있으며, 현재의 많은 외상학자들은 두 용어를 동의어로 간주한다. 그러나 내 경험으로는, DSM의 심각한 연극성 성격장애 혹은 심한 전환 증상과는 달리, 신경증 수준의 히스테리적 성격(Kernberg, 1984)은 반드시 외상에 기인한다고 말할 수 없으며, 학대보다는 기질적인 민감성과 관련이 더 많을 수 있다. 반면, 해리성 정체성 장애로 진단 가능한 사람들은 비록 오랜 기간 기능을 잘 하더라도 심각한 외상이 없는 사람이 없다. 유별나게 눈에 띄는 히스테리 증상을 보이는 사람이라면 반드시 해리에 관해 질문해야 한다.

감별진단이 이루어지면, 히스테리적인 사람들의 치료에서는 반복적인 충동, 환상, 무의식적 분투의 해석에 중점을 두게 되며, 이와 반대로 해리 내담자들의 치료에서는 외상적인 과거의 재구성을 강조하게 된다. 만약 해리 내담자를 전자의 방식으로 치료하면, 부인 방어를 강화하고, 죄책감을 키우고, 끔찍한 과거가 남긴 고통을 제대로 다루지 못할 것이다. 연극성 내담자를 후자의 방식으로 치료하면, 자신의 내적 역동을 인정하고 진실로 만족스러운 방향으로 에너지를 돌릴 때 얻을 수 있는 삶의 주체로서의 느낌을 꽃피우게 하지 못할 수 있다.

해리 상태 대 정신병질 상태

7장에서 말했듯이, 많은 반사회적인 사람들이 해리 방어를 사용하거나 실제로 해리성 정체성 장애를 갖고 있다(Lewis et al., 1997). 해리 경향이 있는 정신병질적인 사람과 정신병질적인 변경 인격을 가지고 있는 해리성인 사람을 구별하기란 미칠듯이 어려운 일이다. 이런 질문이 제기되는 상황에서는 그 결과에 너무나 많은 법적 문제가 달려 있기 때문이다. 중범죄로 기소된 사람은 판사나 배심원에게 자신이 다중인격임을 증명할 수 있느냐의 여부가 엄청나게 중요하다. 흔한 경우는 아니지만, 박해자인 변경 인격이 자기의 다른 부분을 반사회적이라고 평가받게 함으로써 그

부분의 자기를 처벌하려고 할 수도 있다. 꾀병을 부릴 만한 강력한 이유가 있을 때는 정신병질을 가정하는 것이 신중하고 현명한 태도이다(꾀병과 해리의 감별에 관해서는 Thomas, 2001 참조).

환자는 자신을 해리적인 사람 혹은 정신병질적인 사람으로 표현함으로써 막대한 이득을 취할 수 있다. 그런 경우라 하더라도, 만약 우리가 이 두 부류의 사람들을 확실하게 구별할 수 있게 된다면, 이는 형사 사법 제도에 상당한 영향을 미칠 것이다. 해리성인 사람 대부분은 정신병질적인 사람에 비해 예후가 더 좋기 때문에, 해리성 정체성 장애를 갖고 있는 것으로 밝혀진 범죄자에게 집중 치료를 제공하면 상당한 범죄 예방 효과를 얻을 수 있을 것이다. 치료자들은 반사회적 패턴의 수정보다는 해리 문제를 더 신속하게 해결할 수 있다. 인적 자원이 제한되어 있는 상황이라면, 교도소에서 일하거나 보호관찰을 담당하는 치료자들이 치료적 도움에 반응을 잘 보이는 내담자들에게 좀 더 집중할 수 있다.

요약

이 장에서는 해리 개념의 역사와 해리성 정체성을 지닌 사람들의 심리에 대해서 논의하였다. 해리가 한 개인의 핵심 과정으로 발달하는 이유를 설명하면서, 이들이 체질적으로 자기최면의 재능을 갖고 있으며, 높은 지능, 창조성, 친사회성을 보이는 경우가 많다고 언급하였다. 이러한 요인들이 다른 사람들에게는 보이지 않는 해리 방어로 외상에 반응하게 만드는 소인이 될 수 있다. Freud의 방어 개념에 대한 대안으로서 Braun(1988)의 BASK 모델을 언급하였다. 해리성인 사람의 대상관계를 아동기의 외상적 관계에서 비롯된 혼란형 애착 혹은 회피형 애착의 관점에서 기술하였다. 해리성 정체성을 지닌 사람의 자기는 파편화되어 있을 뿐만 아니라, 얼어붙게 하는 공포심, 수치심, 자기비난의 인지로 가득 차 있다고 기술하였다. 하지만, 매우 구획화되어 있는 방식으로 기능을 잘하는 해리성 사람도 많다는 점을 언급하였다.

해리 환자를 치료할 때는 전이와 역전이 반응이 강력하게 일어남을 강조하였고, 특히 치료자의 구조 환상과 과잉개입이 유발될 수 있음을 지적하였다. 치료적 시사점으로는 기본적 안전감의 함양, 자기위안, 자기관리, 기초 교육, 정서적 불안정성의 안정화를 위한 기법의 교육, 협력적인 치료적 관계의 구축을 언급하였고, 안정화 작업이 이루어진 이후에 비로소 해리된 경험을 회상하고 정서적 이해를 촉진하는 작업이 진행된다고 말하였다. 전반적으로는 모든 인격들을 일관성 있게 대하고, '현실적'이고 따뜻하면서도 전문적 경계를 엄격히 고수하고, 병인적 신념을 분석하고, 최면과 EMDR 같은 보조 기법을 사용하고, 내담자가 치료 과정을 감당하기 위해서는 시간이 필요하다는 점을 감안해야 한다고 권고하였다. 마지막으로, 해리 역동을 정신분열증, 양극성 정신병, 경계선 상태, 히스테리적 성격 조직 및 정신병질적 성격 조직과 구분하였다.

더 읽을거리

Herman의 고전『Trauma and Recovery』(1992)와 Terr(1992)의 외상을 입은 아동에 관한 연구는 해리와 관련된 현상을 이해하는 기초이다. Putnam(1989)의 교재는 해리성인 성인을 치료하는 사람들에게 여전히 좋은 출발점이 되고 있으며, 그의 1997년의 책은 그의 작업을 아동과 청소년의 치료로 확장하였다. R. J. Loewenstein(1991)의 만성적이고 복합적인 해리의 진단에 관한 개관은 특히 유용하다. Kluft와 Fine(1993)은 해리의 치료에 관한 훌륭한 편저를 출간하였다. 정신분석적인 사고와 해리에 관한 연구 및 임상 경험을 통합하고자 하는 독자들을 위해, Kluft(2000)의 논문, Ira Brenner(2001, 2004, 2009)의 저서들, 관계적 조망에서 쓴 Elizabeth Howell(2005)의 역작을 추천한다. 역시 관계학파로서, Philip Bromberg(1998, 2010)와 Donnell Stern(1997, 2009)은 해리 치료의 임상 과정에 관해 우아한 문체로 기술하였다. 내가 이 책을 쓰고 있을 당시, Richard Chefetz가 해리 환자와의 치료 작업에 관한 책을 출간할 계획을 하고 있었다. 이 책이 특히 치료자들에게 유용하리라 기대된다.

인구통계학적 자료

이름, 나이, 성별, 인종적 배경, 종교, 결혼 여부, 자녀 유무, 교육 수준, 직업 유무, 심리치료 경험, 의뢰인(기관), 본인 이외의 정보 제공자

호소 문제와 문제의 시작 시점

주 호소 문제 및 내담자가 생각하는 원인, 문제의 내력, 약물치료를 포함하여 이제까지 그 문제를 다룬 방식, 지금 심리치료를 받고자 하는 이유

개인력

출생지, 성장지, 형제의 수 및 내담자의 위치, 주요 이사 경험, 부모 및 형제에 관한 객관적인 자료(생존 여부, 사망 시 그 이유와 시기, 나이, 건강, 직업) 및 주관적인 자료(성격, 내담자와의 관계), 가족의 심리적 문제(정신병리를 진단받은 적이 있는지 혹은 약물 사용 장애, 폭력, 경계의 침범 등과 같은 다른 문제가 있었는지 여부)

유아기 및 초기 아동기

부모의 출산 희망 여부, 출생 후의 가족 상황, 발달상의 특이점, 초기의 문제들(섭식, 배변, 언어, 운동, 이뇨, 야경夜警, 몽유, 손톱 깨물기 등), 최초의 기억, 내담자에 대한 가족의 옛날이야기 혹은 농담, 내담자의 이름에 얽힌 사연

잠재기

분리 문제, 교우 관계 문제, 학습 문제, 행동 문제, 동물 학대, 질병, 상실 경험, 이사, 이 시기의 가족 스트레스, 성적 · 신체적 · 정서적 학대, 가정폭력의 목격

청소년기

사춘기가 시작된 나이, 성적 성숙과 관련된 신체적 문제 유무, 내담자의 성적 성숙에 대한 가족의 준비도, 첫 번째 성적 경험, 성적 선호(확실하지 않은 경우 자위환상), 학습 및 교우 관계를 포함한 학교생활, 자기파괴성의 패턴(섭식장애, 약물 사용, 성적 행동과 관련된 분별력, 과도한 위험 행동, 자살 경향성, 반사회적 패턴, 사회적 철수), 질병, 상실 경험, 이사, 이 시기의 가족 스트레스

성인기

직업 이력, 대인관계 내력, 현재 친밀한 관계, 자녀와의 관계, 취미, 재능, 즐거움, 자부심과 만족감을 느끼는 영역, 포부(5년 혹은 10년 후에 어떤 사람이 되고 싶은지)

현재 상태(심리 상태)

전반적인 외양, 감정 상태, 기분, 언어 표현의 질, 현실 검증력, 지능, 기억력, 정보의 신뢰도. 이 같은 영역들에서 문제점이 시사되면 좀 더 자세하게 탐색할 것. 예컨대, 우울 기분을 보이면 자살 가능성을 평가할 것. 과거력을 순차적으로 얻기 어렵다면 이인화, 비현실감, 다른 해리 반응을 평가할 것.

꿈: 기억 여부, 반복 여부, 최근의 꿈

알코올을 포함한 약물 사용(처방 여부 포함)

면접의 마무리

내담자에게 면접자가 질문하지 않은 다른 중요한 정보가 있는지 물어볼 것. 면접 중에 편안했는지, 혹시 질문할 것이 있는지 물어볼 것.

자료를 바탕으로 추론해야 할 사항들

반복되는 주요 주제, 애착 패턴, 발달 정지 및 내적 갈등의 영역, 선호하는 방어, 추론된 무의식적 환상, 소망, 두려움, 신념, 주된 동일시, 역동일시, 애도하지 못한 상실, 자기응집성 및 자존감

References 참고문헌

Abraham, K. (1911). Notes on the psycho-analytic investigation and treatment of manic-depressive insanity and allied conditions. In *Selected papers on psycho-analysis* (pp. 137-156). London: Hogarth Press.

Abraham, K. (1924). A short study of the development of the libido, viewed in light of mental disorders. In *Selected papers on psycho-analysis* (pp. 418-501). London: Hogarth Press.

Abraham, K. (1935). The history of a swindler. *Psychoanalytic Quarterly, 4*, 570-587.

Abrahamsen, D. (1985). *Confessions of Son of Sam*. New York: Columbia University Press.

Adams, H. E., Wright, L. W., & Lohr, B. A. (1996). Is homophobia associated with homosexual arousal? *Journal of Abnormal Psychology, 105*, 440-445.

Adler, A. (1927). *Understanding human nature*. Garden City, NY: Garden City Publishing.

Adler, G. (1972). Hospital management of borderline patients and its relationship to psychotherapy. In P. Hartocollis (Ed.), *Borderline personality disorders: The concept, the syndrome, the patient* (pp. 307-323). New York: International Universities Press.

Adler, G. (1985). *Borderline psychopathology and its treatment*. New York: Jason Aronson.

Adler, G., & Buie, D. (1979). The psychotherapeutic approach to aloneness in the borderline patient. In J. LeBoit & A. Capponi (Eds.), *Advances in psychotherapy of the borderline patient* (pp. 433-448). New York: Jason Aronson.

Adorno, T. W., Frenkl-Brunswick, E., Levinson, D. J., & Sanford, R. N. (1950). *The authoritarian personality*. New York: Harper.

Aichhorn, A. (1936). *Wayward youth*. London: Putnam.

Ainsworth, M. D. S., Blehar, M. C., Waters, E., & Wall, S. (Eds.). (1978). *Patterns of attachment: A psychological study of the Strange Situation*. Hillsdale, NJ: Erlbaum.

Akhtar, S. (1992). *Broken structures: Severe personality disorders and their treatment*. Northvale, NJ: Jason Aronson.

Akhtar, S. (2000). The shy narcissist. In J. Sandler, R. Michaels, & P. Fonagy (Eds.), *Changing ideas in a changing world: The revolution in psychoanalysis. Essays in honor of Arnold Cooper* (pp. 111-119). London: Karnac.

Akiskal, H. S. (1984). Characterologic manifestations of affective disorders: Toward a new conceptualization. *Integrative Psychiatry, 2*, 83-88.

Alanen, Y. O., Gonzalez de Chavez, M., Silver, A.

S., & Martindale, B. (2009). *Psychotherapeutic approaches to schizophrenic psychoses: Past, present, future*. New York: Routledge.

Allen, D. W. (1977). Basic treatment issues. In M. J. Horowitz (Ed.), *Hysterical personality* (pp. 283-328). New York: Jason Aronson.

Allen, J. G. (1980). Adaptive functions of affect and their implications for therapy. *Psychoanalytic Review, 67*, 217-230.

American Psychiatric Association. (1968). *Diagnostic and statistical manual of mental disorders* (2nd ed.). Washington, DC: Author.

American Psychiatric Association. (1980). *Diagnostic and statistical manual of mental disorders* (3rd ed.). Washington, DC: Author.

American Psychiatric Association. (1994). *Diagnostic and statistical manual of mental disorders* (4th ed.). Washington, DC: Author.

Anderson, C. M., Teicher, M. H., Polcari, A., & Renshaw, P. F. (2002). Abnormal T2 relaxation time in the cerebellar vermis of adults sexually abused in childhood: Potential role of the vermis in stress-enhanced risk for drug abuse. *Psychoneuroendocrinology, 27*, 231-244.

Anderson. F. S., & Gold, J. (2003). Trauma, dissociation, and conflict: The space where psychoanalysis, cognitive science, and neuroscience overlap. *Psychoanalytic Psychology, 20*, 536-541.

Anstadt, T., Merten, J., Ullrich, B., & Krause, R. (1997). Affective dyadic behavior, core conflictual relationship themes and success of treatment. *Psychotherapy Research, 7*, 397-417.

Arieti, S. (1955). *Interpretation of schizophrenia*. New York: Brunner/Mazel.

Arieti, S. (1961). Introductory notes on the psychoanalytic therapy of schizophrenics. In A. Burton (Ed.), *Psychotherapy of the psychoses* (pp. 68-89). New York: Basic Boooks.

Arieti, S. (1974). *Interpretation of schizophrenia* (2nd ed.). New York: Basic Books.

Arlow, J. A., & Brenner, C. (1964). *Psychoanalytic concepts and the structural theory*. New York: International Universities Press.

Aron, L. (1996). *A meeting of minds: Mutuality in psychoanalysis*. Hillsdale, NJ: Analytic Press.

Aronson, M. L. (1964). A study of the Freudian theory of paranoia by means of the Rorschach test. In C. F. Reed, I. E. Alexander, & S. S. Tomkins (Eds.), *Psychopathology: A source book* (pp. 370-387). New York: Wiley.

Asch, S. S. (1985). The masochistic personality. In R. Michels & J. Cavenar (Eds.), *Psychiatry 1* (pp. 1-9). Philadelphia: Lippincott.

Atwood, G. E., Orange, D. M., & Stolorow, R. D. (2002). Shattered worlds/psychotic states: A post-Cartesian view of the experience of personal annihilation. *Psychoanalytic Psychology, 19*, 281-306.

Atwood, G. E., & Stolorow, R. D. (1993). *Faces in a cloud: Intersubjectivity in personality theory*. Northvale, NJ: Jason Aronson.

Babiak, P., & Hare, R. D. (2007). *Snakes in suits: When psychopaths go to work*. New York: Harper Paperback.

Bach, S. (1985). *Narcissistic states and the therapeutic process*. New York: Jason Aronson.

Bach, S. (1999). *The language of perversion and the language of love*. Northvale, NJ: Jason Aronson.

Bak, R. C. (1946). Masochism in paranoia. *Psychoanalytic Quarterly, 15*, 285-301.

Balint, M. (1945). Friendly expanses—Horrid empty spaces. *International Journal of Psycho-Analysis, 36*, 225-241.

Balint, M. (1960). Primary narcissism and primary love. *Psychoanalytic Quarterly, 29*, 6-43.

Balint, M. (1968). *The basic fault: Therapeutic*

aspects of regression. London: Tavistock.
Banai, E., Mikulincer, M., & Shaver, P. R. (2005). "Selfobject" needs in Kohut's self psychology: Links with attachment, self-cohesion, affect regulation, and adjustment. *Psychoanalytic Psychology, 22*, 224-260.
Basch, M. (1994). Chapter 1: The selfobject concept: Clinical implications. *Progress in Self Psychology, 10*, 1-7
Bateman, A., & Fonagy, P. (2004). *Mentalization-based treatment for borderline personality disorders*. New York: Oxford University Press.
Bateson, G., Jackson, D. D., Haley, J., & Weakland, J. (1956). Toward a theory of schizophrenia. *Behavioral Science, I*, 251-264.
Baumeister, R. F. (1989). *Masochism and the self*. Hillsdale, NJ: Erlbaum.
Beck, J. S. (1995). *Cognitive therapy: Basics and beyond*. New York: Guilford Press.
Beck, J. S., Greenberg, L. S., & McWilliams, N. (Guest Experts); American Psychological Association. (Producer). (2012a). *Three approaches to psychotherapy with a female client: The next generation* [DVD]. Available from www.apa.org/videos.
Beck, J. S., Greenberg, L. S., & McWilliams, N. (Guest Experts); American Psychological Association. (Producer). (2012b). *Three approaches to psychotherapy with a male client: The next generation* [DVD]. Available from www.apa.org/videos.
Beebe, B., Jaffe, J., Markese, S., Buck, K., Chen, H., Cohen, P., et al. (2010). The origins of 12-month attachment: A microanalysis of 4-month mother-infant interaction. *Attachment and Human Development, 12*, 1, 3-41.
Beebe, B., & Lachmann, F. M. (1994). Representation and internalization in infancy: Three principles of salience. *Psychoanalytic Psychology, 11*, 127-165.
Bellak, L., Hurvich, M., & Gediman, H. K. (1973). *Ego functions in schizophrenics, neurotics, and normals: A systematic study of conceptual, diagnostic, and therapeutic aspects*. New York: Wiley.
Bellak, L., & Small, L. (1978). *Emergency psychotherapy and brief psychotherapy*. New York: Grune & Stratton.
Benjamin, J. (1988). *The bonds of love: Psychoanalysis, feminism, and the problem of domination*. New York: Pantheon.
Benveniste, D. (2005). Recognizing defenses in the drawings and play of children in therapy. *Psychoanalytic Psychology, 22*, 395-410.
Beres, D. (1958). Vicissitudes of superego formation and superego precursors in childhood. *Psychoanalytic Study of the Child, 13*, 324-335.
Bergler, E. (1949). *The basic neurosis*. New York: Grune & Stratton.
Bergman, P., & Escalona, S. K. (1949). Unusual sensitivities in very young children. *Psychoanalytic Study of the Child, 3/4*, 333-352.
Bergmann, M. S. (1985). Reflections on the psychological and social functions of remembering the Holocaust. *Psychoanalytic Inquiry, 5*, 9-20.
Bergmann, M. S. (1987). *The anatomy of loving: The story of man's quest to know what love is*. New York: Columbia University Press.
Berliner, B. (1958). The role of object relations in moral masochism. *Psychoanalytic Quarterly, 27*, 38-56.
Bernstein, I. (1983). Masochistic psychology and feminine development. *Journal of the American Psychoanalytic Association, 31*, 467-486.
Bettelheim, B. (1960). *The informed heart: Autonomy in a mass age*. Glencoe, IL: Free Press.
Bettelheim, B. (1983). *Freud and man's soul*. New

York: Knopf.

Bibring, E. (1953). The mechanism of depression. In P. Greenacre (Ed.), *Affective disorders* (pp. 13-48). New York: International Universities Press.

Bion, W. R. (1959). *Experiences in groups*. New York: Basic Books.

Bion, W. R. (1962). *Learning from experience*. London: Karnac.

Bion, W. R. (1967). *Second thoughts*. London: Karnac.

Biondi, R., & Hecox, W. (1992). *The Dracula killer: The true story of California's vampire killer*. New York: Pocket Books.

Bird, H. R. (2001). Psychoanalytic perspectives on theories regarding the development of antisocial behavior. *Journal of the American Academy of Psychoanalysis, 29*, 57-71.

Blackless, M., Caruvastra, A., Derryck, A., Fausto-Sterling, A., Lauzanne, K., & Lee, E. (2000). How sexually dimorphic are we?: Review and synthesis. *American Journal of Human Biology, 12*, 151-166.

Blagys, M. D., & Hilsenroth, M. J. (2000). Distinctive activities of short-term psychodynamic-nterpersonal psychotherapy: A review of the comparative psychotherapy process literature. *Clinical Psychology: Science and Practice, 7*, 167-188.

Blanck, G., & Blanck, R. (1974). *Ego psychology: Theory and practice*. New York: Columbia University Press.

Blanck, G., & Blanck, R. (1979). *Ego psychology II: Psychoanalytic developmental psychology*. New York: Columbia University Press.

Blanck, G., & Blanck, R. (1986). *Beyond ego psychology: Developmental object relations theory*. New York: Columbia University Press.

Blatt, S. J. (1974). Levels of object representation in anaclitic and introjective depression. *Psychoanalytic Study of the Child, 29*, 107-157.

Blatt, S. J. (2004). *Experiences of depression: Theoretical, clinical and research perspectives*. Washington, DC: American Psychological Association.

Blatt, S. J. (2008). *Polarities of experience: Relatedness and self-definition in ersonality development, psychopathology, and the therapeutic process*. Washington, DC: American Psychological Association.

Blatt, S. J., & Bers, S. (1993). The sense of self in depression: A psychoanalytic perspective. In Z. V. Segal & S. J. Blatt (Eds.), *The self in emotional distress: Cognitive and psychodynamic perspectives* (pp. 171-210). New York: Guilford Press.

Blatt, S. J., & Levy, K. N. (2003). Attachment theory, psychoanalysis, personality development, and psychopathology. *Psychoanalytic Inquiry, 23*, 102-150.

Blatt, S. J., & Zuroff, D. C. (2005). Empirical evaluation of the assumptions in identifying evidence based treatments in mental health. *Clinical Psychology Review, 66*, 423-428.

Bleuler, E. (1911). *Dementia praecox or the group of schizophrenias* (J. Zinkin, Trans.). New York: International Universities Press.

Bleuler, M. (1977). *The schizophrenic disorders* (S. M. Clemens, Trans.). New Haven, CT: Yale University Press.

Blizard, R. A. (2001). Masochistic and sadistic ego states: Dissociative solutions to the dilemma of attachment to an abusive caregiver. *Journal of Trauma and Dissociation*, 2, 37-58.

Blum, H. P. (1973). The concept of the erotized transference. *Journal of the American Psychoanalytic Association, 21*, 61-76.

Bollas, C. (1987). Loving hate. In *The shadow of the object* (pp. 117-134). New York: Columbia University Press.

Bollas, C. (1999). *Hysteria*. New York: Routledge.

Bornstein, B. (1949). The analysis of a phobic child: Some problems of theory and technique in child analysis. *Psychoanalytic Study of the Child, 3/4*, 181-226.

Bornstein, R. F., & Gold, S. H. (2008). Comorbidity of personality disorders and somatization disorder: A meta-analytic review. *Journal of Psychopathology and Behavioral Assessment, 30*, 154-161.

Boulanger, G. (2007). *Wounded by reality: Understanding and treating adult onset trauma*. Mahwah, NJ: Analytic Press.

Bowen, M. (1993). *Family therapy in clinical practice*. Northvale, NJ: Jason Aronson.

Bowlby, J. (1969). *Attachment and loss: Vol. I. Attachment*. New York: Basic Books.

Bowlby, J. (1973). *Attachment and loss: Vol. II. Separation: Anxiety and anger*. New York: Basic Books.

Braun, B. G. (1988). The BASK (behavior, affect, sensation, knowledge) model of dissociation. *Dissociation, 1*, 4-23.

Braun, B. G., & Sacks, R. G. (1985). The development of multiple personality disorder: Predisposing, precipitating, and perpetuating factors. In R. P. Kluft (Ed.), *Childhood antecedents of multiple personality* (pp. 37-64). Washington, DC: American Psychiatric Press.

Brazelton, T. B. (1982). Joint regulation of neonate-arent behavior. In E. Tronick (Ed.), *Social interchange in infancy*. Baltimore: University Park Press.

Brenman, M. (1952). On teasing and being teased and the problems of "moral masochism." *Psychoanalytic Study of the Child, 7*, 264-285.

Brenneis, C. B. (1996). Multiple personality: Fantasy proneness, demand characteristics, and indirect communication. *Psychoanalytic Psychology, 13*, 367-387.

Brenner, C. (1959). The masochistic character. *Journal of the American Psychoanalytic Association, 7*, 197-226.

Brenner, C. (1982). The calamities of childhood. In *The mind in conflict* (pp. 93-106). New York: International Universities Press.

Brenner, I. (2001). *Dissociation of trauma: Theory, phenomenology, and technique*. New York: International Universities Press.

Brenner, I. (2004). *Psychic trauma: Dynamics, symptoms, and treatment*. Northvale, NJ: Jason Aronson.

Brenner, I. (2009). *Injured men: Trauma, healing, and the masculine self*. Northvale, NJ: Jason Aronson.

Breuer, J., & Freud, S. (1893-1895). Studies in hysteria. *Standard Edition, 2*, 21-47.

Briere, J. (1992). *Child abuse trauma: Theory and treatment of the lasting effects*. Thousand Oaks, CA: Sage.

Bristol, R. C., & Pasternack, S. (Eds.). (2001). Obsessive-ompulsive disorder (OCD): Manifestations, theory, and treatment. *Psychoanalytic Inquiry, 2*(2).

Bromberg, P. M. (1991). On knowing one's patient inside out: The aesthetics of unconscious communication. *Psychoanalytic Dialogues, 1*, 399-422.

Bromberg, P. M. (1996). Hysteria, dissociation, and cure: Emmy von N revisited. In *Standing in the spaces: Essays on clinical process, trauma, and dissociation* (pp. 223-237). Hillsdale, NJ: Analytic Press.

Bromberg, P. M. (1998). *Standing in the spaces: Essays on clinical process, trauma and dissociation*. Hillsdale, NJ: Analytic Press.

Bromberg, P. M. (2001). Treating patients with symptoms—and symptoms with patience: Reflections on shame, dissociation, and eating disorders. *Psychoanalytic Dialogues, 11*, 891-912.

Bromberg, P. M. (2003). Something wicked

this way comes. Trauma, dissociation, and conflict: The space where psychoanalysis, cognitive science, and neuroscience overlap. *Psychoanalytic Psychology, 20*, 558-574.

Bromberg, P. M. (2010). *Awakening the dreamer: Clinical journeys*. New York: Routledge.

Brown, R. (1965). *Social psychology*. New York: Free Press.

Brunner, R., Parzer, P., Schuld, V., & Resch, F. (2000). Dissociative symptoma tology and traumatogenic factors in adolescent psychiatric patients. *Journal of Nervous and Mental Disease, 188*, 7-17.

Bucci, W. (2002). The challenge of diversity in modern psychoanalysis. *Psychoanalytic Psychology, 19*, 216-226.

Buckley, P. (Ed.). (1988). *Essential papers on psychosis*. New York: New York University Press.

Buechler, S. (2008). *Making a difference in patients' lives: Emotional experience in the therapeutic setting*. New York: Routledge.

Buirski, P., & Haglund, P. (2001). *Making sense together: The intersubjective approach to psychotherapy*. Northvale, NJ: Jason Aronson.

Bursten, B. (1973a). *The manipulator: A psychoanalytic view*. New Haven, CT: Yale University Press.

Bursten, B. (1973b). Some narcissistic personality types. *International Journal of Psycho-Analysis, 54*, 287-300.

Cain, D. J. (2010). *Person-centered psychotherapies*. Washington, DC: American Psychological Association.

Cameron, N. (1959). Paranoid conditions and paranoia. In S. Arieti (Ed.), *American handbook of psychiatry* (Vol. 1, pp. 508-539). New York: Basic Books.

Capote, T. (1965). *In cold blood*. New York: Random House.

Caspi, A., McClay, J., Moffitt, T. E., Mill, J., Martin, J., Craig, I. W., et al. (2002). Role of genotype in the cycle of violence in maltreated children. *Science, 297*, 851-854.

Cassidy, J., & Shaver, P. R. (Eds.). (2010). *Handbook of attachment: Theory, research, and clinical applications* (2nd ed.). New York: Guilford Press.

Cath, S. H. (1986). Fathering from infancy to old age: A selective overview of recent psychoanalytic contributions. *Psychoanalytic Review, 74*, 469-479.

Cattell, J. P., & Cattell, J. S. (1974). Depersonalization: Psychological and social perspectives. In S. Arieti (Ed.), *American handbook of psychiatry* (pp. 767-799). New York: Basic Books.

Cela, J. A. (1995). A classical case of a severe obsessive compulsive defense. *Modern Psychoanalysis, 20*, 271-277.

Celani, D. (1976). An interpersonal approach to hysteria. *American Journal of Psychiatry, 133*, 1414-1418.

Celenza, A. (2006). The threat of male-to-female erotic transference. *Journal of the American Psychoanalytic Association, 54*, 1207-1231.

Celenza, A. (2007). *Sexual boundary violations: Therapeutic, supervisory, and academic contexts*. Northvale, NJ: Jason Aronson.

Charles, M. (2004). *Learning from experience: A guidebook for clinicians. Hillsdale*, NJ: Analytic Press.

Chase, T. (1987). *When Rabbit howls*. New York: Jove.

Chasseguet-Smirgel, J. (1985). *The ego ideal: A psychoanalytic essay on the malady of the idea*. New York: Norton.

Chefetz, R. A. (1997). Special case transferences and countertransferences in the treatment of dissociative disorders. *Dissociation, 10*, 255-265.

Chefetz, R. A. (2000a). Affect dysregulation as a

way of life. *Journal of the American Academy of Psychoanalysis, 28*, 289-303.

Chefetz, R. A. (2000b). The psychoanalytic psychotherapy of dissociative identity disorder in the context of trauma therapy. *Psychoanalytic Inquiry, 20*, 259-286.

Chefetz, R. A. (2004). Re-associating psychoanalysis and dissociation. *Contemporary Psychoanalysis, 40*, 123-133.

Chefetz, R. A. (2009). Waking the dead therapist. *Psychoanalytic Dialogues, 19*, 393-404.

Chefetz, R. A. (2010a). Life as performance art: Right and left brain function, implicit knowing, and "felt coherence." In J. Petrucelli (Ed.), *Knowing, not knowing, and sort-of-knowing: Psychoanalysis and the experience of uncertainty* (pp. 258-278). New York: Karnac.

Chefetz, R. A. (2010b). "T" in interpellation stands for terror. Commentary on paper by Orna Guralnik and Daphne Simeon. *Psychoanalytic Dialogues, 20*, 417-437.

Chemtob, C. M., Tolin, D. F., van der Kolk, B., & Pitman, R. K. (2004). Eye movement desensitization and reprocessing. In E. B. Foa, T. M. Keane, & M. J. Friedman (Eds.), *Effective treatments for PTSD: Practice guidelines from the International Society for Trauma Stress Studies* (pp. 139-154, 333-335). New York: Guilford Press.

Chessick, R. D. (2001). OCD, OCPD: Acronyms do not make a disease. *Psychoanalytic Inquiry, 21*, 183-207.

Chodoff, P. (1978). Psychotherapy of the hysterical personality disorder. *Journal of the American Academy of Psychoanalysis, 6*, 496-510.

Chodoff, P. (1982). The hysterical personality disorder: A psychotherapeutic approach. In A. Roy (Ed.), *Hysteria* (pp. 277-285). New York: Wiley.

Chodorow, N. J. (1978). *The reproduction of mothering: Psychoanalysis and the sociology of gender*. Berkeley: University of California Press.

Chodorow, N. J. (1989). *Feminism and psychoanalytic theory*. Berkeley: University of California Press.

Chodorow, N. J. (1999). *The power of feelings: Personal meaning in psychoanalysis, gender, and culture*. New Haven, CT: Yale University Press.

Chodorow, N. J. (2010). Beyond the dyad: Individual psychology, social world. *Journal of the American Psychoanalytic Association, 58*, 207-230.

Chu, J. A. (1998). Riding the therapeutic roller coaster: Stage-oriented treatment for survivors of childhood abuse. *In Rebuilding shattered lives: The responsible treatment of complex post-traumatic and dissociative disorders* (pp. 75-91). New York: Wiley.

Clarkin, J. F., & Levy, K. N. (2003). A psychodynamic treatment for severe personality disorders: Issues in treatment development. *Psychoanalytic Inquiry, 23*, 248-267.

Clarkin, J. F., Levy, K. N., Lenzenweger, M. F., & Kernberg, O. F. (2007). Evaluating three treatments for borderline personality disorder: A multiwave study. *American Journal of Psychiatry, 164*, 1-8.

Clarkin, J. F., Yeomans, F. E., & Kernberg, O. F. (2006). *Psychotherapy for borderline personality: Focusing on object relations*. Washington, DC: American Psychiatric Press.

Classen, C., Pain, C., Field, N., & Woods, P. (2006). Posttraumatic personality disorder: A reformulation of complex posttraumatic stress disorder and borderline personality disorder. *Psychiatric Clinics of North America, 29*, 87-112.

Cleckley, H. (1941). *The mask of sanity: An attempt to clarify some issues about the so-*

called psychopathic personality. St. Louis, MO: Mosby.

Cloninger, C. R., & Guze, S. B. (1970). Psychiatric illness and female criminality. The role of sociopathy and hysteria in the antisocial woman. *American Journal of Psychiatry, 127*, 303-311.

Coccaro, E. F. (1996). Neurotransmitter correlates of impulsive aggression in humans. *Annals of the New York Academy of Science, 794*, 82-89.

Cohen, M. B., Baker, G., Cohen, R. A., Fromm-Reichmann, F., & Weigert, E. (1954). An intensive study of twelve cases of manic-depressive psychosis. *Psychiatry, 17*, 103-137.

Colby, K. (1951). *A primer for psychotherapists*. New York: Ronald Press.

Coleman, M., & Nelson, B. (1957). Paradigmatic psychotherapy in borderline treatment. *Psychoanalysis, 5*, 28-44.

Coons, P. M., & Bowman, E. S. (2001). Ten-year follow-up study of patients with dissociative identity disorder. *Journal of Trauma and Dissociation, 2*, 73-90.

Coons, P. M., Bowman, E. S., & Milstein, V. (1988). Multiple personality disorder: A clinical investigation of 50 cases. *Journal of Nervous and Mental Disease, 176*, 519-527.

Coontz, S. (1992). *The way we never were: American families and the nostalgia gap*. New York: Basic Books.

Cooper, A. M. (1984). Narcissism in normal development. In M. R. Zales (Ed.), *Character pathology: Theory and treatment* (pp. 39-56). New York: Brunner/Mazel.

Cooper, A. M. (1988). The narcissistic-asochistic character. In R. A. Glick & D. I. Meyers (Eds.), *Masochism: Current psychoanalytic perspectives* (pp. 189-204). Hillsdale, NJ: Analytic Press.

Corbett, K. (2001). More life: Centrality and marginality in human development. *Psychoanalytic Dialogues, 11*, 313-335.

Cosgrove, L. (2010, November-ecember). Diagnosing conflict-of-interest disorder. *Academe*, pp. 43-46.

Cramer, P. (1991). *The development of defense mechanisms: Theory, research and assessment*. New York: Springer-Verlag.

Cramer, P. (2006). *Protecting the self: Defense mechanisms in action*. New York: Guilford Press.

Cramer, P. (2008). Seven pillars of defense mechanism theory. *Social and Personality Psychology Compass, 2*, 1-19.

Cushman, P. (1995). *Constructing the self, constructing America: A cultural history of psychotherapy*. Reading, MA: Addison-Wesley.

Damasio, A. R. (1994). *Descartes' error: Emotion, reason, and the human brain*. New York: Putnam.

Davanloo, H. (1980). *Short-term dynamic psychotherapy*. New York: Jason Aronson.

Davies, J. M., & Frawley, M. G. (1994). *Treating the adult survivor of childhood sexual abuse: A psychoanalytic perspective*. New York: Basic Books.

de Bellis, M. (2001). Developmental traumatology: The psychobiological development of maltreated children and its implications for research, treatment, and policy. *Development and Psychopathology, 13*, 539-564.

Dell, P. F. (2006). The multidimensional inventory of dissociation (MID): A comprehensive measure of pathological dissociation. *Journal of Trauma and Dissociation, 7*, 77-103.

de Monchy, R. (1950). Masochism as a pathological and as a normal phenomenon in the human mind. *International Journal of Psycho-Analysis, 31*, 95-97.

Deri, S. (1968). Interpretation and language. In

E. Hammer (Ed.), *The use of interpretation in treatment*. New York: Grune & Stratton.

Deutsch, H. (1942). Some forms of emotional disturbance and their relationship to schizophrenia. *Psychoanalytic Quarterly, 11*, 301-321.

Deutsch, H. (1944). *The psychology of women: A psychoanalytic interpretation: Vol. 1. Girlhood*. New York: Grune & Stratton.

de Tocqueville, A. (2002). *Democracy in America* (H. C. Mansfield & D. Winthrop, Trans.). Chicago: University of Chicago Press.

De Waelhens, A., & Ver Eecke, W. (2000). *Phenomenology and Lacan on schizophrenia, after the decade of the brain*. Leuven, Belgium: Leuven University Press.

Diamond, D. (2004). Attachment disorganization: The reunion of attachment theory and psychoanalysis. *Psychoanalytic Psychology, 21*, 276-299.

Diamond, M. J. (2007). *My father before me: How fathers and sons influence each other throughout their lives*. New York: Norton.

Dimen, M., & Harris, A. (2001). *Storms in her head: Freud and the construction of hysteria*. New York: Other Press.

Dinnerstein, D. (1976). *The mermaid and the minotaur*. New York: Harper & Row.

Doidge, N. (2001). Diagnosing *The English Patient*: Schizoid fantasies of being skinless and being buried alive. *Journal of the American Psychoanalytic Association, 49*, 279-309.

Dorahy, M. J. (2001). Dissociative identity disorder and memory dysfunction: The current state of experimental research and its future directions. *Clinical Psychology Review, 21*, 771-795.

Dorpat, T. (1982). An object-relations perspective on masochism. In P. L. Giovacchini & L. B. Boyer (Eds.), *Technical factors in the treatment of severely disturbed patients* (pp. 490-513). New York: Jason Aronson.

Dougherty, N. J., & West, J. J. (2007). *The matrix and meaning of character: An archetypal and developmental approach*. New York: Routledge.

Dyess, C., & Dean, T. (2000). Gender: The impossibility of meaning. *Psychoanalytic Dialogues, 10*, 735-756.

Eagle, M. N. (2011). *From classical to contemporary psychoanalysis: A critique and integration*. New York: Routledge.

Easser, B. R., & Lesser, S. (1965). The hysterical personality: A reevaluation. *Psychoanalytic Quarterly, 34*, 390-405.

Eells, T. D. (Ed.). (2007). *Handbook of psychotherapy case formulation* (2nd ed.). New York: Guilford Press.

Ehrenberg, D. B. (1992). *The intimate edge: Extending the reach of psychoanalytic interaction*. New York: Norton.

Eigen, M. (1973). Abstinence and the schizoid ego. *International Journal of Psychoanalysis, 54*, 493-498.

Eigen, M. (1986). *The psychotic core*. New York: Jason Aronson.

Eigen, M. (2004). A little psyche-music. *Psychoanalytic Dialogues, 14*, 119-130.

Einstein, A. (1931). The world as I see it. In S. Bergmann (Trans.), *Ideas and opinions* (3rd ed., pp. 3-79). New York: Three Rivers Press.

Eissler, K. R. (1953). The effects of the structure of the ego on psychoanalytic technique. *Journal of the American Psychoanalytic Association, 1*, 104-143.

Ekstein, R., & Wallerstein, R. S. (1958). *The teaching and learning of psychotherapy* (Rev. ed., 1971). Madison, CT: International Universities Press.

Erikson, E. H. (1950). *Childhood and society*. New York: Norton.

Erikson, E. H. (1968). *Identity: Youth and crisis*. New York: Norton.

Escalona, S. K. (1968). *The roots of individuality: Normal patterns of development in infancy*. Chicago: Aldine.

Evans, S., Tsao, J. C. I., Lu, Q., Kim, S. C., Turk, N., Myers, C. D., et al. (2009). Sex differences in the relationship between maternal negative life events and children's laboratory pain. *Journal of Developmental and Behavioral Pediatrics, 30*, 279-288.

Fairbairn, W. R. D. (1940). Schizoid factors in the personality. In *Psychoanalytic studies of the personality* (pp. 3-27). London: Routledge & Kegan Paul, 1952.

Fairbairn, W. R. D. (1941). A revised psychopathology of the psychoses and psychoneuroses. *International Journal of Psycho-Analysis, 22*, 250-279.

Fairbairn, W. R. D. (1943). The repression and return of bad objects (with special reference to the "war neuroses"). In *Psychoanalytic studies of the personality* (pp. 29-58). New York: Routledge, 1994.

Fairbairn, W. R. D. (1954). *An object-relations theory of the personality*. New York: Basic Books.

Fairfield, S. (2001). Analyzing multiplicity: A postmodern perspective on some current psychoanalytic theories of subjectivity. *Psychoanalytic Dialogues, 11*, 221-251.

Federn, P. (1952). *Ego psychology and the psychoses*. New York: Basic Books.

Fenichel, O. (1928). On "isolation." In *The collected papers of Otto Fenichel, first series* (pp. 147-152). New York: Norton.

Fenichel, O. (1941). *Problems of psychoanalytic technique*. Albany, NY: Psychoanalytic Quarterly.

Fenichel, O. (1945). *The psychoanalytic theory of neurosis*. New York: Norton.

Ferenczi, S. (1913). Stages in the development of a sense of reality. In *First contributions to psycho-analysis* (pp. 213-239). New York: Brunner/Mazel, 1980.

Ferenczi, S. (1925). Psychoanalysis of sexual habits. In *Further contributions to the theory and technique of psycho-analysis* (pp. 259-297). New York: Brunner/Mazel, 1980.

Fernando, J. (1998). The etiology of narcissistic personality disorder. *Psychoanalytic Study of the Child, 53*, 141-158.

Fink, B. (1999). *A clinical introduction to Lacanian psychoanalysis: Theory and technique*. Cambridge, MA: Harvard University Press.

Fink, B. (2007). *Fundamentals of psychoanalytic technique: A Lacanian approach for practitioners*. New York: Norton.

Fiscalini, J. (1993). Interpersonal relations and the problem of narcissism. In J. Fiscalini & A. L. Grey (Eds.), *Narcissism and the interpersonal self* (pp. 53-87). New York: Columbia University Press.

Fischer, K. W., & Bidell, T. R. (1998). Dynamic development of psychological structures in action and thought. In W. Damon & R. M. Lerner (Eds.), *Handbook of child psychology: Vol. 1. Theoretical models of human development* (5th ed., pp. 467-561). New York: Wiley.

Fisher, S. (1970). *Body experience in fantasy and behavior*. New York: Appleton-Century-Crofts.

Fisher, S., & Greenberg, R. P. (1985). *The scientific credibility of Freud's theories and therapy*. New York: Columbia University Press.

Fisher, S., & Greenberg, R. P. (1996). *Freud scientifically reappraised: Testing the theories and therapy*. New York: Wiley.

Fogelman, E. (1988). Intergenerational group therapy: Child survivors of the Holocaust and offspring of survivors. *Psychoanalytic Review, 75*, 619-640.

Fogelman, E., & Savran, B. (1979). Therapeutic groups for children of Holocaust survivors. *International Journal of Group Psychotherapy, 29*, 211-235.

Fonagy, P. (2000). Attachment and borderline personality disorder. *Journal of the American Psychoanalytic Association, 48*, 1129-1146.

Fonagy, P. (2001). *Attachment theory and psychoanalysis*. New York: Other Press.

Fonagy, P. (2003). Genetics, developmental psychology, and psychoanalytic theory: The case for ending our (not so) splendid isolation. *Psychoanalytic Inquiry, 23*, 218-247.

Fonagy, P., Gergely, G., Jurist, E. L., & Target, M. (2002). *Affect regulation, mentalization, and the development of the self*. New York: Other Press.

Fonagy, P., & Target, M. (1996). Playing with reality: I. Theory of mind and normal development of psychic reality in the child. *International Journal of Psychoanalysis, 77*, 217-233.

Fonagy, P., Target, M., Gergeley, G., Allen, J. G., & Bateman, A. W. (2003). The developmental roots of borderline personality disorder in early attachment relationships: A theory and some evidence. *Psychoanalytic Inquiry, 23*, 412-459.

Fosha, D. (2000). *The transforming power of affect: A model of accelerated change*. New York: Basic Books.

Fosha, D. (2005). Emotion, true self, core state: Toward a clinical theory of the affective change process. *Psychoanalytic Review, 92*, 519-551.

Fraiberg, S. (1959). *The magic years: Understanding and handling the problems of early childhood*. New York: Scribner's.

Frances, A., & Cooper, A. M. (1981). Descriptive and dynamic psychiatry: A perspective on DSM-1II. *American Journal of Psychiatry, 138*, 1198-1202.

Frank, J. D., Margolin, J., Nash, H. T., Stone, A. R., Varon, E., & Ascher, E. (1952). Two behavior patterns in therapeutic groups and their apparent motivation. *Human Relations, 5*, 289-17.

Freud, A. (1936). *The ego and the mechanisms of defense*. New York: International Universities Press.

Freud, S. (1886). Observation of a severe case of hemianaesthesia in a hysterical male. *Standard Edition, 1*, 23-31.

Freud, S. (1895). Project for a scientific psychology. *Standard Edition, 1*, 281-397.

Freud, S. (1897). Letter to Wilhelm Fliess. *Standard Edition, 1*, 259.

Freud, S. (1900). The interpretation of dreams. *Standard Edition, 4*.

Freud, S. (1901). The psychopathology of everyday life. *Standard Edition, 6*.

Freud, S. (1905). Three essays on the theory of sexuality. *Standard Edition, 7*, 135-243.

Freud, S. (1908). Character and anal eroticism. *Standard Edition, 9*, 169-175.

Freud, S. (1909). Notes upon a case of obsessional neurosis. *Standard Edition, 10*, 151-320.

Freud, S. (1911). Psycho-analytic notes on an autobiographic account of a case of paranoia (dementia paranoides). *Standard Edition, 13*, 1-162.

Freud, S. (1912). The dynamics of transference. *Standard Edition, 12*, 97-108.

Freud, S. (1913). The disposition to obsessional neurosis. *Standard Edition, 12*, 311-326.

Freud, S. (1914a). On narcissism: An introduction. *Standard Edition, 14*, 67-102.

Freud, S. (1914b). Remembering, repeating and working through (Further recommendations on the technique of psycho-analysis II).

Standard Edition, 12, 147-156.

Freud, S. (1915a). Instincts and their vicissitudes. *Standard Edition, 14*, 111-140.

Freud, S. (1915b). Repression. *Standard Edition, 14*, 147.

Freud, S. (1916). Some character types met with in psychoanalytic work. *Standard Edition, 14*, 311-333.

Freud, S. (1917a). Mourning and melancholia. *Standard Edition, 14*, 243-258.

Freud, S. (1917b). On transformations of instinct as exemplified in anal erotism. *Standard Edition, 17*, 125-133.

Freud, S. (1918). From the history of an infantile neurosis. *Standard Edition, 17*, 7-122.

Freud, S. (1919). A child is being beaten: A contribution to the study of the origin of sexual perversions. *Standard Edition, 17*, 179-204.

Freud, S. (1920). Beyond the pleasure principle. *Standard Edition, 18*, 7-64.

Freud, S. (1923). The ego and the id. *Standard Edition, 19*, 13-59.

Freud, S. (1924). The economic problem in masochism. *Standard Edition, 19*, 159-170.

Freud, S. (1925a). Autobiographical study. *Standard Edition, 20*, 32-76.

Freud, S. (1925b). Some psychical consequences of the anatomical distinction between the sexes. *Standard Edition, 19*, 248-258.

Freud, S. (1931). Libidinal types. *Standard Edition, 21*, 215-222.

Freud, S. (1932). Femininity. *Standard Edition, 22*, 112-135.

Freud, S. (1937). Analysis terminable and interminable. *Standard Edition, 22*, 216-253.

Freud, S. (1938). An outline of psycho-analysis. *Standard Edition, 23*, 144-207.

Friedenberg, E. Z. (1959). *The vanishing adolescent*. Boston: Beacon.

Friedman, R. C. (1988). *Male homosexuality: A contemporary psychoanalytic perspective*. New Haven, CT: Yale University Press.

Friedman, R. C. (1991). The depressed masochistic patient: Diagnostic and management considerations—A contemporary psychoanalytic perspective. *Journal of the American Academy of Dynamic Psychiatry, 19*, 9-30.

Friedman, R. C. (2006). Psychodynamic psychiatry: Past, present, and future. *Journal of the American Academy of Psychoanalysis, 34*, 471-487.

Fromm, E. (1947). *Man for himself: An inquiry into the psychology of ethics*. New York: Rinehart.

Fromm-Reichmann, F. (1950). *Principles of intensive psychotherapy*. Chicago: University of Chicago Press.

Frosch, J. (1964). The psychotic character: Clinical psychiatric considerations. *Psychoanalytic Quarterly, 38*, 91-96.

Furman, E. (1982). Mothers have to be there to be left. *Psychoanalytic Study of the Child, 37*, 15-28.

Gabbard, G. O. (1986). The treatment of the "special" patient in a psychoanalytic hospital. *International Review of Psycho-Analysis, 13*, 333-347.

Gabbard, G. O. (1989). Two subtypes of narcissistic personality disorder. *Bulletin of the Menninger Clinic, 53*, 527-539.

Gabbard, G. O. (1991). Technical approaches to transference hate in the analysis of borderline patients. *International Journal of Psychoanalysis, 72*, 625-636.

Gabbard, G. O. (2001). Psychoanalytically informed approaches in the treatment of obsessive-ompulsive disorder. *Psychoanalytic Inquiry, 21*, 208-221.

Gabbard, G. O. (2005). *Psychodynamic psychiatry in clinical practice*. Washington, DC: American

Psychiatric Publishing.

Gabbard, G. O., & Lester, E. P. (2002). *Boundaries and boundary violations in psychoanalysis*. Washington, DC: American Psychiatric Association.

Gabriel, J., & Beratis, S. (1997). Early trauma in the development of masochism and depression. *International Forum of Psychoanalysis, 6*, 231-236.

Gacano, C. B., & Meloy, J. R. (1991). A Rorschach investigation of attachment and anxiety in antisocial personality disorder. *Journal of Nervous and Mental Disease, 179*, 546-552.

Gacano, C. B., Meloy, J. R., & Berg, J. L. (1992). Object relations, defensive operations, and affective states in narcissistic, borderline, and antisocial personality disorders. *Journal of Personality Assessment, 59*, 32-49.

Gaddis, T., & Long, J. (1970). *Killer: A journal of murder*. New York: Macmillan.

Galenson, E. (1988). The precursors of masochism: Protomasochism. In R. A. Glick & D. I. Meyers (Eds.), *Masochism: Current psychoanalytic perspectives* (pp. 189-204). Hillsdale, NJ: Analytic Press.

Galin, D. (1974). Implications for psychiatry of left and right cerebral specialization. *Archives of General Psychiatry, 31*, 572-583.

Garcia-Campayo, J., Alda, M., Sobradiel, N., Olivan, B., & Pascual, A. (2007). Personality disorders in somatization disorder patients: A controlled study in Spain. *Journal of Psychosomatic Research, 62*, 675-680.

Gardiner, M. (1971). *The wolf-man: By the wolf-man*. New York: Basic Books.

Gardner, M. R. (1991). The art of psychoanalysis: On oscillation and other matters. *Journal of the American Psychoanalytic Association, 39*, 851-870.

Gay, P. (1968). *Weimar culture*. New York: Harper & Row.

Gaylin, W. (Ed.). (1983). *Psychodynamic understanding of depression: The meaning of despair*. New York: Jason Aronson.

Geekie, J., & Read, J. (2009). *Making sense of madness: Contesting the meaning of schizophrenia*. New York: Routledge.

Ghent, E. (1990). Masochism, submission, surrender—Masochism as a perversion of surrender. *Contemporary Psychoanalysis, 26*, 108-136.

Gill, M. M. (1983). The interpersonal paradigm and the degree of the therapist's involvement. *Contemporary Psychoanalysis, 19*, 200-37.

Gill, M. M., Newman, R., & Redlich, F. C. (1954). *The initial interview in psychiatric practice*. New York: International Universities Press.

Gilleland, J., Suveg, C., Jacob, M. L., & Thomassin, K. (2009). Understanding the medically unexplained: Emotional and family influences on children's somatic. *Child: Care, Health, and Development, 35*, 383-390.

Gilligan, C. (1982). *In a different voice: Psychological theory and women's development*. Cambridge, MA: Harvard University Press.

Giovacchini, P. L. (1979). *The treatment of primitive mental states*. New York: Jason Aronson.

Giovacchini, P. L., & Boyer, L. B. (Eds.). (1982). *Technical factors in the treatment of the severely disturbed patient*. New York: Jason Aronson.

Glick, R. A., & Meyers, D. I. (1988). *Masochism: Current psychoanalytic perspectives*. Hillsdale, NJ: Analytic Press.

Glover, E. (1955). *The technique of psycho-analysis*. New York: International Universities Press.

Goldberg, A. (1990a). Disorders of continuity. *Psychoanalytic Psychology, 7*, 13-28.

Goldberg, A. (1990b). *The prisonhouse of*

psychoanalysis. New York: Analytic Press.

Goldstein, K. (1959). Functional disturbances in brain damage. In S. Arieti (Ed.), *American handbook of psychiatry* (Vol. 1, pp. 770-794). New York: Basic Books.

Gordon, R. (1987). Masochism: The shadow side of the archetypal need to venerate and worship. *Journal of Analytic Psychology, 32*, 427-453.

Gottdiener, W. H. (2002). Psychoanalysis and schizophrenia: Three responses to Martin Willock. *Journal of the American Psychoanalytic Association, 50*, 314-316.

Gottdiener, W. H. (2006). Individual psychodynamic psychotherapy for schizophrenia: Empirical evidence for the practicing clinician. *Psychoanalytic Psychology, 23*, 583-589.

Gottdiener, W., & Haslam, N. (2002). The benefits of individual psychotherapy for people diagnosed with schizophrenia: A meta-analytic review. *Ethical Human Sciences and Services, 4*, 163-187.

Gottesman, I. (1991). *Schizophrenia genesis: The origins of madness*. New York: Freeman.

Gottlieb, R. (2010). *Sarah: The life of Sarah Bernhardt*. New Haven, CT: Yale University Press.

Grand, S. (2000). *The reproduction of evil: A clinical and cultural perspective*. Hillsdale, NJ: Analytic Press.

Green, H. (1964). *I never promised you a rose garden*. New York: Holt, Rinehart & Winston.

Greenacre, P. (1958). The impostor. *Psychoanalytic Quarterly, 27*, 359-382.

Greenberg, J. R., & Mitchell, S. A. (1983). *Object relations in psychoanalytic theory*. Cambridge, MA: Harvard University Press.

Greenson, R. R. (1967). *The technique and practice of psychoanalysis*. New York: International Universities Press.

Greenspan, S. I. (1981). *Clinical infant reports: Number I: Psychopathology and adaptation in infancy and early childhood: Principles of clinical diagnosis and preventive intervention*. New York: International Universities Press.

Greenspan, S. I. (1997). *Developmentally based psychotherapy*. New York: International Universities Press.

Greenwald, H. (1958). *The call girl: A sociological and psychoanalytic study*. New York: Ballantine Books.

Greenwald, H. (1974). Treatment of the psychopath. In H. Greenwald (Ed.), *Active psychotherapy* (pp. 363-377). New York: Jason Aronson.

Grinker, R. R., Werble, B., & Drye, R. C. (1968). *The borderline syndrome: A behavioral study of ego functions*. New York: Basic Books.

Grossman, W. (1986). Notes on masochism: A discussion of the history and development of a psychoanalytic concept. *Psychoanalytic Quarterly, 55*, 379-413.

Grossmann, K., & Grossmann, K. E. (1991). Newborn behavior, early parenting quality and later toddler-arent relationships in a group of German infants. In J. K. Nugent, B. M. Lester, & T. B. Brazelton (Eds.), *The cultural context of infancy* (Vol. 2, pp. 3-38). Norwood, NJ: Ablex.

Groth, A. N. (1979). *Men who rape: The psychology of the offender*. New York: Basic Books.

Grotstein, J. (1982). Newer perspectives in object relations theory. *Contemporary Psychoanalysis, 18*, 43-91.

Grotstein, J. S. (1993). *Splitting and projective identification*. Northvale, NJ: Jason Aronson.

Grotstein, J. S. (2000). *Who is the dreamer who dreams the dream?: A study of psychic presences*. Hillsdale, NJ: Analytic Press.

Gunderson, J. G. (1984). *Borderline personality disorder*. Washington, DC: American

Psychiatric Press.
Gunderson, J. G., & Lyons-Ruth, K. (2008). BPD's interpersonal hypersensitivity phenotype: A gene-environment developmental model. *Journal of Personality Disorders, 22*, 22-41.
Gunderson, J. G., & Singer, M. T. (1975). Defining borderline patients: An overview. *American Journal of Psychiatry, 133*, 1-10.
Guntrip, H. (1952). The schizoid personality and the external world. In *Schizoid phenomena, object relations and the self* (pp. 17-48). New York: International Universities Press, 1969.
Guntrip, H. (1961). The schizoid problem, regression, and the struggle to preserve an ego. In *Schizoid phenomena, object relations and the self* (pp. 49-86). New York: International Universities Press, 1969.
Guntrip, H. (1969). *Schizoid phenomena, object relations and the self*. New York: International Universities Press.
Guntrip, H. (1971). *Psychoanalytic theory, therapy, and the self: A basic guide to the human personality in Freud, Erikson, Klein, Sullivan, Fairbairn, Hartmann, Jacobson, and Winnicott*. New York: Basic Books.
Gutheil, T. G., & Brodsky, A. (2008). *Preventing boundary violations in clinical practice*. New York: Guilford Press.
Hagarty, G. E., Kornblith, S. J., Deborah, G., DiBarry, A. L., Cooley, S., Flesher, S., et al. (1995). Personal therapy: A disorder-relevant psychotherapy for schizophrenia. *Schizophrenia Bulletin, 21*, 379-393.
Hall, J. S. (1998). *Deepening the treatment*. Northvale, NJ: Jason Aronson.
Halleck, S. L. (1967). Hysterical personality traits—psychological, social, and iatrogenic determinants. *Archives of General Psychiatry, 16*, 750-759.
Hammer, E. (1968). *The use of interpretation in treatment*. New York: Grune & Stratton.
Hammer, E. (1990). *Reaching the affect: Style in the psychodynamic therapies*. New York: Jason Aronson.
Hanley, M. A. F. (Ed.). (1995). *Essential papers on masochism*. New York: New York University Press.
Hare, R. D. (1999). *Without conscience: The disturbing world of the psychopaths among us*. New York: Guilford Press.
Hare, R. D., Harpur, T. J., Hakstian, A. R., Forth, A. E., Hart, S. D., & Newman, J. P. (1990). The Revised Psychopathy Checklist: Reliability and factor structure. *Journal of Counseling and Clinical Psychology, 2*, 338-341.
Harris, A. (2008). *Gender as soft assembly*. New York: Routledge.
Harris, A., & Gold, B. H. (2001). The fog rolled in: Induced dissociative states in clinical process. *Psychoanalytic Dialogues, 11*, 357-384.
Harris, D. (1982). *Dreams die hard: Three men's journey through the sixties*. New York: St. Martin's/Marek.
Hartmann, H. (1958). *Ego psychology and the problem of adaptation*. New York: International Universities Press.
Hartocollis, P. (Ed.). (1977). *Borderline personality disorders: The concept, the syndrome, the patient*. New York: International Universities Press.
Hedges, L. E. (1992). *Listening perspectives in psychotherapy*. New York: Jason Aronson.
Heisenberg, W. (1927). The uncertainty principle. *Zeitschrift fur Physik, 43*, 172-196.
Henderson, D. K. (1939). *Psychopathic states*. New York: Norton.
Hendin, H. (1975). *The age of sensation: A psychoanalytic exploration*. New York: Norton.
Herman, J. L. (1981). *Father—daughter incest*. Cambridge, MA: Harvard University Press.
Herman, J. L. (1992). *Trauma and recovery: The*

aftermath of violence—From domestic abuse to political terror. New York: Basic Books.

Herzig, A., & Licht, J. (2006). Overview of empirical support for the DSM symptom-based approach to diagnostic classification. In PDM Task Force (2006), *Psychodynamic diagnostic manual* (pp. 663-690). Silver Spring, MD: Alliance of Psychoanalytic Organizations.

Hesse, E., & Main, M. (1999). Second generation effects of unresolved trauma in nonmaltreating parents: Dissociated, frightening, and threatening parental behavior. *Psychoanalytic Inquiry, 19*, 481-540.

Hilgard, E. R. (1986). *Divided consciousness: Multiple controls in human thought and action*. New York: Wiley.

Hirsch, S. J., & Hollender, M. H. (1969). Hysterical psychoses: Clarification of the concept. *American Journal of Psychiatry, 125*, 909.

Hite, A. L. (1996). The diagnostic alliance. In D. L. Nathanson (Ed.), *Knowing feeling: Affect, script, and psychotherapy* (pp. 37-54). New York: Norton.

Hoch, P. H., & Polatin, P. (1949). Pseudoneurotic forms of schizophrenia. *Psychoanalytic Quarterly, 23*, 248-276.

Hoenig, J. (1983). The concept of schizophrenia: Kraepelin-Bleuler-Schneider. *British Journal of Psychiatry, 142*, 547-556.

Hoffman, I. Z. (1998). *Ritual and spontaneity in the psychoanalytic process: A dialectical constructivist view*. Hillsdale, NJ: Analytic Press.

Hollender, M. H. (1971). Hysterical personality. *Comments on Contemporary Psychiatry, 1*, 17-24.

Hollender, M., & Hirsch, S. (1964). Hysterical psychosis. *American Journal of Psychiatry, 120*, 1066-1074.

Horner, A. J. (1979). *Object relations and the developing ego in therapy*. New York: Jason Aronson.

Horner, A. J. (1990). *The primacy of structure: Psychotherapy of underlying character pathology*. Northvale, NJ: Jason Aronson.

Horner, A. J. (1991). *Psychoanalytic object relations therapy*. Northvale, NJ: Jason Aronson.

Horney, K. (1939). *New ways in psycho-analysis*. New York: Norton.

Horowitz, A. V., & Wakefield, J. C. (2007). *The loss of sadness: How psychiatry transformed normal sorrow into depressive disorder*. New York: Oxford University Press.

Horowitz, M. (Ed.). (1991). *Hysterical personality style and the histrionic personality disorder* (2nd rev. ed.). Northvale, NJ: Jason Aronson.

Howell, E. (1996). Dissociation in masochism and psychopathic sadism. *Contemporary Psychoanalysis, 32*, 427-453.

Howell, E. (2005). *The dissociative mind*. Hillsdale, NJ: Analytic Press.

Hughes, J. M. (1989). *Reshaping the psychoanalytic domain: The work of Melanie Klein, W. R. D. Fairbairn, and D. W. Winnicott*. Berkeley: University of California Press.

Hurvich, M. (2003). The place of annihilation anxieties in psychoanalytic theory. *Journal of the American Psychoanalytic Association, 57*, 579-616.

Hyde, J. (2009). *Fragile narcissists or the guilty good. What drives the personality of the psychotherapist?* Unpublished doctoral dissertation, Macquarie University, Sydney, Australia.

Intrator, J., Hare, R. D., Stritzke, P., Brichtswein, K., Dorman, D., Harpur, T., et al. (1997). A brain imaging (single photon emission computerized topography [SPECT]) study of semantic and affective processing in psychopaths). *Biological Psychiatry, 42*, 96-103.

Isaacs, K. (1990). Affect and the fundamental nature of neurosis. *Psychoanalytic Psychology, 7*, 259-284.

Jacobs, T. J. (1991). *The use of the self: Countertransference and communication in the analytic situation*. Madison, CT: International Universities Press.

Jacobson, E. (1964). *The self and the object world*. New York: International Universities Press.

Jacobson, E. (1967). *Psychotic conflict and reality*. London: Hogarth Press.

Jacobson, E. (1971). *Depression: Comparative studies of normal, neurotic, and psychotic conditions*. New York: International Universities Press.

Janet, P. (1890). *The major symptoms of hysteria*. New York: Macmillan.

Jaspers, K. (1963). *General psychopathology* (J. Hoenig & M. W. Hamilton, Trans.). Chicago: University of Chicago Press.

Jellesma, F. C., Rieffe, C., Terwogt, M. M., & Westenburg, P. M. (2009). Somatic complaints in children: Does reinforcement take place by positive

parental reactions? *Kind en Adolescent, 30*, 24-35.

Johnson, A. (1949). Sanctions for superego lacunae of adolescents. In K. R. Eissler (Ed.), *Searchlights on delinquency* (pp. 225-245). New York: International Universities Press.

Jones, E. (1913). The God complex: The belief that one is God, and the resulting character traits. In *Essays in applied psycho-analysis* (Vol. 2, pp. 244-265). London: Hogarth Press, 1951.

Josephs, L. (1992). *Character structure and the organization of the self*. New York: Columbia University Press.

Josephs, L., & Josephs, L. (1986). Pursuing the kernel of truth in the psychotherapy of schizophrenia. *Psychoanalytic Psychology, 3*, 105-119.

Jung, C. G. (1945). The relations between the ego and the unconscious. In H. Read, M. Fordham, & G. Adler (Eds.), *The collected works of C. G. Jung* (Bollinger Series 20, Vol. 7, pp. 120-239). Princeton, NJ: Princeton University Press, 1953.

Jung, C. G. (1954). Concerning the archetypes, with special reference to the anima concept. In H. Read, M. Fordham, G. Adler, & W. McGuire (Eds.), *The collected works of C. G. Jung* (Bollinger Series 20, Vol. 9, pp. 54-72). Princeton, NJ: Princeton University Press, 1959.

Kagan, J. (1994). *Galen's prophecy: Temperament in human nature*. New York: Basic Books.

Kahn, H. (1962). *Thinking about the unthinkable*. New York: Horizon.

Kahn, M. (2002). *Basic Freud: Psychoanalytic thought for the 21st century*. New York: Basic Books.

Kandel, E. R. (1999). Biology and the future of psychoanalysis: A new intellectual framework for psychiatry revisited. *American Journal of Psychiatry, 156*, 505-524.

Karon, B. P. (1989). On the formation of delusions. *Psychoanalytic Psychology, 6*, 169-185.

Karon, B. P. (1992). The fear of understanding schizophrenia. *Psychoanalytic Psychology, 9*, 191-211.

Karon, B. P. (2003). The tragedy of schizophrenia without psychotherapy. *Journal of the American Academy of Psychoanalysis and Dynamic Psychiatry, 31*, 89-118.

Karon, B. P., & VandenBos, G. R. (1981). *Psychotherapy of schizophrenia: The treatment of choice*. New York: Jason Aronson.

Karpe, R. (1961). The rescue complex in Anna O'

s final identity. *Psychoanalytic Quarterly, 30*, 1-27.

Karpman, S. (1968). Fairy tales and script drama analysis. *Transactional Analysis Bulletin, 7*, 39-43.

Kasanin, J. S. (Ed.). (1944). *Language and thought in schizophrenia*. New York: Norton.

Kasanin, J. S., & Rosen, Z. A. (1933). Clinical variables in schizoid personalities. *Archives of Neurology and Psychiatry, 30*, 538-553.

Katan, M. (1953). Mania and the pleasure principle: Primary and secondary symptoms. In P. Greenacre (Ed.), *Affective disorders* (pp. 140-209). New York: International Universities Press.

Kernberg, O. F. (1970). Factors in the psychoanalytic treatment of narcissistic personalities. *Journal of the American Psychoanalytic Association, 18*, 51-85.

Kernberg, O. F. (1975). *Borderline conditions and pathological narcissism*. New York: Jason Aronson.

Kernberg, O. F. (1976). *Object relations theory and clinical psychoanalysis*. New York: Jason Aronson.

Kernberg, O. F. (1981). Some issues in the theory of hospital treatment. *NordiskTidsskriftforLoegeforen, 14*, 837-842.

Kernberg, O. F. (1982). Self, ego, affects, and drives. *Journal of the American Psychoanalytic Association, 30*, 893-917.

Kernberg, O. F. (1984). *Severe personality disorders: Psychotherapeutic strategies*. New Haven, CT: Yale University Press.

Kernberg, O. F. (1986). Institutional problems of psychoanalytic education. *Journal of the American Psychoanalytic Association, 34*, 799-834.

Kernberg, O. F. (1988). Clinical dimensions of masochism. *Journal of the American Psychoanalytic Association, 36*, 1005-1029.

Kernberg, O. F. (1992). Psychopathic, paranoid, and depressive tendencies. *International Journal of Psychoanalysis, 73*, 13-28.

Kernberg, O. F. (2004). *Aggressivity, narcissism and self-destructiveness in the psychotherapeutic relationship: New developments in the psychology and psychotherapy of severe personality disorders*. New Haven, CT: Yale University Press.

Kernberg, O. F. (2005). Unconscious conflict in light of contemporary psychoanalytic findings. *Psychoanalytic Quarterly, 74*, 65-81.

Kernberg, O. F. (2006). The coming changes in psychoanalytic education. Part 1. *International Journal of Psychoanalysis, 87*, 1649-1673.

Kernberg, O. F., Yeomans, F. E., Clarkin, J. F., & Levy, K. N. (2008). Transference focused psychotherapy: Overview and update. *International Journal of Psychoanalysis, 89*, 601-620.

Keyes, D. (1982). *The minds of Billy Milligan*. New York: Bantam.

Khan, M. M. R. (1963). The concept of cumulative trauma. *Psychoanalytic Study of the Child, 18*, 286-306.

Khan, M. M. R. (1974). *The privacy of the self*. New York: International Universities Press.

Kieffer, C. C. (2007). Emergence and the analytic third: Working at the edge of chaos. *Psychoanalytic Dialogues, 17*, 683-703.

Klein, M. (1932). *The psycho-analysis of children*. London: Hogarth Press.

Klein, M. (1935). A contribution to the psychogenesis of manic-depressive states. In *Love, guilt and reparation and other works 1921-1945* (pp. 262-289). New York: Free Press.

Klein, M. (1937). Love, guilt and reparation. In *Love, guilt and reparation and other works 1921-1945* (pp. 306-343). New York: Free Press.

Klein, M. (1940). Mourning and its relation to manic-depressive states. In *Love, guilt and reparation and other works 1921-1945* (pp. 311-338). New York: Free Press.

Klein, M. (1945). The oedipus complex in light of early anxieties. In *Love, guilt and reparation and other works 1921-1945* (pp. 370-419). New York: Free Press.

Klein, M. (1946). Notes on some schizoid mechanisms. *International Journal of Psycho-Analysis, 27*, 99-110.

Klein, M. (1957). Envy and gratitude. In *Envy and gratitude and other works 1946-1963* (pp. 176-235). New York: Free Press.

Kluft, R. P. (1984). Treatment of multiple personality disorder: A study of 33 cases. *Psychiatric Clinics of North America, 7*, 9-29.

Kluft, R. P. (Ed.). (1985). *Childhood antecedents of multiple personality*. Washington, DC: American Psychiatric Press.

Kluft, R. P. (1991). Multiple personality disorder. In A. Tasman & S. M. Goldfinger (Eds.), *American Psychiatric Press review of psychiatry* (Vol. 10, pp. 161-188). Washington, DC: American Psychiatric Press.

Kluft, R. P. (1987). First-rank symptoms as a diagnostic clue to multiple personality disorder. *American Journal of Psychiatry, 144*, 293-298.

Kluft, R. P. (1994). Countertransference in the treatment of multiple personality disorder. In J. P. Wilson & J. D. Lindy (Eds.), *Countertransference in the treatment of PTSD* (pp. 122-150). New York: Guilford Press.

Kluft, R. P. (2000). The psychoanalytic psychotherapy of dissociative identity disorder in the context of trauma therapy. *Psychoanalytic Inquiry, 20*, 259-286.

Kluft, R. P. (2006). Dealing with alters: A pragmatic clinical perspective. *Psychiatric Clinics of North America, 29*, 281-304.

Kluft, R. P., & Fine, C. G. (Eds.). (1993). *Clinical perspectives on multiple personality disorder*. Washington, DC: American Psychiatric Press.

Knight, R. (1953). Borderline states in psychoanalytic psychiatry and psychology. *Bulletin of the Menninger Clinic, 17*, 1-12.

Kohut, H. (1968). The psychoanalytic treatment of narcissistic personality disorders. *Psychoanalytic Study of the Child, 23*, 86-113.

Kohut, H. (1971). *The analysis of the self: A systematic approach to the psychoanalytic treatment of narcissistic personality disorders*. New York: International Universities Press.

Kohut, H. (1977). *The restoration of the self*. New York: International Universities Press.

Kohut, H. (1984). *How does analysis cure?* (A. Goldberg, Ed., with P. Stepansky). Chicago: University of Chicago Press.

Kohut, H., & Wolf, E. S. (1978). The disorders of the self and their treatment—An outline. *International Journal of Psycho-Analysis, 59*, 413-425.

Kraepelin, E. (1913). *Lectures on clinical psychiatry*. London: Bailliere, Tindall, & Cox.

Kraepelin, E. (1915). *Psychiatrie: Ein lehrbuch* (8th ed.). Leipzig: Barth.

Kraepelin, E. (1919). *Dementia praecox and paraphrenia* (R. M. Barclay, Trans.). Huntington, NY: Krieger, 1971.

Krafft-Ebing, R. (1900). *Psychopathia sexualis* (E. J. Rebman, Trans.). New York: Physicians and Surgeons Book Company, 1935.

Kretschmer, E. (1925). *Physique and character* (J. H. Sprott, Trans.). New York: Harcourt, Brace & World.

Kris, E. (1956). The recovery of childhood memories in psychoanalysis. *Psychoanalytic Study of the Child, 11*, 54-88.

Krystal, H. (1988). *Integration and self-healing: Affect, trauma, alexithymia*. Hillsdale, NJ: Analytic Press.

Krystal, H. (1997). Desomatization and the consequences of infantile psychic trauma. *Psychoanalytic Inquiry, 17*, 126-150.

Kuhn, T. S. (1970). *The structure of scientific revolutions* (2nd rev. ed.). Chicago: University of Chicago Press.

Laing, R. D. (1962). *The self and others*. Chicago: Quadrangle.

Laing, R. D. (1965). *The divided self: An existential study in sanity and madness*. Baltimore: Penguin.

Langness, L. L. (1967). Hysterical psychosis—The cross-cultural evidence. *American Journal of Psychiatry, 124*, 143-151.

Langs, R. J. (1973). *The technique of psychoanalytic psychotherapy: The initial contact, theoretical framework, understanding the patient's communications, the therapist's interventions* (Vol. 1). New York: Jason Aronson.

LaPlanche, J., & Pontalis, J. B. (1973). *The language of psychoanalysis*. New York: Norton.

Lasch, C. (1978). *The culture of narcissism: American life in an age of diminishing expectations*. New York: Norton.

Lasch, C. (1984). *The minimal self: Psychic survival in troubled times*. New York: Norton.

Latz, T. T., Kramer, S. I., & Hughes, D. R. (1995). Multiple personality disorder among female inpatients in a state hospital. *American Journal of Psychiatry, 152*, 1343-1348.

Laughlin, H. P. (1956). *The neuroses in clinical practice*. Philadelphia: Saunders.

Laughlin, H. P. (1967). *The neuroses*. New York: Appleton-Century-Crofts.

Laughlin, H. P. (1970). *The ego and its defenses*. New York: Jason Aronson.

Lax, R. F. (1977). The role of internalization in the development of certain aspects of female masochism: Ego psychological considerations. *International Journal of Psycho-Analysis, 58*, 289-300.

Lax, R. F. (Ed.). (1989). *Essential papers on character neurosis and treatment*. New York: New York University Press.

Layton, L. (2004). Relational no more: Defensive autonomy in middle-class women. *Annual of Psychoanalysis, 32*, 29-42.

Lazare, A. (1971). The hysterical character in psychoanalytic theory: Evolution and confusion. *Archives of General Psychiatry, 25*, 131-137.

LeDoux, J. (1996). *The emotional brain: The mysterious underpinnings of emotional life*. New York: Simon & Schuster.

LeDoux, J. (2002). *Synaptic self: How our brains become who we are*. New York: Viking.

Lee, P. A., Houk, C. P., Ahmed, S. F., Hughes, I. A., in collaboration with the participants in the International Consensus Conference on Intersex organized by the Lawson Wilkins Pediatric Endocrine Society and the European society for Paediatric Endocrinology (2006). Consensus statement on management of intersex disorders: International consensus conference on intersex. *Pediatrics, 118*, 488-5000.

Leichsenring, F., & Rabung, S. (2008). Effectiveness of long-term psychodynamic psychotherapy: A meta-analysis. *Journal of the American Medical Association, 300*, 1551-1565.

Levenson, E. A. (1972). *The fallacy of understanding: An inquiry into the changing structure of psychoanalysis*. New York: Basic Books.

Levin, J. D. (1987). *Treatment of alcoholism and other addictions: A self-psychology approach*. Northvale, NJ: Jason Aronson.

Levy, K. N., Wasserman, R. H., Scott, L. N., Zach, S. E., White, C. N., Cain, N. M., et al. (2006). The development of a measure to assess putative mechanisms of change in the treatment of borderline personality disorder. *Journal of the American Psychoanalytic Association, 54*, 1325-1330.

Lewis, D. O., Yaeger, C. A., Swica, Y., Pincus, J. H., & Lewis, M. (1997). Objective documentation of child abuse and dissociation in 12 murderers with dissociative identity disorder. *American Journal of Psychiatry, 154*, 1703-1710.

Lewis, H. B. (1971). *Shame and guilt in neurosis*. New York: International Universities Press.

Lewis, M., & Haviland-Jones, J. M. (2010). *Handbook of emotions* (2nd ed.). New York: Guilford Press.

Lichtenberg, J. (1989). *Psychoanalysis and motivation*. Hillsdale, NJ: Analytic Press.

Lichtenberg, J. D. (2001). Motivational systems and model scenes with special references to bodily experience. *Psychoanalytic Inquiry, 21*, 430-447.

Lichtenberg, J. D. (2004). Experience and inference: How far will science carry us? *Journal of Analytic Psychology, 49*, 133-142.

Lidz, T. (1973). *The origin and treatment of schizophrenic disorders*. New York: Basic Books.

Lidz, T., & Fleck, S. (1965). Family studies and a theory of schizophrenia. In T. Lidz, S. Fleck, & A. R. Cornelison (Eds.), *Schizophrenia and the family*. New York: International Universities Press.

Lieb, P. T. (2001). Integrating behavior modification and pharmacology with the psychoanalytic treatment of obsessive-ompulsive disorder: A case study. *Psychoanalytic Inquiry, 21*, 222-241.

Lifton, R. J. (1968). *Death in life: Survivors of Hiroshima*. New York: Random House.

Lilienfeld, S. O., Van Valkenburg, C., Larntz, K., & Akiskal, H. S. (1986). The relationship of histrionic personality disorder to antisocial personality disorder and somatization disorders. *American Journal of Psychiatry, 142*, 718-722.

Lindner, R. (1955). The jet-propelled couch. In *The fifty-minute hour: A collection of true psychoanalytic tales* (pp. 221-293). New York: Jason Aronson, 1982.

Linehan, M. M. (1993). *Cognitive-behavioral treatment of borderline personality disorder*. New York: Guilford Press.

Linton, R. (1956). *Culture and mental disorders*. Springfield, IL: Thomas.

Lion, J. R. (1978). Outpatient treatment of psychopaths. In W. Reid (Ed.), *The psychopath: A comprehensive study of antisocial disorders and behaviors* (pp. 286-300). New York: Brunner/Mazel.

Lion, J. R. (Ed.). (1986). *Personality disorders: Diagnosis and management* (2nd ed.). Malabar, FL: Krieger.

Liotti, G. (1999). Understanding dissociative process: The contribution of attachment theory. *Psychoanalytic Inquiry, 19*, 757-783.

Liotti, G. (2004). Trauma, dissociation, and disorganized attachment: Three strands of a single braid. *Psychotherapy: Theory, Research, Practice, Training, 41*, 472-486.

Little, M. I. (1981). *Transference neurosis and transference psychosis: Toward basic unity*. New York: Jason Aronson.

Little, M. I. (1990). *Psychotic anxieties and containment: A personal record of an analysis with Winnicott*. Northvale, NJ: Jason Aronson.

Loewenstein, R. J. (1988). The spectrum of phenomenology in multiple personality disorder: Implications for diagnosis and treatment. In B. G. Braun (Ed.), *Proceedings of the Fifth National Conference on Multiple Personality Disorder/Dissociative States* (p. 7). Chicago: Rush University.

Loewenstein, R. J. (1991). An office mental status examination for complex chronic dissociative symptoms and multiple personality disorder. *Psychiatric Clinics of North America, 14*, 567-604.

Loewenstein, R. J. (1993). Post-traumatic and dissociative aspects of transference and countertransference in the treatment of multiple personality disorder. In R. P. Kluft & C. Fine (Eds.), *Clinical perspectives on multiple personality disorder* (pp. 51-85). Washington, DC: American Psychiatric Press.

Loewenstein, R. J., & Ross, D. R. (1992). Multiple personality and psychoanalysis: An introduction. *Psychoanalytic Inquiry, 12*, 3-48.

Loewenstein, R. M. (1951). The problem of interpretation. *Psychoanalytic Quarterly, 20*, 1-14.

Loewenstein, R. M. (1955). A contribution to the psychoanalytic theory of masochism. *Journal of the American Psychoanalytic Association, 5*, 197-234.

Lothane, Z. (1992). *In defense of Schreber: Soul murder and psychiatry*. Hillsdale, NJ: Analytic Press.

Louth, S. M., Williamson, S., Alpert, M., Pouget, E. R., & Hare, R. D. (1998). Acoustic distinctions in the speech of male psychopaths. *Journal of Psycholinguistic Research, 27*, 375-384.

Lovinger, R. J. (1984). *Working with religious issues in therapy*. New York: Jason Aronson.

Luepnitz, D. A. (2002). *Schopenhauer's porcupines: Intimacy and its dilemmas. Five stories of psychotherapy*. New York: Basic Books.

Lykken, D. (1995). *The antisocial personalities*. Hillsdale, NJ: Erlbaum.

Lynd, H. M. (1958). *On shame and the search for identity*. New York: Harcourt, Brace & World.

Lyons-Ruth, K. (1991). Rapprochement or approchement: Mahler's theory reconsidered from the vantage point of recent research on early attachment relationships. *Psychoanalytic Psychology*, 8, 1-23.

Lyons-Ruth, K. (2001). The two-person construction of defenses: Disorganized attachment strategies, unintegrated mental states and hostile/helpless relational processes. *Psychologist-Psychoanalyst, 21*, 40-45.

Lyons-Ruth, K., Bronfman, E., & Parsons, E. (1999). Maternal frightened, frightening, or atypical behavior and disorganized attachment patterns. In J. I. Voncra & D. Barnett (Eds.), *Atypical attachment in infancy and early childhood among children at risk* (pp. 67-96). Chicago: University of Chicago Press.

MacKinnon, R. A., & Michels, R. (1971). *The psychiatric interview in clinical practice*. Philadelphia: Saunders.

MacKinnon, R. A., Michels, R., & Buckley, P. J. (2006). *The psychiatric interview in clinical practice* (2nd ed.). Washington, DC: American Psychiatric Association.

Maheu, R., & Hack, R. (1992). *Next to Hughes*. New York: HarperCollins.

Mahler, M. S. (1968). *On human symbiosis and the vicissitudes of individuation*. New York: International Universities Press.

Mahler, M. S. (1971). A study of the separation–individuation process and its possible application to borderline phenomena in the psychoanalytic situation. *Psychoanalytic Study of the Child, 26*, 403-424.

Mahler, M. S. (1972a). On the first three subphases of the separation-ndividuation process. *International Journal of Psycho-Analysis, 53*, 333-338.

Mahler, M. S. (1972b). Rapprochement subphase of the separation-ndividuation process. *Psychoanalytic Quarterly, 41*, 487-506.

Mahler, M. S., Pine, F., & Bergman, A. (1975). *The psychological birth of the human infant*.

New York: Basic Books.

Main, M. (1995). Attachment: Overview, with implications for clinical work. In S. Goldberg, R. Muir, & J. Kerr (Eds.), *Attachment theory: Social, developmental and clinical perspectives* (pp. 407-474). Hillsdale, NJ: Analytic Press.

Main, M., & Hesse, E. (1990). Parents' unresolved traumatic experiences are related to infant disorganized attachment status: Is frightened and/or frightening parental behavior the linking mechanism? In M. T. Greenberg, D. Cicchetti, & E. M. Cummings (Eds.), *Attachment in the preschool years: Theory, research, and intervention* (pp. 161-182). Chicago: University of Chicago Press.

Main, M., & Solomon, J. (1986). Discovery of a new, insecure-disorganized/disoriented attachment pattern. In T. B. Brazelton & M. Yogman (Eds.), *Affective development in infancy* (pp. 95-124). Norwood: Ablex.

Main, M., & Weston, D. R. (1982). Avoidance of the attachment figure in infancy. In M. Parkes & J. Stevenson-Hinde (Eds.), *The place of attachment in human behavior* (pp. 31-59). New York: Basic Books.

Main, T. F. (1957). The ailment. *British Journal of Medical Psychology, 30*, 129-145.

Malan, D. H. (1963). *A study of brief psychotherapy*. New York: Plenum.

Mandelbaum, A. (1977). The family treatment of the borderline patient. In P. Hartocollis (Ed.), *Borderline personality disorders: The concept, the syndrome, the patient* (pp. 423-438). New York: International Universities Press.

Mann, J. (1973). *Time-limited psychotherapy*. Cambridge, MA: Harvard University Press.

Marmor, J. (1953). Orality in the hysterical personality. *Journal of the American Psychiatric Association, 1*, 656-671.

Maroda, K. J. (1991). *The power of countertransference*. Northvale, NJ: Jason Aronson.

Maroda, K. J. (1999). *Seduction, surrender, and transformation: Emotional engagement in the analytic process*. Hillsdale, NJ: Analytic Press.

Maroda, K. J. (2010). *Psychodynamic techniques: Working with emotion in the therapeutic relationship*. New York: Guilford Press.

Martens, W. H. J. (2002). Criminality and moral dysfunction: Neurology, biochemical, and genetic dimensions. *International Journal of Offender Therapy and Comparative Criminology, 46*, 170-182.

Masterson, J. F. (1972). *Treatment of the borderline adolescent: A developmental approach*. New York: Wiley-Interscience.

Masterson, J. F. (1976). *Psychotherapy of the borderline adult: A developmental approach*. New York: Brunner/Mazel.

Masterson, J. F. (1993). *The emerging self: A developmental, self and object relations approach to the treatment of closet narcissistic disorder of the self*. New York: Brunner/Mazel.

Masterson, J. F., & Klein, R. (Eds.). (1995). *Disorders of the self: New therapeutic horizons*. New York: Routledge.

Mattila, A. K., Kronholm, E., Jula, A., Salminen, J. K., Koivisto, A. M., Mielonen, R. L., et al. (2008). Alexithymia and somatization in the general population. *Psychosomatic Medicine, 70*, 716-722.

Mayes, L. (2001). Review of S. Greenspan (1997), *Developmentally based psychotherapy*. New York: International Universities Press. *Journal of the American Psychoanalytic Association, 49*, 1060-1064.

Mayes, R., & Horwitz, A. V. (2005). DSM-III and the revolution in the classification of mental illness. *Journal of the History of the Behavioral Sciences, 41*, 249-267.

McClelland, D. C. (1961). *The achieving society*. Princeton, NJ: Van Nostrand.

McDougall, J. (1980). *Plea for a measure of abnormality*. New York: International Universities Press.

McDougall, J. (1989). *Theaters of the body: A psychoanalytic approach to psychosomatic illness*. New York: Norton.

McGoldrick, M. (2005). Irish families. In M. McGoldrick, J. Giordano, & N. Garcia-Preto (Eds.), *Ethnicity and family therapy* (3rd ed., pp. 595-615). New York: Guilford Press.

McWilliams, N. (1979). Treatment of the young borderline patient: Fostering individuation against the odds. *Psychoanalytic Review, 66*, 339-357.

McWilliams, N. (1984). The psychology of the altruist. *Psychoanalytic Psychology, 1*, 193-213.

McWilliams, N. (1999). *Psychoanalytic case formulation*. New York: Guilford Press.

McWilliams, N. (2004). *Psychoanalytic psychotherapy: A practitioner's guide*. New York: Guilford Press.

McWilliams, N. (2005a). Mother and fathering processes in the psychoanalytic art. In E. L. K. Toronto, G. Ainslie, M. Donovan, M. Kelly, C. C. Kieffer, & N. McWilliams (Eds.), *Psychoanalytic reflections on a gender-free case: Into the void* (pp. 154-169). New York: Routledge.

McWilliams, N. (2005b). Preserving our humanity as therapists. *Psychotherapy: Theory, Research, Practice and Training, 42*, 139-151; response to Norcross, 156-159.

McWilliams, N. (2006a). Some thoughts about schizoid dynamics. *Psychoanalytic Review, 93*, 1-24.

McWilliams, N. (2006b). The woman who hurt too much to talk. *Fort Da, 12*, 9-25.

McWilliams, N. (Guest Expert); American Psychological Association (Producer). (2007). *Psychoanalytic therapy* [DVD]. Available from *www.apa.org/videos*.

McWilliams, N. (2010). Paranoia and political leadership. *Psychoanalytic Review, 97*, 239-261.

McWilliams, N., & Lependorf, S. (1990). Narcissistic pathology of everyday life: The denial of remorse and gratitude. *Journal of Contemporary Psychoanalysis, 26*, 430-451.

McWilliams, N., & Stein, J. (1987). Women's groups led by women: The management of devaluing transferences. *International Journal of Group Psychotherapy, 37*, 139-153.

Meares, R. (2001). A specific developmental deficit in obsessive–Compulsive disorder: The example of the Wolf Man. *Psychoanalytic Inquiry, 21*, 289-319.

Meares, R. (2002). *Intimacy and alienation: Memory, trauma and personal being*. London: Routledge.

Meissner, W. W. (1978). *The paranoid process*. New York: Jason Aronson.

Meissner, W. W. (1979). Narcissistic personalities and borderline conditions: A differential diagnosis. *Annual Review of Psychoanalysis, 7*, 171-202.

Meissner, W. W. (1984). *The borderline spectrum: Differential diagnosis and developmental issues*. New York: Jason Aronson.

Meissner, W. W. (1988). *Treatment of patients in the borderline spectrum*. Northvale, NJ: Jason Aronson.

Meissner, W. W. (2006). Psychoanalysis and the mind–body relation: Psychosomatic perspectives. *Bulletin of the Menninger Clinic, 70*, 295-315.

Meloy, J. R. (1988). *The psychopathic mind: Origins, dynamics, and treatment*. Northvale, NJ: Jason Aronson.

Meloy, J. R. (1997). The psychology of

wickedness: Psychopathy and sadism. *Psychiatric Annals, 27*, 630-633.

Meloy, J. R. (Ed.). (2001). *The mark of Cain: Psychoanalytic insight and the psychopath*. Hillsdale, NJ: Analytic Press.

Menaker, E. (1942). The masochistic factor in the psychoanalytic situation. *Psychoanalytic Quarterly, 11*, 171-186.

Menaker, E. (1953). Masochism—A defense reaction of the ego. *Psychoanalytic Quarterly, 22*, 205-220.

Menninger, K. (1963). *The vital balance: The life process in mental health and illness* (with M. Mayman & P. Pruyser). New York: Viking.

Messer, S. B., & Warren, C. S. (1995). *Models of brief psychodynamic therapy: A comparative approach*. New York: Guilford Press.

Michaud, S., & Aynesworth, H. (1983). *The only living witness*. New York: New American Library.

Mikulincer, M., & Shaver, P. R. (2007). *Attachment in adulthood: Structure, dynamics, and change*. New York: Guilford Press.

Milgram, S. (1963). Behavioral study of obedience. *Journal of Abnormal and Social Psychology, 67*, 371-378.

Miller, A. (1975). *Prisoners of childhood: The drama of the gifted child and the search for the true self*. New York: Basic Books.

Miller, J. B. (1984). The development of women's sense of self. In J. V. Jordan, A. G. Kaplan, J. B. Miller, I. P. Stiver, & J. L. Surrey (Eds.), *Women's growth in connection: Writings for the Stone Center* (pp. 11-26). New York: Guilford Press.

Millon, T. (1995). *Disorders of personality: DSM-IV and beyond*. New York: Wiley.

Mischler, E., & Waxier, N. (Eds.). (1968). *Family processes and schizophrenia*. New York: Jason Aronson.

Mitchell, J. (2001). *Mad men and Medusas: Reclaiming hysteria*. New York: Basic Books.

Mitchell, S. A. (1988). *Relational concepts in psychoanalysis: An integration*. Cambridge, MA: Harvard University Press.

Mitchell, S. A. (1997). *Influence and autonomy in psychoanalysis*. Hillsdale, NJ: Analytic Press.

Mitchell, S. A., & Aron, L. (Eds.). (1999). *Relational psychoanalysis: The emergence of a tradition*. Hillsdale, NJ: Analytic Press.

Mitchell, S. A., & Black, M. J. (1995). *Freud and beyond: A history of modern psychoanalytic thought*. New York: Basic Books.

Modell, A. H. (1975). A narcissistic defense against affects and the illusion of self-sufficiency. *International Journal of Psycho-Analysis, 56*, 275-282.

Modell, A. H. (1976). The "holding environment" and the therapeutic action of psychoanalysis. *Journal of the American Psychoanalytic Association, 24*, 285-308.

Modell, A. H. (1996). *The private self*. Cambridge, MA: Harvard University Press.

Morrison, A. P. (1983). Shame, the ideal self, and narcissism. *Contemporary Psychoanalysis, 19*, 295-318.

Morrison, A. P. (Ed.). (1986). *Essential papers on narcissism*. New York: New York University Press.

Morrison, A. P. (1989). *Shame: The underside of narcissism*. Hillsdale, NJ: Analytic Press.

Mowrer, O. H. (1950). *Learning theory and personality dynamics*. New York: Ronald.

Mueller, W. J., & Aniskiewitz, A. S. (1986). *Psychotherapeutic intervention in hysterical disorders*. Northvale, NJ: Jason Aronson.

Mullahy, P. (1970). *Psychoanalysis and interpersonal psychiatry: The contributions of Harry Stack Sullivan*. New York: Science House.

Murray, H. A., & members of the Harvard Psychological Clinic. (1938). *Explorations in personality*. New York: Oxford University Press.

Myerson, P. G. (1991). *Childhood dialogues and the lifting of repression: Character structure and psychoanalytic technique*. New Haven, CT: Yale University Press.

Nagera, H. (1976). *Obsessional neuroses: Developmental pathology*. New York: Jason Aronson.

Nannarello, J. J. (1953). Schizoid. *Journal of Nervous and Mental Diseases, 118*, 242.

Nemiah, J. C. (1973). *Foundations of psychopathology*. New York: Jason Aronson.

Newirth, J. (2003). *Between emotion and cognition: The generative unconscious*. New York: Other Press.

Nickell, A. D., Waudby, C. J., & Trull, T. J. (2002). Attachment, parental bonding, and borderline personality disorder features in young adults. *Journal of Personality Disorders, 16*, 148-159.

Niederland, W. (1959). Schreber: Father and son. *Psychoanalytic Quarterly, 28*, 151-169.

Niehoff, D. (2003). A vicious circle: The neurobiological foundations of violent behavior. *Modern Psychoanalysis, 28*, 235-245.

Noblin, C. D., Timmons, E. O., & Kael, H. C. (1966). Differential effects of positive and negative verbal reinforcement on psychoanalytic character types. *Journal of Personality and Social Psychology, 4*, 224-228.

Norcross, J. C. (2002). *Psychotherapy relationships that work: Therapist contributions and responsiveness to patients*. New York: Oxford University Press.

Novick, J., & Novick, K. K.(1991). Some comments on masochism and the delusion of omnipotence from a developmental perspective. *Journal of the American Psychoanalytic Association, 39*, 307-331.

Nunberg, H. (1955). *Principles of psycho-analysis*. New York: International Universities Press.

Nydes, J. (1963). The paranoid–masochistic character. *Psychoanalytic Review, 50*, 215-251.

Ogawa, J. R., Sroufe, L. A., Weinfield, N. S., Carlson, E. A., & Egeland, B. (1997). Development and the fragmented self: Longitudinal study of dissociative symptomatology in a nonclinical sample. *Development and Psychopathology, 9*, 855-879.

Ogden, T. H. (1982). *Projective identification: Psychotherapeutic technique*. New York: Jason Aronson.

Ogden, T. H. (1989). *The primitive edge of experience*. Northvale, NJ: Jason Aronson.

Ogden, T. H. (1996). The perverse subject of analysis. *Journal of the American Psychoanalytic Association, 44*, 1121-1146.

Olds, D. D. (2006). Identification: Psychoanalytic and biological perspectives. *Journal of the American Psychoanalytic Association, 54*, 17-46.

Ouimette, P. C., Klein, D. N., Anderson, R., Riso, L. P., & Lizardi, H. (1994). Relationships of sociotropy/autonomy and dependency/self-criticism to DSM-III-R personality disorders. *Journal of Abnormal Psychology, 103*, 743-749.

Panken, S. (1973). *The joy of suffering: Psychoanalytic theory and therapy of masochism*. New York: Jason Aronson.

Panksepp, J. (1998). *Affective neuroscience: The foundations of human and animal emotions*. New York: Oxford University Press.

Panksepp, J. (1999). Emotions as viewed by psychoanalysis and neuroscience: An exercise in consilience. *Neuro-Psychoanalysis, 1*, 15-38.

Panksepp, J. (2001). The long-term psychobiological consequences of infant emotions: Prescriptions for the 21st century. *Neuro-Psychoanalysis, 3*, 149-178.

Paris, J. (2008). *Treatment of borderline personality disorder: A guide to evidence-based practice*. New York: Guilford Press.

Patrick, C. J. (1994). Emotion and psychopathology: Startling new insights. *Psychophysiology, 31*, 319-330.

Pasquini, P., Liotti, G., Mazzotti, E., Fassone, G., & Picardi, A. (2002). Risk factors in the early family life of patients suffering from dissociative disorders. *Acta Psychiatrica Scandinavica, 105*, 110-116.

PDM Task Force (2006). *Psychodynamic diagnostic manual*. Silver Spring, MD: Alliance of Psychoanalytic Organizations.

Pearlman, E. (2005). Terror of desire: The etiology of eating disorders from an attachment theory perspective. *Psychoanalytic Review, 92*, 223-235.

Peebles-Kleiger, M. J. (2002). *Beginnings: The art and science of planning psychotherapy*. Hillsdale, NJ: Analytic Press.

Peralta, V., Cuesta, M. J., & de Leon, J. (1991). Premorbid personality and positive and negative symptoms in schizophrenia. *Acta Psychiatrica Scandinavica, 84*, 336-339.

Persons, J. B. (2008). *The case formulation approach to cognitive-behavior therapy*. New York: Guilford Press.

Pharis, M. E. (2004, July). *The virtuous narcissist: Extending Gabbard's two subtypes of narcissism*. Paper presented at the annual meeting of the American Psychological Association, Honolulu, HI.

Piaget, J. (1937). *The construction of reality in the child*. New York: Basic Books.

Pine, F. (1985). *Developmental theory and clinical process*. New Haven, CT: Yale University Press.

Pine, F. (1990). *Drive, ego, object, and self: A synthesis for clinical work*. New York: Basic Books.

Pinsker, H. (1997). *A primer of supportive psychotherapy*. Hillsdale, NJ: Analytic Press.

Pope, K. S. (1987). Preventing therapist-atient sexual intimacy: Therapy for a therapist at risk. *Professional Psychology: Research and Practice, 18*, 624-628.

Pope, K. S., Tabachnick, B. G., & Keith-Spiegel, P. (1987). Ethics of practice: The beliefs and behaviors of psychologists as therapists. *American Psychologist, 42*, 993-1006.

Prichard, J. C. (1835). *Treatise on insanity*. London: Sherwood, Gilbert & Piper.

Prince, M. (1906). *The dissociation of a personality: A biographical study in abnormal personality*. New York: Longman, Green.

Prince, R. (2007). Present and past in sonata form. *Contemporary Psychoanalysis, 43*, 484-492.

Putnam, F. W. (1989). *Diagnosis and treatment of multiple personality disorder*. New York: Guilford Press.

Putnam, F. W. (1997). *Dissociation in children and adolescents: A developmental perspective*. New York: Guilford Press.

Racker, H. (1968). *Transference and countertransference*. New York: International Universities Press.

Rado, S. (1928). The problem of melancholia. *International Journal of Psycho-Analysis, 9*, 420-438.

Rafaeli, E., Bernstein, D. P., & Young, J. (2010). *Schema therapy: Distinctive features*. New York: Routledge.

Rank, O. (1929). *The trauma of birth*. Harper & Row, 1973.

Rao, D., Young, M., & Raguram, R. (2007). Culture, somatization, and psychological distress: Symptom presentation in South Indian patients from a public psychiatric hospital. *Psychopathology, 40*, 349-355.

Rasmussen, A. (1988). Chronically and severely battered women: A psychodiagnostic investigation. Unpublished doctoral dissertation, Graduate School of Applied and Professional Psychology, Rutgers University. *Dissertation Abstracts International, 50*, 2634B.

Read, J., Mosher, L. R., & Bentall, R. P. (2004). *Models of madness: Psychological, social and biological approaches to schizophrenia*. London: Routledge.

Read, J., Perry, B., Moskowitz, A., & Connolly, J. (2001). The contribution of early traumatic events to schizophrenia in some patients: A traumagenic neurodevelopmental model. *Psychiatry, 64*, 319-345.

A Recovering Patient. (1986). "Can we talk?": The schizophrenic patient in psychotherapy. *American Journal of Psychiatry, 143*, 68-70.

Redl, R., & Wineman, D. (1951). *Children who hate*. New York: Free Press.

Reich, A. (1960). Pathological forms of self-esteem regulation. *Psychoanalytic Study of the Child, 15*, 215-231.

Reich, W. (1933). *Character analysis*. New York: Farrar, Straus, & Giroux, 1972.

Reichbart, R. (2010, June). *Paranoia: The therapist mistaken for a monster*. Paper presented at the Center for Psychoanalysis and Psychotherapy of New Jersey, Madison, NJ.

Reik, T. (1941). *Masochism in modern man*. New York: Farrar, Straus.

Reik, T. (1948). *Listening with the third ear*. New York: Grove.

Reinhard, M. J., Wolf, G., & Cozolino, L. (2010). Using the MMPI to assess reported cognitive disturbances and somatization as a core feature of complex PTSD. *Journal of Trauma and Dissociation, 11*, 57-72.

Ressler, R. K., & Schactman, T. (1992). *Whoever fights monsters: My twenty years of hunting serial killers for the FBI*. New York: St. Martin's.

Rhodes, J. (1980). *The Hitler movement: A modern millenarian revolution*. Stanford, CA: Hoover Institution Press.

Rice, E. (2004). Reflections on the obsessive–Compulsive disorders: A psychodynamic and therapeutic perspective. *Psychoanalytic Review, 91*, 29-34.

Rice, J., Reich, T., Andreason, N. C., Endicott, J., Van Eerdewegh, M., Fishman, R., et al. (1987). The familial transmission of bipolar illness. *Archives of General Psychiatry, 44*, 441-447.

Richfield, J. (1954). An analysis of the concept of insight. *Psychoanalytic Quarterly, 23*, 390-408.

Richman, J., & White, H. (1970). A family view of hysterical psychosis. *American Journal of Psychiatry, 127*, 280-285.

Rinsley, D. B. (1982). *Borderline and other self disorders: A developmental and object-relations perspective*. New York: Jason Aronson.

Rizzolatti, G., & Craighero, L. (2004). The mirror neuron system. *Annual Review of Neuroscience, 27*, 169-192.

Robbins, A. (1980). *Expressive therapy*. New York: Human Sciences Press.

Robbins, A. (1988). The interface of the real and transference relationships in the treatment of schizoid phenomena. *Psychoanalytic Review, 75*, 393-417.

Robbins, A. (1989). *The psychoaesthetic experience: An approach to depthoriented treatment*. New York: Human Sciences Press.

Robbins, M. (1993). *Experiences of schizophrenia: An integration of the personal, scientific, and therapeutic*. New York: Guilford Press.

Robins, L. N., Tipp, J., & Przybeck, T. (1991). Antisocial personality. In L. N. Robins & D. A. Regier (Eds.), *Psychiatric disorders in America: The epidemiological catchment area study* (pp. 258-290). New York: Free Press.

Rockland, L. H. (1992). *Supportive therapy: A psychodynamic approach*. New York: Basic

Books.

Rogers, C. R. (1951). *Client-centered therapy: Its current practice, implications, and theory*. Boston: Houghton Mifflin.

Rogers, C. R. (1961). *On becoming a person*. Boston: Houghton Mifflin.

Roland, A. (1981). Induced emotional reactions and attitudes in the psychoanalyst as transference and in actuality. *Psychoanalytic Review, 68*, 45-74.

Roland, A. (2003). Psychoanalysis across civilizations. *Journal of the American Academy of Psychoanalysis and Dynamic Psychiatry, 31*, 275-295.

Rosanoff, A. J. (1938). *Manual of psychiatry and mental hygiene*. New York: Wiley.

Rosenfeld, H. (1947). Analysis of a schizophrenic state with depersonalization. *International Journal of Psycho-Analysis, 28*, 130-139.

Rosenfeld, H. (1987). Afterthought: Changing theories and changing techniques in psychoanalysis. *In Impasse and interpretation* (pp. 265-279). London: Tavistock.

Rosenwald, G. C. (1972). Effectiveness of defenses against anal impulse arousal. *Journal of Consulting and Clinical Psychology, 39*, 292-298.

Ross, C. A. (1989a). The dissociative disorders interview schedule: A structured interview. *Dissociation, 7*, 169-189.

Ross, C. A. (1989b). *Multiple personality disorder: Diagnosis, clinical features, and treatment*. New York: Wiley.

Ross, C. A. (2000). *The trauma model: A solution to the problem of comorbidity in psychiatry*. Richardson, TX: Manitou Communications.

Ross, D. R. (1992). Discussion: An agnostic viewpoint on multiple personality disorder. *Psychoanalytic Inquiry, 12*, 124-138.

Rosse, I. C. (1890). Clinical evidences of borderland insanity. *Journal of Nervous and Mental Diseases, 17*, 669-683.

Rowe, C. E., & MacIsaac, D. S. (1989). *Empathic attunement: The "technique" of psychoanalytic self psychology*. Northvale, NJ: Jason Aronson.

Safran, J. D. (2006). The relational unconscious: The enchanted interior, and the return of the repressed. *Contemporary Psychoanalysis, 42*, 393-412.

Safran, J. D. (2012). *Psychoanalysis and psychoanalytic therapies*. Washington, DC: American Psychological Association.

Safran, J. D., & Muran, J. C. (2000). *Negotiating the therapeutic alliance: A relational treatment guide*. New York: Guilford Press.

Saks, E. R. (2008). *The center cannot hold: My journey through madness*. New York: Hyperion Press.

Salzman, L. (1960). Masochism and psychopathy as adaptive behavior. *Journal of Individual Psychology, 16*, 182-188.

Salzman, L. (1962). *Developments in psychoanalysis*. New York: Grune & Stratton.

Salzman, L. (1980). *Treatment of the obsessive personality*. New York: Jason Aronson.

Samelius, L., Wijma, B., Wingren, G., & Wijma, K. (2009). Posttraumatic stress and somatization in abused women. *Traumatology, 15*, 103-112.

Sandler, J. (1976). Countertransference and role-responsiveness. *International Review of Psychoanalysis, 3*, 43-47.

Sandler, J. (1987). *Projection, identification, and projective identification*. Madison, CT: International Universities Press.

Sands, S. H. (2003). The subjugation of the body in eating disorders. *Psychoanalytic Psychology, 20*, 103-116.

Sar, V., Akyuz, G., & Dogan, O. (2006). Prevalence of dissociative disorders among women in the general population. *Psychiatry Research, 149*, 169-176.

Sar, V., Dogan, O., Yargic, L. I., & Tutkun, H. (1999). Frequency of dissociative disorders in the general population of Turkey. *Comprehensive Psychiatry, 40*, 151-159.

Sass, L. A. (1992). *Madness and modernism: Insanity in the light of modem art, literature, and thought*. New York: Basic Books.

Sasso, G. (2008). *The development of consciousness: An integrative model of child development, neuroscience and psychoanalysis* (J. Cottam, Trans.). London: Karnac.

Schafer, R. (1968). *Aspects of internalization*. New York: International Universities Press.

Schafer, R. (1983). *The analytic attitude*. New York: Basic Books.

Schafer, R. (1984). The pursuit of failure and the idealization of unhappiness. *American Psychologist, 39*, 398-405.

Scharff, J. S. (1992). *Projective and introjective identification and the use of the therapist's self*. New York: Jason Aronson.

Schmideberg, M. (1947). The treatment of psychopaths and borderline patients. *American Journal of Psychotherapy, 1*, 45-70.

Schneider, K. (1950). Psychoanalytic therapy with the borderline adult: Some principles concerning technique. In J. Masterson (Ed.), *New perspectives on psychotherapy of the borderline adult* (pp. 41-65). New York: Brunner/Mazel.

Schneider, K. (1959). *Clinical psychopathology* (5th ed.). New York: Grune & Stratton.

Schore, A. (2002). Advances in neuropsychoanalysis, attachment theory, and trauma research: Implications for self psychology. *Psychoanalytic Inquiry, 22*, 433-484.

Schore, A. N. (2003a). *Affect dysregulation and disorders of the self*. New York: Norton.

Schore, A. N. (2003b). *Affect regulation and the repair of the self*. New York: Norton.

Schreiber, F. R. (1973). *Sybil*. Chicago: Regency.

Scull, A. (2009). *Hysteria: The biography*. London: Oxford University Press.

Searles, H. F. (1959). The effort to drive the other person crazy—An element in the aetiology and psychotherapy of schizophrenia. *British Journal of Medical Psychology, 32*, 1-18.

Searles, H. F. (1961). The sources of anxiety in paranoid schizophrenia. In *Collected papers on schizophrenia and related subjects* (pp. 465-486). New York: International Universities Press, 1965.

Searles, H. F. (1965). *Collected papers on schizophrenia and related subjects*. New York: International Universities Press.

Searles, H. F. (1986). *My work with borderline patients*. New York: Jason Aronson.

Segal, H. (1950). Some aspects of the analysis of a schizophrenic. *International Journal of Psycho-Analysis, 31*, 268-278.

Segal, H. (1997). Some implications of Melanie Klein's work: Emergence from narcissism. In J. Steiner (Ed.), *Psychoanalysis, literature and war* (pp. 75-85). London: Routledge.

Seinfeld, J. (1991). *The empty core: An object relations approach to psychotherapy of the schizoid personality*. Northvale, NJ: Jason Aronson.

Seligman, S. (2005). Dynamic systems theories as a metaframework for psychoanalysis. *Psychoanalytic Dialogues, 15*, 285-319.

Selzer, M. A., Sullivan, T. B., Carsky, M., & Terkelsen, K. G. (1989). *Working with the person with schizophrenia: The treatment alliance*. New York: Guilford Press.

Shapiro, D. (1965). *Neurotic styles*. New York: Basic Books.

Shapiro, D. (1984). *Autonomy and rigid character*. New York: Basic Books.

Shapiro, D. (1989). *Psychotherapy of neurotic character*. New York: Basic Books.

Shapiro, D. (2001). OCD or obsessive-compulsive character? *Psychoanalytic Inquiry, 21*, 242-252.

Shapiro, D. (2002). *Dynamics of character: Self-regulation in psychopathology*. New York: Basic Books.

Shapiro, J. L., Diamond, M. J., & Greenberg, M. (1995). *Becoming a father: Contemporary social, developmental, and clinical perspectives*. New York: Springer.

Shedler, J. (2010). The efficacy of psychodynamic therapy. *American Psychologist, 65*, 98-109.

Shedler, J., & Westen, D. (2010). The Shedler-Westen Assessment Procedure: Making diagnosis clinically meaningful. In J. F. Clarkin, P. Fonagy, & G. O. Gabbard (Eds.), *Psychodynamic psychotherapy for personality disorders* (pp. 125-161). Washington, DC: American Psychiatric Association.

Shengold, L. (1988). *Halo in the sky: Observations on anality and defense*. New York: Guilford Press.

Sherwood, V. R., & Cohen, C. P. (1994). *Psychotherapy of the quiet borderline patient: The as-if personality revisited*. Northvale, NJ: Jason Aronson.

Shostrum, E. L. (Producer). (1965). *Three approaches to psychotherapy: I, II, and III*. Orange, CA: Psychological Films.

Siever, L. J., & Weinstein, L. N. (2009). The neurobiology of personality disorders: Implications for psychoanalysis. *Journal of the American Psychoanalytic Association, 57*, 361-398.

Sifneos, P. (1973). The prevalence of "alexithymia" characteristics in psychosomatic patients. *Psychotherapy and Psychosomatics, 22*, 255-262.

Sifneos, P. (1992). *Short-term anxiety-provoking psychotherapy*. New York: Basic Books.

Silberschatz, G. (Ed.). (2005). *Transformative relationships: The control-astery theory of psychotherapy*. New York: Routledge.

Silver, A.-L. S. (Ed.). (1989). *Psychoanalysis and psychosis*. Madison, CT: International Universities Press.

Silver, A.-L. S. (2003). The psychotherapy of schizophrenia: Its place in the modern world. *Journal of the American Academy of Psychoanalysis and Dynamic Psychiatry, 31*, 325-341.

Silver, A.-L. S., & Cantor, M. B. (1990). *Psychoanalysis and severe emotional illness*. New York: Guilford Press.

Silverman, K. (1986). *Benjamin Franklin: Autobiography and other writings*. New York: Penguin.

Silverman, L. H. (1984). Beyond insight: An additional necessary step in redressing intrapsychic conflict. *Psychoanalytic Psychology, 1*, 215-234.

Silverman, L. H., Lachmann, F. M., & Milich, R. (1982). *The search for oneness*. New York: International Universities Press.

Singer, J. A. (2005). *Personality and psychotherapy: Treating the whole person*. New York: Guilford Press.

Singer, M. T., & Wynne, L. C. (1965a). Thought disorder and family relations of schizophrenics: III. Methodology using projective techniques. *Archives of General Psychiatry, 12*, 187-200.

Singer, M. T., & Wynne, L. C. (1965b). Thought disorder and family relations of schizophrenics: IV. Results and implications. *Archives of General Psychiatry, 12*, 201-212.

Sizemore, C. C. (1989). *A mind of my own*. New York: Morrow.

Sizemore, C. C., & Pittillo, E. S. (1977). *I'm Eve*. Garden City, NY: Doubleday

Slater, P. E. (1970). *The pursuit of loneliness: American culture at the breaking point*.

Boston: Beacon.

Slavin, J. H. (2007). Personal agency and the possession of memory. In D. Mandels & H. Soreq (Eds.), *Memory: An interdisciplinary approach* (pp. 299-317). Bern, Switzerland: Lang. Revised version of chapter published in R. Gardner (Ed.). (1997). *Memories of sexual betrayal: Truth, fantasy, repression, and dissociation*. New York: Jason Aronson.

Slavin, M. O., & Kriegman, D. (1990). Evolutionary biological perspectives on the classical-elational dialectic. *Psychoanalytic Psychology, 7*, 5-32.

Slipp, S. (1977). Interpersonal factors in hysteria: Freud's seduction theory and the case of Dora. *Journal of the American Academy of Dynamic Psychiatry, 5*, 359-376.

Smith, S. (1984). The sexually abused patient and the abusing therapist: A study in sadomasochistic relationships. *Psychoanalytic Psychology, 1*, 89-98.

So, J. K. (2008). Somatization as cultural idiom of distress: Rethinking mind and body in a multicultural society. *Counseling Psychology Quarterly, 21*, 167-174.

Solms, M., & Bucci, W. (2000). Biological and integrative studies on affect. *International Journal of Psychoanalysis, 81*, 141-144.

Solms, M., & Nersessian, E. (1999). Freud's theory of affect: Questions for neuroscience. *Neuro-Psychoanalysis, 1*, 5-14.

Solms, M., & Turnbull, O. (2002). *The brain and the inner world: An introduction to the neuroscience of subjective experience*. New York: Other Press.

Solomon, J., & George, C. (Eds.). (1999). *Attachment disorganization*. New York: Guilford Press.

Sorel, E. (1991, September). First encounters: Joan Crawford and Bette Davis. *Atlantic*, p. 75.

Spangler, G., & Grossmann, K. E. (1993). Biobehavioral organization in securely and insecurely attached infants. *Child Development, 64*, 1439-1450.

Spence, D. P. (1987). *The Freudian metaphor: Toward paradigm change in psychoanalysis*. New York: Norton.

Spezzano, C. (1993). *Affect in psychoanalysis: A clinical synthesis*. Hillsdale, NJ: Analytic Press.

Spiegel, D. (1984). Multiple personality as a post-traumatic stress disorder. *Psychiatric Clinics of North America, 7*, 101-110.

Spiegel, H., & Spiegel, D. (1978). *Trance and treatment: Clinical uses of hypnosis*. Washington, DC: American Psychiatric Press.

Spitz, R. A. (1953). Aggression: Its role in the establishment of object relations. In R. M. Loewenstein (Ed.), *Drives, affects, behavior* (pp. 126-138). New York: International Universities Press.

Spitz, R. A. (1965). *The first year of life*. New York: International Universities Press.

Spitzer, C., & Barnow, S. (2005). Somatization as a unique dimension in personality disorders. *Personlichkeitsstorungen Theorie und Therapie, 9*, 106-115.

Spotnitz, H. (1969). *Modern psychoanalysis of the schizophrenic patient*. New York: Grune & Stratton.

Spotnitz, H. (1976). *Psychotherapy of preoedipal conditions*. New York: Jason Aronson.

Spotnitz, H. (1985). *Modern psychoanalysis of the schizophrenic patient: Theory of the technique* (2nd ed.). New York: Human Sciences Press.

Sroufe, L. A., & Waters, E. (1977). Heart rate as a convergent measure in clinical and developmental research. *Merrill-Palmer Quarterly, 23*, 3-28.

Stanton, A. H., & Schwartz, M. S. (1954). *The mental hospital: A study of institutional participation in psychiatric illness and treatment*. New York: Basic Books.

Stein, A. (1938). Psychoanalytic investigation of the therapy in the borderline group of neuroses. *Psychoanalytic Quarterly, 7*, 467-489.

Steinberg, M. (1991). The spectrum of depersonalization: Assessment and treatment. In A. Tasman & S. M. Goldfinger (Eds.), *American Psychiatric Press review of psychiatry* (Vol. 10, pp. 223-247). Washington, DC: American Psychiatric Press.

Steinberg, M. (1993). *Structured clinical interview for DSM-IV dissociative disorders*. Washington, DC: American Psychiatric Press.

Steiner, J. (1993). *Psychic retreats: Pathological organizations in psychotic, neurotic and borderline patients*. London: Routledge.

Steiner, J. (2006). Seeing and being seen: Narcissistic pride and narcissistic humiliation. *International Journal of Psychoanalysis, 87*, 935-951.

Sterba, R. F. (1934). The fate of the ego in analytic therapy. *International Journal of Psycho-Analysis, 15*, 117-126.

Sterba, R. F. (1982). *Reminiscences of a Viennese psychoanalyst*. Detroit: Wayne State University Press.

Stern, B. L., Caligor, E., Roose, S. P., & Clarkin, J. F. (2004). The Structured Interview for Personality Organization (STIPO): Reliability and validity. *Journal of the American Psychoanalytic Association, 52*, 1223-1224.

Stern, D. B. (1997). *Unformulated experience: From dissociation to imagination in psychoanalysis*. Hillsdale, NJ: Analytic Press.

Stern, D. B. (2009). *Partners in thought: Working with unformulated experience, dissociation, and enactment*. New York: Routledge.

Stern, D. N. (2000). *The interpersonal world of the infant: A view from psychoanalysis and developmental psychology*. New York: Basic Books.

Stern, F. (1961). *The politics of cultural despair*. Berkeley: University of California Press.

Stoller, R. J. (1968). *Sex and gender*. New York: Jason Aronson.

Stoller, R. J. (1975). *Perversion*. New York: Pantheon.

Stoller, R. J. (1980). *Sexual excitement*. New York: Simon & Schuster.

Stoller, R. J. (1985). *Observing the erotic imagination*. New Haven, CT: Yale University Press.

Stolorow, R. D. (1975). The narcissistic function of masochism (and sadism). *International Journal of Psycho-Analysis, 56*, 441-448.

Stolorow, R. D. (1976). Psychoanalytic reflections on client-centered therapy in the light of modern conceptions of narcissism. *Psychotherapy: Theory, Research and Practice, 13*, 26-29.

Stolorow, R. D., & Atwood, G. E. (1979). *Faces in a cloud: Subjectivity in personality theory*. New York: Jason Aronson.

Stolorow, R. D., & Atwood, G. E. (1992). *Contexts of being: The intersubjective foundations of psychological life*. Hillsdale, NJ: Analytic Press.

Stolorow, R. D., Brandchaft, B., & Atwood, G. E. (1987). *Psychoanalytic treatment: An intersubjective approach*. Hillsdale, NJ: Analytic Press.

Stolorow, R. D., & Lachmann, F. M. (1978). The developmental prestages of defenses: Diagnostic and therapeutic implications. *Psychoanalytic Quarterly, 45*, 73-102.

Stone, L. (1954). The widening scope of indications for psycho-analysis. *Journal of the American Psychoanalytic Association, 2*, 567-594.

Stone, L. (1979). Remarks on certain unique conditions of human aggression (the hand, speech, and the use of fire). *Journal of the*

American Psychoanalytic Association, 27, 27-33.

Stone, M. H. (1977). The borderline syndrome: Evolution of the term, genetic aspects and prognosis. *American Journal of Psychotherapy, 31*, 345-365.

Stone, M. H. (1980). *The borderline syndromes: Constitution, personality, and adaptation*. New York: McGraw-Hill.

Stone, M. H. (1981). Borderline syndromes: A consideration of subtypes and an overview, direction for research. *Psychiatric Clinics of North America, 4*, 3-13.

Stone, M. H. (Ed.). (1986). *Essential papers on borderline disorders: One hundred years at the border*. New York: New York University Press.

Stone, M. H. (2000). Psychopathology: Biological and psychological correlates. *Journal of the American Academy of Psychoanalysis, 28*, 203-235.

Strachey, J. (1934). The nature of the therapeutic action of psychoanalysis. *International Journal of Psycho-Analysis, 15*, 127-159.

Strupp, H. H. (1989). Psychotherapy: Can the practitioner learn from the researcher? *American Psychologist, 44*, 717-724.

Sullivan, H. S. (1953). *The interpersonal theory of psychiatry*. New York: Norton.

Sullivan, H. S. (1954). *The psychiatric interview*. New York: Norton.

Sullivan, H. S. (1962). *Schizophrenia as a human process*. New York: Norton.

Sullivan, H. S. (1973). *Clinical studies in psychiatry*. New York: Norton.

Surrey, J. L. (1985). The "self-in-relation": A theory of women's development. In J. V. Jordan, A. G. Kaplan, J. B. Miller, I. P. Stiver, & J. L. Surrey (Eds.), *Women's growth in connection: Writings from the Stone Center* (pp. 51-66). New York: Guilford Press.

Symington, N. (1986). *The analytic experience*. New York: St. Martin's.

Symington, N. (1993). *Narcissism: A new theory*. London: Karnac.

Tansey, M. J., & Burke, W. F. (1989). *Understanding countertransference: From projective identification to empathy*. Hillsdale, NJ: Analytic Press.

Teicher, M. H., Dumont, N. L., Ito, Y., Vaituzis, C., Giedd, J. N., & Anderson, S. L. (2004). Childhood neglect is associated with reduced corpus callosum area. *Biological Psychiatry, 56*, 80-85.

Teicher, M. H., Glod, C. A., Surrey, J., & Swett, C. (1993). Early childhood abuse and limbic system ratings in adult psychiatric outpatients. *Journal of Neuropsychiatry and Clinical Neurosciences, 5*, 301-306.

Teicher, M. H., Samson, J. A., Sheu, Y-S., Polcari, A., & McGreenery, C. E. (2010, July 15). Hurtful words: Association of exposure to peer verbal abuse with elevated psychiatric symptom scores and corpus callosum abnormalities. *AJP in Advance*, pp. 1-8

Terr, L. (1992). *Too scared to cry: Psychic trauma in childhood*. New York: Basic Books.

Thigpen, C. H., & Cleckley, H. (1957). *The three faces of Eve*. New York: McGraw-Hill.

Thomas, A. (2001). Factitious and malingered dissociative identity disorder: Clinical features observed in 18 cases. *Journal of Trauma and Dissociation, 2*, 59-77.

Thomas, A., Chess, S., & Birch, H. G. (1968). *Temperament and behavior disorders in children*. New York: New York University Press.

Thompson, C. M. (1959). The interpersonal approach to the clinical problems of masochism. In M. Green (Ed.), *Clara M. Thompson: Interpersonal psychoanalysis* (pp. 183-187). New York: Basic Books.

Tibon, S., & Rothschild, L. (2009). Dissociative states in eating disorders: An empirical Rorschach study. *Psychoanalytic Psychology, 26*, 69-82.

Tomkins, S. S. (1962). *Affect, imagery, consciousness: Vol. I. The positive affects*. New York: Springer.

Tomkins, S. S. (1963). *Affect, imagery, consciousness: Vol. 2. The negative affects*. New York: Springer.

Tomkins, S. S. (1964). The psychology of commitment, part 1: The constructive role of violence and suffering for the individual and for his society. In S. S. Tomkins & C. Izard (Eds.), *Affect, cognition, and personality: Empirical studies* (pp. 148-171). New York: Springer.

Tomkins, S. S. (1991). *Affect, imagery, consciousness: Vol. 3. The negative affects: Anger and fear*. New York: Springer.

Tomkins, S. S. (1992). *Affect, imagery, consciousness: Vol. 4. Cognition: Duplication and transformation of information*. New York: Springer.

Tomkins, S. S. (1995). Script theory. In E. V. Demos (Ed.), *Exploring affect: The selected writings of Silvan Tomkins* (pp. 312-388). New York: Cambridge University Press.

Trevarthen, C., & Aitken, K. J. (1994). Brain development, infant communication, and empathy disorders: Intrinsic factors in child mental health. *Developmental Psychology 6*, 597-633.

Tribich, D., & Messer, S. (1974). Psychoanalytic type and status of authority as determiners of suggestibility. *Journal of Counseling and Clinical Psychology, 42*, 842-848.

Tronick, E. Z. (2003). "Of course all relationships are unique": How co-creative processes generate unique mother-infant and patient-therapist relationships and change other relationships. *Psychoanalytic Inquiry, 23*, 473-491.

Tsao, J. C. I., Allen, L. B., Evans, S., Lu, Q., Myeres, C. D., & Zeltzer, L. K. (2009). Anxiety sensitivity and catastrophizing: Associations with pain and somatization in non-clinical children. *Journal of Health Psychology, 14*, 1085-1094.

Tyson, P., & Tyson, R. L. (1990). *Psychoanalytic theories of development: An integration*. New Haven, CT: Yale University Press.

Vaillant, G. (1975). Sociopathy as a human process. *Archives of General Psychiatry, 32*, 178-183.

Vaillant, G. E. (Ed.). (1992). *Ego mechanisms of defense: A guide for clinicians and researchers*. Washington, DC: American Psychiatric Association.

Vaillant, G. E. (1992). The historical origins and future potential of Sigmund Freud's concept of the mechanisms of defense. *International Journal of Psychoanalysis, 19*, 35-50.

Vaillant, G. E., Bond, M., & Vaillant, C. O. (1986). An empirically validated hierarchy of defense mechanisms. *Archives of General Psychiatry, 43*, 786-794.

Vaillant, G. E., & Vaillant, C. O. (1992). A cross validation of two methods of investigating defenses. In G. E. Vaillant (Ed.), *Ego mechanisms of defense: A guide for clinicians and researchers* (pp. 159-170). Washington, DC: American Psychiatric Association.

van Asselt, A. D. I., Dirksen, C. D., Arntz, A., Giesen-Bloos, J. H., van Dyck, R., Spinhoven, P., et al. (2008). Out-patient therapy for borderline personality disorder: Cost-effectiveness of schema-focused therapy v. transference-focused psychotherapy. *British Journal of Psychiatry, 192*, 450-457.

Vandenberg, S. G., Singer, S. M., & Pauls, D. L. (1986). Hereditary factors in antisocial personality disorder. In *The heredity of behavior disorders in adults and children* (pp. 173-184). New York: Plenum Press.

van der Hart, O., Nijenhuis, E. R. S., & Steele, K. (2006). *The haunted self: Structural dissociation and the treatment of chronic traumatization*. New York: Norton.

Veith, I. (1965). *Hysteria: The history of a disease*. Chicago: University of Chicago Press.

Veith, I. (1977). Four thousand years of hysteria. In M. Horowitz (Ed.), *Hysterical personality* (pp. 7-93). New York: Jason Aronson.

Volkan, V. D. (1995). *The infantile psychotic self and its fate: Understanding and treating schizophrenics and other difficult patients*. Northvale, NJ: Jason Aronson.

Wachtel, P. L. (2008). *Relational theory and the practice of psychotherapy*. New York: Guilford Press.

Wachtel, P. L. (2010). Beyond "ESTs": Problematic assumptions in the pursuit of evidence-based practice. *Psychoanalytic Psychology, 27*, 251-272.

Waelder, R. (1960). *Basic theory of psychoanalysis*. New York: International Universities Press.

Waldinger, R. J., Shulz, M. S., Barsky, A. J., & Ahern, D. K. (2006). Mapping the road from childhood trauma to adult somatization: The role of attachment. *Psychosomatic Medicine, 68*, 129-135.

Wallerstein, J. S., & Blakeslee, S. (1989). *Second chances: Men, women, and children a decade after divorce*. New York: Ticknor & Fields.

Wallerstein, J. S., & Lewis, J. M. (2004). The unexpected legacy of divorce: A 25-year landmark study. *Psychoanalytic Psychology, 21*, 353-370.

Wallerstein, R. S. (1986). *Forty-two lives in treatment: A study of psychoanalysis and psychotherapy*. New York: Guilford Press.

Wallerstein, R. S. (2002). The growth and transformation of American ego psychology. *Journal of the American Psychoanalytic Association, 50*, 135-168.

Wallin, D. J. (2007). *Attachment in psychotherapy*. New York: Guilford Press.

Wampold, B. E. (2001). *The great psychotherapy debate: Methods, models, and findings*. New York: Routledge.

Wampold, B. E. (2010). *The basis of psychotherapy: An introduction to theory and practice*. Washington, DC: American Psychological Association.

Warner, R. (1978). The diagnosis of antisocial and hysterical personality disorders: An example of sex bias. *Journal of Nervous and Mental Disease, 166*, 839-845.

Wasserman, J., & Stefanatos, G. S. (2000). The right hemisphere and psychopathology. *Journal of the American Academy of Psychoanalysis, 29*, 371-395.

Weinberger, D. R. (2004). Genetics, neuroanatomy, and neurobiology. In C. B. Nemeroff (Ed.), New findings in schizophrenia: An update on causes and treatment. *Clinical Psychiatry News*, 32(Suppl.).

Weiss, J. (1993). *How psychotherapy works: Process and technique*. New York: Guilford Press.

Weiss, J., Sampson, H., & the Mount Zion Psychotherapy Research Group. (1986). New York: Guilford Press.

Welch, B. (2008). *State of confusion: Political manipulation and the assault on the American mind*. New York: St. Martin's Press.

Wender, P. H., Kety, S. S., Rosenthal, D., Schulsinger, F., Ortmann, J., & Lunde, I. (1986). Psychiatric disorders in the biological and adoptive families of adopted individuals with affective disorders. *Archives of General Psychiatry, 43*, 923-929.

Westen, D. (1990). Towards a revised theory of

borderline object relations: Contributions of empirical research. *International Journal of Psychoanalysis, 71*, 661-693.

Westen, D. (1993). Commentary. The self in borderline personality disorder: A psychodynamic perspective. In Z. V. Segal & S. J. Blatt (Eds.), *The self in emotional distress: Cognitive and psychodynamic perspectives* (pp. 326-360). New York: Guilford Press.

Westen, D. (1999). The scientific status of unconscious processes: Is Freud really dead? *Journal of the American Psychoanalytic Association, 67*, 217-230.

Westen, D., & Shedler, J. (1999a). Revising and assessing Axis II: Part I: Developing a clinically and empirically valid assessment method. *American Journal of Psychiatry, 156*, 258-272.

Westen, D., & Shedler, J. (1999b). Revising and assessing Axis II: Part II: Toward an empirically based and clinically useful classification of personality disorders. *American Journal of Psychiatry, 156*, 273-285.

Wheelis, A. (1956). The vocational hazards of psychoanalysis. *International Journal of Psycho-Analysis, 37*, 171-184.

Whitaker, R. (2002). *Mad in America: Bad science, bad medicine, and the enduring mistreatment of the mentally ill*. Cambridge, MA: Perseus.

Will, O. A. (1961). Paranoid development and the concept of the self: Psychotherapeutic intervention. *Psychiatry, 24*(Suppl.), 74-86.

Wills, G. (1970). *Nixon agonistes: The crisis of the self-made man*. Boston: Houghton Mifflin.

Winnicott, D. W. (1949). Hate in the countertransference. In *Collected papers* (pp. 194-203). New York: Basic Books, 1958.

Winnicott, D. W. (1952). Anxiety associated with insecurity. In *Through pediatrics to psycho-analysis* (pp. 97-100). New York: Basic Books, 1958.

Winnicott, D. W. (1960a). Ego distortion in terms of the true and false self. In *The maturational processes and the facilitating environment* (pp. 140-152). New York: International Universities Press, 1965.

Winnicott, D. W. (1960b). The theory of the parent-nfant relationship. *International Journal of Psycho-Analysis, 41*, 585-595.

Winnicott, D. W. (1965). *The maturational processes and the facilitating environment*. New York: International Universities Press.

Winnicott, D. W. (1967). Mirror-role of mother and family in child development. In *Playing and reality* (pp. 111-118). New York: Basic Books.

Wolf, E. K., & Alpert, J. L. (1991). Psychoanalysis and child sexual abuse: A review of the post-Freudian literature. *Psychoanalytic Psychology, 8*, 305-327.

Wolf, E. S. (1988). *Treating the self: Elements of clinical self psychology*. New York: Guilford Press.

Wolf, N. S., Gales, M., Shane, E., & Shane, M. (2000). Mirror neurons, procedural learning, and the positive new experience: A developmental systems self psychological approach. *Journal of the American Association of Dynamic Psychiatry, 28*, 409-430.

Wolfenstein, M. (1951). The emergence of fun morality. *Journal of Social Issues, 7*, 15-24.

Wrye, H. K., & Welles, J. K. (1994). *The narration of desire: Erotic transferences and countertransferences*. Hillsdale, NJ: Analytic Press.

Wurmser, L. (2007). *Torment me but don't abandon me: Psychoanalysis of the severe neuroses in a new key*. Lanham, MD: Jason Aronson.

Yalom, I. D., & Leszcz, M. (2005). *Theory and practice of group psychotherapy* (5th ed.). New York: Basic Books.

Yarok, S. R. (1993). Understanding chronic

bulimia: A four psychologies approach. *American Journal of Psychoanalysis, 53*, 3-17.

Young, J. E., Klosko, J. S., & Weishaar, M. E. (2003). *Schema therapy: A practitioner's guide*. New York: Guilford Press.

Young-Bruehl, E. (1990). *Freud on women: A reader*. New York: Norton.

Yu, C. K-C. (2006). Commentary on "Freudian dream theory, dream bizarreness, and the disguise-censor controversy." *Neuro-Psychoanalysis, 8*, 53-59.

Zeddies, T. J. (2000). Within, outside, and in between: The relational unconscious. *Psychoanalytic Psychology, 17*, 467-487.

Zetzel, E. (1968). The so-called good hysteric. *International Journal of Psycho-Analysis, 49*, 256-260.

Zink, T., Klesges, L., Stevens, S., & Decker, P. (2009). The development of a Sexual Abuse Severity Score: Characteristics of childhood sexual abuse associated with trauma symptomatology, somatization, and alcohol abuse. *Journal of Interpersonal Violence, 24*, 537-546.

Zuelzer, M., & Mass, J. W. (1994). An integrated conception of the psychology and biology of superego development. *Journal of the American Academy of Psychoanalysis, 22*, 195-209.

Zuroff, D. C., & Blatt, S. J. (2006). The therapeutic relationship in the brief treatment of depression: Contributions to clinical improvement and enhanced adaptive capacities. *Journal of Counseling and Clinical Psychology, 74*, 130-140.

인명

내용

저자 소개

Nancy McWilliams 박사는 뉴저지 주립대학 럿거스 응용 및 전문 심리학 대학원에서 가르치고 있으며, 뉴저지 플레밍턴에서 개업하고 있다. 미국심리학회 정신분석 분과의 회장을 역임하였고, 『Psychoanalytic Psychology』의 편집위원으로 활동하고 있다. McWilliams 박사의 책은 14개 언어로 번역되었으며, 그녀는 미국 및 해외에서 폭넓게 강의하고 있다. 미국심리학회 개업심리학자 분과에서 치료 활동에 기여한 공로로 Rosales Weiss 상을 수상하였고, 미국정신분석학회의 명예회원이며, 샌프란시스코 캘리포니아 대학의 Robert S. Wallerstein 심리치료 및 정신분석 객원연구원 강연에 초빙된 바 있다. 국립 정신분석 심리학회 출신의 분석가로 뉴저지 정신분석 및 심리치료 센터, 뉴욕시에 있는 국립 심리치료연구소의 수련 프로그램에 관여하고 있다.

역자 소개

이기련은 이화여자대학교 영어교육학과를 졸업하고, 가톨릭대학교 대학원 심리학과에서 임상심리 전공으로 석사학위를 받았으며, 같은 대학원 박사과정을 수료하였다. 한국심리학회의 임상심리전문가 및 보건복지부의 정신보건임상심리사 2급 자격증을 취득하였고, 현재 세인임상심리연구소를 개업하고 성인 및 청소년의 심리상담을 주로 하고 있다.

정신분석적 진단 (원서2판)

−성격구조의 이해−

Psychoanalytic Diagnosis: Understanding Personality Structure in the Clinical Process(2nd ed.)

2018년 8월 20일 1판 1쇄 발행
2024년 3월 25일 1판 9쇄 발행

지은이 • Nancy McWilliams
옮긴이 • 이 기 련
펴낸이 • 김 진 환
펴낸곳 • (주) 학지사
04031 서울특별시 마포구 양화로 15길 20 마인드월드빌딩 5층
대표전화 • 02) 330-5114 팩스 • 02) 324-2345
등록번호 • 제313-2006-000265호
홈페이지 • http://www.hakjisa.co.kr
인스타그램 • https://www.instagram.com/hakjisabook

ISBN 978-89-997-1601-0 93180

정가 23,000원

역자와의 협약으로 인지는 생략합니다.
파본은 구입처에서 교환하여 드립니다.